蔡东藩说中国史

国史典藏

两晋演义

蔡东藩◎著

中国工人出版社

图书在版编目（CIP）数据

蔡东藩说中国史．两晋演义／蔡东藩著．—北京：中国工人出版社，2010.7

ISBN 978-7-5008-4751-9

Ⅰ．①蔡…　Ⅱ．①蔡…　Ⅲ．①中国—古代史—晋代—通俗读物　Ⅳ．①K209

中国版本图书馆CIP数据核字（2010）第141778号

出版发行：中国工人出版社
地　　址：北京鼓楼外大街45号
邮　　编：100120
电　　话：（010）62350006（总编室）
　　　　　（010）82075934（编辑室）
发行热线：（010）62045450　62005042（传真）
网　　址：http：//www.wp-china.com
经　　销：新华书店
印　　刷：北京市密东印刷有限公司
版　　次：2011年1月第1版　2011年5月第2次印刷
开　　本：700毫米×1000毫米　1/16
字　　数：642千字
印　　张：34
定　　价：41.00元

出版前言

本世纪以来，由于电视、网络等现代传媒的推动，人们对历史产生了极大的兴趣，历史图书的出版渐成潮流，易中天、当年明月等人成为时代的宠儿，为大众所喜爱。他们采用通俗的写法、现代的视角、幽默活泼的语言使得历史故事更生动、历史观念更新鲜、历史人物更丰满。一切历史都是当代史，一切当代的特征都能在以往的历史中找到根据，这样的观念在历史写作中得到贯彻。人们更加强烈地意识到，读史使人明智，使人透彻，而中国，正是历史资源最为丰富的国度。

中国是世界上最重视自己历史的国家，自古以来就有官方修史的传统，再加上民间写作的史书，中国的历史典籍可谓浩如烟海。国学大师钱穆先生曾经说过："当信任何一国之国民，尤其是自称知识在水平线以上之国民，对其本国以往历史，应该略有所知。否则最多只算一有知识的人，不能算一有知识的国民。"可以看出，对本国历史的了解可算一个中国人的基本修养。但是现代中国人去读那些用文言文写作的历史典籍，实在有些困难。还好，我们有自己的通俗历史作家蔡东藩。

20世纪中国，通俗讲史的大家有蔡东藩、黎东方和吕思勉等人，其中影响最大的应是蔡东藩。他创作的"中国历代通俗演义"（或称"历朝通俗演义"，含11部），再现了从秦朝到民国两千多年的中国历史。蔡东藩因此成为中国有史以来最大的历史演义作家，有"古今说史第一人，通俗史著第一书"之誉。因为这套书的写作，蔡东藩耗时十年，身体日渐病弱，迅速衰老。这套书可称为他的呕心沥血之作，总字数达700余万字。放眼当时的世界，只有威尔·杜兰的《世界文明史》（11卷，1000多万字）可与之相比，而威尔·杜兰却用了40年的时间。我们应该记住，20世纪中国通俗历史写作的天才，当非蔡东藩莫属。

生于1877年的蔡东藩，逝世于抗战胜利前夕（1945年），是浙江萧山人。在他的青少年时代，中国已经走到了晚清。他年仅13岁就考取秀才，才华横溢，有"神童"之称。1910年，33岁的他在北京朝考得中，前往福建做知县候补，目睹官场腐败，深为叹息："礼义廉耻，国之四维，四维不张，国乃灭亡。我枉文以求知，已增惭汗。如果再枉道以求官，那等于为国添一蝇狗，即为国家多一蠹贼。负己尚可，负国负民，断不可以。"遂弃官而去。此时，比他小4岁的鲁迅刚从日本留学归来，同样为时势所困，不得施展，八年后，在《新青年》一举成名；不满20岁的毛泽东正在湖南为选择自己的学业思虑不已。蔡东藩放弃了仕途，前途渺茫，家庭负担又非常沉重，多有不幸，其后以教书、编书、替人做考试枪手为业，抑郁不得志。1912年，民国建立，后来袁世凯复辟帝制。蔡东藩幽愤时事，提笔为文，从1915年到1916年间，完成了一部五十万言的《清史演义》，几经辗转，由上海会文堂新记书局出版。而后一发不可收，蔡东藩历时十年先后完成了清史、元史、明史、民国史、宋史、唐史、五代史、南北史、两晋史、前汉史、后汉史等历史演义创作。此外他还创作有《中华全史演义》（吕抚原著，蔡东藩增订）、《慈禧太后演义》等作品。每一部出，读者争购，一时洛阳纸贵。当时已经从海外学成归来的杨荫榆女士作为读者曾多次与蔡东藩通信，传为美谈。

蔡东藩的书，虽为演义文体，但与《三国演义》《水浒传》等虚构小说是有根本区别的。他在当时梁启超等人引领的风起云涌的“小说界革命”的影响下，“借说部体裁，演历史故事”，而他真正的写作主张是：“以正史为经，务求确凿；以轶闻为纬，不尚虚诬。”他在《唐史演义》自序中说：“徐懋功未作军师，李药师何来仙术？罗艺叛死，乌有子孙；叔宝扬名，未及儿女；唐玄奘取经西竺，宁惹妖魔？薛仁贵立绩天山，岂藉子妇？则天淫秽，不闻私产生男；玉环伏诛，怎得皈真圆耦？种种谬妄琐亵之谈，辞而辟之，破世俗之迷信者在此。子虚乌有先生，谅无从窃笑于旁也。”用现在的话说，像易中天、当年明月等当今通俗历史作家一样，蔡东藩是用小说的笔法在写历史，并且“文不尚虚，语惟从俗”，追求历史的真实和通俗易懂。为了达到这个目的，蔡东藩在写作过程中，搜集考证史料，不遗余力。在写作《元史演义》时，蔡东藩认为本国元史资料过于简单局限，他尽力搜集东西史籍译本。所以《元史演义》是蔡东藩融会中国和西洋史籍而成，从而“元代先世及深宫轶事，外域异闻，凡正史之所已载者，酌量援引，或详或略；正史之所未载者，则旁证博采，多半演入。……是足以补中西史乘之缺，不得以小说目之。”蔡东藩在《后汉演义》的自序中这样评价《三国演义》：“若罗氏所著之《三国志演义》，则脍炙人口，加以二三通人之评定，而价值益增。然与陈寿《三国志》相勘证，则粉饰者十居五六。寿虽晋臣，于蜀魏事不无曲笔，但谓其穿凿失真，则必无此弊。罗氏第巧为烘染，悦人耳目，而不知以伪乱真，愈传愈讹，其误人亦不少也。”可以看出，蔡东藩的写作态度是非常严谨的，做到了他所说的“文不尚虚，语惟从俗”。据此，蔡著历史演义写的是真实的中国通俗历史，是可以当做历史阅读的。可以说，蔡著主本信史，旁征野史，取材审慎，观点平实，内容丰富，真实可信，叙述有法，用语雅洁，自评自注，理趣兼备，语言充满美感、诗意，具有恒久的魅力，可谓通俗史著的经典。当然，蔡著中也有一些诸如轻视女性等陈腐观念，属于时代的局限和烙印。这个我们需要注意。

一般而言，经过百年时间的淘洗，依然有生命力的书可算是好书。蔡著就是这样的书。它自出版以来已经畅销数百万册，深刻影响了几代中国人，是了解中国历史政治和传统文化的最详实读本，“成功实现了历史真实和趣味性的统一”（杨天石语），“它所起的作用，是官修的‘二十四史’或任何中国通史都无法代替的。”（裴效维语）当今很多历史学者认为蔡东藩是中国迄今为止创作量最大最为著名的通俗史家，是一位卓越的杰出的历史普及作家。

蔡著深受毛泽东的喜欢。上世纪30年代，毛泽东曾专门致电党中央驻西安工作的联络局局长李克农：“请购整个中国历史演义两部（包括各朝史的演义）。”毛泽东说的“整个中国历史演义”，指的就是蔡东藩所著的《中国历代通俗演义》。著名作家萧三在《窑洞城》一书中记录，1939年春，他在延安亲眼看到毛泽东在阅读《中国历代通俗演义》中的《宋史通俗演义》。毛泽东对萧三说，这是他托人特地从西安买来的。毛泽东十分珍爱蔡东藩著作的这套通俗演义（石印绘图本），从延安到北京，历经抗日战争和解放战争，至今仍保存在中南海毛泽东故居的书架上，其中《清史通俗演义》还放在他的卧室里。我们可以想见毛泽东对这套书的珍爱了。1980年代，台湾历史学者李敖将这套书编成“中国历史演义全集”出版，畅销一时，刷新台湾出版历史，是台湾远流出版社的镇社之书。这套书在大陆也不断再版，史学大师顾颉刚、著名历史小说家二月河、北大教授张颐武、历史学家杨天石等对这套书极为推崇。

此次出版的“蔡东藩说中国史系列”，一共包括蔡东藩的十二部历史作品，分别是《前汉演义》《后汉演义》《两晋演义》《南北史演义》《唐史演义》《五代史演义》《宋史演义》《元史演义》《明史演义》《清史演义》《民国演义》《中华全史演义》，每部皆可独立成篇，其中《中华全史演义》从盘古开天一直讲到民国，可以看做这个系列的总纲。这套书参照蔡著各种版本进行了校勘，除硬伤外，皆尊重蔡著原文，不作改动。

当前中国各个历史时期的影视剧作品非常多，但离真实历史越来越远，让人感叹。而《蔡东藩说中国史》是一套真正意义上的从开天辟地写到民国的中国历代史，一部浩瀚而通俗的中华通史，权威而又全面，可作为了解中国历史的最佳读物，希望读者朋友们喜欢。

编者
2010年12月

自序

《晋书》百三十卷，相传为唐臣房乔等所撰，盖采集晋朝十有八家之制作，及北魏崔鸿所著之《十六国春秋》等书，会而通之，以成此书。独宣武二帝纪，与陆机王羲之传论，出自唐太宗手笔，故概以御撰称之，义在尊王，无足怪也。后书评论《晋书》之得失，不一而足，而《涑水通鉴》《紫阳纲目》叙述晋事，书法与《晋书》相出入者，亦不胜举焉。愚谓当今之时，以古为鉴，不必问其史笔之得失，但当察其史事之变迁。两晋之史事繁矣，即此内讧外侮之复杂，仆已更难详。宫闱之祸，启自武元，藩王之祸，肇自汝南，胡虏之祸，发自元海；卒致铜驼荆棘，蒿目苍凉，鳌坠三山，鲸吞九服，君主受青衣之辱，后妃遭赭寇之污，此西晋内讧外侮之大较也。王敦也，苏峻也，陈敏杜弢祖约也，孙恩卢循徐道复也，而桓玄则为篡逆之尤，此东晋内讧之最大者。二赵也，三秦也，四燕五凉也，成夏也，而拓跋魏则为强胡之首，此为东晋外侮之最甚者。盖观于东西两晋之一百五十六年中，除晋武开国二十余年外，无在非祸乱侵寻之日，不有内讧，即有外侮，甚矣哉！有史以来未有若两晋祸乱之烈也。夫内政失修，则内讧必起，内讧起则外侮即乘之而入，木朽虫生，墙罅蚁入，自古皆然，晋特其较著耳。鄙人愧非论史才，但据历代之事实，编为演义，自南北朝以迄民国，不下十数册，大旨在即古证今，惩恶劝善，而于《两晋演义》之着手，则于内讧外侮之所由始，尤三致意焉。盖今日之大患，不在外而在内，内讧迭起而未艾，吾恐五胡十六国之祸，不特两晋为然，而两晋即今日之前车也。天下宁有蚌鹬相争，而不授渔人之利乎？若夫辨忠奸，别贞淫，抉明昧，核是非，则为书中应有之余义，非敢谓上附作者之林，亦聊以寓劝戒之意云尔。惟书成仓猝，不免诖误，匡我未逮，是所望于阅者诸君。中华民国十三年夏正季秋之月，古越蔡东藩自叙于临江寄庐。

两晋世系图

按晋武帝为司马懿孙，元帝则为司马懿曾孙，祖伷父觐，皆为琅琊王。相传觐妃夏后氏与小吏牛金通而生元帝，故有牛代马后之谣，特附录之。

西　晋

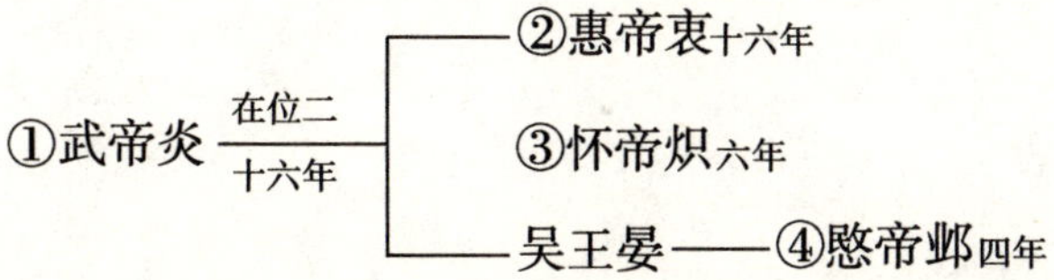

东　晋

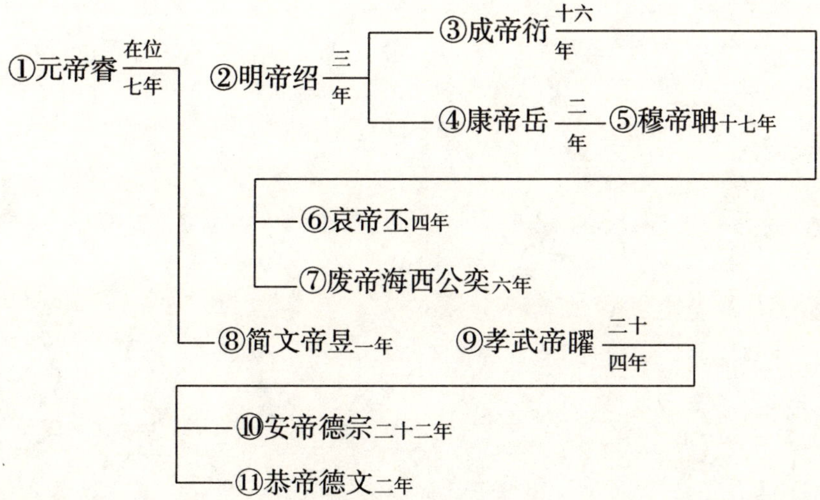

西晋传三世，凡四主，计五十二年。东晋传四世，凡十一主，计一百零四年，两共计一百五十六年。（《晋书》载西晋五十四年，东晋一百零二年，此为怀愍失国后之二年，晋廷无主，仍用怀愍年号。今读史家言，谓宜并入东晋，颇有至理，故从之。）

目录

第一回

祀南郊司马开基　立东宫庸雏伏祸

华夷混杂，宇宙腥膻，这是我国历史上，向称为可悲可痛的乱事。其实华人非特别名贵，夷人非特别鄙贱，如果元首清明，统御有方，再经文武将相，及州郡牧守，个个是贤能廉察，称职无惭，就是把世界万国联合拢来，凑成一个空前绝后的大邦，也不是一定难事，且好变做一大同盛治了。眼高于顶，笔大如椽。无如我国人一般心理，只守定上古九州的范围，不许外人羼入，又因圣帝明王，寥寥无几，护国乏良将相，殖民乏贤牧守，仅仅局守本部，还是治多乱少；所以旧儒学说，主张小康，专把华夷大防，牢记心中，一些儿不肯通融，好似此界一溃，中国是有乱无治，从此没有干净土了。看官！试搜览古史，何朝不注重边防，何代能尽除外患？日日攘外夷，那外夷反得步进步，闹得七乱八糟，不可收拾。究竟是备御不周呢？还是别有他故呢？古人说得好："人必自侮，然后人侮；家必自毁，然后人毁；国必自伐，然后人伐。"又云："木朽虫生，墙罅蚁入。"这却是千古不易的名言。历朝外患，往往从内乱引入，内乱越多，外患亦趋深。照此看来，明明是咎由自取，应了前人的遗诫，怎得专咎外夷与防边未善呢？别具只眼。

小子尝欲将这种臆见，抒展出来，好待看官公决是非，但又虑事无左证，徒把五千年来的故事，笼笼侗侗的说了一番，看官或且诮我为空谈，甚至以汉奸相待，这岂不是多言招尤么？近日笔墨少闲，聊寻证据，可巧案左有一部《晋书》，乃是唐太宗汇集词臣，撰录成书，共得一百三十卷，当下顺手一翻，看了一篇《序言》，是总说五胡十六国的祸乱，因猛然触起心绪，想到外祸最烈，无过晋朝，晋自武帝奄有中原，仅阅一传，便已外患迭起，当时大臣防变未然，或说是罢兵为害，山涛。或说是徙戎宜早，郭钦江统。言谆谆，听藐藐，遂致后来外祸无穷，由后思前，无人不为叹惜。那知牝鸡不鸣，群雄自息；八王不乱，五胡何来？并且貂蝉满座，麈尾挥尘，大都龌龌龊龊，庸庸碌碌，没一个文经武纬，没一个坐言起行。看官试想！这种败常乱俗的时局，难道尚能支持过去么？假使兵不罢，戎早徙，亦岂果能慎守边疆，严杜狡寇么？到了神州陆沉，铜驼荆棘，两主被虏，行酒狄庭，无非是内政不纲，所以致此。既而牛传马后，血统变迁，阳仍旧名，阴实易姓，王马共天下，依然是乱臣贼子，内讧不休，一波未平，一波又起，单剩得江表六州，扬荆江湘交广。

尚且朝不保暮，还有甚么余力，要想规复中原呢？幸亏有几个智士谋臣，力持危局，淝水一役，大破苻秦，半壁江山，侥幸保全；那大河南北，长江上游，仍被杂胡占据，虽是倏起倏衰，终属楚失楚得，就中非无一二华族，夺得片土，与夷人争衡西北，张实据凉州，李嵩据酒泉，冯跋据中山。究竟势力甚微，无关大局；且仇视晋室，仍似敌国一般。东晋君臣，稍胜即骄，由骄生惰，毫无起色，于是篡夺相寻，祸乱踵起，不能安内，怎能对外？大好中原，反被拓跋氏逐渐并吞，成一强国，结果是枭雄柄政，窥窃神器，把东晋所有的区宇，也不费一兵，占夺了去。咳！东西两晋，看似与外患相终始，究竟自成鹬蚌，才有渔翁。西晋尚且如此，东晋更不必说了。有人谓司马篡魏，故后嗣亦为刘裕所篡，这是从因果上着想，应有此说；但添此一番议论，更见得晋室覆亡，并非全是外患所致。伦常乖舛，骨肉寻仇，是为亡国第一的祸胎；信义沦亡，豪权互阋，是为亡国的第二祸胎。外人不过乘间抵隙，可进则进，既见我中国危乱相寻，乐得趁此下手，分尝一脔，华民虽众，无拳无勇，怎能拦得住胡马，杀得过番兵。眼见得男为人奴，女为人妾，同做那夷虏的仆隶了。伤心人别有怀抱。自古到今，大抵皆然，不但两晋时代，遭此变乱，只是内外交迫，两晋也达到极点。为惩前毖后起见，正好将两晋史事，作为榜样，奈何后人不察，还要争权夺利，扰扰不休，恐怕四面列强，同时入室，比那五胡十六国，更闹得一塌糊涂，那时国也亡，家也亡，无论豪族平民，统去做外人的砧上鱼，刀上肉，无从幸免，乃徒怨及外人利害，试问外人肯受此恶名吗？论过去兼及未来，真是眼光四射。

话休叙烦，且把那两晋兴亡，逐节演述，作为未来的殷鉴。看官少安毋躁！待小子援笔写来：晋自司马懿起家河内，曾在汉丞相曹操麾下，充当掾吏，及曹丕篡汉，出握兵权，与吴蜀相持有年，迭著战绩。懿死后，长子师嗣，后任大将军录尚书事，都督中外各军，废魏主曹芳及芳后张氏，权焰逼人。未几师复病死，弟昭得承兄职，比乃兄还要跋扈，居然服衮冕，着赤舄。魏主曹髦，忍耐不住，尝谓司马昭之心，路人皆知。因即号召殿中宿尉及苍头官童等，作为前驱，自己亦拔剑升辇，在后督领，亲往讨昭，才行至南阙下，正撞着一个中护军，面目狰狞，须眉似戟，手下有二三百人，竟来挡住乘舆。这人为谁，就是平阳人贾充。特别提出，不肯放过贼臣，且为该女乱晋张本。魏主髦喝令退去，充非但不从，反与卫士交锋起来，约莫有一两个时辰。充寡不敌众，将要败却，适太子舍人成济，也带兵趋入，问为何事相争？充厉声道："司马公豢养汝等，正为今日，何必多问！"成济乃抽戈直前，突犯车驾。魏主髦猝不及防，竟被他手起戈落，刺毙车中。兄废主，弟弑主，一个凶过一个。余众当然逃散。

司马昭闻变入殿，召群臣会议后事。尚书仆射陈泰，流涕语昭道："现在惟亟诛贾充，尚可少谢天下。"看官！你想贾充是司马氏功狗，怎肯加诛？当下想就了张冠李戴的狡计，嫁祸成济，把他推出斩首，还要夷他三族。助力者其视诸！一面令长子中抚军炎，迎入常道乡公曹璜，继承魏祚。璜改名为奂，年仅十五，一切国政，统归司马昭办理。昭复部署兵马，遣击蜀汉，骁将邓艾钟会，两路分进，蜀将望风溃败，好容易攻入成都，收降蜀汉主刘禅。昭引为己功，进位相国，加封晋公，受九锡殊礼。俄而进爵为王，又俄而授炎为副相国，立为晋世子。正拟安排篡魏，偏偏二竖为灾，缠绕昭身，不到数日，病入膏肓，一命呜呼。世子炎得袭父爵，才过两月，即由司马家臣，奉书劝进，胁魏受禅。魏主奂早若赘疣，至此只好推位让国，生死唯命。司马炎定期即位，设坛南郊。时已冬暮，雨雪盈涂，炎却遵吉称尊，服衮冕，备卤簿，安安稳稳的坐了法驾，由文武百官拥至郊外，燔柴告天。炎下车行礼，叩拜穹苍，当令读祝官朗声宣诵道：

皇帝臣司马炎，敢用玄牡，明告于皇皇后帝。魏帝稽协皇运，绍天明命以命炎。昔者唐尧熙隆大道，禅位虞舜，舜又禅禹。迈德垂训，多历年载。暨汉德既衰，太祖武皇帝，指曹操。拨乱济时，辅翼刘氏，又用受命于汉。粤在魏室，仍世多故，几于颠坠，实赖有晋匡拯之德，用获保厥肆祀，弘济于艰难，此则晋之有大造于魏也。诞惟四方，罔不祗顺。廓清梁岷，包怀扬越，八纮同轨，祥瑞屡臻，天人协应，无思不服。肆予宪章三后，用集大命于兹。炎维德不嗣，辞不获命，于是群公卿士，百辟庶僚，黎献陪隶，暨于百蛮君长，佥曰："皇天鉴下，求民之瘼，既有成命，固非克让所得距违。天序不可以无统，人神不可以旷主。"炎虔奉皇运，寅畏天威，敬简元辰，升坛受禅，告类上帝，永答众望。

祝文读毕，祭礼告终。司马炎还就洛阳宫，御太极前殿，受王公大臣谒贺。这班王公大臣，无非是曹魏勋旧，昨日臣魏，今日臣晋，一些儿不以为怪，反且欣然舞蹈，曲媚新朝。攀龙附凤，何代不然？随即颁发诏旨，大赦天下，国号晋，改元泰始。封魏主奂为陈留王，食邑万户，徙居邺宫。奂不敢逗留，没奈何上殿辞行，含泪而去。朝中也无人饯送，只太傅司马孚，拜别故主，欷歔流涕道："臣已年老，不能有为，但他日身死，尚好算做大魏纯臣哩。"看官道孚为何人？乃是司马懿次弟，即新主司马炎的叔祖父，官至太傅，生平尝洁身远害，不预朝政，所以司马受禅，独孚未曾赞成。但年已八十有余，筋力就衰，不能自振，只好自尽臣礼，表明心迹，这也不愧为庸中佼佼了。

过了一日，诏遣太仆刘原往告太庙，追尊皇祖懿为宣皇帝，皇伯考师为景皇帝，皇考昭为文皇帝，祖母张氏为宣穆皇后，母王氏为皇太后。相传王太后幼即敏慧，过目成诵，及长，能孝事父母，深得亲心。既适司马氏，相夫有道，料事屡中。后来生了五子，长即司马炎，次名攸，又次名兆，又次名定国广德。兆与定国广德三人，均皆早夭，惟炎攸尚存。炎字安世，姿表过人，发长委地，手垂过膝，时人已知非常相。攸字大猷，早岁岐嶷，成童后饱阅经籍，雅善属文，才名籍籍，出乃兄右，司马昭格外钟爱。因兄师无后，令攸过继，且尝叹息道："天下是我兄的天下，我不过因兄成事，百年以后，应归我兄继子，我心方安。"及议立世子，竟遂属攸，左长史山涛劝阻道："废长立少，违礼不祥。"贾充已进爵列侯，亦劝昭不宜违礼。还有司徒何曾，尚书令裴秀，又同声附和，请立嫡长，因此炎得为世子。炎篡位时，正值壮年，春秋鼎盛，大有可为，初政却是清明，率下以俭，驭众以宽。有司奏称御牛丝靷，已致朽敝，不堪再用，有诏令用麻代丝。高阳人许允，为司马昭所杀，允子奇颇有材思，仍诏为太常丞，寻且擢为祠部郎。海内苍生，讴歌盛德，哪一个不望升平？但天下事靡不有初，鲜克有终，晋主炎正坐此弊，所以典午家风，午肖马，典者司也，故旧称司马为典午。不久即坠呢。这事备详后文，看官顺次细阅，自见分晓。惟晋主炎的庙号，叫做武帝，小子沿着史例，便称他为晋武帝。

且说晋武帝已经篡魏，复力惩魏弊，壹意更新。他想魏氏摧残骨肉，因致孤立，到了禅位时候，竟无人出来抗衡，平白地让给江山，自己虽侥幸得国，若使子子孙孙，也像曹魏时孤立无援，岂不要仍循覆辙么？于是思患预防，大封宗室，授皇叔祖父孚为安平王，皇叔父干，司马懿第三子。为平原王，亮懿第四子。为扶风王，伷懿第五子。为东莞王，骏为汝阴王，懿第六子京早卒。骏为第七子。肜懿第八子。为梁王，伦懿第九子。为琅琊王，皇弟攸为齐王，鉴为乐安王，机为燕王。鉴与机为晋武异母弟。还有从伯叔父，及从父兄弟，亦俱封王爵，列作屏藩。名称不详，因无关后来治乱，所以从略。上文如亮如伦，为八王之二，故例须并举。进骠骑将军石苞为大司马，封乐陵公，车骑将军陈骞为高平公，卫将军贾充为鲁公，尚书令裴秀为钜鹿公，侍中荀勖为济北公，太保郑冲为太傅，兼寿光公，太尉王祥为太保，兼睢陵公，丞相何曾为太尉，兼朗陵公，御史大夫王沈为骠骑将军，兼博陵公，司空荀𫖮为临淮公，镇北大将军卫瓘为菑阳公。此外文武百僚，各加官进爵有差。

转瞬间已过残腊，便是泰始二年，元旦受朝，不消细说。有司请建立七庙，武帝恐劳民伤财，不忍徭役，但将魏庙神主，徙置别室，即就魏庙作为太庙，所有魏氏诸王，皆降封为侯。旋册立王妃杨氏为皇后，杨氏为弘农郡人，名艳，字琼芝，父名文宗，曾仕魏为通事郎，母赵氏产女身亡，女寄乳舅家，赖舅母抚育成人，生得姿容美丽，秀外慧中，相士尝说她后当大贵，司马昭乃纳为子妇，伉俪甚谐。昭纳杨女为媳，明明是有心篡国。及得立为后，追怀舅氏旧恩，请敕封舅氏赵俊夫妇，武帝自然依议。俊兄赵虞，也得授官。虞有一女，芳名是一粲字，颇有三分姿色，杨后召她入宫，镇日里留住左右，就是武帝退朝，与后叙谈，粲亦未尝回避，有时却与武帝调情，杨后玉成人美，遂劝武帝纳作嫔嫱，赐号夫人。武帝还道杨后大度，毫不妒忌，哪知杨后正要这中表姊妹，来做帮手，一切布置，仿佛与美人计相似，武帝为色所迷，怎能窥破杨后的私衷呢？这也是杨后特别作用，与普通妇人不同。

杨后初生一男，取名为轨，二岁即殇，嗣复生了二子，长名衷，次名东，衷顽钝如豕，年至七八岁，尚不能识之无，虽经师傅再三教导，也是旋记旋忘。武帝尝谓此儿不肖，未堪承嗣，偏杨后钟爱顽儿，屡把立嫡以长的古训，面语武帝，惹得武帝满腹狐疑，勉强延宕了一年。衷已年至九岁了，杨后常欲立衷为太子，随时絮聒，又经赵夫人从旁帮忙，只说："衷年尚幼冲，怪不得他童心未化，将来大器晚成，何至不能承统。今主上即位二年，尚未立储，似与国本关系，未免欠缺，应速立衷为嗣"云云。从来妇人私语，最易动听，况经一妻一妾，此倡彼和，就使铁石心肠，也被销熔。况晋武帝牵情帷蓄，无从摆脱，怎能不为它所误，变易成心？泰始三年正月，竟立衷为皇太子。祸本成了。内外官僚，那个来管司马家事？且衷为嫡长，名义甚正，更令人无从置喙，大众不过依例称贺，乐得做个好好先生，静观成败罢了。

是年特下征书，起蜀汉郎官李密为太子洗马，密父虔早殁，母何氏改醮，单靠祖母刘氏抚养，因得长成。是时刘氏年近百岁，起居服食，统由密一人侍奉。密乃上表陈情，愿乞终养。表文说得非常恳切，一经呈入，连武帝也为动情，且阅且叹道："孝行如是，毕竟名不虚传呢。"《陈情表》传诵古今，不待录入，惟事可风世，因特笔表明。待至刘终服阕，仍复征为洗马，不久即出为守令，免官归田，考终原籍。随手了结，免致阅者疑问。

泰始四年，皇太后王氏崩，武帝居丧，一遵古礼，迨丧葬既毕，还是缞绖临朝。先是武帝遭父丧时，援照魏制，三日除服，但尚素冠蔬食，终守三年。至是改魏为晋，法由己出，因欲仿行古制，持三年服，偏百官固请释缞，乃姑允通融，朝服从吉，常服从凶，直到三年以后，才一律改除。不没晋武孝思，惟不能力持古礼，尚留遗憾。事有凑巧，晋室方遭大丧，那孝子王祥，亦老病告终。祥系琅琊人氏，早年失恃，继母朱氏，待祥颇虐，卧冰求鲤的故典，便是王祥一生的盛名。后仕魏至太尉，封睢陵侯，武帝即位，迁官太保，进爵为公。见上文。祥以年老乞休，一再不已，乃听以睢陵公就第，禄赐如前。已而病殁，赙赠甚优，予谥曰元。祥弟名览，为朱氏所出，屡次谏母护兄，孝友恭恪，与祥齐名，后来亦官至光禄大夫。门施五马，代毓名贤，这岂不是善有善报么？叙祥及览，连类并书。

且说晋武帝新遭母丧，无心外事，但将内政稍稍整顿，已是兆民乐业，四境蒙庥。过了年余，方欲东向图吴，特任中军将军羊祜为尚书左仆射，出督荆州军事。祜坐镇襄阳，日务屯垦，缮备军实，意者待时而动，不愿与吴急切启衅，故在军中常轻裘缓带，有儒雅风。武帝亦特加宠信，听他所为。不意雍凉交界，忽出了一个外寇，叫做秃发树机能，这树机能系出鲜卑，为秦汉时东胡遗裔，散居塞北鲜卑山，因即沿称为鲜卑种。鲜卑酋匹孤，集得部众千人，从塞北入居河西。妻相掖氏方孕，延至足月，陡欲分娩，不及起床坐蓐，竟在被中产出一儿，鲜卑人呼被为秃发，乃以秃发两字，为婴儿姓氏，取名寿阗。寿阗年长，嗣父遗业，却也没甚奇异，不过部众日繁，约得数千人。寿阗子就是树机能，骁果多谋，集众数万，出没雍凉，当邓艾破蜀时，上表乞降，遂任他居住。偏偏养痈贻患，到了泰始六年，居然造起反来，是为胡人蠢动的第一声。提要钩元。小子有诗叹道：

豺狼生性本猖狂，聚众咆哮敢肆殃。
不信晋朝开国日，已闻叛贼树西方。

欲知树机能造反后事，容待下回叙明。

本回开宗明义，揭出西晋外患，由内乱而起，确是探原之论，并足援古证今，为未来之龟鉴。可见作者别具苦心，特借史事以讽世，冀免沦胥之苦，非好为是浪费笔墨也。魏蜀之亡，应详见《后汉演义》中，故从简略，独提出贾充之助逆，作一伏案，盖佐晋开国者贾氏，误晋乱国者亦贾氏，所关甚大，不容忽视。及晋主炎篡位以后，封宗室，立杨后，俱属振领提纲之笔，至册皇子衷为太子，事出晋主之误信妇人，帷帝之言，十有九败，何辨之不早辨也？至若晋武之终丧，及李密王祥之尽孝，均随事叙入，惩恶而劝善，其犹有良史之遗风欤。

第二回

堕诡计储君纳妇　慰痴情少女偷香

却说树机能拥众造反，气焰甚盛，雍凉边境，多被劫掠，十室九空。晋武帝本恐杂胡作乱，尝从雍凉二州故土，析置秦州，并遣胡烈为秦州刺史，令他屯兵镇守，严防胡人。胡烈莅任，甫及一年，树机能便即蠢动。烈当然督兵往讨，与树机能对垒争锋。树机能确是乖巧，先用老弱残众，出来诱敌，略经交战，马上遁去。烈三战三胜，便藐视树机能。树机能乃自来挑战，待烈出营，即麾众倒退，烈追赶一程，树机能退走一程，至烈欲收军回来，他又拨转马头，作进逼状。好几次相持不舍，激得胡烈性起，向前直追，约行数十里，见前面都是乱山深箐，险恶得很，树机能部下，统向山谷中跑入，杳无人影。烈未免惶惑，且未知此处地名，只好勒兵不进，谁知山冈上一声胡哨，竟张起一面叛旗，旗下立着一个番酋，戟手南指，口中呶呶不休，大约是辱骂晋军。无非诱敌。烈又忍耐不住，策马当先，驰入山中。

霎时间叛胡四起，把晋军截作数段，烈冲突不出，身受数创，创重身亡，部下军士，大半陷没，逃归的不过数人。看官听着！这地方叫作万斛堆，山上立着的番酋，就是秃发树机能。树机能既诱杀胡烈，势益猖獗，西陲大震。

扶风王司马亮，方都督雍凉军事，急遣将军刘旗往援。旗闻胡烈败没，不敢进击，但在中道逗留。那寇警日甚一日，连洛都中亦屡有急报，上下震惊。武帝乃传诏责亮，贬亮为车骑将军，并饬亮执送刘旗，处以死刑。亮复称节度无方，咎在臣亮，乞免刘旗死罪。武帝更下诏道："若罪不在旗，当有他属。"因将亮免官召归，另简尚书石鉴为安西将军，都督秦州军事，出讨树机能。更命前河南尹杜预为秦州刺史，兼轻车将军。预与鉴素有宿嫌，鉴欲借此陷预，遂令预孤军出战，不得延期。预知鉴有意为难，复书辩驳，大致说是"胡马方肥，势又甚盛，不可轻敌。且官军远行乏粮，更难久持，宜并力运足刍米，待至来春大进，方可平虏"等语。鉴得书大怒，即劾预张皇寇势，挠阻士心。有诏遣御史至秦州，囚预入都，械付廷尉。亏得预为皇室懿亲，曾尚帝姑高陆公主，内线一通，便有人出来解免，想总不外杨后等人。援照议亲减罪故例，准他图功自赎。预才得出狱，还归私宅。那石鉴一再发兵，统被树机能击退，日久无功。忮忌如是，怎能有成？到了泰始七年，树机能且与北地叛胡，互相连结，进围金城。凉州刺史牵弘，复为所杀。从前高平公陈骞，尝言："胡烈牵弘，有勇无谋，不堪重任。"武帝以为讳言，及二将先后阵亡，方悔不用骞议，但已是无及了。

于是趁着秋狝时候，再简将帅，特任鲁公兼车骑将军贾充，都督秦凉二州军事。这诏一下，累得贾充日夕徬徨，不知所措。他本来没甚韬略，徒靠着谄媚逢迎伎俩，得列元勋，看官阅过上文，应知他有两大功劳，第一着是与弑魏主，第二着是劝立冢子。嗣是邀殊宠，位上公，蟠踞朝堂，党同伐异。太尉临淮公荀颉，侍中荀勖，越骑校尉冯纨，皆与充友善，朋比为奸，独侍中任颛，中书令庾纯，刚直守正，不肯附充。充长女荃又为齐王攸妃，颛等恐他威焰日加，必为后患，可巧武帝择将西征，遂入内密陈，请命充都督秦凉。武帝竟允所请，骤然颁下诏书，迅雷不及掩耳，几令充莫名其妙。及仔细探听，方知由任颛等所荐举。外示推崇，实是排斥，不由的懊恨异常，但又无法推辞，只好托词募兵，迁延数月；到了寒信迭催，不便再挨，只好硬着头皮，上朝辞行。百僚往饯夕阳亭，盛筵相待，酒至半酣，充离座更衣，荀勖亦起身随入，两人得一处密谈。充皱眉道："我实不愿有此行，公可为我设策否？"勖答道："公为朝廷宰辅，乃受制一夫，煞是可恨。勖为公筹画已久，苦无良策，近得宫中消息，却有一隙可乘，若得成事，公自得免远行了。"充问有何事？勖又道："闻主上为太子议婚，公尚有二女待字，何不乘此营谋，倘蒙俞允，是遣嫁在迩，主上亦不使公行了。"充狞笑道："恐无此福。"勖凑机道："事在人为。"说至此，又与充附耳数语。充喜出望外，向勖再拜，恨不得跪下磕头。极力形容。勖慌忙答礼，握手并出，还座畅饮。待至日暮兴阑，彼此方才告别。充徐徐就道，每日不过行了数里，老天有意做人美，竟连宵降雪，变成一个粉妆玉琢的世界，千山皆白，飞鸟不通，何况这远行军士呢？充即遣使飞奏，说是雨雪载涂，难以行道，惟有待晴再往一法。果然皇恩浩荡，曲体军心，便令充折回都门，缓日起程。充喜如所期，匆匆还都。时来福凑，皇太子结婚问题，竟被充运动到手，得将三女许字青宫，这正是一大喜事，差不多似锦上添花。

原来太子衷年已十二，武帝欲为他择配，拟纳卫瓘女为太子妃。充妻郭槐，早思将己女许配太子，暗地里纳赂宫人，托她们向杨后处说合。妇人家耳朵最软，屡经左右提及贾女，说她如何有德，如何有才，不由的艳羡起来，便乘武帝入宫时，劝纳贾女为冢妇。武帝摇首道："不可，不可。"杨后惊问何因？武帝道："我意愿聘卫女，不愿聘贾女。卫氏种贤，并且多子，女貌秀美，身长面白，贾氏种妒，子息不蕃，女貌丑劣，身短面黑，两家相较，优劣不同，难道舍长取短么？"初意原是不差。杨后道："闻贾女颇有才德，陛下不应固执成见，坐失佳妇。"武帝仍然不答。杨后又固请武帝访问群臣，证明可否。武帝方略略点首。越宿召群臣入宴，与论太子婚事，荀勖正得列座，力言贾女贤淑，宜配储君。再加荀瓘冯纨，亦极口称赞贾女，说得天花乱坠，娓娓动听。武帝不觉移情，便问："贾充共有几女？"荀勖答道："充前妻生二女，已经出嫁，后妻生二女，尚未字人。"武帝又问："未字二女，年龄几何？"勖又答道："臣闻他季女最美，年方十一，正好入配青宫。"武帝道："十一岁未免太幼。"瓘即接口道："还是贾氏三女，已十有四龄，貌虽未及幼女，才德比幼女为优，女子尚德不尚色，还请圣裁！"好一个有德女子，请看将来。武帝道："既如此说，不如叫贾氏三女，入配吾儿。"勖等闻言，便离席拜贺。媒人做成了，我且当为媒人贺喜。武帝也有喜色，再令勖等入席，续饮数巡，方撤席而散。是日充正还都，荀勖等一出殿门，便欢天喜地，跑往贾府称贺去了。

小子走笔至此，更不得不将贾充二妻，详叙一番。充本娶魏中书令李丰女为妇，颇有才行，生下二女，长名荃，便是齐王攸妃，次名浚，亦得适名门。李丰前为司马师所杀，充妻李氏，亦坐父罪被戍，与充诀别，自往戍所。充不耐鳏居，更娶城阳太守郭配女，叫做郭槐。槐性妒悍，为充所惮，晋武践阼，颁诏大赦，李氏蒙恩释归，留居母家。武帝方感贾充旧惠，即对司马昭固请立长之功。特别隆宠，命得置左右夫人。充母柳氏，亦嘱充迎还故妇，郭槐攘袂忿争道："佐命荣封，惟我得受，李氏乃一罪奴，怎得与我并等？"充素畏阃威，未便逆命，只好委曲答诏，托言臣无大功，不敢当两夫人盛礼。武帝还道他谦卑自牧。哪知是河东狮吼，从中作梗哩。俗称惧内多富，充之富贵，想即出此。已而长女荃得为齐王攸妃，复欲替母设法，令得迎还。充终畏郭槐，但筑室居李，未尝往来。荃至充前，吁请一往，充仍不许。及充奉命西行，荃复与妹浚同往劝充，求充会母，甚至叩头流血，尚不见允。

郭槐却妒上加妒，定欲将己女入配东宫，与荃比势。她有二女，长名南风，幼名午，南风矮胖不文，午虽短小，尚有姣容。此次与太子为配，正是矮而且胖的贾南风。贾充闻武帝俯允婚事，自然笑逐颜开，对着荀勖等人，称谢不置。还有屏后探信的郭槐，得着这个好消息，真个是喜从天降，愉快莫名。自是备办奁具，无日不忙。充亦几无暇晷，把西征事搁在脑后，就是武帝也并不问及。至年暮下诏，仍令充复居原职，两老二小，团圞过年，快意更可知了。

泰始八年二月，为太子衷纳妃佳期。坤宅是相府豪门，纷华靡丽，不消细说，只忙煞了一班官僚，既要两边贺喜，又要双方襄礼，结果是蠢儿丑女，联合成双，也好算是无独有偶，天赐良缘了。调侃得妙。武帝见新妇面目，果如所料，心中不免懊悔，好在两口儿很是亲热，并无忤言，也乐得假痴假聋，随他过去罢了。惟郭槐因女入东宫，非常贵显，因欲往省李氏，自逞威风。充从旁劝阻道："夫人何必自苦，彼有才气，足敌夫人，不如勿往。"郭槐不信，令左右备了全副仪仗，自坐凤舆，呼拥而去。行至李氏新室，李氏不慌不忙，便服出迎。槐见她举止端详，容仪秀雅，不由的竦然起敬，竟至屈膝下拜。李氏亦从容答礼，引入正厅，谈吐间不亢不卑，转令郭槐自惭形秽，局促不堪。多去献丑。勉强坐了片刻，便即告辞。李氏亦不愿挽留，由她自归。她默思李氏多才，果如充言，倘充或一往，必被李氏羁住，因此防闲益密，每遇充出，必使亲人随着，隐为监督。傍晚必迫充使归，充无不如命，比王言还要敬奉，堂堂宰相，受制一妇，乃真是可愧可恨哩。回应荀勖语，悚人心骨。充母柳氏，素尚节义，前闻成济弑主，尚未知充为主使，因屡骂成济不忠，家人俱为窃笑。充益讳莫如深，不敢使母闻知。会柳母老病不起，临危时由充入问："有无遗嘱？"柳母长叹道："我教汝迎李新妇，汝尚未肯听，还要问甚么后事哩？"遂瞑目长逝。充料理母丧，仍不许李氏送葬，且终身不复见李氏。长女荃抑郁成瘵，也即病终。不忠不孝不义不慈，充兼而有之。还有一件贾府的丑史，小子也连类叙下，免得断断续续，迷眩人目。自贾女得为太子妃，充位兼勋戚，复进官司空尚书令，领兵如故。当时有一南阳人韩寿，为魏司徒韩暨曾孙，系出华胄，年少风流，才如曹子建，貌似郑子都，乘时干进，投谒相门。贾充召令入见，果然是翩翩公子，丰采过人，及考察才学，更觉得应对如流，言皆称意。充大加叹赏，便令他为司空掾，所有相府文牍，多出寿手，果然文成倚马，技擅雕龙。相国重才，格外信任，每宴宾僚，必令寿与席，充作招待员。寿初入幕，尚有三分拘束，后来已得主欢，逐渐放胆，往往借酒鸣才，高谈雄辩，座中佳客，无不倾情。好容易物换星移，大小宴不下数十次，为了他议论风生，遂引出一位绣阁娇娃，前来窃听。一日宾朋满座，寿仍列席，酒酣兴至，又把这饱学少年，倾吐了许多积愫，偏那屏后的锦帷，无风屡动，隐约逗露娇容，好似芍药笼烟，半明半灭。韩寿目光如炬，也觉帷中有人偷视，大约总是相府婢妾，不屑留神。谁知求凰无意，引凤有心，帷间的娇女儿，看这韩寿丰采丽都，几把那一片芳魂，被他勾摄了去。等到酒阑席散，尚是呆呆的站着一旁，经侍婢呼令入室，方才怏怏退回。既入房中，暗想世上有这般美男子，正是目未曾睹，若得与他结为鸳侣，庶不至辜负一生。当下问及侍婢，谓席间少年，姓甚名谁？侍婢答称韩寿姓名，并说是府中掾吏。那娇女儿既是一喜，又是一忧，喜的是萧郎未远，相见非难，忧的是绣闼重扃，欲飞无翼。再加那脉脉春情，不堪外吐，就使高堂宠爱，究竟未便告达，因此长吁短叹，抑郁无聊，镇日里偃息在床，不思饮食，竟害成一种单思病了。倒还是个娇羞女子。

看官道此女为谁？就是上文说过的少女贾午。午自胞姊出嫁，闺中少了一个伴侣，已觉得无限寂寥，蹉跎蹉跎，过了一两年，已符乃姊出阁年龄，都下的公子王孙，哪个不来求婚，怎奈贾充不察，偏以为只此娇儿，须要多留几年，靠她娱老。俗语说得好："女大不中留。"贾午年虽尚稚，情窦已开，听得老父拒婚，已有一半儿不肯赞成，此次复瞧见韩寿，不由的惹动情魔，恹恹成病。贾充夫妇，怎能知晓？总道她感冒风寒，日日延医调治，医官几番诊视，未始不察出病根，但又不便在贾充面前，唐突出言，只好模模糊糊的拟下药方，使她煎饮。接连饮了数十剂，毫不见效，反觉得娇躯越怯，症候越深。治相思无药饵。充当然忧急，郭槐更焦灼万分，往往迁怒婢女，责她们服侍不周，致成此疾。其实婢女等多已窥透贾午病源，不过似哑子吃黄连，无从诉苦，就中有个侍婢，为贾午心腹，便是前日与午问答、代为报名的女奴。她见午为此生病，早想替午设法，好做一个撮合山，但一恐贾午胆怯，未敢遽从，二恐贾充得闻，必加严谴，所以逐日延挨，竟逾旬月。及见午病势日增，精神亦愈觉恍惚，甚至梦中呓语，常唤韩郎，心病必须心药治，不得已冒险一行，潜至幕府中往见韩寿。寿生性聪明，蓦闻有内婢求见，已料她来意蹊跷，当下引入密室，探问情由。来婢即据实相告，寿尚未有室，至此也惊喜交并，忽转念道："此事如何使得？"便向来婢答复，表明爱莫能助的意思。来婢愀然道："君如不肯往就，恐要害死我娇姝了。"寿又觉心动，更问及贾女容色，来婢舌上生莲，说得人间无二，世上少双，寿正当好色，怎能再顾利害，便嘱来婢返报，曲通殷勤。婢当即回语贾午，午也与韩寿情意相同，惊喜参半。婢更为午设谋，想出往来门径，令得两下私会。午为情所迷，一一依议，乃嘱婢暗通音好，厚相赠结，即以是夜为约会佳期。彼此已经订定，午始起床晚妆，匀粉脸，刷黛眉，打扮得齐齐整整，静候韩郎。该婢且整理衾裯，熏香添枕，待至安排妥当，已是更鼓相催，便悄悄的踅至后垣，屏息待着。到了柝声二下，尚无足音，禁不住心焦意乱，只眼巴巴的望着墙上，忽听得一声异响，即有一条黑影，自墙而下，仔细一瞧，不是别物，正是日间相约的韩幕宾。婢转忧为喜，私问他如何进来？韩寿低语道："这般短墙，一跃可入，我若无此伎俩，也不敢前来赴约了。"毕竟男儿好手。婢即与握手引入，曲折至贾午房中。午正望眼将穿，隐几欲寐，待至绣户半开，昂头外望，先入的是知心慧婢，后入的便是可意郎君，此时身不由主，几不知如何对付，才觉相宜。至韩寿已趋近面前，方慢慢的立起身来，与他施礼。敛衽甫毕，四目相窥，统是情投意合，那婢女已出户自去，单剩得男女二人，你推我挽，并入欢帏。这一宵的恩爱缠绵，描摹不尽。最奇怪的是被底幽香，非兰非麝，另有一种沁人雅味。寿问明贾午，方知是由西域进贡的奇香，由武帝特赐贾充，午从乃父处乞来，藏至是夕，才取出试用。寿大为称赏，贾午道："这也不难，君若明夕早来，我当赠君若干。"寿即应诺，待晓乃去。俟至黄昏，又从原路入室，再续鸾交。贾午果不食言，已向乃父处窃得奇香，作为赠品。这一段便是贾女偷香的故事，小子有诗咏道：

逾墙钻穴太风流，处子贪欢甘被搂。

莫道偷香原韵事，须知淫贱总包羞。

究竟两人欢会情状，后来被人知晓否，容至下回续详。

阅坊间旧小说，言情者不可胜计，多半是说豪府佳人，倾情才子，即如前清时代之袁简斋，亦有"美人毕竟大家多"之句，是皆悬空揣拟，不足取信。试观贾充二女，即可略见一斑，充固权相也，二女为相府娇娃，应该饶有美色，乃南风短而黑，午虽较乃姊为优，史册中究未尝称美，度亦不过一寻常女子耳。所可信者权奸之门，往往无佳子女，如南风之配储君，而其后淫乱不道，卒以乱国，如午之私谐韩寿，而其后嗣子不良，亦致赤族。女子之足以祸人，固不必其尽为尤物也。本回专叙贾充二女，实为后文亡国败家之伏笔，且举其奸丑情状，首先揭出，俾阅者知始谋不正，后患无穷，骗婚不足取，偷香亦岂可效尤乎？

第三回

杨皇后枕膝留言　左贵嫔摅才上颂

却说韩寿得了奇香，怀藏回寓，当然不使人知，暗地收贮。偏此香一着人身，经月不散。寿在相府当差，免不得与人晋接，大众与寿相遇，各觉得异香扑鼻，诧为奇事。当下从旁盘诘，寿满口抵赖，嗣经同僚留心侦察，亦未见有什么香囊，悬挂身上，于是彼此动疑，有几个多嘴多舌的人，互相议论，竟致传入贾充耳中。充私下忖度，莫非就是西域奇香，但此香除六宫外，唯自己得邀宠赉，略略分给妻女，视若奇珍，为什么得入寿手？且近日少女疾病，忽然痊愈，面目上饶有春色，比从前无病时候，且不相同，难道女儿竟生斗胆，与寿私通，所以把奇香相赠么？惟门阃森严，女儿又未尝出外，如何得与寿往来？左思右想，疑窦百出，遂就夜半时候，诈言有盗入室，传集家童，四处搜查，童仆等执烛四觅，并无盗踪，只东北墙上，留有足迹，仿佛狐狸行处，因即报达贾充。充愈觉动疑，只外面不便张皇，仍令童役返寝，自己想了半夜，这东北墙正与内室相近，好通女儿卧房，想韩寿色胆如天，定必从此入彀。是夕未知韩寿曾否续欢，若溜入女寝，想亦一夜不得安眠。俄而晨鸡报晓，天色渐明，充即披衣出室，宣召女儿侍婢，秘密查问，一吓二骗，果得实供，慌忙与郭槐商议。槐似信非信，复去探问己女，午知无可讳，和盘说出，且言除寿以外，宁死不嫁。槐视女如掌中珠，不忍加责，且劝充将错便错，索性把女儿嫁与韩寿，身名还得两全。充亦觉此外无法，不如依了妻言，当下约束婢女，不准将丑事外传，一面使门下食客，出来作伐，造化了这个韩幕宾，乘龙相府，一番露水姻缘，变做长久夫妻，诹吉入赘，正式行礼，洞房花烛，喜气融融，从此花好月圆，免得夜来明去，尤妙在翁婿情深，竟蒙充特上荐牍，授官散骑常侍，妻荣夫贵，岂不是旷古奇逢吗？若使断章取义，真是天大幸事。话分两头。

且说安平王司马孚，位尊望重，进拜太宰，武帝又格外宠遇，不以臣礼相待，每当元日会朝，令孚得乘车上殿，由武帝迎入阼阶，赐他旁坐。待朝会既毕，复邀孚入内殿，行家人礼。武帝亲捧觞上寿，拜手致敬。孚下跪答拜，各尽义文。武帝又特给云母辇，青盖车，但孚却自安淡泊，不以为荣，平居反常有忧色，至九十三岁，疾终私第，遗命诸子道："有魏贞士河内司马孚，字叔达，不伊不周，不夷不惠，立身行道，终始若一，当衣以时服，殓用素棺。"诸子颇依孚遗嘱，不敢从奢。凡武帝所给厚赙，概置不用。武帝一再临丧，吊奠尽哀，予谥曰宪，配飨太庙。孚虽未尝忘魏，然不能远引，仍在朝柄政，自称有魏贞士，毋乃不伦。孚长子邕袭爵为王，余子亦授官有差，外如博陵公王沈，钜鹿公裴秀，乐陵公石苞，寿光公郑冲，临淮公荀觊等，俱相次告终。又有武帝庶子城阳王宪，东海王祗，亦皆夭逝。武帝屡次哀悼，常有戚容，不意福无双至，祸不单行，那杨皇后做了八九年的国母，已享尽人间富贵，竟致一病不起，也要归天。后与武帝情好甚笃，六宫政令，委后独裁，武帝从未过问。就是后庭妾御，为数无多，也往往敝服损容，不敢当夕。自从武帝即位，至泰始八年，除旧有宫妾外，只选了一个左家女，拜为修仪。左女名芬，乃是秘书郎左思女弟。左思字太冲，临淄人氏，家世儒学，夙擅文名，尝作《齐都赋》，一年乃成，妃白俪黄，备极工妙。嗣又续撰《三都赋》，魏吴蜀三都。构思穷年，自苦所见未博，因移家京师，搜采各书，朝夕浏览，每得一句，即便录出，留作词料。菑阳公卫瓘及著作郎张载，中书郎刘逵等，闻思好学能文，皆引与交游，且荐为秘书郎。思得了此官，所有天府藏书，任他取阅，左宜右有，始得将《三都赋》制成。屈指年华，正满十稔，后人称他为炼都十年。三赋脱稿，都下争抄，洛阳为之纸贵，就是左太冲三字的价值，也冠绝一时。随笔带入左思炼都，意在重才。左芬得兄教授，刻意讲求，仗着她慧质灵心，形诸歌咏，居然能下笔千言，作一个扫眉才子。武帝慕才下聘，左思只好应命，遣芬入宫，更衣承宠，特沐隆恩。可惜她姿貌平常，容不称才，武帝虽然召幸，终嫌未足，因此得陇望蜀，复欲广选绝色女子，充入后庭。

会海内久安，四方无事，遂诏选名门淑质，使公卿以下子女，一律应选，如有隐匿不报，以不敬论。那时豪门贵族，不敢违慢，只好将亲生女儿，盛饰艳妆，送将进去。武帝挈了杨后，临轩亲选，但见得粉白黛绿，齐集殿门，杨后阴怀妒忌，表面上虽无愠色，心计中早已安排，待各选女应名趋入，遇有艳丽夺目，即斥为妖冶不经，未堪中选，惟身材长大，面貌洁白，饶有端庄气象，才称合格。娶媳时何不操定此见？武帝也无可奈何，只好由她拣择。俄有一卞家女冉冉进来，生得一貌如花，格外娇艳，武帝格外神移，掩扇语后道："此女大佳。"后应声道："卞氏为魏室姻亲，三世后族，今若选得此女，怎得屈以卑位？不如割爱为是。"好辩才。武帝窥透后意，只好舍去。卞女退出，复来了一个胡女，却也艳丽过人，惟乃父奋为镇军大将军，女秉有遗传性质，婀娜中有刚直气，后乃不复多说，便许武帝选定。当时中选女子，概用绛纱系臂，胡女笼纱下殿，自思不得还见父母，未免含哀，甚至号泣有声。左右忙摇手示禁道："休哭！休哭！恐被陛下闻知。"胡女反朗声道："死且不怕，怕甚么陛下？"倒是一个英雌。武帝颇有所闻，暗暗称奇。嗣复选得司徒李胤女，廷尉诸葛冲女，太仆臧权女，侍中冯荪女等，共数十人，乃退入后宫，是夕不传别人，独宣入胡家女郎，问她闺名，系一芳字。当下叫她侍寝，胡女到了此时，也只好唯命是从。一夜春风，恩周四体，翌晨即有旨传出，着洛阳令司马肇奉册入宫，拜胡芳为贵嫔。复因左芬先入，恐她抱怨，也把贵嫔绿秩，赏给了她。后来复召幸诸女，只有诸葛女最惬心怀，小名叫一婉字，颇足相副，因亦封为夫人，但尚未及胡贵嫔的宠遇，一切服饰，仅亚杨后一等，后宫莫敢与争。独后由妒生悔，由悔生愁，竟致染成一病，要与世长辞了。插入此段，包含无数笔墨。

武帝每日入视，且迭征名医诊治，始终无效，反逐渐加添起来。时已为泰始十年初秋，凉风一霎，吹入中宫，杨后病势加剧，已是临危，武帝亲至榻前，垂涕慰问，后勉强抬头，请武帝坐在榻上，乃垂头枕膝道："妾侍奉无状，死不足悲，但有一语欲达圣聪，陛下如不忘妾，请俯允妾言！"武帝含泪道："卿且说来，朕无不依从。"杨后道："叔父骏有一女，小字男胤，德容兼备，愿陛下选入六宫，补妾遗恨，妾死亦瞑目了。"言讫，呜咽不止。武帝也忍不住泪，挥洒了好几行，并与后握手为誓，决不负约。杨后见武帝已允，才安然闭目。竟在武帝膝上，奄然长逝，享年三十七岁。看官！你道杨后何故有此遗言？她恐胡贵嫔入继后位，太子必不得安，所以欲令从妹为继，既好压制胡氏，复得保全储君，这也是一举两得的良策。

谁知后来反害死叔父，害死从妹。武帝也瞧破隐情，但因多年伉俪，不忍相违，所以与后为誓，勉从所请。当下举哀发丧，务从隆备，且令有司卜吉安葬，待至窀穸有期，又命史臣代作哀策，叙述悲怀，随即予谥曰元，奉葬峻阳陵。左贵嫔芬，独献上一篇长诔，追溯后德，诔文不下数千言，由小子节录如下。何必多出风头，难道想做继后不成？

维泰始十年，秋，七月，丙寅，晋元皇后杨氏崩。呜呼哀哉！昔有莘适殷，姜姒归周，宣德中闱，徽音永流。樊卫二姬，匡齐翼楚，马邓两妃，亦毗汉主。元后光嫔晋宇，伉俪圣皇，比踪往古。遭命不永，背阳即阴，六宫号咷，四海恸心。嗟予鄙妾，衔恩特深。这是乏色的好处。追慕三良，甘心自沉。何用存思？不忘德音。何用纪述？托词翰林。乃作诔曰：赫赫元后，出自有杨，奕世朱轮，耀彼华阳。维岳降神，显兹祯祥。笃生英媛，休有烈光。含灵握文，异于庶姜。率由四教，匪怠匪荒。行周六亲，徽音显扬。显扬伊何？京室是臧。乃娉乃纳，聿嫔圣皇。正位闺阈，维德是将。鸣珮有节，发言有章。思媚皇姑，虔恭朝夕。允厘中馈，执事有恪。于礼斯劳，于敬斯勤。虽曰齐圣，迈德日新。亦既青阳，鸣鸠告时。躬执桑曲，率导媵姬。修成蚕簇，分茧理丝。女工是察，祭服是治。祗奉宗庙，永言孝思。于彼六行，靡不蹈之。皇英佐舜，涂山翼禹，惟卫惟樊，二霸是辅。明明我后，异世同轨，内敷阴教，外毗阳化。绸缪庶正，密勿夙夜。恩从风翔，泽随雨播，遐迩咏歌，中外禔福。天祚贞吉，克昌克繁，则百斯庆，育圣育贤。教逾妊姒，训迈姜嫄，堂堂太子，惟国之元。济济南阳，后子东封南阳王。为屏为藩。本支菴蔼，四海荫焉。积善之堂，五福所并，宜享高年，匪陨匪倾。如彭之齿，如聃之龄，云胡不造？于兹祸殃。寝疾弥留，瘏瘵不康，巫咸骋术，扁鹊奏方。祈祷无应，尝药无良。形神既离，载昏载荒。奄忽崩殂，湮精灭光。哀哀太子，南阳繁昌。攀援不寐，擗踊摧伤。呜呼哀哉！阖宫号咷，宇内震惊。奔者填衢，赴者塞庭。哀恸雷骇，流涕雨零，欷歔不已，若丧所生。惟帝与后，契阔在昔。比翼白屋，双飞紫阁。悼后伤后，早即窀穸。言斯既及，涕泗陨落。追维我后，实聪实哲。通于性命，达于俭节。送终之礼，比素上世。襚无珍宝，唅无明月。恐怕未必。潜辉梓宫，永背昭晰。臣妾哀号，同此断绝。庭宇遏密，幽室增阴。空设帷帐，虚置衣衾。人亦有言，神道难寻。悠悠精爽，岂浮岂沉？丰奠日陈，冀魂之临。孰云元后，不闻其音。乃议景行，景行已溢。乃考龟筮，龟筮袭吉。爰定宅兆，克成玄室。魂之往兮，于以今日。仲秋之晨，启明始出。星陈夙驾，灵舆结驷。其舆伊何？金根玉箱。其驷伊何？二骆双黄。习习容车，朱服丹章。隐隐辒轩，弁绖缌裳。华毂曜野，素盖被原。方相仡仡，旌旐翻翻，挽童引歌，白骥鸣辕。观者夹涂，士女涕涟。千乘万骑，迄彼峻山。峻山峨峨，层阜重阿。弘高显敞，据洛背河。左瞻皇姑，右睇帝家，惟存揆亡，明神所嘉。诸姑姊妹，娣姒媵御，追送尘轨，号咷衢路。王侯卿士，云会星布。群官庶僚，缟盖无数。中外俱临，同哀并慕。有始有终，天地之经。自非三光，谁能不零？存播令德，没图丹青。先哲之志，以此为荣。温温元后，实宣慈焉。抚育群生，恩惠滋焉。遗爱不已，永见思焉。悬名日月，垂万春焉。呜呼庶妾，感四时焉。言思言慕，涕涟洏焉。

这篇诔文，经武帝览着，看她说得悲切，也出了许多眼泪，并重芬词藻，屡加恩赐。但芬体素弱，多愁多病，终不能特别邀宠，镇日里闷坐深宫，除笔墨消遣外，毫无乐趣。从来造物忌才，左家女有才无色，也是天意特留缺陷，使她无从得志哩。幸亏有此，才得令终。

越年正月朔日，颁诏大赦，改元咸宁，追尊宣帝为高祖，景帝为世宗，文帝为太祖，并录叙开国功臣，已死得配享庙食，未死得铭功天府。帝德如春，盈庭称颂。武帝自杨后殁后，虽然不免悲感，但也有一桩好处，妃嫔媵嫱，尽可随意召幸，不生他虑。无如人主好色，往往喜新厌故，宫中虽有数百个娇娥，几次入御，便觉味同嚼蜡，因此复下诏采选，暂禁天下嫁娶，令中官分驰州郡，专觅娇娃。可怜良家女子，一经中官合意，无论如何势力，不能乞免，只好拜别爹娘，哭哭啼啼，随着中使，趋入宫中，统共计算，差不多有五千人。武帝朝朝挹艳，夜夜采芳，把全副龙马精神，都向虚牝中掷去，究竟娥眉伐性，力不胜欲，徒落得形容憔悴，筋骨衰颓。咸宁二年元日，竟不能视朝，托词疾疫，病倒龙床，接连有数日未起。朝野汹汹，俱言主上不讳，太子不堪嗣立，不如拥戴皇弟齐王攸，河南尹夏侯和，且私语贾充道：“公二婿亲疏相等，充长女适齐王，次女适太子，均见前回。立人当立德，不可误机。”和岂不知充有悍妇吗？充默然不答。既而武帝得了良医，病幸渐瘳，仍复出理朝政。荀勖冯紞，阿谀取容，素为齐王攸所嫉，积不相容。勖乃乘间行谗，使紞进说武帝道：“陛下洪福如天，病得痊愈。今日为陛下贺，他日尚为陛下忧。”武帝道：“何事可忧？”紞嗫嚅道：“陛下前立太子，无非为传统起见，但恐将来或有他变，所以可忧。”武帝复问为何因？紞又道：“前日陛下不豫，百僚内外，统已归心齐王，陛下试想万岁千秋后，太子尚能嗣立么？”是谓肤受之愬。武帝不觉沉吟。紞见武帝心动，更献计道：“臣为陛下画策，莫若使齐王归藩，免滋后虑。”武帝也不多言，唯点首至再。及紞既趋出，复遣左右随处探访，得知夏侯和前日所言，仍徙和为光禄勋，并迁贾充为太尉，罢免兵权。惟见攸守礼如恒，无瑕可指，因暂令任职司空，再作计较。外如何曾得进位太傅，陈骞得迁官大司马，不过挨次升位，并没有甚么关系。独汝阴王骏，受职征西大将军，都督雍凉等州军事，专讨树机能，都督荆州军事羊祜，加官征南大将军，专御孙吴。

转瞬间为杨后二周年，遣官往祭峻阳陵，并忆及杨后遗言，拟册杨骏女为继后，先令内使往验女容，果然修短得中，纤秾合度，乃援照古制，具行六礼，择吉初冬，续行册后典仪。届期这一日，龙章丽采，凤辇承恩，当然有一番热闹。礼成以后，下诏大赦，颁赐王公以下及鳏夫寡妇有差。新皇后入宫正位，妃嫔等无不趋贺。左贵嫔也即与列，当由武帝特旨赐宴，并命左贵嫔作颂。左贵嫔略略构思，便令侍女取过纸笔，信手疾书，但见纸上写着：

峨峨华嶽，峻极泰清。巨灵导流，河渎是经。惟渎之神，惟渎之灵，钟于杨族，载育盛明。穆穆我后，应期挺生。含聪履哲，岐嶷夙成。如兰之茂，如玉之莹。越在幼冲，休有令名。飞声八极，翕习紫庭。超任邈姒，比德皇英。京室是嘉，备礼致聘，令月吉辰，百僚奉迎。周生归韩，诗人是咏。我后戾止，车服辉映，登位太微，明德日盛。群黎欣戴，函夏同庆。翼翼圣皇，睿哲孔纯。愍兹狂戾，阐惠播仁。蠲衅涤秽，与时惟新。沛然洪赦，恩诏遐震。后之践祚，囹圄虚陈。万国齐欢，六合同欣。坤神抃舞，天人载悦，兴顺降祥，表精日月。和气氤氲，三光朗烈。既获嘉时，寻播甘雪。玄云晻蔼，灵液霏霏。既储既积，待旸而晞。曣晛沾濡，柔润中畿。长享丰年，福禄永绥。

属稿既成，另用彩纸誊真，约有一二个时辰，已将颂词缮就，妃嫔等同声赞美，推为隽才。可巧武帝在外庭毕宴，慢慢的踱入中宫，新皇后以下，一律迎驾。左贵嫔即将颂词呈上，由武帝览阅一周，便称赏道："写作俱佳，足为中宫生色了。"说着，亲举玉卮，赐饮三觞。左贵嫔受饮拜谢，时已昏黄，便各谢宴散去。小子有诗赞左贵嫔道：

曹氏大家常续史，左家小妹复能文。
从知大造无偏毓，巾帼多才也轶群。

宫中已经散席，帝后两人共入龙床，同去做高唐好梦了。欲知后事，请看下回。

祸晋者贾氏，而成贾氏之祸者，实惟杨皇后。立蠢儿为太子，一误也；纳悍女为子妇，二误也；至临危枕膝，尚以从妹入继为请，死且徇私，可叹可恨。盖妇人心性，往往只知有己，不知有家，家且不知，国乎何有？晋武为开国主，何其沾沾私爱，甘心铸错？甚至误信佞臣，疑忌介弟，试思有子如衷，有媳如南风，尚堪付畀大业乎？左贵嫔一诔一颂，类多粉饰之词，不足取信，但以一巾帼妇人，多才若此，足令须眉汗下。本回两录原文，为女界贡一词采，非漫誉两杨后也。

第四回

图东吴羊祜定谋　讨西虏马隆奏捷

却说武帝继后杨氏，名芷，字季兰，小名叫做男胤，年方二九，饶有姿容，并且德性婉顺，能尽妇道。详叙后德，影射下文贾后之悍。自从入继中宫，与武帝情好甚欢，大略与前后相似。后父骏曾为镇军将军，至是进任车骑将军，封临晋侯。骏有弟珧，任职卫将军，独上表陈情道："从古以来，一门二后，每不能保全宗族，况臣家功微德薄，怎堪受此隆恩？乞将臣表留藏宗庙，庶几后日相证，尚可曲邀天赦，免罹祸殃。"似有先见，然看到后文，实是要挟语。武帝准如所请，乃将珧表留藏。惟骏自恃国戚，怙宠生骄，尚书郭奕等，表称骏器量狭小，不宜重任，武帝为后推爱，竟不少省。又是一误。镇军将军胡奋，见骏骄侈，竟直言相规道："公靠着贵女，乃更增豪侈么？历观前朝豪族，与天家结婚，辄至灭门，不过略分迟早呢。"骏瞿然道："君女亦纳入天家，何必责我？"见前回。奋微笑道："我女虽然入宫，只配与公女作婢，怎得相比？我家却无关损益，不如公门显赫，令人侧目，此后还请公三思！"可谓诤友。骏终不以为意，且还疑奋有妒意，怏怏别去。

既而卫将军杨珧等，上言"古时封建诸侯，实为屏藩王室起见，今诸王公皆在京师，实与古意未合，应一律遣使出镇，俾就外藩。且异姓诸将，散屯边疆，非皆可恃，亦宜参用亲戚，隐为监制"云云。武帝乃核定国制，就户邑多少为差，分为三等。大国置三军，共五千人，次国二军，共三千人，小国一军，共一千五百人。凡诸王兼督军事，各令出镇，于是徙扶风王亮为汝南王，出为镇南大将军，都督豫州诸军事。琅琊王伦为赵王，兼领邺城守事。渤海王辅司马孚三子。为太原王，监并州诸军事。东莞王伷已莅徐州，徙封琅琊王。汝阴王骏已赴关中，徙封扶风王。又徙太原王颙司马孚孙，为后来八王之一。为河间王，河间王威为章武王。威亦孚孙。尚有疏戚诸王公，悉令就国。大家恋恋都中，不愿远行，奈因王命难违，不得已涕泣辞去。寻又立皇子玮为始平王，允为濮阳王，该为新都王，遐为清河王，数子年尚幼弱，皆留居京师。

征南大将军羊祜，久镇襄阳，垦田得八百余顷，足食足兵。襄阳与吴境接壤，吴主孙皓，系吴主孙权长孙，粗暴骄盈，好酒渔色。祜本欲乘隙图吴，因吴左丞相陆凯，公忠体国，制治有方，所以虚与周旋，未敢东犯。及凯已病殁，乃潜请伐吴，适益州兵变，又致迁延。祜有参军王浚，奉调为广汉太守，发兵讨益州乱卒，幸即荡平。浚得任益州刺史，讲信立威，绥服蛮夷。武帝征浚为大司农，祜独密表留浚，谓欲灭东吴，必须凭借上流。浚才可专阃，不宜内用，武帝乃仍令留任，且加浚龙骧将军，监督梁益二州军事。当时吴中有童谣云："阿童复阿童，衔刀浮渡江。不畏岸上兽，但畏水中龙。"浚籍隶弘农，小名正叫做阿童，小具大志，丰姿俊逸。燕人徐邈，有女慧美，及笄未嫁，邈甚是钟爱，令女自择偶，迄未当意。会邈出守河东，浚得迭为从事，年少英奇，颇为邈所赏识。邈因大会佐吏，使女在幕内潜窥，女指浚告母，谓此子定非凡器。独具慧鉴。邈闻女言，即将女嫁浚为妻，琴瑟和谐，不消细说。事与贾午相似，但彼为苟合，此实光明。嗣投羊祜麾下，祜亦加优待，每事与商。祜兄子暨尝伺间语祜道："浚好大言，恐滋他患，宜预加裁抑，休使胡行！"祜粲然道："如汝怎能知人？浚有大才，一得逞志，必建奇功，愿勿轻视！"徐女尚垂青眼，何况羊叔子。及浚得监督梁益二州，祜欲借上流势力，顺道伐吴，并因浚名与童谣相符，即表闻晋廷，请饬浚密修舟楫，为东略计。武帝依言诏浚。浚即大作战舰，长百二十步，可容二千余人，舰上用木为城，架起楼橹，四面开门，上可驰马往来，又在各船头上，绘画鹢首怪兽，以惧江神。绘兽惊神，未免近愚。工作连日不休，免不得有木头竹屑，被水漂流，随江东下。吴建平太守吾彦，留心西顾，瞧见江心竹木，料知上流必造舟楫，当即捞取呈报，谓晋必密谋攻吴，宜亟加戍建平，堵塞要冲。吴主皓方盛筑昭明宫，大开苑囿，侈筑楼观，采取将吏子女，入宫纵乐，还有何心顾及外侮？得了吾彦的表章，简直是不遑细览，便即搁过一边。吾彦不得答诏，自命工人冶铁为锁，横断水路，作为江防。

适吴西陵督军步阐，惧罪降晋，吴大司马陆抗，凯从弟。自乐乡督兵讨阐，围攻西陵。祜奉诏往援，自赴江陵，别遣荆州刺史杨肇攻抗。抗分军抵御，击败杨肇。祜闻肇败还，正拟亲往督战，偏西陵已被抗攻入，步阐被诛，屠及三族。祜只好付诸一叹，率兵还镇。武帝罢杨肇官，任祜如旧。祜乃敛威用德，专务怀柔，招徕吴人。有时军行吴境，刈谷为粮，必令给绢偿值，或出猎边境，留止晋地，遇有被伤禽兽，从吴境奔入，亦概令送还。就是吴人入掠，已为晋军所杀，尚且厚加殡殓，送尸还家。如得活擒回来，愿降者听，愿归者亦听，不戮一人。吴人翕然悦服。祜又尝通使陆抗，互有馈遗。抗送祜酒，祜对使取饮，毫不动疑。及抗有小疾，祜合药馈抗，抗亦即取服。部下或从旁谏阻，抗摇首道："羊叔子岂肯鸩人？"叔子即祜表字。抗又遍戒边吏道："彼专行德，我专行暴，是明明为丛驱雀了。今但宜各保分界，毋求细利。"羊祜对吴，无非笼络计策，即陆抗亦为所愚。吴主皓反以为疑，责抗私交羊祜。抗上疏辩驳，并陈守国时宜十二条，均不见行。皓且信术士刁元言，谓："黄旗紫盖，出现东南。荆扬君主，必有天下。"乃大发徒众，杖钺西行，凡后宫数千人，悉数相随。行次华里，正值春雪兼旬，凝寒不解，兵士不堪寒冻，互相私语道："今日遇敌，便当倒戈。"皓颇有所闻，始引兵还都。陆抗忧国情深，抑郁成疾，在镇五年，竟致溘逝。遗表以西陵建平，居国上游，不宜弛防为请。吴主皓因命抗三子分统部军，抗长子名元景，次名元机，又次名云，机云善属文，并负重名，独未谙将略。吴主却令他分将父兵，真所谓用违其长了。

术士尚广，为吴主卜筮，上问休咎。尚广希旨进言，说是岁次庚子，青盖当入洛阳。吴主大喜。已而临平湖忽开，朝臣多称为祯祥。临平湖自汉末湮塞，故老相传："湖塞天下乱，湖开天下平。"吴主皓以为青盖入洛，当在此时，因召问都尉陈顺。顺答说道："臣止能望气，不能知湖的开塞。"皓乃令退去。顺出语密友道："青盖入洛，恐是衔璧的预兆。今临平湖无故忽开，也岂得为佳征么?"嗣复由历阳长官奏报，历阳山石印封发，应兆太平。皓又遣使致祭，封山神为王，改元天纪。东吴方相继称庆，西晋已潜拟兴师，羊祜缮甲训卒，期在必发，因首先上表，力请伐吴，略云：

先帝顺天应时，西平巴蜀，南和吴会，海内得以休息，兆庶有乐安之心，而吴复背信，使边事更兴，夫期运虽天所授，而功业必由人而成。蜀平之时，天下皆谓吴当并亡，蹉跎至今，又越十三年，是谓一周。今不平吴，尚待何日？议者尝谓吴楚有道后服，无礼先强，此乃诸侯之时耳，今当一统，不得与古同论。夫适道之言，未足应权，是故谋之虽多，而决之欲独。凡以险阻得存者，谓所敌者同，力足自固，苟其轻重不齐，强弱异势，则智士不能谋，而险阻不可保也。蜀之为国，非不险也，高山寻云霓，深谷肆无影，束马悬车，然后得济，皆言一夫荷戟，千人莫当，及进兵之日，曾无藩篱之限，斩将搴旗，伏尸数万，乘胜席卷，径至成都，汉中诸城，皆鸟栖而不敢出，非皆无战心，力不足以相抗也。至刘禅降服，诸营堡者索然俱散，今江淮之隘，不过剑阁，山川之险，不如岷汉，孙皓之暴，侈于刘禅，吴人之困，甚于巴蜀，而大晋兵众，多于前世，资储器械，盛于往时，今不于此平吴，更阻兵相守，征夫苦役，日寻干戈，经历盛衰，不可长久，宜乘时平定以一四海，今若引梁益之兵，水陆俱下，荆楚之众，进临江陵，平南豫州，直指夏口，徐扬青兖，并会秣陵，鼓旆以疑之，多方以误之，以一隅之吴，当天下之众，势分形散，所备皆急，一处倾坏，上下震荡，虽有智者，不能为谋。况孙皓恣情任意，与下多忌，将疑于朝，士困于野，平常之日，独怀去就，兵临之际，必有应者，终不能齐力致死，已可知也。又其俗急速，不能持久，弓弩戟楯，不如中国，唯有水战，是其所长，但我兵入境，则长江非复彼有，还保城池，去长就短，我军悬进，人有致节之志，吴人战于其内，徒有凭城之心，如此则军不逾时，克可必矣。乞奋神断，毋误事机，臣不胜橐鞬待命之至。

这表呈上，武帝很为嘉纳，即召群臣会议进止。贾充荀勖冯紞，力言未可，廷臣多同声附和，且言秦凉未平，不应有事东南。武帝因饬祜且缓进兵。祜复申表固请，大略谓："吴虏一平，胡寇自定，但当速济大功，不必迟疑。"武帝终为廷议所阻，未肯急进。祜长叹道："天下不如意事，常十居八九，当断不断，天与不取，恐将来转无此机会了。"既而有诏封祜为南城郡侯，祜固辞不拜。平时嘉谟入告，必先焚草，所引士类，不令当局得闻，或谓祜慎密太过，祜慨然道："美则归君，古有常训。至若荐贤引能，乃是人臣本务，拜爵公朝，谢恩私室，更为我所不取呢。"又尝与从弟琇书道："待边事既定，当角巾东路，言归故里，不愿以盛满见责。疏广见汉史。便是我师哩。"如此志行，颇足令后人取法。咸宁四年春季，祜患病颇剧，力疾求朝，既至都下，武帝命乘车入视，使卫士扶入殿门，免行拜跪礼，赐令侍坐。祜仍面请伐吴，且言："臣死在朝夕，故特入觐天颜，冀偿初志。"武帝好言慰谕，决从祜谋。祜乃趋退，暂留洛都。武帝不忍多劳，常命中书令张华，衔命访祜。祜语华道："主上自受禅后，功德未著，今吴主不道，正可吊民伐罪，混一六合，上媲唐虞，奈何舍此不图呢？若孙皓不幸早殁，吴人更立令主，虽有众百万，也未能轻越长江，后患反不浅哩。"华连声赞成。祜唏嘘道："我恐不能见平吴盛事，将来得成我志，非汝莫属了。"华唯唯受教，复告武帝。武帝复令华代达己意，欲使祜卧护诸将。祜答道："取吴不必臣行，但取吴以后，当劳圣虑，事若未了，臣当有所付授，但求皇上审择便了。"未几疾笃，乃举杜预自代。预已起任度支尚书，应第二回。至是因祜推荐，即拜预为镇南大将军，都督荆州诸军事。预尚未出都，祜已疾终私第，享年五十八。武帝素服临丧，恸哭甚哀。是时天适严寒，涕泪沾着须鬓，顷刻成冰，及御驾还宫，特赐祜东园秘器，并朝服一袭，钱三十万，布百匹，追赠太傅，予谥曰成。

祜本南城人，九世以清德著名。补述籍贯，以地表人，本书著名人物，概用此例。自祜出镇方面，起居服食，仍守俭素，禄俸所入，皆分赡九族，或散赏军士，家无余财，遗命不得厚殓，并不得以南城侯印入柩。武帝高祜让节，许复本封。原来祜曾受封巨平侯，巨平系是邑名，与南城不同。襄阳百姓，闻祜去世，追忆遗惠，号哭罢市。祜生前在襄阳时，好游岘山，百姓因就山立祠，岁时享祭，祠外建碑，道途相望，相率流涕，后来杜预号此碑为堕泪碑。太傅何曾，同时逝世。曾性颇孝谨，整肃闺门，自少至长，绝意声色，晚年与妻相见，尚各正衣冠，礼待如宾。惟阿附贾充，无所建白，自奉甚厚，一食万钱，尚谓无下箸处。博士秦秀，为曾议谥，慨语同僚道："曾骄侈过度，名被九域，生极恣情，死又无贬，王公大臣，尚复何惮？谨按谥法，名与实异曰缪，怙乱肆行曰丑，可谥为缪丑公。"恰也爽快。武帝忆念勋旧，不欲加疵，仍策谥为孝。比羊叔子何如？正拟举兵伐吴，忽闻凉州兵败，刺史杨欣，又复战死，武帝又未免踌躇，仆射李熹，独举匈奴左部帅刘渊，使讨树机能，侍臣孔恂谏阻道："非我族类，其心必异，刘渊岂可专征？若使他讨平树机能，恐西北边患，从此益深了。"武帝乃不从熹言。

看官听着！刘渊是西晋祸首，小子既经叙及，不得不详为表明。从前南匈奴与汉和亲，自称汉甥，冒姓刘氏。魏祖曹操，曾命南匈奴单于呼厨泉，入居并州境内，分匈奴部众为五部。左部帅刘豹，系呼厨泉兄子，部族最强。后司马师用邓艾计，分左部为二，另立右贤王，使居雁门。豹子名渊，字元海，幼即俊异，师事上党人崔游，博习经史，尝语同学道："我常耻随陆无武，绛灌无文。随何陆贾绛侯周勃灌婴，皆汉初功臣。随陆遇汉高祖，不能立业封侯，绛灌遇汉文帝，不能兴教劝学，这岂非一大可惜么？"于是兼学武事，日演骑射，少长已膂力过人，入为侍子，留居洛阳。安东将军王浑父子，屡称渊文武兼长，可为东南统帅，李熹又荐他督领西军，俱被孔恂等谏阻。渊得知消息，密语好友王弥道："王李见知，每相推荐，非徒无益，恐反为我患哩。"因纵酒长啸，欷歔流涕。当有人告知齐王攸，攸入奏武帝道："陛下不除刘渊，臣恐并州不能久安。"王浑在侧，独替渊解免道，"大晋方以信义怀柔殊俗，奈何无故加疑，杀人侍子呢？"晋主遂释渊不诛，未几豹死，竟授渊为左部帅，出都而去。纵虎归山。

已而复闻树机能攻陷凉州，武帝且忧且叹道："何人为我讨平此虏？"道言未毕，左班内闪出一人道："陛下若肯任臣，臣决能平虏。"武帝瞧将过去，乃是司马督马隆，便接口道："卿能平贼，当然委任，但未知卿方略何如？"隆答道："臣愿募勇士三千人，率领西行，陛下不必预问战略，由臣临敌制谋，定能报捷。"武帝大喜道："卿能如是，朕复何忧？"当下命隆为讨虏将军，兼武威太守。廷臣多言隆本小将，妄谈难信，且现兵已多，何必再募勇士？武帝不听，一意委隆。隆设局募兵，悬标为的，须引弓四钧，挽弩九石，方得合选。隆亲自简试，得三千五百人，称为已足。又自至武库选仗，武库令但给敝械，与隆忿争。隆复入白武帝，陈明武库令阻难情形，武帝因传谕武库令，任隆自择。隆始得往取精械，分给勇士，一面入朝辞行。武帝面许给三年军资，隆拜命出都，向西进发。行过温水，树机能等拥众数万，据险拒守。隆见山路崎岖，不易轻进，乃令部下造起扁箱车，载兵徐进，遇着地方辽阔，联车为营，四面排设鹿角，相随并趋，一入狭径，另用木屋覆盖车上，得避弓弩。胡兵虽有埋伏，也觉技无所施，就使出来拦阻，亦被隆逐段杀退。始终不外持重。隆且战且前，并令勇士挽弓四射，发无不中。胡兵多应弦倒地，有几个侥幸脱彀，均皆骇散。因此隆冒险进兵，如同平地，转战千里，未尝一挫，反杀伤胡虏数千人，得直抵武威镇所。自从隆领兵西进，音问杳然，好几月不见军报，朝廷颇以为忧。或谓隆已陷没，故无音耗，及隆使到达，始知他已安抵武威。武帝抚掌欢笑，自喜知人，诘朝召语群臣道："朕若误信卿等，是已无秦凉了。"群臣怀惭退去。武帝即降诏奖隆，假节宣威将军，加赤幢曲盖鼓吹，未几，又得隆捷报，已擒降鲜卑部酋数人，得众万余，又未几更闻报大捷，十年以来的巨寇树机能，竟被隆乘胜奋斫，枭首凉州，秦凉各境，一律肃清。小子有诗咏道：

用兵最忌是拘牵，良将功成在任专。
十载胡氛从此扫，明良相遇自安全。

秦凉既平，武帝拟按功行赏，偏朝上一班奸臣，又复出来阻挠，毕竟隆众能否邀赏，且看下回再表。

《商书》有言："取乱侮亡。"吴主孙皓，淫暴无道，已寓乱亡之兆，羊祜之决议伐吴，亦即取乱侮亡之古义耳。惟前时吴尚有人，内得陆凯之为相，外得陆抗之为将，故羊祜虚与周旋，未敢进逼。"将军欲以巧胜人，盘马弯弓故不发。"羊叔子庶几近之，或谓其刈谷偿绢，送还猎兽，第愚弄吴人之狡术，殊不足道，不知外交以才不以德，必拘拘然绳以仁义，几何而不蹈宋襄之覆辙也。况岘首筑祠，堕泪名碑，三代以下，亦不数觏。本回详为演述，褒扬之义，自在言中。彼如马隆之得平树机能，未始非晋初名将，观晋武之倚重两人，乃知开国之主，必有所长，不得以外此瑕疵，遽掩其知人之明也。

第五回

捣金陵数路并举 俘孙皓二将争功

却说马隆既讨平秦凉，朝议将加赏西征将士，偏有人出来阻挠，谓西征将士，已加显爵，不宜更授。独卫将军杨珧进驳道："前由隆募选骁勇，稍加爵命，不过为鼓励起见，今隆众已荡平西土，未得增赏，将来如何用人，反觉得朝廷失信了。"武帝也以为然，遂颁诏酬勋，赐爵加秩如例。先是西北未平，尚不暇顾及东南，吴主孙皓，还道是四境平安，乐得淫佚。每宴群臣，必令沉醉，又尝置黄门郎十余人，密为监察，群臣醉后忘情，未免失检，那黄门郎立即纠弹，皓即令将失仪诸臣，牵出加罪，或剥面，或凿眼，可怜他无辜遭谴，徒害得不死不活，成为废人。晋益州刺史王浚，察知东吴情事，遂奉表晋廷，略谓："孙皓荒淫凶逆，宜速征伐，臣造船七年，未得出发，反致朽败。且臣年七十，死亡无日，愿陛下无失时机，亟命东征！"武帝复召廷臣会议，贾充荀勖等仍执前说，力阻行军，唯张华忆羊祜言，赞同浚议。适将军王浑，调督扬州，镇守寿阳，与吴人屡有战争，遂上言："孙皓不道，意欲北上，应速筹战守为宜。”朝议以天已严寒，未便出师，决待来春大举，武帝亦乐得休暇。一日，正召入张华弈棋，忽由襄阳递入急奏，武帝不知何因，忙即展览，奏中署名，是荆州都督杜预，大略说是：

故太傅羊祜，与朝臣异见，不先博谋，独与陛下密议伐吴，故朝臣益致龃龉。凡事当以利害相较，今此举之利，十有八九，而其害止于无功耳。近闻朝廷事无大小，异议蜂起，虽人心不同，亦由恃恩不虑后难，故轻相同异也。昔汉宣帝议赵充国所上事，获效之后，召责前时异议诸臣，始皆叩头而谢，此正所以塞异端，杜众枉耳。今自秋以来，讨贼之形颇露，若又中止，孙皓怖而生计。或徙都武昌，更完修江南诸城，远其居民，城不可攻，野无所掠，则明年之计，亦得无及矣。时哉勿可失，惟陛下察之！

武帝览毕，顺手递视张华。华看了一周，便推枰敛手道：“陛下圣明神武，国富兵强，号令如一。吴主荒淫骄虐，诛杀贤能，及今往讨，可不劳而定，幸勿再疑！”武帝毅然道：“朕意已决，明日发兵便了。”华乃趋出。翌晨由武帝临朝，面谕群臣，大举伐吴，即命张华为度支尚书，量计运漕，接济军饷。贾充闻命，忙上前谏阻，荀勖冯统，亦附和随声。武帝不禁动怒，瞋目视充道：“卿乃国家勋戚，为何屡次挠我军谋？今已决计东征，成败不干卿事，休得多言！”充碰了一鼻子灰，又见武帝变色，且惊且骇，忙即免冠拜谢。荀冯二人，亦随着磕头。丑态毕露。武帝方才霁颜，命镇军将军琅琊王伷出涂中，安东将军王浑出江西，建威将军王戎出武昌，平南将军胡奋出夏口，镇南大将军杜预出江陵，龙骧将军王濬与广武将军唐彬，率巴蜀士卒，浮江东下，东西并进，共二十余万人；并授太尉贾充为大都督，行冠军将军杨济骏弟。为副，总统各军。分派既定，武帝才辍朝还宫。

吏部尚书山涛，素以公正著名，尝甄拔人物，各为题奏，时称为山公启事。他见武帝决意伐吴，不便多嘴，至退朝后，但私语同僚道：“自非圣人，外宁必有内忧。今若释吴以为外惧，未始非策，何必定要出兵呢？”山公语亦似是而非，彼时祸根已伏，即不伐吴，亦岂能免乱？及东征军陆续出发，西方捷报又至，武帝益锐意东略，督促进军。龙骧将军王濬，筹备已久，一经奉命，率舟东下，长驱至丹阳。丹阳监盛纪，出兵迎战，怎禁得濬军一股锐气，横冲直撞，无坚不破。纪不及奔还，立被濬军擒去。濬顺流直进，探得江碛要害，统有铁锁截住，江心又埋着铁锥，逆距战船，乃作大筏数十，方百余步，缚草为人，被甲持仗，令善泅诸水手，在水中牵筏先行，筏遇铁锥，辄被引去，再用火炬长十余丈，大数十围，灌渍麻油，爇着猛火，乘风烧毁铁锁，锁被火熔，当即断绝，于是船无所碍，鼓棹直前。时已为咸宁六年仲春，和风嘘拂，春水绿波，濬与广武将军唐彬，驱兵至西陵，西陵为吴要塞，吴遣镇南将军留宪，征南将军成璩及西陵监郑广，宜都太守虞忠，并力扼守。不防浚军甚是厉害，一鼓作势，四面攀登，吴兵统皆骄惰，毫无斗志，蓦见敌军乘城，顿时骇散，留宪成璩等，还想巷战，奈手下已皆遁去，单剩得主将数人，孤立无助，眼见得束手成擒了。浚又乘胜攻克荆门夷道二城，擒住吴监军陆晏，再下乐乡，擒住吴水军统领陆景，江东大震。吴平西将军施洪等望风投降。

晋安东将军王浑，出发横江，得破寻阳，击走吴将孔忠，俘得周兴等数人，收降吴厉武将军陈代，平虏将军朱明；又镇南大将军杜预，进向江陵，密遣牙将管定周旨等，泛舟夜渡，袭据巴山，张旗举火，作为疑兵。吴都督孙歆，望见大骇，不禁咋舌道："北来诸军，怕不是飞渡长江么？"当下派兵出拒，被管定周旨等预先埋伏，突起交锋，杀得吴军大败奔还。歆尚未得知，安坐帐中，至敌军冲入，方惊起欲遁，不防前后左右，已是敌人环绕，就使力大如牛，也无从摆脱，被他活捉了去。管周二将，向预报功，预即亲抵江陵，督兵攻城。吴将伍延佯请出降，暗中却部署兵士，登陴抵御。预已先料着，趁他行列未整，即命部众缘梯登城。守兵措手不及，城即被陷，伍延战死。江陵既下，沅湘以南各州郡，望风归命，奉送印绶。预仗节称诏，一一抚慰，令各就原官，远近肃然。平南将军胡奋，亦得克江安，会奉晋廷诏命，令胡奋与王浚王戎，合攻夏口武昌，杜预但当静镇零桂，零陵桂阳。怀辑衡阳，且待江汉肃清，直指吴都未迟。预乃分兵益浚，奋与戎亦互助浚军，一战破夏口，再战平武昌，更泛舟东下，所向无前。

可巧春雨水涨，谣诼纷纭，贾充首先倡议，表请罢兵，略谓："百年逋寇，未可悉定，况春夏交际，江淮卑湿，一旦疫疠交作，反为敌乘，宜急召还各军，置作后图。且此次行军，虽似顺手，所损实多，虽腰斩张华，未足以谢天下！"等语。充屡次阻兵，究未知所操何见，想无非是妒功忌能耳。幸武帝不为少动，把充表留中不报。杜预闻充议辍兵，急忙抗表固争，一面征集各军，会议进取，有人从旁梗议，大旨与贾充相似。预奋然道："昔乐毅战国时燕人。借济西一战，几并强齐；今兵威已振，譬如破竹，数节以后，迎刃而解，还要费什么大力呢？"遂指授群帅，径进秣陵。

吴遣丞相张悌及督军沈莹诸葛靓等，率众三万，渡江逆战，行次牛渚，莹语悌道："上流诸军，素无戒备，晋水师顺流前来，势必至此，不如整兵待着，以逸制劳。今若渡江与战，不幸失败，大事去了。"悌慨然道："吴国将亡，贤愚共知，及今渡江，尚可决一死战，不幸丧败，同死社稷，可无遗恨。若坐待敌至，士众尽散，除君臣迎降以外，还有甚么良策？名为江东大国，却无一人死难，岂不可耻？我已决计效死了。"到此已无良策，如悌为国而死，还算是江东好汉。言讫，遂麾众渡江。到了板桥，与晋扬州刺史周浚军相值。悌便即迎击，两下相交，晋军甚是骁悍，吴兵尽管退却。约阅一二小时，但见吴人弃甲抛戈，纷纷遁去。诸葛靓料难支持，劝悌逃生，悌洒泪道："今日是我死日了。我忝居宰相，常恐不得死所，今以身死国，死也值得，尚复何言。”靓垂涕自去。悌尚执佩刀，左拦右阻，格杀晋军数名。既而晋军围裹过来，你一枪，我一槊，竟将悌刺死了事。沈莹见悌死节，也不顾性命，力战多时，至身受重创，倒地而亡。吴人视此军为孤注，一经覆没，当然心惊胆落，风鹤皆兵。晋将军王浚，闻板桥得胜，便自武昌拥舟东下，直指建业。即吴都。扬州别驾何恽，得悉王浚东来，进白刺史周浚道：“公已战胜吴军，乐得进捣吴都，首建奇功，难道还要让人么？”浚使恽走告王浑，浑摇首道：“受诏但屯江北，不使轻进，且令龙骧受我节度，彼若前来，我叫他同时并进便了。”恽答道：“龙骧自巴蜀东下，所向皆克，功在垂成，尚肯来受节度么？况明公身为上将，见可即进，何必事事受诏呢？”浑终未肯信，遣恽使还。

原来浚初下建平，奉诏受杜预节制，至直趋建业，又奉诏归王浑节制。浚至西陵，杜预遗浚书道：“足下既摧吴西藩，便当进取秣陵，平累世逋寇，救江左生灵，自江入淮，肃清泗汴，然后泝河而上，振旅还都，才好算得一时盛举呢！”浚得书大悦，表呈预书，随即顺流鼓棹，再达三山。吴游击将军张象，带领舟军万人，前来抵御，望见浚军甚盛，旌旗蔽空，舳舻盈江，不由的魂凄魄散，慌忙请降。浚收纳张象，即举帆直指建业。王浑飞使邀浚，召与议事，浚答说道：“风利不得泊，只好改日受教罢。”来使自去报浑。浚直赴建业。吴主孙皓，连接警报，吓得无法可施。将军陶浚，自武昌逃归，入语皓道：“蜀船皆小，若得二万兵驾着大船，与敌军交锋，或尚足破敌呢。”皓已惶急得很，忙授浚节钺，令他募兵退敌。偏都人已相率溃散，只剩得一班游手，前来应募，吃了好几日饱饭。待陶浚驱令出发，又复溃去。陶浚也无可奈何，复报孙皓。皓越加焦灼，并闻晋王浚已逼都下，还有晋琅琊王司马伷，亦自涂中进兵，径压近郊，眼见得朝不保暮，无可图存。光禄勋薛莹，中书令胡冲，劝皓向晋军乞降。皓不得已令草降书，分投王浚王浑，并向司马伷处送交玺绶。王浚接了降书，仍驱舰大进，鼓噪入石头城。吴主孙皓，肉袒面缚，衔璧牵羊，并令军士舆榇及亲属数人，至王浚垒门，流涕乞降。浚亲解皓缚，受璧焚榇，延入营中，以礼相待。随即驰入吴都，收图籍，封府库，严止军士侵掠，丝毫不入私囊，一面露布告捷。

晋廷得着好音，群臣入贺，捧觞上寿。武帝执爵流涕道：“这是羊太傅的功劳呢！”惟骠骑将军孙秀，系吴大帝孙权侄孙，前为吴镇守夏口，因孙皓见疑，惧罪奔晋，得列显官，他却未曾与贺，且南面垂涕道：“先人创业，何等辛勤，今后主不道，一旦把江南轻弃，悠悠苍天，伤如之何？”前已甘心降敌，此时却来作此语，欺人乎？欺己乎？武帝以浚为首功，拟下诏褒赏，忽接到王浑表文，内称浚违诏擅命，不受自己节度，应照例论罪。武帝未以为然，举表出示群臣。群臣多趋炎附势，不直王浚，请用槛车征浚入朝。武帝不纳，但下书责浚，说他“不从浑命，有违诏旨，功虽可嘉，道终未尽”等语。看官！你想这平吴一役，全亏王浚顺流直下，得入吴都，偏王浑出来作梗，竟要把王浚加罪，可见天下事不论公理，但尚私争。武帝还算英明，究未免私徇众议，所以古今来功臣志士，终落得事后牢骚，无穷感慨呢。一声何满子，双泪落君前。原来王浑闻浚入吴都，方率兵渡江，自思功落人后，很是愧忿，意欲率兵攻浚。浚部下参军何攀，料浑必来争功，因劝浚送皓与浑。浑得皓后，虽勒兵罢攻，意终未惬，乃表浚罪状，浚既奉到朝廷责言，因上书自讼，略云：

臣前受诏书，谓："军人乘胜，猛气益壮，便当顺流长骛，直造秣陵。"奉命以后，即便东下。途次复被诏书谓："太尉贾充，总统诸方，自镇东大将军伷及浑浚彬等，皆受充节度。"无令臣别受浑节度之文。及臣至三山，见浑军在北岸，遗书与臣，但云暂来过议，亦不语"臣当受节度"之意。臣水军风发，乘势造贼，行有次第，不便于长流之中，回船过浑，令首尾断绝。既而伪主孙皓，遣使归命，臣即报浑书，并录皓降笺，具以示浑，使速会师石头。臣军以日中至秣陵，暮乃得浑所下当受节度之符，欲令臣还围石头，备皓越逸。臣以为皓已出降，无待空围，故驰入吴都，封库待命。今诏旨谓臣忽弃明制，专擅自由，伏读以下，不胜战栗。臣受国恩，任重事大，常恐托付不效，辜负圣明，用敢投身死地，转战万里，凭赖威灵，幸而能济。臣以十五日至秣陵，而诏书于十二日发洛阳，其间悬阔，不相赴接，则臣之罪责，宜蒙察恕。假令孙皓犹有螳螂举斧之势，而臣轻军单入，有所亏丧，罪之可也。臣所统八万余人，乘胜席卷，皓以众叛亲离，无复羽翼，匹夫独立，不能庇其妻子，雀鼠贪生，苟乞一活耳。而江北诸军，不知其虚实，不早缚取，自为小误。臣至便得，更见怨恚，并云守贼百日，而令他人得之，言语噂沓，不可听闻。案春秋之义，大夫出疆，有利专之，臣虽愚蠢，以为事君之道，唯当竭力尽忠，奋不顾身，苟利社稷，死生以之。若其顾护嫌疑，以避咎责，此是人臣不忠之利，实非明主社稷之福也。夫佞邪害国，自古已然，故无极破楚，宰嚭灭吴，及至石显倾乱汉朝，皆载在典籍，为世所戒。昔乐毅伐齐，下城七十，而卒被谗间，脱身出奔。乐羊战国时魏人。既返，谤书盈箧，况臣疏顽，安能免谗慝之口？所望全其首领者，实赖陛下圣哲钦明，使浸润之谮，不得行焉。然臣孤根独立，久弃遐外，交游断绝，而结恨强宗，取怨豪族，以累卵之身，处雷霆之冲，茧栗之质，当豺狼之路，易见吞噬，难抗唇齿。夫犯上干主，罪犹可救。乖忤贵臣，祸常不测。故朱云折槛，婴逆鳞之怒，望之周堪，违忤石显，虽阖朝嗟叹，而死不旋踵，俱见汉史。此臣之所大怖也。今王浑表奏陷臣，其支党姻族，又皆根据磐牙，并处世位，闻遣人在洛中，专共交构，盗言孔甘，疑惑亲听。臣无曾参之贤，而罹三至之谤，敢不悚栗。本年平吴，诚为大庆，于臣之身，独受咎累，恶直丑正，实繁有徒。欲构南箕，成此贝锦。但当陛下圣明之世，而令济济之朝，有谗邪之人，亏穆穆之风，损皇代之美，是实由臣疏顽，使至于此。拜表流汗，言不识次，伏乞陛下矜鉴！

武帝得书，也知浚为王浑所忌，不免有媒孽等情，因下诏各军，班师回朝，待亲讯功过，核定赏罚云云。王浑既得絷皓，乃与琅琊王伷会衔，送皓入洛，皓至都门，泥首面缚。由朝旨遣使释免，给皓衣服车乘，赐爵归命侯，拜孙氏子弟为郎。所有东吴旧望，量才擢叙。从前王浚东下，吴城戍将，望风归降；惟建平太守吾彦，婴城固守，及孙皓被俘，方才投诚。武帝调彦为金城太守。诸葛靓姊，为琅琊王妃，靓自板桥败后，即窜入姊家，武帝素与靓相识，亲往搜寻。靓为魏扬州都督诸葛诞子。诞在魏主髦四年，讨司马昭不克，被杀，故靓奔吴，事见《三国演义》。靓复避匿厕中，被武帝左右牵出，始跪拜流涕道："臣不能漆身毁面，使得复见圣颜，不胜惭愧。"武帝慰谕至再，面授靓为侍中。靓固辞不受，情愿放归乡里。武帝不得已依议，听他自去，终身起坐，不向晋廷，后幸善终。靓于晋有君父大仇，乃不能与张悌同死，徒为是小节欺人，亦何足道。

武帝复颁诏大赦，改元太康。会值诸将陆续还都，因临轩召集，并引见孙皓，赐令侍坐，且顾语皓道："朕设此座待卿，已好几年了。"皓指帝座道："臣在南方，亦设此座待陛下。"史家记载皓言，未及指帝座三字，遂启后人疑窦，经著书人添入，方合口吻。贾充已回朝复命，时亦在侧，向皓冷笑道："闻君在南方，凿人目，剥人面，此刑施于何人？"皓答说道："人臣有敢为弑逆，及奸邪不忠，方加此刑。"充听了此言，不由的面目发赪，掉头趋退。自取其辱，但皓只御人口给，不能自保宗社，究有何益？王浑王浚，相继入朝，彼此尚争功不已。武帝命廷尉刘颂，叙次战绩。颂不免袒浑，列浑为首功，浚为次功。武帝因颂考绩徇私，左迁京兆太守。怎奈王浑私党，充斥朝廷，浑子济又尚公主，气焰逼人，大家统为浑帮护，累得武帝不便专制，也只好委曲通融，乃增浑食邑八千户，进爵为公。授浚为辅国大将军，与杜预王戎等，并封县侯。以下诸将，赏赐有差。遣使祭告羊祜庙，封祜夫人夏侯氏为万岁乡君，食邑五千户。一番东征事迹，至此结局。王浚以功大赏轻，始终不服，免不得怨忿交并，小子有诗叹道：

楼船直下扫东吴，功业初成已被诬。
何若当时范少伯，一舸载美去游湖。

欲知王浚后来情事，且至下回叙明。

蜀亡在晋武开国之先，故本编首回，略略叙及，并不加详。至大举灭吴，则晋武即位，已十有余年矣。此固当列诸晋史，不得以吴列三国，应属诸《三国演义》，可以删繁就简也。惟晋之伐吴，倡议为羊祜，立功为王濬，而从中怂恿者为张华，余子碌碌，皆因人成事而已。武帝非不明察，卒因朝臣右袒王浑，独封浑为公，而濬以下不过封侯，无怪濬之愤悒不平也。然功成者退，知足不辱，濬乃为小丈夫之悻悻，始终未释，其后来之得全首领者，尚其幸耳。韩彭葅醢，晁错受戮，非炎盛开国时耶？史家谓浑既害善，濬亦矜功，诚足为一时定评云。

第六回

纳群娃羊车恣幸　继外孙螟子乱宗

却说王濬因功高赏轻，时怀不平，每在朝右自陈战绩及诸多枉屈情形，武帝虽有所闻，亦如聋瞽一般，绝不与谈。濬不胜愤懑，往往不别而行。武帝念他有功，始终含忍过去。益州护军范通，为濬外亲，尝入语濬道："公有平吴大功，今乃不能居守，未免可惜。"濬惊问何因？通答道："公返旆后，何不急流勇退，角巾私第，口不言功，如有人问及，可答称圣主宏谟，群帅戮力，若老夫实无功可言。从前蔺相如屈服廉颇，便得此意。见战国时代。公能行此，也足令王浑自愧了。"濬瞿然道："我亦尝惩邓艾覆辙，邓艾事在前。自恐遭祸，不能无言。及今已隔多日，胸中尚不免介介，这原是我器量太小呢。"通即起贺道："公能自知小过，便足保全。"说毕乃退。濬自是稍稍敛抑，不欲争功。博士秦秀，太子洗马孟康等，却代为濬诉陈枉抑，武帝乃迁濬为镇军大将军，加散骑常侍，领后军将军。时都中竞尚奢侈，濬本俭约，至此恐功高遭嫌，乐得随风张帆，玉食锦衣，优游自适。后又受调为抚军大将军，开府仪同三司，延至太康六年病终。年已八十，得谥为武。濬得令终，幸有范通数语。看官听说！在晋武未曾受禅以前，本来是三国分峙，各据一方，自西蜀入魏，降王刘禅，受封为安乐公，三国中已少了一国。及魏变为晋，吴又并入晋室，晋得奄有中原，规复秦汉旧土，遂划全国为十九州，分置郡国百五十余。小子特将十九州的名目，析述如下：

司　兖　豫　冀　并　青　徐　荆　扬　凉　雍　秦　益　梁　宁　幽　平　交　广

小子还有数语交代，那安乐公刘禅的死期，是在晋泰始七年间，归命侯孙皓的死期，是在晋太康二年间，两降主俱病死洛阳，已无后患。就是废居邺城的魏曹奂，无拳无勇，好似鸟入笼中，受人豢养，得能饱暖终身，还算是新朝厚惠。他最后死，直到晋惠帝泰安元年，方病殁邺城。叙结三主生死，是揭晋武厚道处，即见晋武骄盈处。武帝既混一字内，遂思偃武修文，下诏罢州郡兵，诏云：

自汉末四海分崩，刺史内亲民事，外领兵马，今天下为一，当韬戢干戈，刺史分职，皆如汉时故事。悉去州郡兵，大郡但置武吏百人，小郡五十人，以示朕与民安乐，共享太平之意。

这诏颁下，交州牧陶璜，便即上书，略谓："州兵不宜减损，自示空虚。"武帝不纳。右仆射山涛，因病告假，闻朝廷下诏罢兵，亦不以为然。会武帝亲至讲武场，搜阅士卒，涛力疾入朝，随驾讲武，当下乘间进言，谓不宜去州郡武备，语意甚是剀切。武帝也为动容，但自思天下已平，不必过虑，既已颁诏四方，也未便朝令暮改，因此将错便错，延误过去。俗语说得好："饱暖思淫欲。"武帝不脱凡俗，一经安乐，便勾起那淫欲心肠。他闻得南朝金粉，格外鲜妍，乘此政躬清泰，正好选入若干充作妾婢，借娱晨夕。可巧吴宫伎妾，多半被将士掠归，洛阳都下，凑娶吴娃，但教一道命令，传下都门，将士怎敢违旨？便将所得吴女，一古脑儿送入宫中。武帝仔细点验，差不多有五千名，个个是雪肤花貌，玉骨冰肌，不由的龙心大喜，一齐收纳，分派至各宫居住。自是掖廷里面，新旧相间，约不下万余人。武帝每日退朝，即改乘羊车，游历宫苑，既没有一定去处，也没有一定栖止，但逢羊车停住，即有无数美人儿，前来谒驾。武帝约略端详，见有可意人物，当即下车径入，设宴赏花。前后左右，莫非丽姝，待至酒下欢肠，惹起淫兴，便随手牵了数名，同入罗帏。这班妖淫善媚的吴女，巴不得有此幸遇，挨次进供，曲承雨露。武帝亦乐不忘疲，今朝到东，明朝到西，好似花间蝴蝶，任意徘徊。只是粉黛万余，惟望一宠，就使龙马精神，也不能处处顾及，有几个侥幸承恩，大多数向隅叹泣，于是狡黠的宫女，想出一法，各用竹叶插户，盐汁洒地，引逗羊车。羊性嗜竹叶，又喜食盐，见有二物，往往停足。宫女遂出迎御驾，好把武帝拥至居室，奉献一脔。武帝乐得随缘，就便临幸。待至户户插竹，处处洒盐，羊亦刁猾起来，随意行止，不为所诱。宫女因旧法无效，只好自悲命薄，静待机缘罢了。何必定要望幸？惟武帝逐日宣淫，免不得昏昏沉沉，无心国事。后父车骑将军杨骏及弟卫将军珧，太子太傅济，乘势擅权，势倾中外，时人号为三杨。所有佐命功臣，多被疏斥。仆射山涛，屡有规讽，武帝亦嘉他忠直，怎奈理不胜欲，一遇美人在前，立把忠言撇诸脑后，还管甚么兴衰成败呢？一日，由侍臣捧入奏章，呈上御览，武帝顺手披阅，乃是侍御史郭钦所奏，大略说是：

戎狄强犷，历古为患，魏初民少，西北诸郡，皆为戎居，内及京兆魏郡弘农，往往有之。今虽服从，若百年之后，有风尘之警，胡骑自平阳上党，飚忽南来，不三日可至孟津，恐北地西河太原冯翊安定上郡，尽为狄庭矣。宜及平吴之威，谋臣猛将之略，渐徙内郡杂胡于边地，峻四夷出入之防，明先王荒服之制，此万世之长策也。

武帝看了数行，嗤然笑道：“古云杞人忧天，大约如此。”遂置诸高阁，不复批答，仍乘着羊车，寻欢取乐去了。女色蛊人，一至于此。后来得着昌黎军报，乃是鲜卑部酋慕容涉归，导众入寇。幸安北将军严询，守备颇严，把他击退。慕容氏始此，详见后文。武帝越加放心，更见得郭钦奏疏，不值一览。未几又有吴人作乱，亦由扬州刺史周浚，剿抚兼施，得归平靖。南北一乱即平，君臣上下，统说是幺麽小丑，何损盛明？于是权臣贵戚，藻饰承平，你夸多，我斗靡，直把那一座洛阳城，铺设得似花花世界，荡荡乾坤。

当时除三杨外，尚有中护军羊琇，后将军王恺，统仗着椒房戚谊，备极骄奢。琇是晋景帝即司马师。见第一回。继室羊后从弟，恺是武帝亲舅，乃姊就是故太后王氏，亦见第一回中。两家是帝室懿亲，安富尊荣，还在人意料中，不意散骑常侍石崇，却比两家还要豪雄，羊琇自知不敌，倒也不敢与较，只王恺心中不服，时常与崇比富。崇字季伦，系前司徒石苞幼子，颇有智谋，苞临终分财，派给诸子，独不及崇，谓崇将来自能致富，不劳分授，果然崇年逾冠，即得为修武令，嗣迁城阳太守，帮同伐吴，因功封安阳乡侯。旋复受调为荆州刺史，领南蛮校尉，加鹰扬将军。平居孳孳为利，在荆州时，暗属亲吏扮作盗状，往劫豪贾巨商，遂成暴富。入拜卫尉，筑室宏丽，后房百数，皆曳纨绣，珥珠翠，旦暮不绝丝竹，庖膳务极珍馐。王恺家用饴糖也，与饴通。沃釜，崇独用蜡代薪。王恺作紫丝布步障四十里，崇作锦布障五十里以敌恺。恺涂屋用椒，崇用赤石脂相代。恺屡斗屡败，因入语武帝，欲假珊瑚树为赛珍品，武帝即赐与一株，高约二尺许。恺扬扬自得，取出示崇，总道崇家必无此珍奇，定要认输了事。那知崇并不称美，反提起铁如意一柄，把珊瑚树击成数段。看官！你想王恺到此，怎得不怒气直冲，欲与石崇拼命？崇反从容笑语道：“区区薄物，值得甚么？”遂命家僮取出家藏珊瑚树，约数十株，最高大的约三四尺，次约二三尺，如恺所示的珊瑚树，要算是最次的，便指示恺道：“君欲取偿，任君自择。”恺不禁咋舌，赧然无言，连击碎的珊瑚树，也不愿求偿，一溜烟的避去。崇因此名冠洛阳。多利厚亡，请看将来。车骑司马傅咸，目击奢风，有心矫正，特上书崇俭道：

臣以为谷帛虽生，而用之不节，无缘不匮，故先王之化天下，食肉衣帛，皆有其制。窃谓奢侈之费，甚于天灾。古者尧有茅茨，今之百姓，竞丰其屋；古者臣无玉食，今之贾竖，皆厌粱肉；古者后妃，乃有殊饰，今之婢妾，被服绫罗；古者大夫，乃不徒行，今之贱隶，乘轻驱肥；古者人稠地狭，而有储蓄，由于节也，今者土广人稀，而患不足，由于奢也。欲时之俭，当诘其奢，奢不见诘，转相夸尚，弊将胡底？昔毛玠为吏部尚书时，无敢好衣美食者，魏武帝叹曰："孤之法不如毛尚书，今使诸部用心，各如毛玠，则风俗之移，在所不难矣。"臣言虽鄙，所关实大，幸乞垂察！

书入不报。司隶校尉刘毅，鲠直敢言，尝劾羊琇纳赂违法，罪应处死，亦好几日不见复诏。毅令都官从事程衡，驰入琇营，收逮琇属吏拷问，事皆确凿，赃证显然，乃再上弹章，据实陈明。武帝不得已罢免琇官。暂过旬月，又使琇白衣领职。贪夫得志，正士灰心，一班蝇营狗苟的吏胥，当然暮夜辇金，贿托当道，苞苴夕进，朱紫晨颁，大家庆贺弹冠，管甚么廉耻名节？到了太康三年的元旦，武帝亲至南郊祭天，百官相率扈从，祭礼已毕，还朝受谒。校尉刘毅，随班侍侧，武帝顾问道："朕可比汉朝何帝？"毅应声道："可比桓灵。"这语说出，满朝骇愕。毅却神色自若，武帝不禁失容道："朕虽不德，何至以桓灵相比？"毅又答道："桓灵卖官，钱入官库，陛下卖官，钱入私门，两相比较，恐陛下还不及桓灵呢！"再加数语，也可谓一身是胆。武帝忽然大笑道："桓灵时不闻有此言，今朕得直臣，终究是高出桓灵了。"受责不怒，权谲可知。说毕，乃抽身入内，百官联翩趋出，尚互相惊叹。刘毅仍不慌不忙，从容自去。

尚书张华，甚得主宠，独贾充荀勖冯紞等，因伐吴时未与同谋，常相嫉忌。适武帝问及张华，何人可托后事？华朗声道："明德至亲，莫如齐王。"武帝闻言，半晌不出一语。华也自知忤旨，不再渎陈。原来齐王攸为武帝所忌，前文中已略述端倪，见第三回。此次由张华突然推荐，更不觉触起旧情，且把那疑忌齐王的私心，移到张华身上，渐渐的冷淡下来。荀勖冯紞，乘间抵隙，遂将捕风捉影的蜚语，诬蔑张华。华竟被外调，出督幽州军事兼安北将军。他本足智多谋，一经莅任，专意怀柔，戎夏诸民，无不悦服。凡东夷各国，历代未附，至是也慕华威名，并遣使朝贡。武帝又器重华才，欲征使还朝，付以相位。议尚未定，已被冯紞窥透隐情，趁着入传时间，与武帝论及魏晋故事。紞怃然道："臣窃谓钟会构衅，实由太祖。"即司马昭，见第三回。武帝变色道："卿说甚么？"紞免冠叩谢道："臣愚蠢妄言，罪该万死，但惩前毖后，不敢不直陈所见。钟会才智有限，太祖乃夸奖太过，纵使骄盈，自谓算无遗策，功高不赏，因致构逆。假使太祖录彼小能，节以大防，会自不敢生乱了。"说至此，见武帝徐徐点首，且说出一个"是"字，便又叩首道："陛下既俯采臣言，当思履霜坚冰，由来有渐，无再使钟会复生。"武帝道："当今岂尚有如会么？"紞又答道："谈何容易！且臣不密即失身，臣亦何敢多渎？"武帝乃屏去左右，令他极言。紞乃说道："近来为陛下谋议，著有大功，名闻海内，现在出踞方镇，统领戎马，最烦陛下圣虑，不可不防。"谗口可畏。武帝叹息道："朕知道了。"于是不复召华，仍倚任荀冯等一班佞臣。

既而贾充病死，议立嗣子，又发生一种离奇的问题。先是充尝生一子，名叫黎民，年甫三龄，由乳母抱儿嬉戏，当阁立着，可巧充自朝退食，为儿所见，向充憨笑。充当然爱抚，摩弄儿顶，约有片时，不料充妻郭槐，从户内瞧着，疑充与乳母有私，竟乘充次日上朝，活活将乳母鞭死。可怜三岁婴孩，恋念乳母，终日啼哭，变成了一个慢惊症，便即夭殇。未几复生一男，另外雇一乳母，才阅期年，乳母抱儿见父，充又摩抚如初，冤冤相凑，仍被郭槐窥见，取出老法儿处死乳母，儿亦随逝，此后竟致绝嗣。充为逆臣，应该有此妒妇。充死年已六十六，尚有弟混子数人，可以入继。偏郭槐想入非非，独欲将外孙韩谧，过继黎民，为贾氏后。看官！试想三岁的亡儿，如何得有继男？况韩谧为韩寿子，明明是贾充外孙，如何得冒充为孙？当时郎中令韩咸与中尉曹轸，俱面谏郭槐道："古礼大宗无后，即以小宗支子入嗣，从没有异姓为后的故例，此举决不可行。"郭槐不听，竟上书陈请，托称贾充遗意，愿立韩谧为世孙。可笑武帝糊涂得很，随即下诏依议，诏云：

> 太宰鲁公贾充，崇德立勋，勤劳佐命，背世殂陨，每用悼心。又胤子早终，世嗣未立，古者列国无嗣，取始封支庶以绍其统，而近代更除其国。至于周之公旦，汉之萧何，或豫建元子，或封爵元妃，盖尊显勋劳，不同常例。太宰素取外孙韩谧为世子黎民后，朕思外孙骨肉至近，推恩计情，合于人心，其以谧为鲁公世孙，以嗣其国，自非功如太宰，始封无后，不得援以为例。特此谕知！

看官阅过第二回，应知贾午偷香，是贾门中一场风流佳话。此次又将贾午所生的儿子，还继与贾充为孙，益觉得闻所未闻。风流佳话中，又添一种继承趣事了。那韩谧接奉诏旨，即改姓为贾，入主丧务，一切仪制，格外丰备。武帝厚加赙赐，自棺殓至丧葬费，钱约二千万缗，且有诏令礼官拟谥。博士秦秀道："充悖礼违情，首乱大伦，从前春秋时代，鄫养外孙莒公子为后，麟经大书莒人灭鄫，今充亦如此，是绝祖父血食，开朝廷乱端，岂足为训？谥法昏乱纪度曰荒，请谥为荒公。"武帝怎肯依议，再经博士段畅，拟上一个武字，方才依从，这且待后再表。

且说齐王攸德望日隆，中外属望，独荀勖冯紞，日思排挤，并加了一个卫将军杨珧，也与攸未协，巴不得将他挤去。三人互加谗间，尚未见效，冯紞是谗夫中的好手，竟入内面请道："限下遣诸侯至国，成五等遗制，应该从懿亲为始。懿亲莫若齐王，奈何勿遣？"武帝乃命攸为大司马，都督青州军事。命令一下，朝议哗然。尚书左仆射王浑，首先谏阻，略言："攸至亲盛德，宜赞朝政，不应出就外藩。"武帝不省。嗣由光禄大夫李熹，中护军羊琇，侍中王济甄德，皆上书切谏，又不见从。王济曾尚帝女常山公主，甄德且尚帝妹京兆长公主，两人因谏阻无效，不得已乞求帷帝，浼两公主联袂入宫，吁请留攸。两公主受夫嘱托力劝武帝，不意也碰了一鼻子灰。小子有诗叹道：

上书谏阻已无功，欲借蛾眉启主聪。
谁料妇言同不用，徒教杏靥并增红。

欲知两公主被斥情形，且至下回再详。

山涛之谏阻罢兵，郭钦之疏请徙戎，未始非当时名论，但徒务外攘，未及内治，终非知本之言。武帝平吴，才及半年，即选吴伎妾五千人入宫，此何事也？乃不闻力谏，坐使若干粉黛，蛊惑君心，一褒姒妲己足亡天下，况多至五千人乎？不此之察，徒龂龂于兵之遽罢，戎之未徙，试思君荒臣奢，淫侈无度，即增兵徙戎，宁能不乱？后之论者，辄谓山涛之言不听，郭钦之疏不行，致有他日之祸乱，是所谓知二五不知一十者也。贾充妻郭槐，以韩谧为继孙，妇人之徇私蔑礼，尚不足怪，独怪武帝之竟从所请，清明之气，已被无数娇娃，斫丧殆尽。志已昏而死将随之矣，更何惑乎齐王攸之被遣哉！

第七回

指御座讽谏无功　侍帝榻权豪擅政

却说武帝决意遣攸，不愿从谏。蓦见两公主入宫，至御座前敛衽下拜，力请留攸。武帝道："汝等妇女，怎知国事？不必来此纠缠！"两公主跪不肯起，甚至叩头涕泣，惹得武帝怒起，拂衣外出，趋往别殿。两公主见他自去，无从再求，没奈何起身归家。那武帝怒尚未息，至别殿间，正值侍中王戎值日，便顾语道："兄弟至亲，今出齐王，乃是朕家事，甄德王济，横来干涉，今且遣妻入宫，向朕哭泣，朕不死，何劳彼哭？齐王亦未尝死，更何劳彼哭呢！"妇人两行珠泪，最能动人，不意此次却用不着。王戎听了，也不敢多言。武帝即令戎草诏，黜济为国子祭酒，德为大鸿胪。济与德因公主归来，复述武帝拒谏情形，更觉得自寻没趣，及左迁命下，越加扫兴，唯与公主相对涕洟罢了。独羊琇以杨珧排攸，运动最力，意欲与珧面论是非，怀刃寻衅。偏杨珧预先防备，托疾不出，暗嘱有司劾琇。琇降官太仆，恚愤而死。得死为幸。光禄大夫李熹，亦因年老辞职，罢死家中。是时已值年暮，齐王攸奉诏未行，暂留京都守岁。越年仲春，诏命太常议定典礼，崇锡齐王，促令就道。博士庾旉秦秀等，再上章挽留，仍不见报。祭酒曹志叹道："亲如齐王，才如齐王，不令他树本助化，反欲远徙海隅，晋室恐不能久盛了。”乃复上书极谏，谓当从博士等言。武帝览书大怒道：“曹志尚不明朕心，何论他人！”遂黜免志官，并庾旉等七人除名。

原来中书监荀勖，曾在武帝前进谗，谓百僚已归心齐王，试诏令就国，必致朝议沸腾。武帝先入为主，且见群臣陆续留攸，果如勖言，免不得忮心愈甚，所以奏牍上陈，无一见信，反加严谴。齐王攸亦不愿莅镇，奏乞守先后陵，仍被驳斥。满腔孤愤，无处上伸，累得攸郁郁成疾，竟至呕血。这也何必。武帝遣御医诊视，御医希旨承颜，复称齐王无疾。武帝遂连番下诏，催促起程。攸素好容仪，犹力自整肃，入阙辞行。武帝见他举止如恒，益疑他居心多诈，哪知过了两日，即由攸子冏呈入讣音，称攸呕血不止，竟尔逝世。武帝以变生意外，不禁大恸，冯紞在旁劝解道：“齐王名不副实，盗誉有年，今自薨逝，未始非社稷幸福，陛下何必过哀。”武帝乃收泪而止。诏为齐王发丧，礼仪如安平王孚故事，见第三回。并亲自往吊。攸子冏对帝悲号，诉称为御医所诬，武帝也觉不忍，令即收诛御医。但知希旨，不知有此一着。命冏承袭父爵，冏亦八王之一。谥攸为献。攸为晋室贤王，享年只三十有六。扶风王骏，闻武帝遣攸出镇，也曾上书力阻，嗣因武帝不从，忧愤成疾，与攸同时告终。骏遗爱及民，西人多树碑志德，悲泣盈途，晋廷追赠为大司马，予谥曰武。叙攸及骏，不没贤王。乃进汝南王亮为太尉，录尚书事，光禄大夫山涛为司徒，尚书令卫瓘为司空。

涛年垂八十，老病侵寻，因固辞不许，力疾入谢，途中又感冒风寒，归卧不起，旋即去世。武帝优加赙给，赐谥曰康。涛字巨源，河内人氏，早年丧父，食贫居贱，尝向妻韩氏道：“勉耐饥寒，我将来当位至三公，但未知卿堪做夫人否？”及年已四十，始为郡曹，从祖姑为宣穆皇后生母，宣穆皇后见首回。瓜葛相连，得与武帝为中表亲，乃累迁至尚书仆射，兼领吏部铨衡。有知人鉴，平居贞顺节俭，家无妾媵，禄赐俸秩，分赡亲故，殁后只遗旧屋十间，子孙不敷居住。左长史范晷，为白朝廷，武帝乃令有司拨款，代为营室，总算是酬答勋亲的惠意；另简右仆射魏舒为司徒。

舒籍隶任城，幼即失怙，寄食外家宁氏。宁氏尝增筑居宅，有堪舆家相宅道：“此宅应出贵甥。”舒闻言自负，欣然语人道：“当为外家成此宅相。”已而与宁氏别居，身长八尺二寸，仪容秀伟，不修小节，专喜骑射，以渔猎为生涯，尝投宿野王逆旅，闻有车马声隐隐前来，约至门外，即有人互相问答。问语为是男是女？答语称是男子。接连又有人应声道：“是男至十五岁，当死兵刃。”过了片刻，复问为何人借宿？答称为魏公舒。言讫遂去。舒卧至天明，起询寓主，始知主人妻夜产一男，乃记忆而行。蹉跎蹉跎，已过了十五年，贫困如故，往探野王主人，问及生男所在？主人黯然答述，谓：“伐桑伤斧，创重身亡。”舒觉前闻已验，惟年登强仕，故我依然，又似前兆未符，转思平时不学，何从上达？不如发愤攻书，借博功名。由是月习一经，期月有成，出与郡试，得升上第，除渑池长，迁浚仪令，入为尚书郎，不数年位至尚书，晋职司徒。舒处事明决，持躬清俭，散财好施，与山涛相同，所以德望亦与涛相亚。舒亦晋初名臣，故随笔插叙。司空卫瓘，向与舒友善，至此更同心来辅，整饬纪纲，故太康年间，虽经武帝荒淫，三杨用事，尚赖两老臣极力维持，幸得少安。

瓘世居安邑，父觊曾仕魏为尚书，中年去世，瓘得袭父荫，弱冠已仕尚书郎，后来佐晋立功，受封菑阳公。第四子宣，得尚帝女繁昌公主，瓘得邀宠眷，遇事摅忠，尝虑储贰非人，欲密请废立，屡次入见，且吐且茹，始终未敢直陈。会武帝幸凌云台，召集百僚，各赐盛宴。瓘饮至数觥，佯为醉状，起身至御座前，下跪道："臣有言上陈，未知圣意肯容纳否？"武帝许令直陈。瓘欲言又止，如是三次，乃用手抚床道："此座可惜。"武帝已悟瓘意，权词相答道："公真大醉么？"瓘亦知武帝托词，叩头而退。及宴毕还宫，过了数日，武帝想出一法，特召东宫官属，悉数入殿，概令侍宴。暗中却封着尚书疑案，遣内侍赍付东宫，令太子判决，当即复命。太子衷呆笨得很，骤接来文，晓得什么裁答，慌忙召问僚属，急切不见一人，那时仓皇失措，只好入问床头夜叉，与她商议。贾妃南风虽然读过好几年诗书，略通文墨，但欲代为答复，亦觉自愧未能，急来抱佛脚，忙遣侍婢趋问外臣，当有人代为拟草，引古证今，备具典博，传婢持报贾妃，妃恐忙中有错，再召入给事张泓，使决可否。泓摇首道："太子不学，为圣上所深知，今答诏多引古义，明明是倩人代拟，一或查究，水落石出，属稿吏当然被谴，恐太子亦不能安位了。"贾妃大惊道："这却如何是好？"泓答道："不如直率陈词，免得陛下动疑。"贾妃乃转惊为喜，温言与语道："烦公为我善复，他日当与共富贵。"泓因为具草，令太子自写。太子衷勉强录成，再由泓复阅，方交内使持去。武帝接视复文，词句虽多鄙俚，意见却是明通，不由的放下忧怀，既欲考验太子，何妨召入面试，乃仍辗转迟回，堕入狡吏计中，何其不明若是？便又召入卫瓘，持示答草。瓘才阅数行，即逡巡谢过，左右始知瓘有毁言，齐称陛下圣明，不受谗间，说得瓘满面怀惭，容身无地，还是武帝替他调解，方使瓘徐徐引退，尚得盖愆。

是时贾充尚在，得此消息，使人语贾妃道："卫瓘老奴，几破汝家。"妃因此恨瓘，尝思设计报复，只因武帝知瓘忠诚，宠遇日隆，一时无可下手，不得不容忍过去。及瓘为司空，遇有军国大事，武帝辄令会商，瓘亦有所献替，补益颇多。会日蚀过半，瓘与太尉汝南王亮，司徒魏舒，联名上表，固请避位，有诏不许，至太康五年正月，龙现武库井中，武帝亲自往观，颇有喜色。百官将提议庆贺，瓘独无言。边有一人闪出道："昔龙降夏庭，终为周祸，寻案旧典，并无贺龙故例，怎得创行？"瓘闻言急视，乃是尚书左仆射刘毅，是由司隶校尉新升，便随口接下道：

"刘仆射所言甚当，何必贺龙。"百官才打消贺议。武帝亦命驾驰归。先是魏尚书陈群，因吏部不能相士，特命郡国各置中正，州置大中正，令取本地人士，甄别才德，列为九品，吏部得援格补授。相沿日久，奸弊丛生，往往中正非人，徇私去取。刘毅不忍缄默，因力请更张，期清宿敝，奏疏有云：

臣闻立政者以官才为本，官才有三难，而国家兴替之所由也。人物难知，一也；爱憎难防，二也；情伪难明，三也。今立中正，定九品，高下任意，荣辱在手，操人主之威福，夺天朝之权势，爱憎决于心，情伪由于己，公无考校之负，私无告讦之忌，用心百态，求者万端，廉让之风灭，苟且之俗成，窃为圣朝耻之。臣尝谓中正之设，未获一益，反得八损，高下逐强弱，是非随兴衰，一人之身，旬日异状，或以货赂自通，或以亲私登进，是以上品无寒门，下品无势族，慢主罔时，实为乱源，所损一也；重其任而轻其人，所立品格，徒凭一人之意见，未经众望之所归，卒使驳违之论，横于州里，嫌仇之隙，结于大臣，所损二也；推立格之意，以为才德有优劣，伦辈有首尾，序列高下，若贯鱼之成次，秩然不乱，乃法立而弊生，名是而实非，公以为格，坐成其私，徒使上欺明主，下乱人伦，优劣易地，首尾倒错，所损三也；国家赏罚，自王公以至庶人，无不如法，今置中正，委以重柄，无赏罚之防，遂至清平者寡，怨讼者众，听之则告讦无已，禁绝则侵枉无极，上明不下照，下情不上闻，所损四也；一国之士，多者千数，或流徙异地，或取给殊方，面犹不识，遑问才力，而中正无论知否，但采誉于台府，纳毁于流言，任已则有不识之蔽，听受则有彼此之偏，所损五也；职有大小，事有剧易，稽功叙绩，庶足鼓舞人才，今则反是，当官著效者，或附卑品，在官无绩者，转得高叙，抑功实而隆虚名，长浮华而废考绩，所损六也；官不同事，人不同能，得其能则成，失其能则败，今不状才能之所宜，而徒第为九品，以品取人，或非才能之所长，以状取人，则为本品之所限，即使鉴衡得实，犹虑品状相仿，况意为取舍，黑白混淆，所损七也；前时铨次九品，朝廷犹诏令善恶必书，以为褒贬，故当时犹有所忌，今之九品，所下不彰其恶，所上不列其善，废褒贬之义，任爱憎之断，清浊同流，惩劝不明，天下人焉得不骤行而骛名，所损八也。由此论之，职名中正，实为奸府，事名九品，实有八损。古今之失，无逾于此。臣以为宜罢中正，除九品，弃魏氏之弊法，立一代之美制，则铨政清而人才出矣。事关重要，恳切上闻！

这疏上后，武帝虽尝优容，仍然不见施行。司空卫瓘，更与太尉汝南王亮等，申请尽除中正，规复乡举里选的古制。乡举里选，可行于上古，不可行于后世。试看今日选举，便可知晓。武帝但务因循，终不能改。未几刘毅疾殁，魏舒又以老疾辞官，旋亦谢世。朝议征令镇南大将军杜预，还都辅政。预已六十三岁，自荆州奉诏启行，行次邓县，一病不起，告终驿馆。自武帝罢撤兵备，吏惰民嬉。独预镇襄阳，常言天下虽安，忘战必危，所以文武并重，内立泮宫，外严堡寨，又引嶲淯诸水以溉原田，疏通扬夏诸水以达漕运，公私同利，兵民永赖，时人称为杜父，又号为杜武库。平居无事，辄流览经籍，自撰《春秋经传集解》，又参考众家谱弟，著成释例，再作盟会图春秋长历。再四斟酌，至老乃竣。当时侍中王济善相马，和峤善聚财，预谓济有马癖，峤有钱癖，唯自己有《左传》癖，迄今杜氏《集解》，流传不替。预殁后归葬京兆，追赠开府，得谥为成。天不憖遗，老成雕谢，只剩了一个卫司空，孤立无援，内为贾妃所忌，外为杨氏所嫌，免不得表里相倾，不安于位。卫宣曾尚帝女，见上文。复好作狭邪游，伉俪间不甚和协。杨骏等乘间设谋，谓宣若离婚，瓘必逊位，因嘱黄门侍郎等劾瓘父子，讽武帝夺宣公主。瓘当然惭惧，告老乞休。武帝准如所请，听令原爵休致，并命繁昌公主入宫居住，示与卫氏绝婚。有司又奏宣所为不法，应付廷尉治罪，武帝总算不问。后来知宣被诬，拟令公主仍归卫家，哪知缘分已断，不能再续，宣已病瘵亡身，徒使那金枝玉叶，坐守空帏，岂不可叹！

杨骏既排去卫瓘，复忌及汝南王亮，多方媒孽，不由武帝不从，竟命亮为大司马，出督豫州诸军事，使镇许昌。又徙封皇子南阳王柬为秦王，使出督关中，始平王玮为楚王，使出督荆州，濮阳王允为淮南王，使出督扬江二州军事。柬玮允三王，已见前文。更立诸子乂为长沙王，颖为成都王，乂颖与玮，并列八王中。晏为吴王，炽为豫章王，演为代王，皇孙遹为广陵王，遹为太子冢嗣，但不由嫡出，乃是宫妾谢玖所生。谢玖本系武帝宫中的才人，才人系女官名。秀外慧中，颇邀睿赏，特给赐东宫，使充妾媵，才阅年余，便生一男，取名为遹。遹年五岁，颖悟绝伦。一夕，侍武帝侧，蓦闻宫外失火，左右惊惶，武帝欲登楼觇视，遹牵住武帝衣裾，不使上楼。武帝问为何意？遹答说道："昏夜仓猝，宜备非常，不可使火光照见人主。"武帝不禁点首。至火已救熄，内外安静，益称遹为奇儿。小时了了，大未必佳。且谓遹酷肖宣帝，将来必能纂承大统，所以太子不才，武帝未尝不晓，只因遹生性敏慧，有恃无恐，所以不愿废储，照旧过去。贾妃南风，甚是妒悍，不悦皇孙，自遹得生长，更恐他妾再复生男，严加防检。适有一妾怀妊，腹大便便，为妃所觉，便用戟掷刺孕妾，随刃仆地，且责宫女防闲不密，自持刀杀死数人。武帝闻报大怒，命修金墉城冷宫，将妃废锢。充华赵粲，见首回。为妃缓颊，从容入白道："贾妃年少，未能免妒，待至长成以后，自当知改，愿陛下三思！"就是杨后亦替她劝解，再加杨珧亦为进言，谓："贾充有功社稷，不应遽忘，毋致废及亲女。"此时力为悍妃帮忙，宁知后来反噬耶？武帝乃寝议不行。当断不断，反受其乱。

转瞬间已是太康十一年，改元太熙，进王浑为司徒，起卫瓘为太保，加光禄大夫石鉴为司空。三人虽同心秉政，权力终不敌三杨。更因武帝晚年，渔色成疾，常不视朝。杨后居中用事，屡召入乃父杨骏，商榷要政。至太熙元年孟夏，武帝病剧，索性将杨骏留侍禁中，一切诏令，俱出骏手，诸王大臣，无一与谋。骏得擅易公卿，私树心腹。武帝连日昏沉，不省人事，既而回光返照，偶觉清明，居然能起阅案牍，省视黜陟，适见骏所拟诏书，用人非才，因正色语骏道："怎得便尔？"骏惶恐谢罪。武帝又道："汝南王亮，已启程否？"骏答言尚未。武帝又道："快令中书草诏，留他立朝辅政。"骏不得已传命出去。武帝卧倒床上，又昏昏睡着。骏慌忙趋出，直至中书处索阅草诏，持还禁中，越宿尚未缴出。中书监华廙入叩宫门，向骏乞还原稿，骏不肯与。到了傍晚，复传入华廙及中书令何劭，由杨后口宣帝旨，令作遗诏，授骏为太尉，兼太子太傅，都督中外诸军，录尚书事。廙与劭不敢违慢，当即草就，呈与杨后。杨后却故意引入两人，使就帝榻前作证。两人跪请帝安，然后由杨后递过草诏，使武帝自视。但见武帝睁着两眼，看了许多时候，方才掷下，一些儿不加可否。及廙与劭叩辞出宫，武帝已经弥留，临危时忽问左右道："汝南王来否？"左右答言："未来。"武帝不能再言，长叹一声，呜呼崩逝。在位二十五年，享寿五十五岁。小子有诗叹道：

欲垂燕翼贵诒谋，悍媳蚕儿已兆忧。
况复托孤无硕彦，帷廧怎得免戈矛？

欲知武帝死后，宫中如何行动，待至下回叙明。

齐王攸忧死而晋无贤王，山涛魏舒，相继谢世而晋无贤臣。司空卫瓘，似尚为庸中佼佼者流，然不能直言无隐，徒假此座可惜之言，为讽谏计，已觉胆小如鼷！至阅及太子答草，又未敢发奸摘伏，皇然谢过，以视刘毅诸人，尚有愧焉。武帝既知太子不聪，复恨贾妃之奇悍，废之锢之，何必多疑，乃被欺于狡吏而不之知，牵情于皇孙而不之断，受朦于宫帝而不之觉，卒至一误再误，身死而天下乱，名为开国，实是覆宗，王之不明，宁足福哉？阅此已为之一叹焉！

第八回

怙势招殃杨氏赤族　逞凶灭纪贾后废姑

却说杨骏见武帝已崩，即入居太极殿，主持国政，引太子衷即位柩前，颁诏大赦，骤改太熙元年为永熙元年，何其匆促乃尔？尊皇后杨氏为皇太后，立贾妃南风为皇后。会梓宫将殡，六宫出辞，骏并不下殿，反用虎贲百人，环卫殿门，一面促令汝南王亮即日赴镇。亮不敢临丧，但在大司马门外，北向举哀，又表求送葬山陵，然后启行。骏哪里肯依，并恐亮有别图，因即告知太后，诬亮谋变，且迫令嗣主手诏遣兵，声罪讨亮。还亏司空石鉴，从中劝阻，不致遽发。亮已微闻消息，商诸廷尉何勖。勖笑说道："今朝野皆惟公是望，公不能讨人，乃怕人讨么？"亮素胆小，但知趋避，竟夤夜出都，驰赴许昌，方得免难。骏弟杨济及骏甥李斌，皆劝骏留亮，骏终不从。济语尚书左丞傅咸道："家兄若召还大司马，令主朝政，自己洁身退避，门户尚可保全。"济与珧非无一隙之明，乃不能自拔，相与沦胥，亦何足道？咸答道："但当召还大司马，秉公夹辅，便致太平，何必故意趋避呢？况宗室外戚，谊关唇齿，唇亡齿寒，恐非吉征。"济闻言益惧。又问诸侍中石崇，崇答如咸言。济乃托崇谏骏，骏方自幸得志，怎能改过不吝，从谏如流？而且前此一班老臣，多已雕谢，就是荀勖冯紞等，亦相继病终，荀冯二人之死，亦随笔带过。宫廷内外，没人敢与骏相抗。骏乐得作威作福，任意横行。越月即奉梓宫出葬峻阳陵，庙号世祖，尊谥武帝。

骏自知平时威望，未满人意，因欲大加封爵，笼络众心。左军将军傅只，向骏贻书，谓："从古以来，未有帝王始崩，臣下得论功加封，请即辍议！"骏又不听从，竟劝嗣主下诏，凡中外群臣，皆增位一等，预丧各官，得增二等，二千石以上，统封关内侯，复租调一年。散骑侍郎何攀，又奏言："班赏行爵，超过开国功臣及平吴诸将帅，他日将何以善后？务请收回成命！"奏入不报。未几又有诏传下，授骏为太傅大都督，假黄钺，录朝政，百官总己以听。尚书左丞傅咸，入朝语骏道："谅暗本是古制，近世久不见行，今主上谦冲，委政明公，天下乃不以为是，试问公能当此重任么？周公大圣，尚致流言，况嗣主已非冲幼，公又地居贵戚，与周公不同，何不乘山陵事毕，慎图行止？可退即退，毋拂众情！"骏忿然作色，不答一词。咸乃告退。未几又复入谏，骏恨他多嘴，将出咸为郡守，骏甥李斌，谓斥逐正士，恐失人望，骏乃罢议。杨济密遗咸书，略云："生子痴，了官事，今日官事恐未易了呢。虑君撄祸，故敢直告。"咸复称："矫枉过正，卖直市名，或不免遭祸杀身。若控控愚忠，反致见怨，咸所未闻。"济得书付诸一叹，不复再白。咸亦不再谏骏，因得无恙。看官记着！这晋主衷嗣位以后，蠢顽如故，外事悉委杨骏，内政全出贾南风，自己同木偶一般，毫无守文气象。不过史家沿称庙号，叫作惠帝，所以小子也不得不援例相呼。特笔提明。

杨骏虽得专政柄，也恐贾后阴险多谋，时加防备。特令甥段广为散骑常侍，执掌机密，私党张劭为中护军，督领禁兵，所有诏命，先示惠帝，继白杨太后，始付颁行，其实统由骏一人主裁，太后与帝，无非唯唯承诺，从未尝有一异言。中外臣僚，因骏独断独行，专擅严愎，啧有烦言。冯翊太守孙楚，直言规骏，终不见纳，弘训官名。少府蒯钦，为骏姑子，亦屡进箴规，不嫌烦渎。他人多为钦惧祸，钦慨然道："杨文长系骏表字。虽暗，尚能知人无罪，不可妄杀，我言不见听，不过为彼所疏，我得疏乃可免患，否则将与彼俱族了。"骏不杀谏士，还是一些小善，钦借此解嘲，未免狡猾。既而骏选匈奴东部人王彰为司马，彰逃避不受，有彰友从旁怪问，彰答语道："古来一姓二后，少有不败。况杨太傅昵近小人，疏远君子，专权自恣，终必败亡。我逾海出塞，远避千里，尚恐及祸，奈何应他辟召，自投罗网呢？且武帝不思择嗣，负荷大业，受遗又不得人，天下大乱，翘足可待，还想甚么功名？我所以见机远行了。"友人方佩服彰言。

先是侍中和峤，尝启奏武帝，谓："太子朴诚，颇有古风，但末世多伪，质朴如太子，恐不能了陛下家事。"武帝默然。嗣峤复与荀勖入传，武帝顾语道："太子近日，颇有进境，卿等可往觇虚实。"峤与勖奉旨往验，及复命时，勖满口贡谀，独峤直说道："圣质如初。"武帝愀然变色，拂座竟入。峤当然返归。这语传入贾南风耳中，未免记在心里，隐含恨意。要你倒甚么醋罐。及惠帝嗣位，经过半年，立广陵王遹为太子，进中书监何劭为太子太师，吏部尚书王戎为太子太傅，卫将军杨济为太子太保，还有少师一职，任用了卫尉裴楷，少傅一职，因幽州都督张华入朝，留任太常卿，因即迁授。和峤得厕职少保，六大臣辅遹入宫，谒见贾后，后见峤在列，触起前憾，一张半青半黑的脸上，不由的露出嗔容。摹写得妙。峤神色夷然，佯若未见，俟太子谒毕，贾后入室，少顷见惠帝出来，顾问和峤道："卿常谓我不了家事，今果何如？"明明是受意贾后。峤从容答道："臣昔事先帝，曾有此言，如臣言无效，便是国家幸福了。"惠帝被峤一说，反弄得哑口无言。峤与众大臣徐徐引退，太子遹亦辞赴青宫，不消细表。

惟贾后生性阴鸷，素来是个不安本分的泼妇，此时统领六宫，内权在手，又想出预外政，偏上有太后，下有杨骏，每事受他牵掣，不能任所欲为，因此积怨成仇，恨不得速除二人。再加武帝在日，杨太后阴为调停，阳申劝诫，贾后未知太后暗护，反因太后责言，疑她播弄是非，所以处心积虑，徐图报复。自正位中宫后，日夕思逞，可巧殿中中郎孟观李肇，为骏所憎，屡遭诟斥，平时衔骏切骨，愿做中宫耳目，为后效劳，甚且构造蜚言，谓骏将危社稷，不可不防。从中牵合的叫做董猛，向为东宫给使，超列黄门，贾后倚为腹心，辄遣他通使观肇，密谋除骏，并废太后。又令肇往唆汝南王亮，使亮入清君侧，亮怯不敢承，肇因转告楚王玮。玮少年气锐，性又狠戾，便满口应允，表请入朝。杨骏本已忌玮，尝欲征召，只因玮勇悍难制，坐此迁延，及闻他自请入朝，喜如所愿，遂劝惠帝诏从所请。时已为永熙二年，诏复改元，号为永平，春光和煦，最便行人。玮与淮南王允，联袂入朝，贾后闻玮已入都，便即发难，嘱令孟观李肇，夜启惠帝，称骏谋反。惠帝晓得甚么真假，遽付手书，降黜骏官，令以列侯就第。观与肇以为未足，便请发兵讨骏。惠帝复命东安公繇，履历详后。率殿中兵四百人，往围骏第。楚王玮亦带领随兵，驻扎司马门，且令淮南相刘颂为三公尚书，入卫殿中。

散骑常侍段广闻变，急驰入见帝，跪伏座前，且泣且语道："杨骏受恩先帝，竭忠辅政，且年老无子，岂有反理？愿陛下审慎后行！"惠帝不答。广知无可言，因即趋出，报知杨骏。骏已得内变音耗，忙召众官入商，主簿朱振献议道："今内变猝起，定由阉竖为贾后设谋，不利公家。公宜亟率家甲，往烧云龙门，索交乱首，一面引东宫及外营兵，拥皇太子入宫，迫取奸人，殿内震惧，当将首犯斩送出来，否则不能免祸了。"骏平居很是骄愎，至此反狐疑不决，且嗫嚅道："云龙门为魏明帝所造，工费甚大，怎好烧去？"侍中傅祗，见骏多疑，料知不能成事，便起座语骏道："祗愿入宫观察事势，就便转圜。"复掉头语群僚道："宫中亦不可无人。徒在此聚议，亦属无益。"大众听了，起身皆走。独尚书武茂，还是坐着，祗瞋目顾茂道："公非朝廷大臣么？今内外隔绝，不知天子所在，怎得安坐？"茂乃惊起，随众同出。傅祗劝众同行，无非为避患起见，可见杨骏当日，已是众叛亲离。骏党左军将军刘豫，陈兵万春门，遇右军将军裴頠，问及太傅所在，頠随口设诳道："我曾在西掖门遇着太傅，见他乘着素车，带了二人，向西出走了。"豫惊诧道："我将何往？"頠答道："可至廷尉处自陈。"豫为頠所绐，匆匆径去。頠即接诏代豫，领左军将军，扼守万春门。

贾后恐太后救父，作为内应，即派心腹密往监守，果然得太后帛书，自宫中射出城外，上面写着"救太傅者有赏"六字。因扬言："太后与骏同反，大众不得妄从！"太后造反，自古罕闻。东安公繇，已率殿中兵围烧骏第，又令兵弩手等，分登阁上，环射骏门。骏与家属，俱不得出走。繇麾众掩入，四面搜寻，随手捕戮，约不下百余人，独不见有杨骏。再往马厩中缉捕，始觉有人蜷伏厩隅，群呼不应，各用戟攒刺进去，但听得几声惨号，已是溅血成红，死于非命。兵士拖尸出认，不是别人，正是前日赫声濯灵的杨太傅。争权夺利者其视诸。孟观李肇，又分收杨珧、杨济、张劭、李斌、段广、刘豫、武茂及散骑常侍杨邈、中书令蒋骏、东夷校尉文鸯等，俱至市曹斩首，各夷三族，共死数千人。杨珧临刑时，呼东安公繇，憘声与语道："表在石函，可问张华。"回应第四回。繇置诸不睬。贾氏族党，又促使行刑，珧尚号叫不止，蓦闻砉然一声，头破脑裂，方倒地而死。狡黠无益。

汲郡有高士孙登，营窟北山。夏时编草为裳，冬季用发自复，好读《易》抚琴，见人辄笑。杨骏在日，尝闻登名，遣使征召。登不肯就征，已而自至骏第，骏给以金帛，俱辞谢不受，又改赠布被，登携被出门外，随手乱劈，大呼道："斫斫刺刺。"及被皆扯碎，又奄卧道旁，作已死状。自骏以下，俱目登为疯人，听他僵毙，越宿出视，竟不知去向。既而温县又有一狂徒，自造四语，歌诸市上云："光光文长，大戟为墙，毒药虽行，戟还自伤。”当时俱莫名其妙。至骏居内府，用戟为卫，死时又被戟攒刺，始知狂徒也是高人。就是孙登举动，统有先觉，不过未曾道破，转令人索解无从呢。骏既诛死，遗骸委弃，无人敢收，惟太傅舍人阎纂，不忘故主，挺身独出，替他棺殓，却也未尝遭诛。是夕刑赏大权，统出自东安公繇。繇为琅琊王伷第三子，伷平吴后，恭俭自处，病殁青州。长子觐承袭父爵，又不永年。觐子睿嗣，就是将来的东晋元帝。预伏后文。繇得受封东安公，曾官散骑常侍，此次应诏除骏，威振内外，太子太傅王戎与语道：“大事已成，此后当谢权远势，毋蹈覆辙。”繇不能从。越宿乃奉诏大赦，复改永平元年为元康元年。贾后矫制，使后将军荀悝，徙杨太后至永宁宫。特全太后母庞氏生命，许与太后同居，暗中复嗾使群臣，纠弹太后。群臣趋炎附势，不敢逆命，遂联衔上奏道：

皇太后阴渐奸谋，图危社稷，飞箭系书，要募将士，同恶相济，自绝于天。鲁侯绝文姜，《春秋》所许，盖以奉承祖宗，任至公于天下，陛下虽怀无已之情，臣下不敢奉诏，可宣敕王公于朝堂，会议进止。

当下有诏答复，说是：“事关重大，当妥议后行。”有司又复申奏，大略说是：

逆臣杨骏，借外戚之资，居冢宰之任，陛下既居谅暗，委以重权，至乃阴图凶逆，布树私党。皇太后内为唇齿，协同逆谋，祸衅既彰，背捍诏命，阻兵负众，血刃宫省，而复流书募众，以奖凶党，上背祖宗之灵，下绝亿兆之望。昔文姜与乱，《春秋》所贬，吕宗畔戾，高后降配，宜废皇太后为峻阳庶人，以为大逆不道者戒！

牝鸡司晨，灭伦害理，盈廷僚佐，一大半党恶助虐，附和同声。只有太子少傅张华，新任中书监，还抱定一折衷主义，敷奏上去，略谓：“太后非得罪先帝，不过与父同恶，有悖母仪，宜依汉废赵太后为孝成后故事，号为武帝皇后，徙居离宫，以全终始。”此说已是牵强，但于群言庞杂，尚有可取。偏偏张议甫上，又有一个下邳王晃，系司马孚第四子。串同左仆射荀恺等，定要贬太后尊号，废锢金墉城。晃等是否有母，奈何贪昧至此？再加各王公大臣，接连奏请，应从晃等所言。那时诏书随下，竟废杨太后为庶人，出锢金墉城中。谁知贾南风心如蛇蝎，已把皇太后废去，还想把太后母庞氏，结果性命。一不做，二不休，再嗾动狐群狗党，狂吠朝堂，无非说是：“杨骏造反，家属同坐，怎得曲赦庞氏？”有诏尚佯称不忍，难从所请。至奏牍迭呈，援引“大义灭亲”四字，作为铁证，可怜白发皤皤的庞太君，竟奉到诏旨，枭首宫门。肚子太不争气，何故生一皇后？废太后怎忍母死，抱持悲号，且截发稽颡，上表贾后，自称为妾，乞全母命。一死便罢，何必如此倒霉？看官！试想这都是穷凶极恶的贾南风，嗾使出来，怎肯出尔反尔，放下屠刀？废太后拚命哀求，悍皇后反加催促，刀光闪闪，绝不留情，霎时间庞氏陨首，并将废太后杨氏，硬送入金墉城，幽禁了事。贾氏党羽，还是你一奏，我一疏，请尽诛杨骏官属，幸亏侍中傅祗，出为谏阻，方许赦免，不再滥刑。随即征汝南王亮为太宰，与太保卫瓘并录尚书事，进秦王柬为大将军，柬封秦王，见前回。东平王楙为抚军大将军，楙系司马孚庶孙。楚王玮为卫将军，下邳王晃为尚书令，东安公繇为尚书左仆射，晋爵为王，加封董猛为武安侯，孟观李肇等，皆拜爵有差。

汝南王亮入都辅政，又追论诛杨骏功，普加爵赏，封拜至千余人。傅咸已迁任御史中丞，一再致书谏亮，第一次是咎亮滥赏，第二次是劝亮让权，亮皆不愿听受，渐渐的自用自专。不知鉴及前车，真是愚愦。贾后族兄贾模，从舅郭彰，及贾充嗣孙贾谧，又俱得梯荣邀宠，蟠踞朝纲。楚王玮与东安公繇，也乘势干政。宗室外戚，双方分峙，又不免彼此生嫌。繇见贾后暴悍，恐不免害及己身，因与徒党密谋，拟设法废去悍后。既有今日，何必当初。计尚未定，偏遇那同胞兄弟，先加倾轧，暗肆谗言，竟把繇排挤出去。原来繇次兄淡，曾受封东武公，向与繇不相和协，屡次至太宰亮处进谗，说他专行诛赏，欲擅朝政。亮信为真言，奏免繇官。繇与东平王楙，常相往来，至是失官生怨，与楙谈及，有诋亮语，复为亮所闻知，遂遣楙赴镇，并谪繇至带方。繇既远去，又少一个著名的宗亲，贾谧郭彰，权焰益隆，眼见得宗室日弱，敌不过外戚威权。小子有诗讥汝南王亮道：

危厦何堪一木支，材庸器小更难持。
蟠根未固先戕叶，怎奈南风再折枝。

毕竟宗室外戚，有无冲突，容至下回再表。

读此回，令人愤又令人叹，悍哉！贾南风，何凶恶至此？自来称悍后者，莫如吕武，然吕雉有相夫开国之才，故渐得预政；武曌有蛊主倾城之色，故渐得弄权。何物贾氏才不足以驭众，色不足以动人，乃一为皇后，便置杨骏于死地！骏虽有自取之咎，然其罪不过专擅而止，诬以大逆，戮及亲党，宁非罪轻罚重乎？杨太后深居宫中，本无罪恶，飞箭示赏，志在全父，焉有父女之亲，而坐视不救者？贾南风乃借此构陷，唆动群臣，妇可废姑，伦常扫地。骏妻庞氏，为太后生母，又复为悍后所戮。古人谓貌美者心毒，不意丑黑如南风，其毒亦若是其甚也！至若满廷王公，不能与丑妇相争，反从而助其虐，是更不值一唾也已！

第九回

遭反噬楚王受戮　失后援周处捐躯

却说贾氏私党，权焰日盛，太宰亮未曾加防，反因楚王玮刚愎好杀，拟撤他兵权，遣令归镇，另用临海侯裴楷代任。太保卫瓘，亦赞成亮议。玮自恃有功，怎肯俯首听命？裴楷亦不敢受职。玮长史公孙宏及舍人岐盛，素行无赖，为玮所昵，因替玮设法，劝他与贾后结欢。贾后本恐玮难制，密怀猜忌，只因他自来迁就，也乐得曲为周旋，留作心膂，遂命玮领太子少傅。亮与瓘所谋未遂，不免加忧，瓘又因岐盛，向附杨骏，后来反噬杨氏，居心反复，不可不除，因欲请诏诛盛。盛微有所闻，竟驰往积弩将军李肇宅中，诈称玮命，报告亮瓘有废立意。肇已为贾后功狗，深得后宠，便把盛言转达贾后。后前曾怨瓘，又因瓘与亮同掌朝政，自己仍不能专恣，索性乘势捽去，可以逞志横行，乃自草密书，胁令惠帝照写。书中略云："太宰太保，欲行伊霍故事，王宜宣诏调兵，分屯宫门，并免二公官爵。"惠帝惟后是从，匆匆写就，遂由贾后交付黄门，叫他乘夜授玮。

玮得惠帝手书，也不禁踌躇，谓当入内复奏。黄门驳说道："事宜急行，若辗转需时，一或漏泄，转非密诏本意。"玮亦知谋出贾后，为争权计，但自思亮瓘二人，与己有隙，此时正好借端报复，一快私忿；况二人得除，将来亦可进揽朝纲，自逞大欲。你会逞刁，哪知别人比你更刁。遂慨然应允，令黄门返报，一面部勒本军，再矫诏召入三十六军，手令晓谕道："太宰太保，密图不轨，我受密诏，都督中外诸军，汝等皆应听我节制，助顺讨逆！"诸军闻令，相率惊顾，但亦不敢不唯命是从。玮又矫诏传示亮瓘僚属，教他们预先散归，概不连坐；若不奉诏，便军法从事。于是遣李肇与公孙宏，领兵讨亮。侍中清河王遐，武帝子，见第四回。率吏收瓘。亮尚未得确音，由帐下督李龙踉跄入报，请即严拒外交。亮尚疑为讹传，不肯照行。俄而府第被围，外兵登墙哗噪，亮始出问道："我并无二心，何故得罪？"公孙宏答道："奉诏讨逆，不知有他。"亮又谓："既有诏书，何不见示？"呆极。宏全然不理，但麾众攻入。亮乃返身入内，适遇长史刘准，向他泣涕。准忿然道："这必是宫中奸谋，公府内俊义如林，尚可并力一战。"亮仍然不决。实是庸徒。未几，由李肇趋入，指麾兵士，把亮缚住。亮仰首长叹道："似我忠心，可披示天下，如何无道，枉杀不辜？"肇既执亮，使坐车下。时当六月，夜间犹热，人皆挥汗，亮被缚着，汗出如沈。有几个监守军人，悯他无罪，替他搧凉。肇从旁觑着，竟下令军中道：“有人斩亮，赏布千匹!”乱兵闻利动心，一齐下手，或割鼻，或劈耳，或截手足，霎时间将亮送命，投尸北门。亮子矩亦为所杀，惟少子羕等，年尚幼稚，由婢仆等窃负逃出，避匿临海侯裴楷家。楷与亮有姻谊，密为保护，一夕八迁，始得免害。

那清河王遐趋至瓘第，宣诏逮瓘，瓘左右亦疑遐矫诏，劝瓘上表自讼，俟得报后，就戮未迟。瓘不欲抗旨，坦然趋出，接受诏书。正拟束手就缚，不防遐背后闪出一人，拔出利刃，手起刀落，把瓘挥作两段，并趁势闯入，捕得瓘三子恒岳裔及瓘孙六人，一并杀死。这人为谁？乃是被瓘所逐的帐下督荣晦。晦又屠戮瓘门，得报宿怨，复因瓘尚有二孙，未得搜获，还想率众严索，幸二孙璪玠，有病就诊，适寓医家，无从捕戮。清河王遐，已恨晦专杀，叱令返报。晦乃随遐白玮，公孙宏李肇等，亦皆至玮前缴令。岐盛又入语玮道：“亮瓘虽诛，贾谧郭彰未除，宜一并翦灭，方可正王室，安天下。”计议甚是，但不容汝奈何？玮接口道：“这……这事恐不可再行呢。”盛叹息而出。

时已天明，太子少傅张华，使董猛往说贾后道：“楚王既诛二公，威权在手，试问帝后如何得安？何勿责玮擅杀大臣，摒除后患!”贾后喜道：“我正虑此，卿等与我同见，幸速转告张公，事在速行。”悍妇好杀，过于暴男。猛驰白张华，华即入内启帝，立遣殿中将军王宫赍驺虞幡，出麾玮众道：“楚王矫诏杀人，汝等如何盲从?”言甫毕，众皆骇走。玮左右不留一人，窘迫不知所为，亟驾着牛车，将赴秦王柬第。途遇卫士追来，立把玮拖落车下，押交廷尉，一道诏书，接连颁下，说玮擅杀二公父子，又欲诛灭朝臣，谋图不轨，罪大恶极，应速正大典，特遣尚书刘颂监刑，颂奉诏后，当命将玮推出市曹，玮从怀中取出青纸，就是前次惠帝手书，令诛亮瓘，当下递示刘颂，且泣语道：“受诏行事，怎得为擅？自谓托体先帝，谋安社稷，乃反被见诬，幸为申奏!”迟了。颂亦欷歔涕下，不能仰视。无如朝旨迫促，未便稽留，只得强作威容，喝令斩玮。玮既斩讫，复有诏命诛公孙宏岐盛，并夷三族，一股冤气，冲上九霄，顿时大风骤雨，卷入刑场，再加那电光似火，雷声如鼓，吓得刘颂以下，慌忙逃回。天非怜玮，实是恨后。惟玮既受诛，亮与瓘应该昭雪，偏偏过了数日，未见明文。瓘女向廷臣上书，为父讼冤，又有太保主簿刘繇等，亦各执黄幡，挝登闻鼓，请追申枉屈，兼惩余凶。大致说是：

前矫诏者至太保第，太保承诏当免，重敕出第，孑身从命，如矫诏之文，唯免太保官，右军以下，即承诈伪。违基本文，辄戮宰辅，不复表上，横收太保子孙，辄皆行刑。贼害大臣父子九人，伏见诏书，为楚王所诳误，非本同谋者皆弛遣。如书之旨，第谓吏卒被驱，逼赍白杖者耳。律称受教杀人，不得免死，况乎手害功臣，贼杀忠良，虽云非谋，理所不赦。今元恶虽诛，凶竖犹存，臣惧有司未详事实，或有纵漏，不加详尽，使太保仇贼不灭，冤魂永恨，诉于穹苍，酷痛之臣，悲于明世。臣等身被创痍，殡殓始讫，谨陈瓘在司空时，帐下给使荣晦，有罪被黜，转投右军麾下，不自知过，反思修怨。此次变起，晦在门外，即扬声丑诋，及入门，宣毕讹诏，即敢加刃，彼又素知太保家属，按次收捕，悉加斩斫，屠戮全门，实由于晦。劫盗府库，亦皆晦所为。考晦一人，众奸毕集，乞验尽情伪，加以族诛。庶已死者犹可瞑目，而未死者尚得逃生。雪冤情，戢凶焰，臣等不胜哀吁之至！

自经繇等吁请，廷议乃归罪荣晦。执晦枭首，并诛晦族，且追复亮瓘爵位。谥亮曰文成，谥瓘曰成。嗣是贾后得志专政，委任亲党，用贾模为散骑常侍，兼加侍中。贾谧亦得任散骑常侍，并领后军将军。谧为后谋画，谓："张华系出庶姓，不致逼上，且儒雅有识，素孚众望，宜以朝政相委。"贾后转问裴頠，頠很是赞成，乃命华为侍中，兼中书监，頠为侍中，頠从叔楷即临海侯。为中书令，加侍中，与左仆射王戎，并掌机要。华尽忠帝室，弥缝衮阙，朝野倚为柱石。后虽凶险，亦加敬礼。华常作女史箴，呈入宫中，明明为讽后起见，后虽不肯改，却也未尝恨华。贾模裴頠，并服华才略，遇有大议，皆推华主张，故元康年间，主德虽昏，犹得安然无事。郭彰亦稍自敛抑，未敢横行，独贾谧少年好事，恃宠增奢，室宇崇闳，器服珍丽，歌僮舞女，选极一时。惟好延宾客，往往开阁相迎，凡贵游豪戚及海内文士，陆续趋附，尝与谧饮酒论文，相得甚欢，当时号为二十四友。小子特将各友姓名，编次如下：

郭彰太原人，见前。石崇渤海人。欧阳建同上。潘岳荥阳人。陆机陆云吴人，见第四回。缪征兰陵人。杜斌京兆人。挚虞同上。诸葛诠琅琊人。王粹弘农人。杜育襄城人。邹捷南阳人。左思齐人，见第三回。崔基清河人。刘瑰沛人。和郁汝南人，即和峤弟。周恢籍贯同上。牵秀安平人。陈昣颍川人。许猛高阳人。刘讷彭城人。刘舆刘琨中山人。

这二十四友，不是豪家，就是名士。此外奔走谧门，伺候颜色，就使多方谄媚，谧只以泛交相待，未尝许为知己。谧本有文名，更得二十四人，竞为标榜，声誉益隆。贾后得谧为助，更觉似虎添翼，或需文字煽惑，皆令谧草，别人怀宝剑，我有笔如刀，可为贾后写照。贾后越无忌惮，任性妄行，故太后杨氏，出居金墉城，尚有侍女十余人，充当役使，嗣复为贾后所夺，甚至无人进膳，一代母后，竟至绝粒八日，奄奄饿死，年才三十有四。虽是武帝害她，但前此何必阴护贾氏，养虎自噬，夫复谁尤？贾后贼胆心虚，尝恐冤魂未泯，棺殓时用物覆面，又用许多符书药物，作为镇压，才得放怀。这是元康二年间事。越年，弘农雨雹，深约三尺，又越年，淮南寿春大水，山崩地陷。上谷居庸上庸，亦遭水灾，伤及禾稼，人民大饥。未始非阴气太盛所致。又越年，荆扬兖豫青徐六州，又复大水，接连是武库火灾，所有累代藏宝，如孔子履及汉高斩蛇剑等，悉数被焚。他如军械遭毁，不可胜计。宗亲如秦王柬，下邳王晃等，相继亡故，耆旧如石鉴傅咸等，亦病殁数人。中书监张华，得进位司空，陇西王泰，系宣帝司马懿弟，早膺封爵，至是入为尚书令。梁王肜已为卫将军，复加官太子太保、循资迁授，毋庸细表。

惟匈奴部落，出没朔方，渐有蠢动状态。悍目郝散，纠众万人，进攻上党，戕杀长官，当由邻近州郡，发兵往援，击退郝散。散兵败乞降，冯翊都尉，防他反复，诱散入语，把他处斩。散弟度元，率兄余部，逃出境外，好容易招兵买马，卷土重来，誓为乃兄复仇，且勾结马兰山中的羌人，卢水附近的胡骑，一同作乱，闯入北地。太守张损，督兵堵御，反杀得大败亏输，死于非命。冯翊太守欧阳建，前往协剿，也被他数路夹攻，丧失许多人马，狼狈奔回。徒能凑奉贾谧，焉足抵制郝度元？晋廷正授赵王伦见首回及第四回。为征西大将军，都督雍梁二州军事。此次逆虏犯境，应由伦运筹决胜，制服叛徒，怎奈伦未谙韬略，徒靠那皇家势力，得握兵权，并有一个嬖人孙秀，此孙秀系琅琊人，与五回之孙秀人异名同。从中揽柄，贻误戎机。所以羌胡蜂起，无术荡平。雍州刺史解系，献议伦前，愿分兵御寇，独当一面。孙秀谓系有异志，断不可从，且促系出讨羌胡。系督兵出战，果遭羌胡夹击，失利而还。伦因此劾系，系亦劾伦，彼此各执一词。司空张华，直系曲伦，请召伦还朝，另简军帅，乃改授梁王肜出镇雍梁，领征西将军。调还赵王伦，不加谴责，反授他为车骑将军。秦雍二州的氐羌，见晋廷赏罚不明，索性乘机抗命，聚众造反，推戴了一个氐帅，叫作齐万年，僭称帝号，围攻泾阳。梁王肜甫经莅镇，因氐羌猖獗，飞使奏闻，请即济师。晋廷特派安西将军夏侯骏为统帅，率同建威将军周处，振威将军卢播，往讨齐万年。中书令陈准入谏道："骏与梁王，俱系贵戚，司马师尝纳夏侯尚女为妃，武帝追尊为后。骏系尚后裔，故云贵戚。非将帅才，进不求名，退不畏罪。周处，吴人，忠勇果敢，有怨无援，必致丧身。宜诏积弩将军孟观，带领精兵万人，为处先驱，庶足殄寇，否则梁王必使处前行，迫陷绝地，寇不可灭，徒亡一国家良将，岂不可惜？"偏廷议说他过虑，不肯照行。

或劝处道："君有老母，何不以终养为名，辞去此任？"处慨然道："忠孝不能两全，既已辞亲事君，不能顾全私义。今日是处死日了。"遂率军西去。看官道周处何故誓死？就是陈准等人，又何故知处必死？说来又是话长，待小子将周处履历，从头叙来。处系义兴人氏，父名鲂，曾仕吴为鄱阳太守。处早年丧父，不修细行，弱冠时膂力过人，好勇斗狠，为乡里患。处自知不满人口，颇思改过。一日游里社间，见乡父老愁眉不展，各有忧色，便开口问道："现今时和年丰，何为不乐？"父老答道："三害未除，何乐可言？"处又问三害底细，父老道："南山白额虎，长桥下蛟，还有一害，且不必说了。"处定要问明，父老始直言为汝。处笑答道："这有何患？凭诸我手，一并除尽，可好么？"父老道："汝若果能除尽，乃是一郡的大幸了。”处欣然辞出，即往家中取了弓箭，径赴南山，静候谷中。傍晚，果见猛虎奔来，由处连发二矢，俱中要害，虎竟倒毙。又复投水搏蛟，蛟或沈或浮，行数十里，处相随不舍，仗剑与争，约斗了三日三夜，方得斩蛟首，还里报命。里人因处往除蛟，三日不返，疑他已死，互相庆贺。蓦见处斩蛟归来，又不免喜中带忧。处窥透里人隐情，便慨语道：“二害已除，处亦从此改行。如再怙恶，定遭天殛。”里人见他语出真诚，才欢然道谢。叙周处改过事，不脱劝善宗旨。处乃入吴，往访陆机，机适他出，与机弟陆云相遇，具陈悔过情状，且唏嘘道：“本欲自修，恐年已蹉跎，学亦无及。”云答道：“古人贵朝闻夕改，况君方在壮年，但患志不立，何忧名不彰？”却是名言。处唯唯受教。嗣是励志好学，克己复礼。言必信，行必果。期年州府交辟，仕吴为东观左丞。吴亡入洛，迭任新平广汉太守，皆有政声，寻拜散骑常侍，复迁御史中丞，守正不阿，所有纠弹，不避宠戚。梁王肜尝犯法为非，廷臣因他位兼亲贵，无一敢言，独处执法相绳，登诸白简。肜坐是怨处，权贵也恨处鲠直，遂乘那氐帅僭逆，梁王西征，把处遣发出去，好使梁王借刀杀人，互泄私忿，所以处自知必死。与处交好的士大夫，也无一不为处耽忧，就是氐帅齐万年，探得处奉命从军，亦顾语部众道：“周府君尝为新平太守，我知他才兼文武，不可轻敌，若专断而来，只有退避一法。今闻受他人节制，必遭牵掣，来此亦要成擒了。”乃率众七万人，分屯梁山，据险待着。

处与夏侯骏等，同见梁王，梁王肜果然挟嫌，佯称处忠勇过人，足为前驱，令领骁骑五千人，前攻梁山寇垒。处宣言道：“军无后继，必至覆败。处死不足惜，但为国取羞，岂非大误？”肜冷笑道：“将军平日毫不畏人，今乃临敌生畏吗？”处尚欲自辩，夏侯骏在座，遽接入道：“将军放心前往，我当令卢将军解刺史等，同为后应便了。”骏设词诳处，比肜尤奸。处怏怏前进，行至六陌，距虏营不过里许，乃整阵以待，守候卢播解系两军。才越一宵，那梁王肜的催战令，已到过两次。翌日黎明，军尚未食，又是一道催命符，立促进战。处待卢解二军，并未见到，料知梁王肜有意逞刁，自分必死，乃上马长吟道：“去去世事已，策马观西戎。藜藿甘粱黍，期之克令终。”吟毕，便麾军急进。齐万年亦驱众前来，两下交锋，各拚死决斗。自旦至暮，战到数百回合，番奴死伤甚多，但番众聚至七万，处兵只有五千，一方面逐渐加添，一方面逐渐减少，并且腹馁肠鸣，弦绝矢尽，回望后援，一些儿没有影响。处左右劝处速退，处按剑瞋目道：“这是我效节授命的时日，怎得言退？况诸军负约，令我独战，明明是置我死地，我死便罢！”说至此，拍马向前，力杀番众数十名。番奴重重环绕，竟把这位周将军，搠死阵中。小子有诗叹道：

知过非难改过难，一行传吏便胪欢。
如何正直招人忌，枉使沙场暴骨寒。

周处殉国，余军尽死，欲知晋廷如何处置，试看下回便知。

史称元康元年，皇后杀太宰亮，太保瓘及楚王玮，不书诛而书杀，且冠以皇后二字，嫉贾后也。但亮与瓘非无致死之咎，而玮之致死，更不足惜。亮既远谪东安公繇，复欲遣玮还镇，是明明自戕宗室，授贾氏以可乘之隙。瓘知惠帝之不足为君，何不预先告老，高蹈远祸，乃与亮同入漩涡，共为悍后所杀。嗜权利者必致丧身，亮与瓘其前鉴也。玮为后除骏，复为后杀高瓘，甘心作伥，仍为虎噬，党恶之报，莫逾于此。若夫梁王肜之挟怨陷人，自坏长城，误处之罪尚小，误晋之罪实大，晋室诸王，除琅琊扶风及齐王攸外，类多失德，此所以相与沦胥也。

第十回

讽大廷徙戎著论　诱小吏侍宴肆淫

却说晋廷闻周处战死，明知为梁王所陷，所有权臣贵戚，反私相庆幸，没一人为处呼冤，就是张华陈准等人，亦不敢纠劾梁王，不过奏陈周处忠勇，应该优恤。有诏赠处为平西将军，赐钱百万，葬地一顷，又拨给王家近田，赡养处母，便算了事。转眼间又是一年，已至元康八年。梁王肜与夏侯骏等，逗留关中，毫无战绩。张华陈准，因复保荐积弩将军孟观，出讨齐万年。观奉命出发，所领宿卫兵士，类皆趫捷勇悍，一往无前。既至关中，梁王肜等知观为宫府宠臣，不敢与较，索性将关中士卒，尽付调遣。观得专戎事，不虑牵制，遂努力进讨，大小数十战，俱由观亲当矢石，无坚不摧。齐万年穷蹙失势，窜入中亭，观穷加搜剿，竟得把万年擒住，就地枭首，悬示番奴。氐羌遗众，望风奔角，不敢再贰。观乘胜转剿郝度元，度元遁去，窜死沙漠。于是马兰羌及卢水胡，相继乞降。秦雍梁三州，一律廓清。晋廷命观为东羌校尉，暂镇西陲，征梁王肜还朝，录尚书事，明明有罪，反畀以重权，可愤孰甚！独将雍州刺史解系免官，勒归私第。

原来赵王伦奉召还都，解系复上书劾伦，并请诛孙秀以谢氐羌。张华亦知孙秀不法，曾密托梁王肜令他收诛，偏被孙秀闻知，暗赂梁王参军傅仁，替他解免，方得随伦入京。秀见贾氏势盛，劝伦厚贿贾郭，为侥宠计，伦遂如秀议。果然钱可通神，非但贾郭与他交欢，就是恣肆中宫的悍后，亦渐加亲信。遇伦上奏，往往曲从，此番亦着了道儿，看下文便知。伦因得劾免解系，且复求录尚书事，后亦意动。偏张华裴颁固言不可，伦又求为尚书令，又被张裴二人阻挠，自是伦深恨二人，要与他势不两立了。伏笔。太子洗马江统，因羌胡初平，未足惩后，特著《徙戎论》以儆朝廷，论文不下数千言，由小子节录如下：

夫夷蛮戎狄，地在要荒，禹平水土，而西戎即叙。然其性气贪婪，凶悍不仁，四夷之中，未有甚于戎狄者。弱则畏服，强则侵叛。当其强也，以汉之高祖，尚困于白登，及其弱也，以元成之微，而单于入朝。是以有道之君，待之有备，御之有常，虽稽颡执贽，而边城不弛固守，强暴为寇，而兵甲不加远征，期令境内获安，疆场不侵而已。汉建武中，光武帝时。马援领陇西太守，讨平叛羌，徙其余种于关中，居冯翊河东空地。数岁之后，族类蕃息，既恃其肥强，且苦汉人侵之。永初汉安帝年号。之元，群羌叛乱，覆没将守，屠破城邑，邓骘败北，侵及河内，十年之中，夷夏俱敝，任尚马贤，仅乃克之。自此之后，余烬不尽，小有际会，辄复侵叛。魏兴之初，与蜀分隔，疆场之戎，一彼一此。魏武帝徙武都氐于秦川，欲以弱寇强国，捍御蜀虏，此实权宜之计，非万世之利也。今者当之，已受其敝矣。夫关中土沃物饶，帝王所居，未闻戎狄宜在此土也。非我族类，其心必异，而因其衰敝，迁居畿服，士庶玩习，侮其轻弱，使其怨恨之气，冲入骨髓。至于蕃育众盛，则坐生其心，以贪悍之性，挟愤怒之情，候隙乘便，辄为横逆，此必然之势，已验之事也。当今之宜，须及兵威方盛，徙冯翊北地新平安定诸羌，使居先零罕并析支诸地，徙扶风始平京兆诸氐，出还陇右，仍居阴平武都之界，各附本种，反其旧土，使属国抚夷，就安集之，则华戎不杂，并得其所，纵有猾夏之心，而绝远中国，隔间山河，为害亦不广矣。至若并州之胡，昔为匈奴，桀恶之寇也。建安中汉献帝时。使右贤王古卑，诱质呼厨泉，听其部落，散居六郡，分为五部。咸熙魏主曹奂年号。之际，一部太强，分为三率，泰始见前。之初，又增为四。今五部之众，户达数万，人口之盛，过于西戎，其天性骁勇，弓马便利，倍于氐羌，若有不虞，风尘猝警，则并州之域，可为寒心，郝散之变，其近证也。魏正始中，魏主曹芳时。毌丘俭讨高句骊，徙其余种于荥阳，始徙之时，户落百数，子孙孳息，今以千计。数世之后，亦必殷炽，夫百姓失职，犹或叛亡，犬马肥充，且有噬啮，况于戎狄能不为变乎？自古为邦者忧不在寡而在不安，以四海之广，士民之富，岂须夷虏在内，然后取足哉？此等皆可申谕发遣，还其本域，慰彼羁旅怀土之思，释我华夏纤介之忧，惠此中国，以绥四方，德施永世，于计为长也。

晋廷终不能用，眼见得外族日盛，侵逼中原。时匈奴左部帅刘渊，已进任五部大都督，号建威将军，封汉光乡侯，威振朔方。回应第四回。又有慕容涉归子廆，遣使降晋，亦受封为鲜卑都督。相传慕容氏世居塞外，号称东胡，后为匈奴所逐，走保鲜卑山，因以为名。魏初有莫护跋入居辽西，纠集部众，建牙棘城，见燕人多戴步摇冠，因亦敛发仿效，令部众尽冠步摇，番音讹称步摇为慕容，遂以为氏或云慕二仪之德，继三光之容，因号慕容。究竟孰是孰非，无从考明。莫护跋生木延，木延生涉归，迁邑辽东，世附中国，得拜为鲜卑大单于。武帝时，涉归始入寇昌黎，为安北将军严询所败，遁归本帐。见第六回。已而涉归病死，弟删篡立，将杀涉归子廆，廆亡命避难，国人不服，群起杀删，迎廆入嗣。廆姿容秀伟，身长八尺，雄健有大度，从前张华为安北将军，得见廆貌，许为大器，赠给簪帻。及廆既嗣位，因与邻近宇文部，素有嫌隙，特向晋廷上表，请讨宇文氏。晋廷不许，廆怒寇辽西，不得逞志，乃复奉书乞降，受诏为鲜卑都督。廆以辽东僻远，复徙居大棘城，事大并小，渐见强盛。

此外尚有略阳氐杨茂搜，亦据住仇池，自号辅国将军右贤王。仇池在清水县中，约得百顷，旁绕平地，计二十余里，四面斗绝，高凌九霄，中有羊肠蟠道，须经过三十六回，方登绝顶。氐人杨驹，始居此地，驹孙千万附魏，封百顷王，千万孙飞龙，徙居略阳，飞龙无嗣，以外孙令狐茂搜为子，茂搜遂冒姓杨氏。自齐万年扰乱关中，茂搜率部落四千家，由略阳退保仇池。关中人士，亦避乱往归，因此部众渐盛，也得称霸一方。杨氏以外，更有巴氐李氏，从前秦始皇并吞中国，在巴地设黔中郡，薄赋人口，令每岁出钱四千，巴人呼赋为賨，故号为賨人。东汉季年，张鲁据汉中，賨人李氏，挈族依鲁，鲁为魏武所灭，徙李氏全族五百家，至略阳北上，名曰巴氐。李氏本巴西蛮种，强名为氐。后来出了兄弟三人，皆有勇略，长名特，次名庠，又次名流，至齐万年作乱，关中荐饥，略阳天水等六郡人民，迁移就食，流入汉川，多至数万家。沿路饥民累累，辄至病仆。特兄弟仗义疏财，倾囊赈救，因得众心。流民至汉中上书，乞寄食巴蜀，朝议不许，但遣侍御史李苾，持节往抚。苾受流民赂遗，表称流民十万余口，非汉中一郡所能赈赡，应从流民所请，听往巴蜀。朝廷乃许令就食蜀中，李特乘机入剑阁，遍览形势，不禁叹息道："刘禅有如此要险，乃面缚降人，岂非庸才么？"遂与二弟并居蜀地，渐思谋蜀。事见后文。匈奴鲜卑及氐并列五胡，故从详叙。

晋廷的王公大臣，但顺眼前富贵，不顾日后利害。就中如张华裴頠，稍称明达，但防御内讧，恐尚不及，如何能抵制外患？他若左仆射王戎，进位司徒，旋进旋退，毫无建树，性复贪吝，田园遍诸州，尚自执牙筹，昼夜会计，家有好李，得价便沽，又恐人得种，先将李核钻空，然后卖去。一女为裴頠妇，贷钱数万，日久未偿。女归宁时，戎有愠色，且多烦言，女立即偿清，始改为欢颜。从子将婚，尝给一单衣，婚讫仍向他索还，时人讥为膏肓宿疾。守财奴怎得为相？惟素好游散，自诩风流，尝与嵇康阮籍等，作竹林游，号竹林七贤。这七贤中，谯人嵇康，善弹琴，能操广陵散，声调绝伦，终因放荡不羁，得罪当道，为司马昭所杀，第一人先不得令终。阮籍嗜酒善啸，不循礼法，平居尝为青白眼，与人莫逆，方觉垂青，否即反白，自作《咏怀诗》八十余篇，以适性为本旨，又著《达庄论》专尚无为，作《大人先生传》痛诋正士，总算得幸全首领，老死陈留。从子名咸，亦旷达不拘，与籍相契，历任散骑侍郎。武帝说他耽酒蔑礼。出为始平太守，亦得寿终。河内向秀，与嵇康论养生诀，往复数万言，世称康善锻，秀为佐，后仕至散骑常侍而卒。尚有沛人刘伶，嗜酒如命，出入必以酒自随，伶妻捐酒毁器，涕泣劝戒，伶托言至神前宣誓，令具酒肉，及酒肉具陈，乃向天跪祝道："天生刘伶，以酒为名，一饮一斛，五斗解酲，妇女之言，慎不可听。"语足解颐。说毕即起，仍引酒食肉，颓然复醉。伶妻无法，只好付诸一叹。伶醉后或与人相忤，争论不休，粗暴之徒，奋拳相向，伶却徐徐道："鸡肋岂足当尊拳？"这语说出，令人自然气平，一笑而去。犯而不校，却可为负气者鉴。晋初开国，文士对策，昌言无为盛治，皆得高第，独伶以无用被斥，未几遂殁，只有一篇《酒德颂》传诵后世。尚书仆射山涛，涛籍贯，见第七回。亦列入竹林七贤中，闻望最隆。涛以后要推王戎，通籍临沂，属琅琊郡。素称望族，独惜他与世浮沉，徒尚虚骛，有所赏拔，也统是名实未符。阮咸子瞻，尝投刺谒戎，戎传见后，顾问瞻道："圣人贵名教，老庄明自然，有无异同？"瞻答了"将毋同"三字。戎叹为知言，遂辟为掾属，时人呼他为三语掾。

戎有从弟名衍，神情朗秀，风度安详。总角时往见山涛，涛也为叹赏，及衍别去，目送良久道："何物老妪，生这宁馨儿？但误天下苍生，必属是人。"不愧真鉴。衍年十四，诣仆射羊祜第，申陈事状，侃侃敢言，左右目为奇童。杨骏欲以女妻衍，衍佯狂自免。武帝闻衍名，尝问戎道："夷甫衍表字。当世何人可比？"戎答道："世无衍匹，当从古人中搜求。"无非标榜。武帝乃加意录用，累迁至尚书郎，出补元城令，终日清谈，不理政务。寻复入为黄门侍郎，高谈如故。每当宾朋满座时，自执玉柄麈尾，与手同色，娓娓陈词，无非宗尚老庄，偏重虚无，遇有义理未足，即随口变更，无人敢驳，但赠他一个雅号，叫作信口雌黄。衍不以为愧，且自比子贡，到处鼓吹，风靡一时。娶妻郭氏，系贾后中表亲，杨家女不可娶，郭家女乃可娶么？郭氏恃势作威，贪鄙无厌，衍以妻为非，口不言钱。郭氏令婢用钱绕床，使不得行，至衍晨起见钱，召婢与语道："快将阿堵物搬去。"终不道及钱字。幽州刺史李阳，与衍同乡，时称大侠，颇为郭氏所惮。衍尝语郭氏道："如卿所为，非但我言不可，李阳亦尝谓不可。"郭氏方才稍敛，惟衍终得因妻取荣，超擢至尚书令。衍弟名澄，聪悟似衍，每有品评，衍不复置议，举世推为定论。

河南尹乐广，亦好清谈，与衍兄弟为莫逆交。更有僚吏阮修胡母辅之谢鲲王尼毕卓等，皆与澄友善，谑浪笑傲，穷欢极娱。辅之尝酣饮，子谦之大呼父字道："彦国年老，怎复如是？"辅之毫不动怒，反笑呼谦之，引与共饮。此亦与孺子牛相类。

毕卓亦素来好酒，闻邻有佳酿，很是垂涎。夜半悄起，往邻盗饮，醉卧瓮旁，黎明为邻人所缚，取烛审视，乃是毕吏部。毕曾为吏部郎。因释毕缚，毕尝谓右手持酒杯，左手持蟹螯，便足了过一生。乐广虽然放达，却与胡母辅之毕卓等，不甚赞成，尝笑语道："名教中自有乐地，何必乃尔？"侍中裴頠，且作了一篇《崇有论》评驳时弊。无如敝俗已成，积重难返，徒靠着一二人正言指导，怎能挽救人心？眼见是礼教沦亡，祸不旋踵了。误尽苍生，古今同慨。贾谧郭彰等，却另是一派举止，穷奢极欲，骄恣无比。晋廷只是两派人物，一尚虚无一尚奢侈。郭彰年老病死，贾谧恃才傲物，目空一切，尝与太子遹博弈争道，不肯少让，甚至谩语相侵。成都王颖，见第七回。方官散骑常侍，旁坐观博，不由的厉声呵斥道："皇太子为一国储君，贾谧怎得无礼？"谧闻颖言，辍局遽起，悻悻而出，往诉贾后。后当然袒谧，竟出颖为平北将军，镇守邺城。又因无故调颖，太露形迹，可巧梁王肜还朝，遂将河间王颙，同时简放，使镇关中。颙见第四回。

先是武帝遗制，藏诸石函，非至亲不得守关中。颙系疏族，因他轻才爱士，夙孚舆论，特故界重镇，且与颖一同外调，免滋物议，这也是贾后的苦心。惠帝好同傀儡，事事受教宫闱，或行或止，惟后所命。会值年年水灾，四方饥馑，惠帝闻报，随口语道："何不食肉糜？"左右并皆失笑。又尝游华林园，得闻虾蟆声，便问左右道："虾蟆乱鸣，为官呢？为私呢？"左右又笑不可仰。有一人答道："在官地为官，在私地为私。"惠帝尚一再点头。昏骙如此，所以军国重权，全在贾后掌握，甚且龙床里面，亦有人替惠帝效劳。惠帝也全然未觉，任凭贾后择人侍寝，一些儿不加防闲。可谓慷慨。太医令程据，状貌颀晰，为后所爱，后借医病为名，一再召诊，竟要他值宿宫中，连宵侍奉。定然是神针法灸，难道是燕侣莺俦？据惮后淫威，不得已勉承后命，疗治相思。偏后得陇望蜀，多多益善，除程据外，又尝令心腹婢媪，在都下招寻美少年，入宫交欢，稍稍厌忤，便即处死，省得他溜出宫门，传播秽事。惟洛南有盗尉部小吏，面目韶秀，仿佛好女。失踪数日，又复出现，身上穿着相衣，乃是宫锦制成，不同常服，偶为同人所见，问从何来？小吏不肯实对，同人遂疑为窃取，互相私议。适贾后有疏亲被盗，向尉求缉，遂致小吏为嫌疑犯，不得不当堂对簿。小吏始实供云："日前在途，遇一老妪，谓家中人有疾病，问诸师卜，宜得城南少年，入家厌禳，今欲相烦，必当重报。于是随主登车，车有重帷，帷内有簏箱，由老妪令居簏箱中，遂饬车夫御行。约十余里，跨过六七门限，方将簏箱开启，呼令下车。说也奇怪，下车四望，统是楼阙好屋，与宫殿无二。当下问为何地？老妪答称天上，即替我香汤沐浴，易以锦衣，饲以美食。到了傍晚，复随老妪入一复室，见一贵妇人上坐，年约三十五六，身短且胖，面色青黑，眉后有疵，她竟下座挽留，同席共饮，同床共寝。如是数日，方许告归，临别时赠此袙衣，并嘱言切勿外泄，如或转告外人，必遭天谴。今被疑作贼，不能再默，只好直供"云云。说至此，那原告人不禁面赤，但言小吏既非盗犯，不必再问，因即辞去。尉亦解意，令此后毋得妄言，一笑退堂去了。看官！试想这小吏所遇的贵妇，不是贾后，还有何人？小吏为后所爱，乃得幸全，这也是命不该绝，方有此造化呢。俗语说得好："欲要不知，除非莫为。"为了贾后淫凶，有几个稍知忧国的大臣，秘密商议，欲将贾后废去。小子有诗叹道：

不是冶容也肆淫，矧兼怨毒入人深。
由来女宠多倾国，如此凶横绝古今。

究竟何人欲废贾后，下回再当叙明。

读江统《徙戎论》，未始不叹为要言，但终非探本之策。古人谓天子有道，守在四夷，四夷尚为之守，何必沾沾过虑，坚请外徙耶？若暗主尸于上，牝后横于内，王公大臣，苟且偷安，恣肆如贾郭，空谈如戎衍，内乱已成，即无五胡之祸，亦宁能长治久安？况贾后凶暴未足，继以淫黩，中冓丑声，播闻中外，古今有如是之浊秽，而不至乱且亡者，未之闻也。小吏入宫一节，本诸《贾后列传》中，特录述之以为左证，非第志宫闱之失德，且以作后世之炯戒云。

第十一回

草逆书醉酒逼储君　传伪敕称兵废悍后

却说贾后淫虐日甚，秽闻中外。侍中裴颜等，引以为忧，就是后党贾模，亦恐祸生不测，累及身家，因未免心下不安。裴颜已窥透模意，乃至模私第，商议秘密，可巧张华亦至，一同晤谈。颜与华本来莫逆，不必避嫌，因质直相告，拟把贾后废去，更立太子遹生母谢淑媛。谢淑媛就是谢玖，见第七回。自遹为太子，母以子贵，得封淑媛。贾后很是妒忌，不令太子见母，但使淑媛静处别宫，仿佛与禁锢相似。此次裴颜倡议废后，当然欲将谢淑媛抬举起来，偏模与华齐声说道："主上并无废后意见，我等乃欲擅行，倘主上不以为然，如何是好？且诸王方强，各分党派，一旦祸起，身死国危，非徒无益，反致有损了。"贾模不足道，张华号称多才，何以如此胆怯？颜半晌才道："公等所虑亦是，但中宫如此昏虐，乱可立待，我等岂果能置身事外么？"华便接口道："如公等两人，与中宫皆关亲戚，何勿进陈祸福，预为劝诫？言或见信，当可改过迁善，易危为安，天下不致大乱，我等方得优游卒岁了。"

淫虐如贾南风，岂肯从谏？张华此言更是痴想。原来模为贾后族兄，颜母为贾充妻郭槐姊妹，两人与贾后互有关系，故华言如此。模颇赞同华议，頠亦不便拘执己见，姑依华言进行，当下趋诣贾第，入白姨母郭槐，托她戒谕贾后，勉盖前愆，并宜亲爱太子。模亦屡入中宫，为后指陈利害。看官！试想这凶残淫暴的贾南风，习与性成，岂尚肯采纳良言，去邪归正么？郭槐是贾后生母，向后进规，虽然不肯见从，尚无他恨，至模一再渎陈，反以为模有异心，敢加毁谤，索性嘱令宫竖，拒模入谒。模且忧且恨，竟生了一种绝症，便登鬼箓。不幸中之大幸。有诏进裴頠为尚书仆射，頠上表固辞，略谓："贾模新亡，将臣超擢，偏重外戚，未免示人不公，恳即收回成命。"复诏不许，或向頠进言道："公为中宫亲属，可言即当尽言，言不见听，不若托病辞官。若二说不行，虽有十表，恐终未能免祸了。"頠颇为感动。但初念欲见机而作，转念又且住为佳，因此日误一日，仍复在位。这是常人的通病，怎知祸足杀身！那贾郭二门的子弟，恃权借势，卖爵鬻官，贿赂公行，门庭如市，南阳人鲁褒，尝作《钱神论》讥讽时事，谓："钱字孔方，相亲如兄，无德反尊，无势偏热，排金门，入紫闼，危可使安，死可使活，贵可使贱，生可使杀，无论何事，非钱不行。洛中朱衣，当涂人士，爱我家兄，皆无已已"云云。时人俱为传诵，互相倾倒。平阳名士韦忠，为裴頠所器重，荐诸张华，华即遣属吏征聘，忠辞疾不至。有人问忠何不就征？忠慨然道："张茂先华字茂先。华而不实，裴逸民頠字逸民。欲而无厌，弃典礼，附贼后，这岂大丈夫所为？逸民每有心托我，我常恐他蹈溺深渊，余波及我，怎尚可褰裳往就呢？"关内侯索靖，亦知天下将乱，过洛阳宫门，指着铜驼，咨嗟太息道："铜驼铜驼，将见汝在荆棘中了。"国家兴亡，匹夫有责，徒付慨叹亦觉无谓。

太子遹储养东宫，少小时本来颖悟，偏到了成童以后，不务正业，但好狎游，就是左师右保，亦不加敬礼，唯与宦官宫妾，嬉媩度日。无端变坏，想是司马氏家运。贾后素忌太子，正要他隳名败行，可以借端废立，因此密嘱黄门阉宦，导令为非，尝向太子前怂恿道："殿下正可及时行乐，何必常自拘束？"及见太子拂意时，怒诋役吏，又复从旁凑奉道："殿下太觉宽仁，若辈小竖，不加威刑，怎能使他畏服呢？"古人有言："一傅众咻。"又说是："习善则善，习恶则恶。"东宫中虽有三五师傅，怎禁得这班宵小，朝夕鼓煽？就是生性聪慧，也被他陷入恶途，成为习惯了。太子生母谢淑媛，幼时微贱，家世业屠。太子偏秉遗传，辄令宫中为市，使人屠酤，能手揣斤两，轻重不差。又令西园发卖葵菜篮子鸡面等类，估本牟利，倒是一个经济家。逐日收入，随手散给，却又毫不吝惜。东宫旧制，按月请钱五十万缗，作为费用，太子因月费不足，尝索取两月俸钱，供给嬖宠。平居雕题刻桷，役使不已，若要修墙缮壁，偏好听阴阳家言，动多顾忌。洗马江统，上陈五事，规谏太子，一是请随时朝省，二是请尊敬师保，三是请减省杂役，四是请撤销市酤，五是请破除迷信，太子无一依从。舍人杜锡，也常劝太子修德进善，毋招谗谤。太子反恨他多言，俟锡入见时，先使人至锡座毡中，插针数枚，锡怎能预料，一经坐下，被针刺臀，血满裤裆，真似哑子吃黄连，说不出的苦楚。散骑常侍贾谧，与太子年龄相仿，更为中表弟兄，免不得时往过从。太子喜怒无常，有时与谧相狎，有时与谧相谤，或令谧自坐，径往后庭嬉戏，不再顾谧，谧屡遭白眼，当然挟嫌。詹事裴权进谏道："贾谧为中宫宠侄，一旦交构，大事去了，愿殿下屈尊相待，免滋他变。"太子勃然变色，连称可恨，说得权不敢再言，俯首辞去。其实，太子并非恨权，不过因权数语，触起旧忿，致有恨声。先是贾后母郭槐，欲令韩寿女为太子妃，太子亦欲结婚韩氏，自固地位。寿妻贾午，却不愿意。贾后更不乐赞成，另为太子聘王衍女。衍女有二，长女貌美，少女貌陋。太子既不得韩女，乃转思纳衍长女为妃。偏贾谧又来作梗，垂涎彼美，乞后作主。后方宠谧，便为谧娶衍长女，但使太子与衍少女为婚。太子得了丑妇，自然恨后及谧，此时听着权言，怎能不感愤交并，流露言表？嗣被谧探知消息，也惹动前日弈棋的恶感，向贾后处进谗，弈棋事见前回。还亏后母郭槐，从中保持，不使贾后得害太子，故太子尚得无恙。此非郭槐好处，还是裴颁功劳。

未几，郭槐病重。由后过省，槐握住后手，嘱以二语：一语是保全太子，一语是赵粲贾午，必害汝家。这却可谓先见。贾后虽然应诺，心中总未以为然。至郭槐死后，谧虽守丧，仍然出入中宫，一夕，踉跄入白道："太子蓄私财，结小人，无非欲害我贾氏，若宫车晏驾，彼得入立，不特臣等遭诛，恐皇后亦坐废金墉了。"贾后不禁骇愕，便与赵粲贾午，谋废太子。可巧午生一儿，遂嘱令送入宫中，佯称自己有娠，预备产具，一面嘱令内史，暴扬太子过恶，将为李代桃僵的诡计。宫廷内外，多已瞧透阴谋。中护军赵俊，密请太子举兵废后，太子不敢照行。左卫军刘卞私白张华，且替华设策道："东宫俊义如林，卫兵不下万人，若得公命，请太子入录尚书事，废锢贾后，徙居金墉城，但教两黄门费力，便足办到此事。"华瞿然道："今天子当阳，太子乃是人子。我又未得阿衡重任，乃胆敢与太子行此大事，是变做无父无君的贼子了，就使有成，尚难免罪。况权戚满朝，威柄不一，怎见得果能成事呢？"可与适道未可与权。卞太息而去。不意过了一宵，即有诏出，卞为雍州刺史。卞疑有人泄谋，因有此诏，遂服药自尽。胆小如此，如何为华设谋？

元康九年十二月，太子长男虨音彬。有疾，太子为儿祷祀求福，忽由内廷颁到密诏，乃是皇上不豫，令太子立即入朝。太子只好前往，趋入宫中，不意有内侍出来，引太子暂憩别室，静待后命。太子莫名其妙，但入别室休息，甫经坐定，即由宫婢陈舞，左手持枣一盘，右手执酒一壶，行至太子座前，传诏令饮。太子酒量素浅，饮了一半，已是醉意醺醺，便摇手道："我不能再饮了。"陈舞瞋目道："天赐殿下酒，乃不肯饮尽，难道酒中有恶物么？"太子无可奈何，把余酒一吸而尽，遂至大醉。既而又来宫婢承福，持给纸笔，并原稿二纸，逼令太子录写。太子辞不能书，复由承福矫诏逼迫。太子醉眼模糊，也不辨为何语，但看原稿中为何字，依次照录，字迹多歪歪斜斜，残缺不全，好容易录就二纸，交与承福持去。太子酒尚未醒，当由内侍拥掖出宫，扶上寝舆，使他自返。翌晨，由惠帝御式乾殿，召令王公大臣，使黄门令董猛，赍出二纸，遍示群僚，且对众宣谕道："这是不肖子颌所书，如此悖逆，只好把他赐死罢。"百官听了，多半惊心，张华裴頠，更觉诧异，便接阅二纸，第一纸写着：

陛下宜自了，不自了，吾当入了之；中宫又宜速自了，不自了，吾当手了之。

大众看这数语，都为咋舌。还有一纸，文字越觉离奇，有云：

吾母宜刻期两发，勿疑犹豫致后患。茹毛饮血于三辰之下，皇天许当扫除患害，立道文为王，蒋氏为内主，愿成当以三牲祠北君，大赦天下。要疏如律令。

看这语意，似内达谢淑媛，与约同日发难。文中所叙的道文，便是太子长男彪表字，蒋氏乃是太子所宠的美人。大众瞧罢，彼此面面相觑，不发一言。都是饭桶。独张华忍耐不住，竟向座前启奏道："这是国家的大不幸事，惟从古到今，往往因废黜正嫡，遂致丧乱，愿陛下核实乃行。"裴頠亦续奏道："东宫果有此书，究由何人传入？且安知非他人伪造，诬陷太子？请验明真伪，方可立议。"惠帝接连闻奏，好似痴聋一般，噤不复言。那殿后却趋出内侍，奉贾后命，取了太子平日手启十余笺，令群臣对核笔迹，张华裴頠等，即互相比视，笔迹大略相符，惟一是恭缮，笔画端正，一是急书，姿势潦草，一时也辨不出真假，无从指驳。原来贾后使太子录书，原稿系嘱黄门侍郎潘岳草成，及太子录就进呈，字画缺漏，仍由岳补添成字。岳善模仿笔迹，一经改写，与太子手书无殊，故足使人迷乱心目。潘岳何为者？惟裴頠定要查究传书的姓名，张华谓须召太子对质，此外一班大臣，依违两可，聚讼不决。贾后暗坐屏后，听着张裴两人的议论，大咈已意，那惠帝又一言不发，任令絮聒，恨不得走将出去，喝住众口，倒好独断独行，只是大庭广众，未便越礼，勉强容忍了半天。看看日影西斜，还是没有结果，不由的怒气上冲，便召董猛入内，嘱使传语道："事宜速决。为何议了半日，尚未定夺？如群臣不肯传诏，应该军法从事。"猛奉命出宣，道言甫毕，张华即驳斥道："国家大政，应由皇上主裁，汝系何人？妄传内旨，淆乱圣听。"裴頠亦喝道："董猛休得多言，圣上明明御殿，难道我等未奉明诏，反依内旨不成？"猛且惭且愤，返报贾后。贾后恐事情中变，因即令侍臣草表，请免太子为庶人。这表传出，惠帝便即依议，拂袖退朝。于是使尚书和郁等，速诣东宫，废太子遹为庶人。遹方游玄圃，闻使节持至，改服受诏，步出承华门，乘粗犊车，往居金墉城，遹妃王氏，及三子彪臧尚，同时随徙。独彪母蒋氏，坐蛊惑太子罪名，生生杖毙，甚且归咎谢淑媛，一并赐死。王衍闻变，自恐株连及祸，急忙表请离婚，你有大女婿作靠，此时何必作忙？有诏准议。于是遹妃王氏，与遹永诀，恸哭一场，辞归母家。王女却是多情。

越年，改元永康，西戎校尉司马阎缵，舆棺诣阙，上书切谏，略言："汉戾太子称兵拒命，尚有人主从轻减，说是罪不过笞，今遹罪不如戾太子，理应重选师傅，先加严诲，若不悛改，废弃未迟。"这书呈入，当然不报。缵不见谴，还是皇恩广大。贾后因异议沸腾，终究未妙，不如下一辣手，致死太子，方绝后患，乃再行设计，嘱使黄门自首，诡言与遹谋逆。有诏将黄门自首表文，颁示公卿，遂命卫士押徙太子，往锢许昌宫，不许官僚送行。洗马江统潘滔，舍人王敦杜蕤鲁瑶等，冒禁往饯，至伊水旁涕泣拜辞，不意司隶校尉满奋，已奉诏驰至，把江统等一并拘去，分系河南洛阳两狱中。河南尹乐广，不待赦书，已悉数放归。洛阳令曹摅，未敢遽释罪囚，经都官从事孙琰，向贾谧处说情，方得一律释出。右卫督司马雅，系是晋室疏亲，平时常给事东宫，得遹宠爱，每思为遹效力，设法复位，乃与从督许超，殿中郎士猗等，日夕营谋，彼此互议，统说张华裴頠，贪恋禄位，未足与图大事，不如右军将军赵王伦，手握兵权，素性贪冒，尚可假彼行权。冒昧图逞，亦非良策。因往说孙秀道："中宫凶妒，与贾谧等诬废太子，无道已甚。今国无嫡嗣，社稷垂危，大臣将起行大事，公乃素奉中宫，与贾郭亲善，外人皆谓公实预内谋，一朝变起，祸必相及，何勿先事预防呢？"秀被他一说，也觉寒心，当即转告赵王伦，拟废去贾后，迎还太子。伦惟言是从，密结通事令史张林及省事张衡等，使为内应，待期举发。偏孙秀又变了一计，再与伦语道："太子聪明刚猛，若得还东宫，必图报复。明公素党贾后，道路共知，今虽为太子建立大功，太子且未必见德，一有衅隙，仍然加罪，不若迁延缓期，俟贾后害死太子，然后为太子报仇，入废贾后，名正言顺，更无他患，岂不是一举两得么？"这是卞庄刺二虎之计，我亦佩服。伦拍手赞成，连称好计。秀复散布谣言，谓殿中人欲废皇后，迎太子，一面往见贾谧，劝他早除太子，杜绝众望。谧立白贾后，后正得外间谣传，阴启杀心，一闻谧语，便召入太医令程据，使合毒药。据即用巴豆杏仁，研末为丸，交与贾后。后复令黄门孙虑，假传上命，赴许昌毒死太子。

太子至许昌后，常恐见鸩，所有饮食，必令宫人当面煮熟，方敢取尝。孙虑到了许昌，先与监守官刘振说明，振即徙太子至小坊中，绝不与食。宫人得太子厚恩，尚从墙上递给食物，俾得充饥。那孙虑急欲复命，径持入毒药，逼令太子吞下。太子不肯照服，托词如厕。虑袖出药杵，从太子背后，掷击过去，太子中杵倒地，再由虑拾起药杵，用力猛捶，太子大声哀呼，声彻户外，及要害受伤，一声惨号，气绝而逝。年才二十三岁。孙虑如此凶横，难道能长寿不成？虑回都复命，有司请用庶人礼葬遹，贾后即假托慈悲，上表帝前，略云：

遹不幸丧亡，伤其迷悖，又早短折，不能自已。妾常冀其刻肌刻骨，更思孝道，使得复正名号，此志不遂，重以酸恨。遹虽罪大，犹是王者子孙，便以匹庶送终，情实可悯，特乞天恩，赐以王礼。妾诚暗浅，未识礼义，不胜至情，冒昧陈闻。录入此表，以见贾后之狡诈。

惠帝得贾后表，方命用广陵王礼，厚葬太子。会天象告警，尉氏雨血，妖星现西方，太白昼现，中台星坼，中外诧为怪象。张华少子名韪，劝华即速辞职，为避祸计。华踌躇多时，方答说道："天道幽远，未尽可凭，不如修德禳灾，静俟天命。"利令智昏。既而，孙秀使司马雅见华，屏人与语道："赵王欲与公共匡社稷，为天下除害，使雅以实情告公，请公勿疑！"华摇首不答。雅不禁怒起，掉头趋出，且行且语道："刃将加颈，尚作此态么？"当下诣赵乏伦府第中，敦促起事。伦遂矫称诏敕，遍谕三部司马晋左右二卫，有前驱由基强弩三部司马。道："中宫与贾谧等杀我太子，为此命车骑将军兼领右军将军赵王伦，入废中宫，汝等皆当从命！事成当赐爵关内侯。如或不从，罪及三族。"三部司马，接了此敕，那有不从之理？齐王冏见前文。方任翊军校尉，亦与伦通谋，遂与三部司马，突入宫中，排闼趋进。华林令骆休为内应，引冏至惠帝住室，迫帝出御东堂，一面召入贾谧。谧无从趋避，应召而至，及见甲杖如林，复走至西钟下面，大呼阿后救我！声尚未绝，已有人追至背后，拔刀砍去，首随刀落。贾后闻谧呼救声，慌忙出视。正与齐王冏相遇，便惊问道："卿来此做甚么？"冏答道："有诏收后。"后复道："诏当从我发出，这是何处诏旨？"一面说，一面返身入内，趋上阁中，凭槛遥呼道："陛下有妇，乃使人废去，恐陛下亦将被废了。"冏复带兵入阁，胁后徙居。后复问起事为谁？冏答称梁赵二王。原来尚书令梁王肜，曾预闻伦事，也愿赞成，故冏有是言。贾后长叹道："系狗当系颈，今反系尾，怎得不尔？"乃出居建始殿中，由冏派兵监守。随即收捕赵粲贾午，驱入暴室，一顿杖责，把两个如花似玉、貌美心毒的妇人送归冥府，往销阎王簿据去了。就是韩寿兄弟子侄，也共同连坐，诛黜有差。偷香结果，一至于此，可见天道恶淫。伦复召入中书监侍中黄门侍郎等，夤夜入殿，趁势拿下司空张华，及仆射裴頠。华顾通事张林道："汝等欲害我忠臣么？"林矫诏诘责道："卿为宰相，不能保全太子，及太子废死，又复不能死节，怎得称忠？"华驳说道："式乾殿中的争议，臣尝力谏，尽可复按。"见上。林不待说毕，便接口道："力谏不从，何不去位？"中肯语。华听到此语，无言可驳，只好俯首就刑，遂与裴頠一同受戮，并至夷族。华是日昼寝，梦见屋坏，入夜即验。死时年六十九。著有《博物志》十篇及文章等并传后世。华长子散骑常侍祎及少子散骑侍郎韪，同时遇害。頠死时才三十四岁。二子嵩该，由梁王肜代为保护，谓："頠父裴秀，有功王室，不应殄绝后嗣。"因得免死，流徙带方。校尉阎缵，时尚在都，入抚张华尸首，且泣且语道："我曾劝君逊位，君乃不从，今果见戮，莫非是命中注定么?”小子有诗讥张华道：

蹉跎已届古稀年，何事名缰尚被牵。
老且受诛儿并戮，如斯结局也堪怜。

华颁既死，赵王伦未肯罢手，还要杀死数人。欲知何人被杀，待看下回报明。

典午得国，始自贾充之弑曹髦，厥后贾女入宫，种种淫恣，即酿成八王之乱，而西晋即因是覆亡。天道好还，亶其然乎？张华裴颁位登台辅，不能拨乱反正，虽由二人之才识不足，亦天意之未许建功耳。况太子遹幼即聪明，一变而为淫僻昏顽之豚犬，置酒别室，醉草逆书，是何莫非大造之巧为播弄，假手悍后，有以斫其根而戕其本欤？及后恶贯满盈，不使张华裴颁之从权废立，而反令贪鄙阴狡之伦秀二人，乘隙图功，一祸才了，一祸复起，天之不欲安晋也明矣。此外已尽见细评，姑不赘述云。

第十二回

坠名楼名姝殉难　夺御玺御驾被迁

却说赵王伦杀死裴张二人，本意是报复旧怨，不论罪状。事见前文。还有前雍州刺史解系，前时已为伦所谗，免官居京，伦余恨未泄，也将他拘至，并将系弟结一并下狱。梁王肜复出来救解，伦怫然道：“我在水中见蟹，犹谓可恨，况解系兄弟，素来轻我，此而可忍，孰不可忍?”系为西征事招怨，亦见前文。肜苦争不得。系结皆为伦所杀，并戮及妻孥。结尝为御史中丞，有一女许字裴氏，择定嫁期，正在解家被祸的第二日，裴氏欲上书营救。女泣叹道：“全家若此，我生何为?”遂亦坐死罪。后来晋廷怜女无辜，始改革旧制，女不从坐，惠帝全无主意，一任伦滥杀无辜。伦又恃孙秀为耳目，秀言可杀即杀，秀言不可杀即不杀。伦也是个傀儡。秀复为伦决计，废贾后为庶人，迁往金墉城。后党刘振、董猛、孙虑、程据等一体捕诛。刘振等死有余辜。司徒王戎，系裴颁妇翁，坐是罢职。此外文武百官，与贾郭张裴四家，素关亲戚，不是被诛，便是被黜，简直是不胜枚举了。

于是赵王伦托称诏制，大赦天下，自为都督中外诸军事兼相国侍中，一依宣文宣帝文帝。辅魏故事。置左右长史司马及从事中郎四人，参军十人，掾属二十人，府兵万人。使长子荂音敷。领冗从仆射，次子馥为前将军，封济阳王，三子虔为黄门郎，封汝阴王，幼子诩为散骑侍郎，封霸城侯，长子未曾封王，是欲为将来袭封起见。孙秀为中书令，受封大郡。司马雅张林等，并皆封侯，得握兵权。百官总己，听伦指挥。孙秀从中主政，威振朝廷。有诏追复故太子遹位号，使尚书和郁，率领东宫旧僚，赴许昌迎太子丧。太子长男虨，已经夭逝，亦得追封南阳王，虨弟臧为临淮王，臧弟尚为襄阳王。有司奏称尚书令王衍，备位大臣，当太子被诬时，志在苟免，不思营救，应禁锢终身，诏从所请。衍既免官还第，尚恐遇害，佯狂自免。任你如何刁滑，到头总难免横死。前平阳太守李重，素有令名，由伦辟为长史。重知伦有异志，托疾不就，偏经伦再三催逼，硬令人扶曳入府，胁令就官。重满腔忧愤，无处可伸，归家后果然成疾，不愿医治，未几遂亡。淮南王允，前曾随楚王玮入朝，见前第九回。玮被戮后，允仍然莅镇。至太子被废，朝议将立允为太弟，复密促还朝，留住都中。太弟议尚未定夺，赵王伦已经发难，允两不袒护，置身事外，至此乃受诏为骠骑将军，开府仪同三司，兼领中护军。允性沈毅，为宿卫将士所畏服，他见伦不怀好意，便豫养死士，密谋诛伦。伦毫无闻知，惟孙秀瞧料三分，劝伦防允。伦方才加防，且恐贾后与允勾结，或致死灰复燃，因与秀密商，想出两条计策：一是鸩死贾后，一是册立皇太孙。当下遣尚书刘弘，赍金屑酒至金墉城，赐贾后死。贾后无可奈何，只得一吸而尽，一代悍后，至此乃终。晋室江山，已被她一半收拾了。弘既复旨，即立临淮王臧为皇太孙，召还故太子妃王氏，令她抚养。所有太子旧僚，就作为太孙官属。赵王伦兼为太孙太傅，追谥故太子曰愍怀，改葬显平陵。

中书令孙秀，既得逞志，计无不遂，便逐渐骄淫，闻石崇家有美妾绿珠，奴冶善歌，兼长吹笛，遂使人向崇乞请，谓肯以绿珠见赠，当起复崇官。看官阅过前文，应知崇为贾谧好友，贾氏得祸，崇已坐谧党褫职，惟家产未遭籍没，崇仍得席丰履厚，护艳藏娇。且崇有别馆，在河阳金谷中，号为金谷园。自崇罢职后，常居园中休养，登高台，瞰清流，日与数十婢妾，饮酒赋诗，逍遥自在，反比那供职庙堂，更加快活。恐不能安享此福。及孙秀使至，崇含糊对付，遣使返报。秀竟再令人带着绣舆，往迓绿珠。崇尽出婢妾数十人，由来使自择。来使左眄右盼，个个是飘长裾，翳轻袖，绮罗斗艳，兰麝熏香，端的是金谷丽姝，不同凡艳。便问崇道："孙公命迓绿珠，未识孰是?"崇勃然道："绿珠是我爱妾，怎得相赠?"为一美妾而覆家，也不值得。来使道："公博古通今，察远照迩，愿加三思，免贻后悔。"崇仍然不允。来使既去复返，再为劝导。崇始终固执，叱退来使。秀得来使归报，当然大怒，便拟设计害崇。

崇亦自知惹祸，与甥欧阳建及旧友黄门郎潘岳，私下商酌，为除秀计。秀前为岳家小吏，岳恨他狡黠，辄加鞭挞，及秀为中书令，岳时与相值，尝问秀道："孙令公，尚记得前日周旋否?"秀引古语相答道："中心藏之，何日忘之。"见《诗经·小雅》。岳知他怀恨未忘，很加忧惧，与崇建等议及除秀，谓不如交结淮南王，劝令起事，捽去伦秀二人。淮南王允，正思讨灭伦秀，既得潘岳等相劝，筹备益急。伦与秀探察得实，遂迁允为太尉，阳示优礼，实夺兵权。允称疾不拜，秀遣御史刘机逼允，收允官属，并矫诏责允拒命，大逆不敬。允取诏审视，系秀手书，便怒叱道："孙秀何人，敢传伪诏!"说至此，返身取剑，欲杀刘机。机狂奔出门，幸逃性命。允追机不及，便顾语左右道："赵王欲破我家。"随即召集部兵七百人，出门大呼道："赵王造反，我将讨逆，如肯从我，速即左袒。"兵吏常仇怨赵王，多左袒趋附。允率众赴宫，适尚书左丞王舆，闻变先入，闭住掖门。允不得趋入，乃转围相府。伦与秀仓猝调兵，与允相持，屡战屡败，死伤约千余人。太子左率陈徽，勒东宫兵，鼓噪宫内，作为内应。允列阵承华门前，令部众各持强弩，迭射伦兵。伦正督众死战，矢及身前，主书司马眭秘，挺出翼伦，可巧一箭射来，向胸穿入，立即倒毙。伦不禁着忙，旁顾门右，幸有大树数株，便挈领官属，趋至树后，借树为蔽。树上矢如猬集，伦幸得免。自辰至未，尚是喊杀连天，未曾罢斗。

中书令陈准，系陈徽胞兄，入值宫中，意欲助允，便请诸帝前，谓宜遣使持白虎幡，出解战事。乃使司马督护伏胤，率骑兵四百，持幡从宫中出来。胤藏着空板，古时诏书录板，板以桐木为之，长约尺许。诈称有诏，径至允阵前，取板遥示。允还道他是前来帮助，又见他持着诏书，定有他命，便令军士开阵纳胤，自己下马受诏。不防胤突至允前，拔出利刃，竟将允挥为两段。允众相顾错愕，胤复对众宣诏，略言"允擅自称兵，罪在不赦，除允家外，胁从罔治"等语。于是大众骇散。允子秦王郁汉王迪等，均被胤追捕，相继杀死。看官道是何因?原来白虎幡是借以麾军，并非解斗，陈准因惠帝昏愚，托言解斗，实欲麾动允军，威吓伦兵，使知允众攻伦，实出帝命，偏遣了一个贪利怀诈的伏胤，受命出宫，行过门下省，与伦子汝阴王虔相值。虔邀入与语，誓同富贵，嘱令变计图允。胤坐此生心，便去诳允。允见他持着白虎幡，又是赍奉诏敕，明明是得着内援，怎得不为胤所给?哪知一场好事，竟成恶果，这也是晋朝的气数。无可归咎，又只好归之于天。

允既被害，赵王伦越加威风，复饬令严索允党，一体同罪。孙秀遂指称石崇欧阳建潘岳等，奉允为逆，应该伏诛。崇正在楼上高坐，与绿珠等欢宴，蓦闻缇骑到门，料知有变，便旁顾绿珠道："我今为汝得罪了，奈何奈何?"绿珠涕泣道："妾当效死公前，不令公独受罪。"遂叩头谢别，抢步临轩，一跃下楼。崇慌忙起座，欲揽衣裾，已是不及，但见下面倒着娇躯，已是头破血流，死于非命。绿珠本贻祸石家，幸有坠楼殉主，尚可自解。崇不禁垂泪道："可惜!可惜!我罪亦不过流徙交广，卿何必至此!"你既钟爱绿珠，何不随同坠楼，且还想活命，真是痴人说梦。遂驾车诣狱。未到狱门，已有人传到敕书，令赴东市就刑。崇至东市，方长叹道："奴辈利我家财。"旁有押吏应声道："早知财足害身，何不散给乡里?"崇不能答，仰首就戮。崇甥欧阳建，亦同时被杀，绝命时尚口占诗章，词甚凄楚。崇母兄及妻子等十五人，骈戮无遗，家产籍没。有司按录簿籍，得水碓三十余区，苍头八百余人，田宅货财，不可胜数。多藏厚亡，视崇益信。黄门郎潘岳，并为所害。岳字安仁，少美丰姿，尤工词藻。弱冠以前，尝挟弹出洛阳，妇女皆掷果相赠，满载以归。嗣为河阳令，遍植桃树，时人号为一县花。妻殁作悼亡词，哀艳绝伦，惟躁急干进，不安恬淡。岳母尝责岳道："汝当知足，奈何奔竞不休？"岳不能从。及被收时，始入与母诀道："负阿母！"出至东市，见崇亦在列，相顾欷歔。崇呼岳道："安仁亦遭此祸么？"岳泣答道："可谓白首同所归。"这一语，乃是岳寄金谷园诗，不料竟成谶语。岳死，家属亦多毙刀下，惟兄子伯武，在逃得免。

赵王伦又收捕淮南王弟吴王晏，拟即加刑，经光禄大夫傅祗力争，始得贷死，贬为宾徒县王。齐王冏与伦相结，迁任游击将军，冏尚未满意，颇有恨色。秀即白伦，将冏外调，令出为平东将军，使镇许昌，免得在内生变，伦趾高气扬，拟自加九锡殊礼。吏部尚书刘颂道："从前汉锡魏武，魏锡晋宣，俱系一时异数，并非古礼。周勃霍光，立功甚大，并不闻有九锡的宠命呢。"权词讽谏，可算苦心。伦党张林，斥颂为张华余党，因有异议，将加颂死刑。还是孙秀进言道："杀张裴已乖物望，不宜再杀刘颂。"伦乃罢议。秀为伦嘱使群僚，均至相府称道功德，应用九锡典命，伦佯为谦让，再由朝使持诏敦勉，方才拜受。进秀为侍中兼辅国将军，仍领相国司马，相府增兵至二万人，与禁中宿卫相同。秀子会为校尉，年已二十，形短貌丑，少时尝在城西，为富家贩马，此时骤得贵显，居然欲与帝子结婚。惠帝已同虚设，但教伦秀二人，如何裁决，便即允行，伦遂为秀子作伐，使尚帝女河东公主。秀即把将军孙旗外孙女羊氏，为帝说合，请为继后。旗与秀同族，旗婿为尚书郎羊玄之，生有一女，名叫献容，姿容秀媚，倾国倾城，与前时贾南风相比，判若天渊。永康元年仲冬，羊女得册为后，好算是非常遭际，喜从天来。吉期已届，盛妆启行，不料衣上忽然起火，几吓得魂胆飞扬，还亏左右侍女，急忙扑救，才得将火光灭熄，但一袭翚衣，半成焦黑，已觉得预兆不祥。为后文伏案。慌忙将原衣脱去，再从宫中乞取后服，重复穿上，方好登舆入宫。礼成以后，见惠帝年逾四十，面目粗蠢，知识愚钝，不由的大失所望，只得自悲命薄，蹉跎度日罢了。河东公主下嫁蠢子，羊女献容上配愚君，彼此不偶，岂非天命！惟后父羊玄之，却得超拜光禄大夫，特进散骑常侍，加封兴晋侯，自夸奇遇，深感秀德。谁料到腊尽春来，竟出了一桩篡国奇闻，好好一位新皇后，竟随了一个老皇帝，同徙金墉城，这真是祸福无常，福为祸倚了。

看官！不必细猜，便可知那篡国的贼臣，就是相国赵王伦。伦迷信神鬼，好听巫言。孙秀欲迫伦篡位，自为首功，乃密使牙门赵奉，诈为宣帝神语，命伦早入西宫。又言宣帝在北邙山，阴为伦助。伦乃在邙山立宣帝庙，私自祷祝，潜构逆谋，令太子詹事裴劭，左军将军卞粹等，充当相府从事中郎，作为帮手。更使义阳王威，司马孚曾孙。与黄门郎骆休，闯入内廷，逼夺玺绶，伪作禅诏。诏既草就，即付尚书令满奋，及仆射崔随，令并玺绶送往相府，禅位与伦。伦又假作谦恭，固让不受，一班寡廉鲜耻的王大臣，早已由孙秀运动，一齐趋至，满口是功德巍巍，天与人归的套话，趋奉伦前，再三劝进。伦遂直任不辞，于是遣左卫将军王舆，前军将军司马雅等，率甲士入殿，晓谕三部司马，示以威赏。三部莫敢抗议，唯唯听命。伦乃备卤簿，乘法驾，昂然入宫，登太极殿，受百官朝谒，大赦天下，改元建始。一面徙惠帝及羊后，出居金墉城，阳尊惠帝为太上皇，改称金墉城为永昌宫。废皇太孙臧为濮阳王，立长子荂为皇太子，封次子馥为京兆王，三子虔为广平王，幼子诩为霸城王，皆兼官侍中，分握兵权；又用梁王肜为宰衡，何劭为太宰，孙秀为侍中中书监，兼骠骑将军，仪同三司。义阳王威为中书令，张林为卫将军，余党皆为卿将，越次超迁；下至奴卒，亦加爵位。每遇朝会，貂蝉盈座，都下竞相传语道："貂不足，狗尾续。"真是一班摇尾狗。伦既据大位，亲祠太庙，还遇大风，吹折麾盖。伦也觉不安，因密使人害死濮阳王臧，省却后患。越要逞凶，越不久长。且恃孙秀为长城，每有号令，必先示秀。秀得意为窜改，或自书青纸，充作诏书。朝令夕更，百官常转易如流。孙旂子弼及弟子髦辅琰四人，因与秀同族，旬月三迁，皆得为将军，受封郡侯，并加旂为车骑将军，使得开府。旂正出镇襄阳，闻子侄辈受伦官爵，恐为家祸，因遣幼子回入都消让，迫令辞职。弼等方致位通显，履坚策肥，怎肯勒马悬崖，幡然谢去？仍令回返报乃父，极称平安。旂不能遥制，惟有自悲自痛罢了。自己何不远引？

卫将军张林，与孙秀积有夙嫌，并怨不得开府，因私与荂笺，具言秀专权擅政，未协众心，应速诛为是。荂持书白伦，伦又复示秀，气得秀咆哮不已，急请诛林，伦怎敢不从？当即往华林园，佯言会宴，召林入侍，立即拘住，赏他一刀，并夷三族。林原该死，但为伦所杀，怎得瞑目？秀复虑齐王冏成都王颖河间王颙等，各据方面，拥强兵，无从控制，乃悉遣亲党，往为三王参佐，且加冏为镇东大将军，颖为征北大将军，皆开府仪同三司，隐示羁縻。偏齐王冏不受笼络，首先发难，传檄讨伦，一面遣使四出，联结诸王。成都王颖，接冏来使，便召邺令卢志入商，志答说道："赵王篡逆，神人同愤，殿下能助顺讨逆，何患不克？"颖乃命志为谘议参军兼左长史，即日调发兖州刺史王彦，冀州刺史李毅，督护赵骧石超等为前驱，自率部兵为后继。行抵朝歌，远近响应，得众二十万，声势大振。常山王乂，本来是受封长沙，因与楚王玮为同母兄弟，连坐被贬，徙封常山，既得冏书，即与太原内史刘暾，率众应冏。还有新野公歆，扶风王骏子。闻冏起事，未知所从，嬖人王绥道："赵亲而强，齐疏而弱，公宜从赵。"参军孙洵在座，厉声叱道："赵王凶逆，人人得诛，有甚么亲疏强弱呢？"洵与卢志，俱不失为义士。歆乃与冏连兵，愿作声援。前安西将军夏侯塞，在始平纠合党羽，得数千人，与冏相应。并致书河间王颙，约同赴义。颙初用长史李含谋，遣振武将军张方，率兵诱夷，擒至长安市，把夷腰斩。及冏使驰至，复将他拘住，使张方押使入都，并为伦助。方至华阴，颙得二王兵盛消息，忙着人将方追还，更附二王。颙本心已不可靠。

各种警报，次第传入洛阳。伦与秀始相顾惊惶，不能安枕，忙遣上军将军孙辅，折冲将军李严，率兵七千，出延寿关；征虏将军张泓，左军将军蔡璜，前军将军闾和，率兵九千，出堮阪关；镇军将军司马雅，扬威将军莫原，率兵八千，出成皋关；这三路兵马，统往拒齐王冏。再令孙秀子会，督率将军士猗许超，领宿卫兵三万名，出敌成都王颖。更召东平王楙见前文。为卫将军，都督军事。再命次子京兆王馥，三子广平王虔，领兵八千，为三军继援。分拨已定，尚觉心绪不宁。伦秀两人，日夜祈祷宣帝庙，拜道士胡沃为太平将军，替他求福禳灾，并使巫祝选择战日。秀又潜令亲党往嵩山，身服羽衣，诈称仙人王乔，贻书与伦，说他福祚灵长。伦将伪书宣告大众，为欺人计。哪知此次变起，曲直昭然，一切欺饰手段，全然用不着了，小子有诗咏道：

情同鬼蜮太离奇，一举敢将帝座移。
待到楚歌传四面，欺人诡计究谁欺？

毕竟后来胜败如何，且看下回续叙。

绿珠坠楼，古今传为美谈，良以绿珠身为妓妾，犹知报主，石家虽破，名节尚存，略迹原心，不能不为之称叹也！本回前半篇，本叙淮南王允事，绿珠坠楼，第连类及之，而标目偏以绿珠为主脑，亦非无因，石崇却孙秀之求，乃与潘岳欧阳建等密谋，怂恿淮南王起事，是淮南王之发难，未始不由于绿珠，故谓石崇之被覆于绿珠可也；谓淮南王之被覆于绿珠，亦无不可。何物娇娃？招此祸水，其所由舍瑕录瑜者，幸有此坠楼之殉节耳！若赵王伦实一庸徒耳，见欺孙秀，潜构异图；名除贾郭，实害裴张，甚且夺玺绶于深宫，受朝谒于前殿，此而欲逆取顺守，宁可得耶？三王联兵，二凶丧气，犹欲托诸神鬼，诳惑人民，可笑可恨，无逾于此。彼附伦为逆者，诚绿珠之不若矣。

第十三回

迎惠帝反正除奸　杀王豹擅权拒谏

却说齐王冏兵至颍阴，正与张泓军相遇，彼此交锋，冏军失利，死亡至数千人，辎重亦半为所夺。冏收集败卒，再图一战，乃分军渡颍，复为张泓所遏，不能前进。泓遂于颍上列阵，日夜防守。孙辅等亦陆续相会，与泓分地屯兵。冏乘夜掩击，泓军不动，独孙辅骇退，遁还洛阳，诣阙入报道："齐王兵盛，势不可当，张泓等已战没了。"赵王伦不禁战栗，飞召三子虔及许超入卫。超匆匆驰归，虔亦继至，会接到张泓捷报，谓已击退冏军，乃复遣许超出赴军前。看官！试想出兵打仗，全靠纪律，忽而召还，忽而遣去，怎得不令人生疑，自挫锐气？伦之愚鄙，于此益见。不过齐王冏非将帅才，尚在颍上相持，一时未能攻入。张泓且麾军渡颍，直攻冏营，冏几乎被乘，幸部众猛力截杀，得破泓部将孙髦司马谭，泓始退去。孙髦司马谭部下败兵，散归洛阳。孙秀还诈称得胜，宣示都下，谓已破灭冏营，朝臣皆贺。已而孙会败报又至，瞒无可瞒，吓得伪皇帝瞠目结舌，不知所为。如此没用，也想为帝，一何可笑？原来孙会与士猗许超，出拒颖军，行抵黄桥，一鼓作气，得破颖前锋军士，俘斩至万余人。颖欲退保朝歌，参军卢志进谏道："今我军失利，敌新得志，势必轻我，我若退缩，士气沮丧，不可复用。况胜负乃兵家常事，不若更选精兵，出奇制胜，方可得志。"颖乃汰弱留强，涕泣宣誓，激动众心，鼓勇再进。孙会等果然轻颖，不复设备，及颖军已到营前，方驱兵出战。这番接仗，与前次大不相同，颖军俱蓄怒前来，好似江上秋潮，一发莫御。会与士猗许超，见来军如此利害，不由的胆战心惊，步步倒退。战了两三个时辰，但见头颅乱滚，血肉纷飞，部下士卒，除战死外，多半逃亡，会料知不妙，拨马先奔，士猗许超相继骇走，都一口气跑回洛阳。所有宿卫兵三万人，任他自生自灭，无暇再问下落了。

孙秀见会等奔还，也急得无法可施，只好集众会议：或谓应收集余众，背城一战；或谓且毁去宫室，诛锄异党，挟伦南就孙旂孟观，再图后举。孙旂已见前文。孟观自擒灭齐万年后，由东羌校尉任内调入为右将军，赵王伦篡位，令观出监沔北诸军事，齐王冏檄观讨伦，观粗知天文，仰望紫宫帝座，并无他变，还道伦得应天象，不至速败，因仍为伦固守，不愿应冏。失之毫厘，谬以千里。孙秀恐旂观二人，未必可恃，所以迟疑不决，那外边的警报，杂沓传来，不是说颖军渡颍，就是说冏军逾河。都下将吏，汹汹思变。左卫将军王舆，与尚书广陵公漼琅琊王伷第四子。乘风转舵，号召营兵七百余人，自南掖门入宫，倡言反正。三部司马也乐得依声附和，联同一气。舆令三部兵分卫宫门，自率部曲至中书省，拿捉孙秀，秀忙将省门闭住，不使舆入。舆纵兵登墙，掷入火具，毁及房屋，霎时烟焰满室，不可向迩。秀与士猗许超冒烟出走，正遇左部将军麾下赵泉，舞刀过来，顺手劈去，巧巧剁落三个头颅。又搜杀秀子孙会与前将军谢惔，黄门令骆休，司马督王潜，尚书左丞孙弼。即孙旗长子。

舆还屯云龙门，使人入白赵王伦，速即迎还惠帝。伦不得已，宣令道："我为孙秀所误，激怒二王，今已诛秀，可迎太上皇复位，我当归老农亩，不问朝事。"也想做太上皇么？令既发出，复使亲校执驺虞幡，至宫门外麾示罢兵，一面挈领家属，出华林东门，退归私第。舆乃使甲士数千人，赴金墉城，迎还惠帝。帝与羊后并驾入宫，道旁百姓，咸称万岁，当下由惠帝亲自登殿，召集百官，群臣皆顿首谢罪。犹记得向伦劝进否？诏送伦父子至金墉城，派兵监守，改元永宁，大酺五日，且分遣使臣慰劳冏颖颙三王。梁王肜首先上表，请诛伦父子以谢天下。有诏令百官会议，百官皆如肜旨，共请诛伦。总算善变。乃使尚书袁敞持节责伦，赐饮金屑酒。请君亦尝此美味。伦取酒饮毕，用巾覆面，且泣且呼道："孙秀误我！孙秀误我！"未几即毒发而毙。做了一百日的皇帝，也算威风，不应徒怨孙秀。伦子荂馥虔诩，一并捕诛。此外如伦秀私党，并皆斥免，台省府卫，所存无几。成都王颖，驰入都中，使部将赵骧石超，往助齐王冏，讨张泓等。泓等闻都中复辟，伦已受戮，没奈何向冏乞降。自兵兴六十余日，两下战死，差不多有十万人。间和孙髦张衡伏胤等，自戍所还洛，均因情罪较重，斩首东市。蔡璜畏罪自杀。义阳王威，尝入宫夺玺，惠帝记在心中，至是语廷臣道："阿皮可恨！夺我玺绶，致捩我指，不可不杀。"阿皮为威小字，因即遭诛。东平王楙免官。河间王颙与齐王冏先后入都，冏部众约数十万，威震京师，复传檄襄沪，令诛孙旗孟观。襄阳太守宗岱，承檄斩旗，饶冶令空桐机，承檄斩观，皆传首洛阳，并夷三族。那时孙辅孙惔，为旗犹子，当然骈首市曹。不必细表。

惠帝封赏功臣，授齐王冏为大司马，加九锡殊礼，备物典策，如宣景文武并见前文。辅政故事。成都王颖为大将军，都督中外诸军事，并假黄钺，录尚书事，亦加九锡。河间王颙为传侍太尉，常山王乂为抚军大将军，兼领左军。进广陵公漼爵为王，领尚书，加侍中。新野公歆，亦进爵为王，都督荆州诸军事。授梁王肜为太宰，领司徒。起前司徒王戎为尚书令，王衍为河南尹，立襄阳王尚为皇太孙，复宾徒县王晏故封，仍为吴王。大司马齐王冏，表请呈复张华裴颜及解结兄弟原官，有诏令廷臣会议，积久未决。越年，始得如冏所请，为张裴二解昭雪，复还官阶，拨归原产，且遣使吊祭。

海内想望太平，总道是拨乱反正，除逆申冤，好从此重见天日了。哪知天不祚晋，内乱未已，东莱王蕤与左卫将军王舆，共谋害冏，骤欲生变。事前被发，始致败谋。蕤系齐王冏庶兄，素性强暴，使酒凌人，冏生平常为所侮，只因谊关手足，格外包容。及冏起兵讨伦，伦收蕤下狱，尚未加刑。惠帝反正，蕤得释出，闻冏至洛阳，往迎路旁。冏但颔以首，未尝下马与谈。蕤愤詈道："我为尔几罹死罪，何太无友于情?"既而冏入辅政，蕤只得为散骑常侍，益觉怏怏，因向冏乞求开府。冏答说道："武帝子吴王晏，尚未得开府，兄且少待。"蕤闻冏言，恨上加根，遂密劾冏专权不道，将为管蔡。惠帝当然不报。左卫将军王舆，自谓有复辟大功，未得厚赏，因与蕤表示同情，拟伏兵阙下，俟冏入朝时，把他刺死。偏被冏得悉阴谋，立即奏闻，捕舆斩首，诛及三族，废蕤为庶人，徙居上庸。上庸内史陈钟，私伺冏意，将蕤谋毙，冏亦不复过问。冏虽寡情，蕤却自取其死。为了兄弟相戕，遂致诸王疑议，又复生出无数乱端。新野王歆，将赴荆州，与冏同出谒陵，因密语冏道："成都王系是至亲，同建大勋，当留与辅政，否则宜撤彼兵权，毋令生祸!"冏点首会意，不再答言。常山王乂，亦与成都王谒陵，乘间语颖道："天下系先帝的天下，王宜好为维持，毋使齐王逞志!"颖与乂同系武帝庶子，故有是言。颖也以为然，还语参军卢志。志进言道："齐王众号百万，与张泓等相持颍水，日久未决，大王直前渡河，首先入都，功无与比，朝野共知。今齐王欲与大王共辅朝政，志闻两雄不并立，何不因太妃微疾，求还定省，委重齐王，得收物望?这乃是今日的上策呢。"颖为武帝才人程氏所生，太妃即指程才人。颖素信志言，便即依议。越日入朝，由惠帝引至东堂，面加褒奖，颖拜谢道："这都是大司马冏的功劳，臣怎能掠美呢?"言毕趋出，即上表称冏功德，宜委以万机，自陈母疾，愿即归藩，为终养计。一面匆匆治装，不待复诏，便告辞太庙，径乘车出东阳门，西向归邺。相随只卢志等数人，不令营中与闻。就是齐王冏府第中，也只遣人贻书告，别外无他语。冏得书大惊，急驾马往追，驰至七里涧，方得见颖。颖停车叙别，涕泣滂沱，但言太妃疾苦，引为深忧，故无暇面辞。言毕，即驱车别去，毫不谈及时政。冏也即还都，尚自称为咄咄怪事。

颖既还邺，诏遣使臣再申前命，颖但受大将军职衔，辞九锡礼，且表称："兴义功臣，应并封公侯。前时大司马屯兵颍上，日久民困，乞运河北米十五万斛，赈给饥民"云云。又自制棺木八千余口，即移成都国俸为衣服，殓祭黄桥死士，并各抚家属，比普通战死为优。又命温县瘗埋赵王伦部卒，得万四千余人。看官听着!成都王颖这种行为，统是卢志替他划策，教他笼络人心，收集时誉。果然，两河南北，交口称颂，就是都城内外，也没一个不号为贤王。若能长此过去，虽属矫情，亦必终誉。还有中书郎陆机，从前为赵王府中的参军，齐王冏入都后，得伦受禅诏书，疑是陆机所为，即欲加诛，亏得颖力为解救，方得免罪。颖爱机才，后表请为平原内史，机弟云为清河内史，晋廷自然允准，立遣二人赴任。机友人顾荣戴渊，为言中国多难，劝机还吴。机感颖厚惠，且谓颖有时望，可与立功，乃逗留不去。谁知兄弟二人后来皆死颖手。

颖方惠民礼士，刻意求名。冏却植党营私，但务纵欲，所有立功将佐，如葛旟路秀卫毅刘真韩泰五人，皆封为县公，号曰五公。委以心膂，并就乃父齐王攸故第，增筑广厦，所有邻近庐舍，不问公私，统被拆毁，使大匠刻意经营，规制与西宫相等。又凿通千秋门墙，得达西阁，后房遍设钟悬，前庭屡舞八佾，沉湎酒色。常不入朝，长子冰得封乐安王，次子英得封济阳王，三子超得封淮南王。好容易过了一年，太孙尚又复夭逝，梁王肜相继去世，诏复封常山王乂为长沙王，领骠骑将军，起东平王楙为平东将军，都督徐州军事，使镇下邳。召还东安王繇给复官爵，繇被废徙带方事，见前文。且拜为宗正卿，再迁至尚书左仆射。齐王冏欲久专国政，见皇孙俱已死亡，成都王颖为众望所归，倘立为皇太弟，于自己大有不利，因表请立清河王覃为太子。覃系惠帝弟遐长男，年才八岁，当即择日册立，入居东宫，使冏为太子太师。是时，尚有东海王越，为八王之殿。为宣帝从子，父泰曾受封高密王。泰死后越得袭爵，改封东海。越少有令名，不慕富贵，恂恂如布衣。永康初，始入为中书令，冏思联为臂助，进拜越为侍中，寻复授职司空，领中书监，越乃渐得预闻政事。侍中嵇绍，见惠帝昏庸如故，内权属齐王冏，外望归成都王颖，将来必启争端，乃上疏防变，大略说是：

> 臣闻改前辙者车不倾，革往弊者政不爽，故存不忘亡，安不忘危，为大易之至训。今愿陛下无忘金墉，大司马无忘颍上，大将军无忘黄桥，则祸乱之萌，无由而兆矣。

绍既上疏，又致冏书，援引唐虞茅茨，夏禹卑宫的美迹，作为规讽。冏虽巽言答复，终不少改。那惠帝是个糊涂人物，不识好歹，就使嵇侍中上书万言，也似不见不闻，徒然置诸高阁罢了。冏坐拜百官，符敕三台，选举不公，嬖佞用事。殿中御史桓豹，因事上奏，未曾先报冏府，即被谴斥。南阳处士郑方，露书谏冏，且陈五失，冏亦不省。主簿王豹抗直敢言，向冏上笺，请冏谢政归藩。去了一豹，又来一豹，俱可称为豹变之君子，可惜遇着顽豚。辞云：

> 豹闻王臣蹇蹇，匪躬之故，将以安主定时，保存社稷者也。是以为人臣而欺其君者，刑罚不足以为诛，为人主而逆其谏者，灵厉不足以为谥。伏惟明公虚心下士，开怀纳善，而逆耳之言，未入于听。豹思晋政渐阙，始自元康以来，宰相在位，皆不获善终。今公克平祸乱，安国定家，若复因前日倾败之法，寻中国覆车之轨，欲冀长存，非所敢闻。今河间树根于关右，成都盘桓于旧魏，新野大封于江汉，三面贵王，各以方刚强盛，并典戎马，处险害之地，

明公兴义讨逆，功盖天下，以难赏之功，挟震主之威，独据京都，专执大权，进则亢龙有悔，退则蒺藜生庭，冀此求安，未知其福，敢以浅见陈写愚情。昔武王伐纣，封建诸侯为二伯：自陕以东，周公主之，自陕以西，召公主之。及至其末，四海强兵，不敢遽阙九鼎，所以然者，天下习于所奉故也。今诚能遵用周法，以成都为北州伯，统河北之王侯，明公为南州伯，摄南土之官长，各因本职，出居其方，树德于外，尽忠于内，岁终率所领而贡于朝，简良才，命贤隽，以为天子百官，则四海长宁，万国幸甚，明公之德，当与周召并美矣。惟明公实图利之！

这笺上后，王豹待了十余日，并无答语，因再上一笺云：

豹上笺以来，十有二日，而盛德高远，未垂采察，不赐一字之令，不敕可否之宜，豹窃疑之！伏思明公挟大功，抱大名，怀大德，执大权，此四大者，域中所不能容，贤圣所以战战兢兢，日昃不暇食，虽休勿休者也。昔周公以武王为兄，成王为君，伐纣有功，以亲辅政，执德弘深，圣思博远，至忠至仁，至孝至敬，而摄政之日，四国流言，离主出奔，居东三年，赖风雨之变，成王感悟，若不遭皇天之应，神人之察，恐公旦之祸，未知所限也。至于执政，犹与召公分陕为伯，今明公自视功德，孰如周公旦？元康以来，宰相之患，危机窃发，不及营思，密祸潜起，辄在呼吸，岂复宴然得全生计？前鉴不远，公所亲见也。君子不有远虑，必有近忧，忧至乃悟，悔无所及。今若从豹此策，皆遣王侯之国，北与成都分河为伯，成都在邺，明公都宛，宽方千里，以与圻内侯伯子男，小大相率，结好要盟，同奖王家，贡御之法，一如周典。若合尊旨，可先与成都共议，虽以小才，愿备行人。百里奚秦楚之商人也，一开其说，两国以宁。况豹虽陋，犹大州之纲纪，与明公起事险难之主簿也，身虽轻而言未必否，倚装以待，伫听明命！

冏连接二笺，方有明令批答道："得前后白事，具见悃诚，当深思后行。"掾属孙惠，亦上笺谏冏，略言："大名不可久荷，大功不可久任，大权不可久执，大威不可久居，宜思功成身退之义，崇亲推近，委重长沙成都二王，长揖归藩，方足保全身名"等语。冏不能用，惠辞疾竟去。却是见机。冏问记室曹摅道："或劝我委权还国，汝以为何如？"摅答道："大王能居高思危，褰裳早去，原为上计。"冏始终不决。适长沙王乂过访冏第，见案上列着书牍，便顺手展阅，看到王豹二笺，不由的发怒道："小子敢离间骨肉，何不拖他至铜驼下，打杀了事？"冏听着此言，也不禁愤急起来，再经乂添入数语，好似火上加油，愈不可遏，便奏请诛豹，略云：

臣忿奸凶肆逆，皇祚颠坠，与成都长沙新野三王，共兴义兵，安复社稷，唯欲戮力皇家，与懿亲宗室，腹心从事。不意主簿王豹，妄造异言，谓臣忝备宰相，必构危害，虑在旦夕，欲臣与成都分陕为伯，尽出蕃王，上诬圣朝鉴御之威，下启骨肉乖离之渐，讪上谤下，谗内间外，构恶导奸，莫此为甚。昔孔丘匡鲁，乃诛少正，子产相郑，先戮邓析，诚以交乱名实，若赵高诡怪之类也。豹为臣不忠不顺不义，应敕赴都街，正国法以明邪正，谨此奏闻！

奏入，便奉诏依议，当下将豹推出东市，用鞭挞死。豹将死时，顾监刑官道："可将我头悬大司马门，使得见外兵攻齐哩。"小子有诗叹道：

逆耳忠言反受诛，臣心原可告无辜。
临刑尚订悬头约，犹是当年伍大夫。

豹既冤死，同僚多恐遭祸，随即告退。容至下回报明。

齐冏为名父之子，倡义勤王，足为功首。成都次之，长沙又次之，河间又次之。惠帝复辟，伦秀就戮，叙功论赏，固无出齐王右者。为齐王计，能与诸王同心戮力，夹辅惠帝，则如周公之弼成王，诸葛孔明之相刘禅，谁曰不宜？否则急流勇退，委政而去，亦不失为明哲士。乃逞心纵欲，居安忘危，有良言而不见纳，有嘉谟而不肯从，甚至冤戮王豹，杜塞众口，孔圣谓言莫予违，必致丧邦，况冏为人臣乎？本回于郑方孙惠诸谏牍，俱皆从略，而独录豹二笺，并及冏奏，所以表豹之忠义，且嫉冏之暴盭云。

第十四回

操同室戈齐王毕命　中诈降计李特败亡

却说王豹受戮，中外称冤，与豹同事的官僚，各有戒心。掾属张翰，见秋风徐来，忆及江南家景，有菰菜莼羹鲈鱼脍诸风味，便慨然自叹道："人生贵适意，何必恋情富贵呢？"遂上笺辞官，飘然引去。僚友顾荣，故意酣饮，不省府事。冏长史葛旟，说他嗜酒废职，被徙为中书侍郎。颍川处士庾衮，闻冏期年不朝，亦不禁唏嘘道："晋室将从此衰微了。看来祸乱不远，我不便在此久居。"乃挈妻子逃入林虑山中。冏溺志宴安，终不自悟，且因河间王颙，前曾依附赵王伦，很不满意，任令还镇，并加意设防。颙长史李含，尝被征为翊军校尉，与梁州刺史皇甫商有嫌，商得参翊军事。含以此不安，冏右司马赵骧，又与含有积忿，含益恐罹祸，竟匹马出都，奔还关中。颙见含回来，当然惊问。含诈称传达密诏，令颙诛冏，颙将信将疑，含遂说颙道："成都王为皇室至亲，且有大功，今委政归藩，甚得众心。齐王冏越亲专政，朝野侧目，为大王计，可檄长沙王讨齐，齐王必诛长沙王，我得借此兴师，归罪齐王，师出有名，不患不胜。若除去齐王，使成都王辅政，除逼建亲，永安社稷，岂不是一番大功劳么？"播弄是非，图害二王，如此刁滑，最堪痛恨。颙贪立大功，居然依议，便抗表陈请道：

王室多故，祸难罔已。大司马冏虽曾倡义，有兴复皇位之功，而安定都邑，克宁社稷，皆成都王之勋力也，而冏不能固守臣节，实乖众望。自京城大定，篡逆诛夷，乃率百万之众，来绕洛城，阻兵经年，不一朝觐，百官拜伏，晏然南面，坏乐官市署，用自增广，取武库秘仗，严列不解。故东莱王蕤，知其逆节，表陈事状，横遭诬陷，加罪黜徙。彼益树植私党，僭立官属，幸妻嬖妾，名号比之中宫，宠竖顽僮，官爵俨同勋戚，密署心腹，实为货谋，斥罪忠良，窥窃神器，逆伦始谋，固犹是也。臣受重任，蕃卫方岳，见冏所行，实怀激愤。即日翊军校尉李含，乘驲密来，宣腾诏书，臣伏读感切，五情若灼，《春秋》之义，君亲无将。冏拥强兵，置党羽，权官要职，莫非私人，虽加重责之诛，恐不义服。今特勒精卒十万，与州郡并协忠义，共会洛阳。骠骑将军长沙王乂，同奋忠诚，废冏还第，成都王颖，明德茂亲，功高勋重，往岁去就，允合众望，宜为宰辅，代冏阿衡之任。臣志安社稷，未敢营私，为此拜表摅诚，急切上闻！

颙既上表，即令李含为都督，出次阴盘，张方为前锋，进逼新安，距洛阳百二十里，一面遣使邀结成都王颖，新野王歆，并范阳王虓。音哮。虓系宣帝从孙，父绥尝封范阳王。绥死由虓袭封，拜安南将军，都督豫州军事，就镇许昌。诸王接到颙使，尚各按兵不动，坐观成败。也是中立政策。那齐王冏得了颙表，事出意外，不免惊惶，忙召百官，会议府中。冏首先开口道："孤首倡义兵，扫除元恶，区区臣心，可质神明。今二王听信谗言，忽构大难，究应如何对待，方保万全？"尚书令王戎应声道："如公勋业，原足盖世，但赏不及劳，故人怀贰心。今二王相结，恐不可当，公何不委权崇让，洁身就第？使二王无从借口，自然得安。"司空东海王越，也如戎议。忽有一人趋入，怒目厉声道："赵庶人听任孙秀，移天易日，当时衮衮诸公，无一倡义，赖我王犯矢石，贯甲胄，攻围陷阵，事乃得济。今日计功行封，未遍三台，这是赏报稽迟，责不在府。今谗言肆逆，理应一致同心，共图诛讨，乃虚承伪书，令王就第，试想汉魏以来，王侯就第有能保全妻子否？谁主此议，实可斩首！"你想讨灭二王，果可保全妻子么？王戎闻言，大吃一惊，慌忙审视，乃是冏门下中郎将葛旟。再顾齐王冏面色，也觉有异，更惶恐的了不得。眉头一皱，计上心来，托言腹胀如厕，装出龙钟状态，才至厕所，跌了一跤，弄得满身粪秽，臭不可闻，乃踉跄逃去。亏他装做得出。百官莫敢置议，也陆续溜了出来。

冏恐长沙王乂为内应，忙遣心腹将董艾，引兵袭乂。偏乂已走了先著，率左右百余人，驰入中宫，阖住诸门，挟了惠帝，号召卫士，出攻大司马府。董艾陈兵宫西，纵火焚千秋神武诸门，乂亦遣部将宋洪，往烧冏第。两下里喊声大震，火光烛天。冏使黄门令王湖盗出驺虞幡，麾示大众，宣言长沙王矫诏为乱。乂却拥惠帝至上东门，御楼传旨，说是大司马谋反。董艾不顾利害，望见天子麾盖，竟令部众仰射，矢集御前，侍驾诸臣，多被射伤，或即倒毙。都下各军，见董艾如此无礼，遂疑冏谋反是实，于是相率攻冏，接连战了三日三夜，冏众大败。大司马长史赵渊，执冏请降，当由乂牵冏上殿，面见惠帝。冏自陈枉屈情形，伏地涕泣。惠帝不觉心动，意欲赦冏。乂亟叱左右推冏出外，一刀杀死，枭示六军。同党如董艾葛旟等，皆夷三族，戮至二千余人。冏子冰英超，一并褫爵，幽禁金墉城。冏弟北海王寔，连坐被废，乃复请惠帝登殿，下诏大赦，改元太安。进长沙王乂为太尉，都督中外诸军事。封废王蕤子炤为齐王，奉齐献王攸遗祀，且遥谕河间王颙等罢兵。颙乃召还李含张方，含怏怏退归。原来含为颙计，檄乂讨冏，本意是借乂为饵，总道乂非冏敌，必为所杀，待冏杀乂后，势必具檄，正好乘衅入都，除冏废帝，迎立成都王颖，由颙为相，自己好佐颙预政，偏偏不如所料，乂得一举杀冏，反把朝廷大权，平白地为乂取去，真是替人作嫁，毫无益处。含因此失望，又想设法挑衅，劝颙除乂。适值巴氐李特，倡乱成都，颙有西顾忧，遣督护衙博出屯梓潼，与特相持，不得不将内政问题，暂且搁起。小子也只好将李特乱事，随笔叙明。

自从李特兄弟，与流民西行入都，见前文。益州刺史赵廞，见特材武，引为己用。特弟庠流，当然同处。特恃势掠民，为蜀人患。成都内史耿滕，密奏晋廷，略言“流民剽悍，蜀民懦弱，喧宾夺主，必为乱阶。刺史赵廞，不能控驱，反假权宠，应如何防患未然，酌量调遣”云云。晋廷遂征还赵廞，用滕为益州刺史。廞本贾后姻亲，接到朝旨，愈觉悚惶，自思晋廷衰乱，不如抗命据蜀，独霸一方。乃大发仓廪，遍赈流民，更厚待李特兄弟，倚作爪牙。待耿滕入州，竟发兵出攻，把滕击死。又诱杀西夷校尉陈总，自称大都督大将军益州牧，建置僚属，改易守令，分遣李特兄弟，屯守要害。庠招集各郡壮勇，得万余人，堵塞北道，受廞封为威寇将军。廞长史杜淑张粲，谓廞倒戈授人，恐为庠噬，廞从此忌庠。庠未曾闻知，反入劝廞速称尊号，语尚未毕，即被淑粲两人，左右突出，把庠拿下，责他大逆不道，推出斩首。特与流在外握兵，乃骤斩一庠，岂非冒昧？一面遣人慰抚特流，但言庠罪应死，兄弟不相连坐，尽可安心戍守。特与流哪里肯从？便引众趋归绵竹。廞恐二人报怨，拟遣将加防，适牙门将许弇，求为巴东监军，杜淑张粲，固执不许。弇怒杀淑粲，淑粲左右复杀弇。三人皆廞心腹，同时毙命，廞如失左右手，不得已遣长史费远，蜀郡太守李苾，督护常俊，率领万余人，往戍绵竹附近的石亭。李特欲为弟报仇，潜募徒众，得七千余人，夜袭费远等军营。远等骇走，奔还成都。特乘胜进攻，日夜不休。远苾与军祭酒张微，复斩关夜遁，文武尽散。廞孤立无助，只好带了妻孥，混出城门，驾着扁舟，走向广都。手下亲丁数名，见廞失势，顿时图变杀廞，函首送特。特已趋入成都，大掠三日。既得廞首，悬示城门，且遣使入都，表陈廞罪，伫待朝命。先是梁州刺史罗尚，闻廞逆命，曾上言廞非雄才，不久必毙，已而果如尚言。晋廷以尚为能，即授尚平西将军，领益州刺史。尚率牙门将王敦，广汉太守辛冉，及新任蜀郡太守徐俭等入蜀。特闻尚来，且忧且惧，使季弟骧绕道出迎，赂贻珍玩，统是五光六色，价值连城。尚不禁大喜，见利即喜，贪鄙可知，乌足济事？立命骧为骑督，特与弟流复率部众牵牛担酒，驰至绵竹，为尚接风。王敦辛冉语尚道："特等统是盗贼，可乘他来会，拿住斩首，方免后患。"尚不肯依议。厚抚特流，偕入成都，更保举特为宣威将军，流为奋武将军。会秦雍二州，接奉朝旨，令召还入蜀流民。又由御史冯该，往蜀督遣，流民多不愿行。特尚有兄辅，留居略阳，此时赴蜀，语特谓中国方乱，不宜遣还流民。特乃再致赂罗尚，并及冯该，请展缓流民归期。两人得了货赂，许令宽限半年。

时方春季，转瞬间即到新秋，流民多为人佣工，无资可行，且因水潦方盛，五谷未登，更不便就道，复乞特再为缓颊。特因申禀罗尚，更请延期。尚颇欲允许，广汉太守辛冉，向尚力阻，坚持前约。就中还有一段隐情，乃是冉暗中舞弊，只手瞒天，当特流二人受官时，诏书迭下，令冉等调查流民，果与特等同讨赵廞，亦应按功加赏等语，冉昧下朝命，并未照办，且欲杀流民首领，劫取资财。流民相率怨冉，复相率感特。特欲收结众心，便在绵竹连置大营，安处流民，并移文至冉，请他法外施仁，毋使流民失所。冉阅特文，勃然大怒，索性悬赏通衢，募李特兄弟头颅。特闻冉悬赏购已，令人潜往揭榜，令弟骧添写数语，谓能斩送流民首级，每一头赏布百匹，于是流民大愤，奔投特营，旬日间至二万余人。冉复立栅冲要，谋掩流民，且遣广汉都尉曾元，牙门张显率步骑三万人，夜袭特营。罗尚亦遣督护田佐为助。特正分部众为二垒，自居东营，令弟流居西营，缮甲厉兵，设伏以待。曾元张显田佐等，到了特营，见营中灯火无光，寂无声响，总道特未曾防备，放胆直入。不料号炮一声，伏兵四出，特自营内杀出，流从营外杀入，一阵乱剁，把曾元张显田佐三人，一古脑儿了结性命，余众多死，逃脱的不过数千人。流民喜跃异常，共推特行镇北大将军，承制封拜。流行镇东大将军，兼号东督护。辅与骧亦俱为将军，进兵攻冉。冉督兵出战，屡为所败，遂溃围出走德阳。既不能战，又不能守，还想什么大富贵？特入据广汉，令李超为太守，再率众往攻成都。沿途晓示蜀民，与他约法三章，施舍赈贷，礼贤拔滞，军律肃然，秋毫无犯，蜀民大悦。是谓强盗发善心。罗尚出兵拒特，统被击退，不得已在城外筑垒，连营自固，一面贻书梁州，及南夷校尉等处，乞请援师。

河间王颙，得成都被困消息，乃遣衙博带领兵士，往援成都。晋廷亦授张微为广汉太守，进军德阳，罗尚又遣督护张龟，出次繁城。三路人马，遥相呼应，为夹攻计。特使次子荡引兵袭博，自统部众击破张龟，再至德阳堵御张微。博引兵至梓潼，列营阳沔，突闻李荡掩至，仓猝出战，被他杀败，退保葭萌。梓潼太守张演，弃城遁去。巴西丞毛植迎降荡军。荡再攻衙博，博又怯走，麾下兵悉数降荡。荡向特报捷，特遂自称大将军益州牧，都督梁益二州军事。改年建初，大发兵攻张微。微依高据险，与特相持，连日不决。待至特众惰弛，乃遣步兵循出而下，突入特营。特抵挡不住，且战且走。途中七高八低，险些儿为微所乘，几至全军覆没。忽见一少年将军，身穿重铠，手持长矛，大呼直前，让过李特，竟向微军中杀入，左挑右拨，无人敢当，接连刺死数十人，方将微军杀退。特瞧将过去，那少年不是别人，正是次子李荡，不由的喜出望外，复驱众返追微军。微见特追至，整阵再战，不料荡余勇可贾，仗着一杆蛇矛，摧锋陷阵，辟易千人。微军已胆弱气衰，不敢与斗，微只得逃回德阳。特既得胜仗，便欲引还，荡进言道："微已战败，士卒伤残，智勇俱竭。我军正可乘他劳敝，一鼓擒微，若失此机会，待微休养疮痍，再得振奋，恐未易图谋了。"特乃令荡进围德阳。微溃围出走，由荡驱众追杀，竟得将微刺死，并生擒微子存，旋师报特。特召存入见，存跪伏乞命。特乐得施恩释存使归，发还微尸。也知权诈。遣部将骞硕为德阳太守，正拟再攻成都。

忽闻河间王颙，又遣梁州刺史许雄，率兵前来，乃留众守候。俟雄军一到，便杀将过去。雄军远来困乏，怎敌得李特的生力军？战不数合，便即败退。越宿又战，雄军复败，遁回梁州。特乃得移兵西进，复攻罗尚。尚自特东去后，曾在郫水岸上，增戍加防，且因李流李骧，未曾随特他去，仍然分驻毗桥，因此不敢远出，但遣兵出扰骧营。骧再战再胜，三战失利，奔入流营，与流并力回攻，又大破尚军。尚军真不耐战。尚急得没法，偏李特又潜军渡江，击退郫水戍卒，会集流骧两营，直逼城下，声震山谷，直使尚叫苦不迭，寝食难安。尚尝谓廞无雄才，试问自己有雄才否？成都尚有内外二城，内城叫做太城，外城叫做少城，蜀郡太守徐俭，见李特势盛，竟将少城降特，尚只孤守太城，越觉汹惧，不得已向特求和。特未肯遽许，入据少城。是时，蜀人危惧，皆结坞自保，特遣使安抚，众皆听命。惟特尝申行禁令，不准侵掠，部下流民，趋集如蚁，免不得人多粮少，乃分遣流民，自向诸坞就食。李流入告道："诸坞新附，人心未固，宜令大姓子弟，入城为质，方保无虞。"特怒答道："大事已定，但当安民，奈何迫令入质，使他离叛呢？"徒知小惠，亦属不合。既而晋廷遣荆州刺史宗岱，建平太守孙阜，带领水军三万人，西援成都。岱令阜为前锋，进逼德阳。特亟遣李荡等往御阜军，一战失利，入守德阳。益州从事任睿，向尚献议道："特散众就食，骄怠无备，朝廷援军大至，将入德阳，这正是天意诛逆的时候了。乘此密结诸坞，约期同发，内外夹击，定可破贼。"尚乃令睿夜缒出城，往告诸坞。诸坞人民，正得阜军入境消息，便即从命，愿如睿约。睿还城报尚，又自请往特诈降。尚悉依睿计，睿又出城诣特。特问及城中虚实，睿答道："粮储将尽，只有货帛，不久便可破灭了。鄙意不甘同尽，故来投降。"特信为真言，留诸麾下。睿在特营二日，备悉特军情状，乃求还省家，特仍不以为疑，听令自去。睿复入内城，部署兵马，如期出发，直薄特营。诸坞亦遵约四应，表里合击，杀得特众走投无路，东倒西歪。睿领着锐卒，冲至特前，特见睿到来，还疑他纠众来援，当拍马相迎，不防睿劈面一刀，立即送命，倒毙马下。李辅急上前相救，又被睿顺手杀死。惟李流李骧，及特少子李雄，挈领家属及所有残众，拼命杀出，遁往赤祖去了。罗尚出城安民，把李特李辅尸身，一并焚骨扬灰，惟先时将两首枭下，遣使传送洛阳。小子因有诗叹道：

挺身百战逞强梁，一败偏遭马上亡。
莫笑当年刘后主，兴衰得丧本无常。

特既败死，荡在德阳，闻报即还，欲知后来情形，待至下回再表。

长沙王乂，随冏起兵，未尝亲临一战，而因人成事，得复故封，此未始非一时之幸遇，为乂计，亦可以知足矣。乃与颖谒陵，即有乘间挑拨之言，小人得志，为鬼为蜮，诚哉其靡所底止也。李含之为颙设谋，比乂尤狡，乂欲借颖以除冏，含且借颙以除冏乂。假令当日者，冏乂果得并除，含计得逞，安知含之不再除颖颙也？然木必朽而后虫生，堤必裂而后蚁入，冏颖乂颙，能知同族之不宜相戕，推诚相与，虽有百含，何能为哉？彼李特兄弟与流民同入成都，得良吏以驾驭之，未始不可收为爪牙，乃前有赵廞，后有罗尚，贪欲无艺，反使李特等乘怨行私，挟众为乱，至特诛而乱似可止矣，然罗尚犹存，民怨未已，蜀岂能有宁日乎？此贪夫之所以终为国祸也。

第十五回

讨逆蛮力平荆土　拒君命冤杀陆机

却说李流遁至赤祖，收集残众，尚不下数万人。李荡亦自德阳奔还，助流拒守。流与荡雄各为一营，流居北，荡雄居西。部众以军中无主，无所适从，因复推流为大将军，领益州牧，秣马厉兵，再图一战。是时，德阳已为孙阜所破，守将骞硕等被擒，阜退屯涪陵，罗尚却遣督护何冲常深等，分道攻流。还有涪陵民药绅，亦起兵相助。流与李骧拒深，使荡与雄拒绅，何冲却乘虚攻北营。流已外出，只留部将苻成隗伯等，居守营中，两将忽生变志，与冲为应，冲趁势杀入，不意营内出来一个女将军，擐甲执矛，麾动部众，拼命抵住。女将为谁，请看官掩卷一猜。冲不禁诧异，但令军士困住女将，与她厮杀。那女将毫不畏惧，反抖擞精神，当先冲突，好几次被她荡决，直使冲无可下手，目眙心惊。忽从刺斜里闪出一人，手执利刃，直奔女将，女将连忙闪避，那刀锋已到眉尖，伤及左目，顿时血泪交迸，点滴不休，冲总道这女将受伤，必致败遁，偏女将仍复酣战，反觉得裂眦扬眉，拼个你死我活。看官欲知女将来历，乃是特妻罗氏。刃伤罗氏左目，便是隗伯。罗氏已有死志，始终不肯退去，那营内却已被捣乱，眼见得危巢将覆，猛听得营门外面一声呼啸，有两大头目，率众杀到，一是李流，一是李荡。原来流往拒常深，得破深垒，深已遁去；荡往拒药绅，绅闻深败，不战自退，所以流与荡得收兵驰还，来救北营。何冲只一支孤军，怎禁得两路来攻。只好冲开一条血路，没命似的乱跑。苻成隗伯，也溃围突出，随冲同诣成都。流与荡尚不肯舍，在后力追。荡自恃勇力，持矛先驱，将到成都城下，不防苻成隗伯翻身猛斗，苻执矛，隗执刀，双战李荡。荡格过了矛，又要防刀，格过了刀，又要防矛，略略一个失手，被苻成刺中腰胁，坠落马下。是亦与养由基之死艺相类。苻成正要枭取荡首，适值李流驰到，部众甚盛，料知不遑下手，亟与隗伯掉头入城。何冲已在城闉守候，见二人得入，立将城门阖住，阻遏外兵。流抢得荡尸，涕泪并下，再拟鼓众攻城，忽有急足驰到，报称孙阜将至，没奈何长叹一声，载尸引还。既返北营，检点营中士卒，也被何冲一战，伤毙多人。自思兄侄俱亡，孙阜又至，不由的悲惧交并。姊夫李含，曾由特任为西夷校尉。此李含与颙长史同姓同名，但不同人，惟含与特同姓结婚，究不脱蛮俗。至是劝流乞降阜军。流无可奈何，因遣子世及含子胡，至阜军为质，壹意求和。李骧李雄，交谏不从，胡兄离为梓潼太守，闻信驰还，欲谏不及，退与雄谋袭阜军。雄很是赞成，但虑流不肯发兵。离答道："事若得济，何妨擅行。"雄大喜过望，便语部众道："我等前已残虐蜀民，今一旦束手，便为鱼肉，为今日计，惟有同心袭阜，尚可死中求生。"众皆踊跃从命。雄与离遂不复白流，率众径袭阜军。阜因流已求和，不复设备，竟被雄等捣入营垒，杀得一个落花流水。阜但率数骑遁去。宗岱驻军垫江，得病身亡，荆州军遂退。雄始向流报捷，流不禁愧服，嗣是一切军事，委雄主持。雄更出兵攻杀汶山太守陈图，夺踞郫城。相传雄为罗氏所生，与荡同出一母，罗氏尝梦见大蛇绕身，方致怀妊，阅十四月乃生。罗氏知非常人，告诸李特。特因取名为雄，表字仲俊。术士刘化，见雄有奇姿，尝语人道："关陇士人，皆当南移，李氏子中，惟仲俊有奇表，将来终为人主呢。"后果如刘化言，这且慢表。为下文李雄僭号张本。

且说晋廷闻蜀乱未平，再遣侍中刘沈，出统罗尚许雄等军，申讨李流。沈行过长安，河间王颙慕沈才学，留为军司，表请易人。颙已有无君之心，故得截留军师。诏授沈为雍州刺史，使得与颙相处。另由颙派出一人，叫作席薳，也是有名无实，不闻西行。廷议欲再简良帅，蓦由新野王歆，递入急奏，乃是义阳蛮酋张昌，聚众为逆，锋不可当，请朝廷急速发兵，分道进援。又起一波。当时荆州东南，蛮民伏处，尚知归服王化，自歆出镇荆州，政尚严急，失蛮人心。义阳蛮张昌，聚众数千人，乘隙思乱，适晋廷征发荆州丁壮，往讨李流，大众俱不愿远行，诏书一再督促，并责令地方官随地查察，不准役夫逗留。郡县有司，依诏办理，不敢违慢。被役兵民，急不暇择，索性相聚为盗。还有饥民趋集，约数千口。于是张昌四处煽诱，即就安陆县石岩山中，作为巢穴，自己移名改姓，叫作李辰，诸戍役及众饥民，多往趋附，众至万余。江夏太守弓钦，遣兵往讨，反为所败。昌遂出巢攻江夏郡，钦督众迎战，又复失利，竟与部将朱伺奔往武昌。昌得入据江夏，又造出一种妖言，谓当有圣人出世，为万民主。已而得山都县吏邱沈，使改姓名曰刘尼，诈称汉后，奉为天子，且向众诳言道："这便是圣人呢。"昌自为相国，指野鸟为凤凰，充作符瑞，居然拥着邱沈，郊天祭地，号为神凤元年，徽章服色，一依汉朝故事，如有人民不肯应募，便即族诛。并捏称"江淮以南，统已造反，官军大起，悉加诛戮，惟得真主保护，方可免难"等语。为此种种讹传，煽动远近，遂致乱徒四起，与昌相应，旬月间多至三万人，皆首著绛帽，用马尾作髯，几与戏子演剧，仿佛相同。天下事莫非幻戏，何怪张昌。

新野王歆，闻江夏失守，乃遣骑督靳满往剿。满至江夏，与昌交锋，不到半日，杀得大败亏输，慌忙奔还。歆因乞请济师，诏遣监军华宏往讨，又不是张昌的对手，败绩障山。廷议乃如歆所请，发兵三道：一是命屯骑校尉刘乔为豫州刺史，攻昌东面；一是命宁朔将军刘弘为荆州刺史，攻昌西面；一是诏河间王颙，使遣雍州刺史刘沈，率州兵万人，并征西府五千人，出蓝田关，攻昌北面。哪知颙不肯奉诏，止沈不遣。叛形已露。沈自领州兵至蓝田，又被颙遣使追还，北路兵完全无效。唯刘乔出屯汝南，刘弘及前将军赵骧，平南将军羊伊，出屯宛城。昌遣党羽黄林，率二万人向豫州，自统众攻樊城。新野王歆，因乱党逼近，不得已亲自出马，督兵往御。两下相值，彼此列阵，歆方麾兵接仗，不防部下一声哗噪，竟尔四散。那乱党竟摇旗呐喊，好似狂风猛雨，一齐扑来。歆心慌意乱，正思拍马逃奔，偏乱党已突至马前，把他围裹，你刀我槊，四面杀入，霎时间把一位晋室藩王，收拾性命，送往冥途。还算是为国而死，死尚值得。

败报传到洛阳，一道急诏，令刘弘代歆为镇南将军，都督荆州诸军事。弘，相州人，颇有才略，御下有律，宽严相济，昌党黄林，进薄弘营，被弘一鼓击退。及接朝廷诏敕，星夜就道，即向荆州进发。昌意图南扰，别遣悍党石冰，东寇扬州，击败刺史陈徽，诸郡尽被陷没。又攻破江州，连陷武陵、零陵、豫章、武昌、长沙诸州郡，沿江大震。临淮人封云，复起应石冰，骚扰徐州，遂致荆江扬豫徐五州境地，多为贼据。官吏或逃或降，由张昌另易牧守，专用部下一班盗贼。萑蒲小丑，何知抚字，一味的恃强行凶，到处掠夺，人民不堪暴虐，才思把盗贼驱除，蓄谋待变；再加刘弘御寇有方，一入荆州境内，便将司马歆的苛政，尽行蠲除，然后遣南蛮长史陶侃为大都护，牙门将皮初为都战帅，进据襄阳，扼守要害。昌屡攻不克，退处竟陵。侃留皮初居守，自率兵攻竟陵城，与昌前后数十战，尽得胜仗，斩贼首至数万级，昌弃城遁去。侃号令贼中，降者免死，贼党遂弃戈抛甲，悉数投诚。刘乔亦遣部将李杨等进取江夏，诛死刘尼，荆土遂平。

弘至荆州城下，望见城门四闭，城上遍列官军，似与弘相仇敌。弘很是诧异，便呼城上人答话，叫他开门。守卒答道："我等奉范阳王令，到此守城。无论何人，概不放入。"弘答道："我受诏前来，督辖此土，岂范阳王尚未闻知么？究竟由何将监守，请出来相会，说个明白。"言毕停辔相待，好一歇才见开城，一将带兵出门，跃马当先，势甚凶猛。弘料他不怀好意，扬起马鞭，向后一招，将士等已一齐向前，截住来将，来将无从突入，始自报姓名职衔，说是长水校尉张奕，由范阳王虓差遣到此。弘出诏相示，奕仍不服，舞刀欲斗，经弘一声喝令，将士即将奕围住，好似群虎攒羊，不到半时，已把奕斫死了事。奕真该死。弘乃得入城安众，并将奕首送入阙廷，说奕兴兵拒诏，所以枭首，且自请擅杀的处分。有诏慰抚刘弘，不复问罪。倒还明白。弘因再发陶侃等剿捕张昌，昌窜入下俊山，由侃军入山搜缉，连斗数次，昌众尽死，只剩昌一人一骑，逃往清水，嗣被侃军追及，眼见是不能脱逃，身首两分。侃军回城报命，弘起座迎侃，欢颜与语道："我昔为羊公参军，蒙羊公器重，谓我他日必镇此地，今果得验。我看卿亦非凡器，他日亦必继老夫了。"羊公指羊祜。录入弘语，为陶侃都督荆州伏案。侃当然逊谢，不消细叙。侃字士行，鄱阳人氏，少孤身贫，及长乃为县吏。鄱阳孝廉范逵，尝过访侃家，侃母湛氏，截发为双髲，假发。易钱市酒肴，款待范逵，畅饮尽欢。叙截发事，以表陶母。及逵别去，侃送逵至百里外，逵知侃微意，便语侃道："君是否欲为郡曹？"侃答道："正苦无人荐引，公能为我吹嘘否？"逵满口答应，方与侃握别。逵至庐江，见太守张夔，极称侃才，夔因召侃为督邮，领枞阳令，始有能名。夔又举侃为孝廉，侃乃得入为郎中，寻调吏部令史。弘受命出镇，辟侃为南蛮长史，令他从军，果然一战成功，更由弘叙劳上奏，封东乡侯，授江夏太守。又举皮初为襄阳太守，晋廷以襄阳名郡，恐皮初未能胜任，改令前东平太守夏侯涉补授。涉系弘婿，弘又表称涉系姻亲，例须避嫌，皮初有功，宜见酬报，诏乃从弘。弘复语人道："为政须秉大公，若必用亲戚，试想荆州十郡，莫非有十女婿不成？"知此方可致治。当下劝课农桑，宽刑省赋，公私交济，万姓腾欢。

惟叛党石冰，与临淮乱徒封云相结，攻陷临淮，寇焰尚盛。议郎周玘等，起兵江东，推前吴兴太守顾秘，都督扬州军事，传檄州郡，仗义讨贼。周玘系故将军周处子，颇有闻望，一经起义，四处响应。前侍御史贺循，起自会稽，庐江内史华谭及丹阳人葛洪甘卓，均集众应玘。玘得连破石冰，斩首万级。冰自临淮退趋寿春，征东将军刘准，方戍广陵，闻冰将至，不禁惶骇，独度支陈敏，愿出击石冰，乃戍军前往，与冰屡战屡胜。冰众十倍陈敏，统是乌合，故敏能用少胜多。冰奔往建康，敏再与周玘合师进击，冰复败走。冰党封云正留扰徐州，冰乃北窜就云，云部下张统，料二人不能成事，杀冰及云，献首军前，扬徐二州乃平。玘与贺循，散众还家，不求封赏，惟陈敏得为广陵相，敏自是恃勇生骄，渐渐的发生出异志来了。比诸周玘贺循，相去何如。是时，洛阳都中，已闹得一塌糊涂，不可收拾，庸愚无识的晋惠帝，任人播弄，忽东忽西，几至身家不保，颠危得很，说来不但可恨，也觉可怜。河间王颙，不服朝命，日夕思逞，再加长史李含，从旁挑拨，越觉跋扈不臣。应第十四回。还有成都王颖，恃功骄弛，差不多与颙相似。长沙王乂，在都专政，虽事事就颖函商，颖尚未餍所欲，因此与颙交通，共图除乂。适皇甫商复为乂参军，商兄重出任秦州刺史，李含怀有宿忿，闻商兄弟俱得邀宠，不得不设计驱除，亦回应十四回。乃向颙进言道："商为乂所任重，重又出刺秦州，二人为乂爪牙，必为我患，今可表迁重为内职，诱令还过长安，顺便拘戮，也得除却一患了。"颙如言上表，晋廷亦准如所议。偏重已猜透含计，露檄上闻，竟发陇上兵讨含。乂因兵患方纾，决意和解，既征含为河南尹，又敕重罢兵息争。含喜得美缺，即日就征，重却不肯奉诏。颙遣金城太守游楷，陇西太守韩稚等，合兵攻重，复密遣人授意李含，使与侍中冯荪，中书令卞粹，共谋杀乂。偏又被皇甫商料着，向乂报闻，乂即捕杀李含，害人适以自害，何苦为此鬼蜮。便将冯荪卞粹，也即收戮。含党骠骑从事诸葛玫等，恐遭连坐，都逃赴长安，往报河间王颙。颙不闻犹可，既已闻知，哪得不怒气直冲？便飞使关中，约颖会师讨乂。颖即欲如约，左司马卢志入谏道："公前有大功，乃委权谢宠，甘心就藩，所以物望同归，交口称美。今因辅政非人，欲加整顿，何必带兵入阙，但教文服入朝，从容论治，自足服人。志料长沙王必未敢反抗呢。"颖本来深信卢志，及骄心一起，前后判若两人，所以良言进规，拒绝勿纳。又有参军邵续，亦谓兄弟如左右手，不应自去一臂，颖亦不从，遂许从颙约，与颙联名上表。劾"乂论功不平，且与右仆射羊玄之，左将军皇甫商，共擅朝政，杀戮忠良，请诛玄之皇甫商，遣乂还镇"云云。不意朝廷下诏，亲出征颙，特命乂为太尉，都督中外诸军事。于是颙令张方为都督，统率精兵七万，自函谷东趋洛阳，颖亦出屯朝歌，令平原内史陆机，为前将军都督，统率北中郎将王粹，冠军将军牵秀，中护军石超等，领兵二十万，南向洛阳。

惠帝出都至十三里桥，由乂下令，遣皇甫商督兵万人，往拒张方。商至宜阳，被方掩击一阵，竟至败还。惠帝返驻芒山，转往缑氏，羊玄之忧惧成疾，数日告终。还是死得便宜。成都王颖进屯河南，使石超进逼缑氏，惠帝又走归洛阳。陆机等直薄都下，乂陈兵东阳门，击退机军。颖复遣将军马咸，为机臂助，机本文士，未娴军旅，且骤握重任，不能服人，王粹等多有异言，遂致全军生贰。为颖逼君，乂亦未安。机名为读书，奈何不明此义。乂奉惠帝御建春门，麾兵再战。司马王瑚，率数千骑为前驱，马上各系大戟，冲突机军。机军前队，由马咸督领，骤为王瑚所乘，顿时溃乱，咸马扑被擒，当即枭斩。牵秀石超，率部曲先遁，王粹亦去，机军大败，各赴七里涧逃生，多半溺死，涧水为之不流。偏将贾崇等十六人，悉遭陷没。尚有小督孟超，同时败死。孟超兄叫做孟玖，系是成都王宠奴，尝乞简乃父为邯郸令，为机所阻，遂与机有隙。超虽随机出行，不受节制，自领万人为一队，到处大掠。机收逮超麾下将弁，超立率骑士百余名，入机帐中，竟把部将夺去，且悍然语机道："看你蛮奴能作督否？"机司马孙拯，劝机杀超，机不能决。便是没有将才。超且出语大众道："陆机将反。"又寄书与玖，诬机阴持两端。玖早欲进谗，会闻弟又败没，便诉诸颖前道："机已私通长沙王，不可不除。"牵秀素来媚玖，又恐败还见责，便将失败情由，统委诸陆机身上，证成机罪。颖当即大怒，使秀率兵收机，参军王彰谏道："今日战事，强弱异势，愚人犹知必胜，今乃反是，实因机为吴人，北土旧将，不肯服从，所以有此挫失呢。还乞殿下赦机！"颖不肯听，促秀使去。机闻秀至，释戎服，著白袷，与秀相见，并作笺辞颖，随即长叹道："华亭鹤唳，可再闻否？"谁叫你不听忠告。秀竟杀机。又收机弟清河内史云，平东祭酒耽及司马孙拯，一并下狱。记室江统蔡克等，先后营救，统被孟玖阻住，且催令速杀云耽，夷及三族。狱吏拷掠孙拯，甚至两髁露骨，仍言机冤。吏知拯义烈，乃语拯道："二陆沈冤，人已尽知，君奈何不自爱身呢？"拯仰天叹道："陆君兄弟，为当世奇才，我既蒙知遇，不能相救，难道还好忍心相诬么？"拯有门人费慈宰意，诣狱省拯。拯与语道："我不负二陆，死亦甘心，汝等何必来此？"二人答道："先生不负二陆，我等怎敢负先生？"遂为拯上书，谓拯无罪。孟玖已令狱吏诈为拯供，亦夷三族，并将费慈宰意二人，一律处斩。小子有诗叹道：

才高班马露英华，一跌丧身并复家。
何若当年先引去，好随云鹤隐天涯。

究竟战事如何结局，待至下回叙明。

新野王歆，亦一狡诈徒，前随齐王冏起义，冒功受爵，谒陵时，即有离间成都之言，假使无张昌之乱，速死战场，则后此颙颖为逆，彼必不肯袖手，其与颙颖辈并受恶名，同归死绝，亦势所必至者耳。故歆之得死于张昌，议者咎歆之无能，吾谓歆固无能，死于寇，视死于逆者犹较胜也。刘弘代歆，选陶侃为大都督，便得平逆，得人之效，固如此其彰著哉。河间王颙，跋扈不臣，原不足道。颖颇负时望，乃亦一变至此，甚至信用嬖人，枉杀机云，宜其终遭人噬，死且不容也。夫陆机附逆逼君，死本自取，但不死于朝廷之大法，而独死于逆党之谗言，则不得不为之呼冤，实则亦非真冤也。良禽择木而栖，良臣择主而事，谁令彼甘心事逆，自蹈死地？冤乎否乎，读史者自能辨之。

第十六回

刘刺史抗忠尽节　皇太弟挟驾还都

却说长沙王乂，既击败颖军，复转攻颙军，惠帝仍亲出督战。颙军都督张方，率众近城，众见乘舆麾盖，不禁气沮，便即退走。方亦禁遏不住，只好却还。乂竟驱兵杀来，把方军前队的兵士，多半杀毙，共约五千余人。方退屯十三里桥，众心未定，尚拟夜遁。方下令道："胜败乃兵家常事，古来良将用兵，往往能因败为胜，今我更向前营垒，出其不意，也是一兵家奇策呢。"遂乘夜前进数里，筑垒数重，为持久计。乂得战胜方军，总道是方不足忧。到了翌晨，接得侦报，才悉方又复进逼，连忙引兵往攻，那方已倚垒为固，无隙可乘。乂军上前挑战，方按兵不发，及见乂军欲退，乃开垒出战，一盈一竭，眼见是方军得势，乂军失利了。

乂败回都城，未免心慌，因与群臣集议军情，大众多面面相觑，你推我诿，结果是想出一个调停法子，拟先与颖和，然后并力拒颙。乂与颖本是兄弟，总望他顾及本支，罢兵息怨，乃使中书令王衍，光禄勋石陋等，同往说颖，令与乂分陕而居，颖竟不从。越亲越勿亲。衍等归报，乂再致书与颖，为陈利害，劝使还镇。颖复书请斩皇甫商等，方可退兵，乂亦不纳。颖又进兵薄京师，两镇兵士，齐逼都下，皇命所行，仅及一城，米石万钱，公私俱困。骠骑主簿祖逖，为乂设策道："雍州刺史刘沈，忠勇果毅，足制河间，今宜奏请遣沈，使袭颙后，颙欲顾全根本，必召还张方，一路退去，颖亦无能为了。"计非不善，奈肘腋间尚有一患，奈何？乂当然称善，便即奏闻。惠帝无不依从，颁诏去讫。乂又申请一敕，令皇甫商赍敕西行，饬金城太守游楷等罢兵，且使皇甫重进军讨颙。这又是一大失着，徒断送皇甫兄弟性命。商行至新平，与从甥相遇，述及密计，从甥与商有隙，驰往告颙。颙遣众往追，将商擒归，当即杀死，并遥令游楷等速攻秦州。幸皇甫重坚壁固守，部下亦愿为死战。好容易又过一年，长沙王乂，鼓众誓师，出与颖军决战，屡得胜仗，斩俘至六七万人，颖军大沮。张方见颖军失败，亦欲退还，惟探得都城乏食，或有内乱可乘，所以留兵待变。果然不到数日，左卫将军朱默，与东海王越通谋，竟勾通殿中将士，把乂拿下，入启惠帝，且免乂官，锢置金墉城中，一面大赦天下，改元永安，开城与颖颙二军议和。颖颙二军，无词可驳，勉强从命，独乂在金墉城上表道：

陛下笃睦，委臣朝事，臣小心忠孝，神祇所鉴，诸王承谬，率众见责，朝臣无正，各虑私困，收臣别省，幽臣私官，臣不惜躯命。但念大晋衰微，枝党将尽，陛下孤危，若臣死国，宁亦家之利，但恐快凶人之心，无益于陛下耳。幸陛下察之！

原来乂居围城，侍奉惠帝，未尝失礼。城中粮食日窘，乂与士卒同食粗粝，甘苦共尝，所以出御两军，胜多败少。偏出了一个东海王越，忌乂成功，潜下毒手。越罪更甚于乂，故语带抑扬。将士等初为所诳，因致盲从，及见外兵不盛，乂表可哀，乃隐起悔心，复欲迎乂拒越。越察得众情，不禁着忙，便召黄门侍郎潘滔入议道："众心将变，看来只有杀乂一法，省得人心悬悬。"滔应声道："不可，不可！杀乂终负恶名，何勿让与别人。"滔更凶狡。越已会意，乃使滔密告张方。方系杀人不眨眼的魔星，得滔通报，立即派兵至金墉城，取乂入营，锁诸柱上，剥去衣服，四围用炭火焙着，好像烧烤一般。可怜乂身被火炙，号声震地，到了乌焦巴弓，才见毕命。方营中大小将士，睹此惨状，俱为流涕。惟方狰狞上坐，反露笑容。毒愈虎狼。乂死时只二十八岁，遗尸由故掾刘佑收埋，步持丧车，悲恸行路。方却目为义士，不复过问。这却如何晓得？先时洛下有谣言云："草木萌芽杀长沙。"乂死时适当正月二十七日，谣言果验。

成都王颖，得入京师，使部将石超等，率兵五万，分屯十二城门。殿中宿卫，平时为颖所忌，概皆处死。颖自为丞相，增封二十郡，加东海王越为尚书令，乃出都返镇，表卢志为中书监，参署丞相府事。雍州刺史刘沈，尚未闻都中情事，自得密诏后，即纠合七郡兵旅，径向长安进发。河间王颙，尚屯兵关外，为方声援，蓦闻刘沈起兵到来，慌忙退守渭城，并遣人飞召张方。方大掠洛中，掳得官私奴婢万余人，向西驰去，未及入关，颙已与沈军交战，败还长安。沈使安定太守衙博，功曹皇甫淡领着精甲五千，掩入长安城门，直逼颙帐。不意旁面杀出一彪人马，锐厉无前，把衙博等军，冲作两段。博等专望沈军来援，偏偏沈军迟至，致博等孤军失继，相率战死。这一路援颙的兵马，乃是冯翊太守张辅带来，他见博军无继，便来横击一阵，及刘沈驰至，前军已经覆没，只好收拾败卒，渐渐退去。适值张方西归，亟遣部将敦伟夜袭沈营，沈军惊溃，沈与麾下南走，被伟追及，射沈落马，活捉回来。当下押沈见颙，颙责他负德，沈朗声道："知己恩轻，君臣义重，沈奉天子诏命，不敢苟免，明知强弱异形，乃投袂起兵，期在致死，虽遭菹醢，甘亦如荠。”声可裂地。颙顿时怒起，鞭沈至百，方令腰斩，一道忠魂，上升天界去了。

颖与颙既相连接，颙上书称颖有大功，宜为储副。又言羊玄之怙宠为非，该女不宜为后，颖亦表称玄之已殁，未降明罚，宜废后以暴父罪。惠帝虽然愚钝，但对着如花似玉的羊皇后，却也不忍相离，因将两王表文，出示廷臣，商决可否。朝右百官，个个是贪生怕死，哪里还敢冲撞二王？再加东海王越，是与二王表里为奸，当然赞同二议。惠帝没法，乃将羊后废为庶人，徙居金墉城。皇太子覃，仍黜为清河王，立颖为皇太弟，都督中外诸军事，兼职丞相。乘舆服御，皆迁往邺中，进颙为太宰大都督，领雍州牧，起前太傅刘寔为太尉，寔自称老疾，固辞不拜。高尚可风。看官阅过前文，如汝南王亮，如楚王玮，如赵王伦，如齐王冏，如长沙王乂，没一个不是争权夺利，丛怨亡身。偏颖颙越三王，不思借鉴前车，也想挟权求逞，结果是凶终隙末，同室操戈，终落得蚌鹬相持，渔人得利，这岂不是司马家儿的大病么？标明八王乱本，且为后世大声疾呼，苦衷如揭。

成都王颖，既得为皇太弟，越加骄恣，不知有君。嬖人孟玖等，倚势横行，大失众望。右卫将军陈眕，殿中中郎禔嫄成辅及长沙王故将上官巳等，怂恿东海王越，谋共讨颖。越乐得转风，借着众怒为名，好夺朝柄，便与陈眕勒兵入云龙门，称制召三公百僚，相率戒严，收捕颖将石超。超突出都门，奔往邺城，随即迎还庶人羊氏，仍立为后，就是清河王覃，亦复入东宫，再为太子。越奉惠帝北征，自为大都督，召前侍中嵇绍，扈跸同行。侍中秦准语绍道：“今日随驾出征，安危难料，君可有佳马否？”绍正色道：“臣子扈卫乘舆，遑计生死，要甚么佳马呢？”准叹息而退。绍从惠帝出抵安阳，沿途由大都督越檄召兵士，陆续趋集，得十万余人。邺中震恐。颖召群僚问计，议论不一，东安王繇，新遭母丧，留居邺中，独入帐宣言道：“天子亲征，臣下宜释甲缟素，出迎请罪。”颖闻言动怒道：“莫非自去寻死么？”折冲将军乔智明，亦劝颖奉迎乘舆，颖复怒说道：“卿名为晓事，投身事孤，今主上为群小所逼，勉强北来，卿奈何亦为此说，使孤束手就刑哩？”遂叱退繇乔二人，立遣石超率兵五万，前往迎战。

越驻军荡阴，探得邺中人心不固，以为无患，竟不加严备，哪知石超驱兵杀来，势甚汹涌，立将越营攻破。越仓皇逃命，不暇顾及惠帝，一溜烟的走往东海。以惠帝作孤注，真好良心。惠帝猝不及避，被超军飞矢射来，颊中三箭，痛苦的了不得。百官侍御，有几个也遭射伤，纷纷窜去。独侍中嵇绍，朝服下马，登辇卫帝，超军一拥上前，将绍拖落，惠帝忙牵住绍裾，惶遽大呼道：“这是忠臣嵇侍中，杀不得！杀不得！”但听超军回答道：“奉太弟命，但不犯陛下一人。”两语才毕，已将绍一刀斫死，碧血狂喷，溅及帝衣，吓得惠帝浑身乱颤，兀坐不稳，一个倒栽葱，堕落车下，僵卧草中。随身所带的六玺，悉数抛脱，尽被超军拾去。还算超有些天良，见帝堕下，喝令部众不得侵犯，自己下马相救，叫醒惠帝，扶他上车，拥入本营，且问惠帝有无痛楚。惠帝道："痛楚尚可忍耐，只腹已久馁了。"超乃亲自进水，令左右奉上秋桃。惠帝吃了数枚，聊充饥渴。超向颖报捷，并言奉帝留营。颖乃遣卢志迎驾，同入邺城。颖率群僚迎谒道左，惠帝下车慰劳，涕泣交并。及入城以后，复下诏大赦，改永安元年为建武元年。一年两纪元，有何益处？皇弟豫章王炽，司徒王戎，仆射荀藩，相继至邺，见惠帝衣上有血，请令洗浣。惠帝黯然道："这是嵇侍中血，何必浣去。"戎等亦皆叹息。惟颖却请帝召越，颁诏东海，越怎肯赴邺？却还诏使。前奋威将军孙惠，诣越上书，劝越邀结藩方，同奖王室。越遂令惠为记室参军，与参谋议。北军中侯苟晞，往投范阳王虓，虓令为兖州刺史。陈眕上官巳等，走还洛阳，奉太子清河王覃，保守都城，偏又来了一个魔贼张方，仗着一般蛮力，擅将都城占住。原来越出讨颖，颙曾遣张方救邺，及越已败走，惠帝被颖劫去，颙即令方折回中道，往踞洛阳。方至洛阳城下，上官巳与别将苗愿，出担方军，为方所败，便即遁去，方遂入洛都。太子覃至广阳门，迎方下拜，方下马扶住，偕覃入阙，派兵分戍城门。才越两日，复把羊皇后太子覃废去，居然皇帝无二，自作威福，独断独行，这真叫作天下无道，政及陪臣呢。

先是安北将军王浚，即故尚书令王沈子。都督幽州。颖颙乂三王，入讨赵王伦时，曾檄令起兵为助，浚不应命。颖常欲讨浚，迁延未果。嗣令右司马和演为幽州刺史，密使杀浚，演与乌桓单于审登连谋，邀浚同游蓟城南泉清，为刺浚计。会天雨骤下，兵器沾湿，苦不得行。审登胡人，最迷信鬼神，疑浚阴得天助，因将演谋告浚。浚即与审登连兵杀演，自领幽州营兵。颖既劫入惠帝，欲为和演报仇，乃传诏征浚入朝。浚料颖不怀好意，索性纠合外兵，驰檄讨颖。乌桓单于遣部酋大飘滑弟羯朱，引兵助浚，还有浚婿段务勿尘，系是鲜卑支部头目，也率众相从。浚既得两部番兵，势焰已盛，复约同并州刺史东嬴公腾，联兵攻邺。腾系东海王越亲弟，正接越书，令他联络幽州，攻颖后路。凑巧浚使亦到，自然答书如约。于是幽并二州的将士及乌桓鲜卑的胡骑，合得十万人，直向邺城杀来。纲目予浚讨颖，故本编亦写出声势。颖遣北中郎将王斌及石超等出兵往御，复因东安王繇，前有迎驾请罪的议论，恐他密应外兵，立即拿斩了事。繇兄子琅琊王睿，惧祸出奔，自邺还镇。颖先敕关津严行检察，毋得轻放贵人。睿奔至河阳，适被津吏阻住，可巧有从吏宋典，自后继至，用鞭拂睿，佯作笑语道："舍长官，禁贵人，汝何故亦被拘住呢？"津吏与睿，不甚相识，蓦闻典言，疑是误拘，便向典问个明白。典又伪称睿是小吏，并非贵人，更兼睿微服出奔，容易混过，当由津吏放睿渡河。睿潜至洛阳，迎了太妃夏侯氏，匆匆归国去了。是为元帝中兴张本，故特叙明。

颖因外兵压境，也无心追问，但与僚属日议军事。王戎等谓胡骑势盛，不如与和。颖却欲挟帝还洛，暂避敌锋。忽有一相貌堂堂、威风凛凛的大元戎，趋入会议厅中，与大众行过了军礼，就座语颖道："今二镇跋扈，有众十余万，恐非宿卫将士及近郡兵马，所能抵制呢！愚意却有一计，可为殿下解忧。"颖见是冠军将军刘渊，便问他有何妙策？渊答道："渊曾奉诏为五部都督，今愿为殿下还说五部，同赴国难。"颖半晌才答道："五部果可调发么？就使发遣前来，亦未必能御鲜卑乌桓。我欲奉乘舆还洛阳，再传檄天下，以顺制逆，未知将军意见如何？"渊驳说道："殿下为武皇帝亲子，有功皇室，恩威远著，四海以内，何人不愿为殿下效死？况匈奴五部，受抚已久，一经调发，无患不来，王浚竖子，东嬴疏属，怎能与殿下争衡？若殿下一出邺城，向人示弱，恐洛阳亦不能到了。就使得到洛阳，威权亦被人夺去，未必再如今日。不如抚勉士众，静镇此城，待渊为殿下召入五部，驱除外寇，二部摧东嬴，三部枭王浚，二竖头颅，指日可致，有甚么可虑呢？"刘渊此言，虽为归国自主起见，但劝颖镇邺，未始非策。颖听了渊言，不禁心喜，遂拜渊为北单于，参丞相军事，即令刻日就道。纵虎归巢。

渊辞颖出发，行至左国城，匈奴右贤王刘宣等，早欲推渊为大单于，至是与部众联名，奉书致渊，愿上大单于位号。渊先让后受，旬日间得众五万，定都离石，封子聪为鹿蠡王。遣部将刘宏率铁骑五千，往援邺城。是时王浚与东嬴公腾，已击败颖将王斌，长驱直进。颖将石超，收兵堵御，平棘一战，又为浚先锋祁弘所败，退还邺城，邺中大骇，百僚奔走，士卒离散。中书监卢志，劝颖速奉惠帝还洛阳，颖乃令志部署军士，翌日出发。军士尚有万五千人，均仓猝备装，忙乱一宵，越宿待命启行，守候半日，并无音响。大众当然动疑，及探悉情由，方知颖母程太妃，不愿离邺，因此延宕不决。俄而警报迭至，哗传外兵将到，大众由疑生贰，霎时溃散。颖惊愕失措，只得带同帐下数十骑，与卢志同奉惠帝，南走洛阳。惠帝乘一犊车，仓皇出城，途中不及赍粮，且无财物，只有中黄门被囊中，藏着私蓄三千文，当由惠帝面谕，暂时告贷，向道旁购买饭食，供给从人。夜间留宿旅舍，有宫人持升余糠米饭及燥蒜盐豉，进供御前。惠帝连忙啖食，才得一饱。庸主之苦，一至于此。睡时无被，即将中黄门被囊展开，席地而卧。越日又复登程，市上购得粗米饭，盛以瓦盆，惠帝啖得两盂，有老叟献上蒸鸡，由惠帝顺手取尝，比那御厨珍馐，鲜美十倍。自愧无物可酬，乃谕令免赋一年，作为酬赏。老叟拜谢而去。行至温县，过武帝陵，下车拜谒，右足已失去一履，幸有从吏脱履奉上，方得纳履趋谒。拜了数拜，不由的悲感交集，潸然泪下。儿女子态，不配为帝。左右亦相率欷歔。及渡过了河，始由张方子熊，带着骑士三千，前来奉迎。熊乘的青盖车，让与惠帝，自己易马相从。至芒山下，张方自领万余骑迎帝，见了御驾，欲行拜跪礼仪。惠帝下车搀扶，方不复谦逊，便即上马，引帝还都。散众陆续踵至，百官粗备，乃升殿受朝，颁赏从臣，并下赦书。旋闻邺城探报，已被王浚各军，掳掠一空。乌桓部长羯朱，追颖不及，已与王浚等一同北归。惟鲜卑部掠得妇女，约八千人，因浚不许带归，均推入易水中，向河伯处当差去了。河伯何幸，得此众妇。小子有诗叹道：

无端军阀起纷争，祸国殃民罪不轻。
更恨狼心招外寇，八千妇女断残生。

邺中已经残破，刘渊所遣部将王宏，驰援不及，也即引归，报达刘渊。究竟刘渊能否践约，且至下回再详。

刘沈发兵讨颙，虽为乂所遣，然所奉之诏敕，固明明皇言也。况颙固有可讨之罪乎？乂为张方所杀，死状甚惨，纲目不称其死义，而独予沈以死节，诚以乂受颙使，甘为乱首，当其杀齐王颙时，侥幸得志，代握大权，彼方欣欣然感颙之惠，不知助己者颙，杀己者亦颙，方为颙将，方杀乂，犹颙杀乂也。我杀人，人亦杀我，互相杀而国愈乱，乂死不得为枉，唯如刘沈之见危授命，不屑乞怜，乃真所谓气节士耳。本回以刘沈尽节为标目，良有以也。惠帝昏愚，听人播弄，忽西忽东，狼狈万状，愚夫不可与治家，遑言治国？读《晋书》者，所由不能无憾于武帝欤。

第十七回

刘渊拥众称汉王　张方恃强劫惠帝

却说刘渊得王宏归报，慨然语道：“颖不用我言，弃邺南奔，真是奴才，但我尝受他知遇，保荐为冠军将军，寓邺以来，他总算待我不薄，我既与约相援，不可不救。”颖保荐刘渊，从渊口中叙出，笔不渗漏。说毕，即命右于陆王刘景，左独鹿王刘延年，率步骑兵二万，将讨鲜卑。刘宣等入阻道：“晋人不道，待我如奴隶，我正恨无力报复，今彼骨肉相残，自相鱼肉，乃是天厌晋德，授我重兴的机会。鲜卑乌桓，与我同类，可倚以为援，奈何反发兵攻击？况大单于威德方隆，名震远迩，诚使怀柔外部，控制中原，就是呼韩邪基业，也好从此恢复了。”渊笑答道：“卿言亦颇有见识，但尚是器小，未足喻大。试想禹出西戎，文王生东夷，帝王有何常种？今我众已至十余万，人人矫健，若鼓行而南，与晋争锋，一可当十，势若摧枯，上为汉高，下亦不失为魏武，呼韩邪亦何足道哩？”确是枭雄。刘宣等皆叩首道：“大单于英武过人，明见万里，原非庸众所能企及，请即乘势称尊，慰我众望。”渊徐徐答道：“众志果已从同，我亦何必援颖，且迁居左国城，再作计较。”宣等遵令起身，各整行装，随渊徙至左国城。远近依次归附，又达数万人，正拟拥众称尊，雄长北方，不料西方巴蜀，已有人先他称王，遂令野心勃勃的刘元海，急不暇待，便树起大汉的旗帜来了。

小子按时叙事，不得不先将蜀事表明，再述刘渊开国情形。李雄称成都王，比刘渊略早，本回虽以渊为主，但称王实始于雄，且正可就此带叙，故随笔插入。自李雄得取成都，遂奉叔父李流，一同居住。应十五回。蜀民相率避乱，或南入宁州，或东下荆州，城邑皆空，野无烟火。惟涪陵人范长生，挈千余家依青城山，依险自固。流无从掠食，部众饥困。平西参军徐舆，求为汶山太守，特向益州刺史罗尚献谋，谓“流已乏食，正好进讨，且可邀范长生为犄角，并力合攻”云云。偏尚不肯依议，惹动舆怒，反出城附流，并为流往说长生，运粮济困，尚固失策，舆亦不忠。流军复振。既而流病将死，嘱部将等协力事雄，部将共愿遵嘱，俟流死后，即推雄为益州牧。雄使将校朴泰，通书罗尚，伪言愿为内应。尚遽令降氐隗伯攻郫城，陷伏被擒。雄赦免隗伯，使李骧带领降卒，夜至成都，诈称已得郫城，还兵报捷。守卒不知有诈，开门纳入。骧即杀死守吏，据住外城。惟内城还是关着，未曾失手。罗尚急登陴抵御，堵住外兵，骧留兵攻扑，自往截尚粮道，适值犍为太守袭恢，运粮前来，被骧麾兵掩击，将恢杀死，尽把粮车夺去。尚困守孤城，无粮可食，再经骧还军攻击，更由雄添兵相助，眼见得朝不保暮，危如累卵，三十六策，走为上策，乃留牙将张罗居守，自率左右开门夜遁。张罗以尚为镇将，还且弃城逃生，自己位居偏裨，何苦为国殉难，便即插起降旗，纳入骧军。骧迎雄入成都，兵不血刃，坐得了西蜀雄藩。梁州刺史许雄，坐视不救，由晋廷召还治罪。罗尚逃至江阳，遣使表闻，适晋廷大乱，无暇加谴，但令他权统巴东巴郡涪陵诸郡，收取军赋。尚又遣别驾李兴，赴荆州乞粮，镇南将军刘弘，拨给粮米三万斛，尚乃得自存，但苦兵力衰残，不能再复成都。

李雄占据成都数月，因范长生素有德望，见重蜀民，乃欲迎立为君，自愿臣事长生。长生不肯应命，雄乃自即成都王位，大赦境内，号为建兴元年。除晋弊制，约法七章，令叔父骧为太傅，兄始为太保，折冲将军李离为太尉，建威将军李云为司徒，翊军将军李璜为司空，材官李国为太宰，尊母罗氏为王太后，追号父特为景王，又遣使往迎范长生。长生自青城山登舆，布衣应征，及抵成都，甫入城闉，即见雄下马相迎，握手引进，延他上坐，称为范贤，详询政治。长生约略对答，甚惬雄心。雄即亲递板册，拜为丞相。长生也乐得受命，坐享安荣，嗣复劝雄称帝，便是这位范贤人了。句中有刺。看官！试想李雄是个流民子弟，还能据地称雄，何况五部大都督刘渊，才兼文武，识迈华夷，怎尚肯蜷伏一隅，不思自主呢？当下由刘宣等奉书劝进，请他筑坛即位，立国纪元。渊笑语道：“昔汉有天下，历世久长，恩结人心，所以昭烈帝仅据益州，尚能与吴魏抗衡，相持至数十年。我本汉甥，约为兄弟，兄亡弟继，有何不可？我就称为汉王便了。”乃命就南郊筑坛，也是告天祭地，仿行汉制。登坛这一日，五部胡人，统来谒贺。刘渊令竖起大汉旗帜，居然祖述汉朝，下令谕众道：

昔我太祖高皇帝，以神武应期，廓开大业，太宗孝文皇帝，重以明德，升平汉道，世宗孝武皇帝，拓土攘夷，威倾中外，中宗孝宣皇帝，搜扬俊乂，多士盈朝，是我祖宗道迈三王，功高五帝，故卜年倍于夏商，卜世过于姬氏。而元成多僻，哀平短祚，贼臣王莽，滔天篡逆。我世祖光武皇帝，诞资圣武，恢复鸿基，祀汉配天，不失旧物。显宗孝明皇帝，肃宗孝章皇帝，累叶重辉，炎光再阐。自和安以后，皇嗣渐颓，天步艰难，国统濒绝。黄巾海沸于九州，群阉毒流于四海，董卓因之，肆其猖獗，曹操父子，凶逆相寻，故孝愍委弃万国，昭烈播越岷蜀，冀否终有泰，旋轸旧京，何图天未悔祸，后帝窘辱？自社稷沦丧，宗庙之不血食，四十年于兹矣。今天诱其衷，悔祸星汉，使司马氏父子兄弟，迭相残灭，黎庶涂炭，靡所控告。孤今猥为群公所推，绍修三祖之业，顾兹尪暗，战惶靡厝。但以大耻未雪，社稷无主，衔胆栖冰，勉从群议，特此令知。录入此文，见得张冠李戴，可发一噱。

此令下后，即改易正朔，称为元熙元年。国仍号汉，立汉高祖以下三祖五宗神主，筑庙祭祀，汉祖汉宗，不意有此贤子孙。追尊安乐公刘禅为孝怀皇帝。禅若有知，更乐不思蜀了。一切开国制度，皆依两汉故例。立妻呼延氏为王后，长子和为世子，鹿蠡王聪守职如故。族子曜生有白眉，目炯炯有赤光，两手过膝，身长九尺三寸，少时失怙，由渊抚养，成人后既长骑射，尤工文字，渊尝称为千里驹，因亦授为建武将军。命刘宣为丞相，召上党人崔游为御史大夫，后部人陈元达为黄门侍郎，崔游为上党耆硕。渊曾从受业，至是固辞不受。不愧醇儒。陈元达亦尝躬耕读书，渊为左贤王时，曾招为僚属，元达不答，此次驿书往征，却欣然就道，愿为渊臣。见利忘义，怎得善终。他如刘宏刘景刘延年等，皆渊族人，并授要职，不消细说。渊僭号旬日，即率众往攻东嬴公腾。腾遣将军聂玄率兵出拒，行次大陵，与渊军相值。两下交锋，勇怯悬殊，才及数合，玄军大败，狼狈遁归。腾闻败大惧，亟领并州二万余户，避往山东，渊乃四处寇掠，入居蒲子。是为五胡乱华之首。复遣曜进寇太原。曜兵锋甚锐，连陷泫氏屯留长子诸县。别将乔晞，往攻介休。介休县令贾浑，登城死守，约历旬日，内无粮草，外无救兵，斗大孤城，怎能支持得住，便被乔晞陷入。浑尚率兵巷战，力竭被擒，晞勒令投降，浑正色道："我为大晋守令，不能保全城池，已失臣道，若再苟且求活，屈事贼虏，还有什么面目，得见人民？要杀便杀，断不降汝！"晞听着贼虏两字，当然发怒，即喝令推出斩首。裨将尹崧进谏道："将军何不舍浑，也好劝人尽忠。"晞怒答道："他为晋尽节，与我大汉何涉？"遂不从崧言，促使牵出。忽有一青年妇人，号哭来前，与浑诀别。晞闻声喝问道："何人敢来恸哭？快与我拿来！”左右奉令，便出帐拘住妇人，牵至晞前，且报明妇人来历，乃是贾浑妻宗氏。晞见她散发垂青，泪眦变赤，颦眉似锁，娇喘如丝，不由的怜惜起来，便易怒为喜道：“汝何必多哭，我正少一佳人呢。”语犹未了，外面已将浑首呈入，宗氏瞧着，越觉狂号。晞尚狞笑道：“休得如此，好好至帐后休息，我当替你压惊。”宗氏听了，反停住了哭，戟指骂晞道：“胡狗！天下有害死人夫，还想污辱人妇么？我首可断，我身不可辱，快快杀我，不必妄想！”斩钉截铁之语，得诸巾帼，尤属可敬。晞尚不忍加害，再经宗氏詈骂不休，激动野性，竟自拔佩刀，起身下手。宗氏引颈就戮，渺渺贞魂，随夫俱逝，年才二十余岁。叙入此段，特为忠臣义妇写照。当有消息传报刘渊，渊不禁大怒道：“乔晞敢杀忠臣，并害义妇，假使天道有知，他还望有遗种么？”遂命厚葬贾浑夫妇，且将乔晞追还镌秩四等。已而东嬴公腾，又遣部将司马瑜周良石鲜等，分统部曲，往攻离石，与渊将刘钦交锋，四战皆败，一并逃归。渊更得横行北方，无人敢撄。晋廷又内乱未休，还顾着甚么边防？就是一座洛阳城中，也弄得乱七八糟，迄无宁日。张方迎帝入都，专制朝政，不但公卿百僚，无权无势，连太弟颖亦削尽权力。都下人士，统惮方凶威，莫敢发言。惟豫州都督范阳王虓，徐州都督东平王楙，从外上表道：

自愍怀被害，皇储不建，委重前相，辄失臣节，是以前年太宰颙与臣永维社稷之贰，不可久虚，特共启成都王颖，以为国副。受重之后，弗克负荷，小人勿用而以为心腹，骨肉宜敦而猜嫌荐至，险诐宜远而谗说殄行，此皆臣等不聪不明，失所宗赖，遂令陛下谬于降授，虽戮臣等，不足以谢天下。今大驾还宫，文武空旷，制度荒废，靡有孑遗。臣等虽劣，足匡王室，而道路流言，谓张方与臣等不同，悠悠之口，非尽可凭。臣等以为太宰憘德元元，著于具瞻，每当义节，辄为社稷宗盟之先。张方受其指教，为国效劳，此即太宰之良将，陛下之忠臣；但以秉性强毅，未达变通，且虑事翻之后，为天下所罪，故不即西还耳。臣闻先代明主，未尝不全护功臣，令福流子孙。自中叶以来，陛下功臣，初无全者，非必人才皆劣，实由朝廷驾驭失宜，不相容恕，以一旦之咎，丧其积年之勋，既违周礼议亲之典，且使天下人臣，莫敢复为陛下致节者。臣等此言，岂独为一张方？实为社稷远计，欲令功臣身守富贵。臣愚以为宜委太宰以关右之任，自州郡以下，选举受任，一皆仰成，若朝之大事，废兴损益，每辄畴咨，此则二伯述职，周召分陕之义，陛下复行于今时。遣方还郡，令群后申志，时定王室，所加方官，请悉如旧，则忠臣义士有劝，功臣必全矣。司徒戎异姓之贤，司空越公族之望，并忠国爱主，小心翼翼，宜干机事，委以朝政。安北将军王浚，率身履道，远近所推，如今日之大举，实有定社稷之勋，此臣等所以叹息归功也。浚宜特崇重之以副众望，使抚幽朔，长为北藩。臣等竭力捍城，屏藩皇家，则陛下垂拱，而四海自正矣。乞垂三思，察臣所言。

未几，又再上一疏，略言：“成都王弗克负荷，实为奸邪所误，不足深责，可降封一邑，保全生命”云云，张方得见二表，不禁忿恚道：“我奉迎车驾，保全都城，明明是自守臣节，乃反讥我未识变通，促我西还。王戎庸驽，怎得称贤？东海专擅，怎能恹望？王浚称兵犯驾还，说他有功社稷，这等妄谈，不值一辩。我亦无意留此，就变通一着，免致小觑，看他如何对付呢？”原来方久留洛阳，部兵逐日剽掠，十室九空，群情扰扰，俱有归志。方正思拥帝西去，适为二表所激，乃决意一行，但恐帝及百官，未肯照从，只得借谒庙为名，诱帝出宫，才好劫驾登程。当下使人白帝，请出主庙祀，偏惠帝不肯亲出，答言须遣派诸王。惠帝未必有是聪明，当是有人教导。方顿时盛怒道：“他不出谒庙，难道我不能使他西迁么？”当下传令部兵，齐集殿门，自率亲卒数百人，跨马入宫，胁迫乘舆。惠帝闻变，慌忙趋避，驰匿后园的竹林中。方令士卒搜寻，当即觅着，硬将惠帝拥出。惠帝面色如土，托称乘舆未备，须备就乃行。士卒哗声道：“张将军已驾好坐车，来迎陛下，陛下不必多虑。”惠帝无奈，垂涕出殿，由士卒扶掖登车。又要蒙尘，何命苦至此？方在宫门前候着，见惠帝驾车出来，才在马上叩首道：“今寇贼纵横，宿卫单少，愿陛下亲幸臣垒，臣当竭尽死力，备御不虞。”何必要你这般费心？惠帝无词可答，四顾左右，也没有一个公卿，只中书监卢志在侧，恐是张方党羽，欲言不言。志启奏道：“陛下今日，当概从张将军。”惠帝乃驰入方营，令方多具车辆，装载宫人宝物。方即令部卒入宫载运。部卒贪馋得很，遇着这个美差，正是意外飞来，当下拥入宫中，见有姿色的宫人，便任情调笑，逼令为妻，所有库中的宝藏，值钱的都藏入私囊，单剩那破败杂物，搬置车上，甚至你抢我夺，分配不匀，好好一顶流苏宝帐，被割至数十百块，取作马帐。经此一番劫掠，把魏晋以来百余年积蓄，荡涤无遗。

穷凶极恶的张方，还想将宗庙宫室，一概毁去，免得使人返顾。卢志亟向方谏阻道：“董卓不道，焚烧洛阳，怨毒至今，尚未有已，将军奈何效此凶人？”方乃罢议。过了三日，方遂拥帝及太弟颖豫章王炽等，西往长安。时适仲冬，天降大雪，途次非常寒冷，行到新安，惠帝忍冻欲僵，手足麻木，突然间堕落车下，伤及右足。尚书高光，正在帝后，忙下马搀扶，仍令登辇。惠帝始知足痛，扪伤垂泪。光自裂衣襟，代为裹创。惠帝且泣且语道：“朕实不聪，累卿至此。”不经此苦，何能自觉？光亦为泣下。好容易到了霸上，遥见有一簇人马，站住道旁。惠帝似惊弓之鸟，又吓得冷汗淋漓。张方下马启奏道：“太宰来迎车驾了。”惠帝才稍稍放心。已而太宰颙趋至驾前，拱手拜谒。惠帝依着老例，下车止拜，遂由颙导入长安，就借征西府为行宫，休息数日，再议大政。那时仆射荀藩，司隶刘暾，太常郑球，河南尹周馥等，尚在洛阳，号为留台，承制行事，复称年号为永安。羊皇后为张方所废，仍居金墉城，未尝随驾。见前回。留台诸官，仍复迎她入宫，奉为皇后。于是关洛各设政府，时人号为东西台。太宰颙有意废颖，与张方商决可否，方不甚赞成。颙已立定主意，决计废颖立炽。惠帝有兄弟二十五人，相继死亡，惟颖炽及吴王晏尚存。晏材质庸下，炽却早年好学，故颙推立为皇太弟，且因四方分裂，祸难未已，并请下诏调停，期得少安。小子有诗叹道：

扰扰江山已半倾，如何翻欲作干城？
狂澜一决难重挽，大错由谁误铸成。

欲知诏命如何，且看下回录叙。

刘渊为乱华之首，故本回叙述，特别加详。至插入李雄一段，因五胡十六国中，雄首先僭号，比刘渊尚早旬月。叙刘渊，不得不夹叙李雄，志祸始也。贾浑夫妇，忠烈绝伦，浑入《忠义传》，浑妻宗氏，入《列女传》，本回叙述无遗，意寓褒扬，为忠臣义妇作一榜样。典午之季，纲常坠地，得此二人以激励之，宁非一发千钧之所系耶？张方之恶，较诸王为尤甚，后可废，太子可黜，而车驾何不可西迁？独怪满朝文武，行尸走肉，毫无生气，一任恶人之肆行无忌，播弄朝纲。哀莫大于心死，而身死次之，晋臣固皆心死者也，何怪五胡之乘间乱华乎？而惠帝更不足责焉。

第十八回

作盟主东海起兵　诛恶贼河间失势

却说惠帝到了长安，政权为太宰颙所把持，颙议立豫章王炽为太弟，并及一切调停的法度，入白惠帝，当然依议颁诏。诏云：

天祸晋邦，冢嗣莫继，成都王颖，自在储贰，政绩亏损，四海失望，不可承重，其以王还第！豫章王炽，先帝爱子，令闻日新，四海注意，今以为皇太弟，以隆我晋邦。司空越可进任太傅，与太宰颙夹辅朕躬，司徒王戎，参录朝政，光禄大夫王衍为尚书左仆射，安南将军虓，即范阳王。平东将军楙，即东平王。平北将军腾，即东嬴公。各守本镇。高密王略为镇南将军，领司隶校尉，权镇洛阳。东中郎将模，为宁北将军，都督冀州，镇于邺。略模皆司空越弟。镇南大将军刘弘，领荆州以镇南土。其余百官，皆复旧职。齐王冏前应还第，长沙王乂轻陷重刑，可封其子绍为乐平县王，以奉其祀。自顷戎车屡征，劳费人力，供御之物，三分减二，户调田租，三分减一，蠲除苛政，爱人务本，清通之后，当还东京。此诏。

诏书既下，又大赦天下，改元永兴。命太宰颙都督中外诸军事，张方为中领军，录尚书事，领京兆太守，一切军国要政，颙为主，方为副。无论如何和解，要想辑睦宗室，慎固封疆，哪里有这般容易呢？东海王越，先表辞太傅职任，不愿入关，高密王略，拟奉诏赴洛，偏被东莱乱民，相聚攻略，连临淄都不能守，走保聊城。司徒王戎，当张方劫驾时，已潜奔郏县，避地安身，且年逾七十，怎肯再出冒险？当下称疾辞官，不到数月，果然病死。王衍素来狡猾，名为受职，未尝西行。只北中郎将模，往镇邺中，收拾余烬，募兵保守。

越年为永兴二年，张方又逼令惠帝，颁诏洛阳，仍饬废去羊皇后，幽居金墉城。不知彼与后何仇？留台各官，不得已依诏奉行。会秦州刺史皇甫重，累年被困，遣养子昌驰赴东海，向越乞援。越因东西遥隔，不愿出兵，昌径诣洛阳。诈传越命，迎还羊后入宫，即用后令，发兵讨张方，奉迎大驾。事起仓猝，百官不暇考察，相率依议。俄而察悉诈谋，便即杀昌，传首关中。颙方主和平行事，不欲久劳兵戎，因请遣御史赍诏宣重，敕令入朝行在。重又不肯奉命。秦州自遭围以后，内外隔绝，音信不通，即如长沙王遇害，皇甫商被杀等情，亦全未闻知。重问诸御史驺人，谓我弟早欲来援，如何至今未到？驺人答道：“汝弟早为河间王所杀，怎得再生？”重闻言失色，也将驺人杀死。城中守卒，始知外援已断，群起杀重，函首乞降。颙调冯翊太守张辅为秦州刺史。辅莅任后，与金城太守游楷，陇西太守韩稚等有隙，互起战争，终至败死。了结皇甫重，并了结张辅，无非找足前文。这且搁过不提。

且说东海王越，既不愿入关受职，当然与太宰颙有隙，中尉刘洽，劝越往讨张方，为迎驾计。越已补卒蒐乘，整缮戎行，遂从刘洽言，传檄山东各州郡，谓当纠率义旅，西向讨罪，奉迎天子，还复旧都。东平王楙，先举徐州让越，自为兖州都督。范阳王虓与幽州都督王浚，亦与越相应，推为盟主，联兵勤王。越二弟腾模。并任方镇，均归乃兄节度。越托名承制，改选各州郡刺史，朝士多赴东海，乘便梯荣。如此乱世，何必定要做官？偏赵魏交界，又出了一个公师藩，独树一帜，往攻邺郡。师藩系成都王颖故将，闻颖被废，心甚不平，遂自称将军，声言为颖报怨，纠众至数万人，无论悍贼黠胡，并皆收用。当时有个羯人石勒，原名为訇，音佩。先世为匈奴别部小帅，因号为羯。羯亦五胡之一。勒寄居上党，年方十四，随邑人行贩洛阳，倚啸上东门，适为王衍所见，不禁诧异。嗣复顾语左右道：“小小胡雏，便有这般长啸，将来必有异图，为天下患，不如早除为是。”乃遣人捕勒，勒已先机逃归，无从追获。过了数年，勒强壮绝伦，好骑善射，相士尝称他状貌奇异，不可限量。

邑人嗤为妄言。

会并州大饥，刺史东嬴公腾，用建威将军阎粹计议，掠卖胡人，充作军费。勒亦为所掠，卖与茌平人师欢为奴。欢令他耕作，身旁尝有鼓角声，并耕诸人，屡有所闻，归告师欢。欢颇以为奇，别加优待，听令自由。牧师汲桑，与欢家毗邻，勒得往来过从，互相投契，且纠合壮士，作为朋侣，闻师藩起兵，竟与汲桑挈领牧人，并党与数百骑，投入师藩部下。桑始令他以石为姓，以勒为名。勒骁勇敢战，愿作前驱，连破阳平汲郡，杀害太守李志张延，转战至邺。邺中都督司马模，见上。亟遣将军赵骧出御，并向邻郡乞援。广平太守丁邵，引兵救模。范阳王虓，亦命兖州刺史苟晞往救。两路兵到了邺城，与赵骧合军御寇，师藩自然怯退，就是胆豪力大的石勒，也只得随众引归。石勒为晋后患，即十六国中之一寇，故详叙来历。

模为越弟，向越告捷。越因邺中无恙，使发兵西行，授刘洽为司马，尚书曹馥为军司，督军前进。留琅琊王睿屯守下邳，接济军需。睿请留东海参军王导为司马，越亦许诺。导字茂弘，系前光禄大夫王览孙，少有风鉴，识量清远，素与睿相亲善，故睿引入帷幄，使参军谋。导亦倾心推奉，知无不言。后来为中兴名相，此处乃是伏笔。越留此二人，放心西向，出次萧县，麾下约三万余人。范阳王虓，亦自许昌出屯荥阳，为越声援。越命虓领豫州刺史，调原任豫州刺史刘乔，移刺冀州，并使刘蕃为淮北护军，刘舆为颍川太守。虓亦令舆弟琨为司马，独刘乔不受越命，发兵拒虓，且上书行在，历陈刘舆兄弟罪恶，并说他协虓为逆，应加讨伐等语。究竟刘舆兄弟，是何等人物？小子尚未曾叙及，应该就此说明。看官阅过前文，当知贾谧二十四友中，舆琨亦尝列入。舆字庆孙，琨字越石，乃父就是刘蕃，系汉朝中山静王胜后裔。世居中山，兄弟并有才名，京都曾相传云："洛中奕奕，庆孙越石。"两人相继为尚书郎，只因他党附贾谧，已受时讥。舆妹又适赵王伦世子荂，伦篡位时，舆为散骑侍郎，琨为从事中郎，父蕃为光禄大夫，一门皆受伪职，益致失名。及伦被诛，齐王冏辅政，器重二人，特从宥免，仍授舆为中书郎，琨为尚书左丞，转司徒左长史。琨后来颇有奇节，叙及前行，隐为改过者劝。至此由越派遣，不足服乔。乔因归罪二人，借以动众。太宰河间王颙，正虑师藩为乱，越又起兵，中夜彷徨。筹出二策，一面起成都王颖为镇军大将军，都督河北军事，给兵千人，授卢志为魏郡太守，随颖镇邺，抚慰师藩。一面请惠帝下诏，令东海王越等，各皆还国，不得构兵。其实乃是弄巧成拙，毫无益处。颖为颙所废，未免怨颙，怎肯再为颙尽力？越既出兵，自然不从诏命，仍使颙无法可施。

会接到刘乔书，喜得一助，便令乔讨虓，分越兵势，且使镇南大将军刘弘，征东大将军刘准等，助乔进攻。又遣张方为大都督，率领建威将军吕郎，北地太守刁默，集兵十万，讨舆兄弟，同会许昌。还要成都王颖，邀同故将石超，出屯河桥，为乔继援。范阳王虓，得知消息，忙向越告急。越即移师灵璧，援虓拒乔。乔令长子祐率兵御越，自引轻骑进击许昌。最可怪的是东平王楙，据住兖州，不发一兵，专事括赋，累得州县奔命。兖州刺史苟晞，前由虓遣往援邺，此时引军还镇，又为楙所拒。虓使楙徙镇青州，楙不愿移节，索性变易初志，与虓为敌，负了越约，竟同刘乔联盟去了。一班反复小人，那得不乱。独镇南大将军刘弘，志在息争，不欲偏袒，特分缮两书，一书寄乔，一书寄越，无非劝他们释怨罢兵，同扶王室。越与乔已势不两立，哪里还肯听从？弘因无法，乃驰表行在，申述意见，略云：

> 范阳王虓，欲代豫州刺史刘乔，乔举兵逐虓，司空东海王越，以乔不从命，讨之。臣以为乔忝受殊恩，显居州司，自欲立功于时，以殉国难，无他罪阙，而范阳代之，代之为非，然乔亦不得以虓之非，专威辄讨，诚应显戮，以惩不恪。自顷兵戈纷乱，猜祸锋生，疑隙构于群王，灾难延于宗子，今夕为忠，明日为逆，翩其反而，互为戎首，载籍以来，骨肉之祸，未有甚于今日者也，臣窃悲之。今边陲无预备之储，中华有杼轴之困，而股肱之臣，不维国体，职竞寻常，自相楚剥，为害转深。万一四夷乘虚为变，此亦猛兽交斗，自效于卞庄者矣。臣以为宜速发明诏，令越等两释猜疑，各保分局。自今以后，其有不被诏书，擅兴兵马者，天下共伐之。诗云："谁能执热，逝不以濯。"若诚濯之，必无灼烂之患，永有泰山之固矣。谨陈鄙悃，伏乞采行！

颙得弘书，意亦少动，但自思山东连兵，方为己患，赖有刘乔为助，如何反加罪名？因此拒绝不纳。那刘乔已倍道前进，径至许昌城下，乘夜登城。虓不及备御，夺门出奔，渡河北去。司马刘琨，方往说汝南太守杜育，引兵还救，见许昌已为乔所夺，也与兄舆俱奔河北。惟琨父蕃为乔所执，琨思亲念重，恋主情深，由急生智，凭著那三寸妙舌，往说冀州刺史温羡，劝他让位与虓。羡却也慷慨得很，竟将刺史的印信，付琨带回，挂冠去职。乐得离开险路。虓得入冀州，再遣琨至幽州乞师，幽州都督王浚，见琨词气忠愤，涕泪交并，也慨然顾念同袍，特选突骑八百人，随琨返报。琨又招募冀州健卒，得数千人，鼓行南下，到了河上，见有数营扎住，便即攻入。营中守将，叫做王阐，是由石超遣来，防戍河滨。他在河上逍遥自在，并不防有战事，哪知琨引兵掩至，一时不及措手，立被琨突破营寨，欲逃无路，断命送终。虓闻琨得胜，也倾巢出来，为琨后应，相继渡河。

时成都王颖，因洛阳有变，乘隙进都，不在河桥，事见后文。只留石超把守。超见琨兵杀到，仓猝逆战，两下里杀了半日，未分胜负，不防虓又驱兵继至，以众临寡，顿时支持不住，奔往西南。虓与琨如何肯舍，策骑穷追，超众逃命要紧，沿途四散。单剩亲卒百余骑，保超飞奔。偏偏幽州突骑，赶得甚快，与风驰电掣相似，不多时被他追及，便将超围住，再加琨从后驰到，一声喊杀，千手并举，即将超砍死了事。砍得好。琨志在救父，不遑休息，复领健骑五千人，乘夜攻乔。乔正囚住琨父，进据考城，夜间阖城安睡。蓦被喊声惊醒，起视城上，已是火炬齐明，外兵猝上，乔料不可敌，慌忙遁去。琨父蕃囚住槛车，无人舁取，幸得留下，琨一入城，当然将蕃释出，父子重逢，不胜欢忻。越宿，虓亦趋到，开宴相贺，酒后议及军情，琨进议道："刘乔败去，必往灵璧，与伊子合兵，我军正宜往迎东海，夹击刘乔父子。乔如可灭，便好乘胜入关了。"虓鼓掌称善。正拟拨兵迎越，忽有探卒入帐，报称东平王楙，已出屯廪邱，虓勃然道："楙乃反复小人，此来必接应刘乔，我当自去击他。"琨起身道："不劳大王亲往，琨愿当此任。"虓答道："卿去甚佳，再令田督护助卿，可好么?"琨应声如命。虓即令督护田徽，与琨同行，步骑兵各数千人，将到廪邱，已接侦骑走报，楙怯战东归，仍还兖州去了。贪夫怎禁一战。

琨乃遣使报嫚，自与田徽径趋灵璧。一日，行至灵璧附近，又由侦骑报明，刘乔父子，合兵杀败东海军，追往谯州。琨即顾语田徽道："果不出我所料，我等快往救东海王。"说毕，麾兵急进。到了谯州，正值刘乔父子，耀武扬威，驱杀越军。琨大喝一声，当先杀去。乔子祐见有来兵，持刀返斗，琨仗剑相迎，约有数十回合，未见胜败。田徽挥众上前，突入乔军，那东海王越，听得后面有战斗声，回头一顾，见有刘字旗号，料知刘琨等来援，也即返兵来战。两路军夹攻刘乔，乔拦阻不住，正在着忙，祐恐乃父有失，舍了刘琨，回马保父，忽斜刺里戳入一槊，适中祐胁，祐负痛伏鞍，兜头又劈下一剑，削去脑袋，坠死马下。这一槊是被田徽从旁刺入，一剑是由刘琨顺手劈下，两人结果祐命，越觉精神焕发，同往杀乔。乔哪里还敢招架，夺路飞跑。部众或死或溃，单剩得五百骑兵，奔投平氏县中，才得幸免。不听弘言，枉送长子性命。

刘琨田徽，与越相会，越慰劳备至，遂进屯阳武，直指关中。幽州都督王浚，复遣部将祁弘，率领鲜卑乌桓骑卒，前来助越，愿为先驱。于是兵威大盛，浩浩荡荡，杀奔长安。张方屯兵霸上，但遣吕郎往据荥阳，自己逗留不进。刘弘以张方残暴，料颙必败，因通书与越，愿归节制。刘准也按兵不动，眼见得关中大震，风鹤皆兵。颙闻刘乔败还，还想成都王颖，由洛拒越，阻他西行。颖既入洛都，当然不受颙命，究竟颖如何入洛，待小子表明原因。当时留洛诸官，尚与关中传达消息，所有诏旨，多半遵行。忽有玄节将军周权，诈称被诏，复立羊后，自称平西将军，意图讨颙。洛阳令何乔，探悉诈谋，引兵杀权，又将羊后废锢，报告行在。颙因羊后忽废忽立，终为后患，索性遣尚书田淑，持了一道伪敕，赐后自尽。留台校尉刘暾等，不肯照行，即使田淑奉还表章，力保羊后，大致说是：

> 奉被诏书，伏读惶悚，臣按古今书籍，亡国破家，毁丧宗祊，皆由犯众违人之所致也。自陛下迁幸，旧京廓然，众庶悠悠，罔所依倚。家有跂踵之心，人想銮舆之声，思望大德，释兵归农，而兵缠不解，处处互起，岂非善者不

至，人情猜隔故耶？今宫阙摧颓，百姓喧骇，正宜镇之以静，而大使忽至，赫然执药，当诣金墉，内外震动，谓非圣意。羊庶人门户残破，废放空宫，门禁峻密，若绝天地，无缘得与奸人构乱。众无智愚，皆谓不然，刑书猥至，罪不值辜。人心一愤，易致兴动。夫杀一人而天下喜悦者，宗庙社稷之福也。今杀一枯穷之人，而令天下伤惨，臣虑凶竖乘间，妄生变故。臣忝司京辇，观察众心，实已忧深，宜当含忍。谨密奏闻，愿陛下更深与太宰参详，勿令远近疑惑，取谤天下，国家幸甚！臣民幸甚！

颙览表大怒，命吕郎自荥阳带兵，入洛收暾。暾自恐得祸，已先机遁往青州。成都王颖，适至河桥，趁着这个机会，径入洛阳，闭城拒郎。郎只好退去，羊后才得免死。不如死得干净，省得后来出丑。颙不能逞志，又因越军逼近，屡次传诏，促颖击越，颖终不报。颙急得没法，没奈何想出一策，欲与越议和。颙有妻舅缪胤，尝为太子右卫军，胤从兄播，又为中庶子，当东海起兵时，两人拟为颖调停，诣越进言令颙奉帝还洛，约与越分陕为伯。越素重二人才望，倒也屈志相从，使二人报颙立约。颙亦欲依议，偏张方硬加阻挠，厉声语颙道："关中为形胜地，国富兵强。王挟天子以令诸侯，谁敢不从？奈何拱手让人，甘为人制呢？"颙因此中止。

颙有参军毕垣，常为方所侮，衔恨不休，屡思设法害方，至越军相迫，得乘间语颙道："张方久屯霸上，盘桓不进，必有异谋。闻他帐下督郅辅，屡与密议，何不召入讯明，首先除患？"缪播缪胤，尚留关中，时亦在侧，也凑机插入道："山东起兵，无非为了张方一人，王诚斩方首以谢山东，东军自然退去了。"颙不禁耳软，便令人往召郅辅。辅本长安富人，方微时尝得辅资助，故引为心腹，此次应召入帐，毕垣在帐外候着，即握住辅手，引至密室，附耳与语道："张方欲反，有人谓君实知谋，所以王特召问，君来见王，将如何对答？"辅愕然道："我实不闻方有反谋，如何是好？"垣又佯惊道："休得欺我！"辅指天誓日，自明无欺。垣说道："平素知君真诚，故特相告，方谋反是实，君果不闻，倒也罢了，但王今问君，君但当应声称是，休得取祸。"辅点首入帐，向颙谒见。颙便启问道："张方谋反，卿可知否？"辅答了一个"是"字。颙又说道："即遣卿取方首级，卿可能行否？"辅又答了一个"是"字。颙乃付一手书，使辅送达张方，顺手取方首级。辅连答三个"是"字，退出见桓。桓复道："君欲取大富贵，便在此举，莫再误事。"辅匆匆还入方营，时已黄昏，辅佩刀入帐，帐下守卒，因辅是张方心腹，毫不动疑。方见辅回来，问为何事？辅递过颙书，方在灯下启函，正要详阅，不图辅拔刀砍方，砉然一声，方首落地。辅拾起方首，抢步趋出，竟向颙复命去了。小子有诗咏道：

挟众横行已有年，刀光一闪首离肩。
从知天道无私枉，恶报到头不再延。

颙得方首，进辅为安定太守，并将方首传送越军，与越议和。毕竟越肯否允议，待至下回表明。

本回事实，最为繁杂，要之不外乎颙越争权，张方煽乱，遂致生出许多纠缠。公师藩之起兵，名为助颖，实拒颙越，虓与楧之起兵，助越而拒颙也，刘乔之起兵，助颙而拒越也，东平王楙，忽而助越拒颙，忽而助颙拒越，尤为离奇。刘弘本不助越，亦不助颙，厥后复转而助越拒颙者，非嫉颙，实嫉张方耳。凶恶如方，人人以为可杀，而颙独信之，故越之讨方，实为正理，与颙相较，固有彼善于此者在耳。及颙杀方求和，为时已晚，况又非出自本心乎？平心论之，颙之恶实不亚于方云。

第十九回

伪都督败回江左　呆皇帝暴毙宫中

却说太宰河间王颙，把张方首送与越军，总道是越肯允和，兵可立解，偏越将方首收下，不允和议，叱还去使，即遣幽州将领祁弘为前锋，西迎车驾，一面令部将宋胄往徇洛阳，刘琨往取荥阳。琨持方首，径至荥阳城下，揭示守将吕朗，朗即开城迎降，胄行至中途，又遇邺中军将冯嵩，奉遣来助，遂偕往洛都。成都王颖，兵单势寡，料不能守，便由洛阳出奔，西赴长安。到了华阴，闻颙已与越议和，且前次不受颙命，恐颙挟嫌谋害，不敢西进。颙因越军未退，复悔杀张方，穷诘郅辅，才察出虚情，把辅斩首。不及二缪，究是妻舅。遂遣弘农太守彭随与刁默等，统兵拒越，更令他将马瞻郭伟为后应。随与默行至关外，正与祁弘相遇，弘麾下多鲜卑兵，纵横驰突，锐厉无前，一阵冲击，把随默所领的部众，裂作数段。随不能顾默，默不能顾随，便即骇散，被弘杀退数里，伤毙多人。弘进至霸水，又遇颖将马瞻郭伟，一边是转战直前，势如潮涌，一边是临敌先怯，隐兆土崩。战不多时，马郭两将，又逃得不知去向，只晦气了许多士卒，冤冤枉枉，做了胡马脚下的垫底泥。造语新颖。败报连达关中，吓得颙魂驰魄散，不知所为。俄又有人入报道："敌军已经入关，猖獗的了不得，大王须亟自为计。"颙至此也顾不得别人，忙自上马，扬鞭急走。侥幸逃出城外，旁顾并无随兵，只有坐骑还算亲昵，负他飞奔，自思孤身只影，不能远避，还是窜入山谷，免得露眼，遂向太白山中，策骑驰去。军阀失势，如此如此。

祁弘杀入长安，无人敢当，一任鲜卑兵淫杀掳掠，伤亡至二万余人。百官都奔往山间，无处觅食，亏得橡实盈山，大家采拾若干，充作口粮。惠帝尚在行宫，无人保护，只好生死由命。幸司空越随后踵至，禁住淫掠，入宫谒见，又召集百官，即日东归，命太弟太保梁柳为镇西将军，留戍关中，自率各军奉帝还都，仓猝中不及备辇，便用牛车载着惠帝，及左右宫人，趋还洛阳，何必这般急急。途中还算安稳。及入洛城，由惠帝登御旧殿，朝见官僚，但觉得两阶积秽，四壁生尘，所有一切仪仗，统是七零八落，不由得悲感丛生，欷歔下涕。愚夫亦解此苦楚。越率扈驾诸臣，草草拜谒，便算礼毕，转谒太庙，也是蟏蛸在户，庙貌不华，及返至宫中，虚若无人，不过有三五个老宫婢及六七个穷太监，充当服役。惠帝寂寞得很，忙草了一道诏书，使宫监持至金墉城，迎还故后羊氏。羊皇后又惊又喜，略略梳裹，便与来使乘车入宫，桃花无恙，人面重逢，惠帝好生喜欢，自然令她仍主中宫，颁诏内外。看官听着！这羊皇后也算命薄，一为继后，便遇着赵王伦的乱祸，后来五废五复，真是死里逃生，哪知磨蝎重重，还是未了，请看官续阅下去，便见分晓哩。

是年为永兴三年六月，复改为光熙元年，诏赏迎驾诸臣，进司空越为太傅，录尚书事，范阳王虓为司空，仍令镇邺，宁北将军模为镇东大将军，守平昌公封爵，模前时已封平昌公。仍镇许昌，幽州都督王浚为骠骑大将军，都督东夷河北诸军事兼领幽州刺史。此外如皇太弟以下，各仍旧职。惟颖与颙不复提叙，但下了一道赦书罢了。

说也奇怪，当惠帝在长安时，江东却出了一个假皇太弟，居然承制封官，占踞一方。这假皇太弟，究是何人？原来是丹阳人甘卓。卓本为吴王常侍，曾与陈敏等同讨石冰，冰被陈敏穷追，为下所杀，事见十五回。卓亦得叙功受封，列爵都亭侯。嗣由东海王越引为参军，出补离狐令，因见天下大乱，弃官东归。行抵历阳，巧与陈敏相遇，数年阔别，一旦相逢，当然有一番叙谈。但敏却有特别秘谋，急切不便明说。惟与卓格外欢昵，愿订婚姻。卓有一女，正与敏子景年貌相当，敏求卓女为子妇，卓亦便即允从，不消数旬，男婚女嫁，当即成礼。不料敏与卓密议，竟要他假充皇太弟，立帜江东。煞是奇闻。原来敏攻克石冰，自谓无敌，便想占据江左，敏父屡次呵阻，谓此子必灭我门，旋即忧死，敏丁艰去职。及东海起兵，越起敏为右将军前锋都督，乃易服从戎。灵壁一战，敏先败挫，得刘琨等助攻，方转败为胜。见前回。敏遂请东归，还次历阳，召集将士，意在图乱。适遇甘卓回来，想他作一帮手，于是先缔婚约，继与密谋。卓已中敏计，没奈何将错便错，就把皇太弟三字，作为头衔，拜敏为扬州刺史。敏因遣次弟恢及部将钱端等，南略江州，季弟斌东略诸郡，江州刺史应邈，扬州刺史刘机，丹阳太守王旷，俱闻风遁去。敏得据有江东，遍征名士，召顾荣为右将军，贺循为丹阳内史，周玘为安丰太守。顾荣见第四回，贺循周玘见十五回。循佯狂自免。玘亦称疾，不肯赴郡。荣前为中书侍郎，避乱家居，恐不从敏召，反触彼怒，乃从容前往，单骑见敏。敏正恨江东名士，多半却聘，拟尽加捕戮，闻荣肯来应召，怒气却消了一半，当即迎入。寒暄已毕，便与荣谈及根事。荣答说道："中国丧乱，胡夷内侮，司马氏恐难复振，百姓不得安全，江南半壁，虽被石冰扰乱，人物尚称无恙，荣正虑无孙刘诸王，保抚人民，今得将军神武盖世，带甲数万，连下各州，先声已振，诚使委任君子，推诚相与，不记小忿，不听谗言，将见名流趋集，大事可图，上流各州郡，便传檄可定了。否则刑罚一加，人皆裹足，怎能济事？"幸有顾荣数语，方得保全江东名士。敏不禁心喜，起座谢教。遂使荣领丹阳内史，事辄与商。又复大会僚佐，嘱令大众推为楚公，都督江东诸军事，兼大司马，加九锡礼。伪言密授中诏，令自己溯江入汉，奉迎车驾。当下率兵出发，鼓棹前行。

镇南将军刘弘，亟遣江夏太守陶侃，与武陵太守苗亮，出堵夏口，又令南平太守应詹，调集水师，策应陶侃等军。是时，太宰颙尚在关中，亦命顺阳太守张光，带着步骑五千，至荆州协助刘弘，弘即使他前往复口，与侃合兵，侃与陈敏同郡，又与敏同年举吏。随郡内史扈怀，恐侃与敏相结，为荆州患，乃密白刘弘道："侃居大郡，握强兵，倘有异图，荆州便无东门了。"以小人腹，度君子心。弘笑答道："忠勤如侃，必无他虑，尽可放心。"怀乃退去。当有人传入侃耳，侃即令子洪及兄子臻，往荆为质，自明无贰。弘引为参军，且给资遣臻归省，临行与语道："贤叔出外御寇，君祖母年高，应该前去侍奉，匹夫交友，尚不负心，况身为大丈夫呢？"及臻归去，又加侃为督护，使他安心拒敏。驭将者固当如是。侃自然感激，整军待敌。适敏弟恢受乃兄伪命，挂了荆州刺史的头衔，充作前驱，进逼武昌。侃用运船为战舰，载兵击恢。或谓运船不便行军，侃怡然道："用官船击官贼，有何不便？但教统兵得人，无可无不可呢。"遂与恢交锋，连战皆捷。敏遣钱端继进，侃邀同张光苗亮二军，共击钱端。端又败却，荆州兵威，震响江淮。敏只好收兵回去，不敢再窥江汉。

刘弘乃遣张光西归，且表叙诸将战功，列光为首。南阳太守卫展语弘道："张光系太宰腹心，公既与东海连盟，何不把光斩首，自明向背？"弘摇首道："宰辅得失，与光无涉，危人自安，岂是君子所为？"说着，竟遣光西去。及光入关，东海军亦至长安，弘遣参军刘盘为督护，往会越兵。越奉驾东归，加弘车骑将军，余官如故。弘积劳成疾，年亦浸衰，方拟申请辞职，草表未上，病势遽剧，竟在任所告终。弘专督江汉，威行南服，事成尝归功他人，事败辄归咎自己，遇有兴废，致书守相，必叮咛款密，所以人皆感悦，无不效命。僚属私相语道："得刘公一纸书，远胜十部从事。"弘殁后统皆下泪。就是荆州士女，亦相率悲恸，若丧所亲，这可见刘公的惠泽及民了。朝议谥弘为元，追赠新城郡公。乱世有弘，可称一鹗。独弘司马郭劢，因弘已病殁，欲奉成都王颖入襄阳，奉为镇帅。弘子璠追述弘志，墨绖从戎，率府兵斩励首，襄沔复安。太傅越手书致璠，甚加赞美，一面调高密王略代镇荆州。璠俟略莅任，奔丧还里。略行政未能如弘，寇盗又盛，有诏起璠为顺阳内史，使为略助。璠再出受职，江汉间翕然畏服，仍然安堵，父子济美，作述重光，却是晋史上的美谈。

还有南方的宁州，得了李氏兄妹二人，易危为安，也是出类拔萃的人材。宁州频年饥疫，边疆有一种五苓夷，逐渐强横，乘饥大掠，甚至围逼州城，刺史李毅，正患重病，又闻夷人进攻，急上加急，遽致气绝，州民大恐。忽有一位年甫及笄的女英雄，满身缟素，趋至府舍，号召兵民，涕泣宣誓，无非说是“父殁身存，当与全城共同生死，力拒夷虏”等语。大众瞧着，乃是刺史的爱女，芳名是一秀字，郑重出名，极写李女。不由的肃然起敬，齐声应命。李秀复说道：“我是一女子身，恐难制虏，还仗诸位举一主帅，专司军政，方保万全。”大众见她气概不凡，声容并壮，料知不是个弱女子，竟同心一德，愿推李秀权领州事。秀又朗声道：“诸位推我暂为州主，试想全城责任，何等重大？敢问大众肯听我号令么？”众又齐声道：“愿听指挥！”秀乃部署兵士，分队守城，并手定赏罚数条，揭示城门。条文皆井井不乱，令人畏服。夷人围攻兼旬，昼夜不休。秀身穿银铠，足踏蛮靴，左持宝剑，右执令旗，镇日里登城巡阅，未尝少辍；每伺夷人懈弛，即出兵掩击，屡有斩获。夷人却也中馁，只一时不肯解围。既而城中粮尽，无米可炊，不得已熏鼠拔草，聊充口食。秀坚忍如故，士卒亦皆感奋，誓死不贰。可巧毅子钊自洛中驰至，手下却带有数百兵马，来救州城，秀亦从城中杀出，内外合攻，竟把夷虏杀退，得将州城保全。原来钊在洛阳就官，未曾随侍，此次毅得病身亡，当然由李秀报丧，并将夷人猖獗情形，一并告达，所以钊招募勇士，星夜南行，得与秀并力退敌。兄妹相见，如同隔世，秀即将州事让与乃兄，众亦愿奉钊为主。钊暂允维持，一面遣使入都，乞简刺史。晋廷选王逊为南夷校尉，兼刺宁州。逊既莅任，抚辑饥民，击平叛夷，那李钊兄妹，却早已扶榇回籍，居家守制去了。《晋书》不载此事，《列女传》亦不列李秀，惟《通鉴》于光熙元年三月，略叙其事，特表出之，以志女豪。

且说成都王颖，自洛阳奔至华阴，逗留数日，闻关中已破，车驾还洛，乃复折回南行，竟至新野。荆州司马郭励，与颖勾通，为刘璠所杀，见上。颖知栖身无所，复渡河北向，欲走依公师藩。偏被顿邱太守冯嵩，要截途中，执颖送邺。范阳王虓，遂把颖拘禁起来，公师藩自白马渡河，前来寇邺。嫚飞檄兖州刺史苟晞，统兵迎击，一战败师藩，再战斩师藩，独汲桑石勒等遁去，为后文伏线。晞仍还原镇，虓旋病死邺中。长史刘舆，恐邺人释颖图乱，因令人假充朝使，逼颖自尽，然后为虓发丧，上报朝廷。颖二子皆被杀死。旧有僚属，统已散尽，惟卢志自洛随奔，始终不离，并收殓颖尸，购棺暂厝。贵为皇太弟乃如此收场，争权利者其鉴诸！太傅越得知底细，嘉志信义，特召为军谘祭酒。又因刘舆防变未然，亦有殊劳，并征令入洛。越左右却先入白道："舆犹腻物，近即害人。"越即记入胸中，待舆到来，即淡漠相遇，不甚加礼。舆密视天下兵簿及仓库牛马器械等，一一详记，至会议时，他人不能猝答，舆独应对如流。越不禁倾倒，叹为奇才，立命为左长史，宠任无比，并与商及镇邺事宜。舆请调东嬴公腾镇邺中，所有并州刺史遗缺，荐了一个胞弟刘琨，谓可委镇北方。荐人之弟，亦荐己之弟，可谓两面顾到。越无不依议，便表琨为并州刺史，且进东嬴公腾为东燕王，领车骑将军，移督邺城诸军事。双方交代，事见后文。

惟河间王颙，逃入太白山中，匿居多日，不敢出头。会故将马瞻等，收集散卒，混入长安，杀毙关中留守梁柳，更偕始平太守梁迈，至太白山迎颙入城。偏弘农太守裴颁，秦国内史贾龛，安定太守贾疋等，疋即古文雅字。复起兵击颙。马瞻梁迈，为颙效力，立即率兵三千，前往拦阻。终因寡不敌众，一同战死。颙惶急无措，还幸有平北将军牵秀，镇守冯翊，特来援颙，得将三镇兵击退。太傅越闻颙又入关，忙遣督护麋晃，引兵西讨，途次接得三军败耗，惮不敢进。怎料到颙复内变，长史杨腾，欲叛颙归越，诈传颙命，至秀军前，饬秀罢兵。秀出营相迎，兜头遇着一刀，竟尔毙命。这一刀不必细猜，便可知是杨腾下手了。秀本为颖将，随颖入关，乃为颙用，前时曾枉杀陆机，此次也遭人枉杀，天道好还，毕竟不紊。应十五回。腾既斩牵秀，又诳秀军，但说是奉令而行。兵士以秀无辜遭诛，益不服颙，相率散去。腾持秀首送入晃营，晃正拟进关，适都中传出急诏，乃是惠帝暴崩，太弟登基，循例大赦，眼见得是不必讨罪，乐得守候中途，静俟后命。

看官道惠帝何故暴亡？相传为被太傅越鸩死，惠帝并无疾病，一夕在显阳殿中，食饼数枚，才逾片刻，腹中忽然搅痛，不可名状，但卧倒床上，辗转呼号，当由内侍飞召御医。至御医入宫，见惠帝眼白口开，已不省人事，诊视六脉，已如散丝，便接连摇首道："罢了！罢了！不可救药了！"宫人问他是何病症，他尚未敢说明，及穷诘底细，方轻轻说出"中毒"二字，一溜烟似的出宫去了。究竟毒为何人所置，也无从查考，不过太傅越身秉国政，眼睁睁的视主暴崩，一些儿不加追究，便遣侍中华混等，急召太弟炽嗣位，显见得无私有弊呢。尚有一层可疑的情由，皇后羊氏，恐太弟得立，自己只做了一个皇嫂，不得为太后，已密召清河王覃，入尚书阁，有推立意。偏太弟炽同时进来，又由太傅越从旁拥护，一时情见势绌，没奈何闭口无言，任炽即位。照此看来，内外早生暗斗，后欲立覃，越欲立炽，呆皇帝做了磨心，平白地被人毒死，十有其九，是越进毒，羊后恐无此胆量呢。若使羊后进毒，应该先召清河王入宫了。统计惠帝在位十六年，改元七次，享年四十八岁。

太弟炽系武帝幼子，入承兄祚，大赦天下，是谓怀帝。尊谥先帝为孝惠皇帝，即号羊后为惠皇后，移居弘训宫，追尊所生太妃王氏为皇太后，立妃梁氏为皇后，命太傅越辅政。越请出诏书，征河间王颙为司徒。明明有诈。颙但困守长安一城，长安以外，统是附越，自知不能孤立，不如应诏赴洛，还可自解。这叫做拚死吃河豚。当下挈眷登车，出关东行，路过新安，忽来了一班赳赳武夫，手持利刃，拦住去路，且大声喝道："快留下头颅，放你过去！"头颅留下，怎能过去，这是作者调侃语，并非不通。颙出一大惊，但至此已逃无可逃，不得不硬着头皮，颤声问道："你等从何处差来，敢阻我车？"那来人反唇相诘，颙答道："我是河间王，现奉诏入洛，受职司徒，你等是大晋臣民，应该拜谒，怎得无礼？"来人一齐哗笑道："你死在眼前，还要称王说帝，岂不可笑？"说至此，便有数人跃登车上，把颙揿倒，扼住颙喉。颙有三子，都上前相救，怎禁得这班悍党，拳打足踢，把三子陆续击死。颙被扼多时，气不能达，两手一抖，双足一伸，呜呼哀哉！小子有诗叹道：

豆釜相煎何太急？瓜台屡摘自然稀。
试看骨肉摧残尽，典午从兹慨式微。

究竟是何人杀颙，且至下回再表。

帝室相残，内讧四起，即如江东陈敏，不度德，不量力，妄思占踞半壁，称雄南方，意者其亦张昌邱沈之流亚欤？父怒灭门，竟致忧死，不忠不孝，安能有成？观其劫持甘卓，使充太弟，指鹿为马，掩耳盗铃，尤觉可笑。及溯江西上，有刘弘以坐镇之，有陶侃以出御之，两战皆败，奔还扬州，非不幸也，宜也。弘父子以保境成名，尚有李氏兄妹，亦力捍宁州，乱世未尝无人，在朝廷之用与不用耳。但李秀一女子身，竟能誓众御夷，食尽不变，七尺须眉，能无愧死，此本回之所以大书特书也。至若颖颙之死，皆由自取，而惠帝遇毒，戚亦自诒，以天下之大愚，致天下之大乱，其得在位十余年者，犹幸事耳，与东海何尤哉？然东海之敢行鸩主，罪固不可逭矣。

第二十回

战阳平苟晞破贼垒　佐琅琊王导集名流

却说新安杀颙的武夫，似盗非盗，实是由许昌将军梁臣，领着健卒数百名，扮作强盗模样，截路杀颙。许昌镇帅，是太傅越弟模，梁臣为许昌将，当然为模所遣。模杀颙后，就加封南阳王，可知主动力出越一人，自无疑义。前冀州刺史温羡，已起为中书监，得进官司徒，尚书仆射王衍，升授司空。羡与衍均见十八回。待惠帝安葬太阳陵，已是腊残春至，元日由怀帝御殿受朝，改元永嘉，颁诏大赦，除三族刑。族诛本是虐政，但怀帝诏令革除，亦特别施仁，乃是太傅越所陈请，就中也有一段原因。自从清河王覃，不得入嗣，仍然退居外邸，覃舅吏部郎周穆与妹夫御史中丞诸葛玫，尚欲立覃，共向越进言道："今上得为太弟，全出张方私意，不洽众情。清河王本为太子，无端见废，先帝暴崩，多疑太弟，公何不效伊霍盛事，安宁社稷呢？"语尚未终，越不禁瞋目道："大位已定，汝等尚敢乱言？罪当斩首！"两人吓得魂不附体，还想哀词辩诉，偏越毫不容情，即命左右驱出两人，赏他两刀。穆与玫贸然进言，真是该死，但越未尝拷问，便即处斩，隐情亦可知了。穆为越姑子，本应援大逆不道的故例，罪及三族，越总算法外行仁，表称玫穆世家，身外不应连坐，且因此请除三族旧刑。于是怀帝得下此诏，名为仁政，仍然由太傅越暗中营私呢。

越又请追复废太后杨氏尊号，依礼改葬，谥为武悼。怀帝年二十四，尚无子嗣，越因清河王未绝众望，不能无虑，乃倡议建立储君，即以清河王弟诠为太子。诠曾受封豫章王，尚在髫龄，越主张立诠，也是一番调停的苦心。怀帝践阼未久，不得不勉从越议，但因立储一事，免不得心下怏怏，乃援武帝旧制，听政东堂，每日朝见百官，辄留意庶政，勤谘不倦。黄门侍郎傅宣，叹为复见武帝盛事。怎晓得怀帝隐衷，是欲亲揽万机，免得军国大权，常落越手，越亦暗中窥透，自愿就藩。一再奉表，得邀俞允，许以原官出镇许昌，即调南阳王模为征西大将军，都督秦雍梁益四州军事，镇守长安。改封东燕王腾为新蔡王，都督司冀二州军事，乃居邺中。腾前镇并州，屡遇饥年，又尝为汉刘渊部众所掠，自刘琨出刺并州，移腾镇邺。腾喜出望外，不待琨至，便即东下。吏民万余人，统随腾就食冀州，号为乞活，所遗人口，不满二万家，寇贼纵横，道路梗塞。腾移镇邺中，琨出刺并州，均见前回。琨至上党，探得前途多阻，乃募兵得五百人，且斗且前，得至晋阳。晋阳境内，也是萧条不堪，经琨抚循劳徕，流民渐集，才得粗安。腾至邺城，总道是出险入夷，可以无恐，那知汲桑石勒，复来相扰，好好一条性命，被两寇催索了去。人有旦夕祸福。

桑自公师藩败没，仍逃入牧马苑中，勒亦相随未散，回应前回。两人仍纠集亡命，劫掠郡县，桑自称大将军，署勒为讨虏将军，又声言为成都王报仇，转战至邺。腾仓猝闻警，亟调顿邱太守冯嵩，移守魏郡，堵御寇盗。嵩出兵迎击，禁不住寇势凶横，竟至败绩。石勒为桑前锋，长驱至邺，腾素来悭吝，更因邺中府库空虚，格外鄙啬，待遇军士，务从克扣，部下皆有怨言。至石勒兵至城下，不得已犒赐将士，促令守城。但每人不过给米数升，帛数尺，将士未惬所望，当然不愿尽力，一哄而散。死不放松，亦何愚蠢。腾支撑不住，轻骑出奔。桑将李丰，窥悉腾踪，从后追蹑，约至数十里外，与腾相及。腾无可逃生，只得拔出佩刀，拨马交战，才经数合，被李丰刺中要害，跌落马下。从吏或死或逃，一个不留。丰斩了腾首，返报汲桑。桑与石勒已入邺城，放火杀人，无恶不作。邺宫室尽被毁去，烟焰蔽霄，旬日不灭。复发出成都王颖棺木，载诸车上，呼啸而去。再从南津渡河，将击兖州。太傅越得知消息，飞调兖州刺史苟晞，及将军王赞等，往讨桑勒。两下里相遇阳平，却是旗鼓相当，大小三十余战，互有杀伤，历久未决。太傅越乃出屯官渡，为晞声援，晞颇善用兵，见桑与勒锐气未衰，连战不下，索性不与交锋，固垒自守，以逸待劳。流寇最怕此策，既不得进，又不得退，坐至粮尽卒疲，各有散志。晞连日坐守，任令挑战，不发一兵，及见寇垒懈弛，始督军杀出，连破桑营，毁去八垒，毙贼万余。桑与勒收拾余众，渡河北走，又被冀州刺史丁绍，邀击赤桥，杀死无数。桑奔还马牧，勒逃往乐平。桑与勒从此分途。太傅越连接捷报，方还屯许昌，加丁绍为宁北将军，监督冀州军事，仍檄苟晞还镇兖州，加官抚军将军，都督青兖军事。王赞亦从优加赏，不消细述。惟东平王楙，前经刘琨田徽等出兵，怯走还镇，不敢与苟晞相抗，又经越调还洛阳，在京就第，怀帝即位，改封为竟陵王，拜光禄大夫，也不过循例议叙，不假事机，所以晞久镇兖州，训练士卒，累战不疲，威名称盛。叙入东平王，找足十八回文字。汲桑逃回牧苑后，乞活人田甄、田兰等，聚众同仇，为腾报怨，入攻马牧。桑不能拒，窜往乐陵，被甄兰等追上杀死，且将成都王颖遗棺，投入眢井中。枯骨尚遭此劫，生前何可不仁？嗣经颖旧日僚佐，再为收瘗及东莱王蕤子遵，奉怀帝诏，继承颖祀，乃得迁葬洛阳。东莱王蕤，系齐王攸子。

独石勒自乐平还乡，正值胡部大张訇督等，入据上党，胡人呼部长为部大，姓张名訇督。遂趋往求见。訇督本无智略，徒靠着一身蛮力，做了头目，勒能言善辩，见了訇督，说出一番绝大的议论，顿使訇督心服，惟命是从。原来勒欲往投刘渊，因恐孑身奔往，转为所轻，乃特向訇督游说，劝令归汉。见面时先恭维数语，引起訇督欢心，旋即迎机引入道："刘单于举兵击晋，所向无敌，独部大拒绝不从，如果得长久独立，原是最佳，但究竟有此能力否？"訇督沈吟道："这却不能。"勒又道："部大自思，不能独立，何不早附刘单于？倘迟延不决，部下或受单于赏募，叛了部大，自往趋附，反恐不妙。"訇督瞿然道："当如君言。"说着，即令部众守候上党，自与勒谒刘渊。渊正招致枭桀，当然延纳，授勒为辅汉军，封平晋王，命訇督为亲汉王，使勒至上党召入胡人，即归勒统带，作为亲军。乌桓长伏利度，有众二千，出没乐平。渊尝遣人招徕，屡为所拒。勒却为渊设策，佯与渊忤，出奔伏利度。伏利度大喜，与勒结为弟兄，使勒率众回掠，勇敢绝伦，众皆畏服。勒复买动众心，益得众欢，遂返报伏利度。伏利度出帐迎勒，被勒握住两手，呼令部众将他缚住，且遍语众人道："今欲起大事，我与伏利度，何人配做主帅？"大众愿推勒为主。勒即笑顾伏利度道："众愿奉我，我尚不能自立，只好往从刘大单于，试问兄究有何恃，能反抗刘单于呢？"伏利度已被勒缚住，且思自己果不及勒，乃愿从勒教。勒遂亲为释缚，并为道歉，使伏利度死心塌地，始从勒归汉。勒弄伏利度如小儿，确是有些智术。刘渊大喜，复加勒都督山东征讨诸军事，并将伏利度旧有部众，统付勒节制调遣。勒遂得如虎生翼，不可复制了。

话分两头，且说伪楚公陈敏，占据江左，已历年余，刑政无章，民不堪命，又纵令子弟行凶，不加督责。顾荣等引以为忧，常欲图敏。适庐江内史华谭，遗荣等密书，且讽且嘲，略云：

> 陈敏盗据吴会，命危朝露，诸君或剖符名郡，或列为近臣，而更辱身奸人之朝，降节叛逆之党，不亦羞乎？吴武烈孙坚。父子，皆以英杰之才，继承大业，今以陈敏凶狡，七弟顽穴，欲蹑桓王孙策之高踪，蹈大皇之绝轨，远度诸贤，犹当未许也。皇舆东返，俊彦盈朝，将举六师以清建业，即金陵。诸贤何颜复见中州之士耶？幸诸贤图之！

荣得书，且愧且奋，因即密遣使人，往约征东大将军刘准，使发兵临江，自为内应，剪发明信。准乃遣扬州刺史刘机，出向历阳，领兵讨敏。敏亟召荣入议，荣答道："公弟广武将军昶，历阳太守宏，均有智力，若使昶出屯乌江，宏出屯牛渚，据守要害，虽有强敌十万，也不敢入窥了。"敏即依荣议，分兵与二弟昶宏，令他去迄。尚有弟处在敏侧，待荣退出，便密语敏道："弟恐荣不怀好意，欲遣开我等兄弟，使彼得居中行事，一或生变，患且不测，不如先杀荣等为是。"敏瞋目道："荣系江东名士，相从年余，并未闻有异志，今遣我二弟，正恐别人未必可恃，故有此议，汝奈何叫我杀荣？荣一冤死，士皆离心，我兄弟尚得生活么？"杀荣原未必能生，不杀荣，愈觉速死。昶司马钱广与周圮同为安丰人民，圮因递与密缄，劝令杀昶，协图反正。广复称如命，待昶至中途安营，熟睡帐中，即持刀突入，把昶刺死，即将昶首持示大众，谓已受密诏诛逆，如敢抗旨，夷及三族。众唯唯从命，遂由广勒兵回来，驻扎朱雀桥南，传檄讨敏。

敏闻广杀昶为变，惊惶得很，便遣甘卓拒广，所有坚甲精兵，尽付卓带去。顾荣恐敏动疑，忙驰入白敏道："广为大逆，义当速讨，但恐城内或有广党，意外构变，所以荣特来卫公。"敏愕然道："卿当四出镇卫，怎得就我？"荣乃辞出，竟往说甘卓道："江东事如果有成，我等理应努力，但看今日情势，可得望成功否？敏本庸才，政令反复，计画不一，子弟又各极骄矜，不败何待？我等尚安然受他伪命，与彼同尽？使江西诸军，函首送洛，指为逆贼顾荣甘卓首级，这岂非万世奇辱么？请君三思后行！"卓踌躇道："我本意原不愿出此，只因女为敏媳，堕入诡计，勉强相从，今若背敏，未始不是正理，只我女不免惨死了。"荣慨然道："以一女害三族，智士不为，且今日何尝不可救女呢？"卓造膝问计，荣与附耳数言，卓乃转忧为喜，俟荣退去，即出至朱雀桥，与广对垒，诘旦伪称有疾，高卧不起，亟遣使报敏，令女出视。敏尚不知有诈，竟遣卓女往省。卓得见爱女，麾兵渡桥，将桥拆断，与广合兵，并把北岸船只，一古脑儿撑至南岸。于是顾荣周圮及丹阳太守纪瞻等，统与甘卓钱广，联合一气，同声讨敏。

敏闻报大惧，没奈何召集亲兵，得万五千人，出城御卓。两军隔水列阵，卓遥语敏军道："本欲与汝等同事陈公，奈顾丹阳周安丰等名士，已皆变志，我亦不能支持，汝等亦宜早思变计。"敏众闻言，尚是狐疑未决，俄见顾荣跃马而出，揽辔遥语道："陈敏为逆，上干天怒，今新主当朝，派兵来讨，早晚将至，我等亦受密诏讨逆，汝等何尝不去，难道自甘灭族么?"说着，将手中所执的白羽扇，向敌一麾，敌众哗散，只剩下陈处一人，余皆溃去。一扇贤于十万军。敏亦只好回头北走，处随后同奔。顾荣复把白羽扇向后一招，部众即下舟渡江，登岸追敏。行不数里，便将敏兄弟擒住，解回建业。荣与甘卓等人，已尽入建业城，当即将敏兄弟处斩。敏长叹道："诸人误我，致有今日!"还要怨人。又顾弟处道："我负卿，卿不负我。"就使听了弟言，亦未必不致死。霎时间双首尽落，昆季归阴，所有敏弟及子，一并捕诛。只卓女不免守孀。

是时，征东大将军刘准，已经调任，继任为平东将军周馥。建业诸军，函着敏首，送交馥处，馥又传敏首至京师。有诏叙讨逆功，征顾荣为侍中，纪瞻为尚书郎太傅，太傅越辟周圮为参军。荣等奉命北行，到了徐州，闻北方未靖，仍复折回，朝廷特派琅琊王睿为安东将军，都督扬州诸军事，使镇建业。睿由下邳启行，仍用王导为司马，同至江东，每事必向导咨谋，非常亲信。导劝睿优礼名贤，收揽豪俊，睿当然依从。但睿尚无重望，为吴人所轻，所以睿虽加意旁求，总觉乏人应命。导为睿设策，从睿临江观禊，睿但乘肩舆，导与掾属，皆跨着骏马，安辔徐行。吴中人士，望见仪从雍容，始知睿真心爱士，相率称扬。可巧顾荣纪瞻等，亦在江乘修禊，得睹丰采，也觉倾心，不由的望尘下拜。睿下舆答礼，毫无骄容，益令荣等悦服。及睿已回城，导因语睿道："吴中物望，莫如顾荣贺循，宜首先汲引，维系人心，二人肯来，外此无虑不至了。"睿乃使导往聘循荣。循荣各欢喜应命，随导见睿。睿起座相迎，殷勤款接，立授循为吴国内史，荣为军司，兼散骑常侍，所有军府政事，无不与谋。荣与循转相荐引，名流踵至。纪瞻入为军祭酒，周圮进为仓曹属，外如济阴人卞壶，为从事中郎，琅琊人刘超为舍人，吴人张闿及鲁人孔衍，并为参军，端的是英才济济，会聚一堂。吴中幕府，于斯为盛。为政在人，观此益信。睿颇好酒，或致废事。导婉言进规，睿即引觞覆地，不复再饮。导又尝语睿道："谦以接士，俭以足用，清静为政，抚绥新旧，这便是创成大业的根本呢。"睿一一依议，见诸施行。果然吴会风靡，一体归诚。相传睿初生时，神光满室，户牖尽明，及年渐长成，日角上忽生长毫，皑白有光，隆准龙颜，目有精采，顾盼烨然。十五岁嗣父觐遗封，得为琅琊王，侍中嵇绍，见睿状貌，便语人道："琅琊王毛骨非常，前途难量，当不至终身为臣，就是天子仪表，亦不过如是罢了。"既而太妃夏侯氏，病殁琅琊，睿表请奔丧，葬毕还镇，加封镇东大将军，开府仪同三司。

惟尚有一条异闻，载诸稗史，流传今古，当非尽诬。睿名为觐子，实为小吏牛金所生。觐妃夏侯氏，貌赛王嫱，性同夏姬，因小吏牛金入值，见是美貌少年，就与他眉挑目逗，竟成苟合，未几即身怀六甲，产下一男，觐颇有所疑，因爱妃貌美，生子又有异征，遂含忍不发，认为己子。从前司马懿执政时候，闻玄石图记中，有牛继马后的谶文，尝隐忌牛氏，把将校牛金鸩死。哪知后来复出一牛金与他孙妇勾引成奸，居然生下一睿，为司马氏后继，保住江东半壁，即位称帝，号为中兴，这大约是天数已定，人事难逃，凭你司马懿足智多谋，也不能顾及子孙，防闲终古呢。我说还是司马氏幸运，别人替他生子，多传了百余年。小子有诗咏道：

中冓遗闻不可详，但留一脉保残疆。
若非当日牛金力，怀愍沈沦晋已亡。

江东得睿镇守，差幸少安，惟江东以外，乱势方炽，不可收拾，欲知详情，试看下回接叙。

东嬴公腾，借兄之力，晋受王封，且调镇邺中，得避胡寇，可谓踌躇满志，不意有汲桑石勒之乘其后，攻邺而追戕之。塞翁得马，安知非祸？腾亦犹是耳。苟晞用深沟固垒之谋，卒败桑勒，桑窜死而勒北走，奔降刘渊，天不祚晋，欲留一痡以为晋患，此勒之所以终得逃生也。彼陈敏之盗据江东，智不若勒，乃欲收揽名士，而卒为名士所倾，夫岂名士之无良？正以见名士之有识耳。况琅琊王睿，移镇建业，得王导之忠告，招名士而礼用之。卒以成中兴之业，名士之有益于国，岂浅鲜哉？本回于琅琊王事，特别从详，正为后来中兴写照，不用贤则亡，削何可得，子舆氏固不我欺也。

第二十一回

北宫纯力破群盗　太傅越擅杀诸臣

却说江南既平，河北一带，尚是未靖，太傅越虽出镇许昌，朝政一切，仍然由他主持，怀帝统未得专行。越以邺中空虚，特请简尚书右仆射和郁为征北将军，往守邺城，且令王衍为司徒，怀帝自然准议。衍因往说越道：“朝廷危乱，当赖方伯，须得文武兼全的人材，方可任用。”越问何人可使？衍却援举不避亲的古例，即将二弟面荐，一是亲弟王澄，一是族弟王敦。越便允诺，奏请授澄为荆州刺史，敦为青州刺史。有诏令二人任职，二人当然不辞。衍喜语二弟道："荆州内江外汉，形势雄固，青州面负东海，亦踞险要，二弟在外，我在都中，正好算作三窟了。"老天不由你料奈何？看官记着！荆州自高密王略出镇，亏得刘璠出为内史，才得安堵，见十九回。略未几即死，后任为山涛子山简，因璠得众心，未免加忌，特奏请迁调。不及乃父远识。晋廷徙璠为越骑校尉，荆湘遂从此多事。澄虽有虚名，无非是王夷甫一流人物，衍字夷甫。徒尚空谈，不务实践，要他去镇守荆州，眼见是不能胜任呢。王敦眉目疏朗，神情洒脱，少时即号称奇童，得尚武帝女襄城公主，拜驸马都尉，兼太子舍人，声名尤盛。但素性残忍，不惜人死，从弟王导，曾说他不能令终，太子洗马潘滔，亦尝讥他豺声未振，蜂目已露，人不噬彼，彼将噬人。如此刚暴不仁，衍却替他荐引，恃作护符，这也是知人不明，徒增妄想罢了。为澄敦二人后来伏案。

敦甫经莅镇，即由太傅越征令还朝，授中书监，敦不免失望，但也只好奉召入都。青州刺史一缺，由兖州刺史苟晞调任，晞屡破巨寇，为越所重，常引晞升堂，结为异姓兄弟。此时潘滔为越长史，屏人语越道："兖州为东方冲要，魏武尝借此创业，现由苟晞居守有年，若晞有大志，便非纯臣，今不若移镇青州，厚加名号，晞必欣然徙去，公乃自牧兖州，经纬诸夏，藩卫本朝，这才叫做防患未然哩。"越颇以为然，自为丞相，领兖州牧，都督兖豫司冀幽并诸州军事，加苟晞为征东大将军，都督青州诸军事，领青州刺史，封东平郡公。晞虽奉调东去，却已是猜透越意，暗暗生嫌。他本来严刑好杀，不肯少宽，在兖州时，迎养从母，颇加敬礼。从母为子求将，晞摇首道："王法无亲，若一犯法，我不能顾及从弟了，不如不做为妙。"从母固请如初，晞乃说道："不要后悔。"因令为督护。后来果然犯法，晞即令处斩。从母叩头吁请，乞贷一死，晞终不从。及斩讫返报，乃素服临哀，且哭且语道："斩卿是兖州刺史，哭弟是苟道将。"晞字道将。部下见他情法兼尽，很是惮服。实是一种权诈手段。至移镇青州，复思以严刑示威，日加杀戮，血流成川，州人号为屠伯。

晞弟名纯，亦颇知兵，由晞遣讨盗目王弥，得获胜仗。弥为惤音坚，县名。令刘伯根长史，伯根尝纠众作乱，为幽州都督王浚讨平，独弥亡命为盗，再集伯根遗众，出没青徐。阳平人刘灵，少时贫贱，力大无穷，能手挽奔牛，足及快马，尝恨无人举引；又见晋室浸衰，不由的抚膺太息道："老天！老天！我一贫至此，莫非令我造反不成？"及闻王弥为乱，也招致盗贼，揭竿起事，乃自称大将军，寇掠赵魏。已而弥为苟晞所败，灵为别将王赞所败，两人俱奉书降汉，敛迹不出。忽顿邱太守魏植，为流民所迫，有众五六万，大掠兖州。太傅越急檄苟晞进援，晞出屯无盐，留弟纯居守青州。纯嗜杀行威，比晞还要利害，州民生谣道："一苟不如一苟，小苟毒过大苟。"如此凶残，安望有后。未几晞得诛植，乃仍还青州。偏王弥又复蠢动，党羽集至数万人，分掠青徐兖豫四州，所过残戮，郡邑为墟。苟晞再奉诏出征，连战未克，太傅亦下令戒严，移镇鄄城。

会闻前北军中侯吕雍与度支校尉陈颜等，谋立清河王覃为太子，便由越一道矫诏，遣将收覃，幽锢金墉城。过了旬月，索性命人赍鸩，把覃逼死。拥立者，也属无谓；加害者，抑何太毒？但越只能制内，不能制外，那王弥竟从间道突入许昌，且自许昌进逼洛阳，越亟遣司马王斌，率甲士五千人入卫京师。还有凉州刺史张轨，亦遣督护北宫纯等，领兵入援。轨系汉张耳十七世孙，家住安定，才华明敏，姿仪秀雅，与同郡皇甫谧友善，隐居宜阳女儿山。泰始初年叔父锡入京为官，轨亦随侍，得授五品禄秩，嗣复进官太子舍人，累迁散骑常侍征西军司。他见国家多难，谋据河西，筮得《周易》中泰与观卦，投筴大喜道："这是霸兆，得未曾有哩。"遂求为凉州刺史。天下无难事，总教有心人，果然得如所愿，一麾出守，及至凉州，适鲜卑为寇，盗贼纵横，便即调兵出讨，斩首万余级。嗣是威著西州，化行河右。张轨后嗣建国称凉，号为前凉，故特从详叙。至是闻王弥寇洛，因遣将勤王。晋廷方命司徒王衍，都督征讨诸军事，发兵出御轘辕，被王弥一阵杀败，兵皆溃归，京师大震，宫城昼闭，弥竟进攻津阳门。可巧凉州兵驰至，统将北宫纯，入城见衍，与东海司马王斌会师，相约出战。纯愿为前驱，选得勇士百余人，作为冲锋，疾驰而出，与弥对垒，才经交锋，由纯飐动令旗，便突出一队身长力大的壮士，跨着铁骑，持着利刃，不管那枪林箭雨，只硬着头冲将进去。凉州兵也不肯落后，既有勇士为导，当然拚了性命，一齐跟入，任他王弥党羽，是百战剧盗，都落得心慌意乱，纷纷倒退。北宫纯趁势杀上，王斌亦领兵继进，杀得盗党血流漂杵，尸积成山。王弥大败，抱头东窜。

都中又驱出一支生力军，系是王衍所遣，军官是左卫将军王秉，来应北宫纯王斌两军。两军正追杀数里，稍觉疲乏，因即让过王秉一路人马，听令追去。秉追至七里涧，王弥见来军服饰，与前略殊，还道是强弱不同，复思回身一战，当下勒马横刀，令盗众一律返顾，与秉接仗。盗众勉强应命，但已是胆怯得很，不耐久斗，略略交手，又复溃散。弥始知不能再战，只得与部下盗目王桑，逃出轵关，竟去投汉。汉主刘渊，与弥本有旧交，当即遣使郊迎，且传令语弥道："孤已亲至客馆，拂席洗爵，敬待将军。"弥闻令大喜，便随入见渊。渊即面授弥为司隶校尉，加官侍中，且命王桑为散骑侍郎。刘灵得王弥归汉消息，也亲往谒渊，受封平北将军。渊收了两个大盗，便用为向导，使子聪带兵数千，同袭河东。

可巧北宫纯自洛阳旋师，途次与聪兵相值，即杀将过去。聪不意官军掩至，顿时忙乱，且疑此外尚有伏兵，不敢恋战，匆匆的收兵遁回，麾下已死了数百人，纯乃归凉州，禀明张轨，申表奏闻。有诏封轨为西平郡公，轨辞不受命，且屡贡方物，藩臣中推为首忠，也是确评。

惟刘渊闻聪败还，未免失望，且因并州一带，由刘琨据守晋阳，无隙可乘，前遣将军刘景往攻，亦遭一挫，两方面统是败仗，尤觉得忧悔交并。侍中刘殷王育进议道："殿下起兵以来，年已一周，乃专守偏方，王威未振，甚属可惜。诚使命将四出，决机大举，枭刘琨，定河东，建帝号，鼓行南下，攻克长安，作为都城，再用关中士马，席卷洛阳，易如反掌。从前高皇帝建竖鸿基，荡平强楚，便是这番谋画，殿下何不仿行呢?"渊不禁鼓掌道："这正是孤的初心呢!"遂号召大众，亲自督领，趁着秋高马肥的时候，祃纛起行。到了平阳，太守宋抽，惊惶的了不得，弃城南奔。渊得拔平阳城，再入河东。太守路述，却是有些烈性，募集兵民数千，出城搦战，怎奈众寡不敌，伤亡多人，没奈何退守城中。渊督众猛攻，相持数日，城垣被毁去数丈，一时抢堵不及，竟为胡马所陷。述还是死战，力竭捐躯。渊连得数郡，遂移居蒲子。上郡四部鲜卑陆逐延，氐酋单征，并向渊请降。渊又遣王弥石勒，分兵寇邺，征北将军和郁，也是贪生怕死，走得飞快，把一座河北险要的邺城，让与强胡。于是渊得逞雄心，公然称帝，大赦境内，改元永凤。命嫡子和为大司马，加封梁王，尚书令刘欢乐为大司徒，加封陈留王，御史大夫呼延翼为大司空，加封雁门郡公；同姓以亲疏为等差，各封郡县王；异姓以勋谋为等差，各封郡县公侯，就把这蒲子城，号为汉都。

看官记着！当时氐酋李雄，与刘渊同时称王，此次渊僭号称尊，比李雄还迟二年。李雄称帝，国号成，改元晏平，且在晋惠帝末年六月中。刘渊称帝，是在晋怀帝二年十月中。小子属辞比事，前文未及西陲，无复插叙，此次为刘渊称帝，不能不补叙李雄。五胡十六国开始，就是李雄刘渊两酋长，最早僭号，看官幸勿责我漏落呢。补笔说得明白，更足令阅者醒目。

渊既僭号，两河大震。晋廷遣豫州刺史裴宪，出屯白马，车骑将军王堪，出屯东燕，平北将军曹武，出屯大阳，无非为防汉起见。偏刘渊得步进步，不肯少休，复遣石勒刘灵率众三万，进寇魏汲顿邱三郡，百姓望尘降附，多至五十余垒。勒与聪请诸刘渊，各给垒主将军都尉印绶，并挑选壮丁五万为军士，老弱仍令安居。魏郡太守王粹，领兵抵御，一战即败，被勒活捉了去，押至三台，一刀毕命。越年为晋怀帝永嘉三年，正月朔日，荧惑星入犯紫微，汉太史令鲜于复姓。修之，入白刘渊道："陛下虽龙兴凤翔，奄受大命，但遗晋未灭，皇居逼仄，紫宫星变，犹应晋室。不出三年，必克洛阳。蒲子崎岖，不可久安，平阳近有紫气，且是陶唐旧都，愿陛下上迎乾象，下协坤祥。"渊当然大喜，便即迁都平阳。会汾水滨有人得玺篆，文为"有新保之"四字，乃是王莽后投失，他却聪明得很，增刻渊海光三字，献与刘渊。渊表字元海，便称为己瑞，又复改元，即以河瑞二字为年号，封子裕为齐王，子隆为鲁王，聪为楚王，南向窥晋。

晋廷专靠太傅越为主脑，越不务防外，专务防内，真正可叹。他本已移镇鄄城，因鄄城无故自坏，心滋疑忌，乃徙屯濮阳。未几，又迁居荥阳，忽自荥阳带兵入朝，都下人士，相率惊疑。中书监王敦语人道："太傅专执威权，选用僚属，还算依例申请，尚书不察，动以旧制相绳，他必积嫌已久，来此一泄，不识朝臣有几个晦气，要遭他毒手呢。"及越既入都，盛气诣阙，见了怀帝，便忿然道："老臣出守外藩，尽心报主，不意陛下左右，多指臣为不忠，捏造蜚言，意图作乱，臣所以入清君侧，不敢袖手呢。"怀帝听了，大是惊惶，便问何人谋乱。越并未说明，即向外大呼道："甲士何在？"声尚未绝，外面已跑入一员大将，乃是平东将军王景，一作王秉，今从《晋书》。领着甲士三千人，鱼贯入宫，形势甚是汹涌，差不多与虎狼相似。越随手指挥，竟命将帝舅散骑常侍王延，尚书何绥，太史令高堂冲，中书令缪播，太仆卿缪胤等，一古脑儿拿至御前，请旨施刑。怀帝不敢不从，又不忍遽从，迟疑了好多时，未发一言。越却暴躁起来，厉声语王景道："我不惯久伺颜色，汝可取得帝旨，把此等乱臣，交付廷尉便了。"说着，掉头径去。跋扈极了。怀帝不禁长叹道："奸臣贼子，无代不有，何不自我先，不自我后，真令人可痛呢。"当下起座离案，握住播手，涕泣交下。播前在关中，随惠帝还都，应第十九回。与太弟很是亲善，所以怀帝即位，便令他兄弟入侍，各授内职，委以心膂。偏由越诬为乱党，勒令处死，叫怀帝如何不悲？王景在旁相迫，一再请旨，怀帝惨然道："卿且带去，为朕寄语太傅，可赦即赦，幸勿过虐，否则凭太傅处断罢。"景乃将播等一并牵出，付与廷尉，向越报命。越即嘱廷尉杀死诸人，一个不留。

何绥为前太傅何曾孙，曾尝侍武帝宴，退语诸子道："主上开创大业，我每宴见，未闻经国远图，但说生平常事，这岂是贻谋大道？后嗣子孙，如何免祸，我已年老，当不及难。汝等尚可无忧。"说到"忧"字，忽然咽住，好一歇才指诸孙道："此辈可惜，必遭乱亡。"你既知诸孙难免，何不嘱诸子辞官，乃日食万钱，尚云无下箸处，子劭尚日食二万钱，如此奢侈，怎得裕后？及绥被戮，绥兄嵩泣语道："我祖想是圣人，所以言有奇验哩。"后来洛阳陷没，何氏竟无遗种，这虽是因乱覆宗，但如何曾父子的骄奢无度，多藏厚亡，怎能保全后裔？怪不得一跌赤族了。至理名言。

越自解兖州牧，改领司徒，使东海国将军何伦，与王景值宿宫廷，各带部兵百余人，即以两将为左右卫将军，所有旧封侯爵的宿卫，一律撤罢。散骑侍郎高蹈，见越跋扈，略有违言，便被越斥为讪上，逼令自杀。嗣是朝野侧目，上下痛心。越留居都中，监制怀帝，无论大小政令，统须由越认可，才得施行。

那汉大将军石勒，已率众十余万，进攻钜鹿常山，用张宾为谋主，刁膺张敬为股肱，夔安孔苌支雄桃豹逯明为爪牙，除兵营外，另立一个君子营，专纳豪俊，使参军谋。张宾系赵郡中邱人，少好读书，阔达有大志，常自比为张子房。及石勒寇掠山东，宾语亲友道："我历观诸将，无如此胡将军，可与共成大业，我当屈志相从便了。"张子房为韩复仇，宾奈何觍颙颜事胡？乃提剑至勒营门，大呼求见。勒召入后，略与问答，亦不以为奇。嗣由宾屡次献策，无不合宜，因为勒所亲信，置为军功曹，动静必资，格外契合。正拟进略郡县，忽接刘渊命令，使率部众为前锋，移攻壶关，另授王弥为征东大将军，领青州牧，与楚王聪一同出兵，为勒后援，勒当然前往。并州刺史刘琨，急遣将军黄肃韩述赴援。肃至封田，与勒相遇，一战败死。述至西涧，与聪争锋，亦为聪所杀。

警报传达洛阳，太傅越又令淮南内史王旷，将军施融曹超，往御汉兵。旷渡河亟进，融谏阻道："寇众乘险间出，不可不防。我兵虽有数万，势难分御，不如阻水自固，见可乃进，方无他患。"旷怒道："汝敢阻挠众心么?"融退语道："寇善用兵，我等冒险轻进，必死无疑了。"遂长驱北上，逾太行山，次长平坂。正值刘聪王弥，两路杀来，捣入晋军阵内，晋军大乱，旷先战死，融超亦亡。旷是该死，只枉屈了融超。聪乘胜进兵，破屯留，陷长子，斩获至万九千级，上党太守庞淳，举壶关降汉，汉势大炽。刘渊连得捷报，更命聪等进攻洛阳，晋廷命平北将军曹武，集众抵御，连战皆败。聪入寇宜阳，藐视晋军，总道是迎刃立解，不必加防。弘农太守垣延，探得汉兵骄弛，用了一条诈降计，自谒聪营，假意投诚。聪沿路纳降，毫不动疑，哪知到了夜半，营外喊声连天，营内亦呼声动地，外杀进，里杀出，立将聪营踏平。聪慌忙上马，引众宵遁，侥幸得全性命。诸君不必细问，便可知是垣延的兵谋了。垣延上表告捷，廷臣称庆，不料隔了两旬，那刘聪等复到宜阳，前有精骑，后有锐卒，差不多有七八万人，比前次猖獗得多了。小子有诗叹道：

外患都从内讧生，金汤自坏寇横行。
乱华戎首刘元海，典午河山一半倾。

毕竟刘聪能否深入，待至下回表明。

晋初八王之乱，越最后亡，观前文之害死长沙，已太无宗族情，顾犹得曰乂不死，都下之战祸，终难弭也。及纠合同盟，迎驾还洛，义闻不亚桓文，几若八王之中，莫贤于越矣。惠帝之殁，谓越进毒，犹为疑案，至清河王之被鸩，而越之罪乃彰焉。王弥攻陷许昌，不闻速讨，徒遣王斌等五千人入卫，借非北宫纯之自西入援，前驱突陈，其能破百战之剧盗乎?张轨地位疏远，尚遣良将以勤王，越固宗亲，犹未肯亲自讨贼，其居心之险诈，不问可知。至其后带甲入朝，擅杀王延缪播诸人，冤及无辜，气凌天子，设非外寇迭兴，几何而不为赵王伦也。要之有八王而后有五胡，八王犹甘心亡晋，于五胡何尤哉?

第二十二回

乘内乱刘聪据国　借外援猗卢受封

却说刘聪复至宜阳，同行诸将，乃是刘曜刘景王弥呼延翼，骑兵五万，步卒三万，大有气吞河洛的势焰，都中大震。聪率轻骑先进，连败戍兵，直达都下，屯兵西明门，凉州刺史张轨，再遣北宫纯等入援，纯至洛阳，与汉兵对面扎营，待至夜半，方率勇士千余人，直攻汉垒。聪亦预先防着，即令征虏将军呼延颢，开营抵敌。颢甫出营门，正与纯撞个满怀。纯眼明手快，一刀劈下，正中颢首，脑浆迸流，倒毙地上。汉兵见颢被杀死，顿时骇退，纯即踹入营中，左斫右劈，杀死汉兵数十人。聪喝令各军，上前拦阻，还是招架不住，亏得队伍尚齐，且战且行，退至洛水滨下寨。纯因夜色昏皇，也恐有失，便收兵回营。

越日，呼延翼营内自乱，步卒不服翼令，将翼杀死，竟自溃归。刘渊闻败，飞饬聪等还师。聪不肯遽退，表称“晋兵微弱，可以力取，不得以翼颢死亡，自挫锐气，遽尔班师”云云。渊乃听令留攻，聪复分兵进逼，自攻宣阳门，令曜攻上东门，弥攻广阳门，景攻大夏门，四面猛扑，声震山谷。太傅越婴城拒守，且调入北宫纯等，一齐登陴，随方抵御。聪攻了数日，竟不能入，不由的想入非非，要至嵩岳中去祷山神，求他保佑，速下洛城，嵩岳有灵，岂容汝蹂躏中原？当下留平晋将军刘厉及冠军将军呼延朗，暂摄军事，自己竟带着千骑，跨马而去。太傅越参军孙询，探得聪不在营中，谓可乘虚出击，越即令询挑选劲卒，得三千人，由将军邱光楼裒等带领，潜开宣阳门，呐一声喊，冲将出去。呼延朗身不及甲，马不及鞍，冒冒失失，前来搦战。邱光楼裒，双械并举，杀得朗手法散乱，一个疏忽，被邱光挑落马下，楼裒再加一槊，结果性命，此次汉将死亡，都出呼延氏，想是呼延家运已衰。刘厉忙麾兵相救，已是不及。且邱楼二将，越加胆壮，领着三千健卒，横冲直撞，辟易万人。厉亦只好却走。聪在半途闻变，忙即折回，方得招架一阵，邱楼亦即收兵入城。刘厉恐为聪所责，竟投水自尽，聪不觉叹息。

王弥趋至聪营，向聪进言道：“今既失利，洛阳犹固，殿下不如还师，再图后举，下官当立兖豫二州间，收兵积谷，守候师期。”聪皱眉答道：“前曾表请留攻，此时不待命令，便即还师，未免不合。”弥笑道：“这有何虑，下官为殿下设法便了。”遂即致书宣于修之，托他解说。修之已料知聪军不利，既得弥书，便入白刘渊道："岁在辛未，当得洛阳，今晋气尚盛，大军不归，必败无疑。"渊乃促聪回军，聪始与刘曜同归。惟王弥南出轘辕，沿途流民，陆续趋附，多至数万人。

还有石勒一支人马，自攻破壶关后，仍留扰并州一带，收降山北诸胡，再与刘灵进攻常山。幽州都督王浚，遣部将祁弘，邀同鲜卑部酋务勿尘等，带领十余万骑，来讨石勒。勒从常山退兵数里，至飞龙山前，依险列营，专待祁弘角斗。弘驱众直进，行近山麓，望见勒兵扎住，营伍颇严，便心生一计，使务勿尘领着本部，登山而下，直压勒营，自统部众与勒接仗。勒令刘灵守营，分兵趋出，奋斗祁弘。两边统是朔方劲旅，旗鼓相当，酣战了两三个时辰，未分胜败，不防务勿尘从后面杀下，突破勒营，刘灵保不住营寨，也只得出会勒军，勒军见营垒已破，当然慌乱，就是勒亦万分惊惶，自知立脚不住，不如夺路逃奔，一声呼啸，向南飞逸。刘灵迟走一步，被祁弘追及背后，用槊猛戳，穿通心胸，立即倒毙。大力将军，只好至冥间报效去了。余众约毙万余人。勒垂头丧气，走保黎阳，及闻幽州兵回去，复分兵四出，攻陷三十余堡寨，又进寇信都。适东海司马王斌，出任冀州刺史，引兵拒勒，一战败亡。晋车骑将军王堪，北中郎将兼豫州刺史裴宪，奉诏联兵，合攻石勒。勒引兵还拒，道出黄牛垒，魏郡太守刘矩，举城降勒。勒收得粮械，兵势益振。裴宪胆小如鼷，探得勒众甚盛，即潜奔淮南，连兵马都不遑带去。王堪孤掌难鸣，也退保仓垣。勒便从石桥渡河，攻陷白马，坑死男妇三千余口，复东袭鄄城，杀害兖州刺史袁孚，再攻仓垣。王堪败没，还与王弥合兵，连下广宗清河平原阳平诸县。捷书屡达平阳，刘渊加封勒为镇东大将军，兼汲郡公，又命聪曜等出兵会勒，共攻河内。

河内太守裴整，飞表乞援，诏命宋抽为征虏将军，往援河内，被勒邀击中途，把抽杀死。河内人复执整降汉，整得受汉职，拜为尚书左丞。河内督将郭默，收整余众，自为坞主。刘琨表称默为河内太守，时已为怀帝永嘉四年。会值刘渊得病，召还各军，河北山东，暂得少安。渊后呼延氏殁，另立氐酋单征女为皇后，这位新皇后的姿色，端的是纤丽无比，美艳无双，自从单征降汉，便将女纳为渊妾，宠号专房。生子名乂，亦得殊宠。可巧渊妻病死，妾媵不下数十，偏被那娇娇滴滴的单氏女，越级超升，得为继后，且封乂为北海王。单氏感恩不已，镇日里振起精神，侍奉刘渊。渊见她靓妆媚骨，处处可人，不由的为色所迷，贪欢无度。怎奈少女多情，老夫已迈，渐渐的精力不支，酿成羸疾。蛾眉原是伐性，老年愈觉可畏。当下为顾托计，命梁王和为太子，齐王裕为大司徒，鲁王隆为尚书令，楚王聪为大司马大单于，特在平阳城西，置单于台，为聪任所。北海王乂为抚军大将军，领司隶校尉。始安王曜为征讨大都督兼单于左辅。廷尉乔智明为冠军大将军兼单于右辅。尚有同姓老臣陈留王刘欢乐，进官太宰，长乐王刘洋，进官太傅，江都王刘延年，进官太保。是时刘宣已死，故不列入。渊恃三人为心膂，所以加位三公，付他重任。到了病不能起，即召入禁中，亲授遗命，叫他拥立太子，同心辅政，三人自然遵嘱。越二日渊竟逝世，共计称王四年，称帝三年。

太子和嗣为汉主，和本渊妻呼延氏所生，前大司空呼延翼，便是后父，被杀洛阳，翼子名攸，官拜宗正。渊因他素无才行，终身不令迁官。侍中刘乘，与聪有隙，西昌王刘锐，未得预顾命，三人共怀不平，乃串同一气，入殿语和道："先帝不顾重轻，使三王在内总兵，大司马拥劲卒十万，逼居近郊，陛下不过做了一个寄主，将来祸难，恐不可测，不如早为设法，先发制人。"和颇以为然。夜召武卫将军刘盛刘钦及左卫将军马景等，使图裕隆聪乂诸王。盛抗声道："先帝尚在殡宫，四王未有逆节，今忽生他谋，自相鱼肉，臣恐不能邀福，反且招祸。况四海未定，大业粗成，陛下但应继志述事，开拓鸿基，幸勿误听谗言，疑及兄弟。古诗有言：'岂无他人，不如我同父。'陛下不信诸弟，他人如何轻信呢？"锐与攸正在和侧，闻言大怒道："今日计议，已由主上裁决，理无反汗，领军怎得妄言？"盛尚欲再言，已被锐拔出佩剑，劈为两段。可怜刘盛。钦与景不禁惶惧，慌忙应命，乃共在东堂设誓，诘旦举发。

转瞬间已是天明，由和派兵四路，分攻四王。锐与马景赴单于台，攻楚王聪，攸与右卫将军刘安国，诣司徒府，攻齐王裕，乘与钦攻鲁王隆，使尚书田密，武卫将军刘璿，攻北海王乂。乂尚年少，不知守备，立被田密刘璿等闯入，只好延颈待戮，不料命未该绝，由璿抢步上前，把乂轻轻掖住，招呼部曲，斩关急走，趋往单于台。密亦随行，共见刘聪，报明内变。聪见乂无恙，心下大喜。已寓微意。便命军士服甲持械，静待刘锐等到来。锐至城外，已知田密刘璿举动，料聪必有预备，不敢轻往，当下折回城中，与攸乘等会攻隆裕。复恐安国与钦，尚有异志，因再杀死二人，然后进攻司徒府。裕不能守御，竟为乱军所害。锐等移兵攻隆，隆亦被杀。

是夕，闻西明门外，喊声大震，乃是大司马聪，率领全军，来攻都城。锐攸乘三人，亟趋上城楼，督众拒守，约莫过了一日有余，已被聪军攻入，乱兵四窜。锐等奔入南宫，聪军追入，把锐攸乘陆续擒住。刘和避匿光极殿西室，托词守丧。聪军持械直进，不管他皇叔不皇叔，顺手乱砍，立即毙命。刘渊口舌未干，三子即遭惨死，可见治国以礼，多力无益。聪入居光极殿，命诛锐攸乘三人，枭首通衢，示众三日。马景未闻遭诛，先后均得幸免，是何运气？群臣联笺上聪，请即尊位，聪呼众与语道："我弟乂为单后所生，子以母贵，应该嗣立，我愿退就单于台。"道言甫毕，即有一少年趋至聪前，长跪流涕道："先帝创业未终，全仗兄长继承先志，倘或舍长立幼，如何维持？还乞兄长勉从众言。"聪俯首瞧着，正是北海王乂，忙即离座搀扶。乂不肯起立，百官亦皆跪请，乃慨然答道："乂与群公，既因四海未定，国难尚多，谓孤年较长，迫孤就位，这乃国家大事，不便固辞。今孤当远遵鲁隐，俟乂年长，当复子明辟，表孤素心。"百官交口称颂，乂亦拜谢，阅者至此，总道聪有让德，谁知他另存歹意。乃皆起身出殿，筹备新君即位礼仪。

聪进谒单后，请安道歉，礼节甚恭。单后见他仪容秀伟，冠冕堂皇，不禁由爱生羡，待遇加优。且因聪保全己子，柔声道谢。句中有眼。聪听得一副娇喉，禁不住情迷心荡，再审视单氏花容，毕竟轻盈艳冶，与众不同，可惜耳目众多，不能无端调戏，没奈何按定了神，对答数语，徐徐辞出，转往别宫，去谒生母张夫人。原来聪为渊第四子，母为渊妾张氏，怀妊时梦日入怀，醒后告渊，渊称为吉征。嗣过了十五月，方产一男，形体伟岸，左耳有一白毛，长二尺余，闪闪有光，渊因取名为聪。幼时敏悟过人，年至十四，博通经书百家及孙吴兵法，又工书草隶，善作诗文，十五岁演习骑射，能弯弓三百斤，膂力骁捷，冠绝一时。渊亦谓此儿不可限量，很是钟爱。果然武艺超群，得登大位。称尊以后，改元光兴，尊单后为皇太后，张夫人为帝太后，立乂为帝太弟，领大单于大司徒。立妻呼延氏为皇后，封子粲为河内王，领抚军大将军，都督中外诸军事。粲弟易为河间王，翼为彭城王，悝为高平王，乃为父渊发丧，移棺奉葬，号渊墓为永光陵，追谥为光文皇帝，庙号高祖。

聪既将国家要事，依次施行，所有王公百官，概仍旧职，毫无异言。他乐得趁闲寻乐，卖笑追欢，不过他心目中只有一人，要想同她勾搭，只苦不能下手，且有名分相关，似乎未便妄为。可奈意马心猿，不能自制，更且平时入省，时近芳容，越觉得撩乱情思，无从摆脱。嗣是朝朝暮暮，问安视寝，一个是垂涎已久，昏夜乞怜，一个是寂处难安，心神似醉。移花不妨接木，拢篙正可近舵，好风流处便风流，还管甚么尊卑上下呢？况名分虽嫌未合，年貌正是相当，意外鸳鸯，倍饶乐趣，从此春生鏊帐，连夕烝淫，望断长门，同悲陌路。俗语说得好："好事不出门，恶事传千里。"这汉主聪的不法行为，才经数夕，已是喧传内外，统说他母子通奸。别人不过播为笑谈，最难堪的是北海王乂，少年好胜，禁不起冷讽热嘲。有时入宫省母，隐约进规，那母亲却也怀惭，但木已成舟，无可挽回。到了黄昏时候，新皇帝复来续欢，不能不再效于飞，与子同梦。两口儿确是情浓，只北海王引为恨事，已气愤得不可名状。恐皇嫂也作此想。

是时，略阳出了一个氐酋，叫做蒲洪，相传为夏初有扈氏苗裔，世作西戎酋长。洪家池中忽生了一枝蒲草，长约五丈，中有五节，略如竹形，时人号为蒲家，因即以蒲为姓。洪身长力大，权略过人，为群氐所畏服，威震一隅。即苻秦之祖，为后来十六国之一。汉主聪意欲羁縻，特遣使至略阳，拜洪为平远将军。洪不肯受命，却还来使，旋即自称秦州刺史略阳公，聪亦无暇过问。还是与母后调情，较为适意。惟雍州流民王如，寄居南阳，因晋廷逼他还乡，激使为乱，聚众至四五万，陷城邑，杀令长，自称大将军，向汉称藩。汉主聪当然收纳，且命石勒领并州刺史，使他略定河北，方好锐下河南。晋并州刺史刘琨，身当敌冲，恐孤危失援，为虏所乘，乃外结鲜卑部酋拓跋猗卢，表请为大单于，封为代公。这拓跋猗卢的履历，说来又是话长，小子只好略叙颠末。

这拓跋氏即索头部，俗喜用索编发，故号索头，世居北荒，不通中夏，至酋长毛始渐强大，统国三十六，大姓九十九，历五世至推寅，南迁大泽，又七世至邻，有兄弟七人，分统部众。邻传位与子诘汾，再使南迁，诘汾因徙居匈奴故地。相传诘汾好猎，尝出畋山泽间，见空中有一辎軿，冉冉下来，内坐一美妇人，姿容秀丽，自称天女，谓与诘汾有缘，竟下车握手，与他交合，尽欢而去。从古以来，未闻有这等天女。到了次年，诘汾再往原处游畋，天女又复来会，怀抱一男，授与诘汾，谓即去年成孕，得生此子，说毕复去。天女有这般无耻么？诘汾乃抱归抚养，竟得成人，取名力微。后来北魏传为佳话，编成二语道："诘汾皇帝无妇家，力微皇帝无母家。"便是为了这种原因。无稽之言勿听。诘汾死，力微立，复徙居并州塞外的盛乐城，部落浸盛。晋初，曾两遣嗣子沙漠汗入贡。力微活至一百四岁，方才病殁。沙漠汗已死，弟悉鹿立。悉鹿传与弟绰，绰传与子弗，弗死无嗣。叔父禄官嗣位，分国为三部，使沙漠汗子猗㐌，居代郡附近。猗㐌弟猗卢，居盛乐城，自居上谷的北边。猗卢善用兵，屡破匈奴乌桓各部，降服三十余国。及刘渊起兵入寇，幽州刺史东嬴公腾，尝向猗㐌处乞援。猗㐌与弟猗卢，率众援腾，击散渊兵。腾表猗㐌为大单于，既而猗㐌禄官，先后去世，猗卢遂总摄三部。会刘琨至并州，欲讨匈奴遗裔铁弗氏等，因遣使卑辞厚礼，结交猗卢，请他出兵相助。猗卢乃遣从子郁律，领二万骑助琨，破铁弗氏酋长刘虎。琨遂与猗卢约为兄弟，指水同盟，且遣长子遵往质，嗣因汉寇益盛，乃请以代郡封猗卢。朝议却也依琨，授册转交。惟代郡尚属幽州管辖，幽州都督王浚，不肯照允，发兵击猗卢，致为猗卢所败。自是浚与琨有隙，琨但求得猗卢欢心，不暇顾浚。这是刘琨误处。猗卢以封邑暌隔，民不相接，乃率部落万余家，由云中入雁门，向琨求陉北地。琨既引他入境，不能再拒，只得将楼烦马邑阴馆繁峙崞五县人民，徙至陉南，就把陉北地让与猗卢，这便是拓跋据代的源流。小子又考得拓跋二字，也有寓意，鲜卑称土为拓，后为跋，所以叫做拓跋氏。

会汉主刘聪，大举图晋，命河内王粲，始安王曜，与王弥率兵四万，入寇洛阳，又令石勒发四万骑兵，与粲等会师，共至大阳城。晋监军裴邈，逆战渑池，败绩南奔。汉兵直指洛川，复分两路。粲出轘辕，勒出成皋，沿途四掠，烽火连天。刘琨在并州闻警，即与猗卢同约举兵，往讨刘聪石勒，先遣人至洛阳，向太傅越报明。偏越别怀猜忌，复书谢绝。琨乃遣还猗卢，按兵不发。小子有诗叹道：

国势颠危已可忧，借资外助亦忠谋。
如何权相犹多忌，坐使神京一旦休！

欲知太傅越的隐情，试看下回分解。

刘渊以骁桀之姿，还踞朔方，进略河东，占平阳为根据地，又复遣将四掠，入窥洛阳，推其用意，无非欲为子孙帝王万世业耳。然身死未几，即有骨肉相戕之祸，司马氏因内乱而致危，不意刘汉亦蹈此辙，要之礼义不兴，鲜有不自相鱼肉者也。刘聪因乱得位，首烝母后，大本先亏，徒恃乃父之遗业，南向陵晋，晋之乱迄未有已，故刘聪得以乘之耳。彼刘琨之导入猗卢虽未始非引虎自卫，然其时汉已势盛，胡马频乘，得猗卢以牵制之，亦一用夷攻夷之权道也。东海不察，谢绝刘琨，坐待危亡，是真不可救药也夫。

第二十三回

倾国出师权相毕命　覆巢同尽太尉知非

却说太傅越拒绝刘琨，并不是猜忌外夷，实因青州都督苟晞与越有嫌，见二十一回。越恐他乘隙图乱，袭据并州，乃令琨固守本镇，不得妄动。琨只得奉令而行，遣还猗卢。那汉兵却齐逼洛阳，有进无退，洛阳城内，粮食空虚，兵民疲敝，眼见是不能御侮。太傅越乃传檄四方，征兵入援。前日拒绝刘琨，此时何又征兵？怀帝且面谕去使道："为我寄语诸镇，今日尚可援得，再迟即无及了。"可怜可叹！哪知朝使四出，多半不肯应召。惟征南将军山简，差了督护王万，引兵入援，到了涅阳，被流贼王如邀击一阵，兵皆溃散。王如且不能敌，怎能御汉。如反与徒党严嶷侯脱等，大掠汉沔进逼襄阳。荆州刺史王澄，号召各军，拟赴国难。前锋行至宜城，闻襄阳被困，且有失陷消息，不由的胆怯折回。汉将石勒，引众渡河，将趋南阳，王如等不愿迎勒，堵截襄城，顿时触动勒怒，移兵掩击，把贼党万余人，悉数擒住。侯脱被杀，严嶷乞降，王如遁去。勒趁势寇掠襄阳，攻破江西垒壁四十余所，还驻襄城。

晋太傅越，已失众望，心不自安，复闻胡寇益盛，警信屡至，乃戎服入见，自请讨勒。怀帝怆然道："今胡虏侵逼郊畿，王室蠢蠢，莫有固志，朝廷社稷，惟仗公一人维持，公奈何远去，自孤根本？"越答道："臣今率众出征，期在灭贼，贼若得灭，国威可振，四方职贡，自然流通。若株守京畿，坐待困穷，恐贼氛四逼，患且加盛。"看你如何灭贼？怀帝也不愿苦留，听越出征。越乃留妃裴氏，与世子毗及龙骧将军李恽，右卫将军何伦，守卫京师，监察宫省。命长史潘滔为河南尹，总掌留守事宜。于是调集甲士四万人，即日出发，并请以行台随军，即用王衍为军司，朝贤素望，悉为佐吏，名将劲卒，尽入军府，单剩着几个无名朝士，已老将官，局居辇毂，侍从乘舆。府库无财，仓庾无粮，荒饥日甚，盗贼公行。看官！试想这一座空空洞洞的洛阳城，就使天下太平，也不能支持过去，何况是四郊多垒，群盗交侵，哪里还得保全呢？谁为为之？孰令听之？越东出屯项，自领豫州牧，命豫州刺史冯嵩为左司马，复向各处传檄，略云：

> 皇纲失驭，社稷多难。孤以弱才，备当大任，自顷胡寇内逼，偏裨失利，帝乡便为戎州，冠带奄成殊域。朝廷上下，以为忧惧，皆由诸侯蹉跎，遂及此难。还要归咎他人。投袂忘履，讨之已晚，人情奉本，莫不义奋，当须会合之众，以俟战守之备，宗庙主上，相赖匡救，此正忠臣战士效诚之秋也。檄到之日，便望风奋发，勿再迟疑！

这种檄文，传发出去，并不闻有一州一郡，起兵响应，大约是看作废纸，都付诸败字簏中了。怀帝以越既出征，得离开这眼中钉，总好自由行动，哪知何伦等比越更凶，日夕监察，几视怀帝似罪犯一流，毫不放松。东平王楙，时改封竟陵王，未曾从军，因密白怀帝，谋遣卫士夜袭何伦。偏卫士都是何伦耳目，不从帝命，反先去报伦。伦竟带剑入宫，逼怀帝交出主谋。怀帝急得没法，只好向楙委罪。伦乃出宫捕楙，幸楙已得悉风声，逃匿他处，始得免害。先是汉兵日逼，朝议多欲迁都避难，独王衍一再谏阻，且出卖车牛，示不他移。至是扬州都督周馥，又上书阙廷，请迁都寿春，太傅越得悉馥书，谓馥不先关白，竟敢直接陈请，禁不住忿火交加，怒气勃发，即下了一道军符，令淮南太守裴硕，与馥一同入都，馥料知触怒，不肯遽行，但令硕率兵先进。硕诈称受越密令，引兵袭馥，反为馥败，乃退保东城，遣人至建业求救。琅琊王睿，总道是周馥逆命，即遣扬威将军甘卓等，往攻寿春。馥众奔溃，馥亦北走。豫州都督新蔡王确，系太傅越从子，即腾子。镇守许昌，当即遣兵邀馥，将他拘住，馥意气死。谁叫你多去饶舌？已而石勒攻许昌，确出兵抵御，行至南顿，正值勒驱众杀来，矛戟如林，士卒如蚁，吓得确军相顾失色，不待接仗，先已却走。确尚想禁遏溃卒，与决胜负，哪知部下已情急逃生，未肯听令。胡虏却抢前急进，毫不容怜，一阵乱砍，晦气了许多头颅。就是新蔡王确，也做了刀头鬼。可为周馥吐气。勒扫尽确军，遂进陷许昌，杀死平东将军王康，占住城池。

许昌一失，洛阳愈危，怀帝寝馈难安，尚日传手诏，令河北各镇将，星夜入援。青州都督苟晞，接受诏书，便向众扬言道："司马元超，越字元超。为相不道，使天下淆乱，苟道将怎肯以不义使人？汉韩信不忍小惠，致死妇人手中，今道将为国家计，惟有上尊王室，入诛国贼，与诸君子共建大功，区区小忠，何足挂齿呢？"

说着，即令记室代草檄文，遍告诸州，称已功劳，陈越罪状。当有人传报都中，怀帝得信，复手诏敦促，慰勉殷勤。晞乃驰檄各州，约同勤王。适汉将王弥，遣左长史曹嶷，行安东将军事，东略青州。嶷破琅琊，入齐地，连营数十里，进薄临淄。晞登城遥望，颇有惧色。及嶷众附城，才麾兵出战，幸得胜仗。嶷且却且前，晞亦且战且守。过了旬日，晞挑选精锐，开城大战。不意大风陡起，尘沙飞扬，嶷兵正得上风，顺势猛扑，晞不能招架，遂至败溃，弃城遁走。弟苟纯亦随晞出奔，同往高平。嗣是收募众士，复得数千人。会得怀帝密敕，命晞讨越，晞亦闻河南尹潘滔及尚书刘望等，向越构己，因复上表道：

奉被手诏，肝心若裂。东海王越，以宗臣得执朝政，委任邪佞，宠树奸党，至使前长史潘滔，从事中郎毕邈，主簿郭象等操弄大权，刑赏由己。尚书何绥，中书令缪播，太仆缪胤，皆由圣诏亲加拔擢，而滔等妄构，陷以重戮，带甲临宫，诛讨后弟，翦除宿卫，私树党人，招诱逋亡，复丧州郡，王涂圮隔，方贡乖绝，宗庙阙烝尝之飨，圣上有约食之匮。征东将军周馥，豫州刺史冯嵩，前北中郎将裴宪，并以天朝空旷，权臣专制，事难之兴，虑在旦夕，各率士马，奉迎皇舆，思隆王室，以尽臣礼。而滔邈等劫越出关，矫立行台，逼徙公卿，擅为诏令，纵兵寇抄，茹食居人，交尸塞路，暴骨盈野，遂令方镇失职，城邑萧条。淮豫之氓，陷离涂炭，臣虽愤懑，局守东嵎，自奉明诏，三军奋厉，拟即卷甲长驱，径至项城，使越稽首归政，斩送滔等，然后显扬义举，再清胡虏，谨拜表以闻。

怀帝既得晞表，日望晞出兵到项，削除越权，偏是望眼将穿，晞尚未至。晞亦不是忠臣，何必望他？时已为永嘉五年仲春，怀帝近虑越党，外忧汉寇，镇日里对花垂泪，望树怀人。越党何伦等，倚势作威，形同盗贼，尝纵兵劫掠宦家，甚至广平武安两公主私第，两公主系武帝女。亦遭蹂躏。怀帝忍无可忍，乃复赐诏与晞，一用纸写，一用练书，诏云：

太傅信用奸佞，阻兵专权，内不遵奉皇宪，外不协毗方州，遂令戎狄充斥，所至残暴。留军何伦，抄掠官寺，劫制公主，杀害贤士，悖乱天下，不可忍闻。虽曰亲亲，宜明九伐。诏至之日，其宣告天下，率同大举。桓文之绩，一以委公，其思尽诸宜，善建弘略，道涩故练写副手笔示意。

晞接诏后，因遣征虏将军王赞为先锋，带同裨将陈午等，戒期赴项，并遣还朝使，附表上陈。略云：

奉诏委臣征讨，喻以桓文，纸练兼备，伏读跪叹，五情惶怛。自顷宰臣专制，委仗佞邪，内擅朝威，外残兆庶，矫诏专征，遂图不轨，纵兵寇掠，陵践宫寺。前司隶校尉刘暾，御史中丞温畿，右将军杜育，并见攻劫。广平武安公主，先帝遗体，咸被逼辱，逆节虐乱，莫此之甚。臣只奉前诏，部奉诸军，已遣王赞率陈午等，将兵诣项，恭行天罚，恐劳圣廑，用亟表闻。

朝臣赍表还报，行至成皋，不料被游骑截住，把他押至项城，往见太傅司马越。越令左右搜检，得晞表及诏书，不禁大怒道："我早疑晞往来通使，必有不轨情事，今果得截获，可恨！可恨！"你可谓守轨么？遂将朝使拘住，下檄数晞罪恶。即命从事中郎杨瑁为兖州刺史，使与徐州刺史裴盾，合兵讨晞。晞密遣骑士入洛，收捕潘滔。滔夜遁得免。惟尚书刘曾，侍中程延，为骑士所获，讯明是为越私党，一并斩首。

越以为不能逞志，累及故人，且内外交迫，进退两难，不觉忧愤成疾，遂致不起。临死时召入王衍，嘱以后事。衍秘不发丧，但将越尸棺殓，载诸车上，拟即还葬东海。大众推衍为元帅，衍不敢受，让诸襄阳王范。范系楚王玮子，亦辞不肯就，乃同奉越丧，自项城启行，径向东海进发。大敌当前，还想从容送丧，真是该死。讣音传入洛中，何伦李恽等，自知不满众望，且恐虏骑掩至，不如先期出走，好良心。乃奉裴妃母子，出都东行。城外士民，相率惊骇，多半随去。还有宗室四十八王，也道是强寇即至，愿与何伦李恽，同行避难。都去寻死。于是都中如洗，只有怀帝及宫人，尚然住着，孤危无助，嵩目苍凉，自思乱离至此，咎实在越，因追贬越为县王，诏授苟晞为大将军大都督，督领青徐兖豫荆扬六州诸军事。

汉将石勒，闻越已病死，立率轻骑追袭，倍道前进。行至苦县宁平城，竟得追及越丧。王衍本不知用兵，全然无备，就是襄阳王范等，都未曾经过大敌，彼此面面相觑，不知所为。还是一位将军钱端，稍有主意，麾动士卒，出拒勒众。两下交战，约二三时，勒众煞是利害，任意蹂躏，无人敢当，端竟战死。勒复指麾铁骑，围住王衍等人。衍众不下数万，没一个是敢死士，更兼统帅无人，号令不专。大都怀着一个遁逃秘诀，你想先奔，我怕落后，自相践踏，积尸如山。最凶横的是个石勒，出了一声号令，叫骑士四面攒射，不使衍等脱逃。可怜王衍以下，只有闭目待死，束手就擒。当下由胡骑突入，东牵西缚，好像捆猪一般，无一遗漏。除衍及襄阳王范外，如任城王济，宣帝司马懿从孙。武陵王澹，琅琊王冏子，见前。西河王喜，济之从子。梁王禧，澹子。齐王超齐王冏子，见前。及吏部尚书刘望，廷尉诸葛铨，前豫州刺史刘乔，太傅长史庾呆等，统被拿住，押入勒营。勒升帐上坐，令衍等坐在幕下，顾问衍道："君为晋太尉，如何使晋乱至此？"衍支吾道："衍少无宦情，不过备位台司，朝中一切政治，统由亲王秉政，就是今日从军，也由太傅越差遣，不得不行。若论到晋室危乱，乃是天意亡晋，授手将军，将军正可应天顺人，建国称尊，取乱侮亡，正在今日。"卖国求荣，全无廉耻。勒掀须狞笑道："君少壮登朝，延至白首，身居重任，名扬四海，尚得谓无宦情么？破坏天下，正是君罪，无从抵赖了。”这一席语，说得衍无词可答，俯首怀惭。求荣反辱，令人称快。勒命左右将衍扶出，更向他人讯问。众皆畏死，作乞怜状，独襄阳王范，神色不变，从旁呵叱道：“今日事已至此，何必多言！”勒乃顾语部将孔苌道：“我自从戎以来，东驰西骤，足迹半天下，未尝见有此等人物，汝以为可使存活否？”苌答道：“彼皆晋室王公，终未必为我用，不如今日处决罢。”勒沉吟半晌，方道：“汝言亦是。但不可加他锋刃，使得全尸以终。”说至此，即令将被虏诸人，统驱往民舍中，监禁起来。俟至夜半，使兵士推倒墙壁，压入室内。覆巢之下，尚有什么完卵呢？唯王衍临死呼痛，惨然语众道：“我等才力，虽不及古人，但若非祖尚玄虚，能相与戮力，匡扶王室，当不至同遭惨死。”晓得迟了。说到“死”字，顶遇巨石压下，顿时头破血流，奄然长逝。卖国贼其鉴诸。余皆同时毕命，砌成一座乱石堆，也不辨为谁氏尸骸，何人血肉了。譬如做一石椁。勒又命人劈开越棺，焚骨扬灰，且宣言道：“乱晋天下，实由此人，我今为天下泄恨，故焚骨以告天地。”王弥弟璋，在勒军中，更将道旁尸首，一并焚毁，见有肥壮的死人，割肉烹食，咀嚼一饱，方拔营起行。到了洧仓，刚值何伦李恽等，仓皇奔来，冤冤相凑，投入虎口，李恽忙自杀妻子，逃往广宗，何伦亦奔向下邳。晋室四十八王及越世子毗，统被勒众虏去，死多活少。惟越妻裴氏，已经年老，无人注目，当时乘乱走脱，嗣被匪人掠卖，售入吴姓民家，作为佣媪。后来元帝偏安江左，始辗转渡江，得蒙元帝收养，才得令终。八王乱事，至是作一结束。小子恐看官失记，再将八王提出，表明如下：

> 汝南王亮宣帝懿子，为楚王玮所杀。楚王玮武帝炎子，为贾后所杀。赵王伦宣帝懿子，奉诏赐死。齐王冏齐王攸子，为长沙王乂所杀。长沙王乂武帝炎子，为张方所杀。成都王颖武帝炎子，为范阳长史刘舆所杀。河间王颙安平王孚孙，为南阳部将梁臣所杀。东海王越高密王泰子，病殁项城，尸为石勒所焚。

后人又另有一说，去亮与玮，列入淮南王允及梁王肜。俱见前文。惟《晋书》中八王列传，却是亮玮伦冏乂颖颙越八人，小子依史叙事，当然援照《晋书》。总之，晋室诸王，好的少，坏的多，八王手执兵权，骄横更甚，后来是相继诛戮，没有一个良好结果。越虽是善终，终落得尸骨被焚，妻被掠，子被杀，这也是祖宗诒谋，本非忠孝，子孙相沿成习，不知忠孝为何事，此争彼夺，各不相让。骨肉寻仇，肝脑涂地，五胡乘隙闯入，大闹中原，神州致慨陆沈，衣冠悉沦左衽，岂不可恨？岂不可痛？古人说得好：“告往知来”，如晋朝的往事，确是后来的殷鉴。奈何往者自往，来者自来，兵权到手，便不顾亲族，自相残杀，甘步八王的后尘，情愿将华夏土宇，让与别人脔割呢。借端寄慨，遗恨无穷。小子有诗叹道：

八王死尽晋随亡，滚滚胡尘覆洛阳。
为语后人应鉴古，兵戈莫再构萧墙。

虏焰大张，中原板荡，西晋要从此倾覆了。看官续阅下回，自见分晓。

司马越出兵讨勒，以行台自随，所有王公大臣，多半带去，仅留何伦李恽，监守京师。彼已居心叵测，有帝制自为之想。能胜敌则迫众推戴，还废怀帝，不能胜敌，即去而之他，或仍回东海，据守一方；如洛阳之保存与否，怀帝之安全与否，彼固不遑计及也。无如人已嫉视，天亦恶盈，内见猜于怀帝，外见逼于苟晞，卒至忧死项城，焚尸石勒，穷其罪恶，杀不胜辜。然妻离子戮，终至绝后，厥报亦惨然矣。王衍清谈误国，尚欲乞怜强虏，觍颜劝进，山涛谓："何物老妪，生此宁馨儿?"吾谓实一贼子，何宁馨之足云？襄阳王范，稍存气节，而临变无方，徒自取死。余子皆不足齿数。晋用若辈为臣僚，虽欲不亡，奚可得耶？本回录苟晞二表，所以罪越，述王衍临死之语，所以罪衍，至结尾一段，更提出八王结局，缀以叹词，语重心长，实为当世作一棒喝，固非寻常小说，所得同日语也。

第二十四回

执天子洛中遭巨劫　起义旅关右迓亲王

却说怀帝因越已病死，改任大臣，进太子太傅傅祗为司徒，尚书令荀藩为司空，进幽州都督王浚为大司马，都督幽冀诸军事，南阳王模为太尉，凉州刺史张轨为车骑大将军，琅琊王睿为镇东大将军，兼督扬江湘交广五州诸军事。复颁诏四方，促令勤王。可奈神州鼎沸，世乱益滋，两河南北，胡骑充斥，各镇将自顾不遑，怎能入卫？就是荆湘一带，也闹得一塌糊涂。征南将军山简，驻守襄阳，俄为王如所逼，又俄为石勒所攻，他本是个酒中徒，时在高阳池滨游宴，童儿为简作歌道："山公出何许，往自高阳池。日夕倒载归，酩酊无所知。"照此看来，前时遣督护王万入援，事虽不成，还算他提醒精神，力图报效。回应前回。后来接连遇寇，安坐不稳，复迁屯夏口，勉强支撑。

外如荆州刺史王澄，误信谣言，折回江陵，亦见前回。适巴蜀流民，散居荆湘，与土人忿争，激成乱衅，戕杀县令，啸聚乐乡。澄遣内史王机，率兵往讨，流民已望风乞降，澄佯为许诺，暗令机乘夜掩袭，沈杀八千余人，所有流民妻子，悉数充赏。但尚有益梁流民，未曾从乱，免不得兔死狐悲，更兼湘州参军冯素，亦欲尽诛流民，遂致流民大骇，寓居四五万家，同时造反，推醴陵令杜弢为主，奉为湘州刺史，南破零陵，东掠武昌。王机出军堵御，失利奔回。澄亦不加忧惧，且与机日夜纵酒，投壶博戏，消遣光阴。即如乃兄王衍，惨死宁平，他亦没甚悲戚，反抱着达观主义，得过且过罢了。

至若成都为李雄所据，前益州刺史罗尚，始终不能规复，反由李雄出兵东略，屡攻涪城，梓潼太守谯登，固守三年，食尽援穷，终遭陷没。登被擒不屈，致为所害。叙入此事，所以旌忠。长江上下游，如此扰乱，还有何人勤王？惟琅琊王睿镇守江东，尚觉安居无事，但他是已脱虎口，栖身乐国，何苦再投险地，来作孤注？所以宅中驭外的洛阳城，反弄到内无粮草，外无救兵。怀帝终日忧闷，徒唤奈何。会大将军大都督苟晞，表请迁都仓垣，并使从事中郎刘会，运船数十艘，宿卫五百人，谷米千斛，来迎乘舆。怀帝意欲从晞，召集公卿，决议行止。公卿已是寥寥，剩了几个糊涂虫，毫无智谋，当断不断。侍从左右，又只管眼前温饱，恋恋家室，未肯远行。究竟怀帝是个主子，不能孑身潜遁，没奈何顺从众意，又蹉跎了好几日。既而洛中饥困，人自相食，百姓流离转徙，十死八九。怀帝实不堪久居，再召公卿集议，决意启行。偏是卫从寥落，车马萧条，怀帝抚手长叹道："如何竟无车舆？"乃使傅祗出诣河阴，整治舟楫，自与朝士数十人，步行出西掖门。到了铜驼街，但见盗贼盈途，随处劫掠，料知不能过去，只好退回。度支校尉魏浚，率领流民数百家，出保河阴的硖石，有时掠得谷麦，献入宫廷。怀帝已饥不择食，未便问及来历，就将这谷麦赡济宫人，并加浚为扬威将军，仍领度支如故。居然做了贼皇帝。

蓦然间传入警报，乃是汉大将军呼延晏，率众二万七千人，杀奔洛阳来了，怀帝当然加忧。嗣是连接败耗，多至一十二次，统共合算死亡人数，直达三万余人。已而又闻汉兵日盛，刘曜王弥石勒三路人马，会同呼延晏，趋集都下，急得怀帝形色仓皇，不知所措。迁延数日，果然汉兵进逼，猛攻平昌门，城内汹汹，无心拒守。才阅一夕，便被汉兵陷入，再攻内城，杀人放火，猖獗得很。东阳门外，烟雾迷离，就是各府寺衙门，多被延烧，骚扰了一昼夜，竟尔退去。怀帝急命荀藩兄弟，具舟洛水，准备东行。藩与弟组奉命往办，船只甚少；东招西呼，才凑集了数十艘。不料汉兵又复转来，放起一把无名火，将各船一律毁尽。藩组两弟兄，不敢回都，竟逃往轘辕去讫。第一条好计。

原来前时攻入都门，只有呼延晏一支兵马，他在都中扰乱一宵，还恐孤军有失，未敢久留，所以引兵暂退。及王弥刘曜，先后继至，晏自然放心大胆，再来攻城，适见洛水中备有船只，料知晋主将遁，乐得乘机毁去，断他走路，遂与王弥再攻宣阳门。都中已经残破，越觉无人守御，晏与弥当即攻入，内城卫士，亦纷纷逃散。汉兵斩关直进，如入无人之境。两汉将驰入南宫，登太极前殿，纵兵大掠，所有宫中妇女，库中珍玩，抢劫一空。怀帝不能不走，带了太子诠吴王晏竟陵王楙等，趋出华林园门，欲奔长安。可巧刘曜自西明门进来，兜头碰着，一声号令，部将齐进，立把怀帝等抓住，拘禁端门，再拨兵收捕朝臣，凡右仆射曹馥，尚书闾邱冲袁粲王绲，河南尹刘默及王公以下百余人，悉数拿住，一并屠戮。太子诠与晏楙二王，亦为所害。只留侍中庾珉王俊，陪侍怀帝，不令加刑。都下士民，被难死亡，约二万人。由曜命兵士迁尸，至洛水北滨，筑为京观。复发掘诸陵，焚毁宗庙宫阙，大肆凶威。是年正岁次辛未，适应宣于修之的前言。见二十二回。曜又搜劫后妃，自皇后梁氏以下，分赏诸将，充作妻妾，自己拣了一个惠皇后羊氏，逼与为欢。羊皇后在惠帝时，九死一生，留居弘训宫中，年已三十左右，犹是鬒发红颜，一些儿不见憔悴，此次为曜所逼，仍然怕死，不得已委身强虏，由他淫污。其余后妃嫔嫱，也与羊后一般观念，宁可失节，不可捐生。剥尽司马氏的脸面。独故太子遹妃王氏，在宫被掠，为汉将乔属所得，王氏召还宫中，见十二回。属见她风韵未衰，便欲下手行强，自快肉欲。不料王氏铁面冰心，誓不相从，觑着属腰下佩剑，趁他未及防备，顺手拔来，向属猛刺，偏属将身一扭，竟得闪过。王氏执剑指属道："我乃太尉公女，皇太子妃，义不为胡逆所辱，休得妄想！"衍有此女，胜过乃父十倍。乔属至此，禁不住怒气上冲，便向王氏手中夺剑，究竟王氏是个女流，怎能相敌？霎时间剑被夺去，还手乱砍，呜呼告终。一道贞魂，上冲霄汉。看官欲知烈妇遗名，乃是王衍少女王惠风。仿佛画龙点睛。石勒最后入都，见都中已同墟落，掠无可掠，乃仍然引去，往屯许昌。

刘曜既污辱羊后，又杀害太子诸王，尚嫌财帛未足，不免怨及王弥，说他先入洛阳，格外多取。弥尚未知曜意，向曜献议道："洛阳为天下中州，山河四塞，城阙宫室，不劳修理。殿下宜表请主上，自平阳徙都此地，便可坐镇中原，奄有华夏了。"曜借端泄忿道："汝晓得甚么？洛阳四面受敌，不可固守，况已被汝等掠夺净尽，只剩了一座空城，还有何用？"弥亦怒起，且行且骂道："屠各子，匈奴贵种，叫作屠各。莫非想自做帝王么？"遂亦引兵出洛，东屯项关。曜遣呼延晏押着怀帝及庾珉王俊等赴平阳，复将宫阙焚去，挈了羊后，麾兵北行。汉兵已三路分趋，胡氛少散。司徒傅祗，曾出诣河阴，尚未还都。见上。便在河阴设立行台，传檄四方，劝令会师孟津，共图恢复，无如年垂七十，筋力就衰，偶然感冒风寒，就不能支，竟尔谢世。一路了。

大将军荀晞，屯兵仓垣，适太子诠弟豫章王端，自洛阳微服逃出，奔至晞处，晞始知洛阳已陷，即奉端为皇太子，徙屯蒙城，建设行台，自领太子太傅，都督中外诸军事。别将王赞出戍阳夏，他本出身微贱，超任上将，已不免志骄气盈，此次挟端承制，独揽大权，更觉得意气扬扬，饶有德色。平居侍妾数十，奴婢近千，终日累夜，不出庭户，僚佐等稍稍忤意，不是被杀，即是被笞；私党务为苛敛，毒虐百姓，因此怨声载道，将士离心。辽西太守阎亨，上书极谏，大触晞怒，即诱令入问，把他枭首。从事中郎明预，有疾居家，闻亨受戮，乃力疾乘车，入帐白晞道：

“皇晋如此危乱，乘舆播迁，生灵涂炭，明公亲禀庙算，将为国家拨乱反正，除暴安民，阎亨善士，奈何遭诛？预窃不解公意，所以负疾进陈。”此等人实不屑与谈。晞怒叱道：“我自杀阎亨，与汝何涉，乃抱病前来，胆敢骂我！”预从容答道：“明公尝以礼进预，预亦欲以礼报公。今明公怒预，恐天下亦将怒公。从前尧舜兴隆，道由翕受，桀纣败灭，咎在饰非，天子尚且如此，况身为人臣呢？愿明公暂且霁威，熟思预言。”晞见他意诚语挚，倒也不觉自惭，因巽词答复，遣令回家，惟骄惰荒纵，仍不少改。

部将温畿傅宣等，相继叛去，并且疫疠交侵，饥馑荐至，眼见是不能保守，坐待灭亡。果然石勒从许昌杀来，先破阳夏，擒住王赞，复轻骑驰至蒙城。晞尚安坐厅中，与嬖妾等饮酒调情，直至勒兵已入，方惊出征兵，兵尚未集，寇已先临。那时大苟小苟，无处奔避，统被勒兵捉去。豫章王端，也即受擒。勒有意辱晞，锁住晞颈，且署为左司马，一面报告刘聪。聪加勒为幽州牧。王弥欲自王青州，只忌一勒，佯贻勒书，贺勒获晞，书中说道：“公一鼓获晞，用为司马，猛以济宽，令弥拜服。果使晞为公左，弥为公右，天下有何难定呢？”勒览书毕，顾语参谋张宾道：“王弥位重言卑，必非好意。”宾答道：“诚如公言，宾料王公私意，无非欲据有青州，自安故土，弥本青州人。只恐明公踵袭彼后，所以甘言试公，公不图彼，彼且图公了。”勒乃令宾作书答弥，谓愿与弥结欢，使弥主青州，自主并州，当即约期会盟。弥却信为真言，复书如约。欺人者卒被人欺。勒遂移营就弥，请弥至营内宴会。弥长史张嵩，劝弥勿往，弥不肯听，昂然径去。勒殷勤款待，酒至半酣，被勒拔剑出鞘，一挥了命，便即纵兵出营，持了弥首，往抚弥众。弥众不敢与争，只好降勒。于是弥在洛阳时，所掠子女玉帛，尽为勒有，勒始得如愿以偿了。目的物无非为此。

汉主聪闻勒擅杀王弥，手书诘责。勒表称王弥谋叛，所以加诛。聪因王弥已死，损一大将，不得不笼络石勒，乃加勒镇东大将军，督并幽二州军事。苟晞王赞，潜谋杀勒，事泄被戮。豫章王端亦遇害，晞弟纯一并毙命。一路复了。勒复引兵南掠豫州诸郡，临江乃还，屯驻葛陂。尚有刘曜一军，进攻蒲阪，守将赵染，乃奉南阳王模军令，统兵留戍，至此竟举城出降。曜即遣染为先锋，使攻长安，自为后应。适河内王刘粲，亦由汉主聪遣发，领兵到来，与曜相会。曜偕粲同行，途次接赵染捷报，在潼关击破模兵，长驱至下邽，曜粲大喜。未几又接染书，报称模已出降，粲志在劫掠，麾兵先进，及抵长安，染已将模拘至，令他见粲，且攘袂瞋目，旁数模罪，粲即令推出斩首。模妃刘氏，与次子范阳王黎，亦送至粲前，粲见刘氏姿貌平常，年亦半老，不禁冷笑道：“此妇只合配我奴仆，奈何为王妃？”随即叫过胡奴张本，指刘与语道：“赏了汝罢！”张本拜谢，竟领刘氏趋入帐后，大约是去效于飞了。王妃下配胡奴，可耻孰甚！范阳王黎，又由粲叱出处斩，惟模长子保，镇守上邦，幸得免难。都尉陈安，率模余众，出走依保，余如长史鲁繇，将军梁汾等俱作俘虏，由粲送入平阳。是时关西饥馑，饿莩盈途，粲无从饱掠，怏怏引去，留刘曜居守长安。曜得晋封中山王，领雍州牧，复遣兵出掠州郡，勒令归汉。

安定太守贾疋，惮汉兵威，方与诸氐羌等，奉书与曜，且送子弟为质。途次遇着冯翊太守索綝，问明情由，截使折回，同行见疋，慨然与语道："公为晋臣，怎得未战先降？况关西亦不乏将士，何不首先倡议，勉图兴复呢？"疋愧谢道："我非无此意，但恨兵力未足，暂图安民，今得君来助，自当受教。"原来綝为模从事中郎，出守冯翊，因模已败死，乃与安夷护军麹允，频阳令梁肃等，共议为模复仇，即由綝往说贾疋，约同起义。疋已依了綝言，綝便召麹允梁肃同至安定，公推疋为平西将军，集众五万，共指长安。雍州刺史麹特，新平太守竺恢，扶风太守梁综，亦望风响应，合兵十万，与疋相会，军势大振。

汉河内王粲，行次新丰，接得关西军警，忙令降将赵染，部将刘雅，往攻新平。索綝急引兵赴援，努力鏖斗，杀退赵刘二将，再与贾疋会合，进攻刘曜。曜领兵至黄邱，一场大战，曜众败却，退还长安。疋移兵袭汉梁州，击毙汉刺史彭荡仲，又遣麹特等往攻新丰，也是卷甲衔枚，出其不意，得将刘粲杀败。粲奔还平阳，于是大集各军，合围长安。关西胡晋，翕然归附，大有叱咤风云，光复河山的气象。靡不有初，鲜克有终。

可巧前豫州刺史阎鼎，奉秦王业至蓝田，遣人告疋。疋乃发兵相迎，导入雍城，使梁综引众为卫，俟收复长安后，再定规程。这秦王业为吴王晏子，过继秦王柬为嗣，年甫十二，乃是司空荀藩外甥。藩与弟组同奔密县，业亦往依，适阎鼎招集西州流民，也至密县，藩乃奉业为主，用鼎为佐，前中书令李晅，司徒左长史刘畴，镇军长史周顗，司马李述等，陆续趋至，谓鼎才可用，劝藩署鼎冠军将军，仍行豫州刺史事。鼎本天水人氏，意欲还乡，乃与大众商议，拟奉业入关。荀藩等俱籍隶东南，不愿西去，只因山东未靖，总须迁地为良，于是转趋许颍。会河阳令傅畅，祗子。寄书与鼎，谓不如速赴长安，起兵雪耻，鼎遂决意西往。行至中途，荀藩等俱皆奔回，鼎勒兵返追，晅等被杀，唯藩组顗述四人，分路逃脱。鼎力追不及，才西趋蓝田，得疋相迎，转入雍城，这且待后再表。

且说荀藩兄弟及李述奔往荥阳，收集部属，往保开封。独周顗渡江东行，走依琅琊王睿。睿令顗为军谘祭酒，颇加礼遇。当时海内大乱，只江东少安，士大夫为避乱计，陆续东来。王导劝睿延揽俊杰，共得一百六人，皆辟为掾属，号百六掾。最著名的是前颍川太守刁协，东海太守王承，广陵相卞壶，江宁令诸葛恢，历阳参军陈頵，前太傅掾庾亮诸人，就是周顗亦参列在内。既而前骑都尉桓彝，亦奔投建业，见睿微弱，退语周顗道："我因中州多故，来此求全，乃单弱至此，怎能济事？"顗也未免欷歔。及彝往见王导，与谈时事，导口讲指画，议论风生，顿令彝心悦诚服。又还语周顗道："江左有管夷吾，我不必再忧了。"也恐未必。建业城南有临沧观，在劳劳山上，有亭七间，名曰新亭。导每与群僚往游，设宴共饮。周顗饮了数觥，不由的悲从中来，凄然叹息道："风景不殊，举目有山河之异。"大众听了，俱相顾流涕。惟导慷慨激昂，举觞与语道："我辈聚首一方，应共戮力王室，克复神州，奈何颓然不振，徒作楚囚对泣呢？"数语颇有丈夫气。众乃收泪，相与谢过。导又借着酒兴，谈了一番匡复事宜，方才偕归。已而陈頵与王导书，请黜虚崇实，大略说是：

> 中华所以倾敝，四海所以土崩者，正以取才失所，先白望虚名之意。而后实事，浮竞驱驰，互相贡荐。言重者先显，言轻者后叙，遂相波扇，乃至凌迟。加有老庄之俗，倾惑朝廷，养望者为弘雅，政事者为俗人，王职不恤，法物沦丧，夫欲制远，必由近始，故出其言善，千里应之。今宜改张，明赏信罚，拔卓茂于密县，显朱邑于桐乡，然后大业可举，中兴可冀耳。朱邑卓茂皆东汉时人。

看官试阅頵书，应知晋室危亡，正坐此弊，就是隔江人士，过从如鲫，亦不过侈谈文物，雅号风流，若要他戮力从公，实是寥寥无几，导虽有志振兴，但究未能转移风俗，得了頵书，无非是付诸一叹罢了。小子有诗咏道：

不经坚忍不成忠，士节凌夷国本空。
但解清谈终误国，余风尚自染江东。

江东初造，百废待兴，忽闻石勒在葛陂治兵，有进攻建业消息，免不得又要开战了。欲知后事，且阅下回。

观怀帝之坐处危城，粮尽援绝，甚至欲出无车，欲奔无路，可见帝王失势，比庶民犹且不如。司马氏之列祖列宗，死后有知，应悔前时之挟权篡魏，反足贻祸子孙，是何如不为帝王之为愈也。刘曜石勒王弥辈，徒知屠掠，毫无英雄气象，不过因晋室无人，遂至横行海内，否则跳梁小丑，亦何能为？试看索綝贾疋等之倡言起义，一鼓而集十余万人，破刘粲，败刘曜，兵威大震，向使始终如一，则中兴事业，当属诸愍帝，而琅琊王睿无与也。彼刘曜石勒，亦乌能更迭称雄乎？要之得人者昌，失人者亡，两河已矣，江左虽多名士，亦不过互相标榜，无裨实用，此关洛之所以终亡，而江东之仍归积弱也。

第二十五回

贻书归母难化狼心　行酒为奴终遭鸩毒

却说石勒屯兵葛陂，课农造船，将攻建业。琅琊王睿，得知消息，乃大集士卒，使至寿春城会齐，即命镇东长史纪瞻为扬威将军，统兵讨勒。勒整兵抵御，两下相持至三月余，霖雨浸淫，连旬不绝，勒军中遇疫，粮食又尽，死亡过半。勒不免加忧，与将佐共议行止。右长史刁膺，谓不如输款江东，暂且求和，再作计较。勒愀然长啸，声尚未绝，即闪出三十余将，由孔苌为首领，厉声大呼道："刁长史休得胡言！试想我军未尝败衄，如何乞降？若分路进军，夜入寿春，斩吴将头，据城食粟，乘胜下丹阳，定江南，不出一年，可告成功，请刁公看着哩！"勒始有喜色，笑语诸将道："这才不愧为勇将了。"遂各赏铠马一匹。惟谋士张宾，始终无言。别有会心。勒顾问道："君意以为何如？"宾乃答道："将军攻陷京师，囚执天子，杀害王公，妻掠妃主，得罪晋室，擢发难数，奈何尚得改颜事晋呢？去年既杀王弥，不应南来，今天降霖雨，明明示意将军，速宜变计。"天道有知，也不应助勒。勒掀髯道："君意拟将何往？"宾又道："邺城西接平阳，山河四塞，为将军计，亟宜北行据邺，经营河北。河北既定，南下未迟。今可令辎重先发，将军从后徐退，定保无虞。江东军闻我北去，幸得自全，哪里还愿追袭呢？"为勒设想，原是此策最善。勒攘袂鼓髯道："妙计！妙计！决从张君。"又叱责刁膺道："汝既来佐孤，应思共成大业，奈何劝孤降晋？本应处斩，姑念汝素来胆怯，别无歹意，特从宽贷，不来杀汝。"膺慌忙拜谢，赧颜退去。勒即黜膺为裨将，擢宾为左长史，称为右侯。

勒遣从子石虎，领着骑兵二千，抵挡晋军。自引兵出发葛陂，辎重在先，兵队在后，依次北去。石虎往向寿春，适值江南运船数十艘，载米到来，他即麾兵抢夺，不料两岸俱有伏兵，一鼓齐起，围击石虎。虎兵贪劫运米，已无纪律，当然四溃。虎亦拍马急奔，晋将纪瞻追击，直至百里以外，竟及勒军。勒整阵以待，很是严肃。瞻不敢进逼，乃退还寿春。勒复驱军北行，沿途皆坚壁清野，无从掠取，士卒饥甚，人自相食。致东燕渡河，闻汲郡太守向冰，聚众数千，驻扎枋头，勒恐被邀击，因召诸将问计。张宾鼓掌道："今我军欲渡河北去，正苦乏船，何妨向冰借用。"诸将闻言，俱不禁暗笑，连勒亦诧为奇语。宾又说道："诸君休笑！冰船尽在对岸，未入枋头，我若遣兵缚筏，从间道袭取冰船，载运大军，军一得济，还怕什么向冰呢？”勒依计而行，令部将孔苌支雄，诣文荔津，缚筏夜渡。果然船中无备，尽被两将夺来。及冰得闻警，率军收船，不但船已被夺，且勒军亦陆续渡河。冰急忙回营，扼堑固守。

勒令主簿鲜于丰挑战，三面埋伏，诱冰出来。冰初意原不欲出战，经丰至垒门前，百般辱骂，惹动冰怒，乃开门来追。丰且战且走，引冰入伏，同时俱起，夹攻冰军。冰欲归无路，欲战无继，只好杀开血路，落荒遁去。勒得入冰营，尽取营中资械，长驱寇邺。守将刘演，将所有守兵，分布三台，为保邺计。曹操在邺中作铜雀台，金虎台，冰井台，号邺中三台。勒将孔苌等，即欲攻扑三台，张宾道：“刘演虽弱，众尚数千，三台险固，未易攻拔，何必在此劳师？方今王浚刘琨，为公大敌，宜先往规取，区区一演，何足深虑！且天下饥乱，明公拥众游行，人无定志，终非善策，不如急据要地，广聚粮储，西禀平阳，北略幽并，方可图王称霸呢。”勒说道：“右侯所言甚是，但究应择居何地？”宾答道：“莫如邯郸襄国，请择一为都。”勒喜道：“我就进据襄国罢。”遂移兵至襄国，城内无备，兵民骇散，勒不费兵力，安据了襄国城。宾又向勒进议道：“今将军据此为都，刘琨王浚，必来相犯，若城堑未固，资粮未广，二寇交至，如何对待？宜亟收野谷，充作军食，一面速报平阳，具陈情形，将来缓急有恃，方可无虞。”勒乃表达刘聪，分命诸将略冀州，收降郡县数处，得粮济勒。刘聪亦复诏褒功，加勒散骑常侍，都督冀幽并营四州军事，领冀州牧，封上党公。先是勒被鬻茌平，与母王氏相失，王氏至此尚存，由并州刺史刘琨，访得王氏踪迹，特遣属吏张儒将王氏迎入府厅，款留数日，乃令儒偕王氏同行，送交石勒。勒得见王氏，母子重逢，且悲且喜，一面厚待张儒，儒取出琨书，交勒启视，书中说道：

> 将军发迹河朔，席卷兖豫，饮马江淮，折冲汉淝，虽自古名将，未足为喻，所以攻城而不有其人，略地而不有其土，翕尔云合，忽复星散，将军岂知其然哉？存亡决在得主，成败要在所附。得主则为义兵，附逆则为贼众，义兵虽败而功业必成，贼众虽克而终归殄灭。昔赤眉黄巾，横逸宇宙，所以一旦败亡者，正以兵出无名，聚而为乱，将军以天挺之姿，威振宇内，择有德而推崇，随时望而归之，勋义堂堂。长享遐贵，背聪则祸除，向主则福至，采纳往诲，翻然改图，天下不足定，蚁寇不足扫。今相授侍中持节车骑大将军，领护匈奴中郎将襄城郡公，总内外之任，兼华戎之号，显封大郡，以表殊能，将军其受之，副远近之望也。自古以来，诚无戎人而为帝王者，至于名臣而建功业者，则有之矣。今之望风怀想，盖以天下大乱，亟须雄才，遥闻将军攻城野战，合于机神，虽不视兵书，暗与孙吴同契，所谓生而知之者上，学而知之者次，但得精骑五千，以将军之才，何向不摧？至心实事，皆张儒所具知，合当

面述，伫待复音。

勒启书览毕，掀髯一笑，并不多言。唯设宴飨儒，款留一夕，至次日厚送赆仪，并取出名马珍宝，使儒转送刘琨，且给与复书，遣儒归报。儒即回晋阳，呈入勒书及礼仪。琨见书中寥寥数行，除首尾称呼外，只有四语，云：

事功殊念，非腐儒所闻。君当逞节本朝，吾自夷难为效。

琨掷下勒书，自思所谋未遂，禁不住长叹数声，随即趋入后庭，令歌伎数十人，作乐侑饮，排遣愁肠。原来琨素性奢豪，颇好声色，河南人徐润，善长音律，为琨所宠，琨竟擢为晋阳令。润恃势骄恣，干预政权。护军令狐盛，抗直敢言，屡劝琨除润，琨不肯从。已而润至琨处进谗，谓盛将劝公为帝，遂致激动琨怒，加盛死刑琨母闻琨杀盛，召琨入责道："汝不能驾驭豪杰，与图远略，乃好佞恶直，害及正人，祸必及我。"琨母颇有远识，可惜终难免祸。琨颇自认过，极思矫正，但始终不肯诛润。到了愁闷无聊的时候，仍然借着声色，聊作欢娱。但部下将吏，总道他是纵逸忘情，互生讥议，再加令狐盛枉遭杀害，尤失人心。可见人不宜有偏嗜。

盛子泥潜踪奔汉，泣拜刘聪，乞师报仇。父仇怨不共戴天，但向虏乞兵，亦属不合。聪问及晋阳内容，泥具言虚实。聪不禁大喜，便令河内王粲，入寇并州，即用令狐泥为向导，一面使中山王曜，率兵继进。看官阅过前回，应知曜在关中，为贾疋等所围，此时曜已失败，弃城遁还，被贬为龙骧将军，留居平阳。及刘粲出攻并州，乃复使他领兵策应，无非叫他立功赎罪的意思。刘琨闻汉兵入寇，亟东出常山，招募兵士，但令部将郝诜张乔，领兵拒粲。偏雁门诸胡，乘隙造反。上党太守龚醇，又复降汉，累得琨不能兼顾，没奈何遣使往代，至猗卢处乞援，自己决先平胡，然后御汉。哪知汉兵步步进逼，所遣郝诜张乔二将，只与汉兵战了一次，便即败亡。刘粲刘曜，竟乘虚进袭晋阳，晋阳虽尚有士卒数千，多系老弱残兵，不足御寇。太原太守高乔及并州别驾郝聿等，由琨委他居守，他急不暇择，竟开门迎纳汉兵。徐润不知何往，史传中未及提叙，大约总是降汉了。粲与曜相继入城，搜杀刘琨家属，琨父母并皆遇害。

汉主聪得晋阳捷报，仍授曜为车骑大将军，命前将军刘丰为并州刺史，同镇晋阳。刘琨正杀退诸胡，蓦闻晋阳被围，急率轻骑还援，已是不及，乃复走常山，飞使敦促代公猗卢，速即济师。猗卢令子六修及兄子普根，将军卫雄范班箕澹等，率众数万，作为前锋，自率大军为后应，耀武扬威，直指晋阳。刘琨收得散卒数千骑，自常山往会，导至汾东。刘曜出兵搦战，渡汾对垒，曜军已经饱掠，各无斗志，那代兵方如出水蛟龙，飞扬奋迅，一往无前，杀得曜军七颠八倒，东走西奔。曜尚不肯遽退，还想上前招架，偏遇代将突入，攒槊丛刺，曜身中七创，竟致堕落马下。汉讨虏将军傅虎，奋勇救曜，杀退代将，把曜扶起，使乘已马，曜凄然道：

"我已不能再战了，宁可死在此地，将军不可无马，且驰还晋阳，请得大兵，为我报仇。"虎流涕道："虎蒙大王识拔至此，常思效命，今日正应致死了。况汉室初基，宁可无虎，不可无大王。"说着，扶曜上马，自己步行，冀曜至汾水旁，使曜涉汾，复返截追军，竟致战死。

曜奔回晋阳，夜与河内王粲，并州刺史刘丰，掠得晋阳子女，出城逸去。琨引猗卢大军，连夜追蹑，追及蓝谷，大破汉兵，擒住刘丰，斩汉将邢延等三千余级，伏尸数百里，只曜与粲飞马遁去。猗卢回至寿阳山，令部众陈阅尸首，流血盈途，山石皆赤。琨自营门步入拜谢，再乞进兵。猗卢道："我不早来，致君父母见害，未免抱愧。但君已得复州境，我军远来疲敝，不便再举。刘聪尚未可灭，容俟后图。"究竟是个外族，怎肯为琨尽力？琨亦不能相强，只好举酒饯行。猗卢留马牛羊各千余匹，车百乘，赠给与琨，并使部将箕澹段繁，助戍晋阳，自引大军北归。琨入城后，收瘗父母尸骸，即将刘丰斩讫，取血祭灵，大恸一场。嗣见城中民居，已被掠尽，一时不能规复，又恐寇至难守，乃徙居阳曲，招集亡散，抚慰疮痍，徐图后举罢了。

且说关中郡县，自经贾疋索綝等，兴兵匡复，多半略定，复将刘曜逐出长安，于是奉秦王业为皇太子，由雍城迎入长安，创立行台，祭坛告类。类系祭名。并建宗庙社稷，下令大赦，用阎鼎为太子詹事，总摄百揆，加封贾疋为镇西大将军，遥授南阳王保为大司马，领秦州刺史。保即模子，见前。尚书令司空荀藩，仍守本职，令他督摄远近。藩弟组为司隶校尉，行豫州刺史，仍奉永嘉年号，承制行事。且时距怀帝被掳的时候，已隔一年，中原久无共主，海内尚怀念故君，又无强宗可以推戴，所以海内臣民，除成汉两国外，共沿称永嘉六年。

究竟怀帝掳入平阳，如何处置，应该补笔叙明。怀帝被汉兵拘住，由呼延晏押至平阳，汉主聪升殿受俘，堂皇高坐。呼延晏先行入报，聪当然欣慰，面加晏为镇南大将军。晏拜谢毕，起立一旁，即呼左右押入怀帝及晋臣庾珉王俊等人。怀帝至此，身作俘囚，不得不向聪行礼。珉与俊随帝下拜。聪狞笑道："我父与汝先帝有交，应从宽宥，汝等可在此留居，听我命令便了。"怀帝与珉俊两人，又不得不稽首称谢。国君死社稷，何必至虏庭，况后来仍不得生存呢。聪乃命退居别室，派兵监守，一面称诏行赦，改元嘉平，封晋主为平阿公，晋臣庾珉王俊，为光禄大夫。怀帝也只好忍垢含羞，做了胡虏的臣奴。好容易寄居一年，汉皇后呼延后去世，宫内发丧，汉臣当然吊送，晋君臣亦未能免例，大约亦低首送丧，这却毋庸细表。

先是刘聪上烝单太后，非常亲昵，太弟北海王乂，委实看不过去，屡至宫中进规单后，回应二十二回。单后又恨又惭，竟致成疾，不到一年，便即死别。聪悲悼万分，足足哭了好几日。嗣闻单后病死，由乂规谏所致，免不得与乂有隙。聪后呼延氏，又另存一种思想，时常忌乂，一日，向聪进言道："父死子继，古今常道，如陛下践位，实承高祖遗业，奈何今日立一太弟呢？妾恐陛下百年以后，粲兄弟将无遗种了。”不立太弟，未见粲等果得留种。聪半晌方答道：“容我徐作计较。”呼延后复道：“事缓变生。太弟见粲兄弟渐长，必至不安，万一有他人构衅，祸且立发了。陛下能容太弟，太弟未必肯侍陛下。”聪应声道：“我知道了。”单太后有兄名冲，曾仕汉为光禄大夫，平时出入宫禁，已有风闻，乃往东宫见乂，未言先泣。乂惊问何因？冲方与密语道：“疏不间亲，主上已属意河内王，请殿下先机退让，免蹈危机！”乂瞿然道：“河瑞末年，主上因嫡庶有别，尝让位与乂。乂因主上年长，故相推奉，天下系高祖的天下，兄终弟及，有何不可？就是粲兄弟将来序立，犹如今日。若谓疏不间亲，乂想子弟关系，相去无几，主上亦未必爱子憎弟哩。”尚在梦中。冲见乂未肯相信，因默然退去。惟聪虽听信妇言，有意废乂，但回忆单后生时，如何柔媚，如何亲爱，又不觉耳热面红，未忍将乂废去。蹉跎过了一两年，呼延后得病身亡，想是忧死。少了一个太弟对头，越将前事搁起。

且聪本好色，自单后死后，广选名家女子，充入后宫，及呼延后殁，即命司空王育女为左昭仪，尚书令任颢女为右昭仪，大将军王彰女，中书监范隆女，左仆射马景女，皆为贵人，右仆射朱纪女为贵妃，均佩金印紫绶，轮流进御。后又探悉太保刘殷，家多丽姝，女二人，女孙四人，统是天姿国色，秀丽绝伦，遂欲一并纳入，充作嫔嫱。不同尊卑长幼，好算廓然有容。太弟乂独援同姓不婚的古例，上书切谏。聪乃转问太宰刘延年及太傅刘景，两人专知迎合，便齐声答道：“太保自谓出自刘康公，系周朝卿士，见《春秋左传》。与陛下同姓异源，何不可纳？”聪闻言大喜，便即召入刘氏二女及四女孙，拜二女为左右贵嫔，位在昭仪上，四女孙为贵人，位次贵嫔。六个美人儿，同时入宫，引得这位汉主聪，应接不暇，镇日里深居简出，罕闻外事。廷臣陈奏，辄令中黄门收入，归左右两贵嫔裁决。两贵嫔一名英，一名娥，隐寓娥皇女英的意思。尧二女名娥皇女英。刘殷本是晋臣，旧为新兴太守，陷没汉廷，历官侍中太保，并将二女及四孙女，尽献与聪，取荣求媚，这也是无耻已极了。应该斥骂。

既而聪授晋主仪同三司，加封会稽郡公。庾珉王儁，依次加秩。晋君臣入朝拜谢，聪引与共饮，从容语晋主道：“卿前为豫章王时，朕在中原，曾与王武子即王济表字。见首文。访卿，卿尝示朕乐府歌，又引朕入射厅，同试技艺，朕得十二筹，卿与武子俱得九筹，卿赠朕柘弓银砚，今可记忆否？”怀帝答道：“臣怎敢失记，但恨当时不早识龙颜。”亏他厚脸说出。聪又道：“卿家骨肉，何故屡相残害？”怀帝道：“这是天意，实非人事。大汉将应天受命，故为陛下自相驱除，若臣家能守武帝遗业，九族敦睦，陛下何从得平河洛呢？”聪不禁大笑，饮至黄昏，竟呼出小贵人刘氏，赏与怀帝，且与语道：“这是名公女孙，今赐为卿妻，卿好为待遇，幸勿轻视！”说至此，又转嘱刘氏数语，面封她为会稽国夫人，使怀帝即夕领去。

光阴容易，转瞬冬残，越年元旦，聪御光极殿，大宴群臣，使晋主改着青衣，旁立斟酒。怀帝不堪耻辱，满面生惭。庾珉王俊，时亦在列，禁不住悲恸起来。聪顿时动恼，把他斥出。至怀帝行酒毕，亦令退去。过了旬月，有人告讦庾珉王俊，说他阴谋变乱，将召刘琨入攻平阳，聪即遣人赍着毒酒，鸩死怀帝，并杀庾珉王俊。总计怀帝在位四年余，臣虏一年余，殁时三十岁。小子有诗叹道：

青衣行酒作囚奴，天子宁甘拜黠胡？
畏死终难逃一死，何如临变早捐躯。

怀帝遇害，耗问四达，欲知晋朝有无嗣主，且至下回说明。

由石勒带及刘琨，由刘琨带及刘曜，由刘曜带及猗卢，事迹复杂，全赖作者一支妙笔，随事联属，方不至断断续续，足令阅者一目了然。下半回因秦王入关，串入怀帝，复由怀帝串入刘聪，叙及汉宫诸事，即以怀帝得配刘氏，主青衣行酒，遇害作结。看似随笔铺叙，而笔下煞费经营，阅者试览晋朝各史，有是穿插否？有是明白否？即此一回，已见作者苦心，而得失褒贬，又如见言表，是固兼有三长，与刘知几之言，隐相吻合者也。

第二十六回

诏江东愍帝征兵　援灵武麴允破虏

却说秦王业入居长安，已阅一年，长安新遭丧乱，户不满百，荆棘成林，太子詹事阎鼎与征西将军贾疋，职掌内外，又未免挟权专恣，未协舆情。汉梁州刺史彭荡仲，被疋袭死。见前回。荡仲子天护，纠合群胡，来攻长安。疋出拒天护，竟至败回。天护从后追击，时已日暮，疋误堕涧中，士卒奔散，无人捞救，再经天护等乱投矢石，眼见是一命归阴了。天护既得杀疋，引众自归，长安还得无恙。偏扶风太守梁综，调任京兆尹，与鼎争权，鼎将综杀死，另用王毗代任。综弟梁纬，方守冯翊，梁肃又新任北地太守，闻兄遇害，当然不服。索綝麴允，本来是倡义勤王，应称功首。及秦王入关，反被阎鼎做了首辅，专揽大政，两人亦暗抱不平。綝与梁氏兄弟，又系姻亲，因即共同联络，说鼎擅杀大臣，目无主上，一面上笺秦王，请加严谴，一面号召党与，即行声讨。鼎虑不能敌，出奔雍城，为氐人窦首所杀，传首长安。事功未就便自相残害，怎得不亡？于是麹允索綝，才得逞志。允领雍州刺史，綝领京兆太守，承制黜陟，号令关中。至怀帝凶问，得达长安。秦王业举哀成礼，由綝索两大臣及卫将军梁芬等，奉业即位，是谓愍帝，传旨大赦，改元建兴。命梁芬为司徒，麹允为尚书左仆射，录尚书事，索綝为尚书右仆射，领吏部京兆尹。寻即加綝卫将军，兼官太尉。公私只有车四乘，百官无章服印绶，但用桑版署号，将就了事。嗣复命琅琊王睿为左丞相，都督陕东诸军事，南阳王保为右丞相，都督陕西诸军事，且诏谕二王道：

夫阳九百六之灾，虽在盛世，犹或遘之。朕以幼冲，纂承洪绪，庶凭祖宗之灵，群公义士之力，荡灭凶寇，拯拔幽宫，瞻望未达，肝心分裂。昔周召分陕，姬氏以隆，平王东迁，晋郑为辅，今左右丞相，茂德齐圣，国之昵属，当恃二公。扫除鲸鲵，奉迎梓宫，克复中兴，令幽并二州，勒卒三十万，直造平阳，右丞相宜率秦凉雍武旅三十万，径诣长安，左丞相率所领精兵二十万，径造洛阳，分遣前锋，为幽并后应，同赴大期，克成元勋，是所至望，毋替成命！

是时琅琊王睿，保守江东，无心北上，得新皇诏旨，但遣使表贺，不愿兴师。前中书监王敦，由洛阳陷没以前，已出任扬州刺史，幸不及祸。睿召为军谘祭酒，及扬州都督周馥走死，见二十三回。睿又令敦复任扬州都督征讨诸军事。江州刺史华轶及豫州刺史裴宪，不受睿命，均由敦会师往讨。斩华轶，逐裴宪，威名浸盛。荆州刺史王澄，屡为杜弢所败，走奔沓来。见二十四回。他与敦为同族弟兄，因即致书乞援，敦转达琅琊王睿，睿令军谘祭酒周颉往代，召澄为军谘祭酒，且遣敦接应周颉，同讨杜弢。敦乃进屯豫章，为颉后援，澄既得交卸，回过豫章，与敦相见。敦自然接待，共叙亲情。惟澄素轻敦，敦素惮澄，此次澄遭败衄，尚傲然自若，仍把那旧日骄态，向敦凌侮，敦也是一个杀星，至此怎肯忍受？眉头一皱，计上心来，佯请澄留宿营中，盘桓数日，暗中实欲害澄。澄尚有勇士二十人，执鞭为卫，自己尝手捉玉枕，防备不测。敦不便下手，复想出一策，宴澄左右，俱令灌醉，又伪借玉枕一观，澄不知有诈，出枕付敦。敦奋然起座，指澄叱责道：“兄何故与杜弢通书？”澄亦勃然道：“哪有此事？有何凭据？”敦置诸不理，即召力士路戎等，入室杀澄。澄一跃登梁，呶呶骂敦道：“汝如此不义，能勿及祸么？”敦指麾力士，上梁执澄。澄虽力大，究竟双手不敌四拳，终被路戎等拿下，把他搤死。澄固有取死之道，但敦之残忍，已可概见。

太子洗马卫玠，素为澄所推重，时正寓居豫章，见敦忍心害理，不欲久依，乃致书别敦，奔投建业。未几即殁，年才二十七岁。玠系故太保卫瓘孙，表字叔宝，幼时风神秀异，面如冠玉，当时号为璧人。骠骑将军王济，即王浑子。为玠舅父，亦具丰姿，及与玠相较，尝自叹道：“珠玉在侧，使我形秽。”又辄语人道：“与玠同游，好似明珠在侧，朗然照人。”至玠年已长，好谈玄理，语辄惊人。王澄雅善清谈，每闻玠言，必叹息绝倒。时人尝谓：“卫玠谈道，平子绝倒。”平子即澄表字。玠妻父河南尹乐广，素有清名。广号冰清，玠称玉润，翁婿联镳，延誉一时。怀帝初年，征为太子洗马。玠见天下将乱，奉母南行，到了江夏，玠妻病逝，征南将军山简，待玠甚优，且将爱女嫁为继室。玠纳妇山氏，又复东下，道出豫章，正值王敦镇守。敦长史谢鲲，相见倾心，欢谈竟夕。越日，引玠见敦，敦亦叹为名士。别敦后转趋建业。江东人士，素闻玠有美姿，聚观如堵。琅琊王睿，拟任以要职，偏玠体羸多病，竟致短命。玠被人看杀，语足解颐。谢鲲哭玠甚哀，人问他何故至此？鲲答道：“栋梁已断，怎得不哀呢？”玠不过美容善谈，非必真命世才，后人称道不置，传为佳话。故随笔叙入。

且说王澄卫玠，相继死亡，琅琊王睿，乃别用华谭为军谘祭酒，谭先为周馥属吏，走依建业，睿尝问谭道：“周祖宣馥字祖宣。何故造反？”谭答道：“馥见寇贼滋蔓，神京动摇，乃请迁都以纾国难，执政不悦，兴兵讨馥。馥死未几，洛都便覆，如此看来，馥非无先见，必谓他有意造反，实是冤诬。”睿又道：“馥身为镇帅，拒召不入，见危不扶，就是不反，也是天下罪人呢。”谭亦接着道：“见危不扶，当与天下人共受此责，不能专责一馥呢。”睿默然不答。自问能无愧衾影否？参军陈頵，数持正论，犯颜敢谏，府吏多半相忌，就是睿亦恨他多言，竟出頵为谯郡太守。不信仁贤，故卒致偏安。既而长安忽又有诏命到来，当由睿接读，诏书有云：

> 朕以冲昧，纂承洪绪，未能枭夷凶逆，奉迎梓宫，枕戈烦冤，肝心抽裂。前得魏浚表，知公率先三军，已据寿春，传檄诸侯，协齐威势，想今渐进，已达洛阳。凉州刺史张轨，乃心王室，连旂万里，已到汧陇，梁州刺史张光，亦遣巴汉之卒，屯在骆谷。秦川骁勇，其会如林，间遣使探悉寇踪，具知平阳虚实。且幽并隆盛，余胡衰破，顾彼犹恃险不服，须我大举，未知公今所到此处，是以息兵秣马，未便进军。今若已至洛阳，则乘舆亦当出会，共清中原。公宜思弘谋猷，勖济远略，使山陵旋返，四海有赖，故遣殿中都尉刘蜀苏马等，具宣朕意。公茂德昵属，宣隆东夏，恢融六合，非公而谁？但洛都寝庙，不可空旷，公宜镇抚以绥山东。右丞相当入辅弼，追踪周召以隆中兴也。东西悬隔，跂予望之！

睿读罢诏书，踌躇半晌，始接待刘蜀苏马，与他会谈。略说：“江东粗定，未暇北伐，只好宽假时日，方可兴师”云云。刘苏二人，亦不便力劝，当即告辞。睿使他赍表还报，便算复命。当时恼动了一位正士，竟从京口谒睿，愿假一偏师，规复中原。这人为谁？乃是军谘祭酒祖逖。江东如逖寡二少双，故从特笔。逖字士雅，世籍范阳，少年失怙，不修仪检。年十四五犹未知书，惟轻财好侠，慷慨有气节。后乃博览书史，淹贯古今，旋与刘琨俱为司州主簿，意气相投，共被同寝。夜半闻鸡鸣声，蹴琨使醒道："此非恶声，能唤醒世梦，披衣起舞。"有时与琨谈及世事，亦互相策励道："若四海鼎沸，豪杰并起，我与足下，当相避中原呢。"已而，累迁至太子舍人，复出调济阴太守。会丁母忧，去官守丧。及中原大乱，乃挈亲党数百家，避居淮泗。衣服粮食，与众共济，众皆悦服，推为行主。琅琊王睿，颇有所闻，特征为军谘祭酒，使戍京口。逖常怀匡复，纠合骁健，谋为义举。闻睿两得诏书，仍未北伐，乃毅然入谒，向睿进言道："国家丧乱，并非由上昏下叛，实由藩王争权，自相残杀，遂致戎狄乘隙，流毒中原。今遗黎既遭酷虐，人人思奋，欲扫强胡，大王若决发威命，使如逖等志士，作为统率，料想郡国豪杰，必望风归向，百姓亦共庆来苏，中原可复，国耻可雪，愿大王毋失时机！"是英雄语。睿见他义正词严，倒也不好驳斥，乃使为奋威将军，领豫州刺史，给千人粮，布三千匹，惟不发铠仗，使逖自往招募。明明是不愿动兵。逖也不申请，当即辞归，便率部曲百余家，乘舟渡江，驶至中流，击楫宣誓道："祖逖若不能澄清中原，便想渡还，有如大江。"语至此，神采焕发，非常激昂，众皆感叹。及抵江阴，冶铁铸械，募得二千余人，然后北进。并州都督刘琨，闻逖起兵渡江，慨然语人道："尝恐祖生先我着鞭，今祖鞭已进着了。"看官听说！这时候的刘琨，已由愍帝拜为大将军，都督并州诸军事。琨志在同仇，但苦力弱，当时曾奉一谢表，说得感慨淋漓，略云：

> 陛下略臣大愆，录臣小善，猥蒙天恩，光授殊宠，显以蝉冕之荣，崇以上符之位，伏省诏书，五情飞越。臣闻晋文以郤縠为元帅而定霸功，汉高以韩信为大将而成王业，咸有敦诗说礼之德，戎昭果毅之威，故能振丰功于荆南，拓洪基于河北。况臣凡陋，拟踪前哲，俯惧折鼎，虑在复餗。昔曹沫三败而收功于柯盟，冯异垂翅而奋翼于渑池，皆能因败为成，以功补过。陛下宥过之恩已隆，而臣自新之善不立，臣虽不逮豫闻前训，恭谨之节，臣犹庶几。所以冒承宠命者，实欲没身报国，以死自效。臣闻夷险流行，古今代有，灵厌皇德，曾未悔祸。蚁狄纵毒于神州，夷裔肆虐于上国，七庙阙禋祀之飨，百官丧彝伦之序，梓宫沦辱，山陵未兆，率土永慕，思同考妣。陛下龙姿日茂，睿质弥光，升区宇于既颓，崇社稷于已替。四海之内，肇有上下，九服之萌，复睹典制。但尚蒙尘于外，越在秦郊，烝尝之敬在心，桑梓之思未克。臣备位历年，才质驽下，权假位号，未报涓埃。得奉先朝之班，苟存偏师之职，赦其三败之愆，收其一功之用，使获骋志虏场，快意大逆，虽身膏野草，无恨黄墟。陛下偏恩过隆，曲蒙抽擢，遂授上将，位兼常伯，征讨之务，得从便宜，拜命惊惶，五情战悸，深惧陨越，以为朝羞。昔申胥不殉柏举，而成复楚之勋，伍员不从城父，而济入郢之绩，臣虽顽钝，无觊古人，其于披坚执锐，致身寇仇，当惟力

是视，有死无二。受恩图报，谨拜表陈闻！

琨上表后，适值汉石勒从子石虎，为勒所遣，率众攻邺。虎长七尺五寸，勇悍好杀，善战无前。勒尝因他生性凶残，意欲杀虎，还是勒母王氏，从旁戒勒道："快牛为犊，多能破车，汝且容忍为是。"真是养虎贻患。勒乃罢议，屡使虎领兵为寇。邺中守将刘演，系刘琨兄子，据守三台，见前回。被虎攻入。演奔廪邱，琨乃令演为兖州刺史，暂借廪邱为汛地。同时有三个兖州刺史，一为司空荀藩所遣，叫作李述，一为琅琊王睿所遣，叫作郗鉴，第三个便是刘演。琨因寇氛日亟，复议出师，即约同代公猗卢，会叙陉北，共谋击汉。猗卢乃遣拓跋普根，进屯北屈。琨亦进据蓝谷，使监军韩据，领兵攻西平。汉主聪使刘粲等拒琨，刘易等拒普根，兰阳等助守西平。琨见汉兵有备，又复退还。汉兵仍未撤回，为战守计。刘聪更命中山王曜，西攻长安。曜遣降将赵染为先锋，驱兵大进。愍帝忙遣麹允为冠军将军，出次黄白城，堵御汉兵。允与染交战数次，均皆失利，再加曜军从后继进，关东大震。愍帝又授索綝为征东大将军，引兵助允。染闻索綝复至军前，即向曜献策道："麹允索綝，先后继至，长安必定空虚，若往掩袭，一鼓可下了。"曜亦以为奇计，立拨精兵五千，归染统带，使袭长安。染从间道绕出，直趋长安城下。长安果然无备，更兼染兵衔枚夜进，尤不及防。

三更已过，愍帝在秦宫酣寝，忽有卫士入报，说是汉兵已入外城，吓得愍帝梦中惊醒，慌忙披衣起床，走奔射雁楼。幸喜内城各门，还是紧闭，城上有卫卒保守，未曾失手，因此染不能攻入，只在龙首山麓，纵火大噪，焚掠诸营。待至天明，染始退屯逍遥园，晋将麹鉴，自阿城引兵入援，杀退赵染，乘胜追击，驰至灵武。刚值刘曜统兵前来，染得了援军，自然杀回。麹鉴部下，只五千人，怎能抵敌得住，顿时奔溃，逃还阿城。曜与染就在灵武扎营，拟休息一宵，再攻长安。不料到了夜半，营外突然火起，满寨皆红，曜从睡梦中跃起，仓皇对敌，部众都睡眼朦胧，穿了军服，不及持械，携了刀枪，不及衣甲，那外兵似潮涌入，如何阻拦？汉冠军将军乔智明，不识好歹，尽管向前堵截，突被来兵裹住，四面攒刺，戳毙帐中。汉兵无从抢救，越加心慌，彼此都逃命要紧，乱窜出营。曜与染亦料不可支，统从帐后遁去。到了晨光熹微，汉垒已都扫光，单剩了一堆尸骸，约莫有三五千名，来兵得胜而返，为首大将，乃是晋尚书左仆射麹允。允料曜恃胜无备，乘夜劫营，果得了一大胜仗，奏凯还师。倒戟而出。曜与染奔还平阳，好几月敛兵不动。

惟占据襄国的石勒，锐图幽并，想出许多计策，既欺王浚，复绐刘琨，竟先将幽州夺去，然后规取并州。幽州都督王浚，自洛阳陷没后，设坛祭天，假立太子，自为尚书令，布告天下，托言密受中诏，承制封拜，备置百官，列署征镇。适前豫州刺史裴宪，由南方奔至，浚命宪与女夫枣嵩，并为尚书，大张威令，专行征伐。

遣督护王昌，中山太守王豹等，会同鲜卑部长段疾陆眷，系务勿尘子。务勿尘见前十六回。及疾陆眷弟匹磾文鸯，从弟末抷，率众三万，共攻石勒。勒出战不利，奔还城中。末抷轻入城闉，为勒所获，勒即以末抷为质，遣人至疾陆眷处求和。疾陆眷恐末抷被杀，不得不允从和议，遂用铠马金银，取赎末抷。勒召末抷与饮，格外欢昵，约为父子，复厚赠金帛，送还疾陆眷军前。疾陆眷感勒厚惠，复与石虎订盟，结为兄弟，誓不相侵，引兵自去。王昌等失去厚援，当然退归。

看官记着！王浚与段氏，本来是甥舅至亲，相约为助，浚曾嫁女与务勿尘，故称甥舅。此次段氏被石勒诱去，仿佛似断了一臂，全体皆僵。父子且不可恃，遑问甥舅？浚尚不以为意，反与刘琨争冀州。原来代郡上谷广宁三郡人民，尚属冀州管辖，至是因王浚苛暴，趋附刘琨，所以浚愤愤不平，竟把讨勒各军撤回，与琨相距，往略三郡。琨不能与争，只好由他张威，三郡士女，俱被浚兵驱逐出塞，流离颠沛，奄毙道旁。浚且欲自称尊号，戕杀谏官，遂令强虏生心，伺间而入，这叫作自作孽，不可活呢。小子有诗叹道：

> 无才妄想建雄图，纵虐残民毒已逋。
> 天网恢恢疏不漏，诛凶手迹假强胡。

欲知王浚后事，且看下回详叙。

琅琊王睿，两次受诏，仍按兵不进，彼以江东为乐土，姑息偷安，已为有识者所共见。祖逖志士，击楫渡江，实为当时第一流人物，但大厦将倾，断非一木所能支持。他如江左夷吾，名未副实，余子碌碌，尤不足道。其稍称勇武者，则又如王敦辈之残忍好杀，致治不足，致乱有余耳。若愍帝草创长安，即遭内讧，预兆不祥，称尊以后，鞠索二相，智不足以御寇，才不足以保邦，灵武之役，得败刘曜，第一时之幸事耳。彼王浚刘琨，名为健将，又自相龃龉，互构争端。要之晋室之败，在一私字，在一争字，诸王营私则相争，大臣营私则又相争，方镇营私，则更相争，内讧不已，而夷狄已入据堂奥，举国家而尽攫之，可哀也夫。

第二十七回

拘王浚羯胡吞蓟北　毙赵染晋相保关中

却说王浚骄盈不法，意欲称尊，商诸燕相胡矩。矩婉言谏阻，致拂浚意，被徙为魏郡守。燕国霍原，志节清高，浚屡征不就，再使人诱令劝进，原当然不从，浚竟诬原谋变，派吏拘原，枭首以徇。北海太守刘抟，及司空掾高柔，相继切谏，又为浚所杀。女夫枣嵩，最得浚宠，尚有掾属朱硕，表字丘伯，亦专事谀媚，甚惬浚心。两人朋比为奸，贪婪无度，北州有歌谣云："府中赫赫朱丘伯，十囊五囊入枣郎。"又有一谣云："幽州城门似藏户，中有伏尸王彭祖。"彭祖即王浚表字。浚又令枣嵩督率诸军，出屯易水，复召段疾陆眷，与同讨勒。疾陆眷已与勒有盟，哪里还肯应石？浚引为深恨，使人赍着金帛，往赂代公猗卢，令讨段氏，再檄鲜卑部酋慕容廆，发兵助讨。猗卢遣子六修往攻，为疾陆眷所败，退还代郡。独慕容廆所向皆捷，得取徒河。慕容氏已见前文。先是河洛人氏，北向避乱，俱往依王浚，嗣见浚政刑日紊，往往他去，作塞外游。外族以段氏慕容氏为最盛，段氏兄弟，专尚武力，不礼文士，惟廆喜交宾客，雅览英豪，所以士多趋附，远近如归。廆尝自称鲜卑大单于，至王浚承制封拜，授廆散骑常侍，冠军将军，前锋大都督，大单于名号，廆却不受。此次奉檄攻段，并非甘为浚使，不过段氏盛强，亦中廆忌，所以乐得卖情，出兵拓土。他部下却有许多人物，分任庶政，河东人裴嶷，代郡人鲁昌，北平人杨耽，为廆心腹。广平人游邃，北海人逄羡，渤海人封抽，西河人宋奭，河东人裴开，为廆股肱。平原人宋该，安定人皇甫岌皇甫真，渤海人封弈封裕，并典机要。会稽人朱左车，泰山人胡母翼，鲁人孔纂，皆为宾友。又平原宿儒刘赞为东庠祭酒，令子皝带着国胄，北面受业，居然习礼讲让，用夏变夷。慕容之兴，实基于此。幽州从事韩咸，监护柳城，入谒王浚，盛称廆下士爱民，无非是借廆讽浚，诱令改过的意思。不料浚竟翻起脸来，叱他私通外族，喝令斩首。

嗣是人心益离，往往叛入鲜卑，再加幽州一带，连岁饥馑，不是旱灾，就是蝗灾，百姓非常困苦。浚尚纵令枣嵩诸人，横征暴敛，荼毒生灵。古人有言："木朽虫生。"为了幽州衰敝，遂至汉将石勒，虎视眈眈。他还未敢遽行动手，拟先遣使往觇，探明虚实。僚佐请用羊祜陆抗故事，见前文。致书王浚，以便通使。勒乃转咨右长史张宾。宾答道："浚名为晋臣，实图自立，但患四海英雄，不肯依附，所以迁延至今。将军威振天下，若卑辞厚礼，与彼交欢，犹惧未信，况如羊陆抗衡，能使彼相信不疑么？"勒踌躇道："如右侯言，将用何术？"宾说道："荀息灭虞，勾践沼吴，俱见《春秋左传》。前策具在，奈何不行？"勒闻言大喜，便令宾草就一表，特遣舍人王子春董肇，赍表诣浚，又使带去许多珍宝，半献王浚，半赠枣嵩。子春与肇，领命至幽州，当由王浚召入，问明来意。子春格外谦恭，拜呈表文，浚即取表展览，但见纸上写着：

勒本小胡，遭世饥乱，流离屯厄，窜命冀州，窃相保聚，以救性命。今晋祚沦夷，中原无主，殿下州乡贵望，四海所宗，为帝王者，非公其谁？勒所以捐躯起兵，诛讨暴乱者，正欲为殿下驱除尔。伏愿殿下应天顺人，早登皇祚。勒奉戴殿下，如天地父母，殿下察勒微忱，亦当视之如子也。谨此表闻！

浚览表毕，禁不住喜笑颜开，再由子春等奉上珍物，都是五光十色，价值连城，好钓饵。便命左右一概全收，使子春等左右旁坐，欢颜与语道："石公亦当世英雄，据有赵魏。今乃向孤称藩，殊为不解。"我亦不解。子春本是辩士，随口答道："石将军兵力强盛，诚如圣论，但因殿下中州贵望，威振华夷，石将军自视勿如，所以愿让殿下。况自古到今，胡人为上国名臣，尚有所闻，从未有突然崛起，得为帝王。石将军推功让美，正是明识过人，殿下亦何必多疑呢?"欺弄王浚即此已足。浚顿时大悦，面封子春等为列侯。子春等当然拜谢，退就宾馆。又将礼物一份，赠与枣嵩，托他善为周旋。嵩满口应承，入与王浚商议，遣使报勒，厚贶子春与肇，偕使同行。

既到襄国，勒先将劲卒精甲，藏入帐后，唯用羸卒站立，开府接使，北面拜受来书。浚使亦略有礼物相遗，内有麈尾一柄，勒佯不敢执，高悬壁上，且对浚使道："我见赐物，如见王公，当朝夕下拜呢。"随即款宴浚使，待如上宾，挽留了好几日，方才送归。复遣董肇奉表与浚，约期入谒，当亲上尊号，并修笺传达枣嵩，求封并州牧兼广平公。浚使返报，具言勒形势寡弱，款诚无二，再经董肇接踵到来，奉表递笺，喜得王浚翁婿二人，如痴如狂，一个是候补皇帝，一个是候补宰相，指日高升，说不尽的快活了。恐怕要请君入瓮。

石勒部署兵马，将赴幽州，唯尚有一种疑虑，迟延未发。张宾入问道："将军果欲袭人，须掩他不备。今兵马已经部署，尚延滞不行，莫非虑及刘琨及鲜卑乌桓等部落，乘虚袭我么?"勒皱眉道："我意原是如此，右侯有无妙策?"宾答道："刘琨及鲜卑乌桓，智勇俱不及将军，将军虽然远出，彼亦未敢遽动。且彼亦未知将军一往，便能速取幽州，将军轻骑往返，不过二旬，就使彼有心图我，出师掩至，将军已可归来，自足抵御。若再恐刘琨路近，变生意外，何妨向琨请和，佯与周旋。琨与浚名为同寅，实是仇敌，万一料我袭浚，亦必不肯往援，兵贵神速，幸勿再延!"料事如神，可惜所事非主。勒跃然起立道："我所未了的事情，右侯能为我代了，还有何说?"遂命军士夤夜起程，亲自督行，所有与琨求和的书函，统委张宾办理。

宾替勒修笺，遣人达琨，无非说是"去逆效顺，讨汉自赎"等语。与对待王浚不同，便是看人行计。琨得笺大喜，移檄州郡，谓"勒已奉笺乞降，当与代公猗卢，共讨平阳，这是累年积诚所感，得此效果"等语。仿佛做梦。勒在途中接得消息，越发放心前进，行至易水，为王浚督护孙纬所闻，忙驰入白浚，请速拒勒。浚笑语道："石公此来，正践前约，如何拒他?"说至此，旁立许多将佐，齐声进谏道："羯胡贪而无信，必有诡谋，不如出击为是。”浚不禁动怒道：“他既有心推戴，正应迎他进来，汝等反谓可击，真正奇怪。”道言未绝，又由范阳镇守游统，奉书至浚，略言“石勒前来，志在劝进，请勿多疑”云云。看官！你道游统何故上书？原来统已阴附石勒，卖主求荣，所以特地报浚，借坚浚信。浚越以为真，便下令道：“敢言击勒者，斩！”将佐乃不敢再言。浚且预备盛筵，俟勒入府舍时，替他接风。

过了两天，勒已率兵驰至，天适破晓，叫开城门，尚恐内有埋伏，先驱牛羊数十头进城，假称礼物，实欲堵截街巷，阻碍伏兵，待见城内空虚，乃麾众直进，立即四掠。浚左右亟请抵御，尚未邀允。但浚到此时，也觉惊惶，或坐或起，形神不安。勒率众升厅，召浚出见，浚还望他好意相待，昂然出来，甫至厅前，即被勒众七手八脚，把浚拘住。浚无子嗣，只有妻妾数人，被勒众入内搜劫，牵出见勒。浚妻乃是继室，年齿未暮，尚有姣容。勒拉与并坐，始令兵士推浚入厅。搂人妻而见其夫，太属淫恶，但莫非由浚自取。浚且惭且愤，向勒骂道：“胡奴调侃乃公，为何凶逆至此？”勒狞笑道：“公位冠元台，手握强兵，坐睹神州倾覆，不发一援，反欲自为天子，尚得谓非凶逆么？况闻公委任奸贪，残虐百姓，贼害忠良，毒遍燕蓟，这才叫做真正凶逆呢。”说着，即派部将王洛生，率领五百骑兵，先送浚往襄国。浚被押出城，愤投濠中，又被骑兵捞起，上了桎梏，匆匆去讫。勒收捕浚众万余人，一律杀死。

浚将佐等均诣勒帐谢罪，馈赂交错，独尚书裴宪，从事中郎荀绰，未见往谢。勒使人召至，面加呵责道：“王浚暴虐，由孤亲来讨伐，首恶已擒，诸人俱来庆谢，二人乃甘与同恶，难道独不怕死吗？”宪接口道：“宪等世仕晋朝，得蒙宠禄，浚虽粗悍，犹是晋室藩臣，所以宪等相从，不敢有贰。明公若不修德义，专尚威刑，宪等自知应死，也不愿求免了。”言毕，即掉头趋出。勒急忙呼还，待以客体，惟拿下枣嵩朱硕，责他纳贿乱政，推出枭斩。游统自范阳进见，满望功成加赏，不料勒叱他不忠，也命斩首。应该处斩，足为卖主求荣者戒。又籍浚将佐亲戚，多半是积资巨万，只裴宪荀绰家内，有书百余箱，盐米十余斛罢了。勒语僚属道：“我不喜得幽州，但喜得二人呢。”遂令宪为从事中郎，绰为参军。甘心事羯，终非好汉。分遣流民，各还乡里。一住二日，便拟旋师。授前尚书刘翰为幽州刺史，使他居守蓟城。临行时毁去晋宫，挈着浚妻，驰还襄国。途次被浚督护孙纬邀击，勒众败溃，惟勒得逃还，连浚妻都不知去向了。又不知作谁家妇。勒回至襄国，尚有余忿，立将王浚枭首，函送平阳。汉主聪加授勒为大都督兼骠骑大将军，封东单于。

乐陵太守邵续，为浚所署，屯居厌次，续子乂为勒所虏，使为督护，且令乂往劝续降。续因孤危失援，暂且附勒。渤海太守刘胤，弃郡依续，且语续道：“大丈夫当思立名全节，君为晋臣，奈何从贼自污呢？”续凄然谢过，并说明苦衷，行当自拔。可巧幽州留守刘翰，亦不欲从勒，特举城让与段匹磾。匹磾为段疾陆眷弟，已见前回，疾陆眷与勒联盟。独匹磾心下不愿，仍与刘琨通书，不忘旧好，故刘翰邀他守蓟，情愿去位。匹磾遂贻邵续书，招使归晋。续即复称如约。或谓续不宜背勒，自害嗣子，续泣答道："我出身为国，怎得顾子废义呢？"当下与勒相绝，即遣刘胤往报江东，愿听琅琊王睿驱遣。睿用胤为参军，遥授续为平原太守。石勒闻续负约，竟杀邵乂，发兵攻续。续忙向蓟城乞援，段匹磾令弟文鸯，引众援续。续被围，幸得文鸯援兵，才能退敌。且与文鸯追至安陵，虏勒所署官吏，并驱回流民三千余家，然后还兵。

刘琨得悉幽州军报，始知为勒所给，懊悔无及，乃复遣人诣代，与猗卢约同攻汉。猗卢方有内患，不遑赴约，琨亦只好罢休。会有长安使至，传示诏书，并报称关东大捷。琨暂留来使，询明大捷情形。原来汉中山王刘曜，自被麹允击破营寨，与赵染奔回平阳。见前回。他却整缮兵甲，休养了好几月，又复从平阳出发，欲寇长安。曜进屯渭汭，染进屯新丰。晋征东大将军索綝，引兵出拒，行至新丰附近，早有虏谍报入染营，染奋然道："前次误堕诡计，致与中山王败退，今彼复敢前来，定是到此送死了。"长史鲁徽道："晋室君臣，亦知强弱难敌，只因我军入境，不得不拼死来争。古语有云：'一夫拼命，万夫莫当。'将军幸勿轻视。"染瞋目道："强盛如司马模，我一往取，势如摧枯，索綝一小竖子，不足污我马蹄，怕他甚么！"时已天晚，即欲出营杀去，又经徽好言拦阻，勉强按住忿火，宿了一宵。次日早起，便率轻骑数百人，前往迎战，且扬言道："擒住索綝，还食未迟。"一面说，一面麾兵急进。到了新丰城西，正与綝军相遇，两下不及答话，便即厮杀起来。綝见染兵不多，却也生疑，但素知汉兵强悍，未可轻敌，因先麾动前队，与他交锋，约有两个时辰。染兵已经枵腹，气力不加，偏綝驱出后队的生力军，一拥齐上，逢人便斫，见马便戳，好像削瓜切菜一般，把染兵斩杀殆尽。染亦受伤，拨马奔回。后面追兵不舍，险些儿被他杀到，还亏鲁徽遣兵援应，方得保染回营。染且悔且叹道："我不用徽言，致有此败。"既而又咬牙自恨道："回去无面目见徽，不如杀死了他，免我生惭。"如此狠毒，禽兽不如。计划已定，方驰入营门，兜头碰着鲁徽，几似仇人相见，格外眼红，一声喝令，竟将鲁徽拿下。徽怅然道："将军不听忠言，愚愎致败，乃复忌贤害士，欲快私忿，天地有知，能令将军安死衽席么？"赵染戕模降虏，心术可知，徽若果有智识，引避不暇，乃甘为属吏，死亦自取。染越加动恼，竟令杀徽。再向曜率众数万，从间道趋向长安。

愍帝因綝报捷，方加綝骠骑大将军承制行事，不防汉兵又进逼都城，连忙使麹允出御。允至冯翊，与曜染交战一场，不幸败绩，当夜收拾败卒，再劫汉营，避实击虚，杀入汉将殷凯营内。凯慌张失措，被允擒斩。及曜染整兵出救，允已退去。曜恐复为所袭，乃移攻河内太守郭默。默婴城固守，被围月余，粮食已尽，乃向曜乞籴，愿送妻子为质。曜得默妻子，总道默已愿降，乃给粮与默。那知默得了粮米，仍闭城拒曜。曜将默妻子沈死河中，督兵再攻。默亦邵续之流亚，故叙笔不肯从略。默因使人夜缒出城，驰往新郑，向太守李矩乞援，矩令甥郭诵迎默。诵闻汉兵势盛，不敢遽进，会刘琨遣将刘肇带领鲜卑五百余骑，入援长安，道阻不通，乃还过矩营。矩邀肇同击汉兵，汉兵最怕鲜卑骑士，不战自去，河内才得解围。默率众依矩，远避敌冲。曜已退屯蒲坂，独染转攻北地，由麹允移师赴救，再与染对垒争锋。染夜梦鲁徽，弯弓注射，负痛惊醒。翌晨出战，被允诱入伏中，四面突出弓弩手，弦声齐响，箭如飞蝗。染虽然凶悍，哪禁得万镞飞来，霎时间集矢如猬，倒毙马下，余众多死。这一次射毙悍虏，总算是大获胜仗了。刘琨闻报，送还朝使，又向愍帝上表道：

逆胡刘聪，敢率犬羊，凭陵肇毂，神人同愤，遐迩奋怒。伏省诏书，相国南阳王保，太尉凉州刺史张轨，纠合二州，同恤王室。冠军将军麹允，骠骑将军索綝，总齐六军，戮力国难，王旅大捷，俘馘千计。旌旗扬于晋路，金鼓振于河曲。崤函无虔刘之惊，汧陇有安业之庆，斯诚宗庙社稷，陛下神武之所致，含气之伦，莫不引领，况臣之心，能无踊跃？臣前与鲜卑猗卢，约讨平阳，适羯奴石勒，以诡计掩入蓟城，大司马王浚，受其伪和，为勒所虏，勒势转盛，欲来袭臣，城坞骇惧，唯图自守。又猗卢国内，适有变患，卢虽得诛奸臣，已愆成约，臣所以泣血宵吟，扼腕长叹者也。勒据襄国，与臣隔山，寇骑朝发，夕及臣城，同恶相求，其徒实繁。自东北八州，勒灭其七，先朝所授，存者唯臣，是以勒朝夕谋虑，以图臣为计，窥伺间隙，寇抄相寻。戎士不得解甲，百姓不得在野，天网虽张，灵泽未及。唯臣孑然与寇为伍，自守则稽聪之谋，进讨则勒袭其后，进退维谷，首尾狼狈，徒怀愤踊，力不从心。臣与二虏，势不并立，聪勒不枭，臣无归志，比者秋谷既登，胡马已肥，前锋诸军，当有至者。臣愿首启戎行，身先士卒，得凭陛下威灵，使获展微效，然后陨首谢国，殁亦无恨矣！臣琨谨表。申录琨表，以揭其忠。

愍帝得表，复遣大鸿胪赵廉持诏，拜琨为司空，都督并冀幽三州军事。琨辞去司空，拜受都督，且进加封猗卢为王，好教他感激图报，共讨刘聪。小子有诗咏道：

一木难为大厦支，枕戈泣血勉扶持。
臣躯未死心犹在，敢掬丹忱报主知。

欲知愍帝是否依议，且至下回再详。

王浚刘琨，俱为石勒所赚，堕入狡谋，但琨尚可原，而浚不可恕。琨之意在于讨汉，故闻石勒之请降，即以为强虏可平，喜出望外，智虽不足，忠实有余。所不能无讥者，坐视幽州之陷没，不能忘私耳。王浚身为晋臣，坐拥强兵，既不能宣劳王室，复不能堵御强胡，信贪夫，戮正士，种种罪恶，史不胜书，其为石勒所侮弄，非不幸也，宜也。见拘堂上，委命强胡，谩骂亦何补乎？赵染本为司马模僚属，乃背模降虏，反訑訑然以杀模为能，新丰之败，不听鲁徽，反杀鲁徽，凶横至此，宁能久存？此其所以终遭射死也。要之梦梦者天，昭昭者亦天。恶报昭彰，近则在身，远则在子孙，人亦何苦逆天行事，自贻伊戚乎哉？

第二十八回

汉刘后进表救忠臣　晋陶侃合军破乱贼

却说愍帝得刘琨申请，加封猗卢为代王，许置官属，食代常山二郡。猗卢向刘琨借材，请拨并州从事莫含，作为参军。含不欲去琨，琨乃语含道："并州单弱，外邻二寇，如我不才，尚得保存境土，实赖代王为援，我倾身竭资，奉事代王，且使长子为质，无非欲为国家雪耻，卿奈何徒顾小诚，转忘大体呢？"含乃往依猗卢。卢优礼相待，常与参商大计。惟卢有少子比延，最为昵爱，意欲立以为嗣，因使长子六修，出居新平城，且将六修母废去。父子兄弟，互生嫌隙，所以祸机暗伏，内外不安。卢亦防有变动，所以不能远出，助琨讨汉。

汉主聪自恃强盛，恣意奢淫。既将晋怀帝鸩死，复把小刘贵人收入后庭，仍为贵人，食品必备具珍馐，居处必穷极奢丽。左都水使者刘摅，失供鱼蟹，将作大匠靳陵，奉命筑造温明徽光二殿，逾限不成，均枭首东市。又尝出外游猎，朝出晚归，观鱼汾水，用烛继昼，中军将军王彰，犯颜直谏，几致断首。还有彰女王氏，入宫为上夫人，见二十五回。代父乞哀，乃贷彰死罪，囚入狱中。再经聪母张氏，恨聪滥刑，三日不食，太弟乂与河内王粲，舆榇切谏，还有太宰刘延年，率领百官，伏阙固诤，方将王彰释放。聪欲立左贵嫔刘英为继后，母张氏究嫌同姓，不使继立，因纳弟实二女徽光丽光入宫，先使她们并为贵人，然后命聪择一为后。聪为母命所迫，没奈何指定徽光。会刘英父殷，得病身亡。英悲愤两迫，郁极致病，医药罔效，也即与聪长别，玉殒香消。聪乃立张贵人徽光为后，进后父将军实为光禄大夫。才阅数月，聪母张氏又殁，聪后徽光，哭姑甚哀，累得体瘠血枯，竟化做一场春梦。渺渺芳魂，返入冥途，仍至乃姑前侍奉去了。究竟红颜没福，或由刘英为祟，亦未可知。徽光已逝，丽光本可继立，但前此册立徽光，全由聪母作主，此时聪母已逝，眼见得中宫位置，被那刘家女夺去。刘英女弟刘娥，已由右贵嫔进为左贵嫔，挨次上升，即得为后，聪大加宠爱，特命造一鹍仪楼，鹍与凰同。为藏娇计。廷尉陈元达，上书谏阻道：

臣闻古之圣王，爱国如家，故皇天亦祐之如子。夫天生烝民而树之君，使司牧之，非以兆民之命，穷一人之欲也。晋民暗虐，视百姓如草芥，故上天剿绝其祚，眷佑皇汉，苍生引领，庶几息肩，怀更苏之望有日矣。我高祖光文皇帝，靖言惟兹，痛心疾首，故身衣大布，居不重茵，先皇后嫔，服无绮彩，重逆群臣之请，乃建南北二宫，今光极殿之前，足以朝群后，享万国矣；昭德温明二殿以后，足以容六宫，列十二尊矣。陛下龙兴以来，外殄二京不世之寇，内兴殿观四十余所，加以军旅数兴，馈运不息。饥馑疾疫，死亡相继，兵疲于外，民怨于内，为民父母，果若是乎？伏闻诏旨，将营鹍仪，中宫新立，诚臣等乐为子来者也。窃以大难未夷，宫宇粗给，今之新营，尤实非宜。况有晋遗类，西据关中，南擅江表，李雄奄有巴蜀，刘琨窥窬肘腋，石勒曹嶷，贡禀渐疏，陛下释此不忧，乃更为中宫作殿，岂目前之所急乎？昔太宗孝文皇帝，承高祖指汉高帝刘邦。之业，惠吕息役之后，四海之富，天下之殷，粟帛流衍，尚惜百金之费，辍露台之役，历代比美，迹垂不朽，故能断狱四百，拟于成康。陛下承荒乱之余，所有之地，不过太宗之二郡，战守之备，非特匈奴南越而已。孝文之广，思费如彼，陛下之狭，欲损如此。愚臣所以敢犯颜切谏，冒不测之祸者也。昧死上闻，幸陛下鉴之！

聪览毕全文，掷诸地上，愤然大怒道：“朕为万乘主，但营一殿，何干汝鼠子事！乃敢妄言阻挠，藐视朕躬，不杀此鼠子，朕殿何由得成？”说至此，喝令左右：“快将元达拿到，斩首市曹，妻子一并骈戮，令他群鼠共穴，方泄朕恨。”言已，自往逍遥园去了。元达闻旨，先自锁腰入园，且用锁扳及堂下李树，朗声大呼道：“如臣所言，关系社稷至计，陛下不信，反命杀臣，臣死有知，当先诉上天，继诉先帝。朱云西汉时人。有言：‘臣得与龙逢比干，同游地下，亦可无恨。’但未审陛下为何如主，常得保全身名否？”聪闻言益怒，叱左右牵他出斩。偏元达抱住李树，不令人曳，恼得聪拍案狂呼，几欲自拔佩刀，下堂加刃。大司徒任颉，光禄大夫朱纪，左仆射范隆，骠骑大将军刘易等，齐跪堂下，叩头流血道：“元达为先帝所知，开国受命，便已引置门下，彼亦尽忠竭虑，知无不言，臣等窃禄苟安，每对元达，自顾生惭。今元达语虽狂直，还乞陛下包容，开恩特宥。倘为了数语谏诤，即加诛戮，元达死固足惜，陛下亦累盛名，还乞三思！”聪怒尚未息，不肯依议。忽有一内侍踉跄出来，呈上一表，乃是新皇后的手笔，即由聪按阅道：

伏闻敕旨，将为营殿，今宫室已备，无烦更营。且四海未一，祸难犹繁，宜爱民力，廷尉之言，社稷之计也。陛下当加爵赏，而反欲诛之，四海谓陛下何如哉？夫忠臣进谏者，固不顾其身也，而人主拒谏者，亦不顾其身也，陛下为妾营殿，而杀谏臣，使忠良结舌者由妾，公私困敝者由妾，社稷阽危者由妾，天下之罪，皆萃于妾，妾何以当之？妾观自古败国亡家，未始不由妇人，每览古事，忿之不已，何由今日妾自为之，使后人视妾，犹妾之视前人也。妾复何面目仰侍巾栉？请归死此堂，以塞陛下之过！

聪看到“归死”二字，急得面色仓皇，连下文都不及看下，便顾语内侍道：“快……快入报皇后，朕决赦元达了，愿皇后放怀！”应有此状，应有此言，但幸由刘后贤明，得成佳话。内侍奉命复入，聪再览表文，只有结末数语，料想是官样文章。也无心细阅，便召任颛等上堂，赐令旁坐，从容与语道：“朕近来微得狂疾，往往喜怒失常，不能自制。元达原是忠臣，朕未及细察。幸诸卿能规我过失，竭诚效忠，朕且愧对诸卿，怎敢再违忠告呢？”任颛等听了聪言，无非将改过不吝的套话，说了几句，引得聪沾沾自喜，饶有欢容。当下指使左右，将元达开锁，赐给衣冠，亦令旁坐，取后表出示道：“外辅如公等，内辅如皇后，朕可无后忧了。”遂改称逍遥园为纳贤园，堂为愧贤堂，且笑顾元达道：“本意当使卿畏朕，偏今日使朕畏卿了。”非畏元达，实畏刘后。元达等拜谢而出。

小子演述至此，还要补叙数语：当元达抱树时，左右意存观望，不亟曳出，这是经刘后着人暗嘱，教他延挨时刻，好得进表，否则一个元达，怎能抵得住数人？就使力大如虎，也早被牵出斩首了。补添数语，免使阅者指摘，且更见刘后之贤。但刘聪虽似好贤，终不免荒淫败德。刘后聪明机警，可谏乃谏，不可谏亦只好听他做去。至嘉平四年正月，即晋愍帝建兴二年。天象地理，相继告变，有三日出自西方，径向东行，平阳地震，崇明观陷为陂池，水亦如血，有赤龙奋身飞去。最奇怪的是流星起自牵牛，入紫微垣，状如龙形，堕落平阳北十里，化为一肉，长三十步，阔二十七步，臭达平阳。肉旁常有哭声，昼夜不止。究是何物，可惜当时无博学家考究详明。平阳内外，哗称怪事。汉主聪亦不能无疑，乃召公卿等入问休咎。陈元达及博士张师，同声进对道：“陛下问及星变，臣等恐吉少凶多，不久将至。若后庭内宠过多，三后并立，必致亡国败家，愿陛下思患预防，毋自取咎！”此不过闻聪私议，因有此谏，若谓流星化肉，应兆三后，恐无此征。聪摇首道：“天变无常，难道定关人事么？”说着，拂袖入内，纵乐如故。适刘后有娠，常患腹痛，等到十月满足，势将临盆，非常难产，晕死了好几次，经医官竭力救治，才得分娩。不料生下两种怪物，一是半红半白的怪蛇，一是有角有头的怪兽，蛇兽并出，惊倒左右，霎时间蛇即窜去，兽亦遁走，不知去向。愈出愈奇，令人不可思议。有人蹑迹寻视，到了陨肉处，蛇兽俱在，似死非死，也不敢下手掩捕，惟还报都中，益称奇异。刘后既遭难产，又出重惊，当然酿成危症，挨了数日，气绝而亡。如此贤后，似不应遘此奇疾，这想是为刘聪所累。那陨肉却也失去，哭声亦止。汉主聪最爱此后，丧葬仪制，格外从隆，予谥武宣，并将后姊刘英，亦追谥为武德皇后。

二刘既死，尚有四小刘，统想承恩邀宠，求跻后位。聪已将四小刘挨次序进，最长的进位左贵嫔，次为右贵嫔，不过立后问题，还未解决。一日，至中护军靳准宅中，饮酒为欢。准呼二女出谒，由聪瞧着，好似那仙子下凡，嫦娥出世，不由的拍起案来，连声叫绝。准趁势面启道："臣女月光月华，年将及笄，倘蒙陛下不弃葑菲，谨当献纳。"恐是一条美人计。聪喜出望外，即夕载二女入宫，普施雨露，合抱衾裯，彻夜绸缪，其乐无极。翌日，即封二女为贵嫔。月光尤为妖媚，无体不骚，引得聪魄荡神迷，爱逾珍璧。过了旬月，竟立为继后。又过了数月，复因左右两个刘贵嫔，侍奉有年，不便向隅，特册左贵嫔刘氏为左皇后，右贵嫔刘氏为右皇后，《通鉴》载月华为右皇后，今从《晋书》及《十六国春秋》。加号皇后靳月光为上皇后。真是后来居上。校尉陈元达，上言："三后并立，适如臣虑，将来必有大患，务乞收回成命。"聪不肯从。且调元达为右光禄大夫，阳示优礼，阴实夺权。已而太尉范隆，大司马刘丹，大司空呼延晏，尚书令王鉴等，情愿让位元达，乃复徙元达为御史大夫，仪同三司。

元达复居谏职，仍常监察宫廷，得间便谏。可巧查得一种秽史，遂援了有犯无隐的故例，确凿陈词，递将进去。聪取览奏牍，乃劾上皇后靳氏，私引美少年入宫，与他苟合等情。看官！试想天下没有一个男儿汉，不恨妻室犯奸。聪虽宠爱月光，听了犯奸二字，也不禁忿火中烧，便趋入上皇后宫内，痛詈月光，并将元达原奏，随手掷示，令她自阅。月光情虚畏罪，只好呜呜咽咽，哀乞求怜。偏聪置诸不理，拂袖竟去。到了次日，竟有内侍报聪，说是上皇后服药自尽。聪又不禁追念前情，急去临视，见她颦眉泪眼，尚带惨容，顿时爱不忍释，又抱尸大哭一场，才令棺殓。从此由悲生愤，深嫉元达，无论什么规谏，都置若罔闻。甚且益肆荒淫，终日不出，但命子粲为丞相，总掌百揆，一切国事，俱委粲裁决便了。

惟聪虽不道，余威未衰，石勒刘曜，进退无常，终为晋患。愍帝孤守关中，势甚岌岌，只望着三路兵马，合力勤王。建兴三年二月，命左丞相睿为丞相，都督中外诸军事，南阳王保为相国，刘琨为司空。诏使分遣，加官进爵，无非是劝勉征镇的意思。无如琨在晋阳，介居胡羯，一步不能远离，保自上邽出据秦州，收抚氐羌，军势稍振，但也无心顾及长安。睿虽奄有江左，比并州秦州两路，较为强盛，怎奈一东一西，相去太远。河洛未靖，荆湘又乱，中途被阻，未便行军，所以诏书日迫，睿总以道梗为辞，须俟两江戡定，方可启行。乐得推诿。小子查阅《晋书》，那时沿江乱首，莫如杜弢，次为胡亢杜曾。杜弢已见前文，见二十四、二十五回。胡亢系前新野王歆牙门将，歆死后将佐四散。歆死张昌之难，见前文。亢至竟陵，纠集散众，自号楚公，用歆司马杜曾为竟陵太守。曾技勇过人，能被甲入水，不致沉没，所以亢恃为股肱，常使他出掠荆湘。荆湘人民，既苦杜弢、复苦胡亢杜曾，当然不得宁居，流离失所。荆州刺史周颉，甫经莅镇，便为杜弢所迫，退走浔水城。扬州刺史兼征讨都督王敦，屯兵豫章，见二十六回。急檄武昌太守陶侃，寻阳太守周访，历阳内史甘卓等，合兵讨弢。弢正进围浔水城，由陶侃督兵往援，使明威将军朱伺为前驱，奋击弢众。弢还保冷口，侃语朱伺道："弢必步向武昌，掩我无备，我军亟宜还郡，扼住寇踪，毋中彼计！"说着，仍遣伺带着轻骑，从间道先归，自率步兵继进。伺至江陵，城尚无恙，正在城外安营，遥闻喊声大震，料是弢众前来，不禁大呼道："陶公真是神算，有我在此，看贼能摇动我城否?"当下按辔待着，不到片时，弢众已至，伺即麾骑杀出，迎头痛击，反使弢意外惊疑，仓猝对敌。两下里正在酣战，不防后面又来了一支步兵，各执短刀，杀入晞阵。弢前后受敌，立即溃散，遁归长沙。伺会同步兵，追至数十里外，擒斩千人，方才回城。这支步兵，不必细问，便可知是陶侃带来。侃使参军王贡，向敦告捷，敦欣然道："今日若无陶侯，便无荆州了。"遂表侃为荆州刺史，令屯沔左。周颉自浔水城，追至豫章，仍奉琅琊王命令，召还建业，复任军谘祭酒，不消细叙。

惟侃使王贡，由豫章西还，道出竟陵。竟陵城内的杜曾，已因胡亢好猜失众，潜引故都督山简参军王冲，袭杀胡亢，并有亢部，贡想乘机邀功，径入竟陵城，诈传陶侃号令，授曾为前锋大都督，使击王冲，冲本在山简麾下，因简病殁夏口，所以聚众为乱。杜曾闻王贡言，乐得转风使航，将冲击死，即令贡报答陶侃，贡作书寄往沔左，但言曾愿投诚，未及矫命情事。侃乃征召杜曾，曾见来札中，并无前锋大都督字样，未免启疑，不肯应召。贡亦恐矫命事发，或至得罪，索性直告杜曾，且与曾合谋袭侃。侃哪知两人密谋，未及防备，蓦被杜曾潜兵突入，害得全营大乱。还亏命不该绝，侥幸逃生。百密难免一疏，可见行军之难。王敦得报，表夺侃官，以白衣领职，侃复邀同周访等，进破杜弢，敦乃复奏侃官。已而侃又为弢将王真所袭，败奔滠中，得周访援，方将王真击退。杜曾王贡与弢联合，到处劫掠，王敦又令陶侃甘卓等，并力击弢，大小数十战，弢众多死，乃遣使诣建业，向睿乞降。睿不肯许，弢已穷蹙，因再贻南平太守应詹书，托他代为解免，当图功赎罪。詹将原书转呈建业，并称弢有清望，应许他悔恶归善，借息兵锋。睿乃使前南海太守王运，往受弢降，赦免前愆，令为巴东监军。弢已受命，偏征弢诸将，未肯罢兵，仍然攻弢不止。弢不胜愤恨，掏害王运，又复为乱，分遣部将杜弘张彦，掩袭临川豫章。临川内史谢摛被杀，豫章亦几被陷没，幸周访击杀张彦，逐去杜弘，豫章复安。陶侃专攻杜弢，弢使王贡挑战，横足马上，状极嚣张。侃出马遥语道："杜弢为益州小吏，盗用库钱，父死不奔丧，毫无礼义，卿本善人，奈何背我助逆？难道天下有白头贼么?"谓为贼不得至老。说至此，见贡敛容下足，易倨为恭，便不与交锋，还入原垒。夜间乃遣使慰谕，并截发为信，誓不记仇。贡遂趋降侃营，侃推诚相待，令贡反袭杜弢。弢骤为所乘，不能抵敌，除逃以外无别策。但贡与弢麾下将佐，均已熟识，当时向众大呼，降可免死，并可加官。于是人人解甲，个个投戈，单剩弢一人一骑，狂窜而去。贡收降众报侃，侃不戮一人，择尤录用，余皆给资遣归，遂乘胜进复长沙，后来追索杜弢，竟无下落，想已是走死荒野了。小子有诗叹道：

漂摇风雨满神州，日下江河乱未休。
戡定荆湘非易事，论功应独让陶侯。

杜弢已死，只有杜曾未除，逃匿石城。丞相琅琊王睿，得了长沙捷报，承制颁给赦书，分赏诸将，欲知底细，容待下回说明。

陈元达虏臣也，刘娥虏后也，一沦左衽，一偶番主，就是有善可称，亦似在无足重轻之列。然孔子《春秋》中国用夷礼，则夷之；进于中国，则中国之。无畛域之见存于其间，故《春秋》一书，流传万世。依例而推，则如元达之直谏刘聪，不得谓非忠臣，刘氏之疏救元达，不得谓非贤后，善善从长，恶恶从短，固史家应有之要旨也。杜弢为逆，胡亢杜曾，又复从乱，乱逆之徒，人人得而诛之。陶侃周访甘卓等，合兵进讨，义在则然，但侃尤为忠勇，故叙侃较详，叙访卓则皆从略，详略之分，均具深意，是又阅者所当体察也。

第二十九回

小儿女突围求救　大皇帝衔璧投降

却说琅琊王睿，因杜弢走死，湘州告平，遂进王敦为镇东大将军，都督江扬荆湘交广六州诸军事，领江州刺史，封汉安侯。外如陶侃以下，无甚超擢，唯奖叙有差。敦既握六州兵权，得自选置官属，权势益隆。当时江东一带，内倚王导，外恃王敦，曾有王马共天下的谣言。实是王牛，并非王马。荆州刺史陶侃，最称有功，反中敦忌。侃却未悉敦情，但知平乱，复引兵往击杜曾。适愍帝派侍中第五猗为安南将军，监领荆梁益宁四州军事。猗自武关南下，由杜曾至襄阳往迎，曲致殷勤，且娶猗女为侄妇，竟与猗分据汉沔，作为犄角。及侃赴石城攻曾，也未免恃胜生骄，视为易取。司马鲁恬谏侃道："兵法有言，知己知彼，百战百胜，杜曾非可轻视，公当小心将事，毋中彼计。”侃不以为然，径向石城进发。到了城下，麾兵猛攻。曾多骑士，突然开门，纵骑突出，冲过侃垒。侃率众抢城，不遑顾后，哪知前面由曾杀出，后面又有骑兵返击，几至腹背受敌，为曾所乘，还亏侃军素有纪律，临危不乱，才得勉力支持，但兵众已战死了数百人。曾见侃力战不退，也不愿返守石城，因下马别侃。侃亦不欲进逼，由他自去。

时晋廷因山简已殁，见前回。续派襄城太守荀崧，都督荆州江北诸军事，驻节宛城。杜曾自石城出走，引众往攻荀崧，突将宛城围住。崧不意寇至，顿时慌乱，又兼兵少食寡，势难久持，不得已向外乞援，为解围计。当时襄阳太守石览，为崧故吏，崧即缮就书函，拟遣人送达襄阳，求发援兵。偏僚佐不敢出城，得了崧命，都面面相觑，呆立不动。崧急得没法，只得据案欷歔；蓦见一垂髫女子，从屏后出来，振起娇喉，向崧朗禀道：“女儿愿往！”写得突兀。崧惊起俯视，乃是亲女荀灌，年只一十三龄，不由的叹息道：“汝虽愿往投书，但身为弱女，如何突围？”灌奋答道：“城亡家破，同时毕命，果有何益？女儿年虽幼弱，颇具烈志，倘能突出重围，乞得援兵，那时城池可保，身家两全，岂不甚善？万一不幸，为贼所困，也不过一死罢了，同是一死，何若冒险一行。”说至此，竟把两道柳眉，耸上眉棱，现出一种威毅的气象。旁边站立的僚佐，都不禁暗暗喝采，啧啧称奇。自知愧否？灌又向外召集军士，慨然与语道：“我父被困，诸君亦被困，譬如同舟遇难，共虑覆亡，我一弱女子身，不忍同尽，所以自愿乞援，今夜即拟出发，如有与我同志，即请偕行。退贼以后，我父不惜重赏，与诸君共享安乐，愿诸君三思！”言未毕，即有壮士数十名，踊跃上前道：“女公子尚不惜身命，我等怎敢自阻？愿为女公子先驱！”全从义愤激起。灌又顾语僚佐道：“灌冒昧求援，往返必需时日，守城重责，我父以外，还仗诸公。”僚佐听了，也不好再为推诿，便即应声如命。灌乃与勇士立约，准至夜半出城，自己入内筹备。

到了黄昏时候，饱餐一顿，便即束住头巾，缚紧腰肢，身穿铁铠，足着蛮靴，佩了三尺青虹剑，携了两把绣鸾刀，出至堂上，辞别乃父。荀崧瞧着，好似一个女侠模样，不觉又喜又惊，便嘱语道：“汝既愿往，我也不便阻汝，须要小心为上。”灌答道：“女儿此去，必有佳音，愿父亲勿忧！”全无一些儿女态，真好英雌。崧乃递与乞援书，灌接藏怀中，即奋然告别道：“女儿去了。”此四字胜过易水荆卿。一面说，一面出厅，但见壮士数十名，俱已扎束停当，携械待着，经灌一声招呼，都上前听令。灌命大众上马，自己亦跨上征鞍，驰至城边，潜开城门，一声驱出。杜曾营外，只有侦骑巡逻，见城内有人出来，忙即报知杜曾。待曾拨兵出阻，灌等已穿垒过去。曾兵相率来追，被灌指麾壮士，回杀一阵，砍倒曾兵数名。究竟夜深天黑，咫尺不辨，曾兵亦何苦寻死，乐得退还。

灌得驰至襄阳，入谒石览，呈上父书。览见灌是个少女，却能突围求救，自然另眼相看。再经灌词气慷慨，情致纯诚，当即满口应承，即日赴援。灌尚虑览兵未足，再代崧草书，遣人飞报寻阳太守周访，请他为助，自与石览兵众，还救宛城。城中日夕望援，见有救兵到来，欢声四噪，荀崧即督众出迎。灌引览至城下，被杜曾兵阻住，当即跃马冲入，且战且前。览军随进，奋力突阵，荀崧亦已杀出，里应外合，即将杜曾兵击退。崧览并马入城，灌亦随进。未几，又来了一员小将，带兵三千，也来援崧。杜曾见救兵陆续到来，料知宛城难下，见机引去。看官欲问小将为谁？乃是周访子抚。崧迓抚入城，与览并宴，席中谈及乃女突围事情，览与抚同声赞美。从此灌娘芳名，遂得传诵一时，称扬千古了。力为巾帼褒扬。

石览周抚，辞归本镇，不在话下，惟杜曾退次顺阳，遣人至荀崧处上笺，有"乞求抚纳，讨贼自效"等语。崧因宛中兵少，恐曾再至，不得不复书允许。陶侃闻报，亟贻崧书道："杜曾凶狡，性如鸱枭，将来必致食母，此人不死，州土不安，足下当记我言，幸勿轻许。"崧不听侃言，果然杜曾复出，进围襄阳，亏得襄阳有备，无懈可击，曾始退去。侃将还江陵，欲至王敦处告别，部将朱伺等，俱向侃谏阻，谓敦方见忌，不宜轻往。侃以为敦不足惧，慨然竟行。见敦以后，果为所留，别用从弟王廙为荆州刺史。侃吏郑攀马俊等，诣敦上书，共请留侃，敦当然不许。攀等相率恨敦，竟率徒党三千人，西迎杜曾，同袭王廙。激使为变，谁实尸之。廙奔至江安，调集各军讨曾，曾既得郑攀等人，复北合第五猗，来攻王廙，廙又为所败。王敦嬖人钱凤，素来嫉侃，遂诬称攀等为乱，实承侃旨。看官！试想敦既与侃有嫌，又经钱凤从旁媒孽，顿时起了杀心，披甲持矛，拟往杀侃。转念一想，不便杀侃，又复回入。再一转念，仍要杀侃，又复趋出。辗转至四五次，为侃所闻，竟昂然见敦，正色与语道："使君雄断，当裁制天下，奈何迟疑不决呢？"言毕，趋出如厕。未免太险，但看下文梅陶等之谏，想侃已与接洽，故有此胆。谘议参军梅陶，长史陈颂，并入谏敦道："周访与侃，乃是姻亲，相倚如左右手，岂有左手被断，右手不应么？愿公慎重为是！"敦意乃解，释甲投矛，命设盛筵，召侃同宴，且调侃为广州刺史。侃宴毕即行，惟侃子瞻尚留敦处，由敦引为参军。

先是广州人民，不服刺史郭讷，另迎前荆州内史王机为刺史，王机见二十四回。机至广州，恐为王敦所讨，因遣使白敦，情愿转徙交州。敦却也允诺，故令侃往刺广州。偏机收纳杜曾将杜弘，杜弘见前回。听了弘言，仍欲还取广州。可巧陶侃驰至，击破王机及杜弘，机走死道中，弘奔投王敦。广州平定，侃得进封柴桑侯，食邑四千户。侃在州无事，辄朝运百甓至斋外，夜运百甓至斋内。左右问为何因？侃答说道："我方欲致力中原，不宜过逸，今得少暇，欲借此习劳，免致筋力废弛呢。"左右乃服。只是郑攀等与廙相拒，尚未了结，俟至下文再表。

且说汉中山王刘曜，奉汉主聪命，复出兵寇掠关中。晋愍帝令麹允为大都督，率兵抵御，索綝为尚书仆射，都督宫城诸军事，保守长安。曜至冯翊，太守梁肃，弃城奔万年。冯翊为曜所得，再移兵攻北地。麹允出至灵武，因兵力单弱，不敢轻进，再上表长安，乞请济师。长安无兵可调，只得向南阳王征兵。南阳王保，与僚佐商议行止，僚佐皆说道："蝮蛇螫手，壮士断腕，今胡寇方盛，不如且断陇道，见可乃进。"从事中郎裴诜道："今蛇已螫头，头可断不可断么？"诘问得妙。保实不愿援长安，但使镇军将军胡崧为前锋都督，待诸军会集，然后进援。恐不耐久持了。麹允待援不至，又表请奉帝就保。索綝从中阻议道："保得天子，必逞私图，不如不去。"就保亦危，不就保益危，看到下文，是綝已隐有异志了。乃不从允议，但促允速援北地。允不得已集众赴救，行至中途，遥望北地一隅，烟焰蔽天，仿佛大火燎原，不可向迩，心下已未免惊疑，又见有一班难民，狼狈前来，便饬军停住，问及北地情形。难民答说道："郡城已陷，往救恐不及了。且寇锋甚盛，不可不防。"说毕，即踉跄趋去。允听了此言，进退两难，不料部众竟先骇散，不待允令，便即奔回。允也只好拍马返走。其实，北地尚未陷没，由曜纵火城下，计惑援兵，就是一班难民，也是汉兵假扮，来给麹允。允不辨真伪，竟堕曜计，回至磻石谷，又被曜众杀到，此时还有何心对敌，连忙奔窜，走入灵武城内。麾下不过数百骑兵，还算带头归来，是一幸事。允颇忠厚，惜无断制，威不足服人，惠不能及众，所以诸将慢法，士卒离心。直揭病根，瑕不掩瑜。安定太守焦嵩，本是由允荐举，嵩却瞧允不起，很是倨傲，至是允遣使告嵩，饬即进援。嵩冷笑道："待他危急，往救未迟。"遂却还来使，但言当会齐人马，然后趋救。允亦无法催逼，只好束手坐视。

那刘曜已攻取北地，进拔泾阳，渭北诸城，相继奔溃。曜长驱直进，势如破竹。晋将鲁充梁纬等，沿途堵御，均为所擒。曜素闻充贤，召令共饮，且劝充道："司马氏气运已尽，君宜识时变计，能与我同心共事，平定天下不难了。"充怅然道："身为晋将，不能为国御敌，自致败覆，还有何面目求生？若蒙公惠，速死为幸！"曜连称义士，拔剑付充，充即自刎。梁纬亦不肯降曜，也被杀死。纬妻辛氏，亦在戍所，同时遭掳。辛氏形容秀丽，仪态端庄，曜不禁艳羡起来。便好言慰谕，想把她纳为妾媵。独不怕羊氏吃醋么？辛氏大哭道："妾夫已死，义不独生。况烈女不事二夫，妾若隳节，试问明公亦何用此妇？"曜亦叹为贞女，听令自杀，命兵士依礼棺殓，与纬合葬。鲁充遗骸，照样办理。忠臣烈妇，并得千秋，死且不朽了。特笔。

曜遂率众逼长安，西都大震，愍帝四面征兵，朝使迭发，并州都督刘琨，拟约同代王猗卢，入援关中。偏猗卢为子所弑，国中大乱。小子于前回起首，曾叙及猗卢宠爱少子，黜徙长子六修，并及修母，嗣因六修入朝，猗卢使下拜比延。六修不愿拜弟，拂袖竟去。猗卢饬将士往追，将士亦不服猗卢，纵还新平城。偏猗卢尚不肯干休，督兵往讨。六修佯为谢罪，夜间竟掩袭父营，猗卢未曾预备，再经将士离叛，一哄散去，单剩猗卢一人，逃避不及，竟为乱军所害。猗卢从子普根，居守代郡。闻得猗卢死耗，仗义兴师，往攻六修。前次为猗卢废长立幼，因致舆情不服，此次闻六修以子弑父，又不禁激起众愤，俱来帮助普根，同讨六修。究竟人心不死。六修连战失利，旋即伏诛。普根嗣立，国中尚未大定，当然不能助琨。琨孤掌难鸣怎能入援长安，琅琊王睿，路途遥远，又一时不能西行，只有凉州刺史张寔，遣将王该，率步骑五千人入援。

寔系凉州牧张轨子，轨镇凉有年，始终事晋，每遇国家危难，辄发兵勤王，晋封为太尉凉州牧西平公。愍帝二年六月，轨寝疾不起，遗令诸子及将佐，务安百姓，上思报国，下思宁家。已而轨没，长史张玺等，表称世子实继摄父位。愍帝乃诏寔为凉州刺史，袭爵西平公，赐轨谥曰武穆。轨能忠晋，故特表明。凉州军士，得着玉玺一方，篆文为“皇帝行玺”四字，献与张寔。寔承父命，不肯背晋，即将玉玺送入长安，并奉上诸郡方贡。有诏命寔都督陕西军事，实弟茂拜秦州刺史。及长安被困，寔乃遣王该入援，但该带兵不多，眼见是不能却虏。安定太守焦嵩，始与新平太守竺恢，弘农太守宋哲等，引兵救长安。散骑常侍华辑，曾监守京兆冯翊弘农上洛四郡，也募众入救，同至霸上，探得曜众甚盛，仍不敢前进，作壁上观。南阳王保，遣胡崧带兵进援，崧尚有胆力，独至灵台袭击曜营，得破数垒。索綝麹允，并未遣人犒赏，崧怀恨退去，移屯渭北，未几竟驰还槐里。曜见晋军各观望不前，乐得麾众大进，攻扑长安。綝允两人，保守不住，即由外城退入内城，外城遂致陷没。曜复攻内城，围得水泄不通。

城中粮食已尽，斗米值金二两，人自相食，或饿死，或逃亡，唯凉州义勇千人，入城助守，誓死不移。太仓有麹数十䴵，由麹允先时运入，舂碎为粥，暂供宫廷，寻亦食尽。时已为愍帝三年仲冬，雨雪霏霏，饥寒交迫，外面的钲鼓声，刀箭声，又陆续不绝，日夜惊心。愍帝召入麹允索綝，与商大计。允一言不发，只有垂泪。綝想了多时，但说出了一个“降”字。綝前时为模复仇，约同起义，尚有丈夫气象，胡为此时一变至此？愍帝亦不禁涕泣，顾语麹允道：“今穷厄如此，外无救援，看来只好忍耻出降，借活士民。”允仍然不答。忽有将吏入报道：“外面寇兵，势甚猖獗，恐城池不能保守了。”索綝便抢步出去，允亦徐退。愍帝长叹道：“误我国事，就是麹索二公。”随即召入侍中宗敞，叫他草就降笺，送往曜营。敞持笺出殿，转示索綝。綝留敞暂住，潜使子出城诣曜，向曜乞请道：“今城中粮食，尚足支持一年，急切未易攻下，若许綝为车骑将军，封万户郡公，綝即当举城请降。”曜不禁劝怒，叱责綝子道：“帝王行师，所向惟义，孤将兵已十五年，未尝用诡计欺人，你前时何故给允？必待他兵穷势竭，然后进取。今索綝所言如此，明明是晋室罪臣，天下无论何国，不讲忠义，乱臣贼子，人人得诛，果使兵食未尽，尽可勉力固守，否则粮竭兵微，亦宜早知天命，速即来降，何必欺我！”说着，即令左右将綝子推出，枭首徇众，送还城中。綝得了子首，当然悲哀，惟自己总还想保全性命，没奈何遣发宗敞，使诣曜营乞降。

曜收了降笺，令敞返报。愍帝委实没法，自乘羊车，衔璧舆榇，驰出东门。群臣相随号泣，攀车执愍帝手，哭声震地。何益国事？愍帝亦悲不自胜。御史中丞吉朗，掩面泣叹道：“我智不能谋，勇不能死，难道就随主出降，北面事虏么？”说至此，即向愍帝前叩别，且启愍帝道：“愿陛下好自珍重，恕臣不能追随陛下！臣今日死，尚不失为晋臣呢。”索綝其听之！拜毕起身，用头撞门，头破脑裂，倒地而亡。愍帝到了此时，已无主宰，意欲不去，又不好不去，乃径诣曜营。曜接见愍帝，居然行起古礼，焚榇受璧，暂使宗敞奉帝还宫，收拾行装，指日东行。

越宿，曜入长安城，检点图籍府库，令兵士入迫愍帝及公卿等迁往曜营。又越一日，曜派将押同愍帝等人，送往平阳。愍帝登汉光极殿，汉主聪早已坐着，由愍帝稽首行礼。麹允伏地痛哭，触动聪怒，命将允拘入狱中，允即自杀。还是与吉朗同时殉国，较为清白。聪授愍帝为光禄大夫，封怀安侯，赠麹允车骑将军，旌扬忠节，独责索綝不忠，处斩东市。斩得爽快。一面下令大赦，改元麟嘉，命中山王曜假黄钺大都督，统领陕西军事，进官太宰，改封秦王。于是西晋两都，一并覆灭，西晋遂亡。总计西晋自武帝称尊，传国三世，共历四主，凡五十二年。小子有诗叹道：

洛阳陷没已堪哀，谁料西都又被摧？
怀愍相随同受掳，徒稽史迹话残灰。

西晋虽亡，尚有征镇诸王，能否兴废继绝，且至下回再表。

以十三龄之弱女，独能奋身而出，突围求援，如此奇女子，求诸古今史乘中，得未曾有，本回力为摹写，尤足使女界生色。吾慨夫近世女子，厕身学校，假平等自由四字为口头禅，居然侈言爱国，要求参政，曾亦闻有荀灌之实心实力，得保君亲否耶？他如梁纬妻辛氏，秉贞抱节，不肯苟全，谁谓中国妇女，素无学识？以视今日之略识之无，眼高于顶，自命为士女班头，而反荡检逾闲，不顾道德，吾正不愿有此奇邪之学识也。麹允索綝，奉愍帝而续晋祚，复降刘曜而亡晋室，出尔反尔，自相矛盾，而索綝尤为不忠。允之死已有愧鲁充吉朗诸人，綝之被杀，并有愧麹允。等是一死，而或则流芳，或反贻臭，奈之何不辨之早辨也？愍帝谓误我事者，麹索二公，其言诚然。或谓愍帝用人不明，未尝无咎，然愍帝年未及冠，又继流离颠沛之余，情有可原，迹更可悯，而索綝之罪，不容于死，试证以荀女梁妻，其相去为何如乎？

第三十回

牧守联盟奉笺劝进　君臣屈辱蒙难丧生

却说长安陷没，愍帝被掳，荡荡中原，又变了没有正主的国家。霸上屯着的援兵，都已遁还，就是凉州差来了王该，也收回义勇，与黄门郎史淑同去。回应前回，一丝不漏。当愍帝出降前一日，淑曾亲受诏命，赍着愍帝手书，加拜张寔为凉州牧，承制行事。且诏中有“朕已命琅琊王睿，继摄大位，愿公协赞，共济多难”云云。淑得先入王该营中，所以与该同往。行到姑臧，就是凉州治所，当下入见张寔，报明愍帝被掳情形。寔辞官不受，大哭三日。又遣司马韩璞等，率步骑万人，东往击汉，并贻南阳王保书。有云：“王室多难，不敢忘死，况朝廷倾覆，天子蒙尘，东向悲愤，死有余责。今遣璞等讨贼，愿公即日会师，同建义举，寔当唯命是从。”这书亦付璞带去。璞至陕西，为寇所阻，自思手下只有万人，怎能敌得过数万汉兵，不如见机引还，尚保万全，乃麾兵径归。就是寄保一书，亦不得达。惟凉州一带，幸由张氏镇守，尚得无恙。先是关中有童谣云：“秦州中，血没腕，惟有凉州倚柱观。”及长安失陷，汉兵四掠，氐羌亦乘隙蠢动，骚扰陇右。雍秦两州人民，十死八九，惟凉州得安，果如歌谣相符。弘农太守宋哲，自长安奔至建康，由琅琊王睿接见。哲从怀中取出愍帝诏书，南面宣读。睿下阶跪伏，但听哲读诏道：

> 遭遇迍否，皇纲不振。朕以寡德，奉承洪绪，不能祈天永命，绍隆中兴，至使凶胡敢率犬羊，逼迫京辇，朕今幽塞穷城，忧虑万端，恐一旦奔溃，因令平东将军宋哲，诣丞相府，具宣朕意，使摄万几，恢复旧都，修缮陵庙，以雪大耻而报深仇，是所至望！丞相其毋辞！

诏既读毕，睿起身接受，留哲在府。哲复述及长安情状，睿乃入易素服，出次举哀，且移檄四方，拟即北征。西阳王羕，系前汝南王亮第三子，见前文。曾从睿渡江，睿承制拜为抚军大将军，至是邀同僚佐牧守，上笺劝进，睿不肯从。羕等再三固请，睿慨然流涕道：“孤乃皇晋罪人，惟有蹈节死义，誓雪国耻，得能济事，尚可自赎，且孤本受封琅琊，若诸贤见逼，再四不已，孤只有仍归原国便了。”你亦知罪么？但恐言不由衷，徒然欺人。说罢，便自呼私奴，命驾归国。羕等不敢再劝，但请依魏晋故事，称为晋王。睿乃允诺，择日即晋王位，设坛西郊。届期受僚属参谒，改元建武，愍帝尚在平阳。睿既不欲称尊，何必急急改元。号建业为建康，颁令大赦。除杀祖父母父母及刘聪石勒等，不从此令外，悉数宥免。遂备置百官，立宗庙社稷。有司请立王太子，睿爱次子宣城公裒，意欲为嗣，因商诸王导道："立子应该尚德否？"导主张立长，谓世子绍与宣城公，朗俊相同，但立长较为顺理，幸勿乱序。睿乃立世子绍为王太子，次子裒为琅琊王，奉恭王后，恭王名觐，见前。使镇广陵。绍与裒同为宫人荀氏所生，颇得睿宠，唯睿妃虞氏，素妒荀宫人。荀氏不免怨望，为睿所闻，遂致见疏。虞妃无子，至睿为晋王时又已去世，所以立绍为嗣，绍虽见立，荀氏仍不得加位，但追尊虞氏为王后，这也无庸细评。西阳王羕，受封太保，外如征南大将军王敦，进为大将军领江州牧，右将军王导，进为骠骑将军，领扬州刺史，都督中外诸军事。左长史刁协为尚书左仆射，右长史周𫖮为吏部尚书，军谘祭酒贺循为中书令，右司马戴渊王邃为尚书，司直刘隗为御史中丞，参军刘超为中书舍人，余亦封拜有差。王敦辞去州牧，王导因敦外握兵权，亦辞去中外都督，贺循亦自称老病，辞去中书令，睿皆准如所请。惟改任循为太常卿，循为江左儒宗，明习礼仪，颇为睿所推重。还有刁协历仕中朝，熟谙旧事，睿亦随事谘询。江东草创，百事待举，一切兴作，多由二人决议，才见推行。

未几，又来了一个名士，姓温名峤，字太真，乃是故司徒温羡从子，本是祁县人氏，父憺为河东太守。峤生性聪颖，博学能文，年十七时，已有盛名，州郡辟召，均皆不就。后为东阁祭酒，补授潞令。平北大将军并州刺史刘琨妻，系峤从母，琨因引为参军，迁擢上党太守，加建威将军，拒击石勒，辄有战功。琨进官司空，复任峤为右司马。小子尝阅《世说新书》，亦称《世说新语》，为刘宋临川王义庆所著。载有峤艳史一则。峤元配王氏，早年病殁，从姑刘氏有一女，秀外慧中，刘氏嘱峤觅婿，峤自有婚意，但佯答道："佳婿难得，若有人似峤，可能中意否？"刘氏道："不敢望汝。但教品学少优，便可将就了。"过了两三日，峤即入报道："已得佳婿了，门地恰也清高，婿现为名宦，与峤相似。"刘氏大喜。峤即取出玉镜台一枚，作为聘物，刘氏当然收下。到了婚期，峤引导彩舆，往迎新嫁娘，刘家还道峤是媒妁，待以常礼，及刘女登舆，峤亦随回，竟令彩舆抬入己家，居然改穿吉服，自作新郎，与女交拜。礼毕入房，女用手自披纱扇，顾峤大笑道："我原疑是老奴！"峤亦笑道："如峤可得配卿否？"女本来慕峤，自然乐允。旧中表作为新夫妇，相亲相爱，更逾常人。惟看官不要误作琨女，琨妻是峤的从母，俗例叫姨母，若刘氏是峤的从姑，乃是姑母，与姨母不同。《尔雅》谓父之从父姊妹为从姑，母之姊妹为从母。这事虽无关时势，但古今传为韵事，所以小子也随笔叙入，见得峤风流自喜，确是一个不羁才。

至长安陷没的时候，琨为石勒所攻，奔入蓟城，当时也有一段情事，不得不补叙明白。汉主聪使刘曜攻长安，复使石勒攻并州，双方并举，免得琨入援长安。勒进陷廪邱，守将刘演，遁往段氏，演守廪邱见二十六回。勒复进围乐平，太守韩据，向琨求救，适琨子遵，因代有内乱，见前回。引着代将卫雄箕澹等，并及人马牛羊，趋回晋阳。琨得了资助，即拟出兵拒勒，箕澹谓代众新附，不宜轻用。琨急欲平寇，不从澹言，且使澹率代众为前趋，往救乐平，自屯广牧为后援。澹中石勒埋伏计，丧失兵马一大半，走还代郡。韩据亦弃城他窜，并土大震。那石勒确是厉害，又从间道袭晋阳，留守长史李弘，竟举城降勒，于是琨进退失据，不得已奔往蓟城，投依段匹磾。匹磾已领幽州刺史，见五十二回。见琨来奔，很加器重，与琨约为兄弟，并结姻好，两人遂歃血同盟，期复晋室，一面檄告华夷，邀同太尉豫州牧荀组，镇北将军刘翰，单于广宁公段辰，辽西公段眷，冀州刺史邵续，兖州刺史刘广，东夷校尉崔毖，鲜卑大都督慕容廆等，并推晋王睿为晋主，同心讨汉。就是汉将曹嶷，占据齐鲁间郡县，自守临淄，筑广固城，因与石勒有隙，也去汉附琨，愿戴晋王。琨即令温峤南赴建康，奉书劝进。峤奉令即行，母崔氏不愿峤往，牵住峤裾，峤绝裾径去。未免太忍，但为出行，亦属难辞。兼程至建康，王导周颢等，素闻峤名，迎入客廨，问明来意。峤取笺出示，导等大喜，即引入见睿。睿而加慰劳，且取笺展览道：

臣闻天生烝民，树之以君，所以对越天地，司牧黎元，圣帝明王，监其若此，知天地不可以乏享，故屈其身以奉之；烝黎不可以无主，故不得已而临之。社稷多难，则戚藩定其倾，郊庙或替，则宗哲纂其祀，是以弘振遐风，式固万世。三五以降，靡不由之。伏维高祖宣皇帝，肇基景命，世祖武皇帝，遂造区夏，三叶重光，四圣继轨，惠泽侔于有虞，卜世过于周氏。自元康以来，艰难繁兴，永嘉之际，氛厉弥昏，宸极失御，登遐丑裔，国家之危，有若缀旒，赖先后之德，宗庙之灵，皇帝嗣建，旧物克甄，诞授钦明，服膺聪哲。玉质幼彰，金声夙振。冢宰摄其纲，百辟辅其政，四海想中兴之美，群臣怀来苏之望。不图天不悔祸，大灾荐臻，国未忘难，寇害寻兴，逆胡刘曜，纵逸西都，敢肆犬羊，陵虐天邑。主上幽劫，复沈虏庭，神器流离，再辱荒逆。臣每览史籍，观之前载，厄运之极，古今未有。苟在食土之毛，含血之类，莫不叩心绝气，行号巷哭。况臣等荷宠三世，位厕鼎司，闻问震惶，精爽飞越，且惊且惋，五情无主。臣闻昏明迭用，否泰相济，天命无改，历数有归，或多难以固邦国，或殷忧以启圣明。是以齐有无知之祸，而小白为五霸之长，晋有骊姬之难，而重耳主诸侯之盟。社稷靡安，必将有以扶其危，黔首几绝，必将有以继其绪。伏维陛下，玄德通于神明，圣姿合于两仪，应命世之期，绍千载之运，符瑞之表，天人有征，中兴之兆，图谶垂典。自京畿陨丧，九服奔离，天下嚣然，无所归怀，虽有夏之遘夷羿，宗姬之罹犬戎，蔑以过之。陛下抚征江左，奄有旧吴，柔服以德，伐叛以刑，抗明威以慑不类，杖大顺以号宇内，纯化既敷，则率土宅心，义风既畅，则遐方企踵，百揆时叙于上，四门穆穆于下。昔少康之隆，夏训以为美谈，宣王中兴，周诗以为休咏。况茂勋格于皇天，清晖光于四海，苍生颙然，莫不欣戴，声教所加，愿为臣妾者哉。且宣皇之胤，惟有陛下，亿兆依归，曾无与二。天祚大晋，必将有主，主晋祀者，非陛下而谁？是以迩无异言，远无异望，讴歌者无不吟讽徽猷，讼狱者无不思于圣德。天地之际既交，华夷之情允洽，一角之兽，连理之木，以为休征者，盖有百数，冠带之伦，要荒之众，不谋同辞者，动以万计。是以臣等敢考天地之心，因函夏之趣，昧死上尊号，愿陛下存舜禹至公之情，挟由巢抗矫之节，以社稷为务，不以小行为先，以黔首为忧，不以克让为嗣，上慰宗庙乃顾之怀，下释普天倾首之勤，则所谓生繁华于枯荑，育丰肌于朽骨，神人获安，无不幸甚。臣闻尊位不可久虚，万几不可久旷，虚之一日，则尊位已殆，旷之浃辰，则万几以乱。方今踵百王之季，当阳九之会，狡寇窥窬，伺国瑕隙，黎元波荡，无所系心，安可废而不恤哉？陛下虽欲逡巡，其若宗庙何？其若百姓何？昔者惠公虏秦，晋国震骇，吕郤之谋，欲立子圉，外以绝敌人之志，内以固阖境之情，故曰丧君有君，群臣辑睦，好我者劝，恶我者惧。前事之不忘，后代之元龟也。陛下明并日月，无幽不烛，深谋远猷，出自胸怀，不胜犬马忧国之情，待睹神人开泰之路。是以陈其乃诚，布之执事。臣等忝于方任，久在遐外，不得陪列阙廷，与睹盛礼，踊跃之怀，南望罔极，敢布腹心，幸乞垂鉴！

睿既览毕，半晌才说道："主上播越，正臣子见危致命的时候，奈何敢妄窃天位呢？"遂留峤在建康，另遣使赍递复书，语云：

豺狼肆毒，荐复社稷，亿兆颙颙，延首罔系。是以居于王位，以答天下，庶几迎复圣主，扫荡仇耻，岂可猥当隆极？此孤之至诚，著于遐迩者也。公受奕世之宠，极人臣之位，忠允义诚，精感天地，实赖远谋，共济艰难，南北回邈，同契一致。万里之外，心存咫尺，公其抚宁华戎，致罚丑类，动静以闻！

琨得晋王睿复书，便与段匹磾商议，先讨石勒，再击平阳。匹磾推琨为大都督，自为琨副，联名檄州郡牧守，会师襄国，且发兵出屯固安，俟集各军。偏匹磾从弟末抷，得勒厚赂，多方阻挠，各州郡牧守，亦多徘徊观望，未闻出师。琨与匹磾，只好付诸长叹，同归蓟城。总之晋乱已甚，天怒人怨，大势一去，无可挽回。汉主聪原是不道，但势方强盛，连虏二帝，晋室王公，半多束手，有几个侈谈匡复，或力不从心，或言不由衷，全局似散沙一般，怎能毅然进讨，问罪平阳呢？建武元年十二月，汉主聪复弑愍帝，简直如屠戮犬豕一般，从臣只死了一个辛宾，总算是孤忠耿耿，碧血千秋。

这愍帝遇弑原因，全是聪子粲一人主张，说将起来，又有一番颠末，应该约略叙明。自聪多内宠，不理朝政，凡事皆委粲办理，且加封晋王。粲不但欲代父统，并想奄有中原，做一个华夷大皇帝，惟事有先后，第一着下手，非除太弟乂不可。乂在东宫，亦窃窃自危。一日，天忽雨血，东宫延明殿中，下血尤多，乂且惊且忧，转问太傅崔遐，太保许遐。两人齐声道："天象已明示殿下，须要流血一次，方可安枕，试想主上立殿下为太弟，无非暂安众心，今已属意晋王，任为相国，权势威重，高出东宫，殿下若再容忍过去，位必难保，且有不测的危祸，故不如先发制人，免为彼算。"乂迟疑不答。两人复并说道："今东宫卫兵，不下四千，相国轻佻，但教遣一刺客，便足了事，余王并幼，有何能为？若殿下有意，二万精兵，叱嗟可致，一鼓入云龙门，卫士必倒戈相迎，正无烦费力呢。"乂终不从。这却不能咎乂。

东宫舍人荀裕，竟入告汉主聪，报称崔许劝太弟谋反，聪立收崔许入狱，寻即诛死，别使冠威将军卜抽，率兵监守东宫，禁乂朝会。乂非常忧惧，上表乞为庶人，请以晋王粲入嗣。抽将表捺住，不使上达。乂虽未被废，已等囚奴，从前乂妾靳氏，为护军靳准从妹，与役吏宣淫，被乂窥透奸情，杀死靳氏，且屡次嘲准。准暗生忿恨，尝至粲处进谗，谓乂将谋变，窃发有期。粲不禁着急，向准问计。准说道："主上爱信太弟，若猝然相告，未必肯信，不如撤回东宫监守，使太弟仍得交通宾客，太弟素好待士，必不加防，俟探得间隙，下官乃可举发，再将太弟往来宾佐，拘住数人，利诱威逼，不怕大狱不成！"金壬狡谋，大率如此。粲喜从准言，便令卜抽引兵撤回。乂还道是相国有情，得免禁锢，哪知他是请君入瓮的诡谋。

汉主聪更加糊涂，沉湎酒色，好几月不出视朝，后宫佩皇后玺绶，多至七人，以靳月华为正皇后，又拣了一个宫人樊氏，使侍巾栉。樊氏系聪母张氏侍婢，生小入宫，垂髫后妖媚无比，便得偷沾雨露，仰沐皇恩。聪宠爱逾恒，竟令她为上皇后，做了靳月光的替身。采葑采菲，无以下体。想聪必熟读此诗。从来女子小人，往往有连带关系，宫中既有若干宠妾，当然有若干权阉，中常侍王沈宣怀，中宫仆射郭猗等，皆嬖幸用事，车服第舍，僭越诸王，子弟多出为守令，靳准欲设法除乂，不得不联络阉人，表里为奸。东宫少府陈休，左卫将军卜崇，人品清正，素嫉宦官，虽在公座，不与王沈等交言。侍中卜干，尝引窦武陈蕃故事，见《后汉演义》。隐戒休崇。休崇情愿一死，不肯少屈，果然憸人构陷，大祸临头。汉主聪忽御上秋阁，命收陈休卜崇，及特进綦毋达，大中大夫公师彧，尚书王琰田歆，大司农朱诞，一并加诛。綦毋达等，同为宦寺所忌，故亦连坐。侍中卜干，见诏旨猝下，慌忙谏阻，甚至叩头流血。王沈站立聪侧，厉声叱干道："卜侍中胆敢拒诏么？"聪闻沈言，拂衣竟入。休崇等遂被牵出市曹，一齐处斩。干趋退后，有诏黜为庶人。太宰河间王刘易，大将军渤海王刘敷，粲弟。御史大夫陈元达，光禄大夫西河王刘延等，联名上表，弹劾宦官。汉主聪反将所上表章，取示王沈，且笑语道："群儿为元达所引，乃致有此痴语呢?”沈即叩头称谢。聪复召粲入问，粲极言沈等忠清，因复封沈等为列侯。刘易闻诏，伏阙上疏，稽首固谏。聪竟大怒，把易疏撕碎，掷还刘易。易乃趋出，恚忿而死。陈元达临丧大恸道：“人之云亡，邦国殄瘁，我从此不能再言，还要活着做甚么?”及吊毕归家，亦服毒自杀。何不早去?

既而聪宴会群臣，引见太弟乂，见他面目憔悴，涕泣陈词，也不觉潸然泪下，乃与乂畅宴，待遇如初。那靳准王沈等，却非常惶急，亟谒相国刘粲，授与密计。粲即使私党王平，往语太弟乂道：“顷得密旨，谓京师将有大变，请饬左右衷甲戒严，豫备不虞。”乂信为真言，命宫臣衷甲以待。不意靳准王沈，借此诬乂，聪听信谗言，竟使粲往围东宫，收捕太弟僚佐，屈打成招，自诬与乂谋反。供词入呈。聪反称沈等忠贤，并废乂为北海王。粲又使准进毒鸩乂，乂死得不明不白，无处伸冤。东宫官属，亦枉死了数十人。粲得立为皇太子，仍领相国大单于，总摄朝政如故。

会聪出猎上林，召晋愍帝行车骑将军，使他执戟前导，行三驱礼。平阳父老，聚观道旁，都不觉惨然道：“这便是长安故天子呢!”粲时在列，听到是言，触起旧感，俟罢猎回宫，即向聪进言道：“周武王岂愿杀纣，正恐同恶相求，容易生患，不如早除为是。”聪踌躇道：“前杀庾珉王俊，尚滋众议，我今不忍再行此事。”粲不肯遽退，又复力请，经聪以他日为约，方才退出，未几又在光极殿会宴，聪使愍帝行酒洗爵，及更衣时，又使执盖。晋尚书郎辛宾，侍从愍帝，不由的目击心伤，起抱帝腰，大哭失声。实属无谓。不过表明一腔愚忠。聪愤愤道：“想汝不望再活，愿随庾珉辈后尘呢。”遂叱左右扯出辛宾，一刀杀死。愍帝吓得乱抖，只因死期未届，尚使退回。会荥阳太守李矩，招降洛阳汉将赵固，使与河内太守郭默，共攻汉境，师次小平津。聪令太子粲出御，固因扬言道：“要当生缚刘粲，赎还天子。”粲即使人奉表道：“今司马睿跨据江东，赵固李矩，同逆相济，皆以故主为口实，须亟杀子业，示绝民望，彼矩固等无词可借，士卒必离，不战自溃了。”聪乃害死愍帝，时年才一十八岁。小子有诗叹道：

一君陷死几何年，又听平阳惨报传。
执盖洗樽犹遇害，可怜天地两腥膻。

愍帝遇害，赵固郭默等众，又被粲发兵击退。那时晋室统绪，当然要属诸晋王睿了。欲知底细，请看下回便知。

两都陷没，晋室垂尽，所留遗者，惟南阳琅琊二王，同居征镇，欲求继绝，舍二王其谁与归?但南阳王保，局处秦州，琅琊王睿，雄踞江左，两者相较，固应属睿而不属保。即以才行言之，睿亦似稍胜一筹。刘琨等之联名劝进，谁曰不宜?惜乎睿有继承之势，而无匡复之心，怀愍穷蹙，不闻出援，至长安失守，移檄北征，亦不过徒有虚名，未见实事，此作者之所以不能无讥也。下半回叙愍帝被弑事，夹入汉太弟义之死谗，原为销纳之笔，但西晋于此告终，汉亦由是大乱，骨肉相残，必至覆祀，无古今中外一也，观于此而知作者之垂戒深矣。

第三十一回

晋王睿称尊嗣统　汉主聪见鬼亡身

却说愍帝凶闻，传至建康，晋王睿斩衰居庐，百官请上尊号，睿尚不许，前会稽内史纪瞻，上书申请，大略说是：

陛下性与天道，犹复役机神于史籍，观古人之成败，今世事举目可知，不为难见。二帝失御，宗庙虚废，神器去晋，于今二载。梓宫未殡，神人无主。陛下膺箓受图，特天所授，使六合革面，遐荒来庭，宗庙既建，神主复安，亿兆向风，殊俗毕至。若列宿之绾北极，百川之归巨海，而犹欲守匹夫之谦，非所以阐七庙，隆中兴也。但国贼宜诛，当以此屈己谢天下耳。而欲逆天时，违人事，失地利，三者一去，虽复倾匡于将来，岂得救祖宗之危急哉？适时之宜万端，其可纲维大业者，惟理与当。晋祚屯否，理尽于今，促之则得，可以隆中兴之祚，纵之则失，所以资奸寇之权，此所谓理也。陛下身当厄运，纂承帝绪，顾望宗室，谁复与让？当承大位，此所谓当也。四祖廓开宇宙，大业如此，今五都燔爇，宗庙无主，刘石窃弄神器于西北，陛下方欲高让于东南，此所谓揖让而救火也。臣等区区，尚所不许，况大人与天地合德，日月并明，而可以失机后时哉？机不可失，时不再来，幸陛下垂察！

瞻一面上书，一面已安排御座，召集百官，力劝晋王睿登位。睿尚徘徊不进，至瞻等拥他升殿，还令殿中将军韩绩，撤去御座。瞻厉声叱绩道："帝座上应列星，谁敢妄撤？妄撤即斩！"睿也为动容。瞻即请睿下即位令，慰副民望。睿乃允诺，当有草令官缮就文辞，颁发朝堂，令云：

孤以不德，当厄运之极，臣节未立，匡救未举，夙夜所以忘寝食也。今宗庙废绝，亿兆无系，群官庶尹，咸勉之以大政，亦何敢辞？谨从众请，即日履新，特此令知！

令文甫下，忽由奉朝请周嵩，递入一笺，乃是谏阻登基，与众不同。略言："古时帝王，义全后取，让成后受，故能享世长久，万载重光。今梓宫未返，旧京未清，何不训卒励兵，先雪大耻？待至功德具隆，自然天与人归！"云云。这一张笺文，映入睿目，不由的心下一惊，默忖多时，才把原笺递示百官，又说出几句谦逊的话头。曲折写来，心术已昭然如揭。纪瞻等顿时大哗，统言周嵩无知，应从贬斥。右将军王导进言道："诸公不必哗噪，殿下亦不必过谦。圣如孔子，犹言从众，一二人异议，何足介怀，请殿下易衣登座，君临万民，然后四海有主，方好壹意讨虏了。"睿闻导言，始决意践阼，复入内改着法服，衮冕出郊，祭告天地，还朝即皇帝位，受百官谒贺。百官依次俯伏，三呼已毕，睿命导并升御床。导固辞道："若太阳下同万物，苍生何从仰照呢？"睿乃罢议，因即下诏道：

> 昔我高祖宣皇帝，诞应期运。廓开王基，景文皇帝。奕世重光，缉熙诸夏，爰暨世祖，应天顺时，受兹明命，功格天地，仁济宇宙。昊天不融，降此鞠凶。怀帝短世，越去王都，天祸荐臻，大行皇帝崩殂，社稷无奉，肆群后三司六事之人，畴谘庶尹，至于华戎，致辑大命于朕躬。予一人畏天之威，用弗敢违，遂登坛南岳，受终文祖。燔柴颁瑞，告类上帝。惟朕寡德，缵我弘绪，若涉大川，罔知攸济，惟尔股肱爪牙之佐，文武熊罴之臣，用能弼宁晋室，辅予一人。思与万国，共同休庆。钦哉惟命！

看官记着！睿是江东开国的第一个主子，历史上称为东晋，又因他后来庙号，叫作元皇帝，所以沿称元帝。先是江左有童谣云："五马浮渡江，一马化为龙。"时人都莫名其妙。至永嘉年间，睿与西阳王羕，注见前文。汝南王祐，亮长孙。南顿王宗，羕弟。彭城王释，宣帝弟东武城侯馗曾孙。相继渡江，睿独得为帝，童谣始验。但穷究底细，实是牛代马后，小子于前文中，已经叙过，想看官应早接洽呢。话休絮烦。

且说元帝睿既已即位，颁诏大赦，复改建武二年为太兴元年，立王太子绍为皇太子。绍幼年聪颖，素得父宠，数岁时，坐置膝下。适长安使至，元帝问绍道："汝谓日与长安，孰近孰远？"绍答道："长安近，不闻人从日边来。"次日，元帝款待来使，并宴及群僚，又召绍出问道："究竟长安近呢，还是日近呢？"绍却答言日近。元帝失色道："汝曾言长安近，为何今日异词？"绍又答道："举目见日，不见长安，所以说是日近。"元帝益觉惊异，群僚当然推为奇童。及长，颇知仁孝，喜属文辞，又善武艺，好贤礼士，虚心纳谏，与庾亮温峤等，为布衣交。亮风格峻整，善谈老庄，仍不脱竹林窠臼。元帝称亮有清才，因纳亮妹为绍妇，绍为太子，庾氏当然为太子妃，亮亦得侍讲东宫。元帝尝以韩非书赐太子，亮进谏道："申韩刻薄伤化，不足取法。"太子绍深纳亮言，故不尚烦苛，专主宽简，中外目为贤储君。

绍弟琅琊王裒，曾奉父命，带领锐卒三万，往助豫州刺史祖逖，北讨石勒。逖自击楫渡江，进至谯城，见二十六回。流人张平樊雅，曾聚众谯郡，自称坞主。逖使参军殷乂，往招平雅，乂意甚轻平，谓平屋只可作厩，又见大镬，谓可置铁器。平夸言是帝王镬，待天下清平，大有用处。乂冷笑道："头且不保，尚爱这镬么?"平勃然怒起，拔剑斩乂。乂真不知世务，徒自取死。遂督众固守。逖往攻不克，以重利啗平将谢浮，使杀张平。浮将平刺死，携首献逖。惟樊雅尚据住谯城，未肯降服，逖更使人说降，谯城乃下。石勒遣从子虎围谯，适南中郎将王含，使参军桓宣往援，虎乃退去，逖表宣为谯国内史。至琅琊王裒驰至，谯城已经解围，裒还建康，数月病殁。裒有弟冲，封东海王，使继故太傅越宗祀，尊越妃裴氏为太妃。见二十三回。冲弟晞，亦封武陵王，加王导骠骑大将军，开府仪同三司，仍进王敦为江州牧，迁刁协为尚书令，荀崧为尚书左仆射，其余内外文武各官，俱增位二等。惟出周嵩为新安太守，阴示薄惩。

忽由河北传到骇闻，乃是前并州都督刘琨，竟被幽州刺史段匹磾杀死。看官阅过前文，应知匹磾与琨，约为兄弟，申以婚姻，同盟讨汉，齐心事晋，为甚么凶终隙末，反致害琨呢？原来元帝即位，曾命琨为太尉，仍广武侯，匹磾为渤海公。会匹磾因兄死奔丧，琨遣嫡子群送往，偏匹磾从弟末抔，私通石勒，率众袭击匹磾，末抔得贿事见前回。匹磾走脱，刘群为末抔所执，厚礼相待，许琨为幽州刺史，诱群同攻匹磾。群不得已允了末抔，作书遗父，请为内应。偏匹磾回蓟，防备末抔，屡遣探骑侦察，凑巧末抔使人，被他拘住，搜得群书，献与匹磾。匹磾即将原书示琨，琨大为惊异。匹磾道："我知公无他意，所以白公。"琨答道："与王同盟，志匡王室，仰仗威力期雪国耻。若儿书密达，乃是末抔为反间计，离我二人，我终不私爱一子，负公忘义呢。"匹磾也一笑而罢。琨本别屯故征北府小城，此次由匹磾召来，彼此证明心迹，情好如初。琨即欲还屯，匹磾弟叔军白兄道："我等俱系胡人，向为晋所轻视，今不过畏我兵众，所以甘心俯就，若我骨肉构祸，示以间隙，适使彼得图我，倘有人奉琨发难，我族将从此无遗了。"匹磾因留琨不遣。琨庶长子遵，留居征北府小城，闻琨被拘，遂与琨左长史杨桥，并州治中如绥，闭门自守。匹磾使人慰谕，遵等不从。经匹磾发兵围攻，相持兼旬，小城中粮尽食空，守将龙季猛，暗降匹磾，斩桥绥，执刘遵，开城纳匹磾兵。遵与群俱皆失计，徒致害死乃父。琨迭闻变故，自知难免，索性将生死置诸度外，毫不慌忙，惟尚有一腔忠愤，无处可挥，特吟五言诗一首，寄赠别驾卢谌，诗云：

幄中有悬璧，本自荆山球。维彼太公望，昔是渭滨叟。邓生何感激？千里来相求。白登幸曲逆，曲逆侯陈平。鸿门赖留侯。张良。重耳凭五贤，小白相射钩。能通二霸主，安问党与仇？中夜抚枕叹，想与数子游。吾衰久矣夫！何其不梦周？谁云圣达节？知命故无忧。宣尼悲获麟，西狩泣孔丘，功业未及建，夕阳忽西流。时哉不我与，去矣如云浮。朱实陨劲风，繁英落数秋。狭路倾华盖，骇驷摧双辀。何意百炼刚，化作绕指柔？

诗中寓意，无非借鸿门白登故事，激励卢谌。谌无甚奇略，但用常词酬和，且谓琨措词未合，不应作帝王思想。琨见他不知己意，付诸一叹罢了。已而代郡太守辟闾嵩，辟闾系复姓。与雁门太守王据，后将军韩据同谋，欲袭匹磾，救出刘琨。不料韩据女为匹磾儿妾，得知三人密计，竟告匹磾。匹磾即诱执王据辟闾嵩，并皆杀死。会江州牧王敦，寄书匹磾，嗾使杀琨。不知他所挟何仇？莫非因忠奸不同，故有此举？匹磾亦虑众为变，托称建康有诏，处琨死刑。琨闻敦使到来，顾语子侄道：“处仲敦字处仲。使来，不闻见告，这明明是诱杀我呢。死生有命，但恨仇耻未雪，愧与君亲相见地下呢。”因呜咽流涕。俄顷，即有吏趋入，伪传诏命，逼琨自缢。琨子侄四人，亦俱被害。卢谌等率琨遗众，走依末抷，奉琨子群为主，暂依末抷部下。末抷匹磾，益寻仇不已，晋人尤不服匹磾，相率离散，匹磾亦转盛为衰。

元帝闻匹磾杀琨，尚畏匹磾势焰，不敢指斥，且未尝为琨举哀。琨右司马温峤，表称琨尽忠帝室，应加褒恤。元帝不报，但除琨为散骑侍郎。峤既悲琨死，又闻母亡，因固辞职位，苦请北归。有诏不许，且责峤道：“今寇逆未枭，诸军奉迎梓宫，尚不得进，峤怎得专顾私难，任官不拜呢？”峤不得已受命。

会凉州刺史西平公张寔，遣牙门将蔡忠，通问建康，书中尚用建兴年号，不称太兴。当时东西悬隔，元帝即位的诏书，尚未颁到，所以犹仍旧号，且遣忠东行，亦非无因。南阳王都尉陈安，举兵叛保，入逼上邽。保向凉州告急，寔发步骑二万人往援，安始退去。凉州兵还镇，谓保欲自称尊号，破羌都尉张诜，因向寔献议道：“南阳王不思国耻，遽欲称尊，将来必不能成功。晋王近亲，且有名德，公当为天下首倡，奉戴江东。”寔依诜言，乃使忠诣建康。及忠自建康西归，寔亦已知元帝即位，并由忠代赍诏书，虽语多慰勉，寔含有专制的意义。寔也未免怀嫌，阳若奉晋，阴实离晋，嗣是凉州亦别为一国了。即十六国中之一。

当时尚有南安赤亭水名。羌人姚弋仲，为后汉时西羌校尉迁那子，怀帝末年，因见中国大乱，得由赤亭东徙榆眉，华夷人民，襁负相随，共有数万。弋仲遂自称扶风公。为后秦开国张本。略阳氐酋杨茂搜，见前文。有子难敌，袭踞梁州，刺史张光愤死，光子迈战殁，嗣由州人张咸，纠众逐去难敌，举州附成。成主李雄，得管领梁益二州，难敌回至略阳，适茂搜病死，便嗣立为氐王，这也是一路杂胡。代王普根，戡定国难。不久即死，国人立猗卢从子郁律为主。郁律好武，击走铁弗部酋刘虎，收降虎众，又西取乌孙故地，东并勿吉诸部，士马精强，复得雄长北方。还有慕容廆庶兄吐谷浑，吐谷，读若突欲。与廆分部自治。会二部马斗，廆遣人诮浑，浑即率众西徙，后复度陇而下，据洮水西，拓地至白兰，羌别种。地方数千里。鲜卑谓兄为阿干，廆追怀兄浑，为作阿干歌。浑子甚多，相传有六十人，长子吐延嗣位，未几为羌人所杀，子叶延继立。叶延好学尚礼，谓公侯之子，得用王父字为氏，因把吐谷浑三字作为国号，后来享国最长，在五胡十六国外，好算是一个西徼的雄封哩。连述数国，自成一束。

独汉主聪，骄淫荒虐，不修政事，朝廷内外，无复纲纪，佞人日进，货赂公行，后宫赏赐，动至千万。聪次子大将军敷，屡次泣谏，聪大怒道："尔欲乃公速死么？朝朝暮暮，生来哭人。"敷积忧病死。河东大蝗，犬豕相交，东宫四门，无故自坏，内史女人，化为丈夫，灾异不绝，聪毫不戒惧。已而聪所居螽斯百则堂，猝遭火灾，焚死聪子孙二十余人，聪自投床下，哀塞气绝，良久乃苏。但事过又忘，淫昏如故。中常侍王沈，有一养女，年方十四，娇小玲珑，为聪所爱，拟立为左皇后。尚书令王鉴，中书监崔懿之，中书令曹恂等，上书谏阻，略云：

> 臣闻皇者之立后也，将以上配乾坤之性，象二仪敷育之义，生承宗庙，母临天下，亡配后土，执馈皇姑，必择世德名宗，幽娴令淑，乃副四海之望，称神祇之心。是故周文造周，姒氏以兴，关雎之化洽，则百世之祚永。孝成汉成帝。任心纵欲，以婢为后，使皇统亡绝，社稷沦倾。有周之隆，既如彼矣，大汉之祸，又如此矣。从麟嘉以来，乱淫于色，纵沈之女弟，刑余小丑，犹不可侍琼寝，污清庙，况其家婢耶？六宫妃嫔，皆公子公孙，奈何一旦以婢主之。何异象榱玉箦，而对腐木朽槛哉？臣恐无福于国家，反有害于宫寝也。明知冒渎，不敢不陈，谨昧死上闻！

聪览毕大怒，即令中常侍宣怀，传语太子粲道："鉴等小子，慢侮国家，狂言嫚语，无复君臣上下礼节，速即加刑。"粲一奉命，便饬兵吏收捕鉴等，牵往市曹。金紫光禄大夫王延，驰至殿门，意欲入谏，王沈密嘱司阍，不许入内。沈却自赴市曹监刑，用杖叩鉴等道："庸奴！庸奴！尚能逞刁么？乃公养女为后，干汝甚事？"鉴瞋目叱沈道："竖子！以竖子对庸奴，恰是绝对。使皇汉灭亡，即由汝等鼠辈，与靳准一人。我死后，当诣先帝前诉汝，活捉汝等至地下。"懿之亦厉声道："靳准枭声獍形，必为国患，汝等为国蠹贼，党同枭獍，今日食人，他日人亦食汝，看汝能活到几时？"沈且怒且惭，立使刑吏加刃，刀光起处，首皆落地，时人都为呼冤。

中常侍宣怀，也觅得一个丽姝，作为养女，献入汉宫。聪多多益善，一视同仁，复立她为中皇后。这八九个年少娇娃，轮流供御，再加后庭粉黛，不下千百，任令聪随意选召，日夕淫嬲，就使铜头铁骨，也为所熔，何况是血肉身躯呢？聪渐觉不支，奄卧光极殿寝室中，常闻鬼哭，更迁至建始殿中，鬼哭如故。聪少子东平王约，已经夭逝，一日，聪适昼寝，并未睡熟，蓦见帐外有一人影，举目审视，不是别人，正是东平王约，禁不住大声呼异，声浪一传，那人影复杳然不见。这是聪淫欲过度，目光昏乱，并非真正见鬼。聪越加惊疑，便召太子粲入室，握手叮咛道："我寝疾缠绵，见闻多怪，今又见约来此，想是我命该终，此儿特来迎我呢。人死果有神灵，我亦何必怕死。但现今世难未平，汝不必拘守谅暗古制，朝死夕殓，旬日出葬便了。"何劳汝嘱，他已情愿汝速死了。粲含糊答应。聪又命粲颁发诏令，征刘曜为丞相，石勒为大将军，并录尚书事，夹辅朝政，二人皆奉表固辞。粲复入白，聪乃改令刘景为太宰，刘骥为大司马，刘顗为太师，朱纪为太傅，呼延晏为太保，并录尚书事。范隆守尚书令，仪同三司，靳准为大司空，领司隶校尉，皆迭决尚书奏事。过了数日，聪病加剧，满身呼痛，等到气竭声嘶，两目一翻，呜呼死了。共计在位九年，太子粲嗣为汉主，依聪遗命，旬日即葬，追谥聪为昭武皇帝，庙号烈宗。小子有诗叹道：

九载淫荒恶贯盈，到头一死国随倾。
及身幸免儿孙受，莫向苍天怨不平。

粲既嗣位，恣行无道，比乃父还要荒淫，欲知详情，试看下回续叙。

纪瞻周嵩，一劝晋王睿称尊，一阻晋王睿即位，劝睿者以继统为正，阻睿者以雪耻为先，固皆持之有故，言之成理者也。但观睿之无志北征，则知纪瞻之请，实自揣摩迎合而来，不若周嵩之义正词严，较为直谅耳。睿一即位，使王导并坐御床，夫自古无君臣共坐之理，睿喜极忘怀，故有此语，然则睿之情亦大可见矣。若汉主刘聪，荒淫不道，天变人异，不足以儆其心，甚至刑余养女，俱册为后，古人谓并后匹嫡，足为乱本，如聪之所为，正不特并后匹嫡已也。乃在位九年，竟获考终，阅者几疑恶报之未彰，不知报愈迟者祸愈烈，试观下回靳准之乱，掘墓毁庙，尽屠刘氏，乃知聪之恶为最甚，而报之惨亦蔑以加矣。

第三十二回

诛逆登基羊后专宠　乘衅独立石勒称王

却说刘粲为刘聪长子，少时却也聪隽，具文武才。自得为宰相后，威福自专，远忠贤，近奸佞，任情严刻，拒谏饰非；好兴宫室，罗列妾媵，相国府仿佛紫宫。及继承大位，毫无戚容。聪后靳月华，得尊为皇太后，樊氏号弘道皇后，宣氏号弘德皇后，王氏号弘孝皇后，这四后俱在妙年，未满二十，面庞儿均皆齐整，模样儿又皆轻狂，此次刘聪已死，眼见得四位嫠妇，不耐守孀，好在嗣主粲能体心贴意，善代父劳，一身周旋四后，夜以继日，挨次烝淫，妇人家水性杨花，乐得屈尊就卑，共图欢乐。聪只烝一单后。粲能烝及四人，确是跨灶。但粲已有妻孥，未免多嘴，粲乃立妻靳氏为皇后，想又是靳准家儿。子元公为太子，大赦境内，改年汉昌。

司空靳准，阴蓄异志，潜入白粲道："臣闻诸公欲行伊霍故事，将先杀太保，次杀臣身，另推大司马统摄万几。陛下若不先图，臣恐祸机不远，便在旦夕间了。"粲矍然道："恐无此事，休得相疑！"准怏怏退出，恐粲转告诸刘，反致杀身，乃急商诸太后皇后，教她们乘间进谗。二后俱系靳家儿女，当然唯命是从，趁着粲入宫行乐，便说诸刘如何设谋，如何废主，虽是无端捏造，一经莺簧百啭，竟觉得语语似真。靳月华尤善逞刁，对着粲前，呜咽与语道："宗臣等密谋废立，无非为嗣君烝淫而起，嗣君欲脱免此祸，幸勿再至妾宫，妾愿与陛下生别，冀得少安。"看官试想！粲与靳月华，已似胶漆相投，融成一片，哪里还分拆得开？经此一激，遂不管它是真是假，是好是歹，便毅然下令，收逮太宰上洛王刘景，太师昌国公刘颛，大司马济南王刘骥，大司徒齐王刘劢等，一古脑儿斩首。骥弟车骑大将军吴王刘逞，亦连坐被诛，惟太傅朱纪，太保呼延晏，太尉兼尚书令范隆，出奔长安。

粲又大阅上林，谋讨石勒，命丞相刘曜为相国，都督中外诸军事，贸镇长安。授靳准为大将军，录尚书事。准暗嘱内侍，令劝粲晏处后宫，凡军国重事，尽付大将军裁决。粲正流连四美，倚翠偎红，巴不得有此良臣，代主国事，好使他安心纵乐。哪知准怀着鬼胎，潜谋不轨，乃大权到手，遂矫托粲旨，用从弟靳明为车骑将军，靳康为卫将军，仿佛王衍三窟。所有宫廷宿卫，概归兄弟三人节制，于是决计作乱，戒兵待发。金紫光禄大夫王延，老成硕德，向负时望，准欲引为臂助，遣人与谋。延怎肯从乱，且拟入宫告粲，途次为靳康所劫，送至准处。准把延拘住，当即勒兵入宫。宫中无人阻拦，一任准等闯进，直登光极殿，使人执粲。粲尚在太后宫中，与靳月华饮酒调情，突见甲士驰入，还道是同宗发难，走匿床下。甲士呼道："司空有令，请主上升殿！"粲听了司空两字，不待收捕，便放胆出来，随甲士趋入殿中。哪知靳准竟高升御座，瞋目叱粲，说他种种淫虐，罪在不赦，粲才觉着忙，双膝跪下，叩头乞哀。女婿向岳丈磕头，理所应有，可惜这岳丈不肯容情。准置诸不睬，竟喝令左右，将粲刺死，一面拘拿刘氏眷属，无论男女，不问少长，皆屠戮东市，只留着靳太后靳皇后二人。发掘刘渊刘聪陵墓，枭聪死尸，焚毁刘氏宗庙。准与刘氏无仇，乃残毒至此，是必冥冥之中，另有一种公案。嗣是彻夜鬼哭，声闻百里。惟征北将军刘雅，得出奔西平。

准自号大将军汉天王，称制置百官，召语汉臣胡嵩道："从古无胡人为天子，今将传国玺付汝，汝可送还晋家。"既屠刘氏，却不愿为帝，靳准毋乃太愚。嵩不敢受。准又怒起，立命杀嵩，另派人通使司州。司州尚有晋属地，由河内太守李矩，迁为刺史，闻汉使到来，不知何因。至相见时，来使语矩道：“刘渊屠各注见前文。小丑，因大晋内乱，乘隙称兵，矫称天命，至使二帝幽没北廷，现由靳大将军汉天王，为晋复仇，屠灭刘氏，谨率众扶侍梓宫，请代表上闻！”矩乃飞奏元帝，遣太常韩胤等奉迎梓宫。胤尚未至平阳，那刘曜石勒等，已合兵攻准，眼见是战云扰扰，不便进行。准潜居宫禁，超擢私党，诛锄异己，仍将王延释出，令为左光禄大夫。延怒骂道：“屠各逆奴，我岂肯为逆臣？快快杀我！且剜我左目置西阳门，右目置建春门，好看相国大将军入都，同诛逆贼哩。”准当然大愤，把延杀死。

相国刘曜，自长安发兵讨逆，大将军石勒，亦率精锐五万人，先驱讨准，据住襄陵北原。准屡拨兵挑战，勒坚壁不动，通书刘曜，愿会师同进。曜行抵赤壁，正与呼延晏朱纪范隆相遇，报明平阳惨状，且言曜母及兄，亦俱遭害。曜不禁大恸，誓报亲仇。呼延晏等遂请曜即尊，谓：“国家不可一日无主，应先加尊号，维系众望。”曜即依议，就在赤壁设坛，行即位礼，大赦境内，惟准一门不在赦例。改元光初，使朱纪领司徒，呼延晏领司空，太尉范隆以下，各仍原职。遣使拜石勒为大司马大将军，加九锡，增封十郡，进爵赵公。勒进攻平阳，收降羌羯人民七万余名，均徙往所部郡县。刘曜亦檄征北将军刘雅，镇北将军刘策，进屯汾阴，作为声援。

靳准闻两路进兵，恐不能敌，乃使侍中卜泰，持了乘舆服御，送往勒营，情愿修和。勒将泰囚送曜营，曜释了泰缚，婉颜与语道：“先帝末年，实乱大伦，司空仿行伊霍故例，使朕得登大位，不特无罪，并且有功；若能早迎大驾，当以政事相委，宁止免死？卿可为朕入城，具宣此意。”泰乃别去，返报靳准。准已害曜母及兄，恐曜未必相容，因沉吟不决。会车骑将军乔泰王腾，卫将军靳康与将军马忠等，刺杀靳准，推靳明为盟主，再使卜泰赍奉传国六玺，献与刘曜。曜欣然语泰道：“使朕得此神玺，建帝王大业，实赖卿力。”因厚待卜奉，嘱令返报，许他归降。

石勒闻卜泰持玺降曜，未尝报勒，遂不禁怒起，增兵攻明。明出战屡败，婴城固守，且遣人向曜求救。曜使刘雅等纳降，靳明率平阳士女万五千人，奔归曜营，不料曜变了面目，俟明入见时，一声呼喝，便把他两手绑住，推出枭斩，且将靳氏全家诛戮，就是靳太后靳皇后等，亦悉数祭刀。惟靳康女，饶有姿容，为曜所羡，拟纳为皇后。女慨然道：“陛下既诛妾父母兄弟，还要留妾何用？况妾家犯了逆案，致受诛夷，古人惩逆锄恶，尚当污宫伐树，难道可容留子女么？”靳家亦有烈女，不得谓部娄之下，必无松柏。说至此，泪容满面，越觉令人生怜。曜怎忍下手，还与她譬喻百端。康女总咬定一个“死”字，始终不肯从曜。曜乃纵令自去，且免康一子，使奉靳氏宗祀。

迎母胡氏丧于平阳，还葬粟邑，谥为宣明皇太后，追尊三代为皇帝，徙都长安，前筑光世殿，后筑紫光殿。立羊氏为皇后，羊氏就是晋惠帝继室，从前五废五复，九死一生，不料尚有这一段外缘，要去做那外国皇帝的正宫。曜尝私问羊氏道："我比司马家儿优劣何如？"羊氏嫣然一笑，复柔声作昵语道："陛下乃开国圣主，怎得与亡国庸夫，互相比论？彼贵为帝王，只有一妻一子及本身三人，尚不能保护，使妻子受辱庶人手中，妾当时已愤不欲生，何意复有今日？妾生长高门，误配庸奴，尝怪世间男子，为甚么无丈夫气？及得侍陛下，趋奉巾栉，乃知天下自有丈夫，正不能一概并论呢。"亏她老脸，说得出这种话儿。曜闻言大悦，宠爱有加。羊氏也格外逢迎，床第承欢，情好百倍。接连生下三子，长名熙，次名袭，幼名阐，并得曜宠。曜前妻卜氏，已有子数人，曜竟舍长立幼，以羊氏长男熙为嗣，册为太子，另封诸子为王。缮宗庙，定社稷，用司空呼延晏议，谓："晋以金德王天下，今宜承晋，取金水相生之义，不必沿汉旧号，可改称为赵。赵出天水，正与水德相符。"于是自称大赵，复以匈奴大单于为太祖，冒顿读若墨特，见《前汉演义》。配天，渊配上帝，牲牡尚黑，旗帜尚玄，颁令大赦。且使侍中郭汜，持节署石勒为太宰，领大将军，进爵赵王。

勒已入平阳，修复渊聪二墓，收瘗刘粲以下百余尸骸，并将浑仪乐器，徙至襄国，一面遣左长史王修，至长安献捷，且贺曜即位。修谒曜称臣，呈上勒表，曜见表文中多恭逊语，很是欣慰，便留修馆宴，待遇甚优。勒有舍人曹平乐，前由勒遣至长安，应对皆如曜意。曜使侍左右，未曾遣归，至是独向曜进言道："大司马遣修到此，外表输诚，内觇强弱，待修一返，报明虚实，彼必将潜兵西来，轻袭乘舆。羯人无信，不可不防！"曜矍然道："卿言甚是，朕几为他所算。"遂发轻骑追还郭汜，且将王修牵出斩首。修随吏刘茂逃归，报明修被杀情形，勒遂回襄国，捕诛平乐家人，夷及三族，追赠修为太常，并下令示众道：

> 孤兄弟之奉刘家，人臣之道过矣。若微孤兄弟，岂能南面称朕哉？根基既立，便欲相图。天不助恶，使假手靳准，孤惟事君之体，当资舜求瞽瞍之义，故复推崇令主，齐好如初。何图长恶不悛，杀奉诚之使，帝王之起，复何常耶？赵王赵帝，孤自取之，名号大小，岂其所节耶？此后与刘氏绝好，俾众周知！

自勒下此令后，与曜交恶，遂成仇敌，这便是胡羯分离的张本，也就是刘曜灭亡的祸根了。夷狄原无信义，但曜勒交恶，曲在曜，不在勒。秦州刺史陈安，即晋南阳王保都尉，他本是个反复无常的小人，曾叛保附汉，叛保事，见前回。寻复降成。及刘曜即位，又遣人至曜处奉表，为保复仇。原来保闻愍帝凶耗，便欲称尊，好容易过了一年，竟自称晋王，改元建康，分置官属。保体极肥大，相传重量至八百斤。想非十六两秤。平居嗜睡，暗弱无能。部将张春杨次，触怒被责，因忿怼不平，相谋杀保。陈安尝逼攻上邽，偏此次上表刘曜，自称秦州刺史，托名讨贼。曜权词答复，安即引兵攻杀杨次，张春遁去。当下检出保尸，用天子礼安葬，私谥曰元，因即向曜告捷。曜授安为大将军，使镇上邽。嗣是晋又失去秦州。

还有蓬陂坞主陈川，尝自号宁朔将军，兼陈留太守。晋豫州刺史祖逖，遣人招抚，川愿效指挥。逖攻张平樊雅时，川曾拨部将李头往助，力战有功，得逖优待，赠给骏马。头感叹道："若得此人为主，虽死无恨。"及平诛雅降，均见前回。头仍返蓬陂，不意陈川疑头归逖，将头杀死。头党冯宠，率亲属四百人，投奔逖军。川得报益怒，竟入掠豫州诸郡，大获子女车马，满载而归，行至谷水，突有一彪人马，从斜刺里杀出，截住川众，不许饱扬。川众顾命不遑，乱奔乱窜，还管甚么辎重。那时子女车马，仍得重归。看官欲问这支人马的来历，便是由祖逖差来，统将叫做卫策。策既截还所掠，还报祖逖。逖命将子女车马，各归原主，一无所私，百姓大悦。独川恐逖进讨，思借外援，自忖长安太远，未便通使，不如就近依附石勒，或得呼应较灵，乃奉书襄国，乞降求救。石勒即遣从子石虎，率兵五万，往援陈川。可巧祖逖亦引兵来攻，彼此相见，免不得一场大战。逖兵寡失利，退驻梁国。既而勒将桃豹，复率精骑至蓬关，遂与石虎陈川，共击祖逖。逖设伏待着，败虎前驱，虎乃退去，与陈川同还襄国，留桃豹守川故城，即蓬陂坞。当下由虎倡议，请勒自称尊号。勒左长史张敬，右长史张宾，左司马张屈六，右司马程遐，及诸将佐百余人，当然赞成虎议，异口同辞。勒佯不肯允，虎等又复上书道：

> 臣等闻有非常之度，必有非常之功，有非常之功，必有非常之事。是以三代陵迟，五霸迭兴，静难济时，绩侔睿古。伏维殿下天纵圣哲，诞应符运，鞭挞宇宙，弼成皇业，普天率土，莫不来苏。嘉瑞征祥，日月相继。物望去刘氏，威怀于明公者，十分而九矣。今山川夷静，星辰不孛，夏海重译，天人系仰，诚应升御中坛，即皇帝位，使攀附之徒，蒙尽寸之润，请称大将军大单于领冀州牧赵王，依汉昭烈在蜀，魏王在邺故事，以河内、魏郡、汲郡、顿邱、平原、清河、巨鹿、常山、中山、长乐、乐平十一郡。并前赵国、广平、阳平、章武、渤海、河间、上党、定襄、范阳、渔阳、武邑、燕国、乐陵十三郡，合二十四郡户二十九万为赵国，封内依旧，改为内史。准禹贡冀州之境，南至盟津，西达龙门，东至于河，北至塞垣，以大单于镇抚百蛮，罢并朔司三州，通置部司以监之。伏愿钦若昊天，垂副群望，克日即位，翘首俟命！

勒览书后，尚装出许多做作，西向五让，南向四让。越演越丑。僚佐等叩头固请，勒乃允诺，即赵王位，赦境内殊死以下，腾出百姓田租半额，分赐孝悌力田及死义子孙帛各有差。孤老鳏寡，每人谷二石，大酺七日，依春秋列国及汉初侯王故例，每世称元，号为赵王元年。史家称为后赵，示与刘曜有别。勒建社稷，立宗庙，营东西官署，从象中郎裴宪，参军傅畅杜嘏，并领经学祭酒，参军续咸庾景，并领律学祭酒，任播崔浚，并领史学祭酒，中垒将军支雄，游击将军王阳，并领门臣祭酒。禁胡人陵侮华族，遣使循行州郡，劝课农桑，朝会始用天子礼乐。加张宾为大执法，专总朝政，位冠僚首。署石虎为单于元辅，都督禁卫诸军事，加骠骑将军，赐爵中山公。其余群臣，授位进爵有差。又悉召武乡耆旧，均至襄国，与同欢饮，畅叙平生。独旧邻李阳，不敢赴召。阳尝与勒争沤麻池，互致殴伤，所以畏缩不前。勒掀髯道："我方经营天下，岂与匹夫为仇？阳尽管前来，决无他患。"乃又遣乡人召阳，阳只好硬着头皮，随同见勒，伏地谢罪。勒下座扶阳，引臂令起，且与笑语道："孤往日惹卿老拳，卿亦饱孤毒手，事成已往，何足介怀？"因特给巨觥，命他畅饮，并赐阳甲第一区，拜为参军都尉。不念旧恶，原是厚道，惟拜官赐第，毋乃太过。嗣复下令道："武乡是我故里，譬如汉朝的丰沛，百年以后，魂灵仍当归复，应豁除三世赋役，不得苦我乡人。"

会闻桃豹自蓬陂败还，颇以为虑，乃致书与逖，愿同和好。看官阅过上文，已知豹居守蓬陂，逖亦使部将韩潜，率兵掩入蓬陂坞，据住东台，从东门出入。豹守西台，从南门出入，与潜相持至四旬。逖用布囊盛土，伪作米状，使千余人运囊与潜，又别使数人挑米继进。豹见他陆续运粮，发兵出劫，挑米各人，弃担遁去。豹众正苦饥疲，夺得粮米，自然喜欢。独豹以逖粮食充足，不免加忧。逖却令部将冯铁，梭巡汴水，适值勒将刘夜堂，运粮馈豹，冯铁即报知韩潜，会兵截击，逐走夜堂，尽夺军粮。豹闻粮被夺去，料知难守，遂夤夜出走，遁往东燕城。

逖又使韩潜进次封邱，冯铁据有蓬陂，自至雍邱驻节，规画两河，剿抚兼施。石勒所遣各镇戍，不是散走，就是降逖，累得勒无法可施，只好与逖通好，乞求互市。逖得书不报，但默许商人往来，按货课税，收利十倍。勒因逖籍隶范阳，祖父墓皆在故里，特令范阳守吏代为修墓，并置守塚二家。逖乃遣使报谢，贻赠方物。勒厚赏逖使，报逖礼仪，计马百匹，金五十斤。既而逖将童建，擅杀新蔡内史周密，走降石勒。勒斩建首，函送与逖，且寄逖书道："叛臣逃吏，是我深仇，建负将军，胆敢叛亡，我国非逋逃薮。亦与将军同恶，故枭恶以闻。"逖答书称谢，自是勒众来降，逖亦不纳，彼此各禁侵暴，两河南北，少得安息。小子有诗咏道：

中流击楫誓澄清，百战河南众丑平。
毕竟祖鞭先一著，虏庭也自慑威名。

石勒与逖修和，另图幽冀并三州，欲知他略地情形，待至下回再详。

靳准屠刘氏，刘曜亦屠靳家，天为刘氏之纵恶，而假手靳准，又为靳氏之肆逆，而假手刘曜，然则世人亦何苦纵恶肆逆，而自取灭门之祸哉？靳康有女，尚知守贞，而羊氏曾为中国皇后，乃委身强虏，献媚贡谀，我为中国愧死矣。篇目特标明羊后，嫉之也。石勒之力攻靳明，固未免营私，但如靳氏之敢为大逆，正应声罪行诛，岂可如曜之挟诈欺人，诱其降而复歼之乎？故略情原迹，勒尚不失为正，而曜则行同鬼蜮，未足服人，至杀靳使，而其理尤曲矣，宜乎勒之背曜独立也。

第三十三回

段匹磾受擒失河朔　王处仲抗表叛江南

却说幽州刺史段匹磾，害死刘琨，因致舆情不服，多半叛离。见三十一回。末抷复屡攻匹磾，匹磾不能支持，拟北奔乐陵，往依冀州刺史邵续，行至盐山，忽被一大队人马截住，统将叫作石越，乃是石勒麾下的前锋。匹磾不敢恋战，引众急退，已被石越掩杀一阵，零零落落，走保蓟城，已而石勒复遣部将孔苌，攻陷幽州诸郡，势将及蓟。匹磾大惧，又弃城出奔，拟往上谷。偏偏代王郁律，发兵扼阻，不令前进。匹磾恐代兵追来，慌忙窜去。途次又被末抷邀击，连妻子都不及顾，但与弟文鸯等，走依邵续。续顾念旧情，留任匹磾。匹磾前曾救续，事见二十七回。匹磾凄然语续道："我本夷人，因慕义破家，君若不忘旧好，乞与我同讨末抷，感惠无穷。"匹磾如果知义，何致枉杀刘琨。续慨然许诺，即督领部曲，与匹磾同击末抷，斩获甚众，末抷仓皇遁去。末抷弟占据蓟城，匹磾与弟文鸯，复移兵往攻。

唯邵续还屯乐陵，石勒从子石虎，与别将孔苌，伺续空虚，竟来攻续，突至城下，大掠居民。续麾兵出救，虎诈败佯输，诱续远追，暗中却令孔苌，带着精骑，绕出续背，前后夹攻。续中箭落马，为虎所擒，缚至城下，胁令招降守兵。续呼兄子笠等，慷慨与语道："我志欲报国，不幸至此，汝等但努力守城，奉匹磾为主，勿生贰心。"语毕自退。虎将续解往襄国，勒使人责续道："汝前既归我，后复叛我，国有常刑，汝甘受否？"续答说道："续为晋臣，宜尽臣节，本无贰心。前次委命纳赞，无非为保全乡宗起见，大王不察愚衷，诛及续子，使续不得早叩天门，是大王负续，非续负大王。大王如欲杀续，续自甘就死，尚有何言？"勒闻续言，顾语张宾道："续言忠挚，孤且增惭，右侯可为孤招待便了。"宾奉勒命，延续入馆，厚加慰抚。寻复令续为从事中郎。续不愿事勒，亲自灌园鬻菜，作衣食资，勒称为高士，临朝时辄加叹赏，激励百僚。

惟续被擒后，匹磾得报，急与文鸯还救乐陵，中途为石虎所遮，兵皆骇散。亏得文鸯多力，带领数百亲兵，保住匹磾，血战入城，与续子缉，及续从子存笠等，乘障拒守。石虎孔苌，屡攻不克，苌恃强无备，反为文鸯所袭，大败一阵，退军十里。虎亦却走。既而虎与苌，又复进攻，相持兼旬，城内粮食垂尽，城外亦被掠一空。文鸯请诸匹磾，愿决一死战，匹磾不许。文鸯毅然道："我以勇力著名，故为民所倚望，今不能救民，已失民心，况粮竭无援，守亦死，战亦死，同是一死，何如一战，倒还好杀死几个胡虏。"说毕，径率壮士数十骑出战。石虎见文鸯出来，麾兵围绕，至数十匝。文鸯手执长槊，左挑右拨，十荡九决，戳毙虎兵无数，人尚未困，马却已乏，乃伏鞍少憩。虎高呼道："兄与我俱出夷狄，久欲与兄同为一家，今天不违愿，复得相见，何必苦战，请释仗共叙。"文鸯骂道："汝为寇贼，早该致死，天不祚我，使我骨肉相戕，令汝犹得称雄，我宁斗死，不为汝屈。"说着，下马再战，槊忽折断，拔刀冲突，自辰至申，腹枵力尽，然后被执。城上守兵，当然夺气。文鸯原是勇士，惜乎徒勇无谋。先是邵续被围，报至建康，吏部郎刘胤，曾奏闻元帝道："北方藩镇，只一邵续，倘复为石虎所灭，何以对忠臣义士？请亟发兵往救，免致沉沦。"元帝不能用。至续已陷没，乃令王英持节北行，令续子缉承袭父职。英到了乐陵，坐居围城，不能南归。匹磾欲与英突围，同赴建康，偏邵续弟洎，曾为乐安内史，不许匹磾出城，且欲执英送虎。匹磾正色道："卿不遵兄志，逼我不得归朝，已经无礼，且并欲执天子使，送交寇虏，我虽夷人，却未闻有这般横逆哩。"洎竟迫令缉笠等，舆榇出降。石虎入城见匹磾，尚拱手行礼。匹磾道："我受晋恩，志在灭汝，不幸我国自乱，竟致如此，既不能死，也不能为汝加敬呢。"虎竟拥匹磾出城，令与文鸯等同往襄国。勒授匹磾为冠军将军，文鸯为左中郎将，散诸流民三万余户，各复本业，分置守宰，按地抚治。于是幽冀并三州，俱入后赵。匹磾留居襄国，犹常着晋朝服，持晋旌节，一住年余。旧部又密谋规复，仍推匹磾为主，不幸事泄，为勒所杀。文鸯邵续，亦被鸩死。了过段匹磾等。惟末抷尚存，臣事后赵，奄然不振，后文自有表见，暂且搁下。

且说晋江州牧王敦，扼守长江，权倾中外，但虑杜曾难制，特嘱梁州刺史周访，叫他努力擒曾，且预把荆州刺史一职，作为酬劳。上有元帝，敦怎得私约酬庸？可见敦已目无君上。先是杜曾出没汉沔，纠合郑攀马俊，屡与荆州刺史王廙为难，小子于前文二十九回中，曾已叙明。嗣由武昌太守赵彦，襄阳太守朱轨，合兵救廙，杀败郑攀马俊等军，攀等惶恐乞降。杜曾亦请击第五猗以自赎，廙因杜曾服罪，乃自江安赴荆州，留长史刘浚屯戍扬口，竟陵内史朱伺白廙道："曾乃猾贼，佯示屈服，诱公西行，待公启程，他定来袭扬口了。"廙不信伺言，便即就道。途次，接得刘浚急报，曾等果入袭扬口，慌忙遣伺还援，扬口已经被围。伺力战受伤，浮水得免。曾遣人招伺，伺拒绝道："我年逾六十，不能再从君作贼了。"乃还就王廙，病殁甑山。杜曾已陷入扬口，复击退朱轨各军，径趋沔口。轨等再战败死，曾势大振。幸周访屯兵沌阳，出奇制胜，大败曾兵。曾还走武当，汉沔复平。

访本为豫章太守，至是始迁南中郎将，领梁州刺史，进屯襄阳。访慨语将佐道："春秋时晋楚交兵，城濮一战，楚已败退，晋文谓得臣未死，尚有忧色。今不斩曾，祸难未已，我当与诸君再接再厉，誓诛此贼。"于是整缮兵马，再拟进击。可巧王敦以荆州相属，乐得公私两济，鼓勇直前。曾在武当，未及豫备，被访领兵突至，踊跃登城，曾众溃散。独曾狼狈出走，距城约数十里，由访部将苏温，引兵追来。曾欲逃无路，欲战无兵，只好束手就擒，牵入访营。访历数曾罪，腰斩以徇，复移军转攻第五猗。猗闻曾败没，已吓得魂胆飞扬，哪里还敢对敌？东逃西窜，结果是仍入罗网，为访所获。适王敦移镇武昌，访即将猗解往，且作书白敦，谓："猗本中朝所署，为曾所逼，应特加宽宥，不可加诛。"敦方欲杀人示威，怎肯听信周访？待猗解至，即升座叱责，置诸重辟。

时王廙已早莅荆州，滥杀陶侃将佐，士民交怨。元帝颇有所闻，征廙为散骑常侍，令访代任荆州刺史。敦以前时曾与访约，至此得朝廷委任，正好践言，倒也没有异议。偏从事郭舒语敦道："荆州虽遇寇难，现状荒敝，但究系用武要区，不可轻易假人，公宜自领为是。访既刺梁州，已足报功，倘再移荆州，恐尾大不掉，转为公忧。"敦听了舒言，竟易初志，便表达元帝，请留访仍任梁州，愿自领荆州刺史。虽由郭舒进谗所致，但主权总在王敦，敦怀私失信，咎将安辞？元帝不好驳议，只得加敦荆州牧，命访留任，但使为安南将军。访平素谦逊，不自矜功，此次也不禁动怒，贻书诋敦，敦裁笺作答，强为慰解，并馈访玉环玉碗，申明厚意。访将环碗掷地，顾叱敦使道："我非贾竖，不爱珍宝，怎得把此物欺我哩？"敦使自去。访务农训卒，秣马厉兵，本意欲宣力中原，规复河洛。自与敦有隙，隐料敦有异志，遂壹意防敦。守宰有缺，即择心腹补任，然后奏闻。敦虽然加忌，但惮访勇略，未敢逞威。无如访已垂老，天不假年，平曾后仅阅一载，竟致病逝。访系南安人氏，与陶侃素相友善，且结为儿女姻亲。庐江人陈训，有相人术，当访与侃卑贱时，尝语二人道："二君皆位至方岳，功名亦大略相同。但陶得上寿，周得下寿，寿有长短，事业不能不少异了。"及访病殁梁州任所，年六十一，尚小侃一岁。两人俱为刺史，适如训言。有诏赠访为征西将军，赐谥曰壮，另调湘州刺史甘卓继任，兼督沔北诸军事，仍镇襄阳。

卓未到时，王敦已遣从事中郎郭舒，监襄阳军。至卓已莅镇，敦乃召还郭舒，元帝征舒为右丞，敦留舒不遣，自是元帝亦未免疑敦，另引刁协刘隗为腹心，裁抑王氏权势。就是佐命元勋王茂弘，即导表字，见前。亦渐被疏远。中书郎孔愉，谓："王导忠贤，且有勋望，仍宜委任如初。"元帝竟出愉为司徒左长史。王导尚随势浮沈，没甚介意，独王敦愤愤不平，上疏陈请道：

臣从弟王导，昔蒙殊宠，委以事机，虚己求贤，竭诚奉国，遂借恩私，居辅政之重。帝王体远，事义不同，虽皇极初建，道教方阐，维新之美，犹有所阙。臣每慷慨于遐远，愧愤于门宗，是以前后表疏，何尝不寄言及此。陛下未能少垂顾眄，畅臣微怀。顷导见疏外，导诚不能自量，陛下亦未免忘情。天下事大，尽理实难，导虽凡近，未有秽浊之累，既往之勋，畴昔之顾，情好绸缪，足以激厉薄俗，明君臣合德之义。昔臣亲受嘉命云："吾与卿及茂弘，当管鲍之交。"臣忝外任，渐冉十载，训诱之诲，日有所忘，至于斯命，铭之于心。窃犹眷眷，谓前恩不得一朝而尽。伏维陛下，圣哲日新，广延俊乂，临之以政，齐之以礼。顷者令导内综机密，出录尚书，杖节京都，并统六军。既为刺史，兼居重号，殊非人臣之礼。流俗好凭，必有讥谤，宜省录尚书杖节及都督。且王佐之器，当得宏达远识，高正明断，道德优备者为之。以臣暗识，未见其才。如导辅翼积年，实尽心力。自来霸王之主，何尝不任贤使能，共相终始。管仲有三归反坫之讥，子犯有临河要君之责，萧何周勃，得罪囹圄，然终为良佐。以导之才，何能无失？当令任不过分，役其所长，以功补过。若圣恩不终，则遐迩失望，天下荒弊，人心易动；物听一移，将致疑惑。臣非敢苟私亲亲，惟欲效忠于社稷耳。事阙补衮，不尽欲言。

这篇奏疏，明明是心怀怨望，挟制朝廷。使人到了建康，先至导第，取疏出示。导摇手道："此疏不便上闻，烦汝持还便了。"因将原疏封固，交与来使，缴还王敦。敦不甘罢休，仍遣人直接奏陈。元帝览到此疏，也觉介意，夜召谯王承入宫，出疏与阅，且语承道："朕待敦不为不厚，今敦要求不已，语多忿激，究宜如何处置？"承答道："陛下不早为抑损，致有今日，若再加姑息，祸患不远了。"元帝亦不免叹悔。越日，复召刘隗入商，隗请速简重臣，出镇方面，以备非常。元帝点首，适王敦表荐宣城内史沈充，代甘卓为湘州刺史，元帝不从，复召语谯王承道："王敦奸逆已著，视朕如惠皇帝，朕若不图，必蹈覆辙。湘州地居上游，形势冲要，怎得再用王敦私人，同恶相济？看来只好烦劳叔父，为朕一行。"承答说道："臣仰承诏命，唯力是视，何敢辞劳？但湘州甫遭寇乱，人物凋敝，若奉命莅镇，必及三年，方可从戎。否则时日迫促，教养两难，虽粉身亦恐无益呢。"却有先见之明。元帝竟颁下诏书，令承为湘州刺史。

承系谯王逊次子，即宣帝弟城阳亭侯进庶孙，兄随已殁，承得袭父爵，秉性忠厚，为元帝所亲信。此次出刺湘州，陛辞就道，行至武昌。撤去戎备，坦然见敦。敦不得不设宴相待，席间用言讽承道："大王系雅素佳士，恐未足为将帅才。"承知他有意诮己，便应声道："铅刀虽钝，或堪一割，公亦休得轻人。"敦付诸一笑。及宴毕散席，敦入语参军钱凤道："彼不知畏惧，漫学壮语，显见是虚骄无术，有甚么能为呢?”遂听令赴镇。

阅年为太兴四年，春季天变，日中有黑子，夏仲地震，终南山忽崩，时人目为不祥。元帝益恐王敦为乱，更命尚书仆射戴渊，为征西将军，出督司兖豫并雍冀六州军事，领司州刺史，镇守合肥。丹阳尹刘隗，为镇北将军，出督青徐幽平四州军事，领青州刺史，镇守淮阴。两人皆假节领兵，名为讨胡，实隐为防敦起见。且迁王导为司空，录尚书事，外尊内疏，一切机事，多不与议，但遥与刘隗密通敕奏，决定施行。隗实一庸才，元帝亦太误信。敦探悉刘隗专政，即寄书与隗，略言：“足下近得圣眷，朝野共知，现今北虏未灭，中原鼎沸，敦欲与足下等，戮力王室，共静海内，事若有成，帝祚永隆，否则从此无望了。”隗复书道：“鱼相忘于江湖，人相忘于道术，竭股肱之力，济以忠贞，便是区区素志，愿与公各勉将来。”敦得复书，见他言外寓意，更加忿恨。复表陈：“古今忠臣，见疑君上，俱由幸臣交构所致。”这明明是指斥刘隗。元帝益生疑忌，但因筹备未固，暂加敦羽葆鼓吹，借示羁縻。

敦视刘隗刁协等人，均非己敌，惟豫州刺史祖逖，颇为所惮。逖已肃清河南，荡平群丑，方拟规画河北，逐渐进取，偏朝廷简派戴渊，来统豫州。逖因渊徒有虚名，不足共事，心甚怏怏。且闻王敦与刁刘构隙，将致内乱，眼见是国家多难，势不能恢复中原，于是感愤成疾，日重一日。临危时，尚营缮虎牢，命诸将筑垒，工未告竣，魂已长辞。当时豫州分野，发现妖星，术士戴洋，谓祖豫州九月当死，历阳人陈训，亦谓西北当折一大将，就是逖亦知自应星象，抱病长叹道：“我志平河北，乃天不佑国，偏欲杀我，我死尚有何望呢?”长使英雄泪满襟。已而果殁，享年五十有六。豫州士女，若丧考妣。谯梁百姓，多为立祠，有诏赠逖车骑将军，令逖弟约，代领州事。约无抚驭才，士卒离心。王敦得祖逖死耗，喜出望外，遂以为天下无敌，决计发难。是时为太兴五年正月，元帝方改元永昌，颁诏大赦。那王敦发难的表文，接踵呈入，表云：

刘隗前在门下，邪佞谄媚，谮毁忠良，疑惑圣听，遂居权宠，挠乱天机，威福自由，中外杜口。晋魏以来，未有此比。倾尽帑藏，以自资奉，大起事役，以扰士民。臣前求迎，诸将妻息，圣恩听许，而隗绝之，使三军之士，莫不怨愤。又徐州流人，辛苦经载，家计始立，隗悉驱逼，以实己府。当陛下践阼之始，投刺王官，本以非常之庆，使豫蒙荣分，而隗使更充征役，仍依旧名，百姓哀愤，怨声盈路。臣备位宰辅，与国存亡，诚乏平勃济时之略，然自忘驽骀，志存社稷，岂可坐视成败，以亏圣美？事不获已，乃进军致讨。愿陛下深垂省察，速斩隗首，则众望餍服，皇祚复隆。隗首朝悬，诸军夕退。昔太甲不能遵明汤典，颠覆厥度，幸纳伊尹之勋，殷道复昌。汉武雄略，亦惑江充，至乃父子相屠，流血丹地，终能克悟，不失大纲。今日之事，有逾于此。

忆昔陛下坐镇扬州，虚心下士，优贤任能，宽以得众。故君子尽心，小人毕力，如臣暗蔽，预奉徽猷，王业遂隆，维新克建，四海延颈，咸望太平。自从信隗以来，刑罚不中，街谈巷议，皆云如吴之将亡，闻之惶惑，精魂飞散，不觉胸臆摧破，泣血横流。陛下当令祖宗之业，存神器之重，察臣前后所启，奈何弃忽忠言，遂信奸佞，谁不痛心？愿出臣表，谘之朝臣。介石之讥，不俟终日，令诸军早还，不至虚扰，则四海乂安，社稷永固矣。擐甲待命，无任翘企！

表文既上，遂带领水陆各兵，出发武昌。宣城内史沈充，本系王敦爪牙，还至吴兴原籍，招募徒众，起应王敦。敦至芜湖，命充为大都督，督护东吴诸军事，又上表罪状刁协，迫令加诛，建康大震。小子有诗叹道：

果然蜂目露豺声，藐视朝廷敢逞兵。
纵使刁刘难免咎，叛君毕竟是横行。

欲知元帝如何对付，下回再行说明。

先儒于段匹磾之死，多以全节许之，独本书叙述匹磾，贬过于褒，非好为此苛论也。刘琨志匡晋室，而匹磾杀之，彼固尝与琨结为昆季矣，口血未干，遽下毒手，对琨则不义，对晋即不忠。至杀琨以后，人心不附，迨为羯胡所虏，犹授石氏冠军将军之职，临难不死，徒著晋服，持晋节，自命为晋室忠臣，欺人耶？欺己耶？李陵答苏武书，有虚死不如立节之言，而后人鲜有为陵恕者，何于段匹磾而独嘉之也？王敦蜂目，潘滔早料其噬人，而元帝反付以重权，令督六州军事。夫当时义勇卓著，如祖逖周访陶侃诸人，皆可分任，乃专用一残忍无亲之王敦，虽欲不乱，得乎？况有刘隗刁协之从中酝酿者哉！

第三十四回

镇湘中谯王举义　失石头元帝惊心

却说元帝连接逆表，已知王敦造反，不由的动起怒来，当下飞召征西大将军戴渊，镇北将军刘隗，还卫京师，一面下诏讨敦。略云：

王敦凭恃宠灵，敢肆狂逆，方朕太甲，欲见幽囚，是可忍也，孰不可忍？

今当统率六军，以诛大逆，有杀敦者封五千户侯。朕不食言。

敦闻诏后，毫无惧色，仍决意进兵，且拣选名士，入居幕府：一是故太傅羊祜从孙羊曼；一是前咸亭侯谢鲲；一是著作佐郎郭璞。曼本为黄门侍郎，迁晋陵太守，坐事免官，敦却引为左长史。曼性嗜酒，此时为敦所邀，不便固辞，乐得借酒涸迹，多醉少醒。那谢鲲是个放浪不羁的人物，能琴善歌，家住阳夏，表字幼舆，尝为东海掾吏，因佻达无行，除名回籍。邻家高氏女有姿色，鲲屡往挑引，被该女投梭中唇，击落门齿两枚，时人作韵语讥鲲道："佻达不已，幼舆折齿。"鲲不以为羞，怡然长啸道："尚不害我啸歌，折齿亦何妨呢！"究乖名教。既而王敦辟为长史，与讨杜弢，叙功得封咸亭侯，嗣因母忧去职，至敦将作乱，仍使起复，且召入与语道："刘隗奸邪，将危社稷，我欲入清君侧，卿意以为何如？"鲲答道："隗诚足为祸首，但城狐社鼠，何足计较。"此语恰还近理。敦愤叹道："卿乃庸才，不达大体。"造反可谓大体吗？便令鲲为豫章太守。鲲即日告辞，又留住不遣。及起兵东下，逼鲲同行。鲲随时通变，却也无喜无忧。

惟郭璞家世河东，素长经学，好古文奇字，通阴阳算历，尝拜隐士郭公为师，得青囊中书九卷，日夕研究，并通五行天文卜筮诸学。惠怀时河东先乱，璞筮得凶象，避走东南，抵将军赵固泛地。适固丧良马，璞谓能起死回生，固向璞求术，璞答道："可用健夫二三十人，俱持长竿东行，约三十里，见有丘林社庙，便用竿打拍，当得一物，可急持归来，医活此马。"固如言施行，果得一物，仿佛似猴。璞令置马旁，便向马鼻嘘吸，马一跃而起，鸣食如常，惟此物遁去，不知下落。固大加诧异，厚给资斧。行至庐江，太守吴孟康，由建康召为军谘祭酒，孟康不欲南渡。璞替他卜《易》，谓庐江不宜再居。孟康疑为妄言，不甚礼璞。璞寄居逆旅，见主人有一婢，婉娈可爱，便想出一法，取小豆三斗，分撒主人住宅旁。主人晨出，见赤衣人数千围绕，大骇奔还。璞自言能除此怪，谓宜贱鬻此婢，怪即立除。主人不得已从了璞言，将婢卖去。璞即为画一符，投入井中，数千赤衣人，皆反缚入井，杳无形影。主人大悦，厚赐璞资。其实该婢为璞所买，不过嘱人间接，至贶仪到手，除婢价外，尚有余资，且得了一个如花似玉的美鬟，挈领而去，途中偎玉倚香，不问可知。术士之坏，往往如此。

过了数旬，庐江果被寇蹂躏，村邑成墟。璞既过江，宣城太守殷祐，引为参军，屡占屡验。寻为王导所闻，征璞为掾。尝令卜筮，璞惊说道："公当有灾厄，速命驾四出，至数十里外，有柏树一株，可截取至此，长如公身，置卧寝旁，灾乃可免了。"导亟向西行，果有柏树一株，取置寝室。数日，有大声出寝室，柏树粉碎，导独无恙。恐亦如前次撒豆成人之术，第借此以愚王导。

时元帝尚未登位，璞筮得咸井二卦，便白王导，谓东北有武名郡县，当出铎为受命符瑞，西南有阳名郡县，井当上沸。已而武进县人，果在田中得铜铎五枚，献入建康。历阳县中井沸，经日乃止。及元帝为晋王时，又使璞占易，得豫及睽卦。璞说道："会稽当出瑞钟，上有勒铭，应在人家井泥中。爻辞谓先王作乐崇德，殷荐上帝，便是此兆。"作乐两语，见《周易》豫卜象辞。未几，由会稽剡县，在井中发现一钟，长七寸二分，口径四寸半，上有古文奇书十八字，只有会稽岳命四篆文，尚易辨认，余皆莫识。璞独指为灵符，元帝就此称尊。安知非郭璞隐铸此钟，藏此井内？璞尝著《江赋》，又作《南郊赋》，词皆伟丽，为元帝所叹赏，因命为著作佐郎。后来迭上数疏，无非借灾祥变异，略进箴规。

王敦闻璞能预知，致书与导，召璞一行。导遣璞往武昌，敦即令为记室参军。璞知敦必为乱，恐自己预祸，常以为忧。大将军掾陈述，表字嗣祖，素有重名，为敦所重。敦将起兵，述即病逝。璞临哭甚哀，且向柩连呼道："嗣祖嗣祖，安知非福？"璞知将来遇祸，何不设法他去？难遭命已注定，不能自免吗？惟敦见朝廷无人，必能逞志，所以率兵遽发，毫不迟疑。敦兄王含，曾在建康留仕，官拜光禄勋，闻敦已至芜湖，遂溜出都门，乘舟归敦。敦曾遣使告梁州刺史甘卓，约与同反，卓佯为允诺。及敦已出兵，卓竟不赴，但使参军孙双，往阻敦行。敦惊问道："甘侯已与我有约，奈何失信？我并非觊觎社稷，不过入除凶邪，事成以后，当使甘侯作公，烦汝归报，幸勿渝盟。"双回报甘卓，卓叹道："昔陈敏作乱，我先从后违，时人讥我反复无常，我若复作此态，如何自明？越要受人唾骂了。"乃使人转告顺阳太守魏该，该答复道："该但知尽忠王室。今王公举兵内向，显是悖逆，怎得相从呢？"卓得闻该言，益不愿与敦同行。

敦又使参军桓罴至湘州，请谯王承为军司，承长叹道："我将死了！地荒民寡，势孤援绝，不死何为？但得死忠义，亦所甘心。"因拘住桓罴，即檄长沙虞悝为长史。悝适遭母丧，承亲自往吊，向悝问计道："我欲讨王敦，但兵少粮乏，且莅任不久，恩信未孚，卿兄弟系湘中豪杰，当如何教我？"悝答道："大王不以悝兄弟为鄙劣，亲临下问，悝兄弟敢不致死。但本州荒敝，实难进讨，不如收众固守，传檄四方，先分敦势，然后图敦，或尚可望捷哩。"承遂授悝为长史，悝弟望为司马，督护诸军，当即移檄远近，劝令讨逆。零陵太守尹奉，建昌太守王循，衡阳太守刘翼，舂陵令易雄，皆应声如响，举兵讨敦。惟湘东太守郑淡不从。淡系敦姊夫，甘心附恶，承使司马虞望讨淡，淡出拒被诛，传首四境，徇示吏民。

承复遣主簿邓骞，往说甘卓道："刘大连隗字大连。虽然骄蹇，自失民心，但与天下无甚大害，大将军王敦，蓄憾称兵，敢向北阙，忠臣义士，应当共愤。公受任方伯，奉辞伐罪，便是齐桓晋文的盛举了。"卓微笑道："桓文事非我所能，若尽力国难，乃我本心，当徐图良策。"总未免多疑少决。骞再欲进言，旁有参军李梁，为卓献议道："东汉初年，隗嚣跋扈，窦融保守河西，徐归光武，终享令名。今将军控驭上游，还可效法古人，按兵坐待。若大将军事捷，公必得方面，不捷亦可邀朝命，代大将军后任，始终不失富贵，何必出生入死，与决存亡哩？”言未毕，骞即接口驳梁道：“古今异势，怎得相比？从前光武创业，中国未平，故窦融可从容观望；今将军已久事晋室，理应为国尽力。襄阳又不若河西，可以固守，假使大将军得克刘隗，还镇武昌，增石城戍卒，绝荆湘粮运，试问将军将归何处？参军将依何人呢？”梁被骞一驳，倒也哑口无言。惟卓尚迟疑不决，留骞小住，再决行止。

骞待了两三日，未见举动，乃复见卓道：“今公既不为义举，又不承大将军檄，莫非坐自待祸么？骞想公数日不决，大约恐强弱不同，未能制胜，实则大将军部曲，不过万余，至留守武昌，只得五千人。将军麾下，势且过倍，本旧日的盛名，率本府的精锐，杖节鸣鼓，效顺讨逆，何忧不克？何患不成？为将军计，当乘虚先攻武昌，武昌一下，据军实，施德惠，镇抚二州，截断大将军归路，大将军当不战自溃，怎能还与公敌？今有此机会，乃束手安坐，自待危亡，岂非不智？岂非不义？”快人快语。卓听了骞语，也觉眉动色扬，跃跃欲动。

可巧来了王敦参军乐道融，由卓召入，问明来意。道融答道：“大将军催公东行，公果愿意呢，还不愿意呢？”卓半晌不答一词。道融请屏除左右，然后进白道：“道融此来，实为大将军所遣，促公启程，免得后顾。但道融究是晋臣，不便专事大将军，试想人主亲临万机，自用谯王为湘州，并非专用刘隗，乃王氏擅权构衅，背恩肆恶，举兵犯阙，敢为不韪。公受国重寄，若与他同逆，便是违悖大义，生为逆臣，死作愚鬼，岂不可惜？今不若伪许出兵，却暗地驰袭武昌，逆众闻风生惧，自然溃散，公就得坐建大功了。”慷慨激昂，也是邓骞流亚。卓乃转疑为喜，起座答说道：“君言正合我意，我志决了。”恐怕还是未决。乃使道融与骞同留幕下，参议军事，一面约同巴东监军柳纯，南平太守夏侯承，宜都太守谭该等，檄数敦罪，合军致讨，更遣参军司马赞孙双，奉表入都，报明起义情形。再使参军罗英，南赴广州，邀同刺史陶侃，会师讨敦。侃便遣参军高宝，引兵北上，作为声援。

元帝加卓为镇南大将军，都督荆梁二州军，领荆州牧，兼梁州刺史。侃为平南将军，都督交广二州军事，兼领江州刺史。王敦闻警，却也心惊，惟令兄含，固守武昌，慎防袭击。另拨南蛮校尉魏乂，将军李桓，率兵二万，往攻长沙。长沙为湘州治所，城郭不完，资储又阙，单靠谯王承一腔忠义，乘城守着，到底是不能久持。或劝承南投陶侃，或退保零桂，零陵桂阳。承慨然道：“我起兵时，志在死节，岂可贪生苟免，临难即逃？事若不济，我身虽死，我心总可告无愧哩。”遂遣司马虞望，出城交战，互有杀伤，嗣复连战数次，望中箭而亡，全城恟惧。

邓骞闻长沙被围，请诸甘卓，乞即赴援。卓尚欲留骞，骞一再固辞，乃使参军虞冲，偕骞同赴长沙，赍交谯王承书，谓：“当出兵沔口，断敦归路，湘围当然可解，请暂从严守”云云。承遣还虞冲，付与复书，略言：“江左中兴，方在草创，不图恶逆，启自宠臣，我忝为宗室，猝受重任，不胜艰巨，但竭愚诚。足下能卷甲速来，尚可望救，若再迟疑，唯索我于枯鱼肆中。”这一番书辞，也算是万分迫切，偏甘卓年已垂老，暮气甚深，当驰檄讨敦时，颇似蹈厉发扬，饶有执戈前驱的状态，及过了数日，便即衰靡下去。想亦如今之所谓五分钟热心者。且州郡各军，一时亦未能趋集，他便得过且过，无心去顾及长沙了。

且说戴渊刘隗，奉命入卫，隗先至建康，百官迎接道左。隗首戴岸帻，腰悬佩刀，谈笑尽欢，意气自若。及入见元帝，与刁协同陈御前，请尽诛王氏。元帝不许，隗始有惧色。司空王导，率从弟中领军邃，左卫将军廙，侍中侃彬，及诸宗族二十余人，每日辄诣台待罪。尚书周顗，晨起入朝，行径台省。导呼顗表字道；“伯仁！我家百口，今当累卿。”顗并不旁顾，昂然直入，既见元帝，却极言导忠，申救甚力。元帝颇加采纳，且命顗侍饮畅谈。顗素嗜酒，至醉乃出。导尚守候，又连呼伯仁，顗仍不与言，但顾语左右道：“今年当杀诸贼奴，好取斗大黄金印，系诸肘后了。”狂态如绘，然终因此送命。一面说，一面趋归宅中，又上表明导无罪，语甚切挚。导未知底细，还疑顗从中媒孽，暗暗切齿。会有中使出达帝命，还导朝服，导入阙谢恩，叩首陈词道：“逆臣贼子，无代不有，可恨今日出自臣族。”元帝跣足下座，亲执导手道：“茂弘！朕方欲寄卿重命，何烦多言。”导拜谢而起，自请讨敦，乃诏命导为前锋大都督，加戴渊骠骑将军，同掌军务。进周顗为尚书左仆射，王邃为右仆射，又使王廙往谕王敦，饬令撤兵还镇，敦怎肯从命，留廙不遣。廙为敦从弟，乐得在敦营中，希图荣利。敦即自芜湖进向石头，元帝命征虏将军周札为右将军，都督石头诸军事，另简刘隗屯守金城，复亲自披甲上马，出阅诸军，晓谕顺逆，然后还都。

敦既至石头，欲攻金城，敦将杜弘献计道：“刘隗死士颇多，未易攻克，不如专捣石头，周札少恩，兵不为用，必致败覆。我得败札，隗众亦自然骇走了。”敦点首称善，即命弘为前锋，驱兵至石头城下，鼓噪攻城。城内守兵，果无斗志，多半思遁。札料不能战，竟开门纳弘。弘麾众直入，安安稳稳的据住石头。敦亦继进，登城自叹道：“我今不能为盛德事了。”谢鲲在旁接入道：“大将军何出此言？但使从今以后，日忘前忿，庶几君臣猜嫌，亦可日去，便无伤盛德呢。”敦默然不答。旋闻刁协刘隗戴渊等，率众来攻，便麾兵出战。刁刘等本不知兵，所领军士，没甚纪律，一经对垒，统皆观望不前。那王敦部下，未曾剧战，一些儿没有劳乏，便仗着一股锐气，横冲直撞，驰突无前。自辰至午，刁刘戴三部将士，均已溃走，三帅也拨马奔还，再经王导周顗，及他将郭逸虞潭，分道出御，导与顗已不相容，巴不得顗军战败，哪肯同仇敌忾？而且号令不一，行止不同，徒落得土崩瓦解，四散奔逃。郭逸虞潭，相继败走，顗亦退还，王导并不出兵，也且同声报败，愿受那丧师失律的污名。直揭王导罪状，不为曲讳。

败报连达宫廷，太子绍忍耐不住，拟自督将士出战，决一存亡，当下升车欲行。中庶子温峤，执辔进谏道："殿下乃国家储贰，关系至重，奈何轻冒不测，自弃天下？"绍尚欲前进，被峤抽剑断鞅，然后停留。太子尚有雄心，故后来卒能诛逆。宫廷宿卫，惊慌的了不得，逃的逃，躲的躲，只有安东将军刘超及侍中二人，尚留值殿中。元帝到了此时，一筹莫展，但脱去戎衣，改著朝服，闷坐殿上，顾语刘超道："欲得我座，亦可早言，何必如此害民？"前时不肯北征，总道是可以偏安，谁知复有此日？超亦无词可劝，随声叹息。蓦闻敦纵使士卒，入掠都下，喧嚷声与啼哭声，杂沓不休。元帝乃遣使谕敦道："公若不忘本朝，便可就此息兵，共图安乐。若未肯已，朕当归老琅琊，自避贤路。"简直要拱手让人了。敦置诸不理，急得元帝没法摆布，越觉慌张。确是庸牛。适刁协、刘隗，狼狈入宫，俯伏座前，呜咽不止。元帝握二人手，相对涕洟，好一歇，才说出两语道："事已至此，卿二人速去避祸。"协答道："臣当守死，不敢有贰。"元帝又道："卿等在此，徒死无益，不如速行。"说着，便顾令左右，选择厩马二匹，赐与隗协，并各给仆从数人，令他速去。二人拜别出殿，协老不堪骑，又素乏恩惠，一出都门，从人尽散，单剩他一人一骑，行至江乘，为人所杀，携首献敦。隗返至第中，挈领妻孥，及亲信数百人，出都北去，竟投后赵，勒用为从事中郎，累迁至太子太傅，竟得寿终。小子有诗叹道：

无端构衅动京尘，一死犹难谢国人。
况复逃生甘事虏，叛君误国罪维钧。

究竟元帝能否免祸，且至下回再详。

谯王承与甘卓，皆不附王敦，传檄讨逆，迹似相同，而心术不同。承甫莅长沙，兵单粮寡，加以乱离之后，城郭不完，自知不能御侮，而桓羆一至，即置狱中，毅然决然，不少迟疑，彼固舍生取义，而置利害于不顾者。卓则多疑少决，临事迟疑，论者谓其年老气衰，以至于此，实则畏死之见，与生俱来。当陈敏为逆时，甘心被胁，甚且冒充太弟，摇惑人心，设非畏死，何至昏愦若此？故谯王承之忠，乃为真忠，甘卓非其伦也。刁协刘隗，智不足以驭人，勇不足以却病，构衅有余，救乱不足。王敦一发，即陷石头，仓猝抵御，狼狈败还。刁协尚有守死不贰之言，而隗则不发一语，即挈妻孥而远遁，谁为首祸，乃置天子于不顾，竟藉虏廷以求活耶？元帝不察，尚以为忠，纵使避祸，此江左之所以终慨式微也。

第三十五回

逆贼横行廷臣受戮　皇灵失驭嗣子承宗

却说刁协走死，刘隗奔往后赵。王敦并非不闻，本来君侧已清，理应入朝谢罪，收兵还镇，但敦是个蜂目豺声的忍人，既已起事，怎肯就此罢休？当下据住石头，按兵不朝，明明是胁迫元帝，志在横行。元帝无法抵制，只得令公卿百官，统往石头，劝令罢兵。敦盛气相见，不待百官开口，便先问戴渊道：“前日交战，君尚有余力否？”渊听了此语，暗暗吃惊，勉强接口道：“怎敢有余，但苦不足。”敦又问道：“我今为此事，天下以为何如？”渊答道：“但论形迹，未免指公为逆，若体诚心，应该谅公为忠。”模棱语恐不足欺奸。敦冷笑道：“卿也好算是能言了。”又顾周顗道：“伯仁！汝未免负我。”顗抗声道：“公兴兵犯顺，下官亲率六军，不能尽职，终致王师挫败，这原是有负公心呢。”敦被顗讥嘲，倒也无词可答，但召入王导，屏人与语道：“老弟不用我言，险些儿灭族了。”导答道：“兄亦太觉孟浪，今日侥幸得志，还是祖宗的荫庇，得休便休，幸勿太过。”敦掀髯道：“弟为何这般胆小？刁刘余党，尚列朝廷，还须除去数人。且主子由我等推戴，怎得疑忌我家？就使主位不移，也当有一番改革，方免后忧。”导又道：“但教朝廷悔祸，不再加忌，我兄弟长得安全，也好趁此罢手了。”可见导当时心术。敦尚是摇首，导乃退出。原来元帝即位时，敦忌帝年长，意欲另立幼君，以便专政，独导不肯依敦，所以敦有此云云。

导出与百官商议一番，还白元帝，百官承导意旨，当然不敢斥敦，但请元帝颁发赦书，并加王敦官爵，饬令退兵。元帝无可如何，只得下诏大赦，进王敦为丞相，都督中外诸军，录尚书事，封武昌郡公，领江州牧，使太常荀崧赍册诣敦，敦语荀崧道：“我此来不望升官，唯欲为国家除患，一切封爵，我不愿受，烦卿缴还便了。”实是无君，非特伪让而已。崧申劝数语，敦终不听，乃辞归复命。敦又召集百官，议废太子，呼中庶子温峤至前，厉声诘问道：“太子有何德望？卿侍东宫，理应深知。古人有言：‘事父母几谏。’主上有过，不闻太子谏阻，难道尚得称孝么？”峤从容答道：“钩深致远，非浅见所能窥，据峤看来，太子实是贤孝，就是公来辇下，亦未闻东宫抗议，贻误国家，怎见他不从中几谏哩？”大众亦随声附和，齐称太子有道，说得敦无可辩驳，不得不自发自收，含糊过去。百官乃复还朝。

元帝召周顗入见，蹙然与语道："近日大事，二宫无恙，诸人平安，大将军果得副民望么？"顗答道："二宫原如明谕，臣等生死，尚未可知。"元帝不禁长叹。顗退至朝堂，护军长史郝嘏等，与顗相遇，都劝顗暂避凶锋。顗奋袂道："我备位大臣，坐睹朝廷丧败，已足增羞，岂尚可草间求活，外投胡越么？"郝嘏等乃不便再劝，各叹息而去。果然不到数天，即致发作，首恶是王敦参军吕猗，从恶是王敦堂弟王导。书法严刻。吕猗尝为台郎，性好谄谀，为周顗戴渊所嫉，此时出为敦助，竟乘隙白敦道："顗与渊俱负重名，今日不除，必为公患。"敦本忌二人才望，一闻猗言，遂起杀心。适值王导复入，便顾问道："周戴望重南北，果应登列三司否？"导默然不答。敦又道："若不应列三司，止可使为令仆么？"导又不答。敦复张目道："既不应列三司，又不应为令仆，看来只好杀却了。"导仍然不答。三问三不答，无非不满周戴。敦即遣部将邓岳，率兵往捕周顗戴渊。

敦复召谢鲲入问道："近日都下人士，有无异议？"鲲应声道："物议悠悠，原不足计，但公尝谓朝臣重望，莫如周戴，诚使大用二人，群情自然帖服了。"敦动怒道："君真粗疏，不达时事，二人怎可大用？我已遣人收捕了。"鲲不禁骇愕，再欲进言，旁有参军王峤，向敦谏阻道："济济多士，文王以宁，想公定知此语，奈何捕戮名士？"敦怒上加怒，竟欲杀峤。鲲亟进谏道："公举大事，不妄戮一人。峤不过纳言忤意，便欲把他衅鼓，也未免过甚了。"敦乃释峤不诛，惟黜峤为领军长史。周顗被收，道经太庙，向庙大呼道："贼臣王敦，倾覆社稷，枉杀忠臣，神祇有灵，应速诛殛，毋使漏网。"说至此，被兵士用戟刺口，血流至踵，仍不改形。道旁行人，俱为流涕。至石头城南门外，正值戴渊亦被绑前来，渊已面无人色，顗仍容止自若，引颈就刑。顗被害后，渊首亦相随落地。同是一死，勇怯悬殊，泰山鸿毛，所以有别。

元帝又使王彬劳敦，慰劳他做甚？难道他能杀大臣么？彬素与顗善，先往哭顗，然后见敦。敦见他面目凄惨，尚有泪痕，便问为何事？彬直说道："见伯仁尸首，不禁凄惨，所以下泪。"敦愤然道："伯仁自寻死路，死何足惜！汝与他有甚么情谊，反去哭他？"彬答道："满朝大臣，如伯仁忠直，实不多得。况朝廷新下赦诏，伯仁本无大罪，无故遭此酷刑，怎得不悲？怎得不哭？"敦又道："汝莫非病疯么？"彬不禁瞋目道："如兄抗旌犯顺，杀害忠良，谋为不轨，如此过去，恐祸及全家了。"说着，词气慷慨，声泪俱下。敦攘臂起诟道："汝这般无礼，狂悖已极，难道我不能杀汝么？"这数语声达帐外。王导闻知，抢步趋入，忙为排解，且劝彬向敦拜谢。彬直答道："脚痛不能拜。况彬并未尝得罪，何必致谢。"敦狞视道："脚痛比颈痛，究竟是何种利害？"彬仍无惧容，仍不肯拜。导恐他再起冲突，即扯彬同出，导有愧彬多矣。敦乃不复追究。后来导入检中书故事，方见顗上表救己，执表流涕道："我虽不杀伯仁，伯仁由我而杀，幽冥中负此良友了。"死骨已朽，追悔何益？

且说王敦既杀死周𫖮戴渊，仍未罢兵。敦将沈充，陷入吴郡，吴国内史张茂被杀，此时镇南大将军甘卓，但出屯睹口，逗留不进。卓兄子卬，曾为敦参军，敦先遣卬归卓，嘱令传语道："君兴师相抗，自守臣节，我也不敢怪君。但我为身家起见，不得不然，事平便当归镇，君亦可返旆襄阳，彼此再结旧好，往事不必重提了。"甘卓本来是没甚主意，见卬得归来，已喜出望外，且闻敦有意修好，乐得观望徘徊，在途观变。既而敦又遣台使赍驺虞幡，晋朝有白虎驺虞二幡。白虎是催军，驺虞是解斗。令卓退兵。卓问明台使，得周戴二人死状，乃流涕语卬道："我正恐王敦得志，必害忠良，尚幸圣上元吉，太子无恙，我据敦上流，想敦未必敢遽危社稷，我若进夺武昌，敦无路可归，必劫持天子，越加猖獗，今不如还守襄阳，再作后图罢了。"便下令军中，拔营退回。都尉秦康，邀同乐道融，道融见前回。相偕进谏道："将军奈何还兵？试想将军仗义东行，无非为讨逆起见，逆敦不除，有进无退，今正当分兵，堵截彭泽，使敦上下不得相救，众自离散，敦势既孤，一战可擒。若就此中止，转失人望。况将军麾下，士卒多思除逆立功，博取富贵，乃索然退回，恐反将嫁祸将军，将军尚能安然西还么？"苦口危言，难救膏肓沈痼。卓不肯从。道融复连番泣谏，仍不见听，竟致忧愤而殁。卓竟引兵退入襄阳去了。

王敦闻甘卓还军，当然心慰，令西阳王羕为太宰，王导为尚书令，王廙为荆州刺史，擅易百官及各处镇将，转徙黜免，数以百计。乃拟率兵西还武昌，谢鲲进言道："公入都以来，累日不朝，所以功业虽成，众心未服。今若入朝天子，使君臣两释猜嫌，尚有何人不服呢？"敦沉吟道："我若入朝，能保无他变吗？"鲲答道："鲲近日入觐，主上正侧席待公，宫省穆然，必无他虞。若防有他变，鲲愿侍从。"敦勃然道："君等屡来饶舌，我若杀君等数百人，也没有甚么害处。"一味蛮横。鲲见他声色俱厉，料难再谏，因即告退，未几病殁。敦始终不朝，自思布置已妥，便即启行，径还武昌。

南蛮校尉魏乂等，为敦所遣，围攻湘州。见前回。谯王承婴城拒守，已将匝月。宜都内史周级，曾密遣兄子该入长沙，向承投书，约为援应。该留住围城，见承危急，自请出外求援。承乃缒该出城，复命从事周崎，与该俱出。冤家碰着对头，竟被乂军阻住，擒送乂营。乂升座语崎道："汝尚望活否？"崎答道："生死由公，要死就死。"乂又道："汝若肯从我言，不但得活，并且加赏。"崎问为何语？乂说道："今令汝至城下，传语守卒，但言大将军已克建康，甘卓退还襄阳，外援阻绝，不如出降为是。"崎即允诺，径往城下，朗声大呼道："我不幸为贼所获，恐城中未知消息，故来相报。各处援兵，便可到来，请诸君努力坚守便了。"乂闻崎易词传报，不禁大怒，立命军士牵回，把崎杀死。一面严刑讯该，问他何故到此。该诡词作答，甚至掠死，终不肯稍吐真情，乃父周级，才得免祸。是忠臣，是孝子。

乂等奋力攻城，连日不已。嗣又由王敦递到台臣书疏，令乂射入城中，守兵知建康失守，莫不怅惋，但尚誓死守着，各无贰心。有时潜兵出扰，杀获乂军多名。相持至百余日，粮食已尽，士卒多死。衡阳太守刘翼，又复阵亡，于是支持不住，为乂所陷。谯王承尚率领残兵，巷战多时，害得械尽力穷，相继被执。长史虞悝，骂乂助逆不忠，乂先令斩首。悝子弟俱对悝号泣，悝慨然道：“人生总有一死，今阖门为忠义鬼。死得留名，尚有何恨?”遂伸颈受刑。子弟亦多被杀害。乂用槛车载承，及舂陵令易雄，解送武昌。佐吏统皆逃散，惟主簿桓雄，西曹书佐韩阶，从事武延，易服改装，扮作家童模样，随承同行，不离左右。乂见桓容止不凡，料非常人，将他杀毙。阶与延仍无惧容，依然随着。途次遇着荆州刺史王廙，是密承王敦意旨，来杀谯王承。承便即被害，年五十有九。为司马氏中之佼佼者。阶延两人，收尸棺殓，送入都中，安葬乃去。

惟易雄拘入武昌，意气慷慨，绝不少屈。王敦取出湘中原檄，遣人示雄道：“小小邑令，檄中乃敢署名?”雄答道：“确有此事，可惜雄位卑力弱，不能救国。今日战败被执，死也甘心。”敦因他义正词严，不便明戮，暂令释缚，使就客舍。大众以雄复更生，相率道贺。雄微笑道：“我不过暂活数天，怎得再生?”果然不到数日，由敦潜遣心腹，害死易雄。惟长沙主簿邓骞，遁归故里，魏乂屡遣人搜索，里人皆为骞寒心。骞笑道：“这有何怕？我料他不欲杀我，反将用我。他新得湘州，多杀忠良，自知不满众口，所以求我出见，畀我一官，聊塞人望呢。”说毕，径赴长沙见乂。乂果称为古时解扬，命为别驾。解扬，春秋时晋人。既而托疾引归。

晋廷调陶侃为湘州刺史，王敦不欲侃赴湘，贻书止侃。侃闻敦势力尚盛，且按兵养晦，并将前时所遣的参军高宝，亦召还广州，徐作计较。独甘卓引还襄阳，竟变易常度，性情粗暴，举动失常，常对镜自照，不见头颅，顾视庭树，仿佛头在树上，越加惊疑。全是怕死的心肠，激动出来。府舍中金柜忽鸣，声重似槌，召巫入卜。巫言金柜将离，所以悲鸣。主簿何无忌，及家人子弟，皆劝卓随时戒备。卓闻谏辄怒，呵叱交加，复遣散兵众，令他务农，毫不加防。襄阳太守周虑，得敦密书，嘱使图卓。虑遂想了一计，诈称湖中多鱼，劝卓遣发左右，向湖捕取。卓为虑所给，即令帐下亲卒，都往捕鱼。到了夜间，正要就寝，忽听外面有人马声，非常喧嚷，惊出探视。适值周虑带兵进来，正要诘问，已被虑拔出佩刀，兜头劈下。卓将头一闪，刀中肩上，流血倒地；再复一刀，结果性命。卓有四子，俱为所杀。虑即枭卓首级，送与王敦。畏死者亦难免一死么！敦心下大喜，便命从事中郎周抚，往督沔北诸军事，代抚镇守襄阳，抚为故梁州刺史周访长子，得袭父荫，任官武昌太守。他与父志趣不同，甘心助敦，得敦亲信，所以特加委任。虎父生犬子。

敦既得志，骄倨益甚，四方贡献，多入府中。将相岳牧，皆出门下。用沈充、钱凤为谋主，诸葛瑶、邓岳、周抚、李恒、谢雍为爪牙。充等皆凶险残暴，大起营府，侵人里宅，剽掠市道，百姓互相咒诅，但祝王敦早亡。敦尚作福作威，自领宁益二州都督，好像没有君主一般。会荆州刺史王廙病死，敦并不奏闻，即令卫将军王含，代刺荆州，都督沔南诸军事。又使下邳内史王邃，都督青徐幽平四州军事，镇守淮阴。武昌太守王谅，为交州刺史，且令谅诱杀交州刺史修湛。朝廷毫无主权，长江上下游，全然是王敦的势力圈。余如淮北河南，屡受后赵寇锋。泰山太守徐龛，忽叛忽降，结果为石虎所破，龛被擒斩。兖州刺史郗鉴，退保合肥，徐州刺史卞敦，亦退保盱眙。石虎复进陷青州，别将石瞻，又攻取东莞东海。河南为后赵将石生所攻。司州刺史李矩，颍川太守郭默，屡战屡败，转向赵主刘曜处乞援。曜出击石生，大败奔还。敦默南奔建康，李矩亦率众南归，病殁道中。豫州刺史祖约，自谯城退守寿春，陈留被陷。嗣是司豫青徐兖诸州，均被后赵夺去。总括一句，简而不漏。

元帝内迫叛臣，外逼强寇，名为江左天子，几乎号令不出国门。累日穷愁，无可告语，遂致忧郁成疾，卧床不起，自思内外重臣，只有司徒荀组，尚是老成宿望，因迁官太尉，兼领太子太保，意欲使他主持朝事，遥制王敦。偏组年已六十有五，未曾入拜，便即谢世。元帝很是悲叹，索性将司徒丞相二职，暂从罢撤，不再补官。好容易过了数宵，元帝病势加剧，遂致弥留，不得已召入司空王导，嘱授遗诏，令辅太子绍即位，是夕驾崩。总计元帝在位五年，改元二次，享年四十七岁。元帝生平无甚设施，只有节俭一端，尚传后世。有司尝奏太极殿广室，应施绛帐。有诏令冬施青布，夏施青练。宫中将册封贵人，侍从请购金雀钗，又奉诏不许；所幸郑夫人，衣无文采，但着练裳；从母弟廙，筑屋过制，尝流涕谕禁，终使改作。所以轻赋薄税，民无怨声。可惜自治有余，治人不足，终致魁柄下移，豺狼当道，含羞忍垢，饮恨终身，这也是可怜可叹呢。评论精确。

太子绍受遗即位，是谓明帝，循例大赦，尊生母荀氏为建安郡君，别立第宅，颐养慈颜。是时已为永昌元年腊月，未几即腊尽春来，元日因梓宫在殡，不受朝贺，年号尚沿称永昌。再阅一月，始奉梓宫，葬建平陵，庙号中宗，尊谥元帝。明帝送葬尽哀，徒跣至陵所，亲视封墓，然后还宫。又阅月，方改元太宁，立妃庾氏为皇后，后兄亮为中书监。命特进华恒为骠骑将军，都督石头水陆诸军事。兖州刺史郗鉴，为安西将军，都督扬州江西诸军事。这两处镇将，是由明帝特别简任，明明是防备王敦，阴令扼守。如弈棋然，先下暗着，以此知明帝不凡。敦也知明帝谋略，密谋篡逆，特上表称贺，且讽朝廷征己入朝。明帝将计就计，即下手诏，召敦诣阙，且加敦黄钺班剑，奏事不名，入朝不趋，剑履上殿。敦托辞入觐，引兵至姑孰，屯驻湖县，仍然不进，请迁王导为司徒，自领扬州牧，部署军士，拟将犯阙。侍中王彬，系敦从弟，再四谏阻。敦面色遽变，顾视左右，意欲收彬。彬正色道："君前时害兄，今又欲杀弟么?"原来彬从兄豫章太守王棱，曾为敦所害，所以彬有是言。敦听了彬语，也觉不忍，乃出彬为豫章太守，复因郗鉴督领扬州江西，诸多牵掣，乃表请授鉴尚书令，使他入辅。明帝也即准议，鉴闻命入都，道过姑孰，与敦相见，自述志趣，语多激昂。敦留鉴不遣，继思鉴为名士，不应加害，乃许令东行。鉴至建康，遂与明帝谋讨王敦，明帝方得着一个心腹士了。小子有诗咏道：

君明还要仗臣忠，一德同心始立功。

莫道茂弘堪寄命，赤心到底让郗公。

究竟王敦曾否行逆，明帝能否致讨，一切详情，容至下回表明。

元帝实一庸主，毫无远略，始则纵容王敦，使据长江上下游，继则信任刁协刘隗，疑忌王敦，激之使叛，而外无可恃之将，内无可倚之相，孤注一掷，坐致神京失守，受制贼臣，刁协死，刘隗遁，周颉戴渊，又复被戮，其不为敦所篡弑者，亦几希矣。谯王承之与城俱亡，最称忠节，甘卓误承，周虑给卓，卓畏死而终死，甚至四子骈戮，且何若用乐道融言，断彭泽，据武昌，或得建功立业，不幸败死，犹不失为忠义鬼。百世而下，以卓视承，其相去为何如耶？元帝忧愤成疾，中年崩殂，犹幸付托得人，不致亡国，此专制之朝，所以不能无赖于君主也。

第三十六回

扶钱凤即席用谋　遣王含出兵犯顺

却说明帝谋讨王敦，虽与郗鉴定有密谋，究竟事关重大，王室孤危，未便仓猝从事。那王敦谋逆的心思，日甚一日。敦有从子允之，年方总角，性甚聪警，为敦所爱。一夕，侍敦夜饮，稍带酒意，便辞醉先寝。敦尚未辍席，与钱凤等商议逆谋，均为允之所闻。允之恐敦多疑，就用指控喉，吐出许多宿食，累得衣面俱污，还是闭眼睡着，伪作鼾声。童子能用诈谋，却也非凡。及敦既散席，果然取烛入熠，见允之寝处污秽，尚自熟睡，不由的呼了数声。允之明明醒着，却假意将身转侧，仍然睡去。敦置不复顾，自去安寝，才不疑及允之。允之自喜得计，睡至天明，方整理被褥，不消细叙。既而允之父王舒，得拜廷尉，允之即求归省父，得敦允许，便赴建康，急将敦凤秘谋，详告乃父。舒与王导入白明帝，阴为戒备。敦还道逆谋未泄，但欲分树宗族，陵弱帝室，因请徙王含为征东将军，都督扬州江西诸军事，王彬为江州刺史。这三人中，只有含为敦兄，同恶相济，舒彬虽为敦从弟，却未甘助逆，所以明帝尽从敦请，一并迁调。

会稽内史周札，前在石头城时，尝开门纳敦军，见三十四回。敦迭加荐擢，迁右将军，会稽内史，封东迁县侯。札兄子懋，为晋陵太守，封清流亭侯，懋弟筳，为征虏将军，兼吴兴内史，筳弟赞，为大将军从事中郎，封武康县侯，赞弟缙，为太子文学，封都乡侯。还有札次兄子勰，亦得为临淮太守，封乌程公。一门五侯，贵盛无比。及筳丁母忧，送葬达千人，因此反为王敦所忌。敦适有疾，钱凤劝敦早除周氏，敦也以为然，迁延未发。周顗弟嵩，由敦引为从事中郎，每忆兄无故遭殃，心常愤愤。敦无子嗣，便养王含子应为继子，并令统兵。嵩为王应嫂父，因私怨王敦，遂谓应难主军事。敦闻嵩言，不免疑嵩。时有道士李脱，妖言惑众，自称八百岁，号为李八百，由中州至建业，挟术疗病，得人信事。有徒李弘，转趋灊山，煽惑更甚，诡言应谶当王。敦遂乘隙设谋，唆使庐江太守李恒，上表建康，谓："李脱谋反，勾通周札等人，请即捕脱正法"云云。晋廷接到此表，饬吏捕脱，讯得种种妖言，即将脱枭斩都市。敦得脱死信，一面遣人至灊山，收诛李弘，一面就营中杀死周筳，并把周嵩也连坐在内，说他与筳串同一气，潜通周札，故一概就戮。

嵩为故安东将军周浚次子，与兄顗，俱为浚妾所生。浚妾李氏，名叫络秀，系汝南人。浚为安东将军时，尝出猎遇雨，避止李家。李氏父兄，均皆外出，独络秀在室，宰牲备饭，款待浚等。浚左右约数十人，均得饱餐。且闻内室寂静如常，并无忙乱形状，不由的惊诧起来，暗地窥望，只有一女一婢，女容甚是秀美，浚因即生心，既回府舍，便令人赍给金帛，往酬李氏，并求李女为妾。李氏父兄，颇有难色。络秀道："门户寒微，何惜一女，若得连姻贵族，将来总有益处。否则得罪军门，恐反因此惹祸哩。"此女有识，并非情急求婚。父兄听了，也觉女言有理，不得已遣女归浚。浚当然宠爱，迭生三子，长即顗，次即嵩，又次名谟。顗等年长，浚已去世，络秀顾语诸子道："我屈节为妾，无非为门户起见，汝家仍不与我家相亲，我亦何惜余生，愿随汝父同逝罢。"顗等惶恐受教，乃与李氏相往来。晋代最重门阀，自周李联为姻戚，李氏始得列入望族，免人奚落，及顗等并作显官，母亦得受封。会逢冬至令节，母子团圞聚宴，络秀因举觞相庆道："我家避难南来，尝恐无处托足。今汝等并贵，列我目前，我从此可无忧了。"嵩起语道："恐将来难如母意。伯仁志大才短，名高识暗，好乘人敝，未足自全。嵩性抗直，亦为世所难容，惟阿奴碌碌，当得终养我母呢！"阿奴就是谟小字。络秀闻言，未免不欢，哪知后来果如嵩言，只有谟得免戮，送母归灵，官至侍中中护军乃终。络秀入《列女传》，故随笔补叙，惟嵩既有自知之明，仍难免祸，弊在不学耳。

且说王敦既枉杀周嵩周筳，复遣参军贺鸾，往诣沈充，向充拨兵，执杀周札诸兄子，进袭会稽。札未尝预防，仓猝被兵，但率麾下数百人，出城拒战，兵散被杀。札贪财渔色，专务刻啬，库中本储有精仗，及贺鸾兵至，左右请拨仗给兵，札尚靳惜，但将敝械出给，所以士卒离心，终至夷戮。札曾附逆，不死何为？是时已为太宁二年，敦病尚未愈，延至夏季，病且加重，矫诏拜养子应为武卫将军，兄含为骠骑大将军，开府仪同三司。钱凤入省敦疾，乘便问敦道："倘有不讳，便当将后事付应么？"敦唏嘘道："应尚年少，怎能当此大事？我果不起，只有三计可行。"凤复问及三计，敦说道："我死以后，即释兵散众，归事朝廷，保全门户，最为上计。若退还武昌，敛兵自守，贡献不废，便是中计。及我尚存，悉众东下，万一侥幸，得入京都，不幸失败，身死族灭，这就是下计了。"凤应命退出，召语同党道："如公下计，实为上策，我等就此照行罢。"呜呼罢了。遂致书沈充，约同起兵，再犯建康。

中书令温峤，前遭敦忌，由敦表请为左司马，峤竟诣敦所，佯为勤敬，尝进密谋，从敦所欲，厚结钱凤，誉不绝口。凤字世仪，峤与同僚谈及，必称钱世仪精神满腹，凤得峤赞扬，喜欢的了不得，遂与峤为莫逆交。可巧丹阳尹缺人，尚未补允，峤向敦启闻道："京尹责任重大，地扼咽喉，公宜急荐良才，免得朝廷用人，致有后悔。"敦答道："卿言诚是，但何人可补此缺？"峤说道："莫如钱凤。"敦召凤与语，凤情愿让峤，峤一再推辞，凤推峤愈坚，敦遂表峤为丹阳尹，使觇伺朝廷。有诏召峤莅镇。峤本意是欲得丹阳，可以入依帝阙，设法图敦，所谋既遂，即向敦告辞。敦力疾起床，为峤饯行。凤亦列席。峤恐自己去后，为凤所觉，或致遣人追还，因且饮且思，蓦得一计，便假作醉态，向凤斟酒，迫令速饮。凤略觉迟慢，峤即用手版击堕凤帻，且作色道："钱凤何人？温太真行酒，乃敢不速饮么？"凤亦觉变色。敦见峤已醉，忙出言劝解，始无争言。至撤饮后，峤与敦话别，涕泗横流，既出复入，如是三次，方上马径去。凤入语敦道："峤与庾亮有旧交，心在晋室，恐此去未必可恃。"敦冷笑道："太真饮醉，稍加声色，汝怎得便来相谗？"观此可见温峤用计之妙。凤碰了一鼻子灰，默然退去。

过了数日，接得建康探报，谓峤入建康，即与庾亮日夕密商，共图姑孰。敦勃然道："我乃为小物所欺，可恨可恨！"随即致书王导，略言："太真别来几日，胆敢负我，我当募人生致太真，亲拔舌根，方泄我恨。"导此时已不愿附敦，置诸不理。峤与庾亮等定议讨敦，并有郗鉴为助，相偕入奏。明帝已有动机，再问光禄勋应詹，詹亦赞同众议，乃决意兴师。但究竟敦军情形，尚未详察，意欲亲往一窥、验明虚实，遂自乘巴滇骏马，微服出都，随身只带得一二人，直至湖阴，察敦营垒。敦正昼寝，梦见旭日绕城，红光炎炎，顿时惊寤。适帐外有侦骑入报，说有数人窥营，内有一人状甚英武，想非常侣。敦不禁跃起道："这定是黄须鲜卑奴，来探虚实，快快追去，毋使逃脱。"帐下将士，即有五人应声，控骑出追。看官道黄须鲜卑奴，是何出典？原是明帝生母荀氏，系代郡人，明帝状类外家，须色颇黄，故敦呼为黄须奴。追兵出发，明帝已经驰去，马有遗粪，用水浇沃。道旁有老妪卖饼，由明帝购得数枚，赠以七宝鞭，并语老妪道："后有骑兵追来，可取鞭出示。"

说着即行。俄而追骑至卖饼处，问及老妪，老妪即取示七宝鞭。谓："客已去远，恐难追及。"追骑互相把玩，遂致稽迟，且见马粪已冷，料不可及，乃拨马还营，明帝始得安然还宫。虽是胆略过人，但亦太觉冒险。越宿临朝，遂加司徒王导为大都督，领扬州刺史，丹阳尹温峤，为中垒将军，与右将军卞敦，共守石头城。光禄勋应詹，为护军将军，都督前锋及朱雀桥南诸军事。尚书令郗鉴，行卫将军，都督从驾诸军事。中书监庾亮，领左卫将军，尚书卞壶，行中军将军。导等俱皆受职，惟郗鉴谓徒加军号，无益事实，固辞不受，但请征召外镇，入卫京师。乃下诏征徐州刺史王邃，豫州刺史祖约，兖州刺史刘遐，临淮太守苏峻，广陵太守陶瞻等，即日入卫。一面拟传诏罪敦。王导闻敦已病笃，谓："不如诈称敦死，嫁罪钱凤，方足振作士气，免生畏心。"总不免掩耳盗铃。乃率子弟为敦举哀，并令尚书颁诏讨罪，大略说是：

先帝以圣德应运，创业江东。司徒导首居心膂，以道翼赞，故大将军敦参处股肱，或内或外，夹辅之勋，与有力焉。阶缘际会，遂据上宰，杖节专征，委以五州。刁协刘隗，立朝不允，敦抗义致讨，情希鬻拳。鬻拳兵谏，见春秋列国时。兵虽犯顺，犹嘉乃诚。礼秩优崇，人臣无贰。事解之后，劫掠城邑，放恣兵人，侵及宫省，背违赦诏，诛戮大臣，纵凶极逆，不朝而退。六合阻心，人情同愤。先帝含垢忍耻，容而不责，委任如旧，礼秩有加。朕以不天，寻丁酷罚，茕茕在疚，哀悼靡寄。而敦曾无臣子追远之诚，又无辅孤同奖之操，缮甲聚兵，盛夏来至，辄以天官假授私属，将以威胁朝廷，倾危宗社。朕愍其狂戾，冀其觉悟，故且含隐以观其后。而敦矜其不义之强，仍有侮辱朝廷之志，弃亲用疏，背贤任恶。钱凤竖子，专为谋主，逞其凶慝，诬罔忠良。周嵩亮直，谠言致祸。周札周筵，累世忠义，札尝附逆，安得为忠？听受谗构，残夷其宗。秦人之酷，刑不过五，敦之诛戮，滥及无辜，灭人之族，莫知其罪。天下骇心，道路以目。神怒人怨，笃疾所婴。昏荒悖逆，日以滋甚，乃立兄息以自承代，从古未有宰相继体，而不由王命者也。顽凶相奖，无所顾忌，擅录冶工，私割运漕，志骋凶丑，以窥神器，社稷之危，匪旦则夕。天不长奸，敦以陨毙，凤承凶宄，弥复煽逆，是可忍也，孰不可忍？今遣司徒导，丹阳尹峤等，武旅三万，十道并进，平西将军邃，即王邃。兖州刺史遐，奋武将军峻，即苏峻。奋威将军瞻，即陶瞻。精锐三万，水陆齐势。朕亲御六军，率同左卫将军亮，护军将军詹，中军将军壶，骠骑将军南顿王宗，镇军将军汝南王祐，太宰西阳王羕等，被练三千，组甲三万，总统诸军，讨凤之罪。豺狼当道，安问狐狸？罪止一人，朕不滥刑。有能诛凤送首者，封五千户侯，赏布五千匹。冠军将军邓岳，志气平厚，识明邪正。前将军周抚，质性详简，义诚素著。功臣之胄，情义兼常，往年从敦，情节不展，畏逼首领，不得相违，论其乃心，无贰王室。朕嘉其诚，方欲任之以事。其余文武，为敦所授用者，一无所问。刺史二千石，不得辄离所职，书到奉承，自求多福，无或猜嫌以取诛灭。敦之将士，从敦弥年，怨旷日久，或父母陨歿，或妻子丧亡，不得奔赴，衔哀从役，朕甚愍之，希不凄怆。其单丁在军，皆遣归家，终身不调。其余皆给假三年，休讫还台，当与宿卫同例三番。明承诏书，朕不负信。

这诏传到姑孰，为敦所见，非常懊恼，但当久病似后，忽又惹动一片怒意，转至病上加病，不能支持。惟心中总不肯干休，即欲入犯京师，便召记室郭璞筮《易》，决一休咎。璞筮《易》毕，直言无成。敦含怒问道："卿可更占我寿，可得几何？"璞答道："不必再卜，即如前卦，已明示吉凶，公若起事，祸在旦夕。唯退往武昌，寿不可测。"敦大怒道："卿寿尚得几何？"璞又道："今日午刻，命已当终。"敦即命左右拘璞，牵出处斩。璞既出府，顾语役吏道："当至何处？"役吏答称南岗头。璞言："我命当尽双柏树下。"及抵南岗，果有柏树并立。璞又道："此树应有大鹊巢。"役吏偏索不得。璞再令细觅，枝上果得一大鹊巢，为叶所蔽，故一时不得相见。先是璞经越城间，遇一人，呼璞姓名。璞即赠以裤褶，辞不肯受。璞语道："尽可受得，不必多谦，将来自有分晓哩。"于是领受而去。及遇害时，便是此人行刑，感念璞惠，替璞棺殓，埋葬岗侧。后璞子骜，为临贺太守，才得改葬。璞撰卜筮书甚多，又注释《尔雅》《山海经》《穆天子传》《三仓方言》，及《楚辞》《子虚上林赋》，约数十万言，均得流传后世，死时四十九岁。及王敦平后，得追赠弘农太守。好艺者多以艺死，郭景纯便是前鉴。

敦既杀璞，即使钱凤邓岳周抚等，率众三万，东指京师。敦兄含语敦道："这是家事，我当自行。"乃复使含为元帅。钱凤临行，向敦启问道："事若得克，如何处置天子？"敦瞋目道："尚未南郊，算什么天子？但教保护东海王及裴妃，此外尽卿兵力，无庸多顾了。"裴妃即东海王越妻，已见前文，但不知王敦何意，乃命保护？凤领命即发，王含亦随后东行。敦又遣人上表，以诛奸臣温峤等为名，明帝当然不睬。孟秋朔日，王含等水陆五万，掩至江宁西岸，人情惶惧。温峤移军水北，烧断朱雀桥，阻住叛兵。含等不得渡，但在桥南列营。明帝欲亲自往击，闻桥梁毁断，不禁动怒，召峤入问。峤答道："今宿卫单弱，征兵未集，若被贼突入，危及社稷，宗庙尚恐不保，何爱一桥梁呢？"明帝方才无言。王导作书致含，劝令退兵，书云：

近闻大将军困笃，或云已至不讳，惨怛之情，不能自已。寻知钱凤首祸，欲肆奸逆，朝士忿愤，莫不扼腕。窃谓兄备受国恩，当抑制不逞，还镇武昌，尽力藩任，乃猝奉来告，竟与犬羊俱下，兄之此举，谓可得如大将军昔日之事乎？昔年佞臣乱朝，人怀不宁，如导之徒，心思外济。不啻亲口供状。今则不然，大将军来屯于湖，渐失人心，君子危怖，百姓劳敝，将终之日，委重安期。即王应字。安期断乳未几，又乖物望，便可袭宰相之迹耶？自开辟以来，曾有宰相以孺子为之者乎？诸有耳者，皆知将为禅代，非人臣之事也。先帝中兴遗爱在民，圣主聪明，德洽朝野，兄乃欲妄萌逆节，凡在人臣，谁不愤叹？导门户大小，受国厚恩，今日之事，明目张胆，为六军之首，宁为忠臣而死，不为无赖而生。但恨大将军桓文之勋不遂，而兄一旦为逆节之臣，负先人平素之志，既没之日，何颜见诸父子于黄泉，谒先帝于地下耶？今为兄计，愿速建大计，擒取钱凤一人，使天下获安，家国有福。若再执迷不悟，恐大祸即至，试思以天子之威，文武毕力，压制叛逆，岂可当乎？祸福之机，间不容发，兄其早思之。

王含得书，并不答复。导待了两日，未见回音，因复议及战守事宜。或谓王含、钱凤，挟众前来，宜由御驾自出督战，挫他锐气，方可制胜。郗鉴道："群贼为逆，势不可当，宜用智取，未便力敌。且含等号令不一，但知抄掠，吏民惩前毖后，各自为守，以顺制逆，何忧不克？今贼众专恃蛮突，但求一战，我能坚壁相持，旷日持久，彼竭我盈，一鼓可灭。若急思决战，万一蹉跌，虽有申胥等投袂起义，何补既往，奈何举天子为孤注呢？"申胥即申包胥，春秋时楚人。于是各军皆固垒自守，相戒勿动。王含钱凤，屡次出兵挑战，不得交锋，渐渐的懈弛起来。郗鉴却夜募壮士千人，令将军段秀及中军司马曹浑等，率领过江，掩他不备，突入含营。含仓皇命战，前锋将何康，出遇段秀，战未三合，被秀一刀，劈落马下。含众大骇，俱拥含遁走。段秀等杀到天明，斩首千余级，方渡江归营。王敦养病姑孰，闻含败状，盛气说道："我兄好似老婢，不堪一战，门户衰败，大事去了。看来只好由我自行。"说至此，便从床上起坐，方欲下床，不料一阵头晕，仍然仆倒，竟致魂灵出窍，不省人事。小子有诗咏道：

病亟犹思犯帝京，狼心到死总难更。
须知公理留天壤，乱贼千年播恶名。

毕竟王敦性命如何，且看下回续表。

王敦三计，惟上计最足图存，既已知此计之善，则中计下计，何必再言。其所以不安缄默者，尚欲行险侥幸，冀图一逞耳。钱凤所言，正希敦旨，故敦未尝谕禁，寻即内犯，要之一利令智昏而已。王允之伪醉绐敦，确是奇童，温峤亦以佯醉戏敦，并及钱凤，敦虽狡猾，不能察峤，并不能察允之，而妄思篡逆，几何而不覆灭乎？元帝之为敦所逼，实为王导所误，导固附敦，至温峤入都，敦犹与导书，将生致太真，其往来之密切可知。及明帝决意讨敦，敦尚未死，而导且诈为敦发丧，嫁罪钱凤，如谓其不为敦助，奚可得乎？厥后与王含一书，情伪益著，惟郭璞精于卜筮，乃居敦侧而罹杀机，岂真命该如此耶？吾为之怀疑不置云。

第三十七回

平大憝群臣进爵　立幼主太后临朝

却说王敦晕倒床上，不省人事，惊动帐下一班党羽，都至床前省视，设法营救，才见王敦苏醒转来。敦长叹数声，张目四顾，见舅羊鉴及养子王应，俱在床侧，便呜咽道："我已不望再活了。我死应便即位，先立朝廷百官，然后办理丧事，方不负我一番经营。"还想做死皇帝么？鉴与应唯唯受命。越宿敦死，应秘不发丧，用席裹尸，外涂以蜡，暂埋厅中，自与诸葛瑶等，任情淫狎，不顾军情。王含自江宁败后，退驻数里，遥促沈充会师，再图进攻。明帝也恐沈充前来，特遣廷臣沈桢，往说沈充，许为司空，劝令投诚。充摇首道："三司重任，我何敢当。古人谓币重言甘，实是诱我，今日正应此语。况丈夫共事，始终不移，若中道变心，便失信义，将来还有何人容我呢？"顺逆不明，自寻死路。遂举兵趋江宁。宗正卿虞潭，因病乞休，辞还会稽故里，至是独起义余姚，传檄讨充。明帝即授潭为会稽内史。前安东将军刘超，宣城内史钟雅，亦皆募兵举义，与充为敌。义兴人周蹇，杀死王敦所署太守刘芳，平西将军祖约，亦逐敦所署淮南太守任台，彼此俱效命朝廷，交口讨逆。沈充尚怙恶不悛，自率万余人，兼程北行，与王含合兵。司马顾扬说充道："今欲举大事，偏被王师先扼咽喉，锋摧气沮，相持日久，必致祸败。今不若决破栅塘，引湖中水，灌入京邑，一面乘着水势，纵舟进攻，这便是不战屈人的上计。此计不行，或借我军初至的锐气，并合东西各军，十道并进，我众彼寡，所向必摧，尚不失为中计。若欲转祸为福，因败为成，诱召钱凤计事，设伏斩凤，携首出降，乃是今日的下计。"我谓下计，却是上计。充迟疑半晌，终不作答。扬料充无成，遁归吴兴。

那兖州刺史刘遐，临淮太守苏峻，已各率精兵万人，同来勤王。明帝连夜召见，慰劳有加，并出库帛分赐将士，众皆踊跃。沈充钱凤，欲因北军初到，迎头进击，乃自竹格渚渡淮，直前攻扑。护军将军应詹，建威将军赵胤等，拒战失利，退至宣阳门。充与凤乘胜进逼，拔栅将战，不意刘遐苏峻，从东塘横击过来，把充凤两军冲断，再加应詹赵胤，也来助战，杀得充凤大败亏输，夺路飞奔，还逾淮水，人不及济，后面追兵大至。叛众纷纷投水，溺毙至三千人。刘遐尾追不舍，行至青溪，又奋击沈充一阵，充狼狈走脱。

寻阳太守周光，系周抚弟，因王敦举兵，也率数千人助敦。既至姑孰，与王应相见，便欲入省敦疾。应嗫嚅道："我父病中，不愿见客，且待异日进见罢！"光退语道："我远道来赴，不得一见王公，想必是已死了。"遂急赴军前，去探乃兄。抚闻光至，当然出见，光开口便语道："王公已死，兄何故与钱凤作贼？"大众闻言，都不胜惊愕，连周抚亦有悔心，即夕遁还。王含势孤失援，也毁营夜遁。

明帝本已出屯南皇堂，闻叛党尽走，乃还宫大赦，惟敦党不在赦例。申命庾亮督同苏峻等军，往追沈充。温峤督同刘遐等，往追王含钱凤。含奔回姑孰，拟挈王应同奔荆州。应谓不如投依江州。含皱眉道："大将军生前，与江州屡有龃龉，奈何往依？"应答道："正为江州平日异趋，所以宜往。彼时大将军兵马强盛，江州尚不肯阿附，识见高出常人，今见我困阨，必然相怜，不致加害。若荆州守文拘谨，怎能意外行事呢？"王应虽少智过乃父，但天道恶淫，岂容竖子漏网？含不肯依言，竟与应载一扁舟，往奔荆州。荆州刺史王舒，遣兵出迎。俟含父子入城，立命拿下，缚住手足，投诸江中，眼见是葬身鱼腹了。江州刺史王彬，却密具舟楫，静待王含父子，日久不至，料知窜死，却引为己恨。王含为逆，何足深惜，彬亦未知大体。钱凤走至阖庐洲，为周光所杀，函首诣阙，自赎前愆。沈充奔回吴兴，闻故吴内史张茂妻陆氏，招茂旧部，在途中守候充至，将执充脔割，为夫复仇。茂为充所杀，见三十五回。充不敢竟归，绕道奔窜，竟致失路，误入故将周儒家。儒诱充入复壁中，因笑语充道："我今日得三千户侯了。"充始知为儒所赚，乃流涕与语道："汝能顾义活我，我必厚报，若为利杀我，我死必令汝灭族，不要后悔。"儒竟杀充，传首建康。充子劲，例当坐诛，为乡人钱举所匿，幸得免死。后来劲竟灭周氏，如充所言。充为叛贼，顾能作厉鬼耶？

晋廷因叛党悉平，当然解严。有司发掘王敦尸首，焚去衣冠，扶尸跪着，枭去首级，与沈充首同悬高桥。郗鉴入奏明帝道："前朝诛杨骏等人，皆先加官刑，后听私殡。臣以为逆敦既伏王诛，不妨使全私义，可听敦家收葬，借示皇恩。"明帝准如所请，乃将敦首取下，听令葬埋。敦党周抚邓岳，相偕出亡。抚弟光拟给兄路资，阴图执岳，抚怒道："我与邓伯山同亡，如欲害邓，宁先杀我。"伯山即岳表字，俄而岳至，抚即趋出，遥与岳语道："快去！快去！我弟尚不相容，何论他人。"岳回身返走。抚亦取得资斧，追及邓岳，同窜入西阳蛮中。后来再经大赦，才得东还。

明帝加封王导为始兴公，温峤为建宁公，卞壶为建兴公，庾亮为永昌公，刘遐为泉陵公，苏峻为邵陵公，郗鉴为高平侯，应詹为观阳侯，卞敦为益阳侯，赵胤为湘南侯，下此按功晋秩，不胜殚述。有司奏称王彬等为敦亲族，均应除名，复诏谓："司徒导大义灭亲，应宥及百世，况彬等皆司徒近支，毋庸再问。"大义灭亲四字，恐导不足当此。惟王敦纲纪，悉令除籍，参佐并皆禁锢。温峤又上疏解免道：

王敦刚愎不仁，忍行杀戮，亲任小人，疏远君子，朝廷所不能制，骨肉所不能阻，处其朝者，恒惧危亡，故士人结舌，道路以目，诚贤人君子，道穷数尽，遵养时晦之辰也。且敦为大逆之日，拘录人士，自免无路，原其私心，岂遑宴处？如陆玩、羊曼、刘胤、蔡谟、郭璞，常与臣言，备知之矣。必其赞导凶悖，自当正以典刑，如其枉陷奸党，还宜施之以宽。臣以玩等之诚，闻于圣听，当受同贼之责，苟默而不言，实负其心。陛下仁圣含弘，思求允中，臣阶缘博纳，于非其事，诚在爱才，不忘忠益，谨昧死上闻！

明帝览疏，颇加感动，特下群臣议决。郗鉴谓："君臣有义，义在死节，不应偷生。王敦佐吏，虽多被胁，但进不能谏止逆谋，退不能脱身远引，有亏臣道，宜加义责。"此外或从峤议，或如鉴言，论久未决。还是明帝有意行仁，终从峤请，于是敦党皆免连坐。张茂妻陆氏，诣阙上书，语多哀痛，表面上是为茂谢罪，说他不能克敌，自致阵亡，实际上是为茂请封，无非说是"略迹原心，应待恩恤"等语。明帝乃赠茂太仆，且拨库帑，怃恤遗孥。陆氏始谢恩归家。也算一个奇妇人。即而再叙前勋，命王导为太保，兼领司徒，西阳王羕领太尉，应詹为江州刺史，刘遐为徐州刺史，苏峻为历阳内史，庾亮加护军将军，温峤加前将军，惟导固辞不受。江州本由王彬镇守，骤遭易任，吏民未安。嗣经詹加意怀柔，才得翕服。

转瞬又是一年，明帝追赠谯王承、甘卓、戴渊、周颛、虞望、郭璞、王澄等官，不及周札。札故吏为札讼冤，尚书卞壶，谓札居守石头，开门延寇，不当追赠。偏王导出来申辩道："往年札守石头，王敦逆迹未彰，如臣等俱昧先几，无怪一札。要想回护自己，不得不回护周札。后来瞧破逆情，札便举身委国，横被诛夷。札未尝有义举，怎得谓举身许国？臣意宜与周戴同例，一并赠谥。"郗鉴听着，心下很是不服。我亦不服。便从旁参议道："周戴死节，周札延寇，迹异赏同，何从劝善？如司徒议，谓往年王敦犯顺，不妨延纳，是谯王周戴等，俱当加责，何得赠谥？今三臣既予褒扬，札尚不应加贬么？"是极。导尚强辩道："札与谯王周戴，虽所见不同，后来均至死节，奈何必吹毛索瘢呢？"鉴又道："王敦谋逆，好似履霜坚冰，由来已久，必谓敦往年入犯，义等桓文，难道先帝亦如幽厉么？"说到此语，驳得王导俯首无词。明帝终不忍违导，仍赠札官。

会因储君未立，国本有关，乃立长子衍为皇太子。衍为皇后庾氏所出，年甫五龄，受册礼毕，大酺三日，增文武官员各二级，赐鳏寡孤独布帛，每人二匹。调荆州刺史王舒为安南将军，都督广州诸军事，领广州刺史，即迁陶侃为征西大将军，都督荆湘雍梁诸军事，领荆州刺史。侃性极勤谨，终日敛膝危坐，军府诸事，检摄无遗。远近文牍，随到随答，不使积滞，宾佐求见，无不接谈。尝语人道："大禹圣人，尚惜寸阴，至如众人，当惜分阴，怎得逸游荒醉？生无益于世，死无闻于后耶？”诸参佐或好饮好博，偶至废事，侃随时查察，搜得酒器摴蒱等具，悉令投江，将吏有犯，且加鞭扑，严词儆戒道：“摴蒱系牧猪奴戏，汝等奈何出此？”摴蒱即博具。是时清谈余风，尚未尽改，侃辄忿恨道：“老庄浮华，并非先王法言，怎可遵行？君子当振衣冠，摄威仪，哪有蓬头跣足，自诩宏达呢？”古今传为格言，故备录之。人民有所奉馈，必问所由来，若系力作所致，虽微必喜，慰赐三倍，否则掷还不受。一日出游，见有一人，手持禾秆，结谷未熟，因问作何用？答称禾遗路旁，所以拾取。侃大怒道：“汝未尝为农，乃戏取人稻，还不知罪么？”竟加鞭数十，方才叱退。荆州士女，闻侃复至，互相庆贺。且因侃注重农桑，便相戒嬉游，各勤工作。因此家给人足，境内大安。侃既不旷时，又无弃物，竹头木屑，并皆收藏，旁人都不解侃意，及元旦宴贺，积雪始晴，厅前余雪尚湿，侃即将木屑铺地，往来交便，人始知侃有先见，号为精明。这且慢表。

且说明帝既调王舒至广州，寻复徙镇湘州，即以湘州刺史刘颢，移督广州，复命尚书令郗鉴，为车骑将军，都督青兖二州军事，暂镇广陵。授领军将军卞壶为尚书令，寻复进尚书仆射，荀崧为光禄大夫，录尚书事，用尚书邓攸为尚书左仆射。此种叙述，看似闲文，实与后文俱有关系。到了闰七月间，明帝忽得暴病，医药罔效，势且垂危，亟召太宰西阳王羕，司徒王导，尚书令卞壶，车骑将军郗鉴，护军将军庾亮，前将军温峤，领军将军陆晔，并受遗诏，使辅太子诏云：

> 自古有死，贤圣所同。寿夭穷达，归于一概，亦何足深痛哉？朕抱病日剧，常虑忽然，仰惟祖宗洪基，不能克终堂构，大耻未雪，百姓涂炭，所以有慨耳。不幸之日，敛以时服，一遵先度，务从俭约，劳众崇饰，皆勿为也。衍以幼弱，猥当大重，当赖忠贤，训而成之。昔周公匡辅成王，霍氏拥育孝昭，义存前典，功冠二代，岂非宗臣之道乎？凡此公卿，时之望也，敬听顾命，任托付之重，同心断金，以谋王室。诸方岳征镇刺史将守，皆朕捍城推毂于外，虽事有内外，其致一也。故不有行者，谁捍牧圉？譬若唇齿，表里相资，宜戮力一心，若合符契，要以缉事为期。百辟卿士，其总己以听于冢宰，保佑冲幼，弘济艰难，永令祖宗之灵，宁于九天之上，则朕没于地下，无恨黄泉。特此留谕，钦哉惟命！

越日，明帝驾崩，年仅二十七岁，在位只得三年。右卫将军虞胤，左卫将军南顿王宗，本得明帝亲信，使典禁兵，入值殿内，掌守宫门管钥。当明帝寝疾时，庾亮尝夜入奏事，向宗求钥。宗辄不与，且叱亮使道：“这难道是汝家门户，好自由出入么？”语亦近理，但不察缓急事宜，一味蛮言，亦属非是。亮从此恨宗。及明帝疾笃，群臣多不得进见。亮疑宗胤有异谋，排闼入见，请黜逐二人，明帝不从。既授遗诏，更命亮为中书令，亮因得专政。太子衍承统嗣位，群臣奉上玺绶，独王导称疾不至。无非忌一庾亮。卞壶入朝正色道："王公非社稷臣，大行在殡，嗣皇甫立，岂是大臣辞疾时么？"这数语传入导耳，导乃舆疾而至，谒见新主，行即位礼。再由大众会议，谓嗣皇年甫五龄，不能亲政，应请母后临朝。于是尊母后庾氏为皇太后，垂帘训政。命王导录尚书事，与中书令庾亮，夹辅帝室。导遇事退让，推亮主持。亮又是太后亲兄，太后当然倚任，所以军国重事，全归亮一人裁决，导不过列一虚名罢了。亮迁南顿王宗为骠骑将军，改授汝南王祐为卫将军，一面料理丧葬，至十月初旬，奉梓宫出葬武平陵，庙号肃祖，尊谥曰明。明帝在位三年，能奋发有为，亲除大憝，不可谓非英主。谥法称明，却是名实相符。可惜天不永年，未壮即殁。至太子衍立，便是成帝，越年改元咸和。

尚书左仆射邓攸，及徐州刺史刘遐、江州刺史应詹，相继去世。邓攸就是邓伯道，系平阳襄陵人氏，早丧父母，以孝友闻。祖殷尝为中庶子，攸得承祖荫，年逾弱冠，即为太子洗马，嗣出为河东太守。永嘉末年，陷没石勒，勒使为参军，攸不愿事虏，觑隙南奔，途挈妻子及从子绥，不幸遇贼，行装被掠。攸因子侄皆幼，不能并携，拟弃子存侄，与妻贾氏商议道："我弟早亡，只有一子，理不可绝。但我儿亦幼，势难两全，只好把我儿弃去。我若得存，天必鉴我苦衷，再当使我生子。"贾氏涕泣从命。不愧攸妻。攸将子缚诸树上，挈绥急遁，辗转至江东。元帝令为中庶子，寻复出守吴郡，载米赴任，不受俸禄，但饮吴水。会吴郡大饥，亟开仓赈民，先行后奏，致挂弹章，还算元帝仁恕，不加攸罪。嗣因遇病辞职，始终不取吴郡一钱。百姓遮道挽留，攸乃小停，待夜潜去。及病愈复起，入拜侍中，复迁吏部尚书。好几年才得超任右仆射。越年即殁，追赠光禄大夫。攸妻贾氏，终不得孕。攸生前纳得一妾，颇加宠爱，旋讯妾家属，乃是北人遭乱，流落江南，述及父母姓名，竟是攸的甥女。攸非常悔恨，乃不复蓄妾，终至无嗣。时人尝叹为天道无知，乃使伯道无儿。从子绥服丧三年，悲号擗踊，不啻亲生，这也好算得恩义两全了。犹子比儿，可为伯道一慰。

刘遐为故冀州刺史邵续女夫，勇健无敌，冀人常拟为关张。关羽张飞。河朔大乱，遐曾遣使至建康，禀承元帝节制，元帝命为龙骧将军。遐妻邵氏，亦勇敢有父风，遐尝为石虎所围，邵氏披甲跨马，督率数骑，陷阵救遐。遐亦奋呼杀出，与妻同归。后来渡江入朝，累任刺史，因功封泉陵公，已见前文，殁后得追赠安北将军。应詹汝南人，弱冠知名，博通文艺。前镇南大将军刘弘，系詹祖舅，引詹为长史，委以军政，措置咸宜。嗣迁南平太守，兼督天门武陵二郡，讨平叛蛮，民皆爱戴。寻且破杜弢，败杜充钱凤，出刺江州，尤洽民情。病笃时，尚致书陶侃，勖以忠义，少府卿韦泓，得詹厚惠，祀詹终身。江州百姓，闻詹病殁，远近举哀。晋廷追赠詹为镇南大将军，予谥曰烈。小子有诗叹道：

贤如伯道竟无儿，邵女能军又守嫠。

再看江州悲雾起，茫茫天道果难知。

徐江二州，既亡刺史，免不得着人补授，欲知何人继任，容至下回再详。

王敦既平，余党概免连坐，虽曰行恕，究属过宽。温峤之上疏营解，安知非由王导之嘱托，始有此议乎？至追赠周札一事，尤属不经。卞壶郗鉴之言，百世不易，而导欲自洗前愆，必使札与周戴同例，明帝竟曲从所请，此苏峻祖约之叛，所以不旋踵而又兴也。且明帝以未壮之年，遽尔溘逝，黄口幼儿，居然嗣位，青年国母，便即临朝，国事委诸元舅，老成相继沦亡，天不祚晋，降兹艰阨，江左其何自再振乎？

第三十八回

召外臣庾亮激变　入内廷苏峻纵凶

却说刘遐应詹，相继去世，晋廷特派车骑将军郗鉴，出领徐州刺史，前将军温峤，出领江州刺史，再命征虏将军郭默，为北中郎将，监督淮南诸军事。刘遐妹夫田防，及部将史迭卞咸李龙等，不愿他属，竟拥遐子肇接任，反抗朝命。遐妻邵氏，谕止不从，乃潜自纵火，毁去甲械，免得滋乱。田防等尚不肯罢手，仍部署徒众，准备迎敌。晋廷即遣郭默进兵，往讨乱党。默甫就道，那临淮太守刘矫，已乘便袭击，得斩田防卞咸。史迭李龙，奔往下邳，由矫督兵追及，也即擒诛，传首诣阙。朝议令刘遐遗眷，及参佐将士，悉还建康。且因邵氏与肇，本未从乱，仍令肇袭父爵，留都养母，这也不必细表。

惟郗鉴陛辞出都，朝臣皆为饯别，王导常称病乞假，至是也出送鉴行，为尚书令卞壶所见，即上书劾导，说他亏法从私，失大臣体，应免官示罚。宫廷虽搁起不提，但举朝皆惮鉴风裁，各有戒心。壶平生廉俭，处事勤敏，不肯苟合时趋。丹阳尹阮孚，尝语壶道："君常无闲泰，终日劳神独不嫌辛苦么？"壶正色道："诸君子道德恢弘，侈尚风流，壶不与同性，自甘劳役，宜被人笑为鄙吝了。"是时贵游子弟，多慕王澄谢鲲等人，好为放达。壶在朝指斥道："悖礼伤教，实犯大罪，中朝倾覆，皆由此辈，我恨不一洗恶习哩。"实是正论。随即商诸王导庾亮，拟奏劾当时名士。导与亮皆以文采为高，怎肯依议？壶只得罢休。惟导素尚宽和，能得众心，至亮专国政，任法裁物，不满人意。豫州刺史祖约，自恃重望，不落人后，偏明帝顾命，但及郗卞诸人，于己无与，不由的心下怏怏。及遗诏褒进大臣，又不及约，连陶侃亦不得与列，所以约与侃书，疑亮从中舞弊，故意删除，侃因此亦不能无嫌。侃且如此，遑问他人。

历阳内史苏峻，讨贼有功，威望素著，部下甲仗精锐，遂致轻视朝廷，又尝招纳亡命，仰食县官，稍不如意，即肆忿言。事为庾亮所闻，当然加忌，故令温峤出督江州，居守武昌，复调王舒为会稽内史，阴树声援。一面修缮石头城，作为预备。丹阳尹阮孚，私语亲属道："江东创业未久，主幼时艰，庾亮轻躁，德信未孚，恐祸乱又将发作了。"遂求为广州刺史，得请即行。却是趋避的妙法。南顿王宗，被亮调为骠骑将军，失去要职，遂生怨望，常与苏峻往来通书，欲废执政。亮颇有所闻，已有意除宗，可巧中丞钟雅，劾宗谋反，遂不请诏令，即使右卫将军赵胤，率兵捕宗。宗也挈部出拒，战败被杀，贬宗族为马氏。宗三子绰超演，皆废为庶人。西阳王羕，系是宗兄，也降封为弋阳县王。前右卫将军虞胤，已徙职大宗正，至此复左迁桂阳太守。宗是王室近支，羕又是先王保傅，一旦翦黜，罪状不明，势不能惬服舆情，成帝全未闻知。过了多日，始问及亮道："前日的白头公，许久不见，究往何处？"原来宗多白发，故呼为白头公。亮沉吟半晌，方答称谋反伏诛。成帝流涕道："舅言人反，便好杀死，倘人言舅反，应该如何处置呢？"幼主能作是语，却也不凡。亮不禁失色。但总以幼主易欺，遇有异己，必加排斥。宗党卞阐，亡奔历阳，亮遣人往索，苏峻匿阐不与，去使只好回报，亮益恨峻。适后赵将军石聪，进攻寿春，豫州刺史祖约，正在寿春驻守，见三十五回。闻后赵兵至，亟向建康乞援。亮前已忌约，竟不发兵。人可弃，地亦可弃么？聪进寇阜陵，建康大震。幸苏峻遣将韩晃，领兵邀截，方得击退聪兵。亮欲作涂塘，以遏胡寇。涂即滁河，在寿春东，若就河筑塘，便将寿春隔开。祖约闻报大恚道："这明明是欲弃我呢。"遂与苏峻，密谋抗命，互通往来。庾亮以峻约勾连，必为祸乱，拟下诏征峻入朝。司徒王导劝阻道："峻好猜疑，必不肯奉诏，不若姑示包容，待后再议。"亮不以为然，召集群臣向众扬言道："苏峻狼子野心，终必作乱，今日颁诏征峻，就使彼不顺命，为祸尚浅，若再经年月，势且益大，不可复制。譬如汉朝七国，削亦反，不削亦反哩。"语非不是，但知彼不知己，如何制胜？大众闻言，莫敢驳议。独卞壶接入道："峻外拥强兵，逼近京邑，一旦有变，朝发夕至，现在都下空虚，还请审慎为是。"亮不肯从。壶知亮必败，乃与江州刺史温峤书，略云：

元规亮表字。召峻意定，怀此于邑。温生足下，奈此事何？壶今所虑，是国之大事，峻已出狂意而召之，是更速其祸也，必纵毒螫以召朝廷。朝廷威力，即桓桓称盛，接锋履刃，尚未知能否擒逆。王公亦同此情。壶与之力争，终不见信，本出足下以为外援，而今更恨足下在外，不得相与共谏，如何如何？幸足下教之！

峤得书后，即作书谏亮，亮终不听。峻已得消息，遣司马何仍入都，与亮婉商道："讨贼外任，远近惟命，若欲峻内辅，实不相宜，请俯允通融，幸勿固执！"亮仍然不许，遣回何仍，召北中郎将郭默为后将军，领屯骑校尉，命司徒右长史庾冰，为吴国内史，严兵戒备。于是下诏征峻为大司农，加官散骑常侍，令峻弟逸代领部曲。峻复上表道："昔明皇帝亲执臣手，使臣北讨胡虏，今中原未靖，臣何敢自安？乞补青州界一荒郡，俾臣得效鹰犬微劳，不胜万幸！"这一篇表文，呈递建康，亮置诸不理，但促峻即日入都。观峻两次请求，尚非决意叛国；何物庾亮，必欲激成巨变？峻整装将发，欲行又止。参军任让入语道："将军求处荒郡，尚不见许，事势至此，恐无生路，不如勒兵自守，还可求全。"阜陵令匡术，亦阻峻入朝，峻遂不应诏，私自征兵。

温峤闻变，便致书与亮，愿率众入卫京师。亮复峤书道："我忧西陲，且过历阳，足下幸勿越雷池一步，免我西忧。"峤乃罢议。亮尚遣使谕峻，示无他意。峻语朝使道："台下说我欲反，我怎得再活哩？我宁山头望廷尉，不能廷尉望山头。从前国家，危如累卵，非我不济。狡兔既死，猎狗应烹，我已自分一死，不过我无端遭枉，死也要死得明白呢。"朝使见话不投机，自然东归。峻即遣参军徐会，驰赴寿春，推祖约为盟主，共讨庾亮。约不禁大喜，从子智衍，又赞成约旨，便拟发兵助峻。谯国内史桓宣语智道："本因强胡未灭，将戮力致讨，奈何反还抗帝室呢？使君欲为雄霸，何不助国讨峻，自显威名？今乃与峻同反，怎得久存？"智视为迂谈，鼻作嗤声。宣更求见约，又以闭门羹相待，乃与约断绝，不通往来。约遂遣兄子祖沛、逖之子。内史祖涣、女婿淮南太守许柳，率兵会峻。逖妻许氏，即许柳姊，固谏不从。姊为约嫂，弟为约婿，亦觉名义不合。峻既得约兵，因即发难，当有警报传入建康，有诏命尚书令卞壶，领右卫将军，会稽内史王舒，行扬州刺史事，吴兴太守虞潭，督三吴诸郡军事，整缮行伍，筹备出师。尚书右丞孔坦，司徒司马陶回，司徒属下有司马。共至王导前献议道："峻已倡乱，必将东来，今请乘峻未至，急断阜陵，守江西当涂诸口，阻住叛兵，以逸待劳，一战可决。若峻迟回不发，我亦可往攻历阳，否则我尚未往，彼已先来，人心一动，便不能与战了。"导极口称善，转告庾亮。亮不知兵法，踌躇未决。才阅两日，果得姑孰紧报，峻将韩晃张健等，掩入姑孰，所有盐米，尽被取去。亮叹悔无及，乃颁诏戒严，自督征讨诸军事，授右卫将军赵胤为冠军将军，兼历阳太守，使与左将军司马流，出守慈湖，另派前射声校尉刘超，为左卫将军，侍中褚翜，典征讨军事，并使弟庾翼，白衣从戎，领数百人戍石头。

宣城内史桓彝，拟起兵赴难，长史裨惠谓："郡兵寡弱，山民易扰，不如静守待时。"彝厉色道："汝独不闻古语么？见无礼于君者，若鹰鹯逐鸟雀。见《春秋左传》。今社稷危迫，君主受困，难道尚坐视不成？"说毕，即调集数千人马，进屯芜湖。峻将韩晃，乘他初至，便掩杀过去。究竟宣城兵弱，敌不过历阳锐卒，战不多时，竟致败退。韩晃就进攻宣城，彝退保广德，晃纵兵四掠，饱载而还。徐州刺史郗鉴，表请入卫，有诏令他备御北寇，不必移兵。时已残冬，雨雪载涂，彼此未便行军，因得相持过年。

未几，为咸和三年正月，江州刺史温峤，出屯寻阳，遣督护王愆期，西阳太守邓岳，即前文之邓岳，遇赦复官。鄱阳太守纪睦为前锋，进次直渎。荆州刺史陶侃，也遣督护龚登，率兵会峤，听峤驱遣。苏峻恐日久兵集，屡促韩晃等进攻慈湖。慈湖守将司马流，素来懦弱，未战先怯但请济师。庾亮再拨侍中钟雅，为骁骑将军，督领水师，前往助流，不防流为韩晃所袭，猝被摧陷，竟至败死。赵胤亦拒战失利，慈湖被夺，单剩钟雅一支舟军，如何济事，没奈何拨棹退回。苏峻径率祖涣许柳等，拥众二万人，自横江东渡，直登牛渚，进至蒋陵复舟山。台军节节败退，警报与雪片相似，庾亮未免惶急。陶回复入献计道："石头设有重戍，峻必不敢直下。回料他必出间道，当从小丹阳步行前来，若用伏兵邀击，定可擒峻。峻既受擒，祖约等自无能为了。"亮谓峻必直向石头，不从回言。嗣闻峻果出小丹阳，夜迷失道，部伍尽乱，亮又自悔失机，纵峻得入，愚而好自用，裁必及身。都中大惧，吏民相率潜奔，朝臣亦各遣妻孥，东出避难。独左卫将军刘超，挈妻孥入居宫内，冀定众心。

亮又传出诏书，命卞壶都督大桁以东军事，大桁即朱雀桁。所有钟雅赵胤郭默等军，尽归节制。壶尚有继母裴氏，亦奉养京师，至此与母诀别，挈得二子眕盱，慨然赴敌，出战西陵。峻兵凶悍，远过台军，任尔卞将军如何忠愤，不顾死生，怎奈兵不用命，孤掌难鸣，叛军节节向前，台军步步退后，结果是旗靡辙乱，舆尸败归。既而峻又进攻青溪栅，壶再率诸军抵御，两军攻守多时，未分胜负。偏是天不作美，竟起了一阵绝大的东风，峻因风纵火，烟雾迷漫，栅内各军，避火不暇，如何抗拒，霎时间栅尽延烧，一炬成墟。天实为之，谓之何哉？壶知事不济，决计死节，尚率左右力战。时正背疮新愈，创痕未合，一经气愤，流血淋漓，再加用力过度，顿至暴裂，自觉忍痛不住，大叫一声，血从口出，倒地而亡。二子追随父后，见父毕命，亦痛不欲生，索性突入敌阵，格杀叛党数十名，身上各受重创，相继捐生。部下将壶尸抢回，舁入壶家，母裴氏抚尸大恸道："父为忠臣，子为孝子，谅无遗恨，只恨我年已老，尚见此惨剧哩。"壶字望之，系济阴冤句人，阵亡时，年四十八。还有丹阳尹羊曼，守住云龙门，与黄门侍郎周导，庐江太守陶瞻，统皆战死。庾亮在宣阳门内，麾兵布阵，尚未及列，众皆散走，不得已挈弟三人，及郭默赵胤，俱奔寻阳。临行时，顾侍中钟雅道："后事一概委公。"雅答道："栋折榱崩，究是何人所致？”亮愀然道：“事已至此，也不必再言了。”闹得一塌糊涂，竟以一走了之，真好计策。说着，匆匆出城，趋驾小舟。乱兵沿途劫掠，亮执弓射贼，误中舵工，应弦即倒。技艺又如此不精。船上各相惊失色，亮独不动，且徐徐道：“此手何可使著贼？”你手不可著贼，人家的性命，如何视同草菅？众见他形态雍容，方才心定，驶舟而去。

峻兵突入台城，毁去台省及诸营寺署，焚掠一空。司徒王导，驰入宫廷，急语侍中褚翜道：“至尊当速御正殿，君可启闼，请御驾出来。”翜即诣閤中，抱掖成帝，出登太极前殿。导及光禄大夫陆晔荀崧，尚书张闿，共登御床，夹卫幼主。左卫将军刘超，及侍中钟雅褚翜，站立两旁。太常孔愉，朝服守宗庙。峻兵呼噪而至，叱令褚翜下殿。翜兀立不动，还声呵斥道：“苏冠军来觐至尊，军人怎得侵逼？”峻兵被他一斥，倒也面面相觑，不敢闯入殿门。小立多时，待峻不至，乃转往后宫。宫中统是女侍，如何阻挡，被乱兵东牵西扯，劫去多人。所有珍玩衣饰，亦遭掳掠，甚至庾太后宫中，亦胆敢搜索。左右女侍，稍有姿色，便难幸脱。乱兵夺得子女玉帛，一拥出宫，复去劫掠豪门，任意凌侮，不但夺取财货，还要驱役官僚，令他肩挑背负，送往蒋山，稍一迟延，便加鞭挞。前江州刺史王彬，去职入都，受职光禄勋，素性抗直，与乱兵争论数语，乱兵即鞭捶交下，几至击死。最可悲的是宦家妇女，多被他掖往僻处，褫去衣服，污辱一番，且赤条条的任她们卧着，自往别处抢掠。妇女含羞忍耻，或觅得敝席坏毡，少蔽身体，无毡无席，用土自覆，哀号声震动内外。苏峻并不加禁，纵兵横行。宫中所藏布帛二十万匹，金银五千斤，钱亿万，绢数万匹，谷米数百斛，一古脑儿搬往峻营，只留御厨中食米数石，聊供御膳。

或语侍中钟雅道：“君性亮直，必不为寇贼所容，何不见几趋避？”雅答道：“国乱不能救，君危不能扶，尚欲趋避求生，朝廷要用甚么臣子呢？”还是硬汉。既而峻称诏大赦，惟庾亮兄弟，不在赦例。平素颇推重王导，故仍使为原官，自为骠骑大将军，录尚书事。令祖约为侍中太尉尚书令，许柳为丹阳尹，马雄为左卫将军，祖涣为骁骑将军。弋阳王羕，徒步见峻，称述峻功，峻当然心喜，仍封羕为西阳王，兼官太宰，录尚书事。峻复遣兵攻吴国内史庾冰。冰系亮弟，所以峻不肯干休。冰不能御，弃郡奔会稽，行至浙江，追兵尚不肯舍。幸有吴卒引冰下船，覆以草荐，吟啸鼓棹，泝流而去。每过逻所，辄用棹叩船，口作吴歌道：“苏将军，悬赏缉庾冰，庾冰正在此，奈何不问侬？”岸上逻兵，见他舟中无人，还道他是酒醉胡言，由他过去。冰得幸免，往依会稽内史王舒。庾亮奔抵寻阳，宣太后诏，命温峤为骠骑将军，开府仪同三司，又加徐州刺史郗鉴为司空。峤怆然道：“今日当以灭贼为急，若无功加官，何以服天下？”遂辞官不受。一面分兵给亮，涕泣誓师，志在讨峻，且先遣使奉表建康，慰问二宫起居。偏苏峻已经防着，出屯湖阴，不容外使出入，峤使只得返报。其实太后庾氏，已不堪忧郁，得病身亡，年仅三十二岁。太后性本仁惠，兼美容仪，临朝一事，曾推让再三，不得已乃受。咸和元年，有司请追赠后父琛及母邱氏，又由太后固让，终不见从。只是阴教虽娴，难语治国，名为训政，实都归庾亮一人主持，酿成叛乱，终至忧愤而崩。小子有诗叹道：

汹汹乱党入宫城，母后遭凶饱受惊。
三十二年悲短命，九原应自怨亲兄。

欲知建康能否再安，且待下回再表。

王敦甫平，苏峻又乱。敦见忌于元帝，遂蓄异图，峻见忌于庾亮，乃生变志。推原祸始，皆由朝廷驭将无方，酿成巨衅。然庾亮之失，较元帝为尤甚。峻虽有不臣之心，但观其闻召之始，遣使白亮，自愿外迁，乃征命已下，又复乞补荒郡，倘亮许为通融，尚未敢称兵犯阙，大祸潜消，未可知也。乃一再不许，激之为乱，温峤郗鉴，求入卫而俱却之，孔坦陶回，谋截击而复不从，事前无弭变之方，临事无御贼之策，卒至忠臣战死，乱党入都，凭陵宫阙，劫掠府库，辱官吏，污士女，而亮反驾舟远逸，窜匿寻阳，谋人家国者，果可若是之躁妄粗疏、轻狂狡猾耶？故吾谓苏峻之乱，亮实首祸，而峻犹其次焉者也。

第三十九回

温峤推诚迎陶侃　毛宝负剑救桓宣

却说建康为苏峻所困，内外不通，宫中一切情事，外人无从得闻。江州刺史温峤，原想进兵讨逆，无如京城消息，一无所知，也不好冒昧前进。可巧有都人范汪，从间道奔至寻阳，报称：“苏峻政令不壹，贪暴凶横。人情愤怒，共愿诛峻，朝廷亦待援甚急，宜速进讨”云云。峤即使汪转白庾亮，亮即令汪参护军事。峤与亮本相友善，因互推为盟主。峤有从兄名充，佐峤戎幕，独向峤进议道：“陶征西位重兵强，何不推为领袖？”陶侃为征西大将军，见三十七回。峤颇以为然，遂遣督护王愆期，驰往荆州，邀侃同赴国难。侃与庾亮有隙，且以未预顾命为恨，见前回。便答愆期道：“我乃疆场外将，未敢与闻内事。”陶公大误。愆期依言复峤，峤再手书敦勉，终不见从。乃复遣使语侃，但说是仁公且守，仆当先行。使人已发，适参军毛宝，从他处回来，亟入见峤道：“欲举大事，当与天下共谋，古人谓师克在和，便是此意。就使情迹可疑，尚留示人不觉，况自为携贰，尚能成事么？公急追使改书，推诚相与，料陶公亦不至固执了。”峤乃追还去使，另草一书，说得诚诚恳恳，愿奉侃为盟主。果然使人往返，得了效果，由侃遣督护龚登，率兵诣峤。峤有众七千，洒泪登舟，一面列数苏峻罪状，移告各镇。文云：

贼臣苏峻祖约，同恶相济，用生邪心，天夺其魄，死期将至，谴负天地，自绝人伦。寇不可纵，宜增军进讨，屯次湓口，即日护军庾亮来营，宣太后诏，寇逼宫城，王旅挠败，出告藩臣，谋宁社稷。后将军郭默，冠军将军赵胤，奋武将军龚保，与峤督护王愆期，西阳太守邓岳，鄱阳内史纪瞻，率其所领，相寻而至。逆贼肆凶，陵铄宗庙，火延宫掖，矢流太极。二宫幽逼，宰相困迫，残虐朝士，劫辱子女。承闻悲惶，精魂飞散。峤暗弱不武，不能殉艰，哀恨自咎，五情摧陨，惭负先帝托负之重，义在毕力，死而后已。今躬率所统，为士卒先，催进诸军，一时电击。西阳太守邓岳，寻阳太守褚诞等，连旗相继，宣城内史桓彝，已勒所属，屯滨江之要。江夏相周抚，与邓岳同时还朝，得为江夏相。乃心求征，军已向路。昔包胥楚国之微臣，重趼致诚，义感诸侯。蔺相如赵邦之陪隶，耻君之辱，按剑秦庭。皇汉之季，董卓作乱，劫迁献帝，虐害忠良，关东州郡，相率同盟。广陵功曹臧洪，郡之小吏耳，登坛歃血，涕泪横流，慷慨之节，实属群后。况今居台鼎，据方州，列名邦，受国恩者哉！不期而会，不谋而同，不亦宜乎？二贼合众，不盈五千，且外畏胡寇，城内饥乏。后将军郭默，已于战阵俘杀贼千人，贼今虽残破都邑，其宿卫兵人，即时出散，不为贼用。祖约情性褊窄，忌克不仁，苏峻小子，惟利是视，残酷骄猜，权相假合，江表兴义以抗其前，强胡外寇以蹑其后，运漕隔绝，资食空悬，内乏外孤，势何得久？群公征镇，职在御侮，征西陶公，国之耆德，忠肃义正，勋庸弘著。诸方镇州郡，咸齐断金，同禀规略，以雪国耻。苟利社稷，死生以之。峤虽怯劣，忝据一方，赖忠贤之规，文武之助，君子竭诚，小人尽力。高操之士，被褐而从戎，负薪之徒，匍匐而赴命，率其私仆，致其私仗，人士之诚，竹帛不能载也，岂峤无德而致之哉？士禀义风，人感皇泽耳。且护军庾公，帝之元舅，德望隆重，率郭后军等，与峤戮力，得有资凭，且悲且庆，若朝廷之不泯也，其各明率所统，毋后事机。赏募之信，明如日月，有能斩约峻者，封五等侯，赏布万匹。忠为令德，为仁由己，万里一契，不在多言。

这篇移文，分使四颁，满望各处响应，同时举义。不意陶侃督护龚登，竟至峤舟相见，说是得陶公来书，促令还镇，弄得峤莫名其妙，慌忙将登留住，再遣王愆期致书陶侃，书中有云：

仆谓军有进而无退，宜增而不可减。近已移檄远近，言于盟府，克日大举。南康建安晋安三郡军，并在路次，同赴此会，惟须仁公督军戾止，使齐进耳。仁公今乃召还督护，疑惑远近，成败之由，将在于此。仆才轻任重，实赖仁公笃爱，远禀成规，至于首启戎行，不敢有辞。仆于仁公，当如常山之蛇，首尾相衔耳。或者不达高旨，将谓仁公缓于讨贼，此声难追，仆于仁公并受方岳之任，安危休戚，理既同之。且自倾之顾，绸缪往来，情深义重，著于人士之口，一旦有急，亦望仁公悉众见救。况社稷之难，惟仆偏当一州，州之文武，莫不翘企，假令此州不守，约峻树置官长于此，荆楚西逼强胡，东接逆贼，因之以饥馑，将来之危，必有甚于今日者。以大义言之，则社稷颠覆，主辱臣死。公进当为大晋之忠臣，参桓文之义，开国承家，铭之天府；退当以慈父雪爱子之痛。约峻凶逆无道，囚制人士，裸其五体，近日来者，不可忍见，骨肉生离，痛感天地。人心齐一，咸皆切齿。今之进讨，如以石投卵，无虑不克，若出军既缓，复召兵还，人心乖离，是为败于几成也，愿深察所陈，以副三军之望。

愆期到了荆州，奉书与侃。侃展书详览，至慈父雪爱子之痛句，不禁流涕道："我儿果死了吗？"看官！你道侃子为谁？原来就是庐江太守陶瞻，小子在前回中，已曾叙及，不过尚未说明侃子。就是当时内外断绝，陶瞻战死，侃虽稍有所闻，尚未确悉，此次得了峤书，已经证实，当然生悲。愆期复接口道："公子殉难，真实不虚。且苏峻乃是豺狼，如得逞志，四海虽广，肯容明公托足么？"侃将书放下，投袂而起，立即大集将士，戎服登舟，与愆期同赴峤军，倍道急进。将至寻阳，令愆期先行返报。愆期驰抵峤营，峤问明原委，喜出望外，只庾亮捏着一把冷汗，惟恐侃来报复，不得不与峤相谋。谁叫你平日量狭？峤说道："陶公既来赴难，谅不至再记前嫌，就使尚有芥蒂，总教向彼谢过便了。有峤在此，保无他忧。"遂与亮回舟相迎，两下会叙，由峤引导庾亮，代达殷勤。侃见亮趋入，故意不睬，亮只好硬着头皮，向侃拜谢。急来抱佛脚。侃拈须冷笑道："庾元规乃拜陶士行么？"亮见他词色不佳，慌忙引咎自责，亏得他生就厚脸，又有三寸妙舌，说得悱恻动人。赖有此尔。侃意乃少解，握住亮手道："君侯修石头城，防备老子，今日反来相求，才知老子是忠心为国，未尝通叛呢。"峤在旁婉劝，侃益释然，便相偕入寻阳城，大开筵宴，欢谈竟夕。越宿复登舟启行，东指建康，共计戍卒四万，旌旗相蔽，轴轳互连，钲鼓声远达数百里。

徐州刺史郗鉴，在广陵接得亮书，并所传太后诏旨，已流涕誓众，指日勤王。及闻陶温联兵东指，复遣将军夏侯长，间行语峤道："公既仗义兴师，鉴愿执鞭从事，但闻叛贼欲挟天子，东入会稽，请公先立营垒，屯据要害，防贼逃逸，又断彼粮道，坚壁清野，与贼相持，贼进不得攻，退无所掠，不出旬月，自然溃散了。"峤深服鉴策，遣还夏侯长，麾舟进行。

苏峻闻四方兵起，用参军贾宁计，自姑孰还据石头，分兵拒敌，一面入宫劫迁幼主，出居石头城。司徒王导，与峻力争，舌剑谈锋，怎敌真刀真槊？毕竟拗他不过，强胁幼主登车。八龄天子，骤遭迫辱，哪得不掩面哀啼？将军刘超，侍中钟雅，并步行相随。天适大雨，道路泥泞，峻给刘钟二人乘马，二人皆不愿乘坐，且泣且行。到了石头，扶帝下车，入居仓屋，尘粞委积，不堪小住。峻即号为行宫，令亲信许方等人，补充司马督殿中监，外托宿卫为名，内实监制刘超钟雅。超与雅日侍帝侧，还有右光禄大夫荀崧，金紫光禄大夫华恒，尚书荀邃，侍中丁潭等，同处患难，各不相离。成帝在宫，尝读《孝经》《论语》，超仍然禀授，不使少闲。一息尚存，此志不容少懈。峻既忌超，又复敬超，时有馈遗，超皆不受。左光禄大夫陆晔，为峻所迫，令守行台，峻党匡术守台城。

尚书左丞孔坦，奔往陶侃，侃令为长史，与同计议。坦谓："须联合东军，两面夹攻，方可灭贼。"侃也称良策，只虑道路中梗，不得相通。事有凑巧，那司徒王导，已遣密使得达三吴，托称太后诏谕，勉令东军起义，入救天子。于是会稽内史王舒，使庾冰为奋威将军，领兵万人，西渡浙江。吴兴太守虞潭，吴国内史蔡谟，前义兴太守顾众等，均望风起应，募兵讨贼。潭母孙氏，系吴孙权族孙女，早岁守嫠，教子有方，至是复尽发家童，随潭助战，且鬻去环佩衣饰，充作军资，复召潭申诫道："汝当移孝作忠，舍生取义，勿以我老为累呢。"是真贤母。潭益加奋勉，整兵将行。孙氏又闻会稽内史王舒，遣子允之为督护，乃再语潭道："王府君遣子出征，汝何不相效，反出人下？"潭因令子楚为督护，使为前驱，往会允之。允之与庾冰，同至吴国，冰曾任吴国内史，见前回。蔡谟以冰当还旧任，即去职让冰，彼此同心协力，相继西进。途次与峻将管商张健等相值，两下交锋，互有杀伤，急切不能抵京。东边方兵争未决，西边亦战舰迭乘，陶侃温峤，进军茄子浦。峤因部兵习水，不善陆战，因下令军中，如有擅自登岸，立处死刑。

会峻送米万斛，馈运祖约，约遣司马桓抚率兵接应，为峤前锋将毛宝所闻，便欲上岸劫粮。部将以军令为辞，宝奋然道："兵法有言，将在外，君命有所不受。今贼粮在道，难道可纵令过去，仍不登岸邀击么？"遂不暇白峤，即麾兵上岸，鼓勇直前，杀退桓抚及运粮等人，把粮米一并夺来，始向峤处请罪。峤大喜道："君能通变达权，立功不小，何罪可言？"遂荐宝为庐江太守。陶侃亦表请王舒监浙东军事，虞潭监浙西军事，郗鉴都督扬州八郡军事，节制舒潭等军。鉴率众渡江，与侃等会合，雍州刺史魏该，亦引兵诣侃，侃乃麾动舟师，直指石头，屯次查浦，峤军另屯沙门浦。苏峻闻西军大至，自登烽火楼，望见长江一带，舟楫如林，不禁失色道："我原防温峤，能得众心，今果成事实了。"说毕，下楼派兵，分道扼守。庾亮使督护王彰，领兵进击，为峻党张曜所败，乃使司马殷融，送节谢侃。侃答语道："古人三败，君侯尚止二次，当今事势急迫，不宜自扰，致惑军心。"遂遣还殷融，劝令静守。侃部下都欲决战，侃与语道：“贼众尚盛，未可争锋，不如宽待时日，用计破贼，方保万全。”由是按兵待变，未尝进攻。

苏峻得再遣部将韩晃，往攻宣城，宣城内史桓彝，前次入讨无功，反致败还。见前回。长史裨惠，复劝彝通好苏峻，权与周旋，冀纾兵祸。彝勃然道：“我受国厚恩，义在致死，怎能忍耻与逆臣通问？事或不济，也是命数使然，虽死无恨。”遂遣偏将俞纵，往戍兰石。纵在戍未久，不遑修缮，闻韩晃掩至，只得驱兵出战。晃系百战悍将，部众又都精锐，眼见俞纵不是敌手，纵虽拚死奋斗，可奈部卒力弱，再进再却。左右劝纵退军，纵叹息道：“我受桓侯厚恩，理当死报，我不负桓侯，犹桓侯不负国家。今日是我绝命时期了。”说着，策马突阵，竟至战死。韩晃乘胜进薄宣城，彝困守多日，势孤力屈，终遭陷没，为晃所害。不没两忠。

先是彝与郭璞为友，尝令璞筮定休咎，筮既成卦，璞即用手搅乱，彝惊问何因？璞怅然道：“卦与我同。丈夫当此，必无良好结果，奈何奈何？”已而璞语彝道：“我与君情好多年，如来访我，尽可入室，但千万不可如厕。倘或误犯，必至客主有殃。”彝记在心中，未敢犯忌。一日过饮至醉，竟闯入璞家，觅璞无着，便往厕所。家人忙来拦阻，已是无及。他见璞对厕兀立，裸身被发，衔刀奠酹，禁不住狂笑起来。却是好笑。璞闻声回顾，见是桓彝，不觉大惊，掷刀与语道：“我前嘱君勿来厕所，君竟失约，不但祸我，君亦难免。天数难逃，无可禳解了。”彝似信非信，尚疑璞为捣鬼，大笑而去。谁料后来果如璞言，两人俱不得善终。命也何如。

话休叙烦，且说陶侃温峤，屯兵江上，自夏经秋，已经累月。峤本主张急进，屡次出战，亦皆失利。侃决意坐守，并未与峻党交锋。会因峤军败还，峻兵尚耀威江岸，拟迫侃军，侃军多有惧色。监军李根，请诸陶侃，拟筑白石垒，以蔽舟车。侃依根议，即拨兵夤夜赶筑，至晓即成。忽闻峻军内有号炮声，诸将互相惊愕，总道是峻来攻垒，独长史孔坦驳议道：“峻若攻垒，必待东北风起，今天气清静，必不敢来，尽可勿虑。”诸将问何故鸣炮？坦又道：“我料他必发兵东出，堵御东来各军。”诸将尚不肯信，及侦骑来报，果由峻出兵东向，击败王舒虞潭等军。孔坦复献议道：“峻兵既得败东军，必来攻白石垒了，须亟遣重兵镇守。还有一虑，东军败退，京口随在可危，宜速使郗公还镇，尚可无忧。”侃乃使庾亮率精兵二千，往守白石，又令郗鉴与后将军郭默，同戍京口，立大业曲阿谀亭三垒，分峻兵势。峻果率步骑万余，攻白石垒，幸由庾亮严守，无隙可乘，方才退去。忽闻祖涣桓抚等来袭湓口，侃料是祖约应峻，双方并举，遂拟遣雍州刺史魏该，率兵往御。便有军吏入报道：“魏刺史病故了。”侃惊疑道：“魏刺史病殁，只好由我自行了。”遂往会温峤，拟留峤暂统各军，自率偏师，往援湓口。莫非有去意么？峤尚未答言，旁有一将应声道：“义军恃公为主帅，公奈何轻行？此等小贼，只配末将等往剿呢。”侃见是毛宝发言，便问宝愿往否？宝答称愿往，奉令即行。途次接得谯国警耗，乃是祖涣桓抚，道出谯国，竟将谯城围住，当由宝兼程赴援，才到城下，即被涣抚等一阵冲突，并令弓弩手更番迭射，毙宝前队多人。宝向前力战，也为流矢所中，贯髀彻鞍。宝使人蹋鞍拔箭，流血满靴，他却毫不呼痛，收军暂退。等到箭声中断，复转身杀上，冲将过去。涣与抚已自幸得胜，不加防备，忽见宝跃马冲来，一时未及拦阻，竟被突入。宝军见主将受伤，尚如此奋勇，哪有不相率感奋，一齐随上。你刀我斧，尽力掩杀，立将敌阵捣乱。桓抚料不可敌，拨马先逃。祖涣独力难支，自然随走，谯城因得解围。内史桓宣，得出城迎宝，宝见他憔悴得很，不能再当冲要，乃使他东赴峤营，自率军进捣东关，攻破合肥戍垒。会接峤营来使，召令东还，乃引兵退归。祖约闻宝已退去，又欲派兵进击，不料故尚书令陈光，号召徒党，潜入攻约，好容易把约擒住，及仔细审视，乃是一个假祖约，貌似相类，实出两人，姓名叫做阎秃，系约帐下的从吏，约已从后墙逸出，无从追获了。想还有数月可活。光斩了阎秃，恐约召兵来攻，不能抵敌，乃北奔后赵，请石勒袭取寿春。勒遂令石聪石堪，领兵渡淮，径抵寿春城下。又由光寄发密书，诱动约将，使为内应。内外连结，顿将祖约逐去。约奔往历阳，聪等掳得寿春人民二万余户，渡淮北还。小子有诗咏道：

昆季如何大不同，乃兄靖虏弟兴戎。
痴心未遂先遭逐，叛贼由来少令终。

祖约败衄，苏峻当然失势，峻将路永匡术贾宁等，向峻献策，峻却不从。究竟所献何计，容待下回叙明。

陶侃为晋室重臣，拥兵上游，理应为国图存，与同休戚，乃以一时之私忿，置国家于不顾，宁非大误？温峤一再贻书，推为盟主，而侃犹不从，甚至龚登已遣，尚欲召还，何私憾之深，一至于此耶？及闻陶瞻战死，舐犊生哀，乃登舟东指，与峤相会，然犹讥嘲庾亮，情见乎词。亮固有误国之罪，而侃亦不得为保国，若非温峤之推诚相与，则侃必不肯赴难，其去亮果几何也。厥后屯兵江上，旷日持久，虽峻兵尚盛，未易撄锋，然其徘徊瞻顾之状，犹可想见。桓彝之死，安知非侃之敛兵不动，有以致之？以视温峤之志在勤王，毛宝之志在戮力，盖不能无惭德矣。虞母孙氏尚知大义，奈何以堂堂之须眉，反出巾帼下？吾不禁为陶士行叹息云。

第四十回

枭首逆戕乱成功　宥元舅顾亲屈法

却说苏峻部将路永、匡术、贾宁等人，闻祖约败奔历阳，恐势孤援绝，不能成事，特向峻献议，劝峻尽诛司徒王导等，断绝人望，别树腹心。峻素来敬导，不允众议，路永遂生贰心。王导探知消息，即使参军袁耽，诱永归顺。永便即从导，导欲奉帝出奔，恐被峻党拦阻，反致不妙，因挈二子恬恰，与路永俱奔白石，往依义军。舍主自去，亦太取巧。陶侃温峤，与苏峻相持日久，仍然不决。峻却分兵四出，东西攻掠，所向多捷，人情汹惧。就是朝士奔往西军，亦云峻众势盛，锐不可当，侃未免灰心。独峤怒答道："诸君怯懦，不能讨贼，反来誉贼么？"话虽如此，但屡战不胜，也觉胆寒，已而峤军粮尽，向侃告贷。侃愤愤道："使君曾与我言，不患无良将，无兵粮，但欲得老仆为主帅，今数战皆败，良将何在？荆州接近胡蜀二虏，当备不虞，若再无兵食，如何保守？仆便当西归，更思良策，他日再来灭贼，也是未迟。"君可忘，子亦可忘吗？峤闻言大惊，忙答说道："师克在和，古有明训，从前光武济昆阳，曹公拔官渡，兵以义动，故能用寡胜众。今峻约小竖，凶逆滔天，何患不灭？峻骤胜生骄，自谓无敌，若诱令来战，一鼓可擒，奈何自败垂成，反欲却退哩？况天子幽逼，社稷颠危，四海臣子，正当肝脑涂地，奋不顾身，峤与公并受国恩，何能坐视？事若得济，臣主同休，万一无成，亦惟灰身以谢先帝。今日势成骑虎，不能再下，公或违众独返，人心必沮，沮众败事，义旗将回指公身了。"侃默然不答。

峤乃退出，与参军毛宝熟商，宝奋然道："下官能留住陶公。"乃诣侃进言道："公本应镇守芜湖，为南北声援。前既东下，势难再返，军法有进无退，非但整率三军，示众必死，就是一退以后，士心离沮，仓皇失据，必致败亡。前日杜弢为乱，亦尝猖獗，公一举灭弢，始享盛名，今难道不能灭峻么？贼亦畏死，未必统是勇悍，公可先拨给宝兵，上岸截粮，若宝不立功，然后公去，人情也不致生恨了。"侃方答道："君既肯奋力杀贼，我愿依议。"遂加宝为督护，拨兵数千，遣令速往。宝奉令即行。

竟陵太守李阳，又替峤白侃道："今温军乏食，向公借粮。公若不借，必至温军溃散，大事无成，阳恐各军将集怨公身，公虽有粟，也无从得食了。"侃乃分米五万石，接济峤军。嗣闻毛宝告捷，把句容湖熟诸屯粮，悉数毁去，这屯粮是苏峻的根本，根本既撤，料峻军必至乏食，久将自乱。侃乃留屯江上，不复言归。

峻遣韩晃张健等，往攻大业戍垒，不出孔坦所料。垒为后将军郭默所守，被韩晃等困住，水泄不通，守兵无从汲水，甚至取饮粪汁，聊自解渴。郭默不耐苦守，突围出奔，惟留戍卒守着。郗鉴在京口驻节，蓦闻郭默潜遁，不免加忧，参军曹纳进言道："大业为京口屏蔽，大业失守，京口恐难保全，不如亟还广陵，再图后举。"鉴摇手不答，但命左右召集僚佐。至僚佐已集，方责纳道："我尝受先帝顾命，不能预救危难，虽捐躯九泉，未足塞责。今强寇在迩，众志未定，君为我腹心，乃倡议退归，摇惑众心，教我如何驭众呢？"说至此，便旁顾左右，拟将纳推出斩首。纳吓得魂不附体，慌忙跪伏哀求，僚佐亦替他解免，方得贷死。鉴即拨兵助守大业，且遣使至侃军乞援。

侃欲亲自赴救，长史殷羡进谏道："我兵不惯步战，若往救大业，不能得胜，大事反从此去了。今不若急攻石头，石头得克，大业不劳往救，自然解围呢。"侃依羡言，遂与庾亮、温峤、赵胤等会商，使亮等率着步兵，从白石南进，自督水军攻石头城。亮等皆如侃议，乃分率步兵万人，登岸南行。胤为前驱，峤与亮为后应。

苏峻闻步兵来攻，亲率八千人迎战，遣子硕与部将匡孝，分领前军数十骑，先薄胤军。匡孝骁勇异常，当先开路，及与胤军相遇，仗着那一杆铁槊，左挑右拨，运动如飞，胤军纷纷落马，无人敢当。后队兵士，相率倒退。胤亦禁遏不住，只好退走。峻在马上遥望，见胤军退去，不禁惹起野心，顾语左右道："孝能破贼，难道我不如孝么？"说着，即挈数骑前进，往追赵胤。寻死去了。可巧温峤军至，来助胤军，并力将匡孝杀退。孝已回马他遁，峻却冒冒失失，向前突阵。峤胤两军，已经排齐队伍，准备厮杀，还怕甚么苏峻？峻见不可敌，回趋白木陂，忽听得扑蹋一声，马失前蹄，竟至扑倒。峻亦随向前扑，不能安坐，正拟下马易骑，不防背后有物投来，忍不住一阵奇痛，便即跌下。看官道是何物？原来是一种兵器，叫作钩矛，俗语呼为钩头枪，这钩头枪是何人所掷？乃是彭世李千。彭李两人，为陶侃部将，从峤助战，见苏峻返奔，便策马力追。峻闻后有追兵，脚忙手乱，马缰一松，因致颠蹶。彭李见他马蹶，相距还有数丈，只恐峻得脱逃，所以将矛遥掷，也是苏峻恶贯满盈，命数该绝，巧巧掷中背上，遂至坠地。彭世李千，立刻驰至，下马拔刀，将峻枭首。峻手下尚有数骑，逃命要紧，走得一个不留。温峤赵胤等，一并趋集白木陂，命将峻尸脔割如糜，毁去尸骨。众军齐呼万岁。峻兵八千人，顿时骇散，惟石头城还未溃乱。峻弟逸在城中，由司马任让等，奉为主将，闭城自守。峻将韩晃，得峻死耗，撤大业围，引还石头。他将管商弘徽，尚留攻庱亭垒，为郗鉴部将李闳，及长史滕含所破。管商走降庾亮，弘徽走依张健。温峤进薄石头城，就在城外设立大营，暂作行台，布告远近，凡故吏二千石以下，皆令赴台自效。官吏陆续趋集，各思图功。见危即避，闻利即趋，真是好计。

时光易过，两下相持，又过残年。光禄大夫陆晔，本由峻派守行台，峻将匡术，派守台城，至是晔令弟尚书陆玩，劝术反正。术见大势已去，乐得变计求生，遂举台城归附西军。百官亦乘势出头，推晔督领宫城军事。陶侃又遣毛宝入守南城，邓岳入守西城，建康复定，只有石头未下。右卫将军刘超，侍中钟雅，与建康令管旆等，拟奉成帝出赴西军，不幸密谋被泄，即由任让奉苏逸令，带兵入宫，拘住超雅。成帝下座，将超雅二人抱住，且语且泣道："还我侍中右卫。"让不肯从，扯开成帝，竟把二人牵出，一刀一个，杀死了事。复大发兵攻台城，韩晃当先，逸与从子硕继进，用了火弓火箭，射入城中，焚去太极东堂，延及秘阁。毛宝饬兵士扑救，自执弓矢，登城守御，弓弦响处，无不倒毙。晃见宝箭法如神，便仰首呼宝道："君号勇果，何不出斗？"宝亦答道："君号健将，何不入斗？"晃不禁大笑，再欲攻城，忽接到石头被攻消息，乃收兵退去。苏逸苏硕，先已引还，那围攻石头的兵马，便是陶侃温峤等军。就是扼守京口的郗鉴，亦遣长史滕含等入助。滕含带着步兵，在石头城下待着，邀击苏逸。逸退还时，被含痛击一阵，伤亡甚多。苏硕后至，与含混战，方得杀开走路，拥逸入城。至韩晃到来，含已退去，硕自恃骁勇，率领壮士数百，渡淮赴战，正值温峤截住，乘硕渡至中流，麾舟急击，把硕兵冲作数段。硕长陆战，不善水斗，弄得进退两难，立被峤军击毙。石头戍兵，闻硕败死，统皆夺气。韩晃开城出走，兵士争先恐后，一齐狂奔，无如门隘难容，互相践踏，死不胜计。滕含正在城外巡弋，趁机掩杀，门不及闭，便得攻进，兜头碰着苏逸，两马相交，刀枪并举，不到数合，被含卖个破绽，刺逸下马。含将李汤，从旁趋至，将逸擒住，任让急来抢救，已是不及。含麾众围让，让欲走无路，也即受擒。成帝尚在行宫，由含将曹据入卫，抱帝赴温峤船。峤率群臣迎谒，顿首请罪。成帝虽然年稚，究竟在位四年，多见多闻，也说了几句慰劳的话儿，均令起身。未几陶侃亦至，见过成帝，奉入京师，随即诛死苏逸，并斩任让。让与侃有旧交，侃请贷一死，成帝流泪道："他杀我侍中右卫，怎得赦免呢？"侃多怀私，反不及幼主明白。侃不便再言，让乃伏诛。又捕戮西阳王羕，及羕二子播充。司徒王导，由白石入石头，令取故节，侃嘲语道："苏武节似不如是。"导不禁赧颜，侃一笑而散。于是颁诏大赦。

峻党张健，奔驻曲阿，弘徽韩晃等，先后趋至。健拟东窜吴兴，弘徽谓不如北走，两人争论起来。健拔出佩刀，剁毙弘徽，遂使韩晃等乘车陆行，自己乘舟水行。舟车中满载子女玉帛，由延陵东赴吴兴，东军尚未退去，即由王允之亲督将士，截住水陆两路叛党，大破张健韩晃，夺得男女万余口，并金银布帛等物。健晃收拾余众，改向西奔，又被郗鉴阻住，不能过去，因转走岩山。鉴使参军李闳，领兵追击，健等逃匿山冈，不敢出战。惟韩晃挟箭两囊，至山腰中，自坐胡床，弯弓迭射。闵麾众登山，前驱多中箭倒毙，直至箭已射尽，才得杀上，把晃围住，四面攒击。任你韩晃如何枭悍，也落得身首异处，一命呜呼。闵众挟刃再登，搜杀健等，健料不能免，惶恐出降。闵责他罪恶滔天，立命枭首。自是峻党尽平。冠军将军赵胤，复遣部将甘苗，往攻历阳。祖约部将牵腾，开城迎苗。约挈领家族，及左右数百人，逃奔后赵去了。

两叛既灭，江左粗安，惟建康宫阙，已成灰烬，一时不及筑造，但借建平园为宫。温峤欲迁都豫章，三吴人士，请迁都会稽。议出两岐，纷纭未决。司徒王导，独主张仍旧，排斥众议道："孙仲谋与刘玄德，俱言建康饶有王气，足为皇都，怎得无端迁徙呢？古时圣帝明王，卑宫菲服，不求华丽，若能务本节用，休养生息，不出数年，元气渐复，自见蕃昌；否则移居乐土，亦且成墟，即如近来北寇，日伺我隙，我再避往蛮越，更属非计，道在镇定如常，安内驭外，才无后忧。"此语却说得有理。温峤等听到此言，也以为导有远见，取消前议，不复迁都，即用褚翜为丹阳尹。翜收集散亡，尽心抚恤，京邑复安。朝廷论功行赏，进陶侃为侍中太尉，封长沙公，兼督交广宁州诸军事。郗鉴为侍中司空，封南昌公。温峤为骠骑将军，开府仪同三司，加散骑常侍，封始安公。陆晔进爵江陵公。此外得进封侯伯子男，不可胜计。追赠卞壸、桓彝、刘超、钟雅、羊曼、陶瞻等官爵，并各赐谥。峻党路永匡术贾宁，相继反正，王导欲悉予封阶。温峤道："永等皆苏峻腹心，首为乱阶，负罪甚大，晚虽改悟，未足赎罪。诚使得全首领，已为幸事，岂尚可再给荣封么？"导乃罢议。

陶侃因江陵偏远，请移镇巴陵。有诏依议，侃乃辞去。温峤亦陛辞归镇，朝议欲留峤辅政。峤推让王导，谓系先皇旧臣，仍当照常倚任，不宜参用藩臣，因固辞而出。且以京邑荒残，资用不足，特将私蓄财物，留献宫廷，然后西行。温太真确是纯臣。惟庾亮初谒成帝，稽颡谢罪，嗣复上表辞职，欲阖门投窜山海。成帝手诏慰谕，谓系社稷危难，责不在舅云云。未免左袒。亮自觉过意不去，又上书引咎道：

臣凡鄙小人，才不经世，阶缘戚属，累忝非服，叨窃弥重，谤议弥兴。皇家多难，未敢告退，遂随谍展转，便膺显任。先帝不豫，臣参侍医药，登遐顾命，又豫闻后事，岂云德授，盖以亲也。臣知其不可，而不敢逃命，实以田夫之交，犹有寄托，况君臣之义，道贯自然。哀悲眷恋，不敢违拒。加以陛下初在谅暗，先后亲揽万机，宣通外内，臣当其责，是以激节驱驰，志以死报。顾乃才下位高，知进忘退，乘宠骄盈，渐不自觉，进不能抚宁内外，退不能推贤宗长，遂使四海谤怨，群议沸腾。祖约苏峻，不堪其愤，纵肆凶逆，事由臣发，社稷倾覆，宗庙虚废，先后以忧逼登遐，陛下旰食逾年，四海哀惶，肝脑涂地，臣之招也，臣之罪也。朝廷寸斩之，屠戮之，不足以谢祖宗七庙之灵。臣灰身灭族，不足以塞四海之责。臣负国家，其罪实大，实天所不覆，地所不载。陛下矜而不诛，有司纵而不戮，自古及今，岂有不忠不孝，如臣之甚？不能伏剑北阙，偷存视息，虽生之日，犹死之年。朝廷复何理齿臣于人次？臣亦何颜自次于人理？臣欲自投草泽，思愆之心也，愿陛下览先朝谬授之失，虽垂宽宥，全其首领，犹宜弃之，任其自存自殁，则天下粗知劝戒之纲矣。冒昧渎陈，翘切待命。

这书呈入，复有诏复答道：

苏峻奸逆，人所共闻，今年不反，明年必反。舅勃然而召，正是不忍见无礼于君者也。论情与义，何得谓之不忠乎？若以总率征讨，事至败丧，有司宜绳以国法，诚则然矣。但舅申告方伯，席卷东来，舅躬擐甲胄，卒得殄逆，社稷乂安，宗庙有奉，岂非舅与二三方伯，忘身陈力之勋耶？方当策勋行赏，岂可咎及既往？舅当上奉先帝付托之重，弘济艰难，使衍冲人，永有凭赖，则天下幸甚！

亮既接诏，尚欲逃入山海，准备舟楫，东出暨阳。可不必做主了。诏令有司收截各舟，亮乃改求外镇，效力自赎，因出督江西宣城诸军事，拜平西将军，假节豫州刺史，领宣城内史，镇守芜湖。还有湘州刺史卞敦，前曾闻难不赴，但遣督护带领数百人，随从大军。陶侃劾敦阻军观望，请槛车收付廷尉。敦原宜劾，但出自陶公，扪心果能免疚否？独王导谓丧乱甫平，应从宽宥，惟徙敦为广州刺史。敦适抱病，不愿南行，乃征为光禄大夫。未几病死，尚追赠散骑常侍，赐谥曰敬。宜削去右旁，谥一苟字。

温峤自建康西还武昌，舟过牛渚矶，水深不可测摸，相传下多怪物。峤发出奇想，令毁犀角照水，果见怪物丛集，或乘马，或乘车，多着赤衣，奇形异状，见所未见。是夕，卧宿舟中，梦有一异人来语道："与君幽明相隔，何故照我？"峤尚欲详问，被异人用物击来，适中门牙，痛极而醒。次日，齿尚觉痛，他本有齿疾，至此因痛不可耐，将牙齿拔落二枚，不意痛仍未痊，反致唇舌艰涩，如中风状。莅镇以后，医治无效，不到旬日，便即去世，年只四十有二。江州士民，相率下泪。有诏赠峤侍中大将军，赐钱百万，布千匹，予谥忠武。

即令峤军司刘胤，嗣为江州刺史。陶侃郗鉴，表称胤不胜任，宜别简良才，王导不从。胤素纵酒渔色，不恤政事。后将军郭默，曾为胤所侮，时常怀恨，此时留屯淮北，竟率兵夜向武昌，候旦开门，突然掩入，诈称有诏收胤，不问他人。胤部下将吏，不知何因，未便拒抗。默突入内寝，胤尚拥妾同卧，被默牵出床下，一刀砍死。妾有姿色，取为己有，又掠得金宝及胤妻女，自称江州刺史，一面将胤首传入建康，诬胤谋逆。王导虑不可制，但令默为豫州刺史，不敢问罪。王导专尚姑息。

武昌太守邓岳，驰白陶侃。侃即上表讨默，且致导书道："郭默害方州，就用为方州，倘再害宰相，莫非便使为宰相么？"诘问得妙！导复书谓："遵养时晦，留待足下。"侃览书大笑道："这乃遵养时贼哩。"遂驱兵登舟，直向武昌，四面环攻。默将张丑宋侯等，惧侃威势，缚默出降。侃斩默枭首，解送京师，诏令侃兼督江州，并领刺史。小子有诗叹道：

藐视王章太不伦，况经矫诏害疆臣。
若非当日陶公在，时贼居然得莅新。

侃既平默，威名益震，连后赵都惮他英威，不敢南窥。惟后赵主石勒，时正强盛，并吞前赵，欲知详情，请看下回分解。

合东西各军之力，夹攻苏峻，犹至旷日无功，非将帅之皆无用，弊在号令不专，互相观望耳。苏峻之突阵被斩，实遭天殛，非尽由人力也。试观书中所叙，唯温峤一人，志在讨逆，彻始贯终；毛宝勇敢，未始非为峤所激，感奋而成，陶士行辈皆无取尔。庾亮身为元舅，败不能死，徒自引咎，以塞众谤。卞敦观望不前，仍不加罪，晋政不纲，亦可知矣。成帝幼冲，原无足怪，司其责者，实惟王导，而时人反目为江左夷吾，其然，岂其然乎？

第四十一回

察铃音异僧献技　失军律醉汉遭擒

却说后赵主石勒，乘晋内乱，连夺司豫青徐兖诸州，见三十五回。复遣兵进扰江淮，攻陷寿春。见三十九回。一面令石虎等率众四万，从轵关西行，往攻刘曜，略定河东五十余县，进迫蒲坂。曜大发水陆各军，亲自督领，由卫关北渡黄河，为蒲坂援应。石虎闻曜军大至，不免震惧，乃撤围退兵。曜追至高候，得及虎兵，两下交战，虎兵大败，偏将石瞻战死，余众亦伤亡大半，伏尸二百余里，丧失资械，不可胜计。虎逃奔朝歌，曜乘胜南下，攻金墉城。后赵守将石生，竭力抵御，曜猛扑不克，因决穿千金堨外的流水，灌入城中。城内兵民，险些儿变成鱼鳖，幸亏金墉城素来坚固，不致坍没。石生移民登阜，麾兵乘城，日夜严防，兀自支撑得住。曜见金墉难拔，又分兵转攻汲郡河内，后赵荥阳太守尹矩，野王太守张进等，均迎降曜军，曜势大振，襄国戒严。

是时石勒右长史张宾，已经病殁，勒如失左右手，尝临丧大恸道："天不欲我成事么？何故夺我右侯？"不令汝死，老天煞是有情。既而令司马程遐，代为右长史，遐智计不及张宾，但因妹为勒妾，得预政权。勒每与遐议及国事，意见不合，辄流涕道："右侯遽舍我长逝，乃令我与此辈共议，岂非天数？"又要归咎于天，天岂常来顾汝么？及曜围金墉，勒拟亲出为援，程遐等入谏道："刘曜乘胜南行，一时难与争锋，惟金墉城坚粮足，不致遽陷，待曜师老力疲，自然退去。大王不宜亲动，一或躁率，难保万全，大业反从此失败了。"勒怒叱道："汝等何知？休来妄言！"遐尚欲再谏，勒竟拔剑置案，几欲动手杀遐，遐乃怯退。

先是参军徐光，醉后忘情，致忤勒意，为勒所幽。至是勒复忆光，释令出狱，召与商议道："刘曜乘高候胜仗，进围洛阳，看似锋不可当，但孤思曜带甲十万，围攻一城，多日不克，势必懈怠。若率我锐卒，击彼怠兵，无虑不胜。倘迟至洛阳不守，曜必鼓勇前来，席卷河北，直至冀州，我军为彼所慑，不战必溃，大事去了。程遐等不欲我行，卿意以为何如？"光应声道："大王所料，确是胜算，试想刘曜既战胜高候，不能进临襄国，乃反往攻金墉，显见是无能为呢。诚使大王督兵亲征，彼必望旗奔败，平定天下，在此一举，何必多疑。"勒狞笑道："如卿才合孤心哩。"遂下令调集人马，克日启行。

勒平时常敬礼西僧佛图澄，因复将出师休咎，令他预决。澄忽作梵语道："秀支替戾冈，仆谷劬秃当。"勒听了茫然不解，请澄释明意义。澄乃答道："秀支便是兵，替戾冈是出行的意义，仆谷指刘曜胡位，劬秃当就是捉人意。依此解释，定能出兵拒曜了。"勒又问出自何经？澄答称是相轮寺铃音。铃音可作预谶么？勒将信将疑。澄自言尚有一法，可觇未来，当由勒请令一试，澄谓须展期七日，七日内令一童子持斋，斋期满，方能觇视，于是如法施行。眨眼间已是七日，澄即入见，在勒前行法，令左右取过麻油及胭脂，二物搀合，置诸掌心，又用两手摩擦，好一歇方才启掌，粲然有光。勒等只见他掌中光芒，看不出甚么奇异，独持斋七日的童子，顾视澄掌，不禁大诧道："内有无数兵马，捉住一须长面白的大人。"澄即语勒道："这就是刘曜了。"掌中有如此幻影，无怪如来佛能捉孙悟空。勒乃大喜，即令亲将石堪石聪，往会豫州刺史桃豹等，各率部众趋荥阳，复饬石虎进据石门，自统步骑四万，出发襄国，下令敢谏者斩，程遐等自然不敢再言，一任勒上马登途去了。

但佛图澄究是何人，能有这般秘术？相传澄生长天竺，本姓帛氏，至晋怀帝永嘉四年，始至洛阳，自云百有余岁，能服气摄生，连日不食。每持神咒，役使鬼神，腹旁有一孔，用絮塞住，夜间拔絮露孔，光照一室。又尝至流水侧，从孔中取出脏腑，就水洗净，还纳腹中，洛人称为奇僧。至洛中大乱，投依勒将郭黑。黑从勒四出，每预知行兵吉凶，勒当然疑问。黑谓由澄所授，因即召澄相见，试以道法。澄取钵盛水，焚香持咒，立见钵中生出青莲，花光曜日，勒乃惊服。嗣是勒有举动，澄辄先知。勒为赵王至五年，襄国大旱，勒令澄祷雨，澄言祷求无益，别有良法。遂率徒侣往石井岗，掘得死龙一条，长约尺余，取置水盂，半日复苏。澄向龙咒诵，用酒为奠，蓦见龙一跃上升，腾往天空，即见阴霾四塞，大雨倾盆，田野沾足。因改名天井岗为龙岗。过了数年，襄国城壕，水源骤涸，勒又求澄设法。澄笑答道："城壕无水，敕龙往取便了。"勒本字世龙，疑澄有心嘲弄，亦笑语道："正因龙不能取水，所以商诸高僧。"澄乃正色道："这是实语，并非戏言。水泉无论大小，必有神龙居住，今城堑水源，在西北五里团丸祠下，若非敕龙取水，水何从来？"说毕自出。随引弟子法首等数人，径至团丸祠下，自坐绳床，烧安息香，口中念念有词，絮絮不绝。直至三日三夜，方有小水流动，一小龙长五六寸，随水出没，人民相率趋观。澄禁令逼视，不到半日，水势骤涨，汹涌澎湃，流满隍堑，龙亦不知去向了。澄返报石勒，勒益加敬礼，号为大和尚，这且待后再表。事见《十六国春秋》中。

且说赵王刘曜，自据位称尊后，起初还从善纳谏，用游子远为车骑大将军，讨平氐羌。依侍中乔豫和苞等言，罢建宫室。又在长乐宫东隅立太学，未央宫西隅立小学，凡百姓年在十三以上，二十五以下，聪颖可教，俱令入学肄业，共得千五百人。命中书监刘均领国子祭酒，散骑侍郎董景道为崇文祭酒，居然尊经讲道，用夏变夷。曜后羊氏，虽得专宠干政，究竟也没有甚么权力，曜立羊氏为后，见三十二回。在位四年，境内尚称平安，不过与后赵已成仇隙，屡有兵争。是年五月，终南山忽崩。长安人刘终，从山崩处拾得白玉一方，上有篆文云："皇亡皇亡，败赵昌，井水竭，构五梁。咢酉小衰，困嚣丧呜。呜呼呜呼，赤牛奋靷其尽乎。"终莫名其妙，但赍玉献曜。曜臣都称为石勒将灭，乃有此征，因联翩入贺。曜也以为天锡祯祥，特斋戒七日，至太庙中拜受瑞玉，命终为奉瑞大夫。好像做梦。独中书监刘均上书道：

臣闻国主山川，故山崩川竭，国君为之不举。终南京师之镇，国之所瞻，无故而崩，其凶可知。昔三代之季，其灾也如是，今朝臣皆言祥瑞，臣独言非，诚上忤圣旨，下违众议。然臣不达大理，窃所未同。何则，玉之于山石也，犹君之于臣下。山崩石坏，象国倾人乱，皇亡皇亡。败赵昌者，此言王室将为赵所败，赵因之而昌大。今大赵都于秦雍，而勒跨全赵之地，赵昌之应，当在石勒，不在我也。井水竭，构五梁者，井谓东井，秦之分也，五谓五车，梁谓大梁，五车大梁，赵之分也，此言秦将绝灭以构成赵也。咢者岁之次，名作咢也，言岁驭作咢酉之年，当有败军杀将之事。困谓困敦，岁在子之年名，玄嚣亦在子之次，言岁驭于子，国当丧亡。赤牛奋靷，谓赤奋若，在丑之岁名也。牛谓牵牛，东北维之宿，丑之分也，言岁在于丑，当灭之殆尽，无复遗也。太岁在酉曰作咢，在子曰困敦，在丑曰赤奋，若语见《尔雅》。此其诚悟蒸蒸，欲陛下勤修德化以禳之耳。纵为嘉祥，尚愿陛下夕惕以答之。《书》曰："虽休勿休"，愿陛下追踪周旦盟津之美，捐鄗虢公梦庙之凶，谨归沐浴以待妖言之诛，则国家幸甚！

曜览毕均书，倒也怃然动容。廷臣劾均狂言瞽说，诬妄妖瑞，应作大不敬论。曜却谓不问灾祥，均当深戒，怎得加罪刘均。越年，又从并州献入玉玺一枚，文为赵盛二字。曜乃不复称瑞，但收贮库中罢了。既而征服仇池王杨难敌，又因秦州刺史陈安叛乱，亲往讨平。赤亭羌酋姚弋仲，亦称臣受封。姚弋仲见前文。凉州牧张寔，为帐下将阎涉所戕，张寔见第三回。寔弟张茂，平定内乱，嗣为凉州刺史。曜复率领戍卒二十八万，进攻凉州。茂惮曜兵威，奉表称藩，曜乃退兵。自是渐即骄盈，沈湎酒色。羊后病死，更立侍中刘昶侄女刘氏为后。才阅一年，刘氏又病不能起，留有遗言，请纳从妹刘芳。芳女姿色，比姊秀美，年甫十三，已长七尺八寸，垂手过膝，发与身齐。曜当然纳入，即册为继后，时已为光初十一年。光初为刘曜年号，见三十二回。曜命骠骑将军刘述为大司徒，侍中刘昶为太保，召公卿以下子弟，入阙亲选，见有材武出众，便使为亲御郎，被甲乘马，随同出入。尚书郝述，都水使者支当等，谓人主不宜日近武人，致触曜怒，勒令服毒自尽。是夕，曜梦见空中降下三神，统是金面丹唇，东向逡巡，不言即退。当下恍惚前追，屈身下拜，俯履三人足迹。俄而惊寤，细思梦兆，辨不出什么吉凶。翌晨，召入公卿，令他详梦。一班谄臣媚子，无非曲意献谀，交口称贺，惟太史令任义，谓梦兆不祥，列陈见解，大略说是：

> 三者历运统之极也，东为震位，王者之始次也。金为兑位，物衰落也。丹唇不言，事之毕也。逡巡揖让，退舍之道也。为之拜者，屈服于人也。履迹而行，慎勿出疆也。东井，秦之分也，五车，赵之分也，秦兵必大起，亡主丧师，留败赵地，远至三年，近七百日，其应不远，幸熟思而慎防之！

曜闻言大惧，即亲祀二郊，修缮神祠，遍祷名山大川，大赦死罪以下，减免百姓半租。徒务表面，有何益处？越年，春令大旱，好几月不见甘霖，曜偏分兵袭仇池，攻凉州，略河南，一些儿不加轸恤，但令出掠境外，夺得子女玉帛，还充府实。国人遇有旱灾，令他四出纵掠，不可谓非理财妙诀。又越年出败石虎，便是围攻金墉城一役。补叙刘曜数年间事，使知败亡之由来。后赵主石勒，自救金墉。至大堨渡河，时当仲冬，寒风似刀，河滨更甚。及勒军将渡，忽天气转为晴和，风静冰泮，安然得济。济毕又狂风大起，沉阴如故。勒大喜道："这是天神佑我哩。"此番才喜有天了。遂改名大堨为灵昌津。参军徐光，亦随勒南行，勒顾语光道："刘曜闻我出兵，若移兵成皋，据关拒我，方为上策；依洛为营，负水自固，乃是下策；坐守洛阳，束手待擒，便成无策了。"既而勒至成皋，会集诸军，得步兵六万，骑兵二万七千，鼓行而进，一路无阻，并不见有曜军。勒举手上指，又自指额，连声呼天，天何言哉。复令兵士卷甲衔枚，从间道出巩訾间，昼夜不休，直至洛水，遥见曜兵俱退驻对岸，连营十余里，差不多有十多万人，更不禁大喜道："曜真庸奴，为我所料，诸将士已好贺我了。"大众闻言，统向勒道贺。勒扬鞭得意，督步骑入宣阳门，由守将石生出接，迎入故太极前殿，升座劳众，休息一宵。越宿，乃部署兵马，整顿器械，准期明日出战。命石虎率步卒三万人，自城北趋西，攻曜中军，石堪石聪各领骑兵八千人，自城西趋北，击曜前锋。三人领命归营。勒又预戒亲卒，五更造饭，黎明饱餐，开城助战。

这一边已安排就绪，那一边尚杂乱无章。刘曜围攻金墉，已过了三月有余，他见坚城难下，索性置诸度外，镇日与群臣饮博，酣醉无度，不恤士卒。左右或进言相规，曜斥为妄语，连杀数人。及闻勒渡河亲至，方拟遣兵增戍，堵截勒兵。议尚未定，勒兵已抵洛水，前驱谍使，被曜候骑获得一人，献入营中。曜亲问道："大胡自来么？率众几何？"谍使答道："大王自来，兵势甚盛。"曜闻言不禁失色，便下令撤围，退营洛水西岸。叙出曜军情形，方与上文接笋。到了勒兵入城，曜尚无布置，仍然拚命饮酒。临战的早晨，已闻石虎石堪等两路杀来，还要饮酒数斗，喝得醉意醺醺，方披甲上马。马无故悲鸣，立住不动，经曜挥了数鞭，反见马倒退下去，一前一却，几乎把曜掀落，亏得左右将曜扶住，仓猝下马，改乘他骑。已兆不祥。曜疑是酒力未足，致马作怪，再命左右进酒一斗，一气喝干，乃策马出营，径诣西阳门。说时迟，那时快，石虎从左杀到，石堪石聪从右杀来。曜兵抵挡不住，纷纷溃乱。曜已烂醉如泥，不知进退，但向西阳门驰去，不防石勒带着亲兵，由阊阖门绕至西阳门，迎头击曜。曜醉眼蒙眬，望不出甚么石勒，惟听得一声大喝道："刘曜快来受死！"这一语传入耳鼓，才把十分酒意，吓退三分。又见前面兵士，好几个滚下头颅，乃拍马返奔，忙不择路，只管沿洛水边乱跑。又听背后有人叫道："刘曜休走！"曜也不敢回头，飞马奔逃。那后面的箭镞，接连射来，可恨背上不生眼睛，无从闪避，徒受了三处箭伤。马亦中了数箭，负痛乱跃，高低不辨，竟致陷入石渠。曜慌忙提缰，马足虽得拔出，马力已竭，坠倒水滨，曜亦当然同坠。可巧水结成冰，将人马一同搁住，不致沉溺。还是溺死的好。奈左右俱已逃散，无人相救。俄而追兵驰到，用着挠钩等件，将曜钩起。曜身上又受创十余，卧在地上，由他捆缚，勉强开眼一瞧，面前立着一马，马上坐着一员大将，正是后赵都尉石堪。堪见曜西奔，率马追来，用箭射倒刘曜，遂得擒曜报功。

曜兵一半逃去，一半被杀。勒乃下令道："我只欲擒获一人，今已得擒住，将士等可抑锋止锐，毋得再加杀戮，有伤天仁。"于是收军入城，牵曜至河南丞廨，把他拘住。一面宰牛设飨，大犒将士。一连三日，方班师北还襄国，使征东将军石邃，押曜同行。曜创痕未痊，不能行动，因用马车载曜，令金创医李永，与曜同载，沿途疗治。既至北苑市，三老孙机，请诣勒前，愿一见曜，勒即允诺。机持酒一大觥，进白刘曜道："仆谷王，关右称帝王，当持重，保土疆；轻用兵，败洛阳，祚运穷，天所亡；开大量，进一觞。"曜见机庞眉皓首，须发似银，乃接觥答语道："老翁年当近百，尚这般康健么？我当为公满饮此觞。"说着，一吸立尽。适配胃口。孙机乃退。勒闻机言，也为怅然道："亡国奴，应该使老叟数罪哩。"及驰入襄国，勒令曜居永丰小城，遣还伎妾，与曜为伴，惟派兵监守，不准曜出入自由。

先是两赵连岁交兵，互有擒获，勒将石佗，为曜军所擒，便即杀死。曜将刘岳、刘震，为勒军所擒，尚未被杀，至此岳震等，得奉勒命，许令见曜。曜瞿然道："我道卿等久为灰土，不意石王仁厚，全宥至今，我骤杀石佗，有愧石王，无怪今日遭祸呢。"乃留岳震等同宴，终日始别。此时已近死期，乐得痛饮数杯。勒使人语曜，令致彼太子熙书，嘱使速降。曜不从勒意，但饬熙与群臣维持社稷，不必为我易虑云云。勒因此嫉曜，寻即将曜害死。曜僭位十三年，岁次戊子，兵败被擒，正与刘均言相符。小子有诗叹道：

谶纬遗文宁足凭？荒耽才是国亡征。
古今多少沧桑感，无道保邦得未曾。

曜子熙居守长安，能否保全宗祀，且看下回自知。

佛图澄之种种秘术，俱载前史，相传至今，是否确凿，亦无从证实。即果有其事，亦不过如张陆于吉之流耳。律以治国平天下之大道，澄固未足语此也。刘曜少时，以聪慧闻，刘渊尝称为千里驹；及长尤多奇略，自比乐毅萧曹，刘聪又以世祖魏武拟之；及靳准篡汉，仗义讨贼，再兴刘氏，似乎刘渊父子之言，不为无见，乃观其金墉一役，醉态昏迷，毫无军谋，仓猝一战，便为所擒，岂其天夺之魄，使汩性灵？抑亦由沉湎酒色，乃有此昏庸之结果也！世间自有大丈夫，特淫妇人之媟词耳。曜顾信之不疑，酿成骄态，其曷能免灭亡之祸哉？

第四十二回

并前赵石勒称尊　防中山徐遐泣谏

却说刘熙居守长安，接得乃父被擒消息，当然大骇，急与南阳王刘胤等，商量方法。胤本是刘曜嫡子，为元配卜氏所生，从前靳准作乱，胤逃匿邻近郁鞠部。及刘曜即位，郁鞠部送胤归国，曜见他身长多力，意欲废熙立胤。胤舅左光禄大夫卜泰，及太子太保韩广等，均谓不宜废立，胤亦涕泣固辞。曜也追忆羊后，不忍废熙，乃封胤为王，号为皇子，追谥元配卜氏为元悼皇后，进卜泰为太子太傅，仪同三司。其实太子熙，原是懦弱，就是胤亦徒有外表，未足称能。曜率兵南下时，胤且进署大司马，辅熙居守。一切政事，归胤裁决，所以曜陷没后赵，熙即召胤计议。胤谓长安难守，不如退保秦州。尚书胡勋进言道："今主子虽已丧亡，国家尚未残缺，兵士不下数十万人，正可并力扼险，堵御石氏，万一力不能拒，再走未迟。"胤怒叱道："汝敢挠沮众心么?"遂喝令左右，把胡勋牵出斩首。胤不但无能，且是个糊涂虫，怎能保国？勋既冤死，还有何人再敢多嘴，遂相率奔往上邽。首都一动，各镇皆摇，汝阴王刘厚，安定王刘策，各弃镇西走，关中大乱。

将军蒋英辛恕，拥众数万，入据长安，遣人奉表后赵，情愿投降。石勒览表，即敕洛阳守将石生，乘便西略。生即带领部曲，径入长安。那时刘胤却率兵数万，从上邽出发，来与石生争长安城。前时已愿弃去，此时复欲夺还，奇极怪极。陇东武都安定新平北地扶风始平诸郡胡人，亦奋起应胤。胤军次仲桥，石生婴城自守，飞使向襄国乞援。勒即遣石虎往救，拨给骑兵二万，由虎带去。虎行至义渠，与各郡胡人相值，好似虎入羊群，不值一扫，夷人四面遁去，虎即进捣胤营。胤闻胡人败遁，已是心怯，没奈何出营迎战。两阵对圆，锋刃相交，虎麾动铁骑，冲入胤阵，纵横驰骋，十荡十决。胤慌忙奔还，经虎从后追击，杀得尸横遍野，血流成渠，遂进薄上邽城下。上邽城内的将吏，见胤逃还，都吓得魂魄飞扬，哪里还敢抵御？不到数日，便即溃散。虎挥众登城，擒住赵太子熙，南阳王胤，及王公卿校以上三千余人，一律杀死，所有后宫妃妾，俱分给将士。惟曜有女安定公主，年甫十二，却生得身材窈窕，眉目轻盈。虎取为已有，也不管她年龄长幼，到了夜间，便将她抱入寝处，恣情行乐，亏得胡人体质，本来强壮，还勉强容受得住，但已是蕊破花慵，不堪狼藉了。身人虎口，不死亦伤。欢娱数夕，方挈女东行，并徙赵台省文武，关东流民，及秦雍大族九千余人，俱至襄国，又坑死王公等及五郡胡人，共五千余名，比虎狼还要凶暴。前赵遂亡。总计自刘渊僭号，共历三传，前称汉，继称赵，凡三十五年。刘曜受擒，岁次戊子，刘熙被屠，岁次己丑。困嚣丧鸣，赤牛其尽，白玉篆文，至此毕验了。

石虎还至襄国，赍献前赵传国玺，并拟上勒尊号，奉为赵帝。勒未肯遽许，再经内外百僚，全体申请，无非说是"功德并隆，祥符俱萃，应亟崇徽号，下副人望"等语。勒又迁延过年，始自称为赵天王，行皇帝事。名称亦奇。立妻刘氏为王后，世子弘为太子，余子宏为骠骑大将军，都督中外诸军事，兼大单于，封秦王，斌为右卫将军，封太原王恢，为辅国将军，封南阳王，进中山公虎为太尉，兼尚书令，易公为王。虎子邃为冀州刺史，封齐王，石生为河东王，堪为彭城王，署左长史郭敖为尚书左仆射，右长史程遐为右仆射，徐光为中书令，领秘书监。此外，文武百官，各封拜有差。侍中任播等参议，谓赵承金为水德，旗帜尚玄，牲牡尚白，子社丑腊，方符天命。勒依议而行。右仆射程遐进言道："天下初定，应明罚敕法，显示顺逆。从前汉高斩丁公，赦季布，便是此意。大王自起兵以来，褒忠诛逆，中外归心，惟江左叛臣祖约，犹存我国，窃为不解。且约大引宾客，又占夺先人田里，地主多衔怨切骨，大王何尚事姑容，不申天罚呢？"勒本谓约不忠，有心鄙薄，虽然前次收纳，却未尝召见，约降后赵，见四十回。至此听了遐言，便使人给约道："祖侯远来，未暇欢叙，今幸西寇告平，国家无事，可率子弟来会，借表积诚。"言外又与订会期。

约得了此信，当然欣慰，届期这一日，约挈子弟登殿，求见赵天王石勒。勒佯称疾，但令程遐接待。遐邀入别室，引与共饮，暗中着人诈托约言，召约亲属，一并到来。约见全族俱至，不禁动疑，且室外甲士趋集，料知凶多吉少，自思无法脱身，索性拚命乱喝，得能从此醉死，也省得眼见惨刑。偏程遐瞧透约意，待约半醉，便起座大言道："天王有令，祖约叛国不忠，罪应诛夷。"这语说出，甲士俱从外突入，立将祖约拿下，所有约亲信数十人，均被驱出，牵往市曹。蓦见有一群罪犯，由兵役押令前来，仔细一瞧，乃是一班蓬头少妇，垢面童儿，没一个不是家眷。此时心如刀割，险些儿晕了过去。忽有一数龄稚子，趋至约旁，手牵衣襟，哭呼外祖。约手未被缚，便将稚子抱起，且泣且语道："外孙外孙，汝外祖不该背国，连害汝曹。"悔也迟了。旁边走过似虎似狼的甲士，把他外孙夺去，掷诸地上，已是跌个半死。一声炮响，刀光四闪，可怜祖约以下的男子，不论老少长幼，都做了无头鬼。就中只有祖逖庶子道重，由后赵左卫将军王安，买嘱兵士，将他留下，为安携去。余如妇女妓妾，也算赦免，但已皆没为官奴，分充羯人的婢妾去了。叛国贼听著！

看官道王安何人，肯救逖子？原来安本羯奴，为逖所得，留侍左右，很加宠爱。及逖镇雍邱，安亦浸长，逖与语道："石勒与汝同种，汝可往依，免汝久羁他乡，汝可愿否？"安尚不忍别，逖复说道："我亦不在尔一人，尔尽管前去便了。"遂厚给路资，遣令北去。安得见勒，累擢至左卫将军，及闻约族骈诛，不禁长叹道："怎可使祖士稚无后呢？"乃设法取出道重，匿居僧舍，令为沙门。时道重尚只十岁，及石氏灭后，始得南归。这未始非忠臣之报。逖有兄祖纳，与约异母，憎纳如仇，尝闲散家居，览书自乐。约为逆时，纳得不坐。及约奔降后赵，纳仍在江东，由温峤荐引，辟为光禄大夫，卒获考终。祖氏一脉，赖此不亡。道重归宗，便与纳子孙同居，不在话下。

且说石勒既自称天王，群臣尚申表固请，统说是名位未正，应加帝号。勒乃加号称帝，改元建平，由襄国迁都临漳，追尊三代。妻称皇后，王子弘为皇子，封进百官，毋庸再叙。惟史家因前赵已亡，此后但称勒为赵主，不称后赵，小子亦依史叙述，止称为赵，看官不要疑我脱漏一字呢。叙法绵密。勒并吞关陇，复窥江淮，特遣荆州监军郭敬，与南蛮校尉董幼，寇晋襄阳。晋南中郎将周抚，不能固守，退保武昌，襄阳遂陷。中州流民，悉数降赵，就是前平北将军魏该弟遐，亦率领部曲，自石城降敬。敬遂毁襄阳城，徙百姓至沔北，就樊城旁增筑城堡，居民屯兵，作为城镇。赵主石勒，即署敬为荆州刺史，领秦州牧。陇右氐羌，不受赵命，兴众为乱，勒遣河东王石生往讨，一鼓荡平，赵威大震。东方的高句骊肃慎诸国，贡入楛矢，宇文部并献名马。凉州牧张骏，本承叔父张茂遗命，嘱令服事晋室，仍守祖制，所以茂死骏继，自称晋大将军凉州牧，与前赵屡起战争。前赵亡，后赵主勒，遣使至凉州，拜骏征西大将军，兼凉州牧，加九锡殊礼，骏抗拒不受。及氐羌为石生所败，多奔凉州，骏恐生乘胜进击，乃遣官诣赵，奉贡称臣。还有西域诸部落，如高昌于阗鄯善大宛等，亦皆向赵奉贡，不惮远行。

赵主勒喜出望外，遂欲大营邺宫，自壮观瞻。廷尉续咸上书切谏，勒大怒道："不斩此老，朕宫如何得成？"说着，即饬御史收咸下狱。中书令徐光进规道："陛下天资聪睿，臣以为将超越唐虞，今乃厌闻直言，是将变作桀纣了。咸言可用即用，不可用亦当大度包容，奈何反欲加诛呢？"勒乃叹道："人主不得自专，一至于此。朕岂不知咸言为忠，但偶与为戏呢。匹夫略积家资，尚想购一别室，况富有天下，难道不能营缮一宫？将来终当筑造，现且暂停工作，不负忠言。"乃释咸引见，面加慰谕，赐绢百匹，稻百斛。随命公卿百僚，荐举贤良方正，直言秀异，孝义清廉各一人。一面就襄国西偏，创造明堂辟雍灵台，侈然有上法姬周的痴想。

既而霖雨经旬，中山西北，水忽暴涨，漂集巨木百余万根，共至堂阳。勒闻报大喜道："天意欲我营邺宫哩。"遂大兴工作，亲授规模。自建平二年孟秋营造，历久未成。越年正月，勒仍在旧殿朝见群臣，遍赐盛宴，酒至半酣，顾语中书令道："朕可比古时何等君主？"光答道："陛下神武谋略，越过汉高，雄材卓荦，超绝魏武，自古以来，罕可比伦，大约为轩辕黄帝的流亚哩。"勒掀髯道："人生岂不自知？卿言未免太过。朕若遇汉高祖，当北面臣事，与韩彭毗肩，若遇光武，当并驱中原，未知鹿死谁手？大丈夫行事，须磊磊落落，皎如日月，怎可似曹孟德司马仲达辈，曹操字孟德，司马懿字仲达。欺人孤儿寡妇，窃取天下？如朕品诣，应在二刘上下。轩辕乃上古圣人，朕何敢比拟哩？"群臣闻言，皆下座叩首，齐呼万岁。

勒本不识文字，但好令诸生讲读古书，静坐听诵，或出己意评论得失，类皆中肯，人多佩服。一日听读《汉书》，至郦食其劝立六国后，不禁惊诧道："此法大误，何故能得天下？"及闻为留侯张良所阻，乃恍然道："赖有此呢。"聪明原是过人，可惜不学。勒视当世人物，都不足取，惟晋豫州刺史祖逖，与荆州牧陶侃，先后推重，目为将才。侃方镇守巴陵，闻襄阳被陷，武昌垂危，倒也吃一大惊，接连是苏峻旧将冯铁，暗杀侃子，奔依石勒，得为戍将，害得侃又惊又悲，乃缮就一书，遣人赍往临漳，责勒纳用叛臣。勒有心干誉，便召入冯铁对着侃使，把他斩首。侃使才告谢南归。侃再遣长史王敷，赍送江南珍宝，与勒修好，并表谢忱。勒当即收受，厚待王敷，并赠贶仪。敷乃返报。

看官你道侃果真愿与勒和么？他因襄阳失守，意欲设法规复，所以计上加计，令他自弛兵备，好乘虚夺回襄阳，既得王敷归报，便从巴陵移镇武昌，命子斌率领锐卒，会同南中郎将桓宣，往袭樊城。赵将郭敬，果然无备，且督兵南掠江西，桓宣等掩入城中，将所有居守兵民，悉数俘获，又料敬必还援，使斌留镇樊城，自往涅水埋伏，截敬来路。敬得樊城警报，挟怒前来，到了涅水，听得一声号炮，伏兵猝发，他却毫不惊慌，分头抵敌。桓宣也督众力战，自午至暮，方将赵兵杀败，陆续退去。这一次鏖斗，赵卒原死了多人，宣兵亦伤亡过半。宣因飞使报侃，再请济师，侃令兄子南阳太守臻，竟陵太守李阳，率兵万人，共攻新野，遥应樊城。郭敬往救新野，又吃了一回败仗，方才北遁。襄阳城前已被毁，无人守着，当由侃军唾手取回，侃即命桓宣镇守。宣重修城寨，招集流亡，简刑罚，课农桑，复成重镇，赵一再进攻，终不能克。宣镇襄阳十余年，远近畏怀，时人比诸祖逖周访，可见得捍边固圉，全靠着有良将呢。总断一笔。

惟赵主石勒，中了侃计，叹息累日，暗想陶侃用伪和计，夺去襄阳，自己亦好如法炮制，与晋言和。计策已定，待至建平四年正月，借着贺年的名目，遣使至晋，奉帛修好。偏晋廷拒绝来使，且将所献各帛，焚毁都下。赵使撞了一鼻子灰，匆匆北归。勒顿时怒起，又欲动兵侵晋，偏偏天变迭兴，内忧隐伏，转令一个足智多谋的石季龙，有所顾忌，未敢妄行。

建平三年的夏天，已是疾风骤雨，雷震建德殿端门，及襄国市西门，殛死五人。既而雹降西河介山，大如鸡卵，平地水深三尺。太原乐平武乡赵郡广平钜鹿千余里，树木摧折，禾稼荡然。勒避殿禳灾，且问中书令徐光，主何凶兆？光言："介山为介之推所依，之推焚死，阴灵未泯，宜普复寒食故制，立祠奉祀。"原来勒曾禁止寒食，故光疑之推为祟，因致此灾。黄门郎韦謏，驳去光议，独援《春秋左氏传》言，谓："藏冰失道，阴气发泄为雹，与之推无关。若以之推为贤臣，但令绵介间人民奉祀，便足申敬，何必普及全国呢。"此说较光语为长，但《左氏传》亦非真足据。勒从謏议，只命并州复行寒食，更迁冰室至极寒处所，期顺天时。到了建平四年的夏天，红日当空，寂静无风，塔上一铃，无故自鸣。佛图澄素识铃音，说是国有大丧，不出今年。过了数日，有流星大如象尾，足似蛇形，自北极西南流动，约五十余丈，光芒烛地，坠入河中，声闻九百余里，勒亦自觉非祥。忽爱子斌暴亡，遂疑为流星所应，将备棺殓。忽佛图澄趋入道："小殿下尚未致死，何故骤令入棺？"勒惊叹道："朕闻虢太子死，扁鹊能起死回生，难道大和尚亦能救死么？"澄答一"能"字，遂取杨枝沾水，且洒且咒，果见尸身少动，手足渐能屈伸。澄即向前握手道："可起来了。"言已，斌即坐起，饮食如常。勒因命诸少子居澄寺中，托他照管。惟太子弘年已弱冠，留居东宫，襄办军国大事，凡尚书奏请，多归太子参决。次为骠骑大将军大单于秦王宏，亦得预政，权侔主相。石虎守邺有年，前时宏为大单于。虎甚不平，私语于石邃道："我身当矢石二十余年，得成大赵基业，大单于位置，应该属我，奈何反轻授黄口婢儿？俟主上晏驾后，当尽杀无遗，方泄我恨。"勒自号英明，奈何养虎贻患？及弘宏兄弟，得专国政，虎益怏怏。

弘素好文士，尝引与交游，石勒谓："世未承平，不宜右文轻武。"乃使刘徵任播等教弘兵书，王阳教弘击刺，但弘已性格生成，终不脱文人气象。勒尝语徐光道："大雅弘字大雅。愔愔，可惜不类将种。"光答道："汉高祖以马上取天下，孝文帝治以玄默，守文令主，原与创业不同，何必过忧。"勒始有喜色。光因进言道："皇太子仁孝温恭，中山王雄暴多诈，陛下万岁以后，臣恐社稷必危，宜渐夺中山威柄，休使上逼储君。"勒虽然点首，但因虎累立大功，也未便遽夺虎权。既而右仆射程遐，复入白道："中山王勇武权智，群臣莫及，看他志意，除陛下一人外，统皆蔑视。今专征日久，威振内外，性又不仁，残暴好杀，诸子又并长大，似虎添翼，共预兵权，陛下在日，谅无他变，将来必致跋扈，非少主臣，还请陛下绸缪，早除此患。"勒变色道："今天下未平，兵难未已，大雅年少，宜资辅弼，中山系佐命功臣，亲同鲁卫，朕方欲委以重任，何至如卿所言。卿莫非因中山在侧，虽然身为帝舅，将来不得专政，故有此虑？朕已早为卿计，如或不讳，先当使卿参预顾命，卿尽可安心哩。"遐不禁流泪道："臣实公言，并非私计，陛下奈何疑臣有私？中山虽为皇太后所养，究竟非陛下骨肉，难语恩义，近不过托陛下神规，稍建功绩，陛下报以重爵，并及嗣子，也可谓恩至义尽了。魏任司马懿父子，终被篡国，前鉴未远，怎得不防？臣累沐宠荣，又与东宫托附瓜葛，若不尽言，尚望何人？陛下今不除中山，恐社稷不复血食了。"以疏间亲，亦非良策。勒终不肯从。遐只好叩头告退，小子有诗叹道：

养虎原为心腹忧，如何先事未绸缪。
毁巢取子犹难料，漫向廷臣诩智谋。

遐退出后，适与徐光相遇，免不得有一番叙谈。欲知后事，且至下回表明。

枭桀如石勒，不可谓非一世雄，观其智料刘曜，算无遗策，卒能举前赵而尽有之。及称尊以后，诛祖约，戮冯铁，虽曰权谋，不戾正道，天下之恶一也。约为晋臣，敢行悖逆，不诛何待？铁系逆党，又杀侃子，召而诛之，谁曰不宜？示人以彰瘅之公，与世无爱憎之异，勒之自矜磊落者，其以此夫。然明于远而忽于近，知其著未见其微，以凶残暴戾之石虎，不善驾驭，致贻后患，徐光谏之而不用，程遐言之而反致疑，此其所以身死未几，而子嗣沦亡也。

第四十三回

背顾命鸮子毁室　凛梦兆狐首归邱

却说程遐出遇徐光，便与光叙谈，述及进谏不从情形。光答道："中山王对我两人，时常切齿，不但与国有害，且必累及家祸，我等总当预先设法，保国安家，怎可坐待危祸哩?"遐皱眉道："君有甚么良策?"光想了多时，方答说道："中山手拥强兵，威势甚盛，我等无拳无勇，如何抵制?看来只好再三进谏，得能感悟主心，方得转祸为福呢。"但靠此策，何能制虎？遐摇首道："只恐主上未必肯从。"光说道："待我再去一试罢。"说毕乃散。过了数日，光入内白事，见勒面有愁容，便乘间讽勒道："陛下廓平八州，驾驭海内，为何神色未怡?当有隐患。"勒怅然道："今吴蜀未平，书轨不一，司马家儿，未绝丹阳，后世将疑我未应符箓，难为真主，我一想着，便不觉有忧色了。"光应声道："臣以为陛下忧及心腹，哪知陛下徒忧及四肢，四肢尚不足忧，腹心乃是大患呢。从前魏承汉祚，为正朔帝王，刘备虽绍兴巴蜀，总不能谓汉尚未亡，吴尝跨据江东，与魏无损。今陛下包括二都，平荡八州，适与魏王相符，彼司马家僻居江左，无异刘备。李氏据蜀，尚逊孙权，帝王大统，不属陛下，将属何人?这不过是四肢的微患，无庸深忧。惟中山王托陛下威灵，所向无敌，中外共目为英武，有类陛下，可惜他残暴多奸，见利忘义，迹同管蔡，情异伊霍，且父子并据权位，势倾王室，臣见他尚未满意，阴蓄异图。近在东宫侍宴，傲慢不恭，轻视太子，陛下想亦察觉，不过曲示宽容，臣恐陛下传及太子，宗社必生荆棘，这才是腹心重病，足为大患，奈何陛下顾小忘大呢?"勒默然不答。光当然说不下去，没奈何趋回私第。

已而安定府间，报称蛇鼠相斗，越宿蛇死，临泾亦报称马忽生角，长安城内，又报称鸡有怪声，勒不以为意，西巡泮水宫，途次感冒风寒，竟致成疾，便即还都。那病势日加沉重，因召太子弘，中常侍严震，与中山王虎，并侍禁中。虎立即入宫，矫托勒命，阻住弘震，不准入侍，就是王公大臣等问疾，也一概拒绝。内外隔断，不通音问，连勒病势的增减，都无人知晓。虎又召还秦王宏及彭城王堪，可巧勒病少痊，起床散步，忽见宏进来请安，便向虎惊问道："秦王何故来此?我使王等出处藩镇，正为今日的预备，究竟是何人召入，还是不召自来呢?如或有人矫制召王，便当处斩。"虎慌忙答语道："秦王想念陛下，暂时归省，今即遣令还镇便了。”宏闻虎言，才知是由虎擅召，只因虎势力逼人，未敢与辩，不得已含忍而退，待了数日，并无遣还命令，又只好留住都下。勒问虎曾否遣宏？虎诈言奉谕即遣，所以勒不复再言。

是时荧惑入昴，星陨邺中，又有赤黑黄云，绵亘如幕，声如雷震，坠地后气热如火，尘起连天。勒是番王，未必果应天象，且据新学家言，天象与人事无关，惟史家罗列灾象，故略述一二。勒病势复剧，势难再起，乃遗令三日即葬，概从俭朴。牧守等不必奔丧，仍令照常镇守。内外百寮，既葬除服，毋禁婚嫁祭祀，饮酒食肉。又复申嘱数语道：“大雅文弱，恐未能绍承我志，中山以下，宜各司所典，勿违朕命。大雅与斌宜好自维持，司马氏即汝等殷鉴，务须互相和好，勿蹈彼辙。中山王亦当三思周霍，勉力匡辅，我死方得瞑目了。”恐不能如汝所愿。言讫即逝，年正六十，僭位十五年。虎主持勒丧，棺殓既毕，即舁棺夜瘗山谷，人不能测。这是何意？想亦如魏武疑冢，恐被人发掘，或即由勒私嘱石虎，亦未可知。别使大臣子弟六十人，为挽歌郎，引锦一匹，备具文物仪卫，虚葬城外，号高平陵，尊为高祖明皇帝。当下劫出太子弘，使他升殿，胁令手书，收捕程遐徐光下狱，并召齐王邃入宫宿卫，监制太子。文武百官，统皆骇散。弘亦大惧，情愿让位与虎。虎冷笑道：“君薨，世子当立，这是古今通义，臣怎敢背越礼法？”弘料虎不怀好意，复泣陈：“才力庸弱，不堪重寄，还是让位为是。”虎变色道：“如果不堪重任，天下自有公论，也不能私相授受呢。”岂亦想磊磊落落么？遂逼弘登位，改元延熙。文武百官，各进位一等，惟将程遐徐光牵斩市曹。虎自为丞相，魏王大单于，加九锡礼，据魏郡等十三邑，总摄百揆。虎妻郑氏为魏王后，长子邃为王太子，加官侍中大将军，都督中外诸军，并录尚书事，次子宣为车骑大将军，领冀州刺史，封河间王，三子韬，为前锋将军，司隶校尉，封乐安王，四子遵为齐王，五子鉴为代王，六子苞为乐平王，徙太原王斌为章武王，所有虎旧时僚属，悉署台省要职，改称太子宫为崇训宫，勒后刘氏以下，俱迁居崇训宫中。凡故宫侍女，具有姿色，及车马珍宝服饰玩好等类，尽被载入丞相府署。令镇军将军夔安为左仆射，尚书郭殷为右仆射。安与殷均虎党羽，所有举措，俱禀虎后行。虎虽未篡位，简直与君主无二。

勒后刘氏，不堪胁迫，密召彭城王石堪入见，流涕与语道：“皇祚恐将覆灭了。王与先帝，义同父子，应该顾全一脉，毋致凌夷。”堪唏嘘道：“先帝旧臣，均已被斥，宫廷僚属，统是中山心腹，无可与谋。臣惟有出奔兖州，据住廪邱，挟南阳王为盟主，勒子恢为南阳王，见前回。宣太后诏，号召诸镇牧守，令各起义兵，入讨桀逆，方能济事。”刘氏道：“事已万急，便应速发，毋使日久变生。”堪应命而出，微服轻骑，往袭兖州。不料兖州有备，未能掩入，部下不过百余骑，如何持久？只好南奔谯城。石虎得知消息，亟遣部将郭太等追击，行至城父，与堪相值。堪兵单力寡，被太围住，一阵乱箭，把堪射倒，活捉了去。虎见了石堪，怒冲牛斗，即命左右取出鼎镬，将他炙死，复召石恢还都。嗣探得刘氏与谋，竟带兵入崇训宫，逼令自杀，别尊弘母程氏为皇太后。

关中镇将石生，洛阳镇将石朗，闻虎敢杀太后，很是不平，遂连兵讨虎。虎留子邃居襄国，自率步骑七万人，倍道攻金墉城，朗不意虎兵骤至，仓猝守御，偏守兵各无斗志，相率骇走，城即被陷，朗被擒住。虎命先刖朗足，继砍朗首，然后移兵转攻长安，用将军石挺为前锋大都督，引兵急进。石生遣部将郭权，与鲜卑涉璝部落，共二万人为前驱，自统大军为后应。权等到了潼关，正值石挺领兵前来，两下争锋，鲜卑兵骁悍异常，横冲直撞，立将挺阵捣破。挺竟战死，众多覆没。虎亦退走渑池，暗中差人赍着重赂，买嘱鲜卑，令他反攻石生。鲜卑贪赂忘信，背了郭权，还击生军。生猝不及防，单骑奔长安，又恐虎兵追至，潜逃至鸡头山。前此俱为骁将，何此时统皆没用？郭权尚有余众三千，退保渭汭，虎令裨将石广，与权相持，自率轻骑入关，竟至长安城下。长安守将蒋英，倒还凭城抵拒，好容易过了十多日，为虎所破，蒋英阵亡。再分兵四觅石生，且悬赏购募。生部下又贪厚赏，斩生出降。郭权孤军在外，当然不能支持，即逃往陇右。虎又遣将军麻秋进讨氐酋略阳公蒲洪，见前文。洪率部落二万户降虎，虎授洪为龙骧将军，使居枋头。羌帅姚弋仲，亦率众迎接虎军，虎又拜弋仲为奋武将军，兼西羌大都督，令徙居清河滠头，乃引兵东还襄国，颁令大赦，且讽弘命建魏台，一如魏武辅汉故事。寻闻郭权据住上邽，向晋投诚，晋授权为镇西将军，领秦州刺史。石广进攻失利，乃再遣将军郭敖，及章武王斌等，率步骑四万人攻权，行次华阴，那上邽人闻风惶骇，竟将权刺死，函首迎降。

虎因乱党悉平，踌躇满志，便欲篡移赵祚。适秦王隐有违言，即将他拘入别室，幽禁起来。弘更大惧，亲往魏宫，奉玺与虎。父如龙而儿如豚，奈何？虎摇首道："帝王大业，当由天下人公论，怎得屡来扰我？"遂却玺不受。弘流涕还宫，入白太后程氏道："先帝种果不得再遗了。"让位求生，还做不到，真正苦极。未几，即由尚书省出名，向虎上书，请依唐虞禅让故事。虎勃然道："弘性愚惛，居丧无礼，不能君临天下，直可废去，说甚么禅让呢？"倒还爽快，免得许多做作。便令右仆射郭殷持节入宫，废弘为海阳王，迫令徙居。弘徐步就车，顾语左右道："愚昧不堪承统，自惭群后。但也由天命已去，致遭此祸，尚复何言？"左右统皆流涕，宫人亦恸哭失声，于是群臣俱诣魏台劝进。虎下书道："王室多难，海阳自弃，四海任重，勉从推戴。但朕闻道合乾坤，方可称皇，德协神人，方可称帝。皇帝尊号，朕不敢当，今暂称为居摄赵天王，聊副众望。"既自称朕，又不愿称皇帝，此次未免近迂。群臣不好违议，虎即号居摄赵天王，升殿视朝，改元建武，立子邃为太子，进夔安为太尉，郭殷为司空，韩晞为尚书左仆射，魏概冯莫张崇曹显为尚书，申钟为侍中，王波为中书令，此外文武百官，俱进秩有差。当下放出毒手，命将故主弘及太后程氏，并秦王宏南阳王恢等，一古脑儿锁禁崇训宫，派兵监守。暗中却嘱使党羽，乘夜突入，凡自程太后以下，悉数被戕。弘在位才得逾年，只二十二岁而终。

是时各郡镇将，俱奉表贺虎。独西羌大都督姚弋仲，称疾不贺。虎疑他有异志，屡次发使驰召。弋仲始至，正色语虎道："弋仲尝谓大王命世英雄，奈何把臂受托，乃遽行篡夺呢？"虎答道："我岂乐为此谋，但海阳年少，恐不能了家事，所以代为主治，卿亦太不谅我哩。"弋仲听不入耳，奋衣趋出。虎见弋仲诚实，也不加罪。实是自愧。惟因谶文中云："天子当从东北来。"乃特备法驾，东往信都，再向北方环巡一周，然后还都，这算是自己应谶的意思。全是痴想。

徐州从事朱纵，不服赵政，杀毙刺史郭祥，举城降晋。虎遣将军王朗击纵，纵奔淮南。虎率众南下，行近历阳，但欲张皇声威，恫吓晋廷，实无深入用兵的意思。历阳太守袁耽，吓得心胆俱裂，飞使报达建康，混称石虎入寇。江南已有好几年不闻兵革，骤得此信，都是错愕失措，相顾彷徨，再加太尉荆州牧陶侃，已经病亡，朝廷失去一座长城，更觉得守边乏材，不寒而栗。小子叙到此处，又不得不将侃死情形，略为表明。侃自克复襄阳后，见前回。晋廷因功加赏，拜侃为大司马大将军，剑履上殿，入朝不趋，赞拜不名。侃上表固辞，不肯受赏。相传侃少时往渔雷泽，网得一织布梭，取回家中，悬挂壁上。俄而天大雷雨，梭化为龙，破壁飞去，侃视为祥征，有志自负。寻复在夜间得了一梦，乃是身生八翼，奋飞上天，得登天门八重，惟一重不得闯入。内有阍人，携杖出击，触身坠地，致折左翼，痛极而寤。次日左腋尚痛，数宿乃愈。又尝诣厕所，见一人朱衣介帻，敛版前谒道："君有长者风，故特来报，君将来当得公封，位至八州都督。"言讫不见。嗣复有相士师圭，握视侃手，随即指示道："君左手中指有直纹，理当封公。若向上贯彻，便贵不可言了。"侃闻圭言，就用针戳中指上纹，欲使纹路上达。忽有指血漂入壁上，流为公字，再用纸揩指中恶血，也现出一个公字，愈拭愈明。及都督八州，受封长沙公，自思前事俱验，不敢再有他望，且每念及折翼梦兆，更恐盈满致祸，屡与僚佐言及，将上书乞休。僚佐再三苦留，方才中止。至成帝咸和七年，侃已七十六岁，一病垂危，即上表辞职，略云：

臣少长孤寒，始愿有限，过蒙圣朝历世殊恩，陛下睿鉴，宠灵弥泰，有始必终，自古而然。臣年垂八十，位极人臣，启手启足，当复何恨，但以陛下春秋尚富，余寇不诛，山陵未反，所以愤忾兼怀，不能已已。臣虽不知命，年时已迈，国恩殊特，赐封长沙，陨越之日，当归骨故土。臣父母旧葬，尚在寻阳，拟以来秋奉迎窀穸，待葬事讫，乃告老下藩。不图所患，遂尔绵笃，伏枕感结，情不自胜。臣间者犹谓犬马之齿，尚可小延，欲为陛下西平李雄，北吞石虎，是以遣毌丘奥于巴东，授桓宣于襄阳，良图未叙，于此长乖。此方之任，内外之要，愿陛下速选臣代，使必得良才，奉宣王猷。遵成臣志，则臣死之日，犹生之年。陛下虽圣姿天纵，英奇日新，方事之殷，当赖群俊。司徒导鉴识经远，光辅三世，司空鉴简素贞正，内外惟允，平西将军亮雅量详明，器用周时，即陛下之周召也。献替畴咨，敷融政道，地平天成，四海幸赖。谨遣左长史殷羡，奉送所假节麾幢曲盖，侍中貂蝉太尉章，荆江州刺史印传棨戟，仰恋天恩，悲酸感结。以后事付右司马王愆期，加督护统领文武职衔，俾臣得归死首邱，虽在泉壤，亦拜赐无穷矣。谨待死上闻！

表文已发，即将军资器仗，牛马舟车，照簿移交。仓库自加管钥，付与王愆期掌管，自己一无所私，乃力疾登舆，出府自去。愆期等送至江口，洒泪告别。侃顾语道："老子婆娑，徘徊未去之意。正为君辈，今恐当长别了。"说罢，下舆登舟，行至樊溪，越宿便逝。讣闻晋廷，即有诏颁发道：

故使持节侍中太尉，都督荆江雍梁交广益宁八州诸军事，荆江二州刺史长沙郡公，经德蕴哲，谋猷弘远，作藩于外，八州肃清，勤王于内，皇家以宁。乃者桓文之勋，伯舅是凭，方赖大猷。俾屏予一人，前进位大司马，礼秩册命，未及加崇，昊天不吊，奄忽薨殂。朕用震悼于厥心，今特追赠大司马，予谥曰桓，祀以太牢，魂而有灵，嘉兹宠荣。

总计侃在军中四十一年，雄毅有权，临机善断，事无大小，莫不明察，因此兵民不敢相欺。自南陵至白帝城，道不拾遗。尚书梅陶，尝与友人书云："陶公机神明鉴似魏武，忠顺勤劳似孔明，非陆抗诸人所能及。"太常卿谢裒子安，亦谓："陶公用法，常得法外意。"可见得陶侃才名，实为东晋诸臣的翘楚，不过苏峻乱时，稍存芥蒂，不离俗见，未免有些阙憾哩。评论公允。晋廷以侃既寿终，特调平西将军豫州刺史庾亮，代镇武昌。亮名不副实，又辟殷浩为记室参军，专谈《老》《易》，徒尚风流，怎能与陶侃时相比？一闻石虎南来，正是自顾不暇。晋廷选不出将才，只好仍请出这位年高望重的王茂弘，抵御羯寇，当下加官大司马，假黄钺，都督征讨诸军事。成帝时已十有四岁，也观兵广漠门，分遣诸将，命将军刘仕救历阳，赵胤屯慈湖，路永戍牛渚，王允之戍芜湖。司空郗鉴，亦使广陵相陈光率众卫京师中外戒严，非常紧急。小子有诗叹道：

到底江南暮气深，一闻寇至便惊心。
纷纷遣将徒滋扰，虎子怀安不尔侵。

欲知后来有无战事，且待下回再表。

石勒之有从子虎，犹刘渊之有族子曜。曜助渊而建汉祚，虎佐勒而成赵业，当时之为主立功，情固相同。厥后曜得嗣聪，虎得继弘，迹亦相类。但曜之得国，取

诸靳准之手，尚有中兴之名，虎则直攫勒子而有之，其罪大，其恶极，曜尚不若是也。夫刘氏之亡，主之者勒，辅之者虎，而勒之妻孥，亦终为虎所残灭，养虎噬人，即还而自噬，何报应若是之速耶？若东晋将才，足以畏赵者，惟祖逖陶侃二人，而侃之功为尤大，史称其都督八州，据上流，握强兵，潜有窥窬之志，每思折翼之祥而止，是说未足尽信。侃生平并无逆迹，第当苏峻之乱，不遽入援，必待温峤之敦促而始发，时人乃疑其有贰耳。然袁氏了凡，犹谓其诬，是则侃固东晋之名臣欤。本回又于侃之没世，特加详叙，正善善从长之遗意也。

第四十四回

尽愚孝适贻蜀乱　保遗孤终立代王

却说晋廷防备石虎，遣将调兵，慌张的了不得。忽有探马来报，赵兵退向东阳去了，建康城中，方稍稍安定。嗣闻石虎已回临漳，乃下诏解严，但授南中郎将桓宣为平北将军，都督江沔前锋征讨诸军事，领司州刺史，仍镇襄阳。石虎还都后，复遣征虏将军石遇，率同骑兵七千人，渡过沔水，进攻桓宣。宣督兵守城，更遣人至荆州乞援。荆州都督庾亮，亟使辅国将军毛宝、南中郎将王国、征西司马王愆期等，往救襄阳。石遇掘地攻城，三面掘通三窟，欲从地道，入达城中。宣早已防着，招募壮士，先在地道中守候。俟外兵潜入，用了火器，向地道外烧将出去，外兵连忙倒退，已死伤了好几百人，遇策全然失败。宣又纵兵杀出，获得铠马甚多，弄得遇无法可施。又闻援兵将至，自己军粮垂尽，乃撤围夜遁。宣收回南阳诸郡难民，共八千余人，诏令宣督南阳襄阳新野南乡诸军事兼梁州刺史。毛宝为征虏将军，镇守邾城。边境少安。

是年，已为成帝第十年，应加元服，改元咸康。增文武位秩各一等，大酺三日。成帝甚推重王导，幼时相见，每向导下拜，即位后手书与导，犹必加“惶恐言”三字，下诏亦云“敬问”。导年垂六十，常有羸疾，不能赴朝。成帝亲幸导第，纵酒作乐，尽欢乃归。世未平治，亦不应在大臣第饮酒作乐。遇有要政召询，必令乘舆入殿，赐座案侧。导性和缓，与人无忤，所以两遇内乱，终得保全禄位，安享天年。独导妻曹氏，性甚妒忌，为导所惮，导密营别馆，居住姬妾，老头儿尚欲藏娇么？不料为曹氏所闻，即欲往视。导恐众妾被辱，忙令备车，自去保护。车夫驾马稍迟，竟至迫不及待，即改乘牛车，自执麈尾柄驱牛，驰至别馆，使众妾避匿他处。及曹氏到来，已变了一间空屋，但向导诟詈不休。导如痴聋一般，置诸不理，曹氏亦急得没法，只好悻悻归去。不能齐家，安能治国？但以柔道制悍妻，不可谓非良诀。太常蔡谟，闻知此事，向导戏语道："朝廷将加公九锡了。"导自言无功无德，决不敢受。谟笑语道："可惜未曾备物，但有短辕犊车，长柄麈尾罢了。"导不禁色变，谟大笑而去。导引为耻事，尝语僚属道："我昔与诸贤共游洛中，并未闻有蔡克儿，今反来侮弄老夫，也太不循礼了。"原来谟父名克，曾为河北从事中郎，新蔡王腾，为汲桑等所害，克亦殉难。腾死时，见前文。谟少有令名，累任至太常，素好诙谐，故与导为戏。导当时颇觉不平，后来事过情忘，却也不忍报复，这便是他的大度。想是为冤杀伯仁，所以改过。话休叙烦。

且说成帝即位以后，西北两方的僭国，除前后赵兴亡，并见前文外，尚有成代二国，先后代嬗，也经过许多沿革，应该大略表明。成主李雄，据有巴蜀，却安享了二三十年，彼时中原大乱，晋代播荡，势不能顾及西隅，就是前后两赵，也只管寇扰两河，无暇西略。雄既将巴蜀占据，已是心满意足，兴学校，薄赋敛，与民休息，无志动兵，所以四海鼎沸，蜀独安全。未始非蜀民之幸。惟朝无威仪，官无禄秩，君子小人，服章无别，免不得品流猥杂，贤否混淆，又因舍子立侄，致启后来的争端，当时说他贻谋不臧，酿成祸患，其实也是国运使然，不能专责李雄。雄尝立妻任氏为后，任氏无子，惟有妾子十余人，他因长兄荡，战死成都，见前文。荡子班性颇仁孝，且尝好学，遂命立为太子。雄叔父太傅骧，与司徒王达进谏道："先王传子立嫡，无非为防备篡夺起见，吴王舍子立弟，终致专诸刺僚，指春秋吴王余祭事。宋宣不立与夷，独立穆公，终致华督弑主。亦见《春秋左传》。事贵守经，不宜自紊，请三思后行！"雄叹道："我从前起兵据蜀，不过举手扞头，本无帝王思想，适值天下丧乱，得安西土，诸君谬相推戴，忝窃大位，自思目前基业，皆为先考所贻，吾兄嫡长，不幸捐躯，有子成材，应使主器，怎得私子忘侄呢？我志已定，毋庸多言。"语亦近理。骧知难再谏，退朝流涕道："乱从此起了。"

会凉州牧张骏，遣使诣蜀，劝雄自去帝号，向晋称藩。雄复称："晋室陵夷，德声不振，所以称长西方，盖欲远尊楚汉，推崇义帝，见汉史。雄借以比晋。却是《春秋》大义。假使晋出明主，我亦相从，引领东望，非自今始了。"一派滑头话。骏还道雄语出真诚，很加敬服，自是聘问不绝。既而骏为赵兵所逼，不得已向赵称臣。见前回。及赵有内乱，复欲通表建康，因遣使向成借道，雄不肯许。骏又使治中从事张淳，再向成称藩，卑辞假道。雄佯为允诺，暗使心腹扮作盗状，将俟淳出东峡，把他颠覆江中。可巧有蜀人桥赟，侦知消息，潜往告淳。淳乃使人白雄道："寡君使臣假道上国，通诚建康，实因陛下嘉赏忠义，乐成人美，故有此举。今闻欲使盗杀臣江中，威刑不显，何以示人？"雄不意密谋被泄，只答称："并无此事。"司隶校尉景骞谓："淳系壮士，不如留为我用。"雄答道："壮士怎肯为我留？卿且先探彼意。”骞遂往见淳道：“卿体丰肥，天热未便行道，不如小住我国，待至天凉，再行未迟。”淳答道：“寡君以皇舆播越，梓宫未返，生民涂炭，故遣淳通诚上都，会议北伐，就使汤山火海，亦所不辞，寒暑何足惮呢？”雄乃引淳入见，并问淳道：“贵主英名盖世，地险兵强，何不亦乘时称帝，自娱一方？”淳应声道：“寡君自祖考以来，世笃忠贞，近因仇恨未雪，方且枕戈待旦，何暇自娱？”雄不禁怀惭，赧颜与语道：“我乃祖乃父，也是晋臣，前与六郡流民，避难此地，为众所推，乃有今日。果使晋室中兴，自当率众归附，卿至建康，可为我达意。”说着，即厚礼馈淳，遣淳就道。淳谢别而出，自往建康去了。可谓不辱使命。

会太傅李骧病死，雄令骧子寿为大将军，西夷校尉，都督中外诸军事，如骧故例。此亦一祸本。又命太子班为抚军将军，班弟玝为征北将军，兼梁州牧。嗣遣寿督同征南将军费黑，征东将军任邵，陷晋巴郡。太守杨谦，退保建平，费黑乘胜进逼，建平监军毌丘奥，退屯宜都。寿引兵西归，但使任邵，屯巴东。已而又调费黑攻朱提。朱提与宁州相近，刺史尹奉，发兵往援。黑屡攻不下，寿亲督兵往攻，包围数月，城中食尽。朱提太守董炳，及宁州援将霍彪等，开城出降。寿复移兵攻宁州，尹奉闻风惶惧，亦举州降寿。寿迁奉至蜀，自领宁州刺史。雄因寿有功，加封建宁王，召令还朝。寿乃分宁州地，别置交州，使降将霍彪，为宁州刺史，爨琛为交州刺史，自引兵还成都。时雄在位，已三十年，寿逾六十，忽头上生痈，脓血淋漓。雄子车骑将军越等，统憎嫌的了不得，不愿近前。独班亲为吮痈，毫无难色，每当尝药，辄至流涕，昼夜不脱冠带，侍奉寝宫。可奈雄痈大溃，不可收拾。加以前时百战，伤痕甚多，至此相继溃决，遂至丧命。大将军建宁王寿，受遗诏辅政，拥班嗣位，尊谥雄为武帝，庙号太宗。班依谅暗古礼，苫次守丧，政事皆委寿办理。雄子越，曾出镇江阳，前虽入省，未几即还，此次闻讣奔丧，自思大位传班，很觉不平，遂与弟期密谋为乱。班弟玝，却瞧透三分，劝班遣越还镇，并出期为梁州刺史，戍葭萌关。班言梓宫未葬，怎可遽遣？不如推诚相待，使释猜嫌。想是多读古书，执而不化。玝再加苦谏，班非但不从，反调玝出戍涪城。适天空有白气六道，流动不休，太史令韩豹入奏，谓：“宫中有阴谋起兵，兆主宗亲。”班尚未悟，但在殡宫居哭，日夕闻声。越与期趁夜突入，班尚对棺恸哭，不防刀光一闪，头已落地，两目间还带泪痕，年终四十有七，在位不满一年。迂愚亦足致死。

越又杀班仲兄领军将军都，诈传太后任氏命令，诬班罪状，废为戾太子。期欲奉越嗣位，越却让与弟期，这却令人不解。期遂僭就大位，徙封建宁王寿为汉王，进任大都督。又封兄越为建宁王，位兼相国，加大司马大将军，与寿并录尚书事。仲兄霸为镇南中领军，弟保为镇西中领军，从兄始为征东将军，代越镇江阳。一面移雄遗柩，出葬安都陵。始因期弑主篡位，隐怀不服，乃与寿密商，意图讨逆。寿惮不敢发，始不禁怒起，竟向期告变，反说寿欲为逆。前后如出两人，可见人禽之界，只判几希。期本拟诛寿，适值涪城守将李玝，抗命起兵，将为兄复仇。期欲借寿敌玝，因改变前意，令寿出攻涪城。寿先遣人告玝，为言去就利害，示明去路。玝料不能敌，便与部将进会罗凯等，弃城东奔，向晋乞降。寿据实报期，期即使寿为梁州刺史，居守涪城。越年期改元玉恒，立妻阎氏为皇后，仍尊任氏为皇太后。期为雄第四子，生母冉氏，本为贱妾。任氏见期面目清秀，移养为儿，故期事任氏，不啻己母。仆射罗演，为班母舅，表面上虽为期臣，心中恨期甚深，常欲杀期泄忿。汉王相上官谈，与演友善，遂同谋杀期，改立班子幽为主。事尚未行，计已先泄。期即收杀演谈，并害班母罗氏。嗣是期放斥旧臣，专任亲幸，外倚尚书令景骞及尚书姚华田褒，内恃中常侍许涪等人，庆赏刑威，但令数人裁决，纪纲废弛，法度荡然，国势渐见衰颓了。暂作一束。

且说代王郁律，为猗㐌猗卢从子，自猗㐌子普根殁后，入嗣王爵，已见前文。姿质雄壮，饶有威略。击走匈奴支部刘虎，收降刘虎从弟路孤，复西取乌孙故地，东并勿吉西境，士马精强，雄长朔方。赵主石勒，遣使通问，愿与郁律结为兄弟。郁律不许，斩使示威。东晋授册加封，亦拒绝不纳。好容易过了五年，普根母惟氏，欲立己子贺傉，想把郁律捽去。郁律向来疏阔，毫不加防，那惟氏却阴结诸将，乘间逞谋，得将郁律害死，并戮部酋数十人。郁律有子什翼犍，幼在襁褓，母王氏，匿居袴中，向天遥祝道："天若有意存孤，切切勿啼。"果然什翼犍并不发声，好似睡熟一般。王氏藏儿出帐，惟氏令诸将监视，但见她孑身外徙，总道妇女没有能力，乐得放走，哪知她已挈儿出去。还有什翼犍兄翳槐，年已长成，向居外部，故亦得避难逃奔，往依贺兰部酋蔼头。蔼头系翳槐舅家，就是王氏带出什翼犍，亦借贺兰为藏身地。蔼头当然收纳，概令羁居。惟氏遂得立贺傉，自己出来训政，总握朝纲。她恐赵主记念前仇，或致加兵，因特着人赍书往赵，说是："翳槐已受天诛，今另立新君，力反旧政，情愿修好邻邦。"赵主勒问明情形，含糊答应，惟索交宗子为质。代使答须回禀太后，方可定夺，勒乃遣归。赵人因他权归惟氏，特号他为女国使。

过了四年，惟氏病死，贺傉始得亲政，但贺傉素来懦弱，未足服人。不似乃母。各部酋多半生贰，阴有违言，累得贺傉胆怯心虚，徙居东木根山，倚险筑城，作为都邑。他尚恐各部进逼，时怀忧惧，愁里光阴，不堪消受，结果是心神劳悴，终丧天年。得马安知非祸。贺傉死后，弟纥那嗣。纥那较为刚猛，制服诸部，又向贺兰部酋蔼头，索交翳槐。蔼头顾全亲谊，不肯从命，纥那即约同宇文部，共击蔼头。蔼头向赵求救，赵拨兵助蔼头，破宇文部，并逐纥那，纥那退保大宁，于是蔼头号召诸部，拥立翳槐为代王，再向大宁进兵。纥那复奔宇文部，收合余烬，徐图恢复。翳槐当然加防，因使季弟什翼犍，至赵为质，与敦和好，隐树外援。纥那却也生畏，不敢动兵，偏是蔼头恃拥立功，骄恣不臣，非但不修职贡，还要今岁索金，明岁索币，屡与翳槐为难。翳槐初尚容受，积忿至六七年，实是忍耐不住，因诱蔼头入帐，暗伏甲士，刺杀蔼头。蔼头一死，各部酋俱咎翳槐负德，相继离叛。两造俱属非是。纥那得乘隙而入，再还大宁，与诸部共攻翳槐。翳槐奔邺依赵，赵王石虎，遣将军李稷等，帮助翳槐，往攻纥那。纥那拒守数月，部落复叛，自知不能久持，弃城奔燕。翳槐复得为代王，就盛乐筑城，安然居住。先后在位九年，得病不起，召庶弟屈孤与语道："我命在旦夕，想难再生，两弟皆非治国才，看来只有迎立什翼犍，方可主持社稷，长治久安。"未几遂殁。孤欲奉兄遗命，往迎什翼犍，独屈有心自立，故意迁延，各部酋互相私议，谓："国家不可无君，什翼犍在赵为质，来否尚未可定，就使得来恐为屈所拒，未必得位。屈刚暴多诈，难为人主，不如杀屈立孤，较为妥当。"议定后，当即举行，共入盛乐，把屈杀死，请孤即日正位。孤流涕道："孤实不才，未堪承统，诸公如不忘先王，应各守遗言，迎立什翼犍。否则孤宁饮刃，尚可对我父兄。"不亚曹子臧吴季札。各部酋见他名正言顺，倒也未便抗议，但虑赵未肯放还质子。孤复道："由我自往，不患什翼犍不来。"遂跨马出都，星夜驰至赵都，入见赵主石虎，说明来意。石虎果然迟疑，孤慨语道："孤奉先君遗命，来迎什翼犍，若大王见疑，孤情愿留身为质，但求放还什翼犍便了。"石虎听了，不禁赞许道："孝友兼全，情义两尽，我怎得不曲成人美哩。"残戾如虎，犹知仁义。因遣令俱归。孤拜谢而出，即与什翼犍同还。

什翼犍年方十九，身长八尺，仪表过人，隆准龙颜，立时发长委地，卧时乳垂至席。翳槐尝目为英器，所以留有遗嘱，使立什翼犍。既归故帐，就在繁畤北设坛登位，创立正朔，纪元建国。革弊制，订新仪，仿华夏立国规程，设立百官，分掌众务。用代人燕凤为长史，许谦为郎中令，特定叛逆杀人奸盗诸刑律，号令严明，政事清简，人民悦服，相率趋附。在位甫及三年，已得众数十万人，东自濊貊，西至破落那，南距阴山，北及沙漠，统翕然向慕，无复异言。果非凡品。什翼犍又大会诸部，议定都灅源川，彼此持论未决，什翼犍母王氏道："我先世以来，居无定所，无非为防患起见。今国家多难，尚未奠平，若必筑城定都，恐一旦寇至，无从避难，不如仍守旧制罢！"什翼犍依了母命，不复营都，但将境内分作二大部，北境命孤监守，南境命实君监守。孤即什翼犍弟兄，实君系什翼犍子，年甫数龄，另遣大臣为辅。什翼犍虽然有室，不过系出卑微，并非望族。此次拟立皇后，意欲求婚他国，较示优崇。当时北方强国，除赵以外，要算燕王慕容廆。什翼犍乃遣使诣燕，乞与和亲，小子有诗咏道：

奉币远来乞许婚，欲加象服待邦媛。
休言齐大非吾耦，得匹豪宗即外援。

究竟慕容氏曾否许婚，待至下回续叙。

李雄舍子嗣而立班，李班尽子道以事雄，雄能传贤，班能全孝，不可谓非盛德事，然卒酿成篡夺之祸者，何哉？盖非有盛德者，不能为盛德事，有尧之盛德，而后能开禅让之局，有舜之盛德，而后能化顽傲之心，否则如宋宣公，如吴王余祭，皆以授受之不经，酿成隐祸，何惑于李雄？即宋殇吴僚之遭弑，亦皆与李班相同，何惑于李班？顾或者谓班性仁孝，乃罹惨祸，几疑天道之无知，实则班似仁而实迂，似孝而实愚，对盗跖而谈礼义，入裸国而被衣冠，几何不为所戕害也？什翼犍以患难余生，终得嗣统，惟氏不能杀，石虎不能拘，冥漠中似隐有护之者。然郁律无过而被戕，贺傉无才而攘国，其不能不辗转推迁，属诸什翼犍之身，亦理数之所必然者也。况有翳槐之知人，与拓跋孤之守义乎哉？

第四十五回

杀妻孥赵主寡恩 协君臣燕都却敌

却说燕王慕容皝，就是慕容廆第三子。慕容廆见前文。廆为鲜卑大单于，建牙辽西大棘城，礼贤下士，声望日隆。平州刺史崔毖，密结高句丽段氏宇文氏，合谋灭廆，三分廆地，廆遣子皝，与长史裴嶷，击破宇文部。段氏高句丽皆惧，遣使乞和。崔毖遁往高句丽。廆乃使裴嶷献捷建康，晋封廆为辽东公，都督幽平二州诸军事，领平州牧，仍为鲜卑大单于。廆因置官司守宰，立子皝为世子，命庶长子翰为建威将军，少子仁为征虏将军，分守要塞。赵遣使通和，因廆拒命，嗾使宇文部酋乞得归，再引兵攻廆。廆仍命皝等出御，连败乞得归，直入宇文部帐，虏得人民牲畜，奏凯班师。乞得归穷蹙失势，为别部逸豆归所逐，窜死荒郊。逸豆归继为宇文部长，收复故土。复经慕容皝率兵往讨。逸豆归惶恐乞盟，方才引还，皝威名大振。补叙慕容廆，兼及慕容皝，文法不漏。已而廆得病身亡，寿终六十五岁。廆自晋武帝十年时，受晋封为鲜卑都督，直至封公去世，共阅四十九年。

皝承袭父位，忌翰及仁，翰奔依段氏。仁据住平郭，与皝为仇，尽取辽东地。皝督兵攻克辽东，轻骑趋平郭，掩仁不备，擒仁而归，杀死了事。又遣将军封奕等，击败段氏宇文氏，遂自称燕王，立妻段氏为王后，子俊为王太子，拜封奕为国相，韩寿为司马，裴开阳骛王宇李洪等为列卿，历史上称为前燕。即十六国中之一。至代王什翼犍，遣使求婚，皝闻什翼犍才名，自为两雄相遇，愿与和亲，乃将妹兴平公主嫁与什翼犍。什翼犍大喜，迎为王后，就在盛乐城筑起宫室，暗寓金屋藏娇的意思。看官记着！这时候除东晋外，共为五国，赵为最大，次为成，次为燕，次为代，次为凉。提要钩玄，点醒眉目。凉州牧张骏，虽未曾僭号，但境内统称他为凉王，不过他尚守先命，仍然称藩晋室，自遣张淳赴建康，见前回。晋廷格外嘉尚，特拜骏为大将军，都督陕西雍秦凉州诸军事。骏乃岁修朝贡，通使不绝。至成帝咸康元年冬季，骏复遣参军麹护，奉表晋都，请即北伐。表文有云：

东西隔塞，逾历年载，夙承圣德，心系本朝，而江湖寂静，余波莫及，虽肆力修涂，同盟靡恤，及至奉诏，悲喜交并。天恩光被，褒崇辉渥，即以臣为大将军，都督陕西雍秦凉州诸军事。休宠震赫，万里怀戴，嘉命显至，衔感屏营。伏维陛下天挺岐嶷，堂构晋室，遭家不造，播幸吴楚，宗庙有黍离之哀，园陵有殄废之痛，普天咨嗟，含气悲伤。臣专命一方，职在斧钺，遐域僻陋，势极秦陇，人怀反正，谓石虎李期之命，曾不崇朝，而皆篡继凶逆，鸱目有年，东西辽旷，声援不捷，遂使桃虫鼓翼，四夷喧哗，向义之徒，更思背诞。铅刀有干将之志，萤烛希日月之光，是以臣前章恳切，欲并力声讨，而陛下雍容江表，坐视祸败，怀目前之安，替四祖之业，驰檄布告，徒设空文，臣所以宵吟荒漠、痛心长路者也。且兆庶离主，渐冉经世，先老销落，后生靡识，忠良受枭悬之罚，群凶贪纵横之利，怀君恋故，日月告流，虽时有尚义之士，畏逼首领，哀叹穷庐。臣闻少康中兴，由于一旅，光武嗣汉，众不盈百，祀夏配天，不失旧物。况以荆扬剽悍，尽州突骑，吞噬遗羯，在于掌握哉！愿陛下敷弘臣虑，永念先绩，敕司空鉴征西亮等，泛舟江沔，首尾齐举，臣愿执櫜鞬以从，廓清河朔不难矣。拜表神驰，无任引企！

这篇表文，到了建康，正值成帝筹备大婚，有什么工夫，去讨北虏？但不过礼遣麹护，期诸他日罢了。越年二月，册立杜氏为皇后，后系故镇南将军杜预曾孙女，父乂曾为丹阳丞，姿容秀美，擅有盛名。前宣城内史桓彝，尝谓卫玠神清，杜乂形清。王导从子秘书郎羲之，亦称乂肤若凝脂，目如点漆，可谓神仙中人。怎奈天不假年，早岁去世，所遗仅一女子。妻裴氏嫠居养女，谨守礼教，甚有德音。女少擅容仪，姿采发越，有是父应有是女。惟年至二七，尚未生齿，因此人来求婚，往往中止。及成帝选为中宫，纳采这一夕，齿忽尽生，当时传为奇闻，至备礼入宫时，成帝亲御太极前殿，受群臣庆贺，盛赐筵宴，直至昼漏已尽，宫门悬籥，百官始散席告归。后与成帝同年，乾坤合德，龙凤呈祥，当然恩爱缠绵，不消细说。当张骏申请北伐时，插入立后一段，虽是按时叙事，未免寓有讽意。惟张骏因未遂所请，再遣使申陈前意，适值赵主石虎，迁都邺城，闻张骏常与晋往来，料有他故，特命侦骑四布，遇有凉州使人，由西赴东，往往把他截住，拘回邺中，所以骏使东行，多不得达。石虎自恃富强，浸成骄侈，命在旧都筑太武殿，新都造东西宫。太武殿基高二丈八尺，纵六十五步，阔七十五步，砌以文石，下置窟室，设卫士五百人，用漆灌瓦，金珰银楹，珠帘玉壁，穷工极巧，不计价值。殿上施白玉床，流苏帐，特制金莲花，盖住帐顶。广采良家美女，充作宫妾，服珠玉，被绮縠，长黛轻裾，多至万余人。又教宫女占星气，习骑射，用女骑千人为卤簿，皆着紫纶巾，衣熟锦裤，金银镂带，五色成文，每一出游，必令她们随行，执羽仪，鸣鼓吹，仿佛天女散花，令人眩目。是时，境内大旱，粟二斗，值金一斤，百姓嗷嗷待哺。虎却徭役并兴，日夜不休，又使牙门将张弥，至洛阳宫中，迁徙钟虡，九龙翁仲飞廉等物，搬入邺城。一钟沉入河流，募得泅水壮士三百人，捞取此钟，岸上系着竹絙，驱牛百头，仿辘轳法，引钟出水，才得捞起，用大舟载归。石虎大悦，赦二岁刑，赉百官粟帛，赐民爵一级。又依尚方令鲜飞计议，就邺南投石河中，欲造飞桥，工费数千万亿，桥竟不成。既而赵太保夔安等，上虎尊号，甫入殿庭，座燎油沸，猝然倒下，散及百官身上，炮得头青面肿，有几个火气攻心，舁回家中，竟致暴毙。虎引为深恨，拿下值殿侍臣成公段，责他疏忽，腰斩阊阖门。

先是虎已欲称尊，戴服衮冕，将祀南郊，尝揽镜自照，不见己首，乃大加惶惧，不敢称帝。至此因群臣劝上尊号，但自称赵天王，再就南郊筑坛，即位受朝。天王与皇帝何殊？岂即可保全首领么？立后郑氏为天王后，太子邃为天王太子，惟诸子反降王为公，宗室且降王为侯。这是何意？大约即民无二王之意。郑后小字樱桃，本为晋冗从仆射郑世达家歌妓，没入襄国。虎见她妖冶绝伦，即纳为己妾。虎元配郭氏，系征北将军郭荣女弟，虎本与她相敬如宾，未尝反目。不过郭氏无子，常为虎忧。及樱桃入室，生成一种淫妒性质，先用柔媚手段，把虎迷住，然后掩袖工谗，媒孽正室。郭氏不堪忍受，免不得反唇相讥，哪知虎袒护樱桃，不令郭氏插嘴。郭氏如何肯依，竟致与虎争执。虎性似烈火，口舌不足，继以武力。拳打足踢，立将郭氏殴毙，再娶清河崔氏女为继室。相处年余，适值樱桃生男，崔氏欲养为己子，樱桃不许。俄而婴儿夭殇，樱桃又对虎哭诉，捏称崔氏挟嫌诅咒，致子夭亡；且多取胡儿为养子，未识何心。虎闻言大怒，急取弓箭，召崔入问。崔徒跣出庭，且泣且语道："勿妄杀妾，乞听妾言！"虎狞笑道："汝若不生歹意，何必着忙。且还入座中，随汝分剖。"崔氏转身入座，不防背后弓弦声响，急欲闪避，已是不及，刚刚穿入胸中，倒地毕命。虎善嗖人，遑问爱妻。

自是樱桃得为虎继妻，生有二男，长子就是太子邃，小名阿铁，次子名遵，受封郡公。邃秉性阴鸷，膂力过人。确是有遗传性。虎既立邃为天王太子，复命他参决尚书奏事，且常顾左右道："司马氏父子兄弟，自相残灭，故使朕得至此，试想阿铁是我大儿，我肯忍心杀他么？"慢着！左右齐声道："陛下父慈子孝，怎出此言？"已而太子邃恃宠生骄，因骄成暴，酗酒渔色，纵欲无度，或终日游畋，入夜乃归，或夜出宫臣家，见有姿色妇女，即迫与交欢，有时且妆饰宫人，斩首洗血，置诸盘上，传示四座。又采纳美貌女尼，白日宣淫，狎媟既毕，便视作猪羊一般，洗剥宰割，与猪羊肉合贮一器，煮熟取食，有余遍赐左右，令他分尝一脔。肉味何如？河间公石宣，乐安公石韬，皆邃庶弟，得虎宠爱，邃独视如仇雠，虎毫不加察，也变做一个糊涂虫，左抱娇妾，右执大觥，镇日里昏醉沉迷，不问朝事。邃尝有事呈报，虎嫌他琐碎，即呵斥道："这等小事，呈报什么？"后来邃未报闻，被虎察觉，又召邃入骂道："为什么揹匿不报？"邃未免记述前言，益触虎怒，往往鞭笞交下，不少宽贷。邃屡遭鞭责，当然不平，私语中庶子李颜等道："官家指主子言。很难服侍，我欲行冒顿故事，卿等肯从我否？"冒顿弑父自立，见前汉事。颜等不敢置词，都与傀儡相似。邃即托词有疾，不出莅事，暗中却带领宫僚，共计五百余骑，往饮李颜家。酒至半酣，顾颜与语道："我欲往杀河间公。"颜答言："今日饮酒，且从缓图。"邃又狂饮数觥，因酒使气，勃然起座，即上马饬众道："快随我杀河间公，如或不从，便当斩首。"大家骇走。颜叩头苦谏，邃亦醉不能支，踉跄趋归。

虎闻邃有疾，拟往探视，命人驾车，蓦见一人趋入，叩马谏阻道："陛下不宜屡往东宫。"虎瞧将过去，乃是大和尚佛图澄，遂延他入座，且命停车不赴。原来佛图澄言多奇验，很为虎所敬信。及与澄谈了数语，澄即别去，虎又不禁怀疑，瞋目大言道："我为天下主，难道亲如父子，反不相信么？"随即遣女官觇邃。邃佯呼与语，背地里拔出佩剑，殴击女官。幸亏女官身材伶俐，只被他击了一下，便转身逃出，奔回报虎。虎乃大怒，收逮中庶子李颜等三十余人，当面诘问。颜知无可讳，具白邃状。虎仍责他辅导无方，都令推出斩首，全是强暴行为。因将邃幽锢东宫。甫经半日，便令释出，传他入见。邃照常朝谒，并未叩谢，拜毕便退。虎令左右传谕道："太子当入朝中宫，奈何便去？"邃似无所闻，昂头径出。于是虎怒不可遏，立废邃为庶人，仍把他拘禁起来。到了夜间，索性遣人杀邃，并邃妻张氏，及男女二十六人，一律诛死，同瘗一棺。又杀东宫僚属二百余人，就是邃母王后郑樱桃，也连坐得罪，被废为东海太妃，另立河间公宣为太子，宣母杜昭仪为后。

适燕主慕容皝，遣使至赵，具表称藩，愿乞师会讨段氏。虎最喜用兵，又见皝表文恭顺，当然大悦，便与来使约定师期，遣他归报，当即招募壮士三万人，赐官龙腾中郎。旋命横海将军桃豹，渡辽将军王华，统领舟师十万，出漂渝津。虎骧将军支雄，冠军将军姚弋仲，统领步骑十万，充作前锋，往伐段氏。虎也督率亲兵，出次金台。段氏酋长名辽，闻赵将入犯，先遣从弟段屈云，进袭幽州，刺史李孟，退保易州。及支雄兵到，击退屈云，复长驱直进，连拔四十余城。燕王慕容皝，亦出兵遥应，攻掠令支北面。令支即段氏建牙处，段辽使弟兰御皝，为皝所诱，引入伏中，大破兰兵，驱五千户而返。辽南北皆败。又闻赵兵已入安次，杀毙部酋那楼奇，不由的心惊意骇，急率母妻子姓等，夤夜出奔，逃往密云山。辽左长史刘群，右长史卢谌，司马崔悦等，封好府库，遣使至虎军乞降。虎再遣将军郭泰麻秋，带着轻骑二万，倍道追辽。行至密云，与辽相遇，辽众无心恋战，怎能敌得过赵兵？眼见是仓皇四溃，如鸟兽散。辽亦单骑窜去，连母妻都不及顾，尽被赵兵拏住，又乘势追杀，斩首三千级。虎直入令支，据住辽宫，正值辽子乞特真，赍献表文，情愿投诚，并贡名马百匹。虎许令降附，收受名马，徙民户二万余人，入居司雍兖豫四州。

是时，燕王慕容皝，已早还师，不复来会。虎恨他无礼，拟移军攻燕。佛图澄随虎偕行，从旁谏阻道："燕势方盛，福德正隆，现在未可加兵，不若班师为是。"虎作色道："我率大众进攻，战必胜，攻必取，区区小竖，唾手可擒，能逃到哪里去呢？"太史令赵揽亦入谏道："燕地岁星所守，行师无功，且恐受祸。"虎大怒道："你也敢来阻我么？"命左右鞭揽百下，把他逐出，谪为肥如长。当下引众出令支城，攻入燕境，并遣使招诱民夷。燕地各郡县，却也闻风惶骇，相继请降。虎得燕城三十六，乘锐东进，直捣棘城，有众数十万，四面猛扑，呐喊声震彻辽东。燕王皝日夕担忧，竟欲出走。帐下将士慕舆根进言道："赵强我弱，不宜轻动，大王若一举足，全局瓦解，适张赵威。若赵人掠我国民，夺我府实，兵多粮足，如何可敌？且赵人四面环迫，正欲大王畏惧出亡，奈何堕他诡计？今不若固守坚城，镇定士心，观形察变，出奇制胜，就使不能济事，走亦未晚，怎可望风委去，自速灭亡哩？"言之有理。皝乃决计守城，但面上总难免惧色。玄菟太守刘佩献议道："今强寇在外，众志惊惶，国事安危，系诸一人。大王今日，无从推诿，当振作精神，率厉将士，不宜再示疲弱。事已万急，臣愿拚死出击，就使不能大捷，亦可小挫敌锋，借定众心呢。"皝乃许诺。佩即率敢死士数百骑，乘夜出城，掩击赵兵。赵兵虽然防备，究竟夜深月黑，不知有多少来军，仓猝抵敌，虚张声势。那佩众却人自为战，不按纪律，但用短兵突阵，乱砍乱斫，俘斩赵兵数百名，便收军入城。为了这一番蹂营，赵兵稍稍气沮，守卒才有生机。

皝再向封奕问计，奕答道："石虎凶残已甚，人神共嫉，祸败将至，计日可待。今倾国远来，攻守势异，彼虽强横，无能为患。若顿兵多日，必将自乱，大王但坚守不怠，俟彼退去，遣锐追击，必得大胜。"皝意乃安。石虎射书招降。守兵拾书呈皝，皝扯碎来书，慨然说道："孤方欲规取天下，肯降这凶竖么？"既而虎督兵猛攻，四面蚁附，缘城而上。守将慕舆根等，力战不退，所有缘城的赵兵，尽被击仆，相持至十余日，赵兵死了无数，终不能克。虎无法可施，只好引退。行了数里，忽见后面尘头大起，燕兵努力追来。为首一员少年将官，横槊跃马，当先趋至，大呼："石虎快来受死。"虎闻声怒起，饬令大众回马接战，偏各军都有归志，不服号令，随你石虎如何督饬，只是掉头不顾，落荒窜去。小子有诗叹道：

自古佳兵定不祥，况兼暴戾等豺狼。
劳师已久军心溃，失律贻凶即否臧。

欲知石虎能否退敌，下回再当表明。

晋元东渡，两河为墟，胡羯鲜卑诸部落，乘势入据，互相吞并，其目无典午也久矣。独凉州张氏，本为汉族，世奉晋室，如张骏之申请北伐，尤为东晋史上仅见之文字。本回录入原表，所以旌张氏之忠也。惜乎！江左诸君，志在偏安，无暇北讨，而残虐凶暴之石虎，反得横行河洛，称霸一方，天地晦盲，虏腥四煽，岂非一极大厄运欤？夫石虎宠妾杀妻，性本残忍，及子邃谋逆，连坐妻孥。邃有罪当诛，邃之妻子，何为俱诛？东宫僚属，宁无臧否？一并屠戮，其草菅人命也甚矣！至若攻燕一役，顿兵城下，日久无功，虽由燕臣之善谋，坚守不挠，要亦由石虎之暮气已深，天不容其再逞耳。否则如慕容皝之戕贼骨肉，背盟败约，亦石虎之流亚也，虎何至遽为所败哉！

第四十六回

议北伐蔡谟抗谏　篡西蜀李寿改元

却说石虎还至中途，遇着燕兵追来。燕将叫作慕容恪，乃是慕容皝的第四子。恪为皝妾高氏所生，高氏无宠，恪亦失爱。及恪年十五，容貌雄毅，谋虑精详，皝始目为奇童，授以孙吴兵法，至是统兵追虎，部下不过二千骑，却击败赵兵十余万人。赵兵原是劳敝，不堪再战，但亦由恪勇往直前，才得大破虎众，斩获至三万余级，夺还三十六城，奏凯而回。虎狼狈还邺，检点各军，统皆残缺，独游击将军石闵，一军独全。闵本姓冉，世居魏郡，石勒破魏，掳得闵父冉瞻，少年有力，为勒所爱，乃命待虎左右使为虎养子，瞻遂易姓为石，历任左积射将军，封西华侯，后竟战死。虎悯瞻殉难，因抚闵如孙，使承父荫。闵既长成，也饶勇略，得为北中郎将游击将军。至是从虎出师，还军时队伍整齐，不缺一人。虎极口赞赏，奖叙有加。养虎贻患，好一个冥中报应。复召赵揽为太史令，一面造船积谷，再图攻燕。

时段辽尚在密云山，遣使诣赵，乞赵发兵相迎，嗣复中悔，又遣使至燕，谢罪投诚。燕王皝亲率诸军迎辽，辽与皝相见，自述前时使赵情形，现当助燕拒赵，计歼赵军。皝大喜过望，便遣慕容恪带领精骑，埋伏密云山，专待赵军到来。赵主石虎，怎知段辽中变，竟遣征东将军麻秋，领众三万，往迎段辽。临行时却面嘱麻秋道："受降如受敌，不可轻忽哩。"毕竟有些智略，可惜已中人计。又命尚书左丞阳裕为军司马，令作向导。裕本段氏旧臣，前次赵军入蓟，战败降赵。虎因他驾轻就熟，所以命助麻秋，也是格外谨慎的意思。麻秋领兵前进，还道是石虎过虑，尽管纵马急行。将到三藏口，乃是密云山入谷要道，远远探望，只有深林丛箐，并无兵马往来，他遂麾兵入谷。才经一半，猛听得胡哨声起，深谷震响，始觉得毛发森竖，胆战心惊。正顾虑间，那慕容恪已挥动伏兵，两面杀来，秋慌忙退兵，怎奈山路崎岖，易进难退，一时情急失措，竟致自相蹴踏，伤毙甚多。再经燕兵大刀阔斧，当头乱劈，就使铜头铁骨，也被斫伤。何况是血肉身躯，怎禁得这番横暴？当下赵兵三万人，约死了二万有余。单剩得几千残兵，保秋还奔。秋马已受伤，下马急跑，才得幸免。

阳裕已被燕兵擒去。赵将单于亮失马被围，冲突不出，索性倚石危坐。燕兵叱令起来，亮厉声道："我是大赵上将，怎肯受屈小人？汝等若能杀我，尽可下手，否则让开走路，听我自归。"燕兵见他状貌伟岸，声气雄壮，倒也不敢进逼，但遣人走报慕容皝。皝用马迎亮，召与叙谈，大加器重，遂授为左常侍。亮见皝厚礼相待，也即受命。从前平州刺史崔毖东遁，妻女没入燕庭。崔毖事见前回。皝命将毖女妻亮，且释出阳裕，使为郎中令，遂载辽俱归，待若上宾。越年，辽复谋叛，乃把辽杀死，并辽党数十人。又遣长史刘翔，参军鞠运，至晋报捷，并乞册封，晋廷未许，惟闻赵为燕败，也不禁跃跃思逞，倡出北伐的议论来了。也想出些风头，其实可以不必。

看官道何人首倡此议？原来是征西将军庾亮。出诸彼口，尤属不符。咸康四年，成帝命司徒王导为太傅，郗鉴为太尉，庾亮为司空。导性宽厚，委任诸将赵胤贾宁等，多不奉法，朝臣多引以为忧。亮不服王导，挟嫌尤深，尝与太尉郗鉴书道："人主春秋既盛，尚不稽首归政，究竟怀着何意？况身为师傅，豢养无赖，更属非宜。公与下官，并受顾命，朝廷有此大奸，不能扫除，他日到了地下，如何对得住先帝？现拟与公同日起事，廓清君侧，公作内应，亮为外援，不患无成，愿公勿疑！"鉴览书后，付诸一笑，并不答复。有人探悉此事，报知王导，劝导密为防备。导叹息道："我与元规谊同休戚，当无异心，果如君言，我便角巾还第，有什么畏惧呢？"话虽如此，但因亮在外藩，却要来干预内政，心下总未免不平。尝遇西风尘起，举扇自蔽，慢慢地说道："元规尘污人。"晋臣多半矫情。晋廷诸臣，统因导老成宿望，为帝师傅，格外推重，且拟降礼相见。太常冯怀，商诸光禄勋颜含，含正色道："王公虽为傅相，究竟是个人臣，礼无偏敬，诸君如要降礼，可请自便。鄙人年老，未识时务，但知遵守古礼呢。"及冯怀别去，转告亲友道："我闻伐国不问仁人，冯祖思怀字祖思。意欲谄人，偏来问我，莫非我有邪德不成？"随即上表辞官，退归琅琊故里；再历二十余年，安殁家中。表明高尚。

惟庾亮既反对王导，又欲窃名邀誉，借着北伐的虚声，张皇中外。因特援举不避亲的古义，把两弟登诸荐牍，一是临川太守庾怿，谓可监督梁雍二州军事，使领梁州刺史，镇守魏兴；一是西阳太守庾翼，谓可充任南蛮校尉，使领南郡太守，镇守江陵。再请授征虏将军毛宝，监督扬州及江西诸军事，与豫州刺史樊峻，同率精骑万人，出戍邾城。然后调集大兵十万，分布江淝，由自己移镇石城，此非江南之石头城，乃在淝水左近。规复中原，乘机伐赵。表文上面，说得天花乱坠，俨然有运筹帷幄，决胜疆场的状态。这叫做画饼充饥。成帝览到亮表，也不禁怦然心动，便将表文颁示廷臣，令他议复。太傅王导，是朝中领袖，且又得成帝诏命，升任丞相。这番军国大事，当然要他首先裁决，导看了表文，掀髯微笑道："庾元规能行此事，还有何说，不妨请旨施行。"言下有不满意，实是请君入瓮。太尉郗鉴接口道："我看是行不得的，现在军粮未备，兵械尚虚，如何大举？"忠厚人口吻。此外百官，亦多赞成鉴议。太常蔡谟，更发出一篇大议论，作为议案，由小子录述如下：

盖闻时有否泰，道有屈伸。暴逆之寇，虽终灭亡，然当其强盛，皆屈而避之，是以高祖受屈于巴汉，忍辱于平城也。若争强于鸿门，则亡不终日，故萧何曰："百战百败，不死何待也。"原始要终，归于大济而已，岂与当亡之寇，争迟速之间哉？夫惟鸿门之不争，故垓下莫能与之争。文王身圮于羑里，故道泰于牧野，勾践见屈于会稽，故威申于强吴。今日之事，亦犹是耳。贼假息之命垂尽，而豺狼之力尚强，为吾国计，莫若养威以待时。时之可否，系于胡之强弱，胡之强弱，系于石虎之能否。自石勒举事，虎常为爪牙，百战百胜，遂定中原，所据之地，同于魏世，及勒死之日，将相欲诛虎，虎独起于众异之中，杀嗣主，诛宠臣，内难既定，千里远出，一举而拔金墉，再举而擒石生、诛石聪，如拾遗，取郭权，如振槁，还据根本，内外平定，四方镇守，不失尺土。以是观之，虎为能乎，抑不能也？假令不能者为之，其将济乎，抑不济也？贼前攻襄阳而不能拔，诚有之矣，但不信百战之效，而徒执一攻之验，譬诸射者百发而一不中，即可谓之拙乎？且不拔襄阳者，非虎自至，乃石遇之边师也。桓平北桓宣为平北将军，见前。守边之将耳，遇攻襄阳，所争者疆场之土，利则进，否取退，非所急也。今征西指庾亮。以重镇名贤，自将大军，欲席卷河南，虎必自率一国之众，来决胜负，岂得以襄阳为比哉？今征西欲与之战，何如石生？若欲守城，何如金墉？欲阻淝水，何如大江？欲拒石虎，何如苏峻？凡此数者，宜详较之。石生猛将关中精兵，征西之战，殆不能胜也。金墉险固，刘曜十万众所不能拔，今征西之守，殆不能胜也。又当是时洛阳关中，皆举兵击虎，今此三镇，反为其用，方之于前，倍半之势也。石生不能敌其半，而征西欲当其倍，愚所疑也。苏峻之强，不及石虎，淝水之险，不及大江，大江不能御苏峻，而欲以淝水御石虎，又愚所疑也。昔祖士稚在谯，田于城北，虑贼来攻，预置军屯以御其外。谷将熟，贼果至，丁夫战于外，老弱获于内，多持炬火，急则烧谷而走，如此数年，竟不得其利。是时贼唯据沔北，方之于今，四分之一耳。士稚不能捍其一，而征西欲御其四，又愚所疑也。或云贼若多来，则必无粮。然致粮之难，莫过崤函，而石虎首涉此险，深入敌国，平关中而后还。今至襄阳，路既无险。又行其国内，自相供给，方之于前，难易百倍，前已经至难，而谓今不能济其易，又愚所疑也。然此所论，但说征西既至之后耳，尚未论道路之虏也。自沔以西，水急岸高，鱼贯泝流，首尾百里，若贼无宋襄之义，及我未阵而击之，将如之何？今王师与贼，水陆异势，便习不同，寇若送死，虽开江延敌，以一当千，犹吞之有余，宜诱而致之，以保万全。若弃江远进，以我所短，击彼所长，惧非庙胜之算也。鄙议如此，伏乞明鉴？

这篇大文，表示大众，没一人敢与他批驳，就是呈入御览，成帝亦一目了然，料知北伐是一种难事，乃诏亮停止北伐，不必移镇。会太尉郗鉴得疾，上疏逊位，疏中有云：

臣疾弥留，遂至沉笃，自忖气力，不能再起，有生有死，自然之分。但忝位过才，曾无以报，上惭先帝，下愧日月，伏枕哀叹，抱恨黄泉。臣今虚乏，危在旦夕，因以府事付长史刘遐，乞骸骨归丘园，惟愿陛下崇山海之量，弘济大猷，任贤使能，事从简易，使康哉之歌，复兴于今，则臣虽死，犹生之日耳。臣所统错杂，率多北人，或逼迁徙，或是新附，百姓怀土，皆有归本之心。臣宣国恩，示以好恶，处以田宅，渐得少安。闻臣疾笃，众情骇动，若当北渡，必启寇心。太常臣谟，平简贞正，素望所归，可为都督徐州刺史，臣亡兄子晋陵内史迈，谦爱养士，甚为流亡所宗，又是臣门户子弟，堪任兖州刺史，公家之事，知无不为，是以敢希祁奚之举。祁奚春秋时晋人。迫切上闻。

这疏上后，不到数日，便即谢世，年已七十有一。鉴系高平金乡人，忠亮清正，能识大体，殁后予谥文成，所有朝廷赠恤，一如温峤故事。且依鉴遗疏，迁蔡谟为徐州刺史，都督徐兖二州军事，即授郗迈为兖州刺史。可巧丞相王导，与鉴同时起病，先鉴告终，成帝特别哀悼，特遣大鸿胪监护丧事，赗禭典礼，仿诸汉博陆侯霍光，及晋安平献王司马孚，予谥文献。导卒年六十有四，当时号为中兴第一名臣。看官阅过前文，应知导毕生事实，究竟优劣何如，请看官自下断语，小子恕不琐叙了。意在言中。且随郗鉴带叙，明示导不如鉴，有瑜不掩瑕之意。

成帝征庾亮为丞相，亮复表固辞，乃进丹阳尹何充为护军将军，亮弟会稽内史庾冰为中书监，领扬州刺史，充并参录尚书事。冰办理政务，不舍昼夜，礼遇朝贤，引擢后进，朝野翕然归心，号为贤相。胜过乃兄。独庾亮尚欲北伐，又想申表固请，适接郏城失守警信，方不敢再提北伐二字。郏城虚悬江北，内无所倚，外接群夷，真是孤危得很。从前陶侃在日，镇守武昌，僚属屡劝侃分戍郏城，侃乃引集将佐，渡水指示道："此城为江北要冲，差不多是虎口中物，我国家现在势力，只能保守江南，倚江为堑，阻住戎马，若出守此城，必致引虏入寇，非但无益，反且有损。我闻孙吴御魏，尝用三万兵扼守此城，今我兵不过数万，怎能分顾？不若弃为空地，省得夷人生心，我却好安守江南，尚不失为中策呢。"将佐因侃说得有理，当然无言，随侃渡江回镇。侃既去世，由亮代任，亮视郏城为要地，谓可借此进兵，乃使毛宝樊峻，往守郏城，见本回上文。果被石虎闻知，立遣大都督夔安，带领石鉴石闵李农张貉李菟等五将，分率五万人，进攻郏城。毛宝忙向亮求救，亮反视若无事，不急往援，终致郏城陷没。宝与峻突围出走，为赵兵所追，俱投江溺死。夔安又转陷沔南，连拔江夏义阳等郡，进围石城。还亏竟陵太守李阳，发兵掩击，得破赵兵，斩首五千余级，才将赵兵杀退。亮始终不敢渡江，但上表谢过，自愿贬降三等，权领安西将军。有志北伐者，果如是乎？有诏免议，惟庾怿为辅国将军，领豫州刺史，监督宣城庐江历阳安丰四郡军事，镇守芜湖。亮自郏城陷没，忧慨成疾，旋即殁世，年五十二，追赠太尉，谥曰文康，进护军将军何充为中书令，命南郡太守庾翼为安西将军，领荆州刺史，都督江荆司雍梁益六州诸军事，代亮镇武昌。

翼年仅及壮，超居大任，时人恐他不能称职，他却竭尽志虑，劳谦不懈，戎政严明，经略深远，自是公私充实，舆论帖然。惟翼志大言大，好谈兵事，既欲灭赵，又思平蜀，仍不脱阿兄气习。因通使燕凉，拟与和好，倚为外援。那赵主石虎，却也雄心思逞，贻书西蜀，志在并吞江南，愿与蜀主平分。蜀本称成，此时已改号为汉，就是主子李期，也已遭弑，为大将军李寿所篡了。李期见四十四回。期据位后，骄虐日甚，滥杀无辜，籍没资财妇女，充入后宫，内外汹汹，道路侧目。镇南大将军李霸，镇北大将军李保，俱系雄子，相继暴亡，朝臣都说是为期所鸩。期从子尚书仆射李戴，素有才名，期又诬他谋反，迫令自尽。大将军汉王李寿，本为期所忌，幸得不死，外镇涪城。亦见前文。每当入朝，辄诈造边书，辞以警急。会有巴西处士龚壮，谒见李寿，为寿划策，劝他入袭成都。看官道是何因？原来龚壮父叔，前为李特所杀，壮早欲报仇，苦不得间，历年悲恸，服阕未除，远近称为孝子。寿亦闻壮名，礼征不起，及寿与期有嫌，为壮所知。乃拟借寿泄恨，密加游说。寿竟信壮言，遂与掾吏罗恒解思明谋攻成都。期亦防寿为变，屡遣中常侍许涪窥寿，侦察动静。又鸩杀寿养弟安北将军李攸。一面与建宁王越，及尚书令景骞，尚书田褒姚华等，共议袭寿，将要发兵，不料寿已先发，自率步骑万人，由涪城径趋成都，用部将李奕为先锋，长驱直达。寿子势为翊军校尉，留居成都，正是一个好内应。马上开城迎接，李奕先入，李寿继进，便围住宫门，鼓噪不休。期不及防备，急得没法，只得遣人出慰寿军。寿奏称建宁王越，与景骞田褒姚华，以及李遐李西，统皆怀奸乱政，宜加重辟。期尚未复报，已由寿指挥兵士，收捕越等，随到随诛。兵士乘间四掠，数日乃定。寿即矫称任太后令，废期为邛都县公，幽居别室，追谥戾太子李班为哀皇帝。于是大会将佐，熟商后事。

罗恒解思明李奕，劝寿称镇西将军益州牧成都王，向晋称藩，执邛都公，送往建康。独寿妹夫任调，与侍中李艳，司马蔡兴等，请寿称帝，不宜屈膝江东。寿乃令卜人占验吉凶，卜人视得卦兆，谓可作数年天子。任调跃起道："一日为帝，已足称威，况多至数年呢。"怪不得古今盗贼，都想自做皇帝。解思明驳说道："数年天子，何如百世诸侯?"寿微笑道："朝闻道，夕死尚可。任卿语原是上策哩。"所望在此。遂僭即帝位，改国号汉，纪元汉兴，追尊父骧为献皇帝，母昝氏为皇太后，立妻阎氏为皇后，世子势为皇太子，命旧吏董皎为相国，罗恒为尚书令，解思明为广汉太守，任调为征北将军，领梁州刺史，李奕为西夷校尉，从子权为宁州刺史，所有公卿守令，一律参换，旧臣近亲，悉皆摈斥，特用安车乘马，征龚壮为太师，壮独不受，乃听令缟巾素带，待若宾师。庸中佼佼。邛都公李期，被幽兼旬，慨然叹道："天下主降为小县公，生不如死。"说着，即解带自缢，年仅二十五，在位三年，寿谥为幽公。期妻子徙死穷边。小子有诗叹道：

敢戕孝子乱天常，叛贼何能不速亡?

容易得来容易失，投环尚幸免刑章。

寿既僭位，便得赵主石虎来书，约他连兵寇晋，究竟寿如何复赵，待至下回说明。

亡西晋，掳怀愍者，非他，一为刘曜，一即石勒也。曜为勒所灭，已受冥诛，勒虽死而虎尚存，雄暴且过于勒。为典午复仇计，原宜北伐，为河朔救民计，亦宜北伐，庾亮之奏请伐赵，似也。所惜者，亮有其志而无其才耳。蔡谟之驳议，非谓赵不可伐，正以亮之不能伐赵，不得不为此激切之辞也。若夫李期篡国，刑政无章，此而能久，谁不可为天下主?李寿直入成都，一举而即废之，彼尚以小县公为怏怏，自言生不如死，遂致投环毕命，曾亦思李班何罪，乃擅加弑逆乎?我杀人，人亦杀我，推刃之报，固其宜也，于李寿乎何尤?

第四十七回

饯刘翔晋臣受责　逐高钊燕主逞威

却说汉主李寿，得了赵主来书，竟喜出望外，即遣散骑常侍王嘏，中常侍王广，驰赴邺中，与赵定约。龚壮曾上陈封事，劝寿附晋，寿不肯从；至是又谏阻联赵，仍然不听；且大修军舰，储粮缮甲，准备东下。一面命尚书令马当为六军大都督，调集军士七万余人，齐至东场，由寿亲往校阅，并下书誓众，略言“吴会遗烬，久逋天诛，今将大兴百万，躬行天讨”云云。小人得志，往往大言不惭。及军舰告成，便分载水师，舣集成都城下。寿登城俯瞩，但见帆樯蔽日，轴轳横江，不由的露出骄容，扬扬得意。偏群臣多与寿异心，相率谏阻道：“我国地小兵单，只可自守，不应进取。且吴会险远，更未易图，一动不如一静，幸勿为赵所误，自蹈危机。”寿怒叱道：“天与不取，反受其咎，今赵欲与我平分江南，正是天授我朝的机会，奈何勿往？”广汉太守解思明，再向寿反复陈词，极言利害，寿终不信。至龚壮申疏切谏，谓通胡宁可通晋，并援假虞灭虢事以戒寿，寿尚以为非。又经群臣叩头固争，方才罢议。大众齐称万岁。

寿有旧将李闳，前为东晋所获，得间奔赵。寿向赵致书，请遣还李闳。书中称虎为赵王石君，虎未免不悦，付诸廷议。中书监王波进言道：“李闳尝志在故国，以死自誓，诚使陛下遣还蜀汉，使彼感恩，理当纠率宗族，归向王化，就使不如臣料，我国将多士众，何必留这一人？今寿既自称尊号，僭据一方，若我用制诏，彼必不受，不如赠以国书，示彼大度，免有违言，这也未始非怀柔之计。”虎意乃释然，遣闳使归。适挹娄国献入楛矢，波谓可转赠巴蜀，使寿知我国威服远人，虎亦依议，因派使臣偕闳赴蜀，往送楛矢。及使臣返国，报称李寿并未称谢，且下令国中道：“羯使来庭，献楛矢。”于是石虎大怒，黜免王波，令以白衣领职。既而凉州牧张骏，遣别驾马诜至赵，贡献方物，虎颇有喜色，览及来文，语多蹇傲。虎转喜为怒，即欲斩诜。全是喜怒无常。侍中石璞道：“今日为陛下大患，莫若江东，区区河右，何关轻重？今若斩马诜，必征张骏，出师西略，无暇南讨，建业君臣，反得苟延过去，岂非失策？况凉州一隅，就使胜彼，也不足为武，不胜反贻笑四邻，倒不如格外厚抚，使彼改图谢罪，彼若执迷不悟，往讨未迟。”璞与王波却同是一流人物。虎乃礼待马诜，便即遣归。

忽闻燕兵有入侵消息，乃大加防备，集兵五十万，具船万艘，自河通海，运谷千一百万至乐安城，且由幽州东迄白狼山，广兴屯田，括取民马，得四万余匹，大阅宛阳，为攻燕计。哪知燕王皝已探悉虎谋，密与诸将商议道："石虎专顾乐安城，总道是防守重复，固若金汤，若蓟城南北，必不设备，我今从间道出发，掩他不备，破彼积聚，才不致他轻觑哩。"说着即整率各军，从蠮螉塞攻入赵境，连破各戍，直抵蓟城。幽州刺史石光，拥兵数万，不敢出战，但闭城拒守。燕兵转渡武遂津，驰诣高阳，沿途焚毁积聚，掠徙幽冀三万余户而还。虎闻燕兵入境，急拟整军对敌，一时未及召齐，只好迁延数日。到了兵马会集，燕兵已饱载远扬，虎始知皝有智略，倒也不敢轻自出兵了。皝引兵归国，因前使刘翔等，尚留江东，未见北返，乃再贻晋中书监庾冰书，责他忘仇误国，大略说是：

君以椒房之亲，舅氏之昵，总据枢机，出纳王命，兼拥列将州司之位，昆弟网罗，显布畿甸，自秦汉以来，隆赫之极，岂有若此者乎？以吾观之，若功就事举，必享申伯之名，如或不立，不免梁窦之迹矣。每观史传，未尝不宠恣母族，使执权乱朝，先有殊世之励，寻有负乘之累，所谓爱之适足以为害。吾尝忿历代之王，不尽防萌终宠之术，何不以一土之封，令藩国相承，如周之齐陈？如此则永保南面之尊，宁复有黜辱之忧乎？窦武何进，虚己好善，天下归心，虽为阉竖所危，天下嗟痛，犹有能履以不骄，图国亡身故也。方今天下有倒悬之急，中夏逋僭逆之寇，家有漉血之怨，人有复仇之憾，宁得安枕逍遥，雅谈卒岁？吾虽寡德，过蒙先帝列将之授，以数郡之人，尚欲并吞强虏，是以自顷及今，交锋接刃，一时务农，三时用武，而犹师徒不顿，仓有余粟，敌人日畏，我境日广。况乃王者之威，堂堂之势，岂可同年而语？若之何不自振作，反为胡人笑也？传曰："畏首畏尾，身其余几。"幸执事图之！

是时江左君臣，为了燕使乞封问题，议论经年，尚未决定。燕使刘翔，争论数次，晋廷总借口成制，谓大将军不处边，异姓不封王，翔不得所请，所以淹留不去。至燕王皝贻书责冰，冰颇加惭惧，乃与中书令何充商议，不如封皝为王。充尝与刘翔会叙，翔直言语充道："四海板荡，忽已三纪，宗社为墟，生灵涂炭，这正庙堂宵旰忧劳，卧薪尝胆的时候。翔羁居年余，每见诸公宴安江左，以奢靡为荣，以放诞为贤，试问如此过去，怎能尊主济民呢？"应被揶揄。充闻翔言，也觉抱愧。因与冰联名奏请，乞封慕容廆为大将军、幽州牧、大单于、燕王。成帝下诏依议，翔既得奉诏，乃入朝辞行。朝旨又授翔为代郡太守，翔固辞不受，叩头趋出，当下与晋臣等告别，整装启行。公卿等饯送都门，宴饮尽欢，翔慨然道："古时少康兴夏，一成一旅，尚灭有穷，勾践霸越，甲楯三千，终沼强吴，蔓草尚宜早除，况国仇呢？今石虎李寿，志在吞噬，王师即未能澄清北方，亦当从事巴蜀，一旦石虎先人举事，西并李寿，据形胜地以临东南，虽有智士，恐也不能善后了。”是有心人吐属。中护军谢广，时亦在座，奋衣起应道：“刘君高论，实获我心，应该大家努力呢。”已而饮毕撤席，翔等自去，晋臣等当然散归。

才过数日，忽宫中传出大丧，乃是皇后杜氏，得病而亡，百官相率入临，毋庸絮述。杜后在位六年，未得子嗣，享年只二十有一。当时三吴女子，并簪白花，好似素柰一般。相传为天亡织女，因着素服，哪知适应在杜后身上。成帝下诏治丧，概从节俭，应筑陵墓，但求洁扫，不得滥用涂车刍灵。又禁远近遣使吊赗，俟至葬讫，概令臣民释服。追谥杜后为恭皇后。杜后殁后，宫中要算周贵人最邀宠眷，生有二男，长名丕，次名奕。后文自有表见。

好容易过了一年，元旦正值日食，都人目为不祥。又越半载，成帝不豫，竟至辍朝。王公大臣，统至宫门请安，不意有中书符敕，颁发出来，谓不得擅纳宰相，大众不禁失色。中书监庾冰，独不改容，徐徐说道：“敕从何来？我备位中书，毫不接洽，可见得是虚伪了。”当下入宫拷问，果无是敕。冰但戒饬僚吏，此后务从审慎，不必追究既往，所以群疑俱释，镇定如常。冰颇能持大体。及入谒成帝，见帝病已垂危，拟请以琅琊王岳为嗣。岳系成帝母弟，比成帝仅少一岁，冰因成帝二子，皆在襁褓，即丕奕。故欲立长君。中书何充在侧，私语庾冰道：“父子相传，先王旧典，若嗣立皇弟，如何处置孺子？”冰答道：“强寇逼伺，国家未靖，倘再立幼主，如何支持社稷呢？”未几，由成帝传召大臣，并授顾命，除冰充二人外，尚有武陵王晞，元帝子。会稽王昱，元帝少子。尚书令诸葛恢，均至榻前受旨。冰即请立琅琊王岳。成帝颔首，便令冰代草遗诏，诏云：

> 朕以眇年获嗣洪绪，托于王公之上，于兹十有八年，未能阐融政道，剪除逋逷，夙夜战兢，不遑宁处。今忽遘疾，竟致不起，是用震悼于厥心。千龄奕字千龄。眇眇，未堪艰难，司徒琅琊王岳，亲则母弟，体则仁长，君人之风，允塞时望，肆尔王公卿士其辅之，以祗奉祖宗明祀，协和内外，允执其中。呜呼！敬之哉！无坠祖宗之顾命！

遗诏既已草就，冰等乃退。越三日，成帝驾崩，年只二十二。帝冲龄嗣统，受制舅家，苏峻叛乱，实由庾亮一人激成，及乱事告平，迁亮出镇，成帝方得亲理万几。但亮尚思干预朝纲，引子弟为要援，庾冰居内，庾翼居外，还算有些才干，足当大任。惟豫州刺史庾怿，素性褊狭，尝与江州刺史王允之有嫌，特遣人赍送毒酒，谋害允之。允之却也小心，先把酒令犬试饮，犬一饮即毙，因将情状表闻。成帝不禁动怒道：“大舅已乱天下，小舅复敢出此么？”这语传到芜湖，怿悔惧交并，又当庾亮殁后，失一护符，自恐得罪被谴，遂致仰药自杀。本欲害人，反致害己，可为阴险者鉴。王公大臣，始畏成帝英明，且成帝崇俭恶奢，力求简约，尝欲就后园增设射堂，估计需四十金，便即罢议。可惜年方逾冠，便即去世，这也是气运使然，无可挽回呢。

皇弟琅琊王岳，受遗入嗣，即皇帝位，是谓康帝。封成帝子丕为琅琊王，丕弟奕为东海王，追尊成帝为显宗，奉葬兴平陵，进中书令何充为骠骑将军，中书监庾冰，为车骑将军，令他同心辅政，匡奕王室。此外文武百官，各增二等。立王妃褚氏为皇后，后为豫章太守褚裒女，裒字季野，为京兆人氏，慎重寡言，夙负盛名。桓彝尝谓季野有皮里春秋，说他外无臧否，内寓褒贬。谢安亦极加推重，尝语人云："裒虽不言，却具四时正气。"郗鉴辟裒为参军，嗣迁司徒从事中郎，转任给事黄门侍郎。成帝闻裒女端淑，因聘为母弟琅琊王妃，至是夫尊妻贵，遂得正位中宫。裒方出为豫章太守，特旨征召，迁官侍中。他却不愿内任，有志避嫌，坚求外调。适江州刺史王允之病殁，乃令裒代刺江州，出镇半洲。

越年元旦，改正朔为建元元年。建元二字，由庾冰议定。冰拥立康帝，原以长君利国为名，但未尝不怀着一种鬼胎。康帝为成帝母弟，当然是庾氏次甥，冰仍居舅氏地位，不致疏远，所以年号亦议定建元，取再兴中朝的意义。有人入语冰道："从前郭璞遗下谶文，曾云立始之际丘山颓，今年号建元，建训为立，元训为始，丘山即嗣皇本名，据此看来，这年号应即改易，不宜自应谶语。冰也觉失惊，渐复自叹道："吉凶早定，但改年号，恐未必就能禳灾呢。"遂仍用建元二字。果然康帝不能永年，事见后文。冰谓吉凶早定，我亦云然，但冰不应自存私意。

且说燕王皝既受晋册封，特授刘翔为东夷校尉，领大将军长史。使内史阳裕为左司马，令至龙山西麓，督工筑城。建立宗庙宫阙，取名龙城，率众徙居，作为新都。皝见慕容翰，曾出奔段氏，见四十五回。段氏败亡，又北走宇文部，部酋逸豆归忌翰才名，阴欲加害。翰乃佯狂酣饮，或被发歌呼，或拜跪乞食，逸豆归以为真疯，不复监察，听令自由。翰得随地往返，默览山川形势，一一记忆。皝追忆翰才，且因他挟嫌出奔，并非叛乱，特令商人王车，至宇文部觇翰，劝令归国，并密遗弓矢。翰遂窃逸豆归名马，自挈二子，携弓矢逃归。逸豆归闻翰脱走，忙使骁骑百余名追翰，将要追及，翰回身顾语道："我久客思归，既得上马，断无还理。我前此佯作愚狂，实是诳汝，我艺犹在，幸勿相逼，自取死亡哩。"追骑见他手下寥寥，不肯退回，仍然趋进。翰复朗声道："我久居汝国，不愿杀汝，汝今可距我百步，握刀立住，我若得射中汝刀，汝即可回去，非我敌手，如或我射不中，汝等尽可追来。"前追骑乃解刀立住，由翰射箭。翰发箭射去，叮当一响，正中刀环，追骑便即骇走。翰得揽辔徐归。

皝闻翰至，大喜出迎，握手道故，殷勤款待，仍署翰为建威将军。翰乃为皝设策道："宇文部强盛日久，屡为我患。今逸豆归性情庸暗，将帅非才，国无防卫，军无部伍，臣久在他国，熟悉地形，彼虽远附强羯，声势不接，缓急难恃，我若发兵往击，可保必胜。惟高句丽接近我国，常相窥伺，我果破灭宇文，免不得使彼生惧，俟我一出，必且掩我不备，乘虚深入。我少留兵卒，不足自守，多留兵卒，不足远行，这却是心腹大患，应该早除。宇文部只知负固，料不能远来争利，我既得取高句丽，再还取宇文部，势如反手，立见成功。至两国既平，利尽东海，国富兵强，无返顾忧，然后好徐图中原了。”独不闻鸟尽弓藏兔死狗烹之语，乃必设策毒人，真是何苦？皝连声称善，即召集将士，出攻高句丽。高句丽古称朝鲜，系周时箕子旧封，汉初为燕人卫满所篡，两传即亡，地为汉有。见《前汉演义》。至汉元帝时，汉威已衰，不能及远，高朱蒙纠众自立，创建高句丽国，后来日渐强大，屡寇辽东。慕容氏据有辽土，尚与高句丽时有战争，朱蒙十世孙钊，号称故国原王，正与慕容皝同时。皝既决意东略，遂与诸将会议军情。诸将谓高句丽有二道，北道坦平，南道险狭，今不如从北道进兵，较为无虞。独慕容翰献议道：“不入虎穴，焉得虎子？臣谓宜南北并进，使他应接不暇，方可得志。且虏情必谓我从北道，当重北轻南，我正可避实击虚，以南道为正兵，北道为偏师；大王宜自率锐骑，掩入南道，出其不意，直捣彼都，别遣他将出北道，就使北道无功，我已取彼腹心，四肢亦何能为呢？”皝依翰议，即命翰为前锋，由南道进兵，自督劲卒四万为后应。另派长史王宇等，率兵万五千人，从北道徐入。

高句丽王钊，果然如翰所料，注重北面，所有国中精锐，悉令出诸北道，即命弟武为统帅，自挈老弱残兵，防备南道。不意慕容翰从南道杀来，部下都是锐卒，搅入高句丽阵中，好似虎入羊众，所向披靡。钊尚勉强抵敌，东拦西阻，至慕容皝继进，势如潮涌，无坚不摧，高句丽兵统是羸弱，哪里还能招架？不是被杀，就是四溃，单剩钊孑身逃走，不敢还都。燕兵乘胜长驱，攻入高句丽都城。钊母及妻子统被燕兵拘住，钊父利墓，亦为所掘，所有库中珍宝，及男女五万余口，悉遭掳掠。高句丽都城，叫作丸都，简直是搬徙一空，变做墟落。皝还拟穷兵追钊，闻北道兵已经败没，乃变计言归，载钊父尸，及钊母钊妻钊子，并子女玉帛等，一并驱回。临行时，复将丸都城毁去。钊穷无所归，不得已遣使至燕，奉款称臣，乞还父尸及母妻等。皝将钊父尸发还，留母为质。钊亦没法，只好收拾残众，徙都国内城。小子有诗叹道：

慈母娇妻悉受擒，丸都王气尽销沉。
须知御侮需才智，庸弱何能免敌侵？

皝既战胜高句丽，乃规取宇文部，究竟宇文部是否被灭，且看下回分解。

有国耻而不能雪，有国仇而不能报，偷安旦夕，故步自封，宜其见笑外人，为慕容皝所揶揄，与燕使刘翔之讥议也。庾冰身为大臣，但知久揽政权，拥立次甥，听其言，未始非计，问其心，不免近私，其与亮怿之相去，有几何哉？慕容皝贻书而即惧，至若何充抗议，乃以长君为借口，固执不从，对外何怯，对内何勇也？皝用慕容翰言，欲图宇文部，先攻高句丽，并且避实击虚，皆如所料。高钊败走，丸都陷没，子女玉帛，悉数掳归。翰之为皝计固得矣，而其自为计则未也。敌国破而谋臣亡，翰其能免此祸乎？

第四十八回

斩敌将进灭宇文部　违朝议徙镇襄阳城

却说慕容皝既破高句丽，即谋取宇文部。宇文部酋逸豆归，却先遣国相莫浅浑，引兵击燕。皝反下令诸将，不准出战，但须严守堡寨。无处非计。莫浅浑数次挑战，无人对敌，还道是燕兵怯弱，不足为虑，遂报知逸豆归，述及燕兵畏懦情形。逸豆归信以为真，遂酣饮纵猎，不复设备。哪知过了一月，燕兵奋击莫浅浑，莫浅浑大败而逃，但以身免，余众都被燕兵俘去。逸豆归方才着急，忙遣骁将涉奕干等，调集精兵，防堵燕军。果然慕容皝乘胜大举，令建威将军慕容翰为先锋，刘佩为副，率着骑士二万，作为正兵，再分遣广威将军慕容军、渡辽将军慕容恪、平狄将军慕容霸，及折冲将军慕舆根，三道并进，自引亲兵为后应。左司马高诩道："我军今伐宇文部，无虑不胜，惟恐将帅未免罹殃。"说着，也不愿回家，但使人传语妻孥，嘱及家事，便即从军前行。

宇文将涉奕干，自恃骁勇，麾众逆战。慕容翰刘佩高诩等，与他厮杀，两下鏖斗，足足战了半日有余，未分胜负。时将天暮，翰等拟鸣金收军，不防对面阵内，一声梆响，箭如雨发，燕兵多被射倒。翰不禁大忿，自与刘佩高诩断后，麾军退还。那来箭尚未中断，竞向翰等射来。翰佩诩三将，各中流矢，忍痛支持，且战且回。既归本营，检点兵马，伤亡不少。翰令受伤军士，皆至后帐休养，自与佩诩拔去箭镞，幸尚未中要害，不过各负创痛，彼此敷上箭疮药，方觉少瘥，一面遣人报达燕王皝。皝使人复语道："奕干雄悍，勇冠三军，未可轻敌，不如暂避凶锋，待虏势骄怠，然后进战，自足制胜。"翰奋然道："逸豆归尽出锐卒，付与涉奕干，正为奕干素有勇名，威倾全部，我能杀败涉奕干，部众闻风畏惧，不战自溃了。惟我在宇文部有年，素知奕干有勇无谋，徒播虚声，未识韬略，但教用一小计，便可擒戮渠魁，奈何避锋示弱，挫我兵气呢？"遂佯为高卧，累日不起，暗中却约同平狄将军慕容霸，为夹攻计。霸年方二九，善用双槊，有万夫不当之勇，他本与翰等分道异趋，及得翰书，方与翰约期会兵，同攻涉奕干。

涉奕干屡逼翰营，再四搦战，见翰兵固垒不动，他便令兵士指名辱骂，啰啰唆唆，无非说翰背德负义，应速受死等语。翰置若罔闻，但戒军士妄动，违令者斩。约莫过了三五天，已知慕容霸将到，便自起整军，披甲上马，开营跃出。涉奕干正来挑战，还道慕容翰照常闭垒，仍无战事，因此饬众散坐，信口喧呶。不意翰一马当先，厉声大呼道："涉奕干休得罗唣，今日是汝死期，特来取汝首级。"写得突兀。涉奕干虽然骁勇，见翰突至，声若洪钟，也不禁慌乱起来，忙令部众上马，倒退里许，才与接战。部众不知就里，疑是涉奕干怯退，相率骇走，无复行列。翰引兵杀上，好似摧枯拉朽一般，刺倒敌兵好几百名。涉奕干大吼一声，舞着大刀，挺身接战，翰略与交锋，一来一往，约有数合，刘佩驰马冲至，代翰战住涉奕干，翰即退下，俟佩续战数合，又命高诩替佩。是用车轮战计。涉奕干连战三将，并不退缩，刀法盘旋，一无渗漏。诩负疮未愈，反敌不住涉奕干，涉奕干刀法一紧，没头没脑的劈来，害得诩眼花缭乱，几乎不能招架。忽斜刺里驰到一将，双槊并举，左槊格住涉奕干刀锋，右槊刺入涉奕干心窝，涉奕干不及闪避，仓猝被刺，鲜血直喷，一声狂叫，倒毙马下。写涉奕干死状，益见其有勇无谋。

看官道来将为谁？原来就是慕容霸。霸既挑死涉奕干，便趁势乱戮虏兵，虏兵已失了主将，当然乱窜，逃得慢的，都做了刀头鬼。于是慕容霸在先，慕容翰在后，直入宇文部，沿途无人阻挡，一任他杀到虏庭。逸豆归素无恩惠，部下离心，都一哄儿遁去，仅剩逸豆归家属，如何固守？急忙相挈遁逃，窜往漠北，宇文氏从此散亡。燕王皝接得捷报，也驰入宇文氏都城，尽收畜产资货，辟地千余里，徙宇文部众五万余至昌黎。先是涉奕干居南罗城，为宇文部各城领袖，皝命改为威德城，使弟左将军彪居守，自引诸军还都。赵主石虎，因宇文部本为藩属，累岁朝贡不绝，至此闻逸豆归被兵，特派右将军白胜，并州刺史王霸，出兵相救。及行至宇文部，已成墟落，只得进攻威德城。连日未克，撤兵退去，反被慕容彪追击一阵，丧失许多辎重，连兵士亦死了千人。虎闻白胜等败还，也只有付诸一叹，再探逸豆归消息，已在漠北病死，无从援助了。了过宇文氏。

高诩刘佩，箭疮迸发，相继毕命。诩善占天文，皝尝与语道："卿有佳书，独不肯给我，未免不忠。"诩答道："臣闻人君执要，人臣执职，执要乃逸，执职乃劳。所以后稷播种，尧不预闻。今欲占候天文，必须深夜不寐，未晨即兴，备极劳苦，非至尊所宜亲为，殿下何用出此哩。"观此知高诩前言，当是从占候而知。皝乃罢议。惟慕容翰还军后，亦因箭疮未愈，卧病多日，嗣得渐痊，在家试骑乘马，有人与翰有嫌，向皝进谗，诬翰诈病不朝，私习骑乘，恐将为变。皝虽借翰勇略，但心下常自忌翰，竟不察真伪，遽赐翰死。翰闻命自叹道："我负罪出奔，幸得重还，直至今日方死，已是迟了。但羯贼跨据中原，我不自量，意欲为国家荡壹区夏，此志不遂，遗恨无穷，这想是命数使然，尚有何言呢。”说毕，即仰药而死。弑庶兄，害功臣，皝之残忍可见。

会代王什翼犍，因皝妹兴平公主病亡，复向燕求婚，皝使纳马千匹作为聘礼。什翼犍不允，复书多倨慢语。什翼犍娶燕王皝妹，见四十五回。皝遣世子俊等往讨，什翼犍遁去，俊乃退还。既而犍复遣部酋长孙秩，至燕谢罪，皝乃遣女适代，嫁与什翼犍为继室，一面请代女为己妃。什翼犍乃将翳槐遗女，遣嫁慕容皝。什翼犍本为慕容皝妹夫，乃娶皝女为继室，是变做皝婿了。又复将翳槐女嫁皝，翳槐为犍兄，兄女为皝妻，皝又变为犍之侄婿，未知彼时将如何相呼？燕代仍旧和好，待后再表。

且说晋安西将军庾翼，代兄亮镇守武昌，府舍中屡有妖怪，乃欲移镇乐乡，上书朝廷，乞如所请。朝议纷纭未决，征虏长史王述，独向车骑将军庾冰上笺，谓不宜徙镇，略云：

乐乡去武昌千有余里，数万之众，一旦移徙，新立城壁，公私劳扰。又江州当泝流数千里，供给军府，力役增倍。且武昌实江东镇戍之中，非但捍御上流而已，缓急赴告，呼应不难。若移乐乡，远在西陲，一旦江渚有虞，不相接救，宁不可虑？方岳重将，固当居要害之地，为内外形势，使窥窬之心，不知所向。昔秦忌亡胡之谶，卒为刘项之资，周恶檿弧之谣，适启褒姒之乱。是以达人君子，直道而行，禳避之道，皆所不敢。但当凭人事之胜理，思社稷之长计耳。安西之请，似不可行，乞公鉴之！

冰得笺后，颇以为然，乃撤销翼议，仍令镇守武昌。骠骑将军何充，本与冰同受遗诏，夹辅晋室。嗣见冰自恃贵戚，事多专断，乃不欲在朝尸位，乞请外调。朝旨乃令充出镇京口，都督扬徐二州军事，兼领徐州刺史。自是冰主内政，翼主外务，兄弟相应，又把那东晋国家，变做庾氏的产业了。

时琅琊内史桓温，为宣城内史桓彝子，彝殉难后，晋廷特加优恤，使温得尚南康公主。温性情豪爽，议论崇闳，尝与庾翼友善。翼甚相器重，当成帝未崩时，曾上疏推荐道：“温系当世英雄，愿陛下勿以常人相待，常婿相畜，诚使委以重任，必能弘济艰难，方叔召虎不难复见哩。”但知其一，未知其二。成帝乃令温为琅琊内史。温与翼彼此通问，互相标榜，即互相期许。翼常欲灭赵取蜀，及得温怂恿，更跃跃欲动，遂遣使东约燕王皝，西约凉王骏，克期并举，当即上表道：

羯贼石虎，年垂六十，奢淫理尽，丑类怨叛，又欲决死辽东，皝虽骁果，未必能固。若北无掣肘之虏，则江南将不异辽左矣。臣所以辄激天良，不顾忿咎，然东西形援，未必尽举，且议北进，移镇安陆，入沔五百里，通道涓水，先率南郡太守王愆期，江夏相谢尚，寻阳太守袁真，西阳太守曹据等，精锐三万，风驰上道，并勒平北将军桓宣，往取丹水，摇荡秦雍，御以长辔，用逸待劳。比及数年，兴复可冀。臣既临许洛，窃谓桓温可渡戍广陵，何充可移据淮泗，路永可进屯合肥。伏愿表上之日，便决圣听，不可广询同异，以乖事会。兵闻拙速，不闻工之久也。谨此吁闻。

这表既上，遂调发所统六州兵马，昼夜催迫。百姓不堪需索，怨声盈路。康帝遣使谕止，朝士亦多贻书劝阻。还有车骑参军孙绰，又上笺力谏。翼皆不从，径引众出发夏口，复上表请徙镇襄阳，略云：

臣近以胡寇有敝亡之势，暂率所统，致讨山北，略复江夏数城。臣以九月十九日发武昌，以二十四日达夏口，简卒搜乘，停当上道，而所调供牛马，来处皆远，百姓所畜，谷草不充，并多羸瘠，难以涉路。加以向冬野草渐枯，往返二千里，或容踬顿，辄便随事筹量，权停此举。又山南诸城，每至秋冬，水多燥涸，运漕用功，实为艰阻。窃思襄阳为荆楚之旧，西接益梁，与关陇咫尺，北去洛河，不盈千里，土沃田良，方城险峻，水路流通，转运无滞，进可以扫荡秦赵，退可以保据上流。臣虽不武，意略浅短，荷国厚恩，志存立效，是以受任四年，唯以习戎为务，实欲上凭圣朝威灵之被，下借士民义愤之诚，因寇衰敝，渐临逼之。去年春，曾上表请据乐乡，广农蓄谷，以伺二寇之衅，乃值天高听邈，未垂察照。朝议纷纭，遂令微诚不畅。自尔以来，上参天人之微，下采降俘之言，胡寇衰灭，为日不远。臣虽未获长驱中原，馘截凶丑，亦不可不进据要害，徐思攻取之宜。是以量宜入沔，徙镇襄阳，其谢尚王愆期等，悉令还据本戍，须到所在，驰遣启闻。

康帝迭览翼表，与己意实不相同，就是中外臣僚，也多有异议，只庾冰桓温，与前谯王承子无忌，极口赞成。两庾统是元舅，虽康帝亦拗他不过，只得听他施行。冰因翼移镇襄阳，亦欲外出为继，作翼声援。康帝乃使冰都督江荆宁益梁交广七州，及豫州四郡军事，领江州刺史，出镇武昌，为翼援应，且加翼都督征讨诸军事。征徐州刺史何充入朝辅政，录尚书事，调琅琊内史桓温，都督青兖徐三州军事，领徐州刺史，召还江州刺史褚裒，入为卫将军，领中书令。转眼间已是一年，翼有众四万，驻节襄阳，六会僚佐，具陈旌甲，亲授各将弓矢，分给后尚余三箭，遂奋身起座道："我今日引众北行，有如此矢。左右可取正鹄至百步外，由我迭射，试看我能命中否？"说着，已有军吏摆好箭靶。翼三射三中，顿时大众喝采，喧声如雷。当下檄令梁州刺史桓宣，往击丹水。宣奉檄出兵，行至丹水附近，正与赵将李罴相值。罴骁勇过人，部下亦多精锐，竟将宣军杀败。宣失利奔回，翼奏贬宣为建威将军。宣惭愤成疾，竟致谢世。翼令长子方之为义城太守，代领宣众，又授司马应诞为襄阳太守，参军司马勋为梁州刺史，并戍西城。

时赵王石虎，方大兴土木，连筑台观四十余所，又营洛阳长安二宫，工役多至四十余万人，并欲自邺城起造阁道，直达襄国，一面饬河南四州，整备舟械，为南侵计；并朔秦雍，筹集兵马，为西略计；青冀幽州，储积刍粟，为东攻计。诸州军赶造甲胄，共集五十余万人，还有舟夫篙工，又多至十七万名。再加公侯牧宰，竞营私利，暴敛横征，民不堪命。贝邱人李弘，乘势为乱，自言姓名应谶，号召党羽，署置百僚。经石虎派兵剿捕，始得诛灭，连坐至数千家。虎以为乱党立平，无人敢侮，索性日日畋游，纵情淫乐。又尝微服出行，觇察工役。侍中韦谀，婉言规谏，虎厚赐谷帛，似重善言，其实是并不少悛，荒诞如故。秦公韬为虎庶子，常得虎宠，独太子宣隐加猜忌，与韬有嫌。右仆射张离，向宣献媚，谓宜减削诸公府吏，免致侵逼东宫，宣闻言大悦，即令张离上书奏请，得虎允许，遂饬秦燕义阳乐平四公府，只准置吏百九十七人，兵二百人。四公以下，三成减二，为这一番裁减，得腾出兵士四万，悉配东宫。诸公相率含怨，遂生暗衅。石虎尚似睡在梦中，一些儿没有察觉。

会青州守吏报称济南平陵城北，有一石头雕制的老虎，忽然活动，走至城东南，后有狼狐千余头跟着，所过脚迹，统皆成蹊。石虎大喜道："石虎便是朕名。自西北徙至东南，大约天意欲使朕荡平东南呢。天意不可违，应敕诸州兵悉集，明年当由朕亲率六军，奉天南讨便了。"全是妄想。于是群臣皆贺。就中有一百七人，上皇德颂，说得石虎功德巍巍，尽情谀媚。虎益加欢忭，遂制令民家五户，出车一乘，牛二头，米十五斛，绢十四，违令者斩，不足亦斩。可怜百姓无从筹给，甚至卖男鬻女，上供军需，尚不满数，没奈何自缢道旁。乡村林麓，遗骸累累，一方怨气，酿成变异。泰山上面，有石自燃，八日乃灭。东海有大石自立，旁有血流。邺西山石间出血，流十余步，延袤二尺余。太武殿初成，壁上多绘古圣先贤，忠臣孝子，贞夫烈妇，忽皆变做异状，狰狞可怖，过了旬日，头皆缩入肩中，仅余冠巾露出。虎也觉惊异，秘不使宣。惟佛图澄为虎所信，呼令入视。澄但欷歔流涕，不发一言。澄为奇僧，何不借端规谏？乃徒以流涕了事！已而虎御太武前殿，宴飨群臣，见有白雁数百翔集，虎命群臣起射，无一得中，复由自己射雁，亦无所得，不由的惊诧起来，乃召问太史令赵揽。揽密白道："白雁集庭，是宫室将空的预兆。陛下但静镇宫城，不可南行，便足隐弭此变了。"还是揽能善谏。虎因往至宣武观，大阅军士，各军已会集百余万，候命南下，当由虎校阅一番，饬令散归，全体解严。嗣是虎无意南下，但饬各戍将严守本汛，不得擅离，所以晋朝的庾翼、庾冰，主张北伐，调兵遣将，瞎闹了一年有余，虽然不见成功，还算是未经大敌，不至大败。至康帝建元二年九月，帝忽寝疾，日甚一日，险些儿要归天了。小子有诗叹道：

国丧才了又遭丧，两载君王一旦亡。

毕竟丘山容易倒，谶文未必尽荒唐。谶文见前回。

欲知康帝曾否崩逝，且看下回再表。

慕容翰之智，足以料涉奕干，并足以料逸豆归，独于慕容廆之雄猜好忌，反不能逆料，卒至自杀其身，岂明能烛远，而昧于察近耶？盖喜功之心一深，往往忽近图远，能料敌人于千里之外，而于萧墙之间，转轻心掉之。文种见诛于勾践，韩信被杀于吕后，皆类是耳。彼晋之庾翼庾冰，亦未始非喜功之士，才不逮慕容翰，而权且过于慕容翰。幸而赵虎荒虐，将士离心，晋康庸弱，主权旁落。两庾得张皇其词，违众自行，丹水一战而桓宣败还，先机已挫，假令石氏之百万雄师，长驱南牧，试问两庾将如何对待乎？谋之未臧，乃欲以侥幸图功，虽曰名正言顺，其如才力之未逮何也？

第四十九回

擢桓温移督荆梁　降李势荡平巴蜀

却说康帝寝疾，日甚一日，内外诸臣，免不得有些惶急。最紧要的第一着，是储嗣未定，将来康帝不起，应由何人承统？大众遂开紧急会议，一面且遥问二庾。庾冰庾翼，仍欲推立长君，拟立会稽王昱为嗣。见四十七回。惟何充在内建议，愿立康帝长子聃为太子，领司徒蔡谟等亦皆赞成。此时两庾在外，鞭长莫及，内事统由何充作主，一经议定，便即册定东宫。两庾亦无可奈何，只有暗恨何充罢了。悔不该出外图功。未几，康帝告崩，年仅二十有二，在位只阅两年，何充等奉太子聃即位，是为穆帝。聃甫及二龄，镇日里需人保抱，怎能亲揽万几？当下由何充蔡谟，想出一策，尊康帝后褚氏为皇太后，即请太后临朝摄政，当下推蔡谟领衔，上奏太后道：

> 嗣皇诞哲岐嶷，继承天统，率土宅心，兆庶蒙赖，陛下体兹坤道，训隆文母，昔涂山光夏，简狄熙殷，实由宣哲以隆休祚。伏惟陛下德侔二妫，淑美关雎，临朝摄政，以宁天下。今社稷危急，兆庶悬命，臣等章惶，一日万几，事运之期，天禄所钟，非复冲虚高让之日。汉和熹顺烈，并亦临朝，近明穆指明帝后庾氏。故事，以为先制。臣等不胜悲怖，谨伏地上请，乞陛下上顺祖宗，下念臣吏，推公弘道，以协天人，则万邦协庆，群黎更生，天下幸甚！臣等幸甚！

褚太后览奏后，亦下了一道诏旨，无非说是“嗣主幼冲，宜赖群公同心夹辅，今既众谋佥同，恳切上词，当勉从所请，暂遵先后故事”云云。于是遂临朝称制。何充希太后旨，独表荐后父褚裒，宜总朝政。太后乃命裒为侍中，兼卫将军，录尚书事。偏裒以近戚避嫌，固辞内职，坚请外调，乃改授裒都督徐兖青三州，并扬州二郡军事，兼徐兖二州刺史，仍官卫将军，出镇京口，另征江州刺史庾冰入朝。冰适有疾，不便就征，已而病笃，临终时，语长史江虨道：“我将死了，报国初心，不能终展，岂非天命？我死以后，殓用常服，毋得妄用官物呢！”言讫而逝。冰清廉自矢，临财不苟，殁后无绢为衾，又室无妾媵，家无私积，时人传为美谈。一节之长，亦必备录。讣闻朝廷，追赠侍中司空，予谥忠成。庾翼得报，留子方之戍襄阳，自还夏口，兼辖冰所遗部兵。有诏令翼仍督江州，并领豫州刺史。翼表辞豫州，又请移镇乐乡，廷议不许。翼乃缮修军器，大修积谷，勉图后举。但尚遣益州刺史周抚、西阳太守曹据，侵入蜀境，与蜀将李桓接战，得破蜀兵，夺得辎重牲畜，随即还师。

越年元旦，晋廷改元永和，皇太后御太极殿，悬设白纱帷，抱帝临轩，颁诏大赦。进武陵王晞为镇军大将军，开府仪同三司，镇军将军顾众，为尚书右仆射，且复召褚裒入辅。吏部尚书刘遐，及长史王胡之，向裒进言道：“会稽王令德雅望，可作周公，理宜授以大政，公何弗推德让美，避重就轻呢？”裒乃辞不就征，即表称会稽王昱，可当大任。有诏令昱为抚军大将军，录尚书六条事。吏部殿中五兵田曹度支五民号为六条。昱清虚寡欲，好为玄辞，尝引刘惔王濛韩伯为谈客，郗超为抚军掾，谢万为从事中郎，清谈遗俗，至此复盛，这也是司马家的气运了。

会由江州都督庾翼上表，报称患病甚剧，特荐次子爰之为荆州刺史，委以后任。朝旨尚未答复，接连是讣状上闻，乃追赠翼为车骑将军，予谥曰肃。当时廷臣会议，谓：“诸庾世在西藩，人心向附，不如从翼所请，即令爰之继任。”独何充驳斥道：“荆楚为我国西门，户口百万，北控强胡，西邻劲蜀，难道可用一白面少年，当此重任么？我看现在牧守，只有徐州刺史桓温，才略过人，足守西藩，外此恐皆未及呢！”会稽王昱，亦以为然。独丹阳尹刘惔，私白昱道：“温原有大才，可惜心术未纯，此人得志，适为国忧。荆州地控上游，夙号形胜，怎可令他往镇，酿成后患？为大王计，不如自请出守。惔虽不敏，粗具智识，若以军司马见委，效劳麾下，谅亦不至偾事呢。”言人所未言，不为无智。昱未信惔言，竟遣使传诏，命温代翼，都督荆梁诸州军事。

惔字真长，世居沛国，祖宏，曾为光禄勋，表字终嘏。宏兄粹，字纯嘏，官至侍中。宏弟潢，字仲嘏，官至吏部尚书。兄弟并有时名，都人尝谓洛中雅雅，唯有三嘏。惔父耽亦尝为晋陵太守，中年去世，家无遗财。惔与母任氏，寓居京口，织履为业，人莫能识。独王导留意延揽，推为清才。后来入登仕籍，音望鹊起，得尚明帝女庐陵公主。会稽王昱，待如上宾，每一列座，语辄惊人，无敢与辩。就是桓温，亦服他伟论。温尝问惔道："近日会稽王谈玄，有进境否?"惔答道："大有进境，不过未列上乘，只好排在第三流哩。"温惊问道："第一流当属何人?"惔答道："当在我辈。"温一笑而散。

小子前时叙及桓温，但云为宣城内史桓彝子，就中尚有许多故事，尚未详载，应该撮要申明。温生未及期，为故将军温峤所见，便谓温有奇骨，又试温使啼，声甚洪壮，峤极叹为英物。彝因婴儿为峤所赏，遂取名为温，表字元子。峤笑语道："移姓为名，此后我将易姓呢。"及彝为苏峻部将韩晃所害，泾令江播，亦曾助晃。桓彝殉难，见前文。温年方十五，枕戈泣血，誓复父仇。播已反正，随时戒备，无隙可乘。越三年，播病死发丧，温佯为吊客，挟刃踵门，突入丧次，斫死播子彪等三人，随即自首。朝廷嘉温孝义，不复论罪，温以此得名。及温年逾冠，姿貌甚伟，面有七星。刘惔尝语人道："温眼如紫石棱，须作猬毛磔，是孙仲谋司马宣王的流亚呢。"语有分寸，与对会稽王昱语相符。

既而温得尚公主，见前。累任至荆梁都督，他本是个豪爽不羁、睥睨一切的人物。既得蟠踞上游，手握重兵，当然想做些事业，显些威风。到了永和二年，何充又复病殁，晋廷予谥文穆，特进前国子祭酒顾和为尚书令，前司徒长史殷浩为扬州刺史。这两人为褚裒所荐。和以孝著名，正直有余，干济不足。浩父名羡，尝为豫章太守，就是不肯寄书、掷诸流水的殷洪乔，羡字洪乔。浩素尚风流，谈吐不俗，前为庾亮参军，得亮信任。亮殁后，屏居墓侧，屡征不起。时人目为管葛，王濛谢尚，且相偕劝驾，不得邀允，归途互语道："深源不起，如苍生何?"深源即浩小字。浩越不肯出，越负令名。独庾翼谓："丧乱时代，此辈只应束诸高阁，俟天下太平，再议任使。"嗣翼为江荆都督，拟辟浩为司马，致书与浩，有"毋为王夷甫，即王衍，见前。当出图济世"等语，浩当然不就。桓温亦尝轻浩，谓少时尝与浩游戏，共骑竹马，我将竹马弃去，浩辄取归，可见浩出我下。至是命浩为扬州刺史，浩尚固辞。会稽王昱，贻书劝勉，至有"足下去就，关系兴废"二语，于是浩乃授命就职。何必摆这般架子? 桓温隐加鄙薄，每叹朝廷用人失宜，惟因情急建功，尚无暇顾及内事，但与僚佐等议伐胡蜀，准备出师。江夏相袁乔白温道："胡蜀二寇，俱为我患，但蜀虽险固，比胡为弱，再加李势无道，臣民不附，若用精卒万人，轻赍疾进，直趋蜀境，待彼警觉，我已得入据险要，就使李氏君臣，出来抵御，也可一战成擒了。"温大喜道："诚如卿言。"将佐等尚多异议，谓："我军入蜀，赵必乘虚袭我，不可不防。"袁乔又申驳道："羯赵久据河朔，内讧不已，势亦浸衰。且闻我万里出征，总道我有内备，未敢轻举，就使逾河南来，沿江诸军，亦足自守，可无他忧。惟蜀土富实，号称天府，从前诸葛武侯恃蜀为固，抗衡中夏，今即不能为害，究竟他据住上游，易为寇盗，我若乘机袭取，得蜀财，抚蜀众，岂非国家的大利么?”温奋起道:“我志决了,卿可为我先驱,我为卿后应,灭蜀就在此举了。”乔应声道:“愿效微劳。”温遂令乔率水军二千人,充作前锋,自与益州刺史周抚,南郡太守谯王无忌等,领军继进,即日拜表入都,不待复报,便即启行。晋廷接到温表,虑温兵少无继,骤入险地,恐难成功。独丹阳尹刘惔,料温必克,或问惔如何先知?惔笑道:“温素好博,今日伐蜀,与博相似,若自知不胜,如何肯行?但恐温既胜蜀,未免专恣,倒是朝廷的隐忧了。”始终是看透温志。这且不必絮叙。

且说蜀已称汉,汉主李势,就是李寿的太子。见四十六回。寿篡位后,尝欲与赵连横图晋,经龚壮再三谏阻,方才中止。壮劝寿向晋称藩,寿终不从,因此壮辞疾归里,终身不复入成都。寿初尚宽俭,旋由使臣往返邺中,屡述石虎威强,宫殿美丽,刑禁苛严,寿不禁生慕,乃改从侈汰,也居然大修宫室,广凿陂池,募工兴役,多多益善。臣下偶有谏议,即指为诽谤,置诸极刑。左仆射蔡兴,入宫极谏,竟被叱出处斩。右仆射李嶷,也因直言忤旨,诬以他罪,下狱论死。并把李雄诸子,一律并戮。好容易过了五年,忽得了一种重病,镇日里狂言谵语,闹个不休,不是说李嶷索命,就是说蔡兴伸冤,喧噪了好几天,终落得一命呜呼,伏惟尚飨。太子势嗣称汉帝,改元太和,尊嫡母阎氏为皇太后,生母李氏为太后。阎氏无子,势为寿妾李氏所出。李父名凤,前为李骧所杀,凤女没入掖庭,身长貌美,姿态动人,寿遂纳为妾媵,生子名势。杀人父而纳其女,怪不得生亡国儿。势亦脑满肠肥,腰带十四围,犹善附仰,蜀人称为奇姿。所娶妻室,也是姓李,父作子述。即位后,册为皇后。李后也连生数女,不得一男。

势弟汉王广,求为太弟,势不肯允。旧臣马当解思明,相偕入谏道:“陛下兄弟不多,若复加废黜,恐益孤危,不如从汉王议,可固国基。”势默然不答。两人又复力请,惹动势怒,将他们叱出。嗣复疑马当等与广有谋,竟使相国董皎,收诛马当解思明,夷及三族。思明素有智谋,抗直敢谏,临刑长叹道:“国家不亡,赖有我等数人,今我等无罪遭诛,国亡不远了。”说着,伸首就刑,毫无惧态。马当亦素得民心,及两人死后,士卒无不动哀。势且令太保李奕,袭执汉王广,贬广为临邛侯。广服毒自尽,奕得受命为镇东大将军,镇守晋寿。越年,奕竟谋反,攻陷巴东,蜀人相率从奕,聚至数万,遂进迫成都。势登城拒战,奕单骑突门,守兵觑奕不防,暗放冷箭,得中奕脑,倒毙马下,叛众骇散。势引兵屠抄奕家,独见奕女有色,贷她死罪,带回宫中。是夕即令她侍寝,一夜欢娱,曲尽恩爱,诘旦即封女为妃,并大赦境内,改元嘉宁。自是日益淫纵,渔财好色,每令内侍访求美妇,不问她有夫无夫,但教面貌韶秀,尽令强取入宫,该夫或稍争执,当即杀死。后庭妇女,多至千百,势遂日夜宣淫,不问国事,坐此众叛亲离,夷獠四起。群下谏诤,无一听从,反且横起夷戮,冤气盈衢。宫人张氏,妖淫善媚,大得势宠。一夕,忽化大斑理蛇,长约丈余,由势逐出宫门,窜入苑中。到了夜半,蛇复入宫,卧势床下，势益惊惧，呼令武士，将蛇杀死。张氏想是蛇妖，故终化为蛇，但妇人心性，多半是蛇蝎，幻影何足深怪？还有一个郑美人，也是势所宠爱，忽然化为雌虎，噬食宫人。宫人大哗，各持械驱逐，虎竟自毙。此外怪异，不可胜举。势尚不少改，依然荒淫。

蓦得边戍急报，晋桓温引军入境，前锋已到青衣江，势乃出调将士，遣叔父右卫将军李福，从弟镇南将军李权，与前将军昝坚等，带领数千人，自山阳趋往合水，堵截晋军。诸将谓宜设伏江南，以逸待劳，昝坚不从，引兵渡江，竟向犍为进发。那时晋军已进次彭模，与汉兵相距不远。桓温拟分作两军，异道并进，袁乔道："今悬军深入，不遑返顾，事若得济，大功可成，否则将无遗类。为我军计，惟有同心并力，一战扬威，若分作两路，反致军心不壹，一或偏败，大事去了。故不如合军亟进，弃去釜甑，但赍三日干粮，示无还志，方得将士死力，战胜可豫决了。"温依乔议，留参军孙盛周楚，在彭模守住辎重，自率步兵，径趋成都。蜀将李福，进攻彭模，被孙盛一鼓击退。桓温进遇李权，三战三捷，蜀兵尽败还成都。昝坚到了犍为，方知与温异道，急忙返渡沙头津，还救成都，行至十里陌，但见晋军已排好阵势，旌旗甲仗，甚是精严，不由的魂驰魄散，相率窜去。

势闻各军俱溃，不得已乃悉众出战，到了笮桥，正与温军相遇，两下交战，蜀兵却也利害，迎头痛击。晋参军龚护阵亡，温未肯遽却，尚自麾军前搏，不防前面突来一箭，险些儿射中脑前，亏得温眼明手快，纵辔一跃，那箭向马头落下，得免受伤。温遭此一吓，也觉胆寒，便勒马不进。大众俱不敢向前，即欲退还，令鼓吏击鼓退兵。偏鼓吏误作进鼓，又蓬蓬勃勃的擂将起来，袁乔拔剑当先，督众力战。于是人人拚死，争突敌阵。势不能抵御，败回成都，各军皆溃。温遂进薄成都城，四面纵火，焚毁城门，守兵大骇，一日数惊。汉中书监王嘏，散骑常侍常璩，劝势出降。势转问侍中冯孚，孚答道："东汉时吴汉征蜀，尽诛公孙氏，今晋下书不赦，若诸李出降，恐亦未必能保全呢。"势乃夜开城门，与昝坚等突围出走，奔至葭萌城。逃亦无益。温得入成都，拟即遣兵追势，可巧势遣散骑常侍王幼，来送降书，由温展开，只见纸上写着道：

> 伪嘉宁二年，略阳李势，叩头死罪，伏维大将军节下：先人播流，恃险因衅，窃有双蜀，势以暗弱，复统末储，偷安荏苒，未能改图。猥烦朱轩，践冒险阻，将士狂愚，干犯天威，仰惭俯愧，精魂飞散，甘受斧锧，以衅军鼓。伏惟大晋，天网恢宏，泽及四海，恩过阳日，逼迫仓卒，自投草野。即日到白水城，谨遣私署散骑常侍王幼，奉笺以闻，并敕州郡投戈释仗，穷池之鱼，待命漏刻，诸乞矜鉴！

温既得降书，便令王幼还报，准他投诚，不加罪责。幼奉令去后，果见李势面缚舆榇，趋至军门。还有李福李权等十余人，也随同前来。温开营纳降，令势入见，当即释缚焚榇，以礼相待。随将李势等送往建康，所有汉司空谯献之等，仍用为参佐，举贤旌善，蜀人大悦。惟汉尚书仆射王誓，镇东将军邓定，平南将军王润，将军隗文等，复纠众拒温。温与袁乔周抚等，分头扑灭，阵斩王誓王润，惟邓定隗文遁去。温留成都三十日，振旅还江陵，留益州刺史周抚，镇守彭模。既而邓定隗文，复入据成都，迎立故国师范长生子范贲为帝，捏造妖言，煽动蜀境。蜀人多半趋附，也猖獗了一两年。嗣经益州刺史周抚，引兵往剿，围攻多日，方得破入成都，擒斩范贲等人，蜀土复平。李势到了建康，受封为归义侯。总计李氏据蜀，自特为始，至势被灭，共得六世，凡四十六年。势居建康十二年乃死，小子有诗叹道：

笮桥一败蜀中休，面缚迎降也足羞。

试问十年天子贵，何如百世作诸侯？

温既平蜀，晋廷论功行赏，拟封温为豫章郡公。忽有一人出来谏阻，欲知他姓甚名谁，容待下回再表。

本回叙桓温之发迹，以及桓温之建功，当其时头角不凡，英才卓荦，固俨然一忠臣子也。杀江彪而报父仇，无惭孝义，轻殷浩而加鄙薄，不愧灵明。至引兵伐蜀，一鼓荡平，举四十六年之蜀土，重还晋室，此固庾冰庾翼之所不能逮，何充司马昱之所未及料也。假令功高不伐，全节终身，即起祖逖陶侃而问之，亦且自叹弗如。乃中外方称为英器，而刘惔独料其不臣，天未祚晋，惔不幸多言而中。盖古来之奸雄初起，如曹操司马懿辈，未有不先自立功，而继成专恣者，温亦犹是也，而惔之所见远矣。

第五十回

选将得人凉州破敌　筑宫渔色石氏宣淫

却说晋廷议加封桓温，将给豫章大郡。有一人出来梗议道："温若复平河洛，试问将赏他何地？"朝臣相率注视，乃是尚书左丞荀蕤，一时瞠目结舌，不知所对。于是改封温为临贺郡公，兼征西大将军，开府仪同三司。加谯王无忌为前将军，袁乔为龙骧将军，封湘西伯。自从温平蜀后，威名大盛，震动朝廷。会稽王昱，也不禁畏忌起来，乃引殷浩为心膂，阴欲抗温。浩方因父忧去职，扬州刺史一缺，由领司徒蔡谟摄任。至浩已服阕，复起为扬州刺史，兼建武将军，参预政权。秘书丞荀羡，即尚书左丞蕤弟，少有令名，浩特荐为征北将军，兼义兴太守。未几，又迁任吴国内史。所有桓温奏请，浩与羡尝互相抗议，酌量驳斥。看官试想！这时候的桓元子，温字元子，见前回。威势方隆，怎肯受制浩羡？不过因国无他衅，勉强容忍，心下实已是衔恨了。暗伏下文。

故丞相王导从子羲之，识见旷达，素有清名，表字叫作逸少，与导子王悦、湛子王承，皆以年少见称，时号为王氏三少。太尉郗鉴，尝使门生至王导府中，选择女夫，导令往就东厢，遍览子弟。门生览毕自归，向鉴复报道："王氏诸少并佳，但听到择婿二字，各自矜持，反至拘谨，独一人在东床袒腹，饮食自如，恍若不闻，此子应算是王氏翘楚了。"鉴惊喜道："佳婿佳婿，我当访明确实，即与联姻。"后来探知袒腹王郎，便是羲之，当即将女许嫁。羲之生平，最工书法，尤长隶书，相传羲之笔势，飘若浮云，矫若惊龙。先是魏太傅钟繇，以善书闻，繇曾孙女琰，颇得祖传，能文工书，嗣嫁与晋司徒王浑为妻，礼仪法度，为中表则，又与浑弟湛妻郝氏，和好无间。琰为世家，未尝挟贵陵郝。郝出卑族，未尝因贱谄琰，当时称为钟有礼、郝有法。古人最重妇德，所以钟夫人的文字，反搁起不提。钟女往适卫家，为故太子洗马卫玠母。玠祖卫瓘，善草书，父卫恒，善草隶书，因此卫氏子女，俱工书法。恒有从妹名铄，曾适太守李矩，笔法高妙，冠绝一时，时号为卫夫人。羲之家世琅琊，与王浑系出晋阳，虽是同姓不宗，但因伯叔通籍，当然与王卫二家，互相往来。羲之少时，素慕钟繇书法，后得卫夫人笔迹，仿佛钟繇，才知她辗转传授，学有渊源，因即师事卫夫人，亲承指示，遂臻绝技。插入此段，叙明魏晋字学真传，且将钟郝礼法，及卫夫人墨技，亦就此补叙，借古以讽今也。初出为秘书郎，旋为征西长史，累迁宁远将军。殷浩雅重羲之，复引为护军将军。羲之固辞不允，复求外调，乃命为右军将军，会稽内史。羲之既至会稽，闻浩与桓温不协，贻书劝浩，略称内外和衷，然后国家可安。浩私心未化，怎肯遽纳嘉言？因此内外嫌隙，越积越深。惟温素轻浩，虽然挟嫌，却瞧浩不起，以为容易捽去，倒不如再行图功；等到河洛平定，那时威震四海，就是皇帝老子，也在掌中，还怕甚么殷浩呢？

是时，凉州牧张骏病殁，由世子重华嗣位。骏本誓守臣节，不愿称王，惟境内都以凉王相呼。到了晚年，分境地为二十三郡，始自称大都督大将军，假摄凉王，置百官，建旌旗，私拟王制，越年即殁。永和元年。重华自称凉州牧，假凉王，尊嫡母严氏为太王太后，生母马氏为王太后，轻赋敛，除关税，省园囿，赈贫穷，居然有宽仁气象。惟因赵主石虎，比晋为强，恐不免乘丧入犯，所以遣使报丧，先赵后晋。偏石虎不讲道理，一味蛮横，既闻张骏去世，嗣子重华，年未及冠，便道是机不可失，乐得兴兵图凉，略定河西。当下令将军王擢，引兵袭武街，擒去守将曹权胡宣，再遣将军麻秋，为凉州刺史，进攻金城，胁降太守张冲，凉州大震。

重华亟使征南将军裴恒，统率境内全军，出御赵兵。恒行次广武，逗留不进。凉州司马张耽，进白重华道："臣闻国以兵为强，兵以将为主，将有优劣，关系存亡，所以燕任乐毅，几下全齐，及骑劫代将，立失七十余城，可见是将难轻任呢。今朝士举将，多推宿旧，臣独谓未尽合宜。试想，汉举韩信，齐用穰苴，吴用吕蒙，何尝是任用旧将？但教才足专阃，便可委任。今强寇在郊，诸将不进，人情骚动，国势岌岌，若再不另擢良将，主持军务，如何能却敌安民？臣见主簿谢艾，文武兼长，晓明兵略，若授彼斧钺，使彼专征，必能折冲御侮，歼除丑类，请殿下勿疑。"张耽不愧荐贤。重华听了，即召艾入询方略。艾答道："汉耿弇不欲以贼遗君父，蜀黄权愿以万人当寇，今殿下委心用臣，臣愿假兵七千人，自足扫贼。王擢麻秋，怕他甚么？"重华大喜，即授艾为中坚将军，使统步骑五千人，出击麻秋。

艾拜命即行，道出振武，正值天暮，乃择地安营。到了夜半，有二枭飞止营帐，鸣声聒噪。艾闻声遽起道："六博得枭，便是胜兆。今枭鸣帐上，胜敌无疑。"这是借枭鸣以作士气，并非真寓胜兆。说着，即令部众齐起，埋锅造饭，饱餐一顿。不待天明，便拔寨前进，衔枚疾走，直逼赵营。赵将麻秋，因连日不得一战，懈怠元备，尚是高枕卧着，哪知营外鼓角乱鸣，一彪军奋勇杀到。待至麻秋惊起，垒门已被捣破，赵兵身不及甲，马不及鞍，又兼腹中饥饿，如何支持？眼见是弃营四散了。麻秋也跨马遁去，幸全性命。凉州兵乘势追杀，斩首五千级，天已大明，才收军退回。重华闻捷，大喜过望，即封艾为福禄伯，待遇甚隆。偏贵戚豪门，互嫉艾功，交相谮毁，乃出艾为酒泉太守。功臣之难处如此。石虎闻谢艾被斥，又遣麻秋进攻大夏，大夏护军梁式，执住太守宋晏，举城降秋。秋胁晏作书招降宛戍都尉宋距，距扯毁来书，逐出来使。秋得报大怒，麾众往攻。宋距自知不敌，向秋遥语道："辞父事君，当立功义，功义不立，当守名节。距宁为主死，不敢偷生。"说毕，即先杀妻子，然后自刎，戍卒皆散。秋遂移兵进攻枹罕，晋阳太守郎坦，谓枹罕城大难守，拟弃去外城。武城太守张悛道："不可不可。外城一弃，众心摇动，内城亦不能守了。"宁戍校尉张璩，赞成悛议，固守大城。秋屡攻不下，调集兵士八万人，把枹罕城四面围住，上架云梯，下穿地道，仰攻俯凿，日夕不休。张璩随方守御，用炬毁梯，用土塞穴，击毙赵兵甚多。赵复遣刘浑率兵二万，来助麻秋。张璩仍婴城死守，独郎坦恨己言不用，密嘱弁目李嘉，潜引赵兵千余人，乘夜登城。亏得璩防备甚严，立率诸将力战，杀退赵兵，斩获三百余人，且查出李嘉奸谋，诛嘉徇众。一面佯为嘉使，出诱赵兵，乘隙纵火，毁去赵兵攻具。麻秋刘浑，没奈何退回大夏。张璩功绩，不亚谢艾，可惜郎坦未闻加诛。

石虎闻秋等败回，再遣中书监石宁，为征西将军，率领并司二州兵二万余人，会同秋等，再攻凉州。重华使部将宋秦，统兵堵御。秦畏赵势盛，反驱民二万户降赵，赵兵长驱直进，警报飞达重华，几与雪片相似。重华惶急非常，只好再召酒泉太守谢艾，使为军师将军，率骑兵三万人，往堵临河。艾乘轺车，戴白帽，鸣鼓进行，到了临河前面，遇着赵将麻秋，带着大队，截住途中，他便叫过裨将张瑁，密嘱秘计，瑁奉命自去。艾乃乘车径出，直呼麻秋答话。秋见艾冠服雍容，神情闲暇，不由的大怒道："艾一年少书生，身临大敌，乃敢这般闲雅，这明明是轻我呢。我与他有什么攀谈，但杀将过去，擒住了他，便好进捣凉州了。"遂督黑矟龙骧军三千人，鼓勇突阵。艾将李伟，见赵兵踊跃过来，忙请艾退回阵内，易车乘马。就是艾众，亦俱有惧容，惟艾不慌不忙，容色自若，反令左右移出胡床，索性下车坐着，指挥军士，站立两旁，不准妄动。秋率赵兵驰至，距艾坐处，不过丈许，便令军士呐喊起来，响声震彻山谷，艾似不见不闻一般，仍然端坐。镇定如此，才足为将。秋不禁动疑，戒兵轻进，但呆呆的瞧艾举动。艾令左右大呼道："麻秋何不进兵？"呼声愈急，秋愈不敢进，猛听得赵兵阵后，喊声大振，秋回头一顾，见凉州兵绕出后面，慌忙还救。艾见秋退去，却上马麾军，并力追击，并下令军前，能擒斩麻秋，立加重赏。部众已经放胆追杀，更兼望赏心切，统不管死活，向秋进蹑；再加凉州将张瑁，在赵军后队杀入，两下夹攻，大败赵兵。秋从斜刺里逃去，凉州兵将，怎肯舍秋，只管前追。秋将杜勋汲鱼，返身拦阻，被凉州将围裹拢来，一阵乱砍，杀死两人。秋得了两个替死鬼，一溜风的奔往大夏去了。

艾得此大捷，检点俘馘，约得一万三千名，当然返报。重华进艾为左长史，封邑五千户，赏帛八千匹。才阅两旬，麻秋又与石宁王擢等，集兵十二万，分道进攻。重华以寇众大至，拟亲出拒敌，艾极力谏阻，从事索遐，亦进谏道："一国主君，不应轻动，左长史谢艾，屡建奇功，足当大任，殿下但居中作镇，委艾御贼，已破贼有余了。"重华乃使艾持节，都督征讨诸军事，行卫将军，遐为正军将军，率二万人出拒赵兵。艾建牙誓众，适有西北风吹至，飘动旌旗，尽指东南。遐喜语艾道："风为号令，今使旗帜俱指东南，正天令我破贼哩。"也是鼓动士气之言。艾亦大悦，进次神乌，正值赵将王擢前锋，便驱众痛击，擢等败遁。艾又进击麻秋，斩首千余级，俘二千八百人，获牛羊十余万头，秋遁还金城。石虎屡接败报，不禁长叹道："我帅偏师定九州，所向无敌，今用九州兵力，出攻枹罕，反为所困，可见凉州有人，未可轻图呢。"遂无心西略，专事游畋。

太子宣亦日兴土木，使人四伐大树，充作宫材，役夫数万，吁嗟满道。领军王朗，据实白虎，请下禁令，为宣所恨。会星象告变，荧惑守房，宣使太史令赵揽进言道："房为天王，今为荧惑所守，必主祸殃，请陛下移祸贵臣，方可禳灾。"虎问何人可当此祸？揽答道："无如王领军。"虎踌躇道："此外尚有何人？"揽想了多时，便将中书监王波，对答出去。想是与波积有仇恨。虎乃下诏收波，追论波前议楛矢罪，楛矢事，见四十七回。把他腰斩，并杀波四子，投尸漳水，嗣复悯波无辜，追赠司空，封波孙为侯。虎第五子鉴，封义阳公，出镇长安，旋复令鉴弟乐平公苞，代鉴出镇，修治长安未央宫，又发诸州工役二十六万人，往缮洛阳宫阙，再使各州民出牛二万余头，配朔州牧场，增置女官二十四等，诸公侯七十余国，皆令置女官九等。凡民女二十以下，十三以上，概令应选，充作女官。郡县有司，仰承意旨，务求美色，往往夺人妻女，多至三万余名。太子及诸公，又私自采访，强取至万余人。这四万妇女，驱至邺中，虎临轩简选。多是妙年韶秀，袅袅婷婷，不由的心花怒开，盛称采择得人，赏功封爵，计得十有二侯。当下按第分派，与众同乐，自己仗着一种虎力，糟蹋民妇，日夜不休。哪知义夫烈妇，不肯应命，或被杀，或自尽，已是不可胜计。河南人民流叛略尽，虎又坐罪守令，说他不善抚绥，下狱论死，共五十余人。金紫光禄大夫逯明，当面切谏，虎叱武士，将明拉死。自是朝臣杜口，莫敢发言。尚书朱轨，与中黄门严生未协，生屡思构陷，会值霪雨连绵，道路泞陷，生遂谮轨不修道途，讪谤朝政。虎当然动怒，收轨系狱。冠军将军蒲洪，上书直谏道：

> 臣闻圣王之御天下也，土阶三尺，茅茨不翦，食不累味，刑措而不用。亡君之驭海内也，倾宫琼台，象箸玉杯，截胫剖心，脯贤刳孕，故其亡也忽焉。今陛下既有襄国邺宫，足康帝宇，又修长安洛阳宫殿，将何以用之？盘于畋游，耽于女色，三代之亡，恒必由此；而忍为猎车千乘，环数千里，以养禽兽，夺人妻女数万口，以充后宫，圣帝明王之所为，固若是乎？尚书朱轨，纳言大臣，今以道路不修，将加酷法，此自陛下德政失和，阴阳灾沴，天降霪雨，七日乃霁，霁方二日，虽有鬼兵百万，亦未能去道路之涂潦，而况人乎？刑政如此，其如史笔何？其如四海何？愿止作徒，罢苑囿，出宫女，赦朱轨，以副众望，则天下安而国祚自永矣。伏乞明鉴施行！

虎览书不悦，惟畏洪强直，却也不敢加罪，为罢洛阳长安诸工役，但仍不肯赦轨，竟处死刑。一面聚敛金帛，贪多无厌，悉发前代陵墓，掘取宝货。沙门吴进白虎道："国运将衰，晋当复兴，宜苦役晋人，镇压戾气。"虎乃使尚书张群，发近郡男女十六万人，车十万乘，运土至邺城北隅，筑华林苑。沿苑遍筑长墙，广袤数十里。是年八月，天大雨雪，积地三尺，役夫冻毙至数千人。赵揽申钟石璞等，上言："天文错乱，百姓凋敝，宜停止工役。"虎大怒道："我筑苑墙，干天甚事？就使阴至天谴，但得苑墙朝成，我虽夕死，也无遗恨。"遂促张群连夜赶造，四围燃烛，光同白昼，筑三观，辟四门。三门通漳水，皆用铁屏为障，忽遇暴风大雨，涨水丈余，漂没至数万人。扬州献黄鹄五雏，颈长一丈，声闻十余里，虎令游泳池中，俄化为龟，因号池为玄武池。此外，郡国牧守，先后献入苍麟十七头，白鹿七头，虎命司虞张昌柱，管驭麟鹿，驾以芝盖，每遇朝会，即将麟鹿站立殿庭，侈然有百兽率舞的意思。已而令太子宣出祀山川，为祈福计。虎不畏天，何需祈福？宣驾着大辂，羽葆华盖，建天子旌旗，前呼后拥，戎卒至十八万，出金明门，虎在后宫登凌霄观，遥见宣仪容煊赫，甲仗如林，便掀髯笑语道："我家父子，如此威武，若非天崩地塌，尚有何忧？我但当抱子弄孙，自求乐趣便了。"仿佛梦呓。

宣借祷祀为名，沿途驻足，辄列长围，驱逐禽兽，至暮皆集行幄，文武官吏，或跪或立，环绕幄外，烽炬连宵，照彻百里。夜间犹令劲骑驰射，自与姬妾乘辇临观，欢娱忘返，必至兽尽乃止。所过三州十五郡，有司供张，穷极珍奇，历年积储，皆无孑遗。及还邺复命，虎复命秦公韬继出，自并州至秦雍，亦与宣行径相似，宣本已忌韬，又闻韬与己匹敌，格外生嫌。宦官赵生，得宣宠幸，遂劝宣谋韬。宣性暴戾，往往与虎面谈，亦有傲色，虎尝谓悔不立韬，韬闻言益骄，宣恨韬及虎，隐起杀心。可巧韬在府第中筑起一堂，取名宣光殿，梁长九丈，宣当然闻知，引众往视，斥他逾制，斩匠截梁，悻悻而去。韬亦怒甚，重加修筑，增至十丈。宣乃与力士杨柸，及幸臣赵生牟成道："凶竖傲愎，敢违我命，汝等如能杀却，我当将韬所有国邑，分给汝等。且韬既杀死，主上必亲临韬丧，我乘此得行大事，当无虑不济了。"柸等应声道："殿下所委，敢不敬从。"宣因此大喜，便令柸等伺隙行事，要做出一种逆天害理的行为来了。小子有诗叹道：

到底豺狼种祸苗，一波才了一波摇。
东宫兴甲成常事，险衅都缘乃父招。

欲知宣如何逞谋，试看下回便知。

石虎以九州兵力，不能制一凉州，虽敌有谢艾，智力过人，而石赵之势，已衅浸衰，所谓强弩之末，势不能穿鲁缟者也。虎尚不少悛，反且大筑宫室，妄戮谏臣，甚至夺民妇数万人，驱入邺中，自淫不足，反导子弟尽为淫人，是亦安望有贤子弟耶？虎子邃阴谋弑父，为虎所杀，别立邃弟宣为太子。宣建天子旌旗，出祀山川，是其心目中已无君父。虎不加禁止，反有喜色，是明明纵子为恶，与人何尤？至悔不立韬，盖已晚矣！虽然，如虎之淫暴，而使其有令子，是善不足劝，而恶不必惧也，虽曰乱世，岂真无天道哉？

第五十一回

诛逆子纵火焚尸　责病主抗颜极谏

却说赵太子石宣谋害弟韬，并欲弑父，因恐计不得逞，往访高僧佛图澄，及与澄相见，并坐寺中，又不便直达私衷，但听塔上一铃独鸣，宣乃问澄道："大和尚素识铃音，究竟主何预兆？"澄答道："铃音所云，乃是'胡子洛度'四字。"宣不禁变色道："什么叫作胡子洛度？"究竟心虚。澄不好直答，诡词相对道："老胡为道，不能山居无言，乃在此重茵美服，这便叫做洛度呢。"说着，正值秦公韬徐步进来，澄起座相迎，待韬坐定，只管注目视韬。韬且惊且问，澄答道："公身上何故血臭？老僧因此疑视。"隐语。韬周视衣襟，毫无血迹，免不得又要诘问。澄只微笑不答。宣虑澄察泄秘谋，遂邀韬同行，辞澄出寺去了。

越宿由石虎遣人召澄，澄即入见，虎语澄道："我昨夜梦见一龙，飞向西南，忽然坠地，不知吉凶何如？"澄应声道："眼前有贼，不出十日，殿东恐要流血，陛下慎勿东行。"虎素来信澄，倒也默然无言。忽见屏后有一妇人趋出，娇声语澄道："和尚莫非昏耄么？宫禁森严，怎得有贼？"澄见是虎后杜氏，便微笑道："六情所感，无一非贼，年既老耄，还属无妨，但教少年不昏，方才是好哩。"已经说出后事，可惜愚妇无知。已而遇秋社日，天空有黄黑云，由东南展至西方，直贯日中，及日向西下，云分七道，相去约数十丈，幻成白色，如鱼鳞相似，历时乃灭。韬颇解天文，顾语左右道："天变不小，恐有刺客起自京师，未知由何人当灾哩。"是夕，韬与僚属会宴东明观，召令乐工歌伎，弹唱侑酒。宴至半酣，不觉长叹道："人生无常，别易会难，诸君试畅饮一觥，各宜使醉，须知后会有期，应该乘时尽兴哩。"说至此，竟泫然涕下。死兆已见！大众听了，都不禁骇异，惟见韬涕泗横流，也不禁触动悲怀，相率欷歔，都非佳象。到了夜半，众皆别去，韬趁便留宿佛寺中。

哪知事出非常，变生不测，仅越半夜，好好一个石家主子，竟变做血肉模糊的死尸。天已大明，寝门尚闭，韬有侍役，怪韬高卧不起，撬户入视，已是腹破肠流，手断足折，倒毙在寝榻前。旁有刀箭摆着，也不辨是何人所置，何人所杀，当下慌乱无措，不得已着人飞报。偏宫中已经得知，赵主石虎，正闻变惊恸，晕倒床上。宫人七手八脚，环集施救，好容易才得救醒，尚是悲号不止。究竟由何人先去报闻？查将起来，乃是赵太子石宣。应该由他先知。虎号哭多时，便拟亲往视丧。时百官已俱入请安，闻虎命驾将出，各欲扈从前去。独司空李农进谏道：“害死秦公，未知何人，臣料是衅起萧墙，危生肘腋，陛下不宜轻出，当速缉凶手，毋使幸脱。”虎得农言，猛然记起佛图澄语，不由的顿足叹息道：“是了是了。究竟和尚通灵，朕到此才能觉悟呢。”遂停止不行。一面饬卫士戒严，一面派官吏治丧。太子宣驾坐素车，引东宫兵千人，往视韬殓，使左右举衾观尸，仔细一瞧，反呵呵大笑，掉头自去。实是一个莽汉，若使韬知预防，何至被杀。还至东宫，将委罪韬吏，命收大将军记室参军郑靖尹武等人。韬曾为车骑大将军。

偏是恶报昭彰，难逃冥谴，有一东宫役吏史科，向石虎处讦发阴谋，虎始知祸由太子，气得两目咆哮，无名火高起三丈，亟命左右往召太子宣。宣不敢径往，中使诈称奉杜后命，叫他进去。宣还道是另有密商，因即入省，甫进宫门，便有人传着虎谕，把宣驱入别室，软禁起来。那时杨柸牟成赵生等，已闻风出走，生稍迟一步，致被卫士拘住，交与刑官拷讯。生无可抵赖，始供称杀韬情迹，实由杨柸等隐受宣嘱，伺韬留宿寺舍，夜用猕猴梯架墙，逾垣入室，因得逞凶。这供词呈将进去，虎不瞧犹可，既已瞧着，大呼：“了不得，了不得。”便命将宣移禁席库，更用铁环穿通宣颔，锁诸柱上，且作数斗可容的木槽，中贮尘粪土饭，迫使宣食，仿佛似猪狗一般。一面取入杀韬刀箭，见上面尚有血痕，便伸舌吮舐，且舐且泣，哀声震彻内外。徒哭何益？百官俱入内劝解，哪里禁遏得住？大众无法可想，只好往请佛图澄，前来解免。澄当然驰至，见了石虎，说出一番前因后果，稍得令虎止哀。惟虎即欲加宣极刑，澄复谏道：“宣与韬皆陛下子，今宣杀韬，陛下又为韬杀宣，是反变成两重祸祟了。陛下今日，诚使息怒加慈，福祚尚保灵长，可延六十余年，若必欲诛宣，恐宣魂当化为彗星，将来要下扫邺宫呢。”这是何因何果？可惜尚未说明。虎执意不从，待澄趋退，便令左右至邺城北隅，堆积薪柴，就柴堆上竖一标竿，竿上架着辘轳，两端穿绳，悬垂上面，当下把宣牵就柴上，用绳系住。并使韬平时宠幸二阉，一叫郝稚，一叫刘霸，拔宣发，抽宣舌，斫宣目，刳宣肠，断宣手足，然后将宣尸用辘轳绞上，挂诸天空，下面纵火焚薪，薪燃火盛，烟焰冲天，不到半时，已将宣尸烂焦，如燔如炙，好一个烧烤。及绳被毁断，尸复下坠，立成灰烬。这是何刑？最可怪的是暴主石虎，挈领宫妾数千人，共登高台，瞭望火所，看它燔灼。莫非是看放焰火么？至火已垂灭，再令检出尸灰，分置诸门交道中，并收宣妻子二十九人，一并杀死。究竟是虎狼性格，名不虚传。宣有幼儿，年才数岁，伶俐可爱，虎不忍加诛，抱置膝上，向他垂涕。儿亦啼哭道：“这非儿罪。”虎欲赦儿不诛，偏秦府属吏，定请并诛此儿，看虎恋恋不舍，竟向虎膝上牵夺。儿揽住虎衣，狂叫痛号，甚至带绝手脱，始被猛掷出去，蹋跶一声，登时断命。虎掩面入宫，敕废宣母杜氏为庶人，诛东宫僚属三百人，阉寺五十人，统皆车裂支解，弃尸漳水，洿东宫以养猪牛。还有东宫卫卒十余万人，全体谪戍凉州。太史令赵揽，已迁任散骑常侍，前曾入白道：

"宫中将有变乱，宜豫备不虞。"及虎既杀宣，疑揽预知宣谋，独不实告，亦勒令处死。可为王波泄恨。贵嫔柳氏，系尚书柳耆长女，才色俱优，耆有二子尝侍直东宫，为宣所宠，此时已共诛死。虎复令柳女连坐，逼使自尽。既而追念柳氏姿容，未免生悔，幸柳氏尚有一妹，在家待字，便饬左右驱车接入，就在芳林园引见。细瞧芳容，不亚乃姊，就下座掖入寝床，令做乃姊替身，恣情淫狎，不消细说。姊妹花并堕虎口，死者固已矣，生者亦去死无几。

过了匝月，虎复议册立太子，太尉张举道："燕公斌有武略，彭城公遵有文德，惟在陛下自择。"虎答道："卿言正合我意。"语尚未终，偏有一人闪出道："燕公母贱，又尝有过，彭城公与前太子邃同母，母郑氏已经坐废，怎得再立她次子？还请陛下三思！"虎闻言瞧着，发言的系戎昭将军，就是前掳刘曜幼女的张豺。曜女安定公主，掳入赵宫，得虎宠爱，小子在前文中，已曾叙过，至此生有一子，取名为世，已有十龄，豺因虎年长多疾，意欲立世为嗣，俟虎死后，世母刘氏为太后，必感豺德，令他辅政，所以特地进言，阴图逞志。果然虎为所动，沉吟多时，不答一言。豺乘机说虎道："陛下再立储宫，母皆倡贱，不足服众，所以祸乱相寻，今宜自惩前辙，必须母贵子孝，方可册立，免再生患。"虎爽然道："卿且勿言，朕已悟卿意了。"豺乃趋出。越宿由虎召集群臣，面加晓谕道："朕欲取纯灰三斛，自涤心肠，何故专生恶子？年过二十，便欲弑父，今少子世年方十岁，待他及冠，我已老了，就使世再不肖，也不至为我所见哩。"但期保全首领，也是无聊之思。道言未绝，即由太尉张举，司空李农，同时应声道："臣等愿奉诏立齐公。"原来齐公是世封爵，臣下不便直呼世名，因以齐公二字相代。农既倡议，大众便附和一辞，独大司农曹莫无言。张李二人，又谓应完备手续，先由公卿联名上疏，请立世为太子，及疏已草就，莫复不肯署名。虎使张豺问明莫意，莫答道："天下重器，不应立少，故不敢署名。"虎闻言叹道："莫为忠臣，可惜未达朕旨。惟张举李农，能体朕心，可转示委曲，免得误会。"举与农应命谕莫，相偕退去。虎遂立世为太子，进世母刘氏为皇后，命太常条攸为太子太傅，光禄勋杜嘏为太子少傅，并嘱使朝夕箴规，毋令太子再蹈前愆。何济于事？

又阅两月，虎在太武前殿，大飨百僚，佛图澄亦至。酒阑席散，澄起座告辞，褰衣行吟道："殿乎殿乎？棘子成林，将坏人衣。"吟毕自去。虎料澄语必有因，即令左右发殿下石，果有棘子丛生，立命拔去。哪知佛图澄所说的棘子，并不是真棘子，乃是一个棘奴。棘奴究是何物？看官不必急问，待至下文，自当说明。是作者用笔狡狯处。惟佛图澄还至佛寺，环视佛像，欷歔太息道："可怅可恨，不得长此庄严。"嗣复自作问答，先发问道："可得三年否？"答言："不得。"又问："可得二年么？一年么？百日么？一月么？"答言："不得，不得。"随即默然。返入禅房，弟子法祚等，见澄自说自话，多不可解，便随澄入问玄妙。澄乃明语道："今年岁次戊申，祸机已萌，明年己酉，石氏当灭，我尚在此干甚么事，不如去罢。”法祚又问道：“当去何地?”澄仍作隐语道：“去！去！自有去处。”法祚等不敢再问，方才趋退。仅隔一夕，便遣徒侣往辞石虎道：“物理必迁，身命难保，贫僧化期已及，不能再延，素荷恩遇，用敢上闻。”虎怆然道：“昨尚无疾，今乃使人告终，岂不可怪?”便命驾自往省视，见澄形态如故，益加惊疑。澄微哂道：“出生入死，乃是常理。人命短长，定数难逃。但道重行全，德贵勿怠，道德无亏，虽死犹生，否则生不如死。贫僧死期已至，自思生平尚无大过，死亦何妨。不过国家心存佛理，建寺度僧，本宜仰蒙天祐，奈何政事猛烈，淫刑酷滥，显违圣典，隐悖法戒，如此过去，怎能得福?若亟降心易虑，惠以下民，那时国祚永长，道俗庆赖，僧虽就尽，可无遗恨了。”见道之意，非常僧所能道。虎似信非信，支吾半晌，便即退回。

先是虎为澄先造生墓，至是因澄言将死，又为凿圹营坟。约阅旬余，澄竟圆寂，坐化禅林。百官并往视殓，即将澄平时所用锡杖银钵，纳置棺中，移葬圹所，更由虎命为澄立祠，适天久不雨，陇土尽裂，虎诣澄祠虔祷，便有二白龙降下，引沛甘霖，泽遍千里。嗣有沙门从雍州来，曾见澄西入关中，及行至邺下，与僧侣晤谈，两不相符，彼此诧为奇事。又有郭门守吏，听得沙门传语，也猛忆前事，谓：“澄曾携一履出城，当时疑为目眩，今又由沙门相见，莫非真在人间，确是未死。”为此两人语言，遂至传遍邺中，连石虎亦有所闻，暗生惊异，遂命石工掘墓启视，说也奇怪，棺中只有一履，并无澄尸，惟多了一石。工人当即飞报，石虎且惊且恨道：“朕姓石，便是朕埋石棺中，莫非朕将死了么?”嗣是闷闷不乐，坐卧徬徨。尝见已死诸子孙，环立坐隅，不由的毛发森竖，悲悔交并，因此饮食无味，形体渐羸。蹉跎过了残冬，便是赵天王建武十五年的元旦，晋永和五年。虎疾少瘳，自恐余生有限，不如僭称帝号，借以自娱，乃命在南郊筑坛，即位称帝，改元太宁。诸子进爵为王，百官各增位一等，颁制大赦。惟前东宫卫卒等万余人，谪戍凉州，不在赦例。见上文。

卫卒中有一队长，呼做高力督，姓梁名犊，本来有些膂力，此时遇赦不赦，当然生怨；就是一班卫卒，也共抱不平。犊得乘隙煽动，聚众为乱，自称晋征东大将军，攻陷下辩，胁雍州刺史张茂为大都督，连拔秦雍间城戍，戍卒多半依附。进至长安，有众十万人。乐平王石苞，为长安镇帅，尽锐出战，反为所败，不得已回城固守。犊遂率众出潼关，趋洛阳。赵主石虎，忙命李农为大都督，行大将军事，统率卫军将军张贺度，征西将军张良，征虏将军石闵等，麾兵十万，出拒新安。犊众都挟着一种怨气，拚死前来，虽然兵甲不整，却是一可当十，十可当百。李农麾下，人数与犊众相等，只是气势不敌，一战败绩，再战又败，没奈何退保成皋。犊又东掠荥阳陈留诸郡，声焰大张。石虎惧甚，旧疾复发，再令燕王斌为大都督，与冠军大将军姚弋仲，车骑将军蒲洪，合兵讨犊。

弋仲入朝求见，虎适卧床养疴，传令免谒，但引弋仲至领军省，赐给御食。弋仲怒说道："国家有贼，令我出击，主上理应面授方略，才可破贼，今乃徒赐我御食，难道我来乞食么?"说至此，即欲趋归。当有人报知石虎，虎乃力疾传见，弋仲抢步进去，怒尚未息，既见虎面，便大声诋虎道："为儿生愁么？何故致病！有儿不教，纵使为逆，因逆加诛，还愁什么？我想汝病已久，反立幼儿为储，万一不测，天下必乱，汝先当忧及此事，贼尚不足忧哩。犊等穷困思归，相聚为盗，所过残虐，已失民心，我老羌当为汝出力，一举平贼。"看他口吻，仿佛《水浒传》中的李逵。虎听他出言不逊，也觉生忿，但因乱事日亟，要靠他出兵平乱，只好含忍三分。且弋仲素性戆直，到了气急时候，往往不顾尊卑，但呼汝我，事成惯例，更不足责。所以虎耐着性子，嘱令旁坐，面授弋仲为征西大将军，特赐铠马。弋仲并不称谢，唯起座申语道："汝看我老羌能破贼否?"说着，即取铠披身，跨鞍上马，就中庭驰骋数周，乃扬鞭一挥，跃马自去。却是爽快。虎又气又笑，静待报命。

约过旬日，便得弋仲捷报，在荥阳大破犊众，已而捷音复至，将犊擒斩，扫平余党。虚写以省笔墨。虎传旨褒功，封弋仲为平西郡公，履剑上殿，入朝不趋。蒲洪为侍中车骑大将军，都督秦雍诸州军事，领雍州刺史，封略阳郡公。弋仲等尚未回邺，虎病已日深一日，因授彭城王遵为大将军，使镇关右。燕王斌为丞相，录尚书事。张豺为镇卫大将军，并受遗诏辅政。独刘后心下不悦，密召张豺入商，意图害斌，免为后患。豺即为定谋，遣使给斌道："主上疾已渐愈，王若留猎，尽可自便。"斌本好猎嗜酒，得了此谕，乐得朝畋暮饮，流连数日。刘后遂与张豺发出矫诏，谓斌藐视父疾，不忠不孝，勒令免官归第；且使豺弟雄领龙腾军五百人，逼斌入室，严加管束。彭城王遵，时在幽州，奉诏至邺，刘后不令入省，但饬在朝堂受拜，即发给禁兵三万，遣往关右。遵涕泣而去。石虎全未预闻，因病得小瘥，勉强起床，出问遵已到否？左右答言去已两日，虎愠道："奈何不使见我?"说罢，复亲临西阁，见有龙腾中郎两军将士，环拜前面，约有二百余人。虎问他有何乞请？大众哗声道："圣体不安，宜令燕王入值宿卫，监制兵马。"还有几个随后续陈："请改立燕王为太子。"虎惊疑道："燕王尚未到京么?"左右诈言燕王病酒，不能入朝。虎又道："可持辇迎入，当付玺绶。"左右虽然答应，却是阳奉阴违，并未往迎。虎无力支撑，竟至头晕心摇，使左右掖还寝宫。张豺竟令雄矫诏杀斌，入报刘后。刘后大喜，擅命豺为太保，都督中外诸军，录尚书事。侍中徐统，自语亲属道："大乱将作，我若再生，恐反遭夷灭了，不如早死为佳。"遂仰药自杀。邺宫内外，方无故自扰，那穷凶极恶的赵石虎，已不省人事，晕绝数次，结果是两眼一翻，两足一伸，呜呼毕命了。小子有诗咏道：

如此凶人得善终，上苍降鉴似非聪。
待看国乱家屠日，才识天心本大公。

虎既毙命，应由太子世入嗣，究竟有无乱端？容至下回续表。

石邃既诛，又有石宣，遣人杀弟，密谋弑父，其恶视邃为尤甚，杀之宜也。但此为石虎淫恶之报，虎不知反省，乃徒以毒刑加宣，令人惨不忍闻。况前诛邃妻子二十六人，至是又诛宣妻子二十九人，骨肉相关，全不体恤。有罪则固诛之，无罪亦并戮之，待子孙尚且如此，何怪他人之灭其子孙乎？厥后信张豺言，舍长立幼，幼子世为刘女所生，刘曜一门，为虎所残，留女以祸石氏，亦一显然之报应也。姚弋仲快人快语，读之可浮一大白。虎尝滥杀群臣，独于出言不逊之姚弋仲，能优容之，并加厚赐。姚氏有昌后之机，固非石虎所能杀，抑亦由虎之隐有疚心，闻姚言而不能无愧欤？石虎祸刘，张豺祸石，一虎一豺，两两相对，大造之巧为播弄，尤足使人称异云。

第五十二回

乘羯乱进攻反失利　弑赵主易位又遭囚

却说赵太子石世，年甫十一，由张豺等拥他即位，尊世母刘氏为太后。刘氏临朝称制，进张豺为丞相，豺面辞不受，情愿让与彭城王遵，义阳王鉴。他恐二王不服，所以有此推荐。刘氏乃命遵为左丞相，鉴为右丞相。豺又与太尉张举，谋杀司空李农，举素与农善，遣人密告，农出奔广宗。豺使举统领宿卫精兵，往围李农，一面授张离为镇军大将军，监中外诸军事，兼司隶校尉，作为己副。邺中群盗四起，迭相劫掠，豺与离不能禁遏，只好紧守宫门，得过且过。

彭城王遵，往诣关右，途次闻丧，乃屯次河内。可巧冠军大将军姚弋仲，车骑大将军蒲洪，安西将军刘宁，征虏将军石闵等，平乱班师，即前回梁犊之乱。与遵相遇，当下同声说遵道："殿下年长且贤，先帝尝欲立殿下为嗣，至晚年昏耄，乃为张豺所误，今女主临朝，奸臣用事，众心未服，京内空虚，殿下若声讨张豺，鼓行东进，哪有不倒戈开门，欢迎殿下哩？"遵欣然相从，即从河内举兵，还指邺都。洛州刺史刘国等，并引兵往会，传檄至邺。张豺大惧，飞召张举还军。举未及归，遵已将到，急得豺形色仓皇，不能不调兵出御。偏都中耆旧羯士，互相告语道："天子儿来奔丧，我辈正当出迎，奈何反随张豺拒守哩？"于是相率逾城，陆续迎遵。豺虽严令禁止，滥加杀戮，终不能止。继闻镇军大将军张离，亦率龙腾军二千，斩关出迎，越吓得手足无措。适宫中有旨传召，只好应命趋入。刘太后向豺泣语道："先帝梓宫未殡，便遇外祸，今上幼冲，国事尽托将军，将军将如何弭乱？现欲加遵重官，未知能撤兵免祸否？"这叫做一厢情愿，豺支吾半晌，说不出一句话儿，唯有唯唯听命。

刘太后乃遣使谕遵，命为丞相，领大司马大都督，统辖中外诸军，录尚书事，并加黄钺九锡，增封十郡。遵不受命，谢绝来使，且进至安阳亭，邺中恟惧。张豺一筹莫展，没奈何硬着头皮，引众往迎。遵面加叱责，令左右将豺拘住，当即贯甲耀兵，自太武门驰入，直登太武前殿，擗踊尽哀，退至东阁，命兵士牵出张豺，至平乐市中枭首，并夷三族。且假传太后令云："嗣子幼冲，为先帝私恩所授，但皇业至重，非幼子所能承受，今当令彭城王遵，入嗣大位，勉绍洪基"云云。遵伪让至三，朝臣依次劝进，乃御殿称尊，照例大赦。废石世为谯王，食邑万户，降刘太后为太妃。未几将刘氏母子，一并鸩死。可怜十一岁的小皇帝，在位只三十三日，冤冤枉枉的送了性命，就是如花似玉的刘太后，享受了数载尊荣，也落得香消玉殒，一命呜呼。富贵原似春梦。遵遂立生母郑氏为太后，妻张氏为皇后，故燕王斌子衍为皇太子，义阳王鉴为侍中太傅，沛王冲为太保，乐平王苞为大司马，汝阴王琨为大将军，武兴公闵都督中外诸军事，兼辅国大将军，录尚书事，下诏罢广宗围，召还张举。李农亦入都谢罪，仍复原官。

遵嗣位仅及七日，邺中暴风拔树，雷雨大作，下雹如盂，水火俱下，毁去太武辉华殿，及宫中府库，所有阊阖诸门观阁，亦尽成灰烬。乘舆服饰，大半被焚，火焰烛天，兼旬乃灭。已而，天复雨血，遍及邺城，时沛王石冲镇蓟，闻遵杀世自立，召语僚佐道："世受先帝遗命，嗣立为君，遵敢擅加废弑，罪大恶极，孤当亲自往讨，可饬内外戒严，克日启行。"于是留宁北将军沭坚，居守幽州，率众五万，由蓟南下，一面传檄燕赵，所至云集。及抵常山，有众十余万，进次苑乡，遇有中使自邺都到来，传示赦书。冲忽变初志，顾语左右道："遵亦我弟，既得定位，我何必再加残害？况死不可追，生宜相顾，得休便休，不如归去罢了。"道言甫毕，部将陈暹闪出道："彭城篡弑自尊，实负大罪，王欲北旆，臣愿南辕，俟平定京师，擒住罪首，然后奉迎大驾，入靖皇宫。"说着，即率部下兵自去。这是石冲的催命鬼。冲见遇前进，倒也不敢中止，只好麾兵随行。途中复接遵使王擢，赍到遵书，劝令罢兵。冲摇首不答，擢乃归报。遵假石闵黄钺金钲，令与司空李农等，统率精兵十万，出拒石冲。两军共至平棘，便即交锋，也是冲命数该绝，不幸碰着逆风，被石闵等顺风痛击，杀得七颠八倒，大败弃逃。冲策马还走，至元氏县，马蹄忽蹶，致为闵军追及，生生擒住。余众一半溃散，一半乞降。闵向遵报捷。遵下诏赐冲自尽，冲当然毕命。闵恐降兵变乱，掘坑诱入，全数活埋，共死三万余名，如此暴虐，怎得善终？乃班师还邺。

遵因石冲已平，不复加虑，独闵入内白遵道：“蒲洪是现今人杰，今领雍州刺史，镇守关中，恐将来秦雍二州，非国家所得复有，还请早图为是！”遵信闵言，遂撤去蒲洪官职，洪因此挟嫌；自领部曲，径归枋头，且遣使降晋。晋征西大将军桓温，已探得赵乱消息，出屯安陆，经营北方。赵扬州刺史王浃，举寿春城归晋。晋命西中郎将陈逵，往戍寿春。还有征北大将军褚裒，也想借此扬威，上表晋廷，请即伐赵，当日戒严，直指泗口。朝议谓：“裒任重责大，不应深入，但宜先遣偏师，为渐进计。”这议案传到京口，裒不以为然，申表固请。略谓：“前遣先锋督护王颐之等，径诣彭城，遍示威信，继遣督护麋嶷，进军下邳，守贼不战自溃，已由嶷安据城池，今宜速发大兵，助成声势。”晋廷乃加裒为征讨大都督，使率众三万人，向彭城进发。河朔士民，闻裒出兵，日来降附。朝野人士，各怀奢望，都说是规复中原，就在此举。惟光禄大夫领司徒蔡谟，引以为忧，尝语亲友道：“此举未足灭胡，就使胡人得灭，反为国家贻患，故我谓不如勿行。”亲友听了，不免疑问，谟复说道：“古来顺天乘时，弘济苍生，拨乱世，大一统，类皆由大圣英雄，方能出此。此外只有度德量力，不可妄动。我看今日时局，欲要平胡，非常材所能办到，必且经营分表，劳民求逞，至才略疏短，终难如愿，那时财已尽了，力已穷了，智勇两困，尚能不忧及朝廷么?”果然事机不顺，竟如所料。

褚裒发兵北进，适有鲁郡民五百余家，起兵来附。裒遣部将王龛李遇，率兵三千，往迎鲁民，行至代陂，正值赵都督李农，带兵二万，南下防戍，龛等无路可避，不得不上前交战。究竟寡不敌众，一场鏖斗，全军覆没。李农进逼寿春，晋将陈逵，恐为所乘，遂焚寿春积聚，毁城遁还。褚裒也不禁胆怯，退屯广陵，表请自贬。何前勇而后怯？有诏不许，但命他还镇京口，免去征讨都督职衔。会河北大乱，遗民二十余万渡河，欲来归附，偏值褚裒退还，无人抚纳，大众流离荡析，死亡殆尽。裒还至京口，沿途只闻哭声，顾问左右，究为何因？左右答道：“代陂覆师，家属犹存，怎得不哭?”裒未免惭愤。还镇未几，即至病终。讣闻晋廷，诏赠侍中太傅，予谥文穆。另迁吴国内史荀羡，持节监徐兖二州，及扬州属郡晋陵诸军事，领徐州刺史。羡年方二十有八，东渡以后诸方伯，羡为最少，这真叫做人无大小，达者为先哩。

且说赵乐平王石苞，得着石冲败死的消息，也动了兔死狐悲的观感，拟就长安镇所起兵，进攻邺都。左长史石光，及司马曹曜等，固谏不从，反被杀死，因此将吏离心。雍州豪酋，料知苞难成事，统驰使告晋。晋梁州刺史司马勋，率众往会，又有仇池公杨初，也遥应晋兵，袭赵西城。仇池自杨茂搜死后，传子难敌，难敌本降附刘曜，受封武都王，既而病死，子毅嗣立，因刘曜已亡，遣使朝晋，愿为藩属。偏族兄初阴图篡夺，袭杀杨毅，据有世祚，称臣石赵，嗣闻石氏内乱，复向晋通好。晋廷但务羁縻，管甚么篡位不篡位，即册初为征南将军，雍州刺史。仇池公初乃与晋兵约为犄角，共攻赵境。补叙前文所未及，且说明联晋情由。司马勋领兵出骆谷，破长城赵戍，进次悬钩，距长安约二百余里，遂遣治中刘焕，进逼长安，阵斩赵京兆太守刘秀离，得拔贺城。三辅豪杰旧称京兆左冯翊右扶风为三辅。多杀守令应勋，共得三十余营，数约五万人。

赵乐平王石苞，只好把攻邺计谋，暂且搁起，专务防晋。当下派遣部将麻秋姚回，引兵拒勋。赵主石遵，已闻苞有异图，遂借击勋为名，使车骑将军王朗，带着铁骑二万，西趋长安，暗中却嘱使伺苞，俟击退晋兵，迫苞赴邺。晋司马勋闻赵兵大至，却也自虑兵少，不敢轻进。那赵将石遇，复奉赵主遵命令，攻陷宛城，擒去晋南阳太守郭启。勋亟移师往援，杀败石遇，克复宛城，斩赵新署南阳太守袁景，引还梁州。

是时，燕主慕容皝，已经病殁，由世子儁嗣位，平狄将军慕容霸，也欲乘石氏乱衅，兴兵攻赵，因上书白儁道："石虎穷凶极恶，为天所弃，余烬仅存，自相鱼肉。今中原涂炭，群望仁施，若我军一出，势必投戈，此机不宜坐失哩。"北平太守孙兴，亦表言："石氏大乱，宜乘时进取中原。"儁独以为新遭大丧，谢绝勿许。霸又驰诣龙城，当面语儁道："时机难得易失，倘石氏衰后复兴，或有英雄凭借遗业，奋然跃起，不但我失此大利，且恐更为后患。"儁踌躇道："邺中虽乱，尚有虏将邓恒，据住乐安，兵精粮足，我若伐赵，乐安当我东路，恐难进取，势不能不绕道卢龙。卢龙山径险窄，若被虏乘高据要，夹击我军，岂不是首尾受困，何从制胜？"霸又道："邓恒虽为石氏拒守，部下将士，已不免闻乱思家，各怀归志，若大军一至，当然瓦解。臣愿为殿下前驱，东出徒河，西越令支，出彼不意，两路并进，彼必惶骇，上不过闭城自守，下不免弃城溃去，还有何心御我呢？殿下尽可安步前行，毋劳多虑。"为后来灭魏伏线。儁尚狐疑未决，转问五材将军封弈。弈答道："敌强用智，敌弱用势，这是用兵要诀，所以大吞小如狼食豚，治易乱如日沃雪。大王自上世以来，积德累仁，兵强士练，石虎穷极凶暴，死未瞑目，子孙争国，上下乘乱，民苦倒悬，日望救拔。大王若扬兵南下，先取蓟城，继指邺都，宣耀威德，怀抚遗民，哪有不扶老携幼，恭迎大王？凶党将望旗胆落，逃死不暇，岂尚能为我害么？"从事中郎黄泓，与折冲将军慕容恪，亦先后进言。儁乃勉从众议，即命慕容恪为辅国将军，慕容评为辅弼将军，左长史阳骛为辅义将军，叫做三辅，分统军事。再令慕容霸为前锋都督，建锋将军，调集大兵二十余万，讲武戒严，定期攻赵。

赵尚未接燕军警信，已是内乱相寻，几闹得不可收拾。原来赵主遵入邺以前，曾许石闵为太子，嘱使努力。及入都篡位，自背前言，竟立燕王子衍为太子，遂致闵隐生怨望。闵素骁勇，屡立战功，为宿将所畏服，又复都督各军，得总内外兵权，声威益盛，平时抚循殿中将士，各奏署员外将军，爵关内侯，并各赐给宫女，隐树私恩。遵未悉闵意，但将闵所奏署的将士，注明善恶，使知劝戒。众将士未免介意，怨遵日甚，感闵日深。中书令孟准，左卫将军王鸾，私下劝遵裁抑闵权，遵因此疏闵，闵益恨遵不置。可巧乐平王苞，自长安至邺，遵不暇除苞，但欲除闵，当下召苞入宫，并及义阳王鉴，汝阴王琨，淮南王昭等，一并入议。郑太后亦出御内殿，由遵先晓示道："闵目无君上，逆迹已萌，今欲设法加诛，是否可行?"鉴等皆随声道："闵既谋逆，应该就诛。"附和同辞，实是一班好乱人物。独郑太后摇首道："河内旋师，若无棘奴，哪有今日？就使棘奴稍稍骄纵，也当格外宽容，怎得骤然处死哩?"看官听说，这棘奴就是石闵小字，前回中叙及棘子，乃是佛图澄的隐语，庸耳俗目，怎能预解？此番祸已临头，小子也应该说明了。回应前回。

遵闻母言，默然不应。鉴与苞等随即退出，遵送母入室，自往后庭寻乐，与妃妾等弈棋为欢。才毕数局，忽听得一片噪声，由外传入，不由的惊惧交并，便出琨华殿探视，正值将军周成苏彦，带着许多甲士，持刀执械，蜂拥进来。看他形色狰狞，定非吉兆，一时无从趋避，只好勉强喝问道："汝等来做甚么？敢是造反不成!"大众哗声道："来诛篡弑的逆贼!"遵又颤声道："反……反！究是何人造反?"成厉声答道："义阳王鉴，应该继立。"遵复道："似我尚有今日，汝等立鉴，能……能有几时?"说到"时"字，已被成挥众上前，乱刀砍死。成等遂闯入内庭，索性将郑太后张皇后太子衍等，随手斫去，杀得精光。复捕戮孟准王鸾，及上光禄大夫张斐。遵僭位仅一百八十三日，至此一门毕命。比石世多百余日，地下亦好自夸。

看官欲问起乱原因，乃是石鉴出宫，密遣宦官杨环，报知石闵。闵即劫住司空李农，与右卫将军王基，同谋废立，当下遣苏周二将，入行大事。迅雷不及掩耳，竟得侥幸成功。于是拥鉴即位，改元青龙，进武兴公闵为大将军，封武德王，李农为大司马，录尚书事，张举为太尉，郎闿为司空，刘群为尚书左仆射，卢谌为中书监。鉴恃闵得立，心中却很是忌闵，夜召乐平王苞，中书令李松，殿中将军张才，使攻石闵李农。三人应命行事，总道是闵等无备，唾手可成，哪知闵却预防一著，自与农入宿琨华殿，分派殿中将士守卫。将士多系闵腹心，都抖擞精神，目不交睫，通宵守着。石苞等冒昧闯入，立被卫士杀退，霎时间禁中大扰。鉴知事无成，反诿罪石苞，及李松张才，待他还报，竟喝令左右，斫毙三人，然后把三人首级，出示石闵李农，诈言罪人已得，不必惊惶。闵亦料鉴预谋，但既有词可借，不如将错便错，俟后再图。乃下令将士，各归部伍，毋得再哗，总算安静了事。只平白地冤杀三人。新兴王石祗，也是石鉴兄弟，久镇襄国，因闻闵农为乱，遂与姚弋仲蒲洪通和，合兵连谋，起攻闵农。闵请诸石鉴，遣汝阴王琨为大都督，与太尉张举，侍中呼延盛等，率步骑七万人，往击石祗。中领军石成，侍中石启，前河东太守石晖，谋诛闵农，反为闵农所杀。龙骧将军孙伏都刘铢，号召羯士三千人，拟挟鉴讨闵农，适鉴在御龙观中，登台见伏都等，鱼贯而入，惊问何因？伏都答道："石闵李农谋反，已至东掖门，臣欲严兵往讨，谨来启问。”鉴抚慰道：“卿是功臣，好为官家出力，朕在台上观卿，事平以后，不吝重赏。”伏都等应声趋出，径攻闵农，连战不利，退屯凤阳门。闵农却率众数千，向金明门突入，来寻石鉴。鉴见闵农等进来，料知伏都等战败，忙从台上传令道：“孙伏都谋反，卿等何不速讨，来此做甚？”又用老法儿来做挡牌。闵农等得了此令，便晓谕卫士，同击伏都，伏都虽有勇力，毕竟众寡不敌，眼见是败绩丧身。刘铢亦同时毕命，部下三千羯人，多被杀毙。自凤阳门至琨华殿，积尸累累，流血盈途。闵传令内外兵民，毋得执械，违令立斩。羯人或夺门窜去，或逾城出走，先后不可胜计。闵遂使尚书王简，少府王郁，领众数千，监守御龙观，不准鉴自由进出。就是鉴一饮一食，亦只由观门悬入，勿许他人进餐。好好一个赵主鉴，反变做瓮中鳖，釜中鱼了。小子有诗叹道：

腹中有剑笑中刀，入阱如何不获逃？

我欲害人人害我，才知作伪总徒劳。

闵既幽鉴，又想出一条计策，歼尽羯人，欲知他如何行计，且看下回表明。

石遵废世，石鉴又杀遵，石闵又幽鉴，数月之间，迭遭篡逆，石氏之乱，可云甚矣！夫如石虎之穷凶极恶，应该有此巨谴，不于其身，必于其子孙，固然无足怪也。惟石氏内乱如此，正予晋以可乘之隙，桓温之出屯安陆，犹不过徒示虚威，褚裒则一再上表，分兵北进，宜其规复中原。扫清宿耻，乃王龛等一败而即惧，便退屯广陵，自请贬职，嗒然若丧，是比诸庾亮庾翼，且逊一筹矣。要之东晋诸臣，专尚空谈，虚骄之气盛，实行之略疏，《左氏传》所云“张脉偾兴，外强中干”者，正此类也，而蔡谟之意料远已。

第五十三回

养子复宗冉闵复姓　孱主授首石氏垂亡

却说石闵幽主擅权，复下令城中，略言：“孙刘构逆，已得伏事，支党并诛，不及良善。此后与官同心，尽可留住，否则任令他去，不复相禁。”遂大开城门，纵使出入。于是羯人相率出城，填门塞道，独赵人陆续趋入，远近争集，闵知羯人不为己用，因颁令内外赵人，斩一羯首送凤阳门，文官进位三级，武官立拜牙门。看官！试想人生无不欲富贵，得了这种机会，哪有不欢跃奉命的道理？才阅一日，携首来献，多至数万。闵且亲率赵人，再行搜诛羯种，羯人共毙二十余万，弃尸城外，馁饲豺狼狐犬。就是一班外戍羯士，也由闵分投书札，令身为将帅的赵人，诛戮殆尽。太宰赵庶，太尉张举，中军将军张春，光禄大夫石岳，抚军将军石宁，武卫将军张季，及诸公侯卿校龙腾军等万余人，至此都恐连累，出奔襄国。汝阴王琨，亦奔据冀州，抚军张沈据滏口，张贺度据石渎，建义将军段勤据黎阳，宁南将军杨群据桑壁，刘国据阳城，段龛据陈留，姚弋仲据滠头，蒲洪据枋头，众各数万，皆不附闵。王朗麻秋，也自长安奔洛阳。闵遣人召秋，令图王朗，秋袭杀朗部羯人千余名，朗幸逃免，转奔襄国。秋忽生悔意，亦走依蒲洪。

汝阴王琨及张举王朗，纠众七万，向邺讨闵。闵自率骑兵出拒，列阵城北，遥见敌军如墙而来，便跃马出阵，手持两矛，直奔敌军。敌军前队，远来疲乏，不防闵轻骑杀到，一时不及招架，便致倒退。琨等尚在后面，见前军纷纷退后，还道闵军甚盛，抵敌不住，自己顾命要紧，也即拍马返奔。为这一走，遂致全军奔溃，仿佛天崩地塌一般。闵得任情追杀，斩首至三千级，待至琨等逃远，方收兵还邺，琨等仍奔还冀州去了。并非石闵善战，实是琨等无用。闵既大获胜仗，复与李农率三万骑兵，往攻石渎。石鉴被锢御龙观中，因闵农外出，监守少懈，乃得写就一书，密令近侍赍送滏口，嘱令抚军张沈等，乘虚袭邺。哪知近侍不去报沈，反将鉴书持达闵农。石苞李松孙伏都等，都为石鉴所卖，怪不得近侍使刁。闵农当即驰还，突入御龙观，责鉴反复，褫去赵主的名目，又复赠他一刀，结果性命。鉴在位只一百零三日。闵索性大诛石氏，捕得石虎孙二十八人，骈戮无遗。惟尚有虎子数人，如石琨石祗等，统居外境，尚未遭难。

邺中已无石氏遗种，闵即欲僭号称尊，司徒申钟，司空郎闿，密承闵旨，联络朝臣四十八人，同声劝进。闵佯为退逊，让与李农。农不敢受，誓死固辞。辞与不辞相等，始终难逃一死。闵乃语众道："我等本是晋人，今晋室犹存，愿与诸君分割州郡，各称牧守公侯，奉表迎晋天子还都洛阳，诸君以为何如?"诚能如是，倒也完名全节，可惜言不由衷。尚书胡睦进言道："陛下圣德应天，宜登大位，晋氏衰微，远窜江表，岂尚能总驭英雄，混一四海么?"看汝能长为闵臣否?闵欣然道："胡尚书可谓识机知命，我当勉从。"遂至南郊即位，公然称帝，易赵号魏，复姓冉氏。纪元永兴，追尊祖隆为元皇帝，父曜为高皇帝，奉母王氏为皇太后，妻董氏为皇后，子智为皇太子，余子亦皆封王。命李农为太宰，领太尉，录尚书事，加封齐王，农诸子皆为县公。文武各进位三等，封爵有差。并遣使持节，尉谕各处军戍，一律免罪。

诸军屯皆不受命，赵新兴王石祗，闻鉴被弑，也在襄国称帝，改元永宁。用汝阴王琨为相国，并授姚弋仲为右丞相，待以殊礼。弋仲子襄为骠骑大将军，时弋仲据滠头，蒲洪据枋头，各思称雄关右，互生疑忌。秦雍流民，相率归洪，洪有众至十余万。弋仲恐洪过盛难制，遣子襄引兵击洪，为洪所破。洪遂自称大都督大将军大单于，兼三秦王。即前秦之刱始。且因谶文有草付应王一语，乃改姓苻氏。洪第三子健，少娴弓马，勇武有力，尝为石氏父子所亲爱，洪因立为世子。赵将麻秋，既往依洪，洪命秋为军师将军。秋劝洪先收关中，然后东争天下，洪深服秋言。哪知人心不测，暗杀难防，洪引秋为知己，秋偏视洪若仇家，一无心，一有心，两人终夕昵谈，继以宴饮，秋竟置毒入酒，劝洪痛饮数杯。及秋辞宴退出，洪腹中忽然绞痛，不可忍耐，自知遭秋暗算，急召世子健入语道："我拥众十万，据住险要，冉闵慕容俊等，本可指日荡平，就是姚襄父子，亦在我掌握，所以迟迟入关，实欲先清中原，再行西略；不意为竖子所欺，致我中毒。我死后，看汝兄弟未能肖我，休得再想中原，不如鼓行西进，得踞关中，也好独霸一方呢。"一麻秋尚不能防，还说能平定中原，也是痴想。言讫竟死。健秘不举哀，即率亲兵往捕麻秋。秋正安排兵甲，将乘丧为乱，不防苻健已先到来，急切不能抵御，立被健麾众拿下，一刀两段，报了父仇，然后为父发丧，承袭遗业。且遣使向晋报讣，自削王号，用晋封爵。原来洪先降晋，见前回。曾受封征北大将军，都督河北诸军事，冀州刺史，广川郡公。此时健即自称征北将军，向晋请命。赵石祗甫经称帝，也欲笼络苻健，命为镇南大将军，健佯为受命，在枋头修缮宫室，督兵种麦，示不复出；暗中却部署兵马，谋取关中。

关中本为赵属土，由将军王朗居守。朗自长安奔洛阳，复自洛阳奔襄国，见上文。当时但留司马杜洪，居守长安。洪常恐苻氏入关，阴加戒备。及苻氏父死子继，已放心了一大半，嗣闻健课农筑舍，更觉不以为意，谁知苻健竟自称晋征西大将军，都督关中诸军事，领雍州刺史，尽众西行，在盟津架起浮桥，渡河直进。至大众毕济，将桥毁断，仿佛破釜沉舟，有进无退。健弟雄先驱至潼关，洪始得报，乃遣部将张先出拒，与雄交战，倒还不分胜负。及健继至，张先势孤难敌，败回关中。健虽得战胜，犹修笺致洪，并送名马珍宝，谓将自至长安，奉洪尊号。洪也虑苻健怀诈，顾语属吏道："这所谓币重言甘，明明是诱我呢。"乃尽召关中兵士，东出拒健。健已进次赤水，遣雄略地渭北，又追击张先至阴槃，把他擒住；再派兄子菁旁徇诸城，所至辄陷。洪出长安才数十里，迭接各处败报。又闻健乘胜杀来，急得面色仓皇。部众见主帅失色，越发惊心，你奔我逃，如鸟兽散。洪只剩得数百骑，眼见得不能对敌，并不敢再回长安，索性奔往司竹去了。

健竟入长安，据为都城，遣使至晋廷告捷，且向桓温修好。健有长史贾玄硕等，请依刘备称汉中王故事，表健为关中大都督大单于秦王。健佯怒道："我岂就好做秦王么？况晋使未返，我所应有的官爵，难道汝等所能预知么？"众始无言。越年为晋穆帝永和七年，晋使已归，不闻加封，他复密使心腹，讽玄硕等表上尊号。玄硕等不敢不从，遂请健为天王大单于。健尚假惺惺的谦让一番，至玄硕等两次劝进，便自号秦天王大单于，建元皇始。史家称为前秦。为十六国中之一。当下缮宗庙，置社稷，立妻强氏为天王后，子苌为天王太子，弟雄为丞相，都督中外诸军事，兼车骑大将军，领雍州刺史。自余封拜百官，位秩有差。又遣使四出，问民疾苦，旁求俊义，除去赵时苛政。关中人民，赖是少安。

赵主袛方与冉闵相持，无暇西顾，因此健得从容布置，据有西秦。冉闵欲北向攻赵，赵主袛已遣汝阴王琨，及张举王朗等，统兵十万，南行攻闵。闵遣人临江传语晋使道："羯贼扰乱中原，已数十年，今我已诛去羯首，只有余党未平，江东若能共讨，可即发兵前来。"晋使转报晋廷，廷议以闵亦乱贼，置诸不睬。闵欲自出拒敌，恐李农居中为变，竟将农诱入杀死，并戮农三子。与人共事，人得利而己先受害，如李农辈，最不值得。还有尚书令王谟，侍中王衍，中常侍严震赵升等，俱连坐农党，尽被骈诛，乃遣卫将军王泰为前锋，出击赵兵，自为后应。

会赵汝阴王琨，南入邯郸，与镇南将军刘国，会师并进。途次遇着王泰，一战败绩，死伤万余人。琨退归邯郸，国亦还屯繁阳。既而国与段勤、张贺度、靳豚等，复会兵攻邺，闵遣刘群为行台都督，率同诸将王泰、崔通、周成等，共十二万众，出堵黄城。闵自统精卒八万继进，与刘国大战苍亭，刘国等虽然连兵，却是将令不齐，众心未壹，反不如魏兵一致，鼓动一股锐气，东冲西撞，斫毙刘国连合军，共二万八千人。国等败遁，靳豚稍迟一步，中槊被杀，残众尽溃。闵振旅归邺，旌旗钲鼓，绵亘百余里，仿佛如石氏全盛时。既入邺城，行饮至礼，群下欢舞。闵且欲笼络人心，求才兴学，特备玄纁束帛，礼征陇西辛谧。谧字处道，少有志操，博学能文，精草隶书，为时楷法，及长，尝杜门晦迹，谢绝交游。刘聪石勒，再三征召，终不肯起，及得闵征书，依然不就，但复书答闵道：

> 昔许由辞尧，以天下让之，全其清高之节。伯夷去国，之推逃赏，皆显史牒，传之无穷，此往而不返者也。然贤人君子，虽居庙堂之上，无异山林之中，斯穷理尽性之妙，岂有识之者耶？是故不婴于祸难者，非为避之，但冥心至趣，而与吉会尔。谧闻物极则变，冬夏是也，致高则危，累棊是也。君王功已成矣，而久处之，非所以顾万全，远危亡之祸也。宜因兹大捷，归身本朝，指晋。必有许由伯夷之廉，享乔松之寿，永为世辅，岂不美哉？

复书既去，尚恐闵不肯放过，竟自甘绝粒，不食而死。不没高人。闵怎肯听从谧言，又起步骑十万人，往攻襄国。封次子胤为太原王，进号大单于，署骠骑大将军，配以降胡千人，令他居守。光禄大夫韦謏谏言："降胡难恃，且不宜仿称单于。"哪知闵闻言大怒，反责謏离间戎夷，把他处斩，并杀謏子伯阳，直抵襄国城下，四面围攻。上筑土山，下穿地道，仰登俯凿，誓破坚城。赵主袛督兵固守，支持至百余日，幸还无恙。闵令军士筑室返耕，为久持计，于是袛相顾惶急，自去帝号，改称赵王。使张举诣燕乞师，许送传国玺，遣张春赴滠头，向姚弋仲处求援。

弋仲即命子襄率骑兵三万八千，往援襄国，就是燕王慕容俊，也令将军悦绾，率骑兵三万人，救赵拒魏。再加赵汝阴王石琨，又从冀州赴急，三方会合，共得劲卒十余万，直逼闵垒。闵使将军胡睦御襄，孙威御琨，并皆战败，孑身遁还。闵自拟出击，卫将军王泰谏阻道："今襄国未平，外援云集，若我军出战，必至腹背受敌，岂非危道？不若固垒相持，伺隙而动，方保万全。况陛下亲临行阵，万目共瞻，一或挫失，大事去了，请持重勿出，臣愿率诸将为陛下破敌。"闵点首称是。忽由道士法饶进言道："陛下围攻襄国，旷日逾年，尚无尺寸功效，今群寇趋至，又避难不击，试问将如何使众哩？且太白入昴，当应赵分，百战百克，何待踌躇。"闵被他一说，不由的眉飞色舞，攘袂大言道："我计决了，敢言不战者斩！"乃倾垒出发，与姚襄对阵交锋。可巧石琨从东面驰来，悦绾从西面趋至，尘头大起，惊动闵军。赵主石祗，又由城中冲出，前后左右，四集攻闵。闵军在外日久，已经疲敝，哪里挡得住四面兵马，顿时大溃，先走的得逃性命，后走的都做鬼奴。

闵与十余骑拚命飞跑，走还邺城，那知次子冉胤，已被降胡执住，往降襄国。邺中大乱，所有司空石璞，尚书令徐机，车骑将军胡睦，侍中李绯，中书监卢谌以下，尽被杀死，人物歼尽，盗贼蜂起，司冀大饥，人自相食。闵已潜入邺中，邺人尚未闻知，内外恟恟。讹言闵已败没，射声校尉张艾，劝闵亲出抚慰，安定众心。闵乃至南郊收劳军士，讹言少息，遂诛道士法饶父子，支解以徇，追尊韦谀为大司徒，已经迟了。一面搜卒补乘，再图御敌。姚襄已还军滠头，姚弋仲责他不擒冉闵，杖襄百下，惟不复用兵。燕将悦绾，也即退去，独赵主祗更遣部将刘显，率众七万，再攻冉闵，进次明光宫，去邺止二十三里。闵急召卫将军王泰，商议拒敌方法。泰恨前言不用，托病不入。至闵亲往访问，泰仍固称病笃，不能参议。闵不禁大怒，还宫语左右道："可恨巴奴，乃公岂定要靠他，才得保命吗？我当先灭群孽，再斩王泰。"说着，便悉众尽出，拚死杀去，得破显军，追至阳平，乘势斩杀，得首级三万余颗，杀得显穷蹙失措，几乎无路可奔，不得已遣使乞降，情愿杀祗自效。闵乃纵显使去，自还邺中。左右密承闵旨，诬言王泰将叛奔入秦。闵正要杀泰，听得此语，好似火上添油，立命将泰处斩，并夷三族。

过了匝月，果得刘显来文，报称杀赵主祗，及丞相乐安王炳，太保张举，太宰赵庶等十余人，据定襄国，纳质请命。闵喜如所望，尚未答复，那赵主祗的头颅，已自襄国献入邺中。闵令悬示三日，焚诸通衢，乃封显为大单于，领冀州牧。看官听着！赵主祗称帝襄国，只越一年，便即遭弑，后赵至是乃亡，总计后赵自石勒建国，至祗已易六人，共得七主，只合成二十三年。了结后赵。刘显降闵，才阅百日，又欲自上尊号，谋袭冉闵，偏被闵预先探知，发兵邀击，杀退显兵，显狼狈走还。但闵虽得胜，所辖各土，已皆瓦解。徐州刺史刘启，兖州刺史魏统，豫州刺史张遇，荆州刺史乐弘，俱举州降晋。还有魏平南将军高崇，征虏将军吕护，执住洛州刺史郑系，也向晋请降。又如故赵将周成屯廪邱，高昌屯野王，乐立屯许昌，李历屯卫国，亦陆续归晋，就是刘显据住襄国，虽经屡败，也居然僭号称尊，且率众攻魏常山。常山太守苏彦，飞使至邺城乞援。闵使太子智留守邺城，以大将军蒋干为辅，自率锐骑八千人，往救常山，一战却敌。显前军大司马石宁，举枣强城降闵，闵势益盛，更进兵追显。显奔还襄国，大将军曹伏驹，知显无成，竟为闵内应，开门纳入追军。显无处奔避，眼见为闵军所困，乱刃分尸，所有家眷及伪署公卿，一股脑儿屠杀净尽。又放起一把无名火来，毁去襄国宫室；凡襄国遗民，尽被闵驱至邺中。可怜石氏遗种，单剩了一个汝阴王琨，系是石虎幼子，他已弄得无兵无饷，没奈何挈领妻妾，南走建康，向晋乞怜，保他一脉。晋廷追念宿仇，怎肯相容，立将琨绑缚起来，驱出市曹，一刀两段。琨妻妾亦同时骈首，于是石氏遂绝。小子有诗叹道：

莫道贻谋可不臧，祖宗积恶播余殃。
羯胡一败无遗类，到底凶人是速亡。

晋既杀死石琨，又想趁这机会，规复中原。欲知成功与否，待小子下回再详。

冉闵乘石氏之敝，起灭石氏，扫尽羯胡，僭帝号，复原姓，说者谓其志不忘晋，临江呼助，设晋果招而用之，亦一段匹磾之流亚。吾意不然。段匹磾之害刘琨，吾犹恨其昧公徇私，不能以厌次数言，遂为之恕。彼闵蒙乃父之余荫，受石氏之豢养，予以高官，给以厚禄，犬马犹知报主，闵犹人耳，何竟不顾私恩，对宠我荣我者而反噬之？况羯虽异族，远系从同，必欲尽歼无遗，设心何毒？是可忍孰不可忍？而谓其能顾祖国，必无是理。其所以临江相呼者，惧赵主祗之扼其背，与秦王健之掣其肘，不得已而为将伯之求耳。晋廷之置诸不理，吾犹幸晋吏之不为李农也。若赵主祗之终归陨灭，与汝阴王琨之被杀建康，覆巢之下，致无完卵，此乃石勒父子之孽报，不如是不足以暴其恶也，于他人乎何尤？

第五十四回

却桓温晋相贻书　灭冉魏燕王僭号

却说晋征西大将军桓温，因石氏乱亡，已屡请经略中原，辄不见报。晋穆帝年尚幼冲，褚太后女流寡断，一切国政，均归会稽王昱主持，领司徒光禄大夫蔡谟，本已实授司徒，诏书屡下，终不就职。褚太后遣使敦劝，谟仍固辞，且自语亲属道："我若实任司徒，必为后人所笑，义不敢受，只好违命罢了。"虽是谦让，但谓必贻笑后人，毋乃过虑。永和六年，复上疏陈疾，乞请骸骨，缴上光禄大夫领司徒印绶。有诏不许。会穆帝临朝会议，使侍中纪璩，与黄门郎丁纂，召谟入商。谟自称病笃，不能入朝。会稽王昱，谓谟为中兴老臣，定须邀他与议，从旦至申，使人往返，几十数次，谟终不至。殊太偃蹇。时穆帝尚只八岁，不耐久持，顾问左右道："蔡司徒尚不见来，究怀何意？临朝已将一日，为他一人，遂致早晚不顾，岂不可恨？难道他不到来，今夕不能退朝么？"左右转禀太后，太后亦自觉疲倦，乃诏令罢朝。

会稽王昱，不禁懊恨起来，顾语朝臣道："蔡公傲违上命，无人臣礼，若我辈都似蔡公一般，试问由何人议政呢？"群臣齐声应道："司徒谟但染常疾，久逋王命，今皇帝临轩，百僚齐立，候谟终日，若谟愿止退，亦宜诣阙自辞，今乃悖慢如此，自应明正国法，请即拘付廷尉，依律拟刑。"这番议案，尚未定夺，已有人传达谟第。谟方才惶惧，率子弟诣阙待罪。当有一人趋入朝堂，厉声大言道："蔡谟今日，果无疾来阙么？欺君罔上，应当何罪？宜置诸大辟，为中外戒。"朝臣听他语言激烈，也觉一惊，连忙注视，乃是中军将军殷浩。当下互相讨论，议久未决，浩尚与固争，还是徐州刺史荀羡，私语殷浩道："蔡公望倾内外，今日被诛，明日必有人借口，欲为齐桓晋文的举动了，公何苦激成乱衅呢？"暗指桓温。浩乃无言。大众遂请由太后裁决，太后谓："谟系先帝师傅，宜从末减，不忍骤加重辟。"乃诏免谟为庶人。

那桓温闻浩擅权，很是动忿，一时无词劾浩，只把北伐为名，呈入一篇表文，略称："朝廷养寇，统为庸臣所误。"这句话明明是指斥殷浩。浩在内揹住温表，不使批答，谁知温竟率众数万，顺流东下，屯兵武昌，隐然有入清君侧的寓意。廷臣闻报，相率骇愕。浩亦急得没法，至欲去位避温。实是没用。吏部尚书王彪之，进白会稽王昱道："浩若去职，人情必更张皇，殿下首秉国钧，倘有变乱，何从诿责呢？"又顾语殷浩道："温若抗表问罪，必举卿为首恶，卿虽欲自作匹夫，恐亦未能保全，不如静镇勿动，且由相王指会稽王。先与手书，为陈祸福，彼若不从，更遣中诏，再若不从，当用正义相裁，奈何无故匆匆，先自滋扰呢？"浩与昱依彪之议，即命抚军司马高崧，代昱草表，遣使致温。略云：

> 寇难宜平，时会宜接，此实为国远图，经略大算，能弘新会，非足下而谁？然异常之举，众情所骇，游声噂沓，想足下应亦闻之。苟或望风震扰，一时奔散，则望实并丧，社稷之事去矣。吾与足下，虽职有内外，安社稷，保国家，其致一也。天下安危，系诸明德，当先宁国而后图其外，使王基克隆，大义弘著，此吾之所深望于足下者也。区区诚怀，岂可复顾嫌而不尽哉？幸足下

察之！

果然一缄书札，足抵十万雄师，才阅数日，即得温谢罪表文，自愿收军还镇去了。晋廷上下，才得放心。

已而姚弋仲遣使来降，有诏授弋仲为车骑大将军，六夷大都督，子襄为平北将军，兼督并州。弋仲年逾七十，有子四十二人，尝召集与语道："我因晋室大乱，起据西偏，嗣石氏待我甚厚，我欲替他讨贼，借报私情，今石氏已灭，中原无主，从古以来，未有戎狄可作天子，我死后，汝等便当归晋，竭尽臣节，毋得多行不义，自取咎戾呢。"越年为永和八年，弋仲老病缠身，竟致不起，卒年七十三。子襄秘不发丧，竟率众攻秦。

秦王苻健，自僭称天王后，安据关中，嗣闻晋梁州刺史司马勋，与故赵将杜洪相应，侵入秦川，当即出堵五丈原，击退勋兵，再移兵往攻杜洪。洪正由司竹出屯宜秋，洪奔司竹见前回。欲应晋军，不料司马张琚，忽生变志，诱众杀洪。琚自立为秦王，分置官属，部署未定，健军已经掩至。他却冒冒失失的出来拒敌，一战败死，身首两分。健奏凯入关，即僭称秦帝。进封诸公为王，命子苌为大单于，又遣弟雄及兄子菁分略关东，招纳晋降将豫州刺史张遇，仍命镇守许昌。姚襄与苻氏挟有宿嫌，所以父丧不发，便即与秦为难。但苻氏气势方盛，将勇兵精，恁你姚襄如何骁悍，也一时攻不进去。

襄转向洛阳，行次麻田，与故赵将李历相遇，两下酣斗，襄马首忽中流矢，将襄掀下，部众相顾骇愕。李历乘隙闯入，飞马取襄，幸亏襄弟苌先到一步，把襄扶起，自将乘骑让兄，翼他出险，但经此一跌，部众已经奔散，丧亡无数。襄走回漯头，草草治丧，自悔前事冒昧，乃承父遗命，单骑南下，向晋款关，走依晋豫州刺史谢尚。尚自去仗卫，幅巾出见，推诚相待，欢若平生。襄为尚画策，令遣建武将军戴施，进据枋头。施奉令前往，果然得手，兵不血刃，即将枋头据住。可巧魏主冉闵，与燕鏖兵，战败被擒。闵子智尚守邺城，由将军蒋干为辅，派人至谢尚处乞援。尚即调戴施援邺，助守三台。

究竟冉闵如何战败，应该由小子表明大略。闵既克襄国，游食常山中山诸郡。故赵立义将军段勤，聚胡羯至万余人，保据绎幕，自称赵帝。燕王慕容儁，已遣辅国将军慕容恪略地中山，收降魏太守侯龛及赵郡太守李邽。还有辅弼将军慕容评，亦奉儁命，往攻鲁口，击斩魏戍将郑生。至是儁又命建锋将军慕容霸，出击段勤，更调慕容恪专攻冉闵。闵率兵御恪，行至魏昌城，与恪相遇，即欲交战。大将军董闰，车骑将军张温，俱向闵进谏道："鲜卑兵乘胜前来，锐不可当，且彼众我寡，不如暂避敌锋，待他骄惰，然后添兵进击，不患不胜。"闵瞋目道："我引军至此，方欲扫平幽州，擒慕容儁，今但遇一慕容恪，便这般胆小，将来如何用兵呢？"说毕，便将董张二人叱出。狃于襄国一胜，故有此骄态。司徒刘茂，及特进郎闿，私相告语道："我君刚愎寡谋，此行必不返了，我等怎好自取戮辱，不如速死为宜。"遂皆服药自尽。

闵素有勇名，部兵虽不过万人，却是个个强壮，善战冲锋，当下与燕兵接仗，十荡十决，燕兵统被击退。闵兵俱系步卒，因燕皆骑士，恐被意外冲突，乃引趋林中。慕容恪巡劳军士，遍加晓谕道："冉闵有勇无谋，不过一夫敌呢。且士卒饥疲，不堪久用，俟他怠弛，再击未迟。我军可分为三队，互相犄角，可战可守，怕他甚么？"参军高开献议道："我骑兵利用平地，不宜林麓，今闵引兵入林，倚箐自固，不可复制。为目前计，应速遣轻骑挑战，只许败，不许胜，得能诱他转身，仍至平地，然后好纵兵挟击了。"恪依开计，便拨兵诱敌，且行且詈。冉闵听了，那里忍受得住，当即麾兵杀回。燕骑并不与战，拍马便走，惟口中辱骂如故。闵追了一程，停住不赶。燕骑复笑骂道："冉贼！冉贼！我料你只能避匿林中，怎敢再至平地，与我等大战一场？"这数语传入闵耳，闵越觉动怒，索性还就平地，列阵待战。确是有勇无谋。

恪已分军为三队，部署妥当，见闵复来就平原，喜他中计，因诫令诸将道："闵性轻躁，又自知兵寡，不便久持。今复来迎战，必拚死来突我军，我但严阵以待，守住中坚，诸君亦在旁静候，但看中军与闵合战，便好前来夹击，左右环攻，定可破贼。"诸将应命而去。恪复选得鲜卑箭手，共五千人，各使乘马，连环锁住，成一方阵，令充前队，自率劲兵后列，竖起一面大纛旗，作为全军耳目，徐徐前进。那冉闵跨一骏马，号为朱龙，每日能行千里，此时拍马来争，当先突出，左操一杆双刃矛，右持一柄连钩戟，直至燕军阵前，连挑连拨，无人敢当。燕兵慌忙射箭，有几个脚忙手乱，连箭都发不出来。闵毫不畏怯，左手用矛飞舞，所来各箭，尽被拨开。右手用戟乱钩，燕兵稍不及避，便被钩落马下。闵众挟刃齐上，随手下刃，所有落马的燕兵，头颅都不知去向。闵杀得性起，怎肯罢休，又望见前面有一大旗竖着，料是燕军中坚，索性趁势冲入，直攻慕容恪。恪正勒马观战，专待闵亲来送死，可巧闵引兵杀到，便令勇士摇动大旗，指挥各军，于是骑士大集，合力击闵。中军原一齐奋勇，抵敌闵军，就是左右两路，也从旁杀到，包围冉闵，环至数匝。究竟闵兵有限，单靠着自己勇力，总敌不住数万人马，他尚舍命冲突，形似猘犬，好容易杀透重围，向东奔去。狂走二十余里，距敌已远，方敢下马少息。旁顾左右，不满百人，只有仆射刘群，与将军董闰张温等，还算随着。闵形色惨沮，如丧魂魄，身上亦血迹淋漓，创痕累累，勉强按定了神，想与刘群等商议行止。

不防鼓声四震，燕兵从后面追来，闵自知不能再战，仓皇上马，挥鞭急驰。刘群等也即随行。哪知燕兵来得真快，才经里许，便被追及，群回马与战，未及数合，即被杀死。董闰张温，无路可逃，双双就擒。闵所骑的朱龙马，本来是瞬息百里，迅速异常，偏偏跑了一程，无缘无故的停住不行，闵用鞭乱击，直至鞭折手痛，马仍然不动，反颓然向地倒下；仔细一瞧，已是死了。总由临敌受伤之故，史称朱龙忽毙，关系闵命，亦未尽然。闵失了坐骑，好像失去性命，就使脚长力大，也是逃走不脱，眨眼间燕将攒集，七手八脚，把闵活捉了去，解送燕都。燕王慕容俊，面加呵责道："汝乃奴仆下才，怎得妄自称帝？"闵仍不少屈，抗声答道："天下大乱，汝等凶横，人面兽心，还想篡逆，我乃中土英雄，为甚么不得称帝呢？"却是个硬汉，可惜仁智不足。俊当然动怒，命左右鞭闵三百，拘禁狱中。

会接慕容霸军报，伪赵帝段勤，已与弟思聪举城出降。寻又得慕容恪捷书，谓已阵斩魏将金光，进据常山。俊即令恪为常山留守，召霸还军，另派慕容评等攻邺，邺中大震。闵子智与将军蒋干，闭城拒守，城外一带，俱被燕军陷没。智与干当然惶急，不得已遣使降晋，向谢尚外乞师。尚将戴施，率壮士百余人，往邺助守。蒋干见来兵甚寡，大失所望。施得间给干道："汝主既降顺我朝，应该将传国玺出献。现今燕寇在外，道路不通，就使汝果献玺，也未便赍送江南，不如暂付与我，我当专使驰告天子，天子闻玺在我所，信汝至诚，必遣重兵，发厚饷，来救邺城。燕寇见我军大至，自然退去，保汝无恙。"好似一个大骗子。干尚怀疑未决，不肯出玺。适邺中大饥，人自相食，守兵无从觅粮，就将故赵宫人，烹食充饥。滋美如何？干弄得没法，只好将玺取出，交与戴施。施佯令参军何融，往枋头运粮，暗将传国玺付给融手，使至枋头转报谢尚。尚得融报，亟遣振武将军胡彬，率骑兵三百，至枋头迎玺，送入建康。晋廷交相庆贺，不消细叙。

且说邺城被困，已经月余，城中孤危得很，还亏枋头运到粮米数百斛，暂救眉急，守兵暂免枵腹，勉力支撑。燕将慕容评，屡攻不克，燕王俊又遣广威将军慕容军，殿中将军慕舆根，右司马皇甫真等，统率步骑二万人，至邺助评。邺城守将蒋干，闻燕兵继至，焦急万分，意欲乘夜出袭，期得一胜，当下挑选锐卒五千人，俟至夜半，开城杀出，直捣燕营。不防慕容评早已预备，四面设伏，等到蒋干驰至，一声号令，伏兵齐起，把干军尽行围住，逞情杀戮。干弃去盔甲，扮做小兵模样，才得混出围中，奔还邺城；五千人尽致覆没，守卒益惧。慕容评等围攻益急，魏长水校尉马愿等，开城迎降。蒋干戴施，缒城出走，逃往仓垣。魏后董氏，太子冉智，及太尉申钟，司空条攸等，一古脑儿做了俘虏，送往燕都。惟魏尚书令王简，左仆射张乾，右仆射郎萧，并皆自杀。冉氏篡赵建国，阅三年即亡。

是时，燕王俊方出巡常山，遣将分徇魏地，及邺城传到捷报，乃返至蓟郡，命将冉闵牵送龙城，祭告先祖考廆皝庙中，然后推闵往遏陉山，枭首徇众。不料闵一杀死，山中草木，亦皆枯凋，并且连月不雨，蝗虫四起。自从闵被执至蓟，直至闵死后三月有余，尚是亢旱。俊疑闵暗中作祟，乃使用王礼葬闵，遣官致祭，谥为悼武天王。是日，遂得大雪三寸。崔鸿《十六国春秋》内，载冉闵被擒，系在四月，燕王杀闵，乃在八月，案八月深秋，草木应枯，且连月不雨，系是偏灾。闵何能为祟？俊之所为，不值一噱。旱灾未靖，符瑞盛传，是年燕都正阳殿，有燕来巢，生下三雏，项上统有直毛。各城又竞献五色异鸟，于是群僚附会穿凿，共上美词，或说燕首有直毛，便是大燕龙兴，应戴通天冠的征验，燕生三子，数应三统。或说神鸟五色，便是国家将继五行帝箓，统御四海。彼献颂，此贡谀，说得天花乱坠，斐然成章。燕相封弈，遂联络一百二十人，劝燕王俊即称尊号。俊尚作逊词道："我世居幽漠，但知射猎，俗尚被发，未识衣冠，帝箓非我所有，何敢妄想？卿等无端推美，如孤寡德，不愿闻此"云云。

既而冉闵妻子等，由慕容评解送至蓟，凡赵魏相传的乘舆法物，一并献入。俊诈称闵妻董氏，实献传国玺，特别传见，好言慰谕，封董氏为奉玺君，赐冉智爵为海滨侯，用申钟为大将军右长史，并授慕容评为司州刺史，使镇邺中。故赵将王擢等，前时拥兵，据有州郡，至此俱闻燕声威，遣使请降。俊任王擢为益州刺史，夔逸为秦州刺史，张平为并州刺史，李历为兖州刺史，高昌为安西将军，刘宁为车骑将军。惟故赵幽州刺史王午，尚据住鲁口，自称安国王。俊命慕容恪往讨，恪出次安平，储粮整械，为讨午计。适中山人苏林，起兵无极，伪称天子，恪乃先往讨林，又值慕舆根前来会攻，马到成功，将林击死，再攻王午。午已为部将秦兴所杀，恪乃奉表劝进。燕臣一致同词，共上尊号。俊始置百官，进相国封弈为太尉，恪为侍中，左长史阳骛为尚书令，右司马皇甫真为左仆射，典书令张悕为右仆射，其余文武均拜授有差。然后在蓟城即燕帝位，大赦境内，自谓得传国玺，改年元玺，追尊祖廆为高祖武宣皇帝，父皝为太祖文明皇帝，立妻可足浑氏为皇后，子晔为皇太子。晋廷方遣使诣燕，与燕修和，俊语晋使道："汝归白汝天子，我承人乏，为中原所推，已得做燕帝了。此后如欲修好，不宜再赍诏书。"晋使怏怏自归。相传石虎僭位时，曾使人探策华山，得玉版文，内有四语云："岁在申酉，不绝如线，岁在壬子，真人乃见。"燕主俊僭号称帝，正当晋穆帝永和八年，岁次壬子，燕人即援作瑞应，史家号为前燕。即十六国中三燕之一。小子有诗咏道：

符谶遗文宁足凭，但逢战胜即龙兴。
须知乱世无真主，戎狄称尊问孰膺。

燕既称帝，与秦东西分峙，各称强盛，偏晋臣不自量力，又想规复中原。欲知底细，且看下回续表。

桓温之出屯武昌，胁迫朝廷，已启不臣之渐，然实由殷浩参权而起。浩一虚声纯盗者流，而会稽王昱，乃引为心膂，欲以抗温，是举卵敌石，安有不败？高崧代昱草书，而温即退兵还镇，此非温之畏昱服昱，特尚惮儒生之清议，未勇骤逞私谋耳。北伐北伐，固不过援为口实已也。彼冉闵之尽灭石氏，乃石虎作恶之报。闵一莽夫，宁能雄踞一方？燕王俊乘乱伐闵，得慕容恪之善算，即擒闵而归，诛死龙城，闵妻董氏，及嗣子冉智，尚得滥叨封爵，未受骈诛，此犹为冉氏之幸事耳。闵恶未稔而即毙，故妻子犹得幸存，彼慕容俊以草枯天旱，疑闵为祟，反追谥而礼祭之，毋乃慎欤！

第五十五回

拒忠言殷浩丧师　射敌帅桓温得胜

却说晋中军将军殷浩，累蒙迁擢，都督扬豫徐兖青五州军事。他本来大言不惭，至此因桓温屡请北伐，便想自担重任，得能侥幸一胜，方好压倒桓温，免受奚落。当下拟定草表，自请北出许洛，相机恢复。尚书左丞孔严，向浩进规道："近来众情摇惑，很足寒心，不识使君当如何善后哩？愚意以为材分文武，职区内外，韩彭应专征伐，萧曹宜守管钥，各有所司，方免误事。且廉蔺屈身，始能全赵，平勃交欢，方得安刘，使君材识过人，亦当先弭内衅，穆然无间，然后好保大定功呢。"浩不能从，竟将表文呈入。有诏依议，浩遂使安西将军谢尚，北中郎将荀羡为督统，进屯寿春。右军将军王羲之，贻书谏浩，并不见报。谢尚既奉浩令，即约姚襄同攻许昌，襄方寓居谯城，招集部众，便出兵会浩，相偕北行。姚襄奔晋见前回。

许昌为秦降将张遇居守，闻晋军将至，即向关中乞援。秦主苻健，使弟雄领兵往救，与谢尚等交战颍上，尚等大败，死亡至万五千人。尚奔还淮南，襄送尚至芍陂。尚尽将后事付襄，使屯历阳。苻雄击退晋军，驰入许昌，索性将张遇家属，及民户五万余家，迁到关中，另用右卫将军杨群为豫州刺史，留守许昌。张遇无法，只好随雄入关。遇有后母韩氏，年逾三十，华色未衰，丰姿依旧，入关以后，为健所闻，特别召见。韩氏应石入谒，由健仔细端详，果然是绝世芳容，不同凡艳。健妻强氏，曾册为皇后，姿貌不过中人，就是后宫妾媵，也没有与韩氏相似，惹得健目迷心眩，不肯放还。韩氏嫠居有年，伤心别鹄，每遇春花秋月，未免增愁，此时身入秦宫，撩起一番情绪，也不觉心神失主，如醉如痴。况苻健春秋鼎盛，面貌魁梧，端的是个乱世枭雄，番廷狼主，彼此互相慕悦，当然凑成了一对佳偶，颠倒鸳鸯，交欢数夕，居然由苻健下旨，册韩氏为昭仪，授张遇为司空。遇不免怀惭，但寄人篱下，如何反抗？只好含垢忍耻，模糊过去。只恐对不住乃父。嗣闻江东又要出兵，当即令人探听虚实，想乘此袭杀苻健，报复私仇。究竟晋军再举，是由何人主张？说来说去，仍是那有名无实的殷深源。浩字深源，已见前文。殷浩自谢尚败还，未免扼腕，但雄心究还未死，仍拟整兵再举。王羲之因前谏不听，已遭败衄，一误不堪再误，乃更剀切陈书，重谏殷浩道：

近闻安西败丧，公私惋怛，不能须臾去怀。以区区江左，所营如此，天下寒心，固已久矣，而加之败丧，益令气沮。往事岂复可追？愿思弘济将来，令天下寄命有所，自隆中兴之业；正以道胜，宽和为本，力争武功，非所宜也。自寇乱以来，处内外之任者，未有深谋远虑，括囊至计，而疲竭根本，竟无一功可论，一事可记。忠言嘉谟，弃而莫用，遂令天下将有土崩之势。任其事者，岂得辞四海之责哉？今军破于外，资竭于内，保淮之志，非所复及，莫若还保长江，令督将各复旧镇。自长江以外，羁縻而已，秉国钧者，引咎责躬，深自贬降，以谢百姓，更与朝贤，思布平心，除其烦劳，省其贱役，与百姓更始，庶可允塞群望，救倒悬之急。使君起于布衣，任天下之重，尚德之事，未能事事允称，当重统之任，而丧败至此，恐阖朝群贤，未自与人分其谤者。今亟修德补阙，广延群贤，与之分任，尚未知获济所期。若犹以前事为未工，复求之于分外，宇宙虽广，自容何所？明知言不必用，或反取怨执政，然当情慨所在，正自不能不尽怀极言，惟使君谅之！

这书去后，又上会稽王昱一笺，无非是谏阻北伐，大致说是：

古人耻其君不为尧舜，北面之道，岂不愿尊其所事，比隆往代？况遇千载一时之运，何可自沮？顾智力有所不及，岂得不权轻重而处之也？今虽有可欣之会，内求诸己，而所忧乃重于所欣。传曰："自非圣人，外宁必有内忧。"今外不宁，内忧以深。古之弘大业者，或不谋于众，倾国以济一时功者，亦往往而有之。诚独运之明，足以迈众，暂劳之弊，终获永逸者可也。求之于今，可得拟议乎？夫庙算决胜，必宜审量彼我，万全而后动。功就之日，便当因其众而即其实；今功未可期，而遗黎歼尽，劳役无已，征求日重，以区区吴越，经纬天下十分之九，不亡何待？而不度德，不量力，不敝不已，此封内所痛心叹悼，而莫敢吐诚者也。往者不可谏，来者犹可追，愿殿下更垂三思，解而更张，令殷浩荀羡，还据合肥。广陵许昌谯郡梁彭城诸军，皆还保淮南，为不可胜之基，俟根立势举，谋之未晚，此实当今策之上者。若不行此，社稷之忧，可计日待也。殿下德冠宇内，以公室辅朝，最可直道行之，致隆当年，而未允物望，受殊遇者所以寤寐长叹，实为殿下惜之。国家之虑深矣，常恐伍员之忧，不独在昔，麋鹿之游，将不止林薮而已。愿殿下暂废虚远之怀，以救倒悬之急，可谓以亡为存，转祸为福，则宗庙之庆，四海有赖矣。

一书一笺，统是直言谠论，痛切不浮，无如殷浩是情急贪功，不顾利害。会稽王昱，又是深信殷浩，总道他有作有为，一败不至再败，所以羲之书笺，都付高阁，并不见行。浩复出屯泗口，遣河南太守戴施据石门，荥阳太守刘遯戍仓垣，甚至饷源无着，停办太学，遣归生徒，把经费拨充军需。不啻因噎废食。谢尚留屯芍陂，亦遣冠军将军王侠，攻克武昌，秦豫州刺史杨群，退守弘农。那晋廷却征尚为给事中，尚乃还戍石头。最可怪的殷深源，未出兵时，不能听信良言，但好刚愎；既已出兵，又不能推诚任人，但务疑猜。他闻姚襄安次历阳，广兴屯田，训厉将士，未尝表请北伐，总道他别有异图，意欲先加除灭，免滋后患，乃屡遣刺客刺襄。襄雅善拊循，颇得士心，刺客阳奉浩命，到了历阳，反将实情转告。襄因此加防，日夕巡逻。浩复遣心腹将魏憬，率众五千，潜往袭襄，偏被襄预先探知，出城邀击，杀死魏憬，并有憬众。浩恨计不成，索性明下军书，迁襄至梁国蠡台，表授梁国内史。襄益加疑惧，因使参军权翼，诣浩陈情。浩问翼道："我与姚平北共为王臣，休戚相关，为何平北尝举动自由，与我异趣呢？"晋封姚襄为平北将军，见前回。翼答道："姚平北英姿绝世，拥兵数万，乃不惮路远，来归晋室，无非因朝廷有道，宰辅明哲，想做一个盛世良臣。今将军轻信谗言，与彼有隙，愚谓咎在将军，不在平北。"浩忿然道："平北擅加生杀，又纵小人掠夺我马，这岂还好算得王臣么？"翼又道："平北归命圣朝，怎敢妄杀无辜？惟内奸外宄，有违王法，理宜为国行刑，怎得不杀？"浩又问何故掠马？翼正色道："闻将军猜忌平北，屡欲加讨，平北为自卫计，或至使人取马，诚使将军坦怀相待，平北也有天良，何至出此？"浩不禁笑语道："我也何尝欲加害平北，尽请放怀！"试问你何故屡遣刺客？遂遣翼归报，翼拜辞而去。

浩又阴使人招诱秦将雷弱儿等，令杀秦主苻健，许以关中世爵。王师宜堂堂正正，乃专为鬼祟，如何成事？弱儿等复称如约，且请师接应。浩遂调兵七万，自寿春出发，进向洛阳。哪知弱儿等将计就计，伪称内应，并非真心从浩。惟一个降将张遇，为了苻健奸占后母，且居然呼他为子，心有不甘，因贿通中黄门刘晃，拟夜入袭健，偏偏事机不密，为健所闻，立将遇捕入处死。惟察得韩昭仪未曾与谋，不使连坐，仍然宠爱如常。想韩氏正交桃花运，所以有此侥幸。浩接得苻秦内变消息，未悉确状，还道是弱儿等已经发难，即调姚襄为先锋，自督大军急进。吏部尚书王彪之，奉笺与昱，谓秦人多诈，浩不应率军轻行。昱似信非信，延宕多日，始拟着人往询军情，偏败报已经到来，姚襄叛命，返袭浩军，山桑一战，浩军大溃，辎重尽失，浩已走还谯城了。昱乃语王彪之道："果如君言，张良陈平，亦不过如是哩。"有了张陈，惜无刘季。原来姚襄已经仇浩，佯作前驱，诱浩至山桑，返兵袭败浩军，俘斩万余人，尽得浩军资仗，乃使兄益守山桑，自己仍往淮南。浩遭襄暗算，且惭且愤，复遣刘启王彬之，往攻山桑。襄从淮南还援，内外夹攻，刘王以下，并皆败亡。前已死伤万余人，尚嫌不足，乃复以二将部曲加之，浩之不仁极矣！襄遂进屯盱眙，招掠流民，有众七万，分置守宰，劝课农桑。复遣使至建康，陈浩罪状，并自陈谢。诏乃命谢尚都督江西淮南诸军事，往镇历阳。嗣是殷浩大名，一落千丈，投井下石的疏文，陆续进呈。就中有一疏最为利害，署名非别，便是那殷浩的仇家桓温。疏云：

按中军将军殷浩，过蒙朝恩，叨窃非据。宠灵超卓，再司京辇，不能恭慎所任，恪居职次，而侵官离局，高下在心。前司徒臣蔡谟，执义履素，位居台辅，师傅先帝，朝之元老，年登七十，以礼请退，虽临轩固辞，不顺恩旨，适足以明逊让之风，弘优贤之礼，而浩虚生狡说，疑误朝听，狱之有司，几致大辟。自羯胡夭亡，群凶殄灭，而百姓涂炭，企迟拯接，浩受专征之重，无雪耻之志，坐自封殖，妄生风尘，遂致寇仇稽诛，奸逆并起，华夏鼎沸，黎元殄悴。浩惧罪将及，不容于朝，外声进讨，内求苟免，出次寿阳，即寿春。顿甲弥年，倾天府之资，竭五州之力，收合亡赖以自卫，爵命无章，猜害罔顾。羌帅姚襄，率命归化，浩不能抚而用之，阴图杀害，再遣刺客，为襄所觉，襄遂惶惧，用致逆命。生长乱阶，自浩始也。复不能以时扫灭，纵放小竖，鼓行毒害，身狼狈于山桑，军破碎于梁国，舟车焚烧，辎重覆没，三军积实，反以资寇，精甲利器，更为贼用。神怒人怨，众之所弃，倾危之忧，将及社稷，臣所以忘寝屏营，启处无地。夫率正显义，所以致训，明罚敕法，所以齐众。伏愿陛下上追唐尧放命之刑，下鉴春秋无君之典，即不忍诛殛，且宜遐弃，摈之荒裔，虽未足以塞山海之责，亦粗可以宣诫于将来矣。谨此表闻。

晋廷接到温疏，因惮温威势，不得已废浩为庶人，徙浩至信安郡东阳县，浩抵徙所，口无怨言，夷神委命，谈咏不辍。惟有时忧从中来，辄用笔书空，作“咄咄怪事”四字，浩甥韩伯，为浩所爱，随浩至东阳，经岁还都。浩送至渚侧，口吟古诗云：“富贵他人合，贫贱亲戚离。”本曹颜远诗。吟毕泣下。未免有情。后来桓温权倾内外，语掾属郗超道：“浩有德有言，使作令仆，亦足仪型百揆，前时朝廷用为外藩，原非所长，今拟起浩为尚书令，卿可为我致他一书，看他如何复我？”超当即缮就一书，寄与殷浩。浩览书大喜，便即裁答，写了许多套话，无非是感激愿效的意思。当下折就方胜，用函封固，又恐语中尚有错误，开闭至十数次，弄得精神恍惚，反将信笺遗落案下，竟把那一个空函，复达桓温。温展函检阅，并无一字，疑浩故意使刁，大为忿恨，遂不复起召。越二年，浩竟病死。强作镇定，实是热中，患得患失，不死何为。

且说桓温既劾去殷浩，料知朝廷不敢反对，遂于永和十年二月，抗表伐秦。统率步骑四万，出发江陵，且命水师并进，自襄阳入均口，直达南乡，步兵由淅川趋武关，命梁州刺史司马勋出子午谷，直捣长安，别军攻上洛，擒住秦荆州刺史郭敬，进击青泥，连破秦兵。秦王苻健，遣太子苌，丞相雄，淮南王生，平昌王菁，北平王硕等，率兵五万，出屯蓝田。雄与菁已见前文，生硕皆苻健子。生幼即无赖，一目盲瞽，祖洪在日，甚不悦生，尝对生语左右道："我闻瞎儿一泪，未知信否？"左右答声称是。生竟拔佩刀，从瞽目中自刺出血，指示洪道："这岂不是一泪么？"洪不禁惊骇，寻又用鞭挞生。生不觉痛苦，反大喜道："性耐刀槊，不宜鞭捶。"洪叱道："汝乃贱骨，只配为奴。"生复道："难道如石勒不成？"洪正任石氏，恐因生妄言招灾，急起掩生口，且召健与语道："此儿狂悖，将来必破人家，应早除灭为是。"健虽然应诺，究竟情关父子，不忍下手，因转与弟雄熟商。雄劝阻道："待儿长成，自当改过，何必无故加诛。"说着，又向洪前替生缓颊，生得不死。既而年已成丁，力举千钧，雄悍好杀，能手格猛兽，走及奔马，击刺骑射，冠绝一时。至桓温入关，与太子苌等相偕出拒，生单骑前驱，一遇温军，便恃勇突入。温将应诞，上前拦阻，才经交手，便被生大喝一声，劈落马下。他将刘泓，又挺枪接战，才经数合，复被杀死。温军前队大乱，由生执刀旋舞，出入自如，再加太子苌等，随生杀入，几乎把晋军前队，枭斩略尽。善战者颇多暴虐，叙此事以明苻生之发迹，为后文伏案。

忽听得晋军阵后，发出一声鼓号，声尚未绝，那箭杆似飞蝗一般，攒射过来。生用刀拨箭，毫不慌忙，偏背后有人狂叫，音带悲酸，急忙回首顾视，已见一人落马，那时不能不救，下马扶起，并非别人，乃是行军统帅太子苌。苌身中两矢，因此坠下，气息仅属，生只好掖他上马，保护回营。不防晋军纷纷杀来，势似暴风疾雨，不可遮拦，秦兵顿时披靡。苻生虽勇，只好保住太子苌，奔回要紧，不能再逞威风，眼见得全军溃散，一败涂地。看官阅此，应益知晋帅桓温，确是有些能耐呢。温弟桓冲，进军白鹿原，再与秦丞相雄交锋，又得胜仗。温亦转战直前，进至灞上。秦太子苌等退屯城南，秦主健领老弱兵六千，保守长安小城，尽发精兵三万，使雷弱儿为大司马，统率出城，会同苌军，并力御温。温抚谕居民，概令复业，禁兵侵犯。秦民多牵牛担酒，迎犒军前，男女多夹道聚观，耆老相顾泪下道："不图今日复睹官军。"于是三辅郡县，亦多遣使请降。三辅注见前。忽有一介儒生，从容前来，身上穿着一件褐衣，不衫不履，进谒桓温。温志在延揽人才，不拒贫士，当下传入相见。他但对温长揖，昂然就坐，扪虱而谈，旁若无人。顿使一军皆惊，目为怪物。小子有诗咏道：

何来狂客谒军门？绝肖当年辩士髡。
岂是读书遵孟训，巍巍勿视大人尊。

究竟来人为谁，待下回表明姓名。

王羲之之谏殷浩，与桓温之劾殷浩，皆深中浩之过失，谏之者为爱浩起见，而其言固关痛切；劾之者为排浩起见，而其言亦非虚诬。浩不能从谏于先，安能免劾于后乎？浩一鄙夫，既忌姚襄而复用之，不败何待？且与桓温龋龁已久，而晚得温书，即欣喜过望，以致神情颠倒，误达空函，多疑寡断，嗜利无耻，彼尝咄咄书空，叹为怪事，吾谓如彼之行止，乃真可怪耳。桓温出师伐秦，蓝田一战，力挫苻氏，关中父老，牛酒欢迎，不可谓非一时杰；但进锐退速，外强中干，能败秦而不能灭秦，此贪功者之所以难成功也。

第五十六回

逞刑戮苻生纵虐　盗淫威张祚杀身

却说桓温方进逼长安，屯兵灞上，蓦来了一个狂士，被褐扪虱，畅谈当世时务，不但温军惊异，就是温亦怪诧起来。当下问他姓名，才知是北海人王猛。猛为苻秦智士，故特笔书名。猛字景略，幼时贫贱，尝鬻畚为业，贩至洛阳，有一人向猛购畚，愿出重价，但自云无钱，令猛随同取值，猛乃随往，不知不觉的行入深山，见一白发父老，踞坐胡床，由买畚人引猛进见。猛当即下拜，父老笑语道："王公何故拜我哩？"说着，即命左右取偿畚值，并送他白镪十两，即使买畚人送出山口。猛回顾竟无一人，只有峨峨的大山。走询土人，乃是中州的嵩岳。当下怀资归家，得购兵书，且阅且读，深得秘奥。嗣是往来邺都，无人顾问。及入华阴山中，得异人为师，隐居学道，养晦待时。至是闻温入关，方出山相见。温既问明姓氏，料非庸流，乃复询猛道："我奉天子诏命，率锐兵十万西来，为百姓扫除残贼，乃三秦豪杰，未见趋附，究是何因？"猛答道："公不远数千里，深入秦境，距长安不过咫尺，尚逗留灞上，未渡灞水，百姓未识公心，所以不至。"温沉吟多时，复注目视猛道："江东虽多名士，如卿却甚少哩。"遂署猛为军谋祭酒。

秦丞相苻雄等，收集败卒，再来攻温。温与战不利，伤亡至万余人。温初入关中，因粮运艰难，意欲借资秦麦，偏秦人窥透温计，先期将麦刈去，坚壁清野，与温相持。温无粮可食，不得已下令旋师，招徙关中三千余户，一同南归。临行时赐猛车马，拜为高官督护，邀与同还。猛言须还山辞师，温准猛返辞，与约会期。及届期不至，温乃率众自行。原来猛还入山中，向师问及行止，师慨然道："汝与桓温岂可并世？不若留居此地，自得富贵，何必随温远行呢。"猛乃不复见温，但寄书报谢罢了。温循途南返，为秦兵所追，丧失不资，就是司马勋出子午谷，孤军失援，也被秦兵掩击，败还汉中。温驰出潼关，径抵襄阳，由晋廷派使慰劳，毋庸琐叙。惟温尝自命不凡，私拟司马懿刘琨，有人说他形同王敦，大拂彼意。及往返西南，得一巧作老婢，旧为刘琨妓女，与温初见，便潸然泪下。温惊问何因？老婢答道："公甚似刘司空。"温闻言甚喜，出外整理衣冠，又呼老婢细问，谓与刘司空究相似否？老婢徐徐答道："面甚似，恨薄；眼甚似，恨小；须甚似，恨赤；形甚似，恨短；声甚似，恨雌。"温不禁色沮，自往寝处，褫冠解带，昏睡了一昼夜。至睡醒起床，尚有好几日不见欢容。不及刘琨，也非真是恨事。这且待后再表。

且说秦主苻健，既击退晋军，正拟论功行赏。那丞相东海王苻雄，得病身亡，健闻讣大哭，甚至呕血，且呕且语道："天不欲我定四海么？奈何遽夺我元才呢？"仿佛石勒之哭张宾。元才就是雄表字，雄位兼将相，权侔人主，独能谦恭奉法，下士礼贤，所以望重一时，交相推重。次子名坚，承袭雄爵，相传坚母苟氏，尝游漳水，至西门豹祠中祈子，豹系战国时魏臣。是夜梦与神交，遂致有娠。豹尝禁为河伯妇，岂此时反祟苟氏么？越十二月生坚，有神光从天下降，照御庭中。坚生时背有赤文，隐起成字，仔细辨认，乃是"草付臣又土王咸阳"八字。祖洪很是奇异，因即将臣又土三字，拼做一字，取名为坚。坚幼即聪颖，状貌过人，臂垂过膝，目有紫光，及长，颇具孝思，博学有才艺。苻健尝梦见天使降临，命拜坚为龙骧将军，及醒寤后，诧为异事，因在曲沃设坛，即将龙骧将军印绶，亲自授坚，且嘱语道："汝祖曾受此号，今汝为神明所命，当思上承祖武，毋贻神羞。"坚顿首受命。嗣是厚自激厉，遍揽英豪，如略阳名士吕婆楼强汪梁平老等，皆与交游，为坚羽翼。坚因此驰誉关中，不让乃父。也隐为下文写照，坚既蒙父荫，得袭王爵，此外如淮南王生，因功进中军大将军，平昌王菁，升授司空，大司马雷弱儿，代雄为相，太尉毛贵，晋官太傅，太子太师鱼遵，得为太尉，惟太子苌箭疮复发，竟至逝世。

健因谶文有"三羊五眼"，疑为生当应谶，乃立生为太子。命司空平易王菁为太尉，尚书令王堕为司空，司隶校尉梁楞为尚书令。未几，健忽罹疾，不能视事。平昌王菁，阴谋自立，独勒兵入东宫，欲杀太子。偏太子生入宫侍疾，无从搜寻，空费了一番举动。自思一不做，二不休，索性移攻东掖门，讹称主上已殂，太子暴虐，不堪为君，借此煽惑军心。不意秦主健力疾出宫，自登端门，陈兵自卫，并下令军士，速诛祸首，余皆不问。菁众见健尚活着，当然骇愕，统弃仗逃生。菁亦拍马欲遁，经健指挥亲军，出门追捕，把菁拘住，面数罪状，枭斩了事。此外一概赦免，便即还宫。越数日，健病加剧，授叔父武都王安为大将军，都督中外诸军事，一面召入丞相雷弱儿，太傅毛贵，太尉鱼遵，司空王堕，尚书令梁楞，左仆射梁安，右仆射段纯，吏部尚书辛牢等，嘱咐后事，受遗辅政；并语太子生道："六夷酋帅，及贵戚大臣，如有不从汝命，宜设法早除，毋自贻患！"教猱升木，能无速乱。生欣然受教。又越三日，健乃病殁，年三十有几。如何处置韩氏？

太子生当日即位，大赦境内，改元寿光。群臣俱进谏道：“先帝甫经晏驾，不应即日改元。”生勃然大怒，叱退群臣。嗣令嬖臣穷究议主，乃是右仆射段纯所倡，因即责他违诏，立处死刑。总算恪遵先命。已而追谥苻健为明皇帝，庙号世宗，尊母强氏为皇太后，立妻梁氏为皇后，命太子门大夫赵韶为右仆射，太子舍人赵诲为中护军著作郎，董荣为尚书。这三人素以谄佞见幸，故同时登庸。又封卫大将军苻黄眉为广平王，前将军苻飞为新兴王。两苻原系宗室，但也是与生莫逆，因得受封。命大将军武都王苻安领太尉，弟晋王柳为征东大将军并州牧，出镇蒲坂。魏王庾为镇东大将军豫州牧，出镇陕城。二王受命辞行，由生亲出饯送，乘便闲游，蓦见一缟素妇人，跪伏道旁，自称为强怀妻樊氏，愿为子延请封。实来寻死。生便问道：“汝子有何功绩，敢邀封典？”妇人答道：“妾夫强怀，前与晋军战殁，未蒙抚恤。今陛下新登大位，赦罪铭功，妾子尚在向隅，所以特来求恩，冀沾皇泽。”生复叱道：“封典须由我酌颁，岂汝所得妄求？”那妇人尚未识进退，还是俯伏地上，泣诉故夫忠烈，喃喃不休。当下惹动生怒，取弓搭箭，飕的一声，洞穿妇项，辗转毕命。生亦怏怏回宫。

越宿视朝，中书监胡文，中书令王鱼入奏道：“近日有客星孛大角，荧惑入东井，大角为帝座，东井乃秦地分野，恐不出三年，国有大丧，大臣戮死，愿陛下修德禳灾。”生默然不答。及退朝后，饮酒解闷，自言自语道：“星象告变，难道定及朕身？朕思皇后与朕，对临天下，若皇后死了，便是应着大丧，毛太傅呢，梁车骑呢，梁仆射呢，统是受遗辅政的大臣，莫非应该戮死么？”想入非非。近侍听了，还道他是醉语呶呶，莫名其妙，谁知过了数日，他竟持着利刃，趋入中宫。梁后见御驾到来，当然起身相迎，语未开口，刃已及颈，霎时间倒毙地上，玉殒香消。这难道是乃父教他。生既杀死梁后，立即传谕幸臣，往拘太傅录尚书事毛贵，车骑将军尚书令梁楞，左仆射梁安，不必审问，即饬推出法场，一同斩首。贵系梁皇后母舅，安且是皇后生父，楞亦与后同族，朝臣俱疑椒房贵戚，有甚么谋逆情事？哪知他们并无罪过，但为了胡文王鱼数言，平白地断送性命，这真是可悲可痛呢！

生遂迁吏部尚书辛牢为尚书令，右仆射赵韶为左仆射，尚书董荣为右仆射，中护军赵诲为司隶校尉。两赵有从兄名俱，曾为洛州刺史。生本欲召俱为尚书令，俱托疾固辞，且语韶诲道：“汝等不顾祖宗，竟敢做此灭门事么？试想毛梁何罪，乃竟诛死？我有何功，乃得升相？我情愿速死，不忍看汝等夷灭呢。”未几，果以忧愤告终。丞相雷弱儿，刚直敢言，见赵韶董荣等用事，导主为恶，往往面加指斥，不肯少容。荣等遂暗地进谗，诬他构逆，生因杀死弱儿，并及他九子二十二孙。弱儿系南安羌酋，素得羌人信服，至无辜受诛，羌人当然怨生。生不以为意，名为居丧，仍然游饮自若，弯弓露刃，出见朝臣，锤钳锯凿，备置左右。即位未几，凡后妃公卿，下至仆隶，已被杀毙五百余人。司空王堕，又为董荣所谮，说是天变相关，把他处斩。堕堋洛州刺史杜郁，亦连坐受诛。

一日，生在太极殿召宴群臣，命尚书辛牢为酒监，概令极醉方休。群臣饮至尽醉，牢恐他失仪，不便相强。生大怒道："汝何不使人饮酒，乃坐视无睹么？"说至此，手中已取过雕弓，搭矢射去，适贯牢项，便即倒毙。吓得群臣魂魄飞扬，不敢不满觥强饮，甚至醉卧地上，失冠散发，吐食污衣，弄得一塌糊涂。生反拍手欢呼，引为大乐，又连喝了数大觥，也自觉支持不住，方返身入寝去了。群臣如蒙恩赦，乃踉跄散归。

越年二月，生谕征东将军晋王柳，命参军阎负梁殊，出使凉州，招谕归附。凉州牧张重华，自击退赵兵后，重任谢艾，事必与商。应五十回。偏庶长兄长宁侯祚，与内侍赵长等，表里为奸，交谮谢艾，惹得重华也起疑心，复出艾为酒泉太守。嗣是重华不免骄怠，希见宾佐。晋廷尝遣御史俞归，册授重华为侍中，都督陇右关中诸军事，封西平公，重华方谋为凉王，不愿受诏，经归再三劝导，方才无言。嗣因燕降将王擢，为秦所逼，率众奔凉，即命擢为秦州刺史，使与部将张弘宋修，会兵攻秦，被秦将苻硕杀败，掳去弘修，惟擢得脱身逃还。重华不加擢罪，再拨众二万，使复秦州。擢感激思奋，拚死报恩，果得大败苻硕，仍将秦州夺还。重华乃拜表晋廷，请会师伐秦。晋但遣使慰谕，实授重华为凉州牧。重华因晋未出师，也不敢冒昧用兵。

天下不如意事，十常八九，最难堪的是中冓贻丑，敝笱含羞，防不胜防，说无可说，遂令一位年富力强的藩帅，酿成心疾，郁郁而亡。史未详言重华病因，作者读书得间，故有此论。重华嫡母严氏，奉居永训宫，生母马氏，奉居永寿宫。马氏本有姿色，为重华父骏所宠，骏殁时年将四十，还是丰容盛鬋，螓首蛾眉。就中有一个登徒子，暗暗垂涎，靠着那宗室懿亲，脂韦媚骨，出入宫禁，侍奉寝帷，费尽了许多心思，竟得将马氏勾搭上手，演成一回鹑鹊缘。那马氏美等宣姜，淫同夏姬，倒也不惜屈尊降贵，甘献禁脔，两口儿朝栖暮宿，非常狎昵，只瞒过了一个张重华。后来年深月久，不免暴露，竟被重华闻知，懊恼得不可名状。看官道淫夫为谁？就是重华庶长兄长宁侯祚。祚虽非马氏所生，名分上也称母子，此时以子烝母，怎得不使重华恨煞？重华意欲诛祚，计尚未定，忽有厩卒入报，厩马四十匹，一夜都自断后尾，转令重华惊愕得很，只恐诛祚生变，未敢径行。既而十月闻雷，日中现三足乌，变异迭出，益使重华寒心，且忧且愤，竟致成病，渐渐的沉重起来。乃命子耀灵为世子，且手诏征谢艾入侍。艾尚未至，重华已殁，年才二十有四。《晋书》作二十七。在位只八年。

耀灵甫及十龄，承袭父位，内事由祖母马氏主张，外政当然被伯父张祚，把持了去。名为伯父，实可呼为祖父了。右长史赵长尉缉等，向与祚秘密往来，结为异姓兄弟。至是矫托遗命，授祚为抚军大将军，都督中外诸军事。祚意尚未足，再嗾长等建议，说是时难未平，应立长君，一面自求马氏，乞从长意，立己为主。马氏身且委祚，哪有不从之理？这是枕席效劳的好处。当下废耀灵为宁凉侯，由祚自立，称大都督大将军凉州牧凉公。祚既得志，索性大肆淫虐，重华妃裴氏，年方花信，也生得妩媚可人，他竟召令入室，逼使伴寝；就是重华妾媵，俱胁与宣淫，甚至未嫁诸妹，也公然纳入，轮流奸污。专喜奸淫本家妇女，也是奇癖。重华有女，才阅十龄，玲珑娇小，未解风情，偏又被祚引诱入内，强褫下衣，任情摆布。幼女怎堪承受，徒落得床褥呻吟，无从诉苦。三代被淫，不知是何果报。凉州人士，争赋墙茨三章，作为讽刺，祚还管甚么清议，但教自快肉欲，彻夜寻欢罢了。

越年正月，赵长尉缉等，复上书劝进，祚竟就谦光殿中，僭登王位，《晋书》作帝位，但观他尊三代为王，当是称王无疑。立宗庙，置百官，郊祀天地，用天子礼乐，下书谓："中原丧乱，华夷无主，因勉徇众请，摄行大统，俟得扫秽二京，再当迎帝旧都，谢罪天阙"云云。先是凉州遵晋正朔，未尝改元，惟沿用愍帝建兴年号，直至祚篡位时，尚称建兴四十一年，及是乃改建兴四十二年为和平元年，赦殊死，赐鳏寡粟帛，加文武爵各一级，追尊曾祖轨为武王，祖实为昭王，从祖茂为成王，父骏为文王，弟重华为明王。立妻辛氏，次妻叱干氏，俱为王后。何不立马裴二氏？长子泰和为王太子，次子庭坚为建康王，弟天锡为长宁王，耀灵弟玄靓为凉武侯。是夕，天空有光，状如车盖，声若雷霆，震动城邑。翌日，大风拔木，日中如晦。祚反诱诛谢艾，大肆淫威。尚书马岌，直谏免官；郎中丁琪，再谏被杀。适晋征西大将军桓温入关，见前回。秦州刺史王擢，时镇陇西，遣使白祚，谓："温善用兵，如得克秦，必将及凉。"祚不禁惶惧，又恐擢乘急反噬，仍召马岌复位，与谋刺擢。密遣心腹将往陇西，不得下手，反被擢查出杀死。祚得报益骇，号召士卒，托词东征，实欲西保敦煌。嗣闻温已南归，更遣平东将军牛霸等攻擢。擢拒战失利，奔降苻秦。

河州刺史张瓘，为祚宗室，外镇枹罕，士马盛强，祚常加猜忌，容忍了一年有余，不能再止，乃遣部将易揣张玲，带领步骑万余人，往击张瓘，并发兵三十余道，分剿南山诸夷。张掖人王鸾，素通术数，入殿白祚道："军不可行，出必不还。凉州将有大变，不可不防。"祚叱为妖言。鸾即直陈祚恶，说他无道三大事，恼得祚气冲牛斗，立命推出斩首。鸾至法场大呼道："我死后不出二十日，兵败王死，定难幸免了。"想鸾亦自知该死，故自来徼祸。祚不但杀鸾，又夷鸾族，然后发兵，再遣张掖太守索孚，往代张瓘。瓘不肯依令，斩孚誓众，出击易揣张玲。玲正前驱渡河，瓘军掩至，猝不及防，被打得落花流水，尽入洪波。只易揣尚在岸上，单骑奔回。瓘遂济河追蹑，直逼凉州，且传檄州郡，拟将祚废去，仍立耀灵。骁骑将军宋混，与弟澄聚众应瓘，引瓘并进。祚情急仓皇，想出一个釜底抽薪的计策，潜令亲将杨秋胡，趋入东苑，拉死耀灵，埋尸沙坑。他还道是斩草除根，免得外兵借口，哪知宋混等越觉有词，即为耀灵缟素举哀，一片白旗白甲，直捣姑臧。姑臧就是凉州的治所，祚愈急愈愤，命收瓘弟琚及瓘子嵩，先拟加诛。琚与嵩召集市人数百名，随处传呼道：“张祚淫虐无道，我父兄纠合义旅，已到城东，若再敢与祚同恶，无故拿人，罪及三族。”兵民等相率袖手，不敢干预。琚嵩等便杀死门吏四百余人，斩关招纳外军。祚避入神雀观，祚将赵长等惧罪，急忙入阁，呼马太后出谦光殿，改立耀灵弟玄靓为主，一面大开宫门，迎宋混等趋入殿中，顿时齐声欢呼，统称万岁。祚在神雀观中，听得一片欢呼声，错疑长等已经平乱，便出观慰劳，谁知殿外列着，统是宋混等军，此时已无从躲避，只好拔剑大呼，饬令左右死战。左右无一答应，纷纷避去。从前极力逢迎的赵长，反手持长槊，向祚乱刺。祚仗剑招架，短剑不及长槊的利害，竟被刺中面颊，鲜血直喷，自知不能再战，还是逃命要紧，乃转身就跑，驰入万秋阁。兜头来了一个厨子，执刀劈来，正中祚首，立即晕毙阁下。小子有诗咏道：

残贼由来号独夫，况兼烝报效雄狐。
刀光一闪头颅落，如此淫凶应受诛。

欲知厨子姓名，容至下回续详。

苻生张祚，同时肆恶，一在关中，一在陇右。吾不知两人具何肺肠，而顾若此之稔恶为也，生之好杀过于祚，而祚之好淫，亦甚于生。自古未有好淫好杀，而可以长享国祚者。况无故杀妻，灭绝人伦，公然烝母，遍污亲族，古称桀纣为无道，以苻生张祚较之，吾犹谓其彼善于此矣。宇宙之下，竟有此人面兽心，至于斯极者，虽曰速亡，其亦戾气之独钟乎？

第五十七回

具使才说下凉州　满恶贯变生秦阙

却说张祚被杀，下手的厨子，叫做徐黑。名足副实。黑既劈倒张祚，便出报外兵，宋混等入阁枭祚，取首悬竿，宣示中外，并暴尸道旁。凉州士民，同称万岁。祚二子泰和庭坚，均遭骈戮。总计祚篡国僭位，仅阅三年，已是恶贯满盈，身死子灭。将军易揣等，也已与宋混联络，引兵入殿，拿下赵长，并所有张祚幸臣，一一声罪伏诛。张瓘亦驰入姑臧，推立玄靓为大将军大都督凉王，尊马氏为太王太后。

淫妇何堪再尊？怪不得凉乱未已。玄靓年才七岁，由瓘秉持政柄，自为尚书令凉州牧，行大将军事，都督内外兵马。授宋混为尚书仆射，改易百官，废去和平年号，复称建兴四十三年。陇西人李俨，据郡抗命，擅杀大姓彭姚，自立为王，遥奉东晋正朔，旬月间有众万人。瓘遣将军牛霸往讨，霸至中途，忽闻西平太守卫綝，亦据郡为乱，与俨相应，霸众顿时大溃，单剩霸一人奔还。瓘更遣弟琚击綝，得破綝兵。西平人田旋，密劝酒泉太守马基，起兵应綝，谓："綝攻东面，我攻西面，不出六旬，可定凉州。"基信为奇谋，也即发难。哪知瓘司马张姚王国，已奉瓘命，兼程到来，突入酒泉。基部署兵马，尚未办齐，怎能与他对敌，眼见得束手就擒。就是主谋人田旋，亦被拿下，两人杀死一双，好头颅送入姑臧。綝闻酒泉失败，当然不敢再出，就是李俨亦负嵎自守，不敢出兵。

瓘兄弟自恃有功，浸成骄侈，也不免跋扈起来。适秦使阎负梁殊，到了姑臧，与瓘相见。回应前回。瓘启问道："我凉州世为晋臣，不敢擅交外使，二君来此做甚？"阎负答道："我秦王现镇雍州，与贵国同为邻藩，所以遣使修好，何为见怪？"瓘又道："我君臣尽忠事晋，迄今六世，今若与苻征东通使，便是上违先训，下堕臣节，故不愿闻命。"负殊齐声道："晋室衰微，久失天命，所以令先王尝幡然变计，称臣二赵，知机顺时，应该如此。今大秦威德方盛，凉王欲自帝河右，必非秦敌，诚使以小事大，亦何如舍晋事秦，得长保福禄呢？"瓘微笑道："中州无信，好食誓言，从前我国与石氏通好，使车方返，戎骑即来，如此欺诈，怎得令人信服？我国已不愿再闻和议了。"负殊又道："三王异政，五帝殊风，岂可相提并论？况赵多奸诈，秦尚信义，本来是政教不同，风俗互异。今上更道合二仪，仁施四海，信义交孚，不分中外，奈何以二赵相比呢？"语多虚诈，但外交之道，应作别论。瓘复说道："果如君言，秦已威德无敌，何不先取江南，使天下尽为秦有？乃徒劳君等跋涉，来做说客，苻征东亦未免失计哩。"梁殊道："我先帝大圣神武，开构鸿基，强燕纳款，八州效顺。是二语更属虚言。今主上缵承遗绪，威爱兼施。以为吴会倔强，必须力征，凉州柔顺，可以义服，故遣行人等先申大好，免动兵戈。如凉人未达天命，我国当缓图吴会，先讨凉州，恐河右便非君有了。"瓘勃然道："我地跨三州，带甲十万，西包葱岭，东阻大河，伐人尚且有余，何况自守，难道便怕秦不成？"阎负道："贵州山河虽固，未若崤函，五郡虽众，未若秦雍，试想杜洪张琚，因赵成资，据天险，策锐卒，内陆外海，劲士风集，骁骑如云，兵强财富，自谓关中可据，天下可平。我先帝戎旗西指，冰消云散，才经旬月，便致易主。见五十四回。燕虽虎视关东，尚且震慴天威，俯首帖服。余如单于屈膝，名王内附，不可胜计。若我主上因贵州不服，赫然震怒，控弦百万，鼓行西来，未识凉州将如何对待哩？"好一副广长舌。瓘复道："秦果威德普及天下，江南何不入朝？"问及此语，瓘已未免退怯了。梁殊道："江南为文身旧俗，负阻江山，从古以来，道污必先叛，化盛且后宾，所以古诗有云：‘蠢尔蛮荆，大邦为仇。’这正说他顽梗无知，不应与语德义，只好兵甲示威，才能制服，岂凉州也复如是么？”瓘又问及秦相如何？秦将如何？越问越馁。负殊两人，把苻氏王亲国戚，以及内外文武，都一一陈报出来。不是誉他经世奇才，便是称他折冲健将，你一唱，我一和，端的把关中人士，一古脑儿抬高声价，恍似伊吕重出，周召复生。这一席舌战词锋，说得瓘无言可驳，只能诿诸凉王玄靓，谓当禀命后行。负殊再逼进一步道：“凉王虽英睿夙成，但年尚幼冲，究难明决，君居伊霍重任，关系安危，见机而作，责无旁贷，何必互相推诿呢？”瓘自思国乱初平，河西又所在兵起，倘或秦兵再至，势不可敌，不若暂与修和，再作计较。乃用玄靓命令，特派行人，与负殊偕行入秦，愿为藩属。秦王生即将来表所署官爵，授册赐封，毋庸细叙。

会姚襄遣使降燕，燕主慕容俊，命襄夹攻苻秦，襄复报如约，俊乃遣将军慕舆长卿等，率兵七千人，自轵关攻幽州，襄亦引众攻平阳，晋将军王度，也乘隙攻青州。秦主苻生闻报，命建节将军邓羌拒燕，新兴王飞御晋，遥饬晋王柳救平阳。羌至裴氏堡南，与燕兵交战，大破燕兵，擒住长卿，枭得甲首二千七百余级。晋将王度，接得燕兵败没消息，不战自退。独姚襄转战无前，击退苻柳援军，陷入平阳城外的匈奴堡，杀毙守将苻产，且将产众悉数坑死。既而襄却向秦假道，愿回陇西，秦主生欲从襄请，东海王坚谏阻道：“襄乃当今人杰，若纵还陇西，还当了得！不如诱以厚利，伺彼无备，击死了他，方绝后患。”生乃依坚议，遣使拜襄官爵。襄不愿受，杀死秦使，扯碎来册，又进兵侵掠河南。生当然大怒，适并州刺史张平，弃燕降秦，由生授为大将军，令率部众数万人击襄。襄自恐寡不敌众，乃卑辞厚币，与平结欢，面订盟约，结为兄弟，始各撤兵退回。

生因战事已平，乐得经营土木，遂发三辅民修治渭桥。金紫光禄大夫程肱谓：“有害农时，不应劳民。”反被生驱出斩首。未几，大风拔木，行人颠仆，秦宫中讹传贼至，自相惊扰，宫门昼闭，五日方息。生查得造谣数人，刳心剖胃，惨加极刑。光禄大夫强平，为生母舅，实在看不过去，便入殿切谏，劝生爱民事神，缓刑崇德，才能上弭灾祲，下息奸回。语尚未完，已惹动生怒，命左右取凿过来，凿穿平顶，不得少延。卫将军广平王黄眉，前将军新兴王飞，建节将军邓羌，时正在侧，急忙叩头固谏，谓：“平系强太后弟，应从薄谴。”生哪里肯听，但促左右凿平。可怜平脑破浆流，死于非命。生且黜黄眉为左冯翊，飞为右扶风，羌为咸阳太守。这三人素有勇名，所以生尚不忍加诛，但示薄惩。那强太后却哭弟过哀，恨子不道，竟致忧郁成疾，绝食而亡。生毫无戚容，反自书手诏，颁示中外，略云：

朕受皇天之命，君临万邦，嗣统以来，有何不善？而谤讟之声，扇满天下，杀不过千，而谓之残虐，行者比肩，未足为希，方当强刑极罚，复如朕何？

是时，潼关以西，长安以东，虎狼为害，日中阻道，夜间发屋，不食六畜，专务食人，百姓不敢耕桑，都徙居城邑。百官奏请禳灾，生狞笑道："野兽腹饥，自然食人，饱即不食，何必过虑。天道本来好生，正因民多犯罪，特降虎狼替朕助威，为甚么要去祈禳呢？"可笑可恨。一日，出游阿房，见有男女二人，行过道旁，容貌都尚秀丽，便令左右拉住二人，当面问道："汝二人却是佳偶，已结婚否？"二人答道："小民乃是兄妹，不是夫妻。"生笑道："朕赐汝为夫妇，汝即可就此交欢，毋庸推辞。"奇语。二人固执不从，生即拔剑出鞘，把他砍死。旋与继妻登楼眺望，继妻指问楼下一人，是何官职姓名？生望将下去，乃是尚书仆射贾玄石，仪容秀伟，素有美名，禁不住惹起醋意，便顾语道："汝莫非艳羡此人么？"亏你聪明，能知妻意。说着，即召过卫士，交与佩剑，嘱使取玄石首来。卫士携剑下楼，才阅片时，已取玄石首复命。生掷与继妻道："赠汝何如？"继妻又惭又悔，弄得局踏不安，匍匐待罪。生却怜妻有色，扶使起身，携手回宫去了。只枉死了玄石。

生平时最喜食枣，尝患齿痛，令太医令程延诊视。延诊毕语生道："陛下并无他疾，不过食枣太多，因致损齿。"说至此，忽听得一声狂吼道："咦！汝非圣人，怎知我多食枣？"延心胆俱落，急拟下跪谢过，不料剑锋已到，首即坠地。嗣又使别医合安胎药，加入人参，嫌太细小。医谓："参质虽细，未具人形，但已可合用。"生怒道："汝敢讥笑我吗？"遂使左右剜出医目，然后枭首。医官到死，尚未知所犯何罪，及他人察及剜目情由，才料到苻生误会，还道是借参寓讥，与自己瞽目有关，所以冤冤枉枉的杀死该医。

越年，为秦主生寿光三年，就是晋穆帝升平元年。穆帝年阅十五，预行冠礼，褚太后撤帘归政，故改永和十三年为升平元年。秦与晋东西分峙，年号原是不同，惟史家推晋为正统，因此随笔叙明，聊醒眉目，看官不要嗤我夹七夹八呢。是年二月，太白犯东井，秦太史令康权上言道："东井系秦地分野，太白罚星，恐主暴兵犯京师。"生狂笑道："太白入井，想是因渴求饮，与人事有何关系呢？"不但生自己好笑，就是我亦闻言笑倒了。

又越两月，接得边地急报，乃是姚襄人据黄落，将逼长安。生不得不遣将调兵，出击姚襄。襄前时出没淮北，骠突河南，自称大将军大单于，据住许昌，并窥洛阳。洛阳本由魏将周成驻守，及冉魏败亡，成举城降晋，仍得晋廷委任。晋大将军桓温，尝请迁都洛阳，修复园陵，穆帝未许，但命温为征讨大都督，使讨姚襄。适周成复叛，襄亦引兵回洛，彼此相持，未分胜负。温乃自江陵发兵，遣督护高武据鲁阳，辅国将军戴施屯河上，自率大军继进。温登船楼北望中原，慨然叹道："使神州陆沈，百年邱墟，王夷甫诸人，实难诿责呢。"当下进次伊水。襄撤洛阳围，移兵拒温，先使部下精锐，避匿林中，乃遣人语温道："公率大军远来，襄愿奉身归命，与公相见，但请公敕兵少退，即当拜谒路旁。”温知襄有诈，掀须微哂道：“我自来恢复中原，敬谒山陵，干君甚事？君既归顺，便当来见，何必烦劳使人，多费纠缠呢。”襄使返报，襄知所谋不遂，乃与温夹水对垒。温亲被甲胄，督众过击，襄众大败，死伤数千人，奔往北山。温追襄不及，进略洛阳，周成率众出降。温执成送建康，自徙屯金墉城，修复诸陵，分置陵令，表请调镇西将军谢尚，都督司州诸军事，镇守洛阳。尚有疾不行，未几去世。温乃留戴施为河南太守，使与冠军将军陈祐，居洛卫陵，自率大军还镇。

襄西奔平阳，收降秦并州刺史尹赤，乃改图关中，进屯否城。羌胡及秦民，陆续趋附，得五万余户，遂据黄落。黄落在长安南境，相距不过二三百里，秦即遣广平王黄眉，东海王坚，及将军邓羌，率步骑万五千人，直抵黄落。襄深沟高垒，固守不战。羌向黄眉献策道：“襄被桓温杀败，锐气已尽，今固垒不战，明明是惊弓伤鸟，未肯轻发，但我若长此顿兵，亦非良计。襄性刚狠，可以刚克，今宜鼓噪扬旗，直压襄垒，使他怒不可遏，勃然前来，我用埋伏计诱他入阱，必擒无疑。”黄眉依计施行，便令羌率骑兵二千，前往诱襄，自与坚埋伏三原，专待襄至。羌引兵至襄垒门，大声诟骂，襄果忍耐不住，尽锐出战。羌且战且却，退至三原，始回马力战。襄恃兵众，麾兵围羌，喊杀声震动山谷。俄而黄眉与坚，左右杀到，反将襄军裹入里面，羌从内杀出，黄眉等从外杀入，把襄兵冲得七零八落。襄所乘骏马，叫做黧眉䯄，雄骏非常。此时襄思急遁，慌忙挥鞭，不防马忽自倒，将襄倾落马下，即被秦兵擒住，牵至坚前。坚见襄年少面悍，料不可制，不如乘此翦除，乃叱令斩首，余众尽降。襄尝载父柩从军，亦为秦虏，坚因此招襄弟姚苌，谓苌若不降，当枭乃父尸。苌乃率诸弟投诚。坚能料襄，不能料苌，也是苻坚气运。秦兵奏凯班师，秦主生命葬襄父弋仲柩于孤磐，许用王礼，并用公礼葬襄，授苌为扬武将军。独黄眉等未得重赏，反加叱辱，黄眉忿甚，潜谋杀生，事发被诛。王公亲戚，亦多连坐，骈戮至数百人。

生尝梦大鱼食蒲，以为不祥，又闻长安有歌谣云：“东海有鱼化为龙，男便为王女为公，问在何所洛门东。”这三语是阴寓苻坚。坚为东海王，兼龙骧将军，住宅正在洛门东。生不明玄旨，反疑及广宁公鱼遵，平白地把他杀死，并诛及七子十孙。谁叫你姓鱼？长安市民，复起一种歌谣道：“百里望空城，郁郁何青青？瞎儿不知法，仰不见天星。”生听悉是歌，命将境内空城，悉数毁去。其实谣言预兆，乃是指清河王法。法为坚兄，后来起兵发难，便属此人，生怎能预知，一味儿轻举妄动罢了。

金紫光禄大夫牛夷，虑不免祸，乞请外调。偏生命为中军将军，召入与谑道：“牛性迟重，善持辕轭，虽无骥足，能负百石。”夷答道：“虽服大事，未经峻壁，愿试重载，乃知勋绩。”生笑道：“爽快得很，公尚嫌所载过轻么？朕将把鱼公爵位处公。”夷叩谢而出。转思生言，寓有别意，恐不免为鱼遵第二，遂服毒自杀。

生荒暴益甚，日夜狂饮，连月不出视事，或至日入时御朝，每醉必妄加杀戮，妻妾臣仆，误言残缺偏只字样，常以为讥他眇目，置诸死刑。暇时辄问左右道：“我自临天下以来，外人以我为何如主？想汝等应有所闻。”或答言：“圣明治世，举国讴歌。”生怒叱道：“汝为何媚我？”立即杀毙。他日又问，左右不敢再谀，只答言陛下稍觉滥刑。生又叱他何故谤我？亦令处斩。真是别有肺肠。所以臣下得保一日，如度十年。他尚有一种奇嗜，专喜观男女淫亵事，往往上坐饮酒，呼令宫人与近臣，裸体交欢，如有不从，立杀无赦。或生剥牛羊驴马，活焰鸡豚鹅鸭，纵诸殿前，看它惨死。又尝剥死囚面皮，迫令歌舞，种种怪剧，不胜枚举。

寿光三年六月，太史令康权入奏，谓：“昨夜三月并出，孛星入太微，光连东井，且自去月上旬，沉阴不雨，直至今日，恐有下人谋上的隐祸。”生拍案道：“汝又敢来造妖言么？”立命扑死。御史中丞梁平老等，与东海王坚友善，便私语坚道：“主上失德，人怀贰心，燕晋二方，伺隙欲动。一旦祸发，家国俱亡，殿下何不早图呢？”坚颇以为然，但畏生趫勇，未敢遽动。会有宫婢报坚道：“主上昨夜饮酒，曾言‘阿法兄弟，亦不可信，便当除灭’云云。坚令转告兄法，法亟与梁平老强汪等密商。梁汪俱主张先发，法便遣人告坚，自与梁汪两人，号召壮士数百，潜入云龙门。坚亦与侍中尚书吕婆楼，带领麾下三百余人，鼓噪继进。宿卫将士，皆释仗相从。生尚醉卧床中，至坚兵杀入，方起问左右道：“这等人何故擅入？”左右答言：“是贼。”生醉眼朦胧，尚满口胡言道：“既说是贼，何不拜他？”左右相将窃笑，连坚兵亦且笑且哗。生又催言何不速拜，不拜就斩。坚应声道：“不要汝拜，但教汝徙居别室。”说着，即指麾众士，至卧榻前，把生拖下，牵拉出去。生醉后无力，一任他拥入别室去了。小子有诗叹道：

不防天变不忧人，似此凶狂正绝伦。
待到萧墙生变祸，暴君毒已遍西秦。

欲知苻生性命如何，待至下回续叙。

阎负梁殊，受秦主苻生之命，往说张瓘。掉三寸舌以服凉州，大有战国策士遗风。本回特从详叙，寓有微意。为世道计，则以尚诈少之，为使才计，则以专对多之。抑扬并见，固非浪费笔墨也。姚襄往来侵掠，卒死黄落，善战必亡，可以概见。苻生之恶，古今罕有，依史叙入，穷极凶顽，此殆真丧心病狂者。二年乃亡，吾犹恨其不速诛也。

第五十八回

围广固慕容恪善谋　战东河诸葛攸败绩

却说苻生被徙入别室，醉尚未醒，当即有人传入，废生为越王，生亦不知为何人所授。及醒后已失权威，虽然懊恼异常，但已似鸟入笼中，无从跳跃，只好再向酒中寻乐，终日沉酣。那苻法苻坚，已废去暴主，无人反抗，遂议另立嗣君。法与坚互相推让，法谓："坚系嫡嗣，且有贤名。"坚谓："法年较长，应该序立。"兄弟谦说多时，迄无定议。惟群臣多主张立坚，坚母苟氏趋入道："社稷重事，我儿既自知不能，不如让人。若谬膺大位，他日有悔，当由诸君任咎哩。"看到后文，才知苟氏所言，寓有深意。群臣一齐顿首，盛称坚贤，必能安邦定国。苟氏乃喜。遂由坚升殿即位，自立帝号，称大秦天王。诛董荣赵韶等二十余人，复遣使逼生自尽。生临死时，尚饮酒数斗，醉倒地上，不省人事，当被坚使拉毙，年只二十三，在位二年有余，坚谥生为厉王。生子馗尚值幼冲，许袭越王封爵，总算是秦王坚的仁恩。句中有刺。当下大赦改元，年号永兴，追谥父雄为文桓皇帝，尊母苟氏为皇太后，妻苟氏为天王后，子宏为太子，兄法为丞相，都督中外诸军事。诸王皆降封为公。从祖永安公侯为太尉，晋公柳为车骑大将军尚书令，封弟融为阳平公，双为河南公，子丕为长乐公，晖为平原公，熙为广平公，叡为钜鹿公，命李威为左仆射，梁平老为右仆射，强汪为领军将军，吕婆楼为司隶校尉，王猛为中书侍郎。

猛自还居华阴后，隐遁如故。应五十六回。坚欲图生，令吕婆楼延访人才，婆楼与猛有旧交，因即举荐。坚遂使婆楼往召，猛应召而至，与坚谈及时事，口若悬河，滔滔不绝，说得坚倾心悦服，自谓如刘玄德遇孔明，竭诚相待。及斩关废立，猛亦与谋。李威为苟太后姑子，坚事威如父，威亦知猛贤，劝坚委猛国事。坚尝语猛道："李公知君，不啻管鲍。"所以猛事威如兄。坚又任薛赞为中书侍郎，权翼为给事黄门侍郎，令与猛并掌机密。赞与翼皆姚襄参军，降秦事坚，坚任为心膂，事辄与商，这且不在话下。

惟坚母苟氏，尊为太后，尝恐众心未附，嗣主不安，又因法为庶长，得揽大权，将来未免生变，特别加防。一日出游宣明台，路过法第，留心注视，正值车马盈门，非常热闹，她遂忧上加忧，返与李威密谋，即夕发出内旨，收法赐死。坚仓猝闻报，趋往东堂，与法诀别，流涕悲号，甚至呕血。法虽由内旨赐死，坚岂真不可挽回？

乃佯为恸哭，欺人可知。及法死后，谥曰献哀，封法子阳为东海公，敷为清河公，于是举异才，修废职，课农桑，恤困穷，礼神祇，立学校，旌节义，如前时鱼遵雷弱儿王堕毛贵梁楞梁安段纯辛牢等后嗣，俱量能授用，且追复本身官爵，依礼改葬，吏民大悦。无非噢咻小惠。尚书左丞程卓，案多不治，勒令免官，代以王猛。既而并州镇将张平，据州叛命，坚遣建节将军邓羌往讨，杀败平军，擒平养子蚝，送入长安。平乃悔罪投诚，坚特旨赦免，仍署平为右将军，并命蚝为武贲中郎将，但徙平部曲三千户入关。是年秋季天旱，坚减膳撤悬，发出金帛锦绣，充作赈资。后宫后妃，悉去罗绮，开垦山泽，与民共利，因此旱不为灾。看官！试想从前苻生在位时，如何暴虐，如何昏狂，此次得了这位英主，与苻生判若天渊，真是倒悬立解，事半功倍，还有何人不歌功颂德，想望太平呢？其实是牢笼手段。

且说燕主慕容儁，僭号称帝，雄长朔方，接应五十四回。大封宗室诸臣，多授王爵。慕容军得封襄阳王，慕容恪得封太原王，慕容评得封上庸王，慕容霸得封吴王，慕容疆得封洛阳王。军为抚军将军，恪为大司马侍中大都督，录尚书事，皆留居蓟城。惟遣评为征南将军，都督秦雍益梁江扬荆徐兖豫十州诸军事，使镇洛水。疆为前锋，都督荆徐二州诸军事，进屯河南。霸为安东将军，领冀州刺史，留守旧都龙城。霸有勇略，前曾得乃父皝欢心，特名为霸，恩遇比世子为优。儁颇怀嫉忌，不过因霸常立功，未便加罪。霸少好畋游，堕马折齿，儁既僭位，令霸改名为𡙇，霸不愿受命，至是乃令减去右旁，但留垂字。霸始易名为垂。垂既镇龙城，抚众课民，得收东北大利。儁又恐他势盛，仍复召还。儁母段氏，系出徒河，与段辽从子龛，有中表谊。龛父名兰，兰死后，龛收遗众，东屯广固，自号齐王，向晋称藩，袭燕郎山，击走儁将荥国，乃贻书与儁，抗称中表，斥儁僭号。儁得书甚怒，即遣太原王恪为征讨大都督，尚书令阳骛为副，同讨段龛。

先是儁父皝临终时，曾有遗言嘱儁云："恪智勇兼济，才堪任重，骛志行高洁，忠干贞固，可托大事。"儁谨记勿忘，凡军国重要，统与二人商决。此次因龛众方盛，特遣二人出师。龛弟罴骁勇过人，且有智谋，闻燕军将至，即向龛献议道："慕容恪素善用兵，更有阳骛为助，率众前来，恐不可当，若听彼渡河，顿兵城下，虽欲乞降，亦不可得。王但固守城中，由罴带领精锐，往拒河上；幸得战胜，王可合兵力追，乘胜歼虏，使他匹马不返，万一不胜，即可请降，尚不失为万户侯哩。"龛不肯从。已而罴闻燕军近河，重申前议，龛仍不许，罴情急语戆，竟触龛怒，拔剑杀罴。未曾遇敌，先将亲弟杀死，安得不亡。那慕容恪方屯兵河上，安排舟楫，好几日不敢渡河，也恐龛遣兵掩击，格外持重。至探得杀罴消息，才知龛无能为，麾兵急渡，陆续东进，行至淄水南岸，方见龛自来拒战。恪与骛分军为二，包抄龛兵，龛左右遇敌，招架不住，遂至败退。龛弟钦被擒，右长史袁范等，统皆战死。

恪追龛至广固城下，龛闭门固守，恪但令军士筑栅，四面兜围，另分兵招抚旁郡。龛所有诸城，依次附燕。恪或仍令故吏居守，或请派新官往署，从容布置，进退咸宜；独未尝督攻围城，镇日里按兵不动。诸将莫名其妙，群请速攻。恪乃与语道：“用兵不宜执一，或宜缓行，或宜急取，若彼我势均，外有强援，一或顿兵，腹背受敌，自应急攻为是，冀速大利；倘我强彼弱，又无外援，不如羁住守兵，静待彼毙，兵法所谓十围五攻，便是此意。龛恩结贼党，众未离心，前此淄南一战，彼非不锐，不过用兵未善，为我所败；今我得凭阻天险，上下戮力，攻守势倍，行军常法，必欲急攻，谅亦数旬可克，但恐困兽犹斗，必须恶战，伤我士众，定在意中。我国家连年用兵，未得休息，我每念士卒疮痍，几忘寝食，奈何再轻残民命哩？故我意持久以取，勿贪近功。”诸将始皆下拜，自称未及。我亦佩服。就是军士闻言，亦皆悦服。于是严固围垒，屯田课耕。齐民亦争运粮刍，馈给燕军。

好容易过了半年，城中粮储已尽，樵采路绝，甚至人自相食，龛不得已悉众出战。恪早防到此着，开垒接仗，潜令骑兵抄到龛兵背后，截他归路。龛兵统皆枵腹，怎能杀得过燕军？一经交锋，便即败却，龛只好退回。不意到了城边，又被燕骑截住，弄得进退两难，没奈何拚死杀入，才得冲开走路，踉跄入城。燕骑也不去追逼，唯驱杀龛众，斩馘殆尽，守兵从此夺气，莫有固志。龛穷蹙万分，因使部将段蕴，缒城夜出，诣晋乞援。晋遣北中郎将荀羡，率兵往救，进次琅琊，探得燕军强盛，不敢轻进。阳郡守将王腾，方背龛降燕，他想讨好恪前，立些功绩，遂不待恪命，欲乘虚袭晋鄄城。将士方调发出去，谁知晋军已掩到城下，原来晋将荀羡，自恐逗留得罪，正思进攻阳郡，求功补过，凑巧阳郡出兵，城内空虚，遂引军扑城，日夜不休。老天有意做人美，连宵下雨，冲坍城墙，羡即乘隙攻入，把腾擒住，杀死了事。欲侮人者反为人侮，可见贪足杀身。腾所遣赴鄄将士，中途闻耗，当然骇散，不消细叙。惟段龛待援不至，无法支持，且经恪许他不死，乃面缚出降。恪入城安民，禁止侵掠，人民大悦，遂定齐地。命龛为伏顺将军，同返蓟城。留镇南将军慕容尘居守广固。龛后为俊所杀。

晋将荀羡，闻广固失陷，退还下邳，留泰山太守诸葛攸，及高平太守刘庄，率兵三千守琅琊。参军戴逯，率兵二千守泰山。燕将慕容兰屯汴城。羡顺道进击，斩兰而去。越年燕太子晔病逝，谥曰献怀。俊立第三子暐为太子，改元光寿。是年即晋穆帝升平元年。晋泰山太守诸葛攸，攻燕东郡，进兵武阳。俊复遣慕容恪阳骛，及乐安王臧，俊之子。引兵拒攸。攸才略有限，哪里是慕容恪的对手，一战即败，逃回泰山，恪遂进兵渡河，连陷汝颍谯沛诸郡县，分置守宰，振旅北归，还据上党，收降河内太守冯鸯，略定河北全境。燕主俊遂自蓟城徙都邺中，缮修宫殿，复作铜雀台。注见前。命昌黎辽东二郡，建庙祀廆。范阳燕郡，建庙祀皝，即派护军平熙，领将作大匠，监造二庙。独吴王垂素遭俊忌，垂妃段氏，为故鲜卑单于段末柸女，才高性烈，自恃贵姓，又不肯尊事俊后。后可足浑氏引为深恨，遂与中常侍涅浩密谋，诬称段氏为巫蛊事，收付廷尉讯验。亏得段氏抵死不认，垂始得免连坐。段氏不堪箠楚，竟死狱中。俊颇加悔悯，乃授垂为东夷校尉，领平州刺史，出镇辽东。幸有此妇，应该终身顶礼。

秦右将军张平，复叛秦降燕，据有并州壁垒三百余所，得胡晋遗民十余万众。会燕调降将冯鸯为京兆太守，改令别将吕护代任。鸯与护阴相联络，通款晋廷，就是张平亦模棱两可，意欲联晋。俊遣上庸王慕容评讨鸯，鸯固守不下，再由燕领军将军慕舆根，奉命助评，合兵急攻。鸯乃开城夜遁，奔投吕护。评又移兵往攻张平，平正与兖州刺史李历，安西将军高昌，通使连盟，阳事燕主，暗通秦晋。张平历见前文，李历高昌见五十四回中。评侦实报闻，燕主俊使阳骛讨昌，乐安王臧讨历。历从濮阳奔荥阳，昌从东燕奔乐陵，平势日孤，所署征西将军诸葛骧，镇东将军苏象，宁东将军乔庶，镇南将军石贤等，又举并州壁垒百余所，降顺燕军。那时平支撑不住，也率众三千奔平阳，竟遣使向晋乞降。

俊因晋屡纳叛将，遂思大举南下，并拟经略关西，当下命州郡校阅现丁，详核隐漏，每户只准留一丁，余悉充当兵役，定额一百五十万，约期来春大集，进临洛阳。武邑人刘贵上书，极陈民力凋敝，不应过事征调，并陈时政失宜十三事。俊乃宽限征发，改来春为来冬，但中使仍然四出，募兵征饷，络绎道旁。郡县不堪供应，相率咨嗟。太尉封弈，谓："调发事宜，尽可责成州郡，不必另行遣使，所有从前使臣，概请召还，以省烦扰。"俊总算依议。已而晋北中郎将荀羡，攻入山茌，擒住燕泰山太守贾坚。坚祖父本皆晋臣，羡因劝坚降顺，且与语道："君世代事晋，不应忘本归虏。"坚答说道："晋自弃中原，并非坚甘心忘本。今既身为燕臣，怎得再思改节呢?"遂绝粒而死。愚忠亦不足道。

忽由燕将慕容尘，遣司马悦明来救泰山。羡与战失利，只好退走，山茌复被燕军夺去，羡愤恚成病，上书求代。晋廷乃遣吴兴太守谢万为西中郎将，监督司豫冀并四州军事，领豫州刺史。再命散骑常侍郗昙为北中郎将，都督徐兖青冀幽五州军事，领徐兖二州刺史。二人才具，均不及羡，惟昙为故太尉郗鉴次子，万为故镇西将军谢尚从弟，皆以门阀邀荣，得列方镇。右将军王羲之曾贻万书，说他用非所长，既已受职建牙，应与士卒共同甘苦。万不能用。万兄谢安，亦诫万道："汝为元帅，须常接待诸将，联络欢心，不宜自命风流，矜才傲物。"万亦不少悛。临行时，由安亲托诸将，一一慰勉。万还道阿兄多事，怏怏而去。为后文败归伏线。荀羡解职还都，旋即去世。穆帝很加悲悼，叹为折一股肱，因追赠骠骑将军。羡尚有令名，故叙及病殁。

未几为升平三年，晋泰山太守诸葛攸，大起水陆兵士，共得二万余人，再往伐燕，自石门进次河渚，分遣部将匡超据碻磝，萧馆屯新栅，督护徐冏，带领水军三千，游弋河中，泛舟上下，作为东西声援。燕主俊即命上庸王评，率同长乐太守傅颜等，领兵五万，往拒攸军。评屡经战阵，纪律颇严，部下又统皆精锐，踊跃争先，行至东阿相近，正与攸军遇着，不待列营休息，便即麾兵上前，步骑相间，纵横驰骤。攸虽有志平虏，怎奈才力不济，徒靠着一时血气，究竟敌不过百战雄师，两下交战多时，攸军多半受伤，眼见是旗靡辙乱，不能再奋，没奈何败退下去。评趋兵追击，大杀一阵，俘斩不可胜计，遂乘胜围攻东阿，且分兵进窥河洛。

晋廷诏令西中郎将谢万，出驻下蔡，北中郎将郗昙，出驻高平。万在军中，仍然啸咏自如，未尝拊循士卒，每经升帐，不发一言，但手执如意，指麾四座。将士统不服万，万尚不以为意，引众出涡颍间，拟援洛阳。途次闻郗昙退屯彭城，不禁惶骇，也即拍马逃归。部将见他傲慢无能，相率鄙视，恨不得将他刃毙，只因受安嘱托，未敢妄言，但各走各路，分道引归罢了。究竟昙为何事退兵？后来传下诏书，才知昙因病自归。朝廷格外原谅，仅降昙为建武将军，惟谢万无故溃退，罪难轻恕，着即免为庶人。还是失刑。

燕上庸王慕容评，正想略定河洛，会接燕主儁寝疾消息，乃收兵还邺。儁自太子晔逝世，不免追悼，尝对群臣流涕，谓此儿若在，我可无忧。又因嗣子暐年轻质弱，未及乃兄，深以为虑，因此寝馈不安，酿成心疾。一夕，梦见石虎闯入，牵臂乱啮，不由的猛呼一声，才将梦魔驱出，醒后尚觉臂痛，乃命发掘虎墓，有棺无尸。寻复悬赏百金，购人告发。适有故赵宫女李菟，得知石虎葬处，在邺宫东明观下，因即应募报闻。儁遂令李女引示，发掘至数丈以下，果得一棺，剖棺出尸，僵卧不腐。儁亲往验视，用足蹴踏，对尸怒叱道："死羯奴敢梦扰活天子么？"说着，又命御史中丞杨约，数他罪恶，计数百件，遂加鞭挞，打得筋断骨折，乃投诸漳水中。死尚被罚，人何苦生前作恶？尸尚倚着桥柱，终未漂没。及苻秦灭燕，王猛始收尸埋葬，并杀女子李菟，这是后话。王猛亦未免好事。

惟儁既弃去虎尸，病仍未痊，因召大司马太原王恪，入室与语道："我病恐不起，将与卿等长别。人生寿数，本有定限，死亦何恨，但秦晋未平，景茂尚幼，暐字景茂。怎能遽当大位？我欲效宋宣公故事，即以社稷付汝，汝意以为何如？"恪答道："太子虽幼，秉性宽仁，必能胜残去杀，为守成令主。臣实何人，怎敢上干正统？"儁变色道："兄弟间还要虚饰么？"恪从容道："陛下既称臣能主社稷，难道不能辅少主吗？"儁乃转怒为喜道："汝果能为周公，我复何忧？"恪便趋退。儁复召吴王垂还邺，寻因病体少瘥，复欲遣兵寇晋。越年正月，且出郊阅兵，派定大司马恪，及司空阳骛为正副元帅，定期出兵。是夕还宫，自觉劳倦。翌日，旧疾复发，遂至危笃，即召恪与阳骛，暨司徒评，领军将军慕舆根等，受遗辅政，言毕遂殂，年五十三，在位十有二年。燕人称儁为令主，小子有诗叹道：

六朝衰运慨泯棼，遍地胡腥不忍闻。
但得一方中主出，民间已是号贤君。

俊既病逝，百官复议立恪，究竟恪是否从众，容至下回叙明。

慕容俊僭号称尊，国势日盛，所恃者莫如慕容恪，次为慕容垂，而慕容评尚不足道也。观恪之往围广固，不欲急攻，非特深谙兵法，并且体恤全军。迨段龛出降，禁止侵掠，不嗜杀而齐地自定，虽古之良将，无以过之。俊能承父遗命，倚恪为重，并及阳骛，其致强也宜哉。且平时虽尝忌垂，而不忍加罪。垂妻被诬，仍免垂连坐，使镇辽东，俊其固有知人之明乎？慕容评粗具战略，视恪与垂，相去实远，而晋将诸葛攸等，尚为所败，晋实无人，此燕之所以横行河朔，而益得称雄也。

第五十九回

谢安石应征变节　张天锡乘乱弑君

却说慕容恪受遗辅政，当然拥立太子暐。百官多倾心事恪，意图推戴，恪哪里肯从，但言国有储君，不容乱统，乃由暐升殿嗣位。暐年方十一，恪率百官入朝，谨守臣节，当下循例大赦，改元建熙，追谥俊为景昭皇帝，庙号烈祖。尊俊后可足浑氏为太后，进太原王恪为太宰，专掌百揆。上庸王评为太傅，司空阳骛为太保，领军将军慕舆根为太师，夹辅朝政。根自恃勋旧，举动倨傲，且有异图，适太后可足浑氏，干预外事，根欲从中播弄，煽乱徼功，乃先向恪进言道："今主上幼冲，母后干政，殿下宜预防不测，亟思自全，且安定国家，全是殿下一人的功劳，兄终弟及，古有常制，应俟山陵事毕，废去幼主，由殿下自践尊位，永保国基，方为长策。"恪惊诧道："公莫非酒醉么，奈何敢出此言？我与公同受先帝遗诏，口血未干，怎得异议？"根不禁怀惭，赧颜退去。

恪转告吴王垂，垂劝恪速即诛根，恪摇首道："今国家新遭大丧，二邻方在旁观衅，若宰辅自相诛夷，就使内乱不生，亦招外侮，不如暂忍为是。"秘书监皇甫真，又谓："根已谋乱，不可不除。"恪仍然不听。无非慎重。哪知根竟入宫进谗，密白太后道："太宰太傅，将谋不轨，臣愿率禁兵捕诛二人。"太后可足浑氏，素好猜忌，一闻根言，便欲依议。还是嗣主暐从旁进言道："二公系国家亲贤，先帝特加选任，托孤寄命，想彼必不愿出此，莫非太师自欲为乱，因有此言？"小时了了，大未必佳。可足浑氏乃拒绝根议。根又思归东土，入白太后及暐道："今天下萧条，外寇不一，国大忧深，不如仍还旧都。"太后与暐亦未从所请。

恪得闻根言，知根必将为乱，乃与太傅评联名，密陈根罪，即使右卫将军傅颜，引兵至内省诛根，并拘根妻子党与下狱，酌处死刑。中外未悉详情，还疑燕廷骤诛大臣，不免惊愕。恪独镇定逾恒，绝不张皇，每有出入，只令一人步从，或劝恪宜自戒备。恪答说道："人情方怀疑贰，非静镇不足安众，怎得自相惊扰呢?"果然不到数日，人心复定。惟各郡县所征兵士，乍闻大丧，并有内乱谣传，往往乘间散归，自邺以南，路人拥挤，几至断塞。恪授垂为镇南将军，都督河南诸军事，领兖州牧，兼荆州刺史，出镇蠡台。又令孙希为并州刺史，傅颜为护军将军，带领骑士二万，观兵河南，临淮而还。于是全国兵民，各知朝内无事，相率安堵，不复生疑了。如恪才为社稷臣。

且说晋穆帝自亲政后，立散骑常侍何准女为皇后，准兄充尝为骠骑将军，后以名门应选，受册后正位中宫，柔顺有仪，毋庸细叙。司徒会稽王昱，奉表归政，穆帝不许，内政仍付昱参决，外政多为桓温把持。前领司徒蔡谟，虽由褚太后特诏起复，仍使为光禄大夫。谟称疾固辞，不复朝见，寻即病殁。诏赠侍中司空，赐谥文穆。谟不失为良臣，故录及终身。自升平纪元，荏苒五年，江淮一带，尚无大变，不过与燕兵争战数次，均皆失利。西中郎将谢万，不战即溃，尤损国威。且王谢素号世家，当时风俗人心，统重门阀阶级，谢万得罪被黜，不但国家感受影响，就是谢氏门第，亦为一落。万兄谢安，幼即风神秀彻，长益智识深沉，善行书，工诗文，朝中权贵，互相钦慕，累征不起。祖籍本为阳夏人氏，随晋东渡建康。安独寓居会稽，与王羲之等为友，游山眺水，歌咏自娱。有司奏安屡不就征，性情乖僻，应禁锢终身，安不以为意，索性栖迟东土，放情邱壑，每出必挟妓从游，不拘小节。会稽王昱素闻安名，尝语僚属道："安石与人同乐，必肯与人同忧。"安石就是安小字。安妻刘氏，为丹阳尹刘惔妹，见伯叔多半富贵，独安隐居不仕，常语安道："大丈夫当不若是呢。"妇人终难免势利。安掩鼻道："卿所见未能免俗，岂丈夫定要富贵么?"及万已褫职，门第减色。安年已四十余，免不得顾虑家门，转思仕进。君亦未能免俗了。可巧征西大将军桓温，表请辟安为征西司马，朝旨立即召安。安便至都中。自新亭启行，朝士多往饯送，中丞高崧戏语道："卿累违朝旨，高卧东山，诸人互相私议，谓安石不出，如苍生何?苍生今亦将如卿何?"说毕大笑。安被他一嘲，也不禁惭愧起来，勉强支吾，终席即去。

既到江陵，与温相见，谈笑竟日，甚惬温意。及安趋出，温问左右道："汝等曾见有如此佳客否?"嗣温有事访安，至安居室，安适早起理发，久不出见。温在外坐待，始闻室内有人传呼，令人取帻。温即朗声道："不必，不必，请司马即戴便帽，就好相见了。"安依言见温，坦然与语，取决如流。温满意乃去。晋廷复起谢万为散骑常侍，万受职未久，便即病死。安本不欲随温，无非借温干进，暂作过渡思想。及万已去世，遂假弟丧为名，投笺求归。温准令返家治丧，安此后不复诣温。寻由朝廷授为吴兴太守，便一麾赴郡去了。

升平五年五月，穆帝有疾，数日即逝，年仅十有九岁，在位十七年，帝尚无子，当由会稽王昱等，入白褚太后，请迎成帝长子琅琊王丕嗣位，褚太后依议施行，因即下令道：

帝奄不救疾，胤嗣未建，琅琊王丕，中兴正统，明德懋亲，昔在咸康，属当储贰，以年在幼冲，未堪国难，故显宗高让。今义望情地，莫与为比，其以王奉大统，毋坠厥命！

这令下后，当由百官备齐法驾，至琅琊王第迎丕入宫，升殿即位，是为哀帝。丕时年二十有二，曾纳司徒左长史王濛女为妃，至是册为皇后。封弟奕为琅琊王，奉葬穆帝于永平陵，庙号孝宗。尊所生母周氏为皇太妃，穆帝后何氏为穆皇后，又诏谕中外道：

显宗成皇帝顾命，以时事多艰，弘高世之风，树德博重，以隆社稷，而国故不已，康穆早世，祚胤不融。朕以寡德，复承先绪，感惟永慕，悲痛兼摧，夫昭穆之义，固宜本之天属，继体承基，古今常道，宜上嗣显宗以修本统。特此诏告中外，俾使周知。

越年，改元隆和。会闻北方降将吕护，又背晋归燕，将攻洛阳。乃命吴国内史庾希为北中郎将，领徐兖二州刺史，镇守下邳；前锋监军袁真为西中郎将，监督司豫并冀四州军事，领豫州刺史，镇守汝南。两将方才莅镇，那燕吕护已驱动燕军，进逼洛阳。守将河南太守戴施，闻风奔窜，只冠军将军陈祐，飞使至桓温处告急。温留戴施陈祐守洛阳事，见五十七回。温急檄北中郎将庾希，及竟陵太守邓遐，同率水师援洛阳。遐为建武将军广州刺史邓岳子。岳见前文。岳镇交广二州，垂十余年，岭南颇仰岳声威，相率畏服。岳又得击破夜郎，加督宁州，进征虏将军，迁平南将军。当时伏波将军葛洪，迁官避地，居罗浮山炼丹，岳素重洪，极力劝挽，表请任洪为东官太守。洪固辞不就，只留兄子望在广州，为岳记室参军、洪自号抱朴子，著书一百十六篇，类言长生要诀，分作内篇外篇，即以《抱朴子》名书。此外著作，不一而足，大约以方技杂事为最多，如《金匮药方》百卷，《肘后要急方》四卷，阐究医药，流传后世，医家奉为金针。洪至八十一岁时，寄书与岳，自言将远行寻师。岳即往送别，及抵罗浮山石室中，见洪兀坐不动，抚视已无气息，不过颜色如生。岳乃为棺殓，瘗葬山间。役夫举棺甚轻，因皆疑为尸解成仙。未几岳亦谢世。因邓遐事，补叙及岳，复因岳补叙葛洪，俱是文中销纳法。子遐勇力绝人，时人比诸樊哙，桓温辟为参军，从战有功。晋任冠军将军，累充各郡太守。襄阳城北沔水中，有蛟蛰伏，屡为人害。遐拔剑入水，与蛟角斗。蛟绕住遐足，遐挥剑斩蛟，截为数段，携蛟首而出，自是遂无蛟患。可与周处齐名。及为竟陵太守，受温檄使，便引兵进屯新城。庾希遣部将何谦为先驱，驾舟援洛，与燕将刘则交战檀邱，得获胜仗。刘则败去。西中郎将袁真，又从汝南运米五万斛，接济洛阳。洛城既得外援，复足粮食，当然支撑得住。

桓温复表请迁都洛阳，谓：“自永嘉以后，东迁诸族，须一切北徙，仍返故土，再由御驾朝服济江，仪表两河，宅中驭外。臣虽庸劣，愿宣力先锋，廓清中原”云云。看官！试想河洛一带，迭经戎马，已闹得乱七八糟，不可收拾，此时虽经桓温规复，终究是劫灰满目，景物萧条。况燕人又屡次窥伺，烽火不绝，怎好仓猝迁都，举乘舆为孤注哩？只是满廷大臣，多半畏温，明知温言难从，却又不敢驳斥。独散骑常侍兼著作郎孙绰上疏道：

昔中宗龙飞，非惟信顺协于天人，实赖万里长江，画而守之耳。今自丧乱以来，六十余年，洛河邱墟，函夏萧条，士民播流江表，已经数世。存者老子长孙，亡者邱陇成行，虽北风之思，感其素心，而目前之哀，实为交切。温今此举，试欲大览终始，为国远图，而百姓震骇，同怀危惧，岂不以反旧之乐赊，而趋死之忧促哉！何者？植根江外数十年矣。一朝顿欲拔之，驱蹙于穷荒之地，提挈万里，逾险浮深，离坟墓，弃生业，田宅不可复售，舟师无从得依，舍安乐之国，适习乱之乡，将顿仆道涂，漂溺江川，仅有达者，此仁者所宜哀矜，国家所宜深虑也。臣之愚见，以为且宜遣将帅有威名资实者，先镇洛阳，扫平梁许。清一河南，运漕之路既通，开垦之积已丰，豺狼远窜，中夏小康，然后可徐图迁徙耳。奈何舍百胜之长理，举天下而一掷哉？谨此疏闻，伏希睿鉴！

绰系晋初冯翊太守孙楚孙，表字兴公，少慕高尚，尝著《遂初赋》以见志。自此表为温所闻，温甚是不乐，特遣人传语道：“致意兴公，何不寻君《遂初赋》，乃来预人家国事呢。”时朝廷忧惧，将遣使止温。扬州刺史王述道：“温但欲虚声威人，并非实事，朝廷亦何妨允许哩。”乃有诏复温道：

在昔丧乱，忽涉五纪，戎狄肆暴，继袭凶迹，眷言西顾，慨叹盈怀。如欲躬率三军，荡涤氛秽，廓清中畿，光复旧京，非忘身殉国，孰能若此？诸所处分，委之高算，但河洛邱墟，所营者广，经始之勤，致劳怀也。

温得诏后，果然不行，何必虚张声势！寻且议迁洛阳钟簴。晋廷因述智足料温，复命述答辞道：“永嘉不靖，暂都江左，方期荡平区宇，旋轸旧京，万一不克如期，亦当改迁园陵，不应先徙钟簴。”这数语理直气壮，又使温无可置喙，只好罢议。全是无谓。

会燕将吕护攻洛，中箭受伤，退守小平津，疮裂而死。他将段崇收兵北去，晋得解严。庾希自下邳还屯山阳，袁真自汝南还屯寿阳，这且待后再表。

且说凉州大将军张瓘，恃功骄恣，阴蓄异图。仆射宋混，素性忠直，为瓘所惮，瓘谋杀混及混弟澄，即废主自立，乃征兵数万，会集姑臧。混诇悉瓘谋，遂与澄率壮士数十人，奄入南城，宣告诸营道："张瓘谋逆，我兄弟奉太后令，速诛此贼。汝等助顺有赏，从逆立诛。"各营兵听到此言，立即趋附，得众二千，随混攻瓘。瓘出战败却，混策马追瓘，忽斜刺里有一槊刺来，几中腰下，亏得身穿坚甲，槊不能入。混将槊夺住，与他坚持，宋澄等复引兵拥上，那人料不可敌，弃槊返奔。混乘他转身，用槊横击，那人站立不住，倒地成擒，讯明姓氏，叫做玄胪。胪系张瓘部下的勇士，既被擒住，余众皆投械乞降。瓘势孤力尽，即与弟琚同时刎死。混夷瓘家族，声罪安民。凉王玄靓，乃进混为骠骑大将军，代瓘辅政。混劝玄靓去凉王号，复称凉州牧。又召玄胪与语道："卿前刺我，幸得不伤，今我辅政，卿可知惧否？"胪答道："胪受瓘恩，彼时但知有瓘，不知有公，尚恨刺公未深，有何足惧？"混称为义士，亲为释缚，优加待遇，胪始拜谢。

既而混罹重疾，不能起床。玄靓及祖母马氏，同往探视，且与语道："将军倘有不测，寡妇孤儿，将托谁人？可否以林宗继任？"混答说道："臣儿林宗，年尚幼弱，不堪重任，殿下若不弃臣家，臣弟澄尚可参政，但恐他材质迂缓，未足达权，还望殿下随时策励，才免误事。"既知澄之迂缓，不宜推荐，且玄靓幼弱，能知策励乃弟么？及玄靓随马氏同归，混复召诫子弟道："我家受国厚恩，当以死报，慎勿挟势骄人。"嗣见朝臣俱来问疾，又惟举忠君爱国四字，一再劝勉，余无他言，寻即殁世。路人闻丧，统皆挥涕。

玄靓即命澄为领军将军，使代兄任。才阅半年，偏有一右司马张邕，恶澄专政，竟胁众杀澄，并灭澄族。未始非夷瓘宗族之报。澄虽不及乃兄的贤明，惟骄恣却不若张瓘，邕敢擅杀大臣，罪应立诛，乃玄靓反授邕为中护军，使与叔父中领军天锡，同掌国政，说来也有一种原因。玄靓祖母马氏，本来是个淫妇班头，前次曾与张祚私通，祚死后复伤岑寂，见邕身材雄伟，不亚张祚，复不禁暗暗动心。邕知情识意，乐得乘间凑奉，居然两相情愿，合成好事。此番擅杀宋澄，马氏非不预闻，所以并未加罪，反令他代执政权。玄靓冲幼无知，一由马氏作主，从此淫人得志，生杀自专，复为国患。

天锡年未及壮，所结党羽，亦多属少年。有郭增刘肃二人，年皆止十八九，尝为天锡腹心，因密白天锡道："国家恐将复乱了。"天锡惊问何因？二人齐声道："今护军出入，仿佛长宁，张祚封长宁侯见前。怎得不乱？"天锡道："我亦早疑此人，未敢出口，今当如何处置？"肃答道："何勿早除了他。"天锡道："何人可使？"肃便自请效力。天锡道："汝年太少，须更求臂助。"肃又道："同僚赵白驹，颇有胆力，得他为助，便足诛邕。"天锡大喜，便召集壮士四百人，诘旦入朝。肃与白驹，当然随入，正值邕在门下省，肃即拔刀斫邕，被邕闪过。白驹继进，持刀乱斫。邕颇有勇力，跳跃盘旋，巧为趋避。嗣见壮士齐集，乃翻身逸去。天锡急与肃等驰入禁中，闭住禁门。才过须臾，即闻门外有呼噪声，由天锡登屋俯望，见邕领着甲士数百，前来攻门，便凭高大呼道：“张邕凶逆，横行不道，既灭宋氏，又欲倾覆我家，汝将士世为凉臣，何忍兵戈相向？我不怕死，实恐先人废祀，不得不为除逆计。今我但欲取邕，他无所问，天地有灵，我不食言。”汝心亦未必可质天地。邕众闻言，陆续散去。天锡即下屋开门，引众出击。邕只剩孤身，自知不能脱逃，遂引刃自杀。天锡悉诛邕党，入见玄靓，备陈邕罪。玄靓便令天锡为冠军大将军，都督中外诸军事，执掌朝政。天锡乃奉东晋正朔，改去建兴年号，并遣使通好建康。晋授玄靓为大都督，领凉州刺史，护羌校尉，封西平公。

已而玄靓祖母马氏，得病而死，该死久矣。因尊生母郭氏为太妃。郭氏以天锡权盛，与疏宗张钦等密谋，拟诛天锡，偏为天锡所闻，搜杀张钦，并引兵入宫，质问玄靓母子。玄靓大惧，情愿让位。天锡不应，悻悻趋出。刘肃已升任右将军，便向天锡进言，劝他自立。天锡遂使肃等入弑玄靓，诈称暴卒，年才十四，谥曰冲公；自称大都督，大将军，护羌校尉，凉州牧，西平公。他系张骏少子，为刘美人所出，所以天赐篡位，仍尊嫡母严氏为太王太后，生母刘美人为太妃，且遣司马纶骞奉表建康，请命乞封。小子有诗咏道：

世变纷纷太不平，乱臣贼子敢胡行。
江东气运衰微久，谁奉天威仗钺征？

欲知晋廷曾否给封，待至下回再表。

谢安放情山水，无心仕进，及弟万被黜，即应温召，可见当时之屡征不起，无非矫情，而益叹富贵误人，非真高尚者，固不能摆脱名缰也。高崧戏言，可抵《北山移文》一篇，幸谢安聪敏过人，借温干进，旋即辞温告归，不致连污逆名耳。彼桓温之屡请迁洛，但骛虚声，王述且能逆料之，固无待谢安也。凉州之乱，始之者张祚，终之者天锡，而实皆成于马氏，不有马氏之通祚，则祚不得废耀灵，而张瓘之祸可免矣。不有马氏之通邕，则邕不得杀宋澄，而天锡之乱可免矣。张氏世笃忠贞，而误于一妇人之手，此尤物之所以万不可近也。

第六十回

失洛阳沈劲死义　阻石门桓温退师

却说凉州使臣，奉表至晋，晋廷徒务羁縻，管甚么篡逆情事，但教他奉表称臣，已是喜出望外，当下厚待来使，即将前封玄靓的官爵，转授天锡，来使拜谢自去。天锡又使人向秦报丧，并陈即位情形。秦王苻坚，亦遣大鸿胪至凉州，拜天锡为大将军凉州牧，兼西平公。天锡受两国封册，安然在位，遂以为太平无事，乐得纵情酒色，坐享欢娱。越年元日，专与嬖幸亵饮，既不受群僚朝贺，又不往谒太后太妃。从事中郎张虑，舆榇切谏，并不见从。少府长史纪锡，上疏直言，又复不答。那太王太后严氏，本来是静居深宫，不预外事，及内变迭起，已不免忧惧交乘，天锡嗣位，名为尊奉，仍然不见礼事，越觉惹起懊恨，抑郁以终。天锡亦没甚悲戚，但循例丧葬罢了。话分两头。

且说晋哀帝不嗣位逾年，又改元兴宁。太妃周氏，在琅琊第中寿终，帝出宫奔丧，命会稽王昱，总掌内外诸务。嗣因燕兵入寇荥阳，太守刘远弃城东走，乃加征西大将军桓温为侍中大司马，都督中外诸军事，并假黄钺。且命西中郎将袁真，都督司冀并三州军事。北中郎将庾希，都督青州诸军事。桓温令王坦之为长史，郗超为参军，王珣为主簿。超多须，时人号为髯参军；珣身矮，时人号为短主簿。尝有歌谣云："髯参军，短主簿，能令桓公喜，能令桓公怒。"温尝睥睨一切，予智自雄，惟谓超才不可测，待遇甚厚。超亦深自结纳，为温效忠。又有谢安兄子玄，亦为温掾属，温辄语左右道："谢掾年至四十，拥旄仗节，王掾当作黑头公，二人皆非凡才，前途正不可限量呢。"

越年，哀帝寝疾，复请褚太后临朝摄政，拜温为扬州牧，使侍中颜旄，宣温入朝参政。温上表固辞，朝旨不许，再发使征温。温乃启行至赭圻，不料来了尚书车灌，止温入都，无非说是"秦燕内侵，仍须赖公外镇"云云。想是虑他权重难制，故使中止。温不肯即还，便在赭圻筑城，暂时驻节，遥领扬州牧。那哀帝因迷信方士，好饵金石，以致毒性沉痼，生就一种慢性症，一时不至遽死，亦不能复愈。迁延过了一年，已是兴宁三年了，皇后王氏，却得了暴病，骤致不起，因即棺殓治丧，追谥曰靖。上元令节，变作哀期，适燕太宰慕容恪，复拟取晋洛阳，先遣镇南将军慕容尘，攻陷许昌汝南诸郡，然后使司马悦希驻盟津，豫州刺史孙兴驻成皋，渐渐的进逼洛水。洛阳守将陈祐，检阅部兵，不过二千，粮饷又不过数月，自知不能固守，不如引众先走，遂借援许为名，出城径去，但留长史沈劲守洛阳。劲系王敦参军沈充子，充受诛后，劲逃匿乡里，年三十余，不得入仕。吴兴太守王胡之，受调为司州刺史，特请免劲禁锢，起为参军。有诏依议。偏胡之忽婴疾病，未得莅镇。劲独上书自请，愿至洛阳效力。晋廷乃命劲为冠军长史，使自募兵士，赴洛从军。劲募得壮士千人，入洛助祐，前此得却燕围，劲力居多，至祐出城自行，将士多由祐带去，只剩下五百人，随劲留守。劲明知孤危，却反欣然道："我志在致命，今可偿我初志了。"遂率五百人誓死守城。

那陈祐自洛阳出发，并未往许，竟奔趋新城。晋廷得报，即由会稽王昱，亲赴赭圻，与大司马桓温议御燕事。温乃移镇姑孰，表荐右将军桓豁监督荆州扬州的义城，及雍州的京兆诸军事，振威将军桓冲，监督江州荆州的江夏的随郡，及豫州的汝南西阳新蔡颍川诸郡军事。豁与冲俱系温弟，温虽是举不避亲，究竟有阴布羽翼，广拓声威的意思。直诛其心。会闻哀帝大渐，会稽王昱匆匆返都，及抵建康，哀帝已经升遐了。昱入见太后，与议嗣位事宜。哀帝无子，只好令哀帝弟奕，入承大统，当由太后褚氏下令道：

> 帝遂不救厥疾，艰祸仍臻，遗绪泯然，哀恸切心。琅琊王奕，明德茂亲，属当储嗣，宜奉祖宗，纂承大统，俾速正大礼以宁人神，特此令知。

昱奉令出宫，颁示百官，当即迎奕入殿，缵承帝祚，颁诏大赦，奉葬哀帝于安平陵。哀帝崩时才二十五岁，在位只阅四年。晋廷丧君立君，方忙碌的了不得，那燕兵竟乘隙进攻洛阳，遂使壮士丧躯，园陵再陷，河洛一带，复为强虏所有了。言之慨然。

燕太宰慕容恪，探知洛阳兵寡，遂与吴王垂，率兵数万，共攻洛阳。恪语诸将道："卿等尝患我不肯力攻，今洛阳城虽高大，守卒孤单，容易攻下，此番可努力进取，不必疑畏。倘或顿兵日久，敌得外援，恐反不能成功了。"缓攻广固，急攻洛阳，慕容恪却是知兵。诸将得了恪令，个个是摩拳擦掌，踊跃直前。一到洛阳城下，便四面猛扑，奋勇争登。城中只有五百兵士，怎能挡得住数万雄师？守将沈劲，见危授命，明知城孤兵寡，当不可支，但一息尚存，不容少懈，因此登陴守御，力拒燕军。起初是备有矢石，掷射如注，就使燕军志在拔帜，前仆后继，究竟是血肉身躯，不能与矢石争胜，所以攻了数日，那一座孤危万状的围城，兀自保持得住。后来矢尽石空，守城无具，尚仗着一腔热血，赤手空拳，与敌鏖斗，待至粮食已尽，兵士饥疲，五百人丧亡一大半，眼见得势穷力尽，不能再持。燕兵并力登城，城上不过一二百人，如何拦阻？遂遭陷没。劲尚引着残卒，拚死巷斗，毕竟双拳不敌四手，被燕兵左右攒集，把他活捉了去，牵往见恪。恪劝劲降燕，劲神色自若，连说不降。恪暗暗称奇，欲加宽宥。中军将军慕容度道：“劲虽奇士，看他志趣，终不肯为我用，今若加宥，必为后患。”恪乃将劲杀死，令左中郎将慕容筑为洛州刺史，镇守金墉，留卫洛阳；自与吴王垂略定河南，直至崤渑，关中大震。秦王坚亲率将士，出屯陕城，备御燕军。恪见秦有备，方收兵还邺，惟使垂为征南大将军，领荆州牧，都督荆扬洛徐兖豫雍益凉秦十州军事，配兵一万，驻守鲁阳。晋廷始终不发一兵，往复河洛，但追赠沈劲为东阳太守，聊旌忠节罢了。劲若有知，尚留余恨。

是年七月，帝奕立妃庾氏为皇后，后为前荆江都督庾冰女，亲上加亲，当然乾坤合德，中外胪欢。只是帝奕后来被废，殁无尊谥，历史上但称帝奕，小子不得不沿例相呼。特别提明。庾氏得列正宫，好像是预知废立，不愿久存。才阅十月，便安然归天，予谥曰孝，当即奉葬。进会稽王昱为丞相，录尚书事，入朝不趋，赞拜不名，履剑上殿。是年，改元太和，算是帝奕嗣位的第一年。益州刺史周抚病殁，诏令抚子楚继任。抚镇益州三十余年，甚有威惠，远近詟服。梁州刺史司马勋，久思据蜀，只因抚有威名，惮不敢发，及抚死楚继，遂举兵造反，自称成都王，攻入剑阁，围住成都。周楚遣使至下流告急，桓温遣江夏相朱序往援，会同楚兵，内外夹攻，得将司马勋击毙，蜀地复平。序收兵东归。

惟燕兵复屡寇晋境，燕抚军将军慕容厉寇兖州，连陷鲁高平数郡。晋南阳督护赵亿，举宛城降燕。燕令南中郎将赵盘戍宛。越年初夏，燕镇南将军慕容尘，又寇晋竟陵，亏得晋太守罗崇，应变有方，出兵击退燕军，又与荆州刺史桓豁，合兵攻宛，走赵亿，逐赵盘，夺还宛城，崇还戍竟陵。豁追赵盘至雉城，复杀败盘兵，且将盘活擒归来，燕人始稍稍夺气，敛兵自固。并且燕室长城慕容恪，得病垂危，不能视事，所以境外军务，暂从搁置，不复进兵。

恪尝虑燕主庸弱，太傅评又好猜忌，将来军国重任，无人承乏，因此时在记心。适乐安王臧前来探疾，恪即握手与语道：“今南有遗晋，西有强秦，二寇都想伺机进取，只因我未有隙，不敢来侵。从来国家废兴，全靠将相，大司马总统六军，更宜量能授职，若果推才任忠，和衷协恭，就使混一四海，亦非难事，怕甚么秦晋二寇呢？我本庸才，猥受先帝顾托，每欲扫平关陇，荡一瓯吴，续成先帝遗志，乃忽罹重疾，势且不起，岂非天命？我死后以亲疏论，大司马一职，若非授汝，应该轮着中山王冲。汝两人未始无才，但少不更事，难免疏忽。惟吴王垂天资英敏，才略过人，汝等能交相推让，使握军权，自足安内攘外，幸勿贪利徇私，不顾国计哩。”臧唯唯而出。已而慕容评至，恪又申述大意，及病至弥留，由燕主暐亲往省视，恪复将垂面荐，再三叮咛，未几即殁，追谥曰桓。临死荐贤，不得谓其非忠。

暐偏不从恪言，竟令中山王冲为大司马。冲为暐弟，才不及垂。暐总道是懿亲可恃，所以舍垂任冲，但进垂为车骑大将军。会秦将苻庾举陕降燕，请兵接应，暐欲发兵救庾，因图关右。太傅评素无经略，谓不宜远出劳师。魏尹范阳王慕容德，表请乘机出兵，又为评所阻。时太尉阳骛，又相继谢世，继任的乃是司空皇甫真。真与垂统主张西略，并得苻庾来笺，极力怂恿，当由垂私下语真道："今我所患，莫若苻坚王猛。主上年少，未能留心政事，太傅才识，远不及苻坚王猛，现在秦方有衅，可取不取，恐正如苻庾来笺，将有甬东后悔哩。"《春秋左传》越灭吴，置吴王于甬东，苻庾笺中，曾引此为喻。真答道："我亦与殿下同意，但言不见用，奈何奈何！"说着，与垂相对欷歔，挥涕而别。

旋闻陕城失守，苻庾被杀，还有庾党苻双苻柳苻武等，俱由秦王猛等讨平，一场好机会，坐致失去，垂与真更太息不已，徒恨蹉跎，俄而警报大至，晋兵大举西犯，前锋攻陷湖陆，宁东将军慕容忠，已经败没了，垂即自请出拒。燕主暐尚未肯任垂，但饬下邳王慕容厉为征讨大都督，给兵二万，使他前往。厉受命即行，究竟晋兵由何人率领，原来是晋大司马桓温。先是燕主慕容俊病殁，晋廷将相，统说是中原可图，独温谓慕容恪尚存，未可轻视。及闻恪死耗，温乃疏请伐燕，拟即大举。适平北将军徐兖二州刺史郗愔，因病辞职，朝旨授温兼代愔任，准令出师。温遂率弟南中郎将桓冲，及西中郎将袁真等，引兵五万，大举西进。参军郗超，谓漕运未便，不如缓行。温不肯依议，遣建威将军檀玄为先锋，进攻湖陆，一鼓即下，擒住守将慕容忠。温闻捷甚喜，即率大军进次金乡。

时为太和四年六月，天气亢旱，水道不通。温使冠军将军毛虎生，凿通钜野三百里，引汶水会入清水，乃从清水挽舟入河，舳舻达数百里。郗超又入谏道："清水入河，仍难通运，若寇坚持不战，运道必绝，再思因寇为资，复无所得，岂非危道？计不若率众趋邺，彼惮公威，或即望风奔溃，北归辽碣，我即唾手可得邺城，若彼能出战，便与交锋，一战可决，倘恐胜负难必，务欲持重，何如顿兵河济，控引漕运？待粮储充足，来夏乃进，舍此两策，徒连兵北上，进不速决，退更为难。寇得迁延岁月，设法困我，渐及秋冬，水更滞涸，北方早寒，三军未带裘褐，必叹无衣，不但无食可忧哩。"温仍然不从。超为温所信任，何此时两不见从？岂胜败果有数么？已而慕容厉领兵来战，温与厉对垒黄墟，麾兵猛斗，大败厉众，厉匹马奔还。燕高平太守徐翻，望风降晋。温复分遣前锋将邓遐朱序，往攻林渚，击败燕将傅颜，温节节进兵。适燕乐安王臧，奉燕王命，再统各军堵截晋师，被温迎头痛击，又大败亏输，逃之夭夭了。晋军随温进驻武阳，燕故兖州刺史孙元，挈领族党，起应温军，温直至枋头。

是时，燕主暐及太傅评，连接败报，吓得魂魄飞扬，一面遣散骑常侍李凤，向秦求救，一面召集大臣，谋奔和龙。吴王垂奋然道："臣愿统兵击敌，如再不胜，走亦未迟。"暐乃命垂为南讨大都督，使与征南将军范阳王德等，调集步骑五万，出御晋军。垂请令司空左长史申胤，黄门侍郎封孚，尚书郎悉罗腾，皆为参军。暐当然允准，惟尚恐垂难却敌，再遣散骑侍郎乐嵩，驰赴关中，催促援兵，情愿将虎牢西境，作为赠品。秦王坚与群臣集议东堂，群臣俱进言道："从前桓温侵我，屯兵灞上，燕未尝发兵相援，今温自攻燕，与我无涉，我何必往救。且燕从未向我称藩，我更不宜往救呢。"温至灞上，见五十五回。大众异口同声，并作一词，只王猛在旁默坐，不发片言。胸有成竹。秦王坚退入后庭，召猛入问。猛答说道："燕虽强大，慕容评实非温敌，若温举山东，进屯洛邑，收幽冀兵士，得并豫食粟，观兵崤渑，恐陛下大事去了。今不若与燕合兵，并力退温，温退燕亦疲，我可承他劳敝，一举取燕，岂不是良策么？"计固甚是，可惜太毒。坚抚掌称善。因遣将军苟池，洛州刺史邓羌，率步骑二万人救燕，出自洛阳，进至颍川。更遣散骑常侍姜抚，至燕报使，名为赴援，实是借此观衅，要想并吞燕土哩。

且说燕大都督慕容垂，带领将士，行近枋头，择地驻营，按兵不动。参军封孚，密向申胤道："温众强士整，乘流直进。今我军徒逡巡南岸，兵不接刃，如何能击退强敌哩？"胤答道："如温今日声势，似足有为，但我料他决难成功。现在晋室衰弱，温跋扈专制，想晋臣未必尽肯服温，所以温得逞志，众必不愿，势且多方阻挠，使温无成。且温恃众生骄，应变反怯，率众深入，应该急进，今反逍遥中流，坐误事机，彼欲持久取胜，岂不思粮道悬绝，转运为难么？我料他师劳粮匮，情见势绌，必且不战自溃了。"孚喜道："诚如君言，我可坐待胜仗哩。"

翌日，慕容垂升帐，但命参军悉罗腾，与虎贲中郎将染干津等，引兵五千，授他密计，出营拒温。腾行至中途，遥见一敌将跃马前来，背后引着晋兵千余人。仔细辨认，乃是燕人段思，叛燕降晋，便语染干津道："可恨此贼，定是来作向导，卿可诱他过来，我当设法擒他。"染干津听着，便率五百人前进，遇着段思，便与交锋。才经数合，便虚晃一枪，拍马就走。思不知是计，纵马追去，不料悉罗腾纵兵杀出，染干津亦回马夹攻。段思能有偌大本事，禁得起两路兵马？一场厮杀，被腾生擒活捉去了。腾将思解送大营，自与染干津共往魏郡。可巧兜头碰着李述，乃是故赵部将，归属晋军，当下告染干津道："我都督曾料晋兵旁掠，特遣我等到此。今果与敌相遇，须力斩来将，方好挫他锐气。"借腾口中，叙明密计。染干津便跃马摇枪，往战李述。述非染干津敌手，战了片时，力怯欲遁。悉罗腾纵辔出阵，向述一刀，砍去左肩，返身坠地。染干津下马枭首，述众皆遁，被腾杀死大半，回营报功。垂已令范阳王德，与兰台侍御史刘当，分率骑士万五千人，往屯石门，截温运漕。更使豫州刺史李邦，带领州兵五千，截温陆运。温方命袁真攻克谯梁，拟通道石门，以便运粮。偏燕将慕容德等，已在石门扼住，不能前进。德复令将军慕容寅，前往挑战，引诱晋军追来，用埋伏计，杀毙晋军多人。温闻粮道梗塞，战又失利，当然不能久留，且探得秦兵又至，没奈何焚舟弃仗，遵陆退归。小子有诗叹道：

行军第一是粮需，饷道艰难即险途。
锐进由来防速退，事前何不用良谟。

欲知温退兵情形，本回不及再表，须看下回自知。

洛阳可救而不救，徒致沈劲之死节，晋廷可谓无人。然尸其咎者非他，桓温也。哀帝崩，帝奕立，当交替之际，晋廷之不能援洛，犹为可原，温自赭圻移镇姑孰，何不即日出师，往援洛阳乎？彼沈劲能盖父之愆，为晋殉节，变凶逆之族，为忠义之门，此本回之所以特从详叙也。桓温利恪之死，乃大举伐燕，不知恪虽死而垂尚存。垂之才不亚于恪，宁必为温所败？况郗超二策，上则悉众趋邺，次则顿兵河济，诚为当日不易之良谟，温两不见听，徒迂道兖州，被阻石门，师已老而屡战无功，粮将竭而欲输无道，卒致焚舟却走，仓猝退师。人谓温智，温亦自谓予智，智果安在哉？故洛阳之陷，有识者已为温咎，至枋头之败，温之咎更无可辞云。

第六十一回

慕容垂避祸奔秦　王景略统兵入洛

却说桓温自枋头奔归，焚舟弃仗，丧失不赀，但命毛虎生督东燕等四郡军事，领东燕太守。温从东燕出仓垣，凿井而饮，沿途饥渴交乘，很觉困顿。那燕大都督慕容垂，却未曾急追。诸将争请追击，垂与语道：“我并非不欲往追，但行军须知缓急，不应轻动。今温方引兵退去，必严兵断后，我若骤然追击，恐难得志，不如展缓一两日，他见追兵未至，定当昼夜疾趋，速离我境，至离我已远，力尽气衰，然后我倍道往追，无虑不胜了。”如垂智谋仿佛似恪，故恪之推荐，确有特识。说着，乃亲督精骑八千人，徐徐进行。温果兼程疾驰，力行至七百里，总道是去敌已遥，可以无忧，乃安营休息。早有燕骑探知消息，向垂返报。垂遣范阳王德，率劲骑四千名，从间道抄至襄邑，埋伏东涧中，截温去路，自引四千骑急进，直逼温营。温麾下尚有数万人，只因连日奔波，不堪再战，忽遇燕兵追到，顿时人人失色，个个惊心。温也捏了一把冷汗，没奈何出营厮杀。本来是我众彼寡，尽可支持，无如众无斗志，见敌即怯，温禁遏不住，只好且战且走。行至东涧相近，蓦听得一声胡哨，旷野中遍竖旗帜，引着许多铁骑，截杀过来。晋军统吓得胆落，不暇辨视来兵多寡，只恨身上少生两翅，无术腾空，不得已觅路四窜，你也走，我也逃，越想逃走，越是送死。燕兵前拦后逼，煞是厉害，见一个，杀一个，好似斫瓜切菜一般。好容易逃脱一半，已是二三万人，断送性命了。温垂头丧气，还至谯郡，谁知又有一彪军杀出，截住温军。温慌忙挈着轻骑，拚命冲过，后队被来兵拦杀，死伤又近万人。好似曹操之战赤壁。究竟来兵从何处杀到？原来是援燕的秦军，统将叫作苟池。接应六十回。池得胜归去，晋军七零八落，回至姑孰，五万人只剩得六七千了。

温经此挫，自觉脸上无光，不得不设法分谤。适袁真自石门奔归，温遂说他拥兵观望，贻误饷源，以致粮尽丧师。当下拜表劾真，并把邓遐亦牵连在内。晋廷惮温如故，即免真为庶人，并夺遐官，遐得休便休，只袁真心下不服，也上表劾温罪状。好几日不见复诏，真竟据住寿春，叛晋降燕，遣人诣邺中求救。无罪遭诬，原是难受，但背主降虏，究属不合。燕遣大鸿胪温统，持册拜真为征南大将军，领扬州刺史，封宣城公。统在道病殁，免不得稽延使事，真望眼将穿，不得邺中消息，又通使关中，向秦乞降去了。这真叫做朝摩燕阙，暮谒秦关。惟燕故兖州刺史孙元，前次起应温军。及温军败还，元据武阳拒燕，燕使左卫将军孟高，率兵讨元。元战败遭擒，当然毕命。晋东燕太守毛虎生，在淮北站足不住，逾淮南归，温使虎生为淮南太守，镇守历阳，晋廷反遣侍中罗含，赍牛酒犒温军。又由会稽王昱，诣温会议，再图后举。昱返都后，诏授温世子熙为征虏将军，领豫州刺史，败不加诛，反给封赏，可怪不可怪呢！明是教猱升木。

且说燕将吴王垂，自襄邑还邺，威名益振。太傅评向来忌垂，至此益甚，垂表列将士功赏，统被评抑置，无一照行。垂不免忿怼，入阙面请，与评争论廷前。燕主暐不能裁决，燕臣又惮评威势，不敢助垂，可怜垂舌敝唇焦，终无效果，反与评多结怨恨罢了，就中尚有一段情由，关系垂事。垂妃段氏，为燕太后可足浑氏所谮，冤死狱中。事见五十八回。垂格外悲悼，因娶段妃女弟为继室。偏可足浑氏胁令出妻，硬把亲妹长安君嫁垂。垂虽勉强遵命，心中很是不乐，名目上配合长安君，其实是心怀故剑，不及新欢，所以伉俪无情，看同陌路。这长安君遭夫白眼，怎能不上诉椒房？因此可足浑太后，时常恨垂。再加燕主暐新立一后，就是可足浑太后的侄女，姑侄变成婆媳，亲上加亲，联同一气，太后与垂有嫌，皇后自应表同情，宫帏里面，交口毁谤，任你燕主暐如何英明，也未免听信谗言，况暐原是个糊涂虫，怎能不为所迷，太后可足浑氏，见暐亦嫉垂，遂召太傅评入议，将加垂罪，置诸死刑。独不怕阿妹守寡么？故太宰恪子楷，及垂舅兰建，诇得秘谋，即往告垂道："先发制人，后发为人制，今但除太傅评及乐安王臧，余众自无能为了。"垂慨然道："骨肉相残，自为乱首，我虽死，不忍出此！"二人乃退。越宿，又来告垂道："内意已决，不如先发。"垂复答道："如果不可弥缝，我宁可出奔他方，此外不敢与闻！"心术可取。二人复进说道："就使出亡，也宜早行，等到祸机一发，欲行亦无及了。"说毕自去。

垂踌躇未决，在家闷坐，世子令尚未得知，但见垂有忧色，乃就前禀问道：“我父面带愁容，莫非因主上庸弱，太傅猜疑，功高身危，因劳忧虑么？”垂说道：“汝既能知吾心，可有良策否？”令答道：“主上方委政太傅，一旦祸发，必似迅雷，今欲保族全身，不失大义，莫若逃往龙城，逊辞谢罪，如古时周公居东，静待主悟，再得还邺，方为大幸；否则内抚燕代，外睦群夷，守险自固，亦不失为中策哩！”垂起语道：“汝言甚是，我计决了！”翌晨，即托词游猎，挈领诸子，微服出邺，径向龙城进发。行次邯郸，不意少子麟背地逃还。垂素不爱麟，料知麟必走归邺中，告发隐情，乃亟令世子令断后，自率左右前进。果然不到半日，西平公慕容疆率骑追来，幸亏追兵不多，由世子令在后截住，倒也不敢进逼。延至日暮，追骑渐退，令走与垂语道：“本欲保守东都，为自全计，今事机已泄，谋不及行，现闻秦王方延揽英豪，不如暂时往投，再作计较！”垂不甚愿意，摇头道：“我自有计，何必投秦！”当下散骑晦迹，仍向南山绕道还邺，暂憩城外显原陵。适有猎人数百骑，四面环集，垂进退两难，仓皇失措，可巧猎鹰飞逸，众骑追鹰四散，才得无虞。垂乃杀马祭天，誓告从者。世子令又语垂道：“太傅评忌贤嫉能，不惬众情，邺中人士，莫不瞻望我父，若掩入城中，攻其无备，都人必欣然相应，定能唾手成功。事定以后，除害简能，匡辅主上，既能安国，更足保家，这乃今日上计，决不可失，但教给儿数骑，便可措办了。”策固甚佳。垂半晌才道：“似汝谋图，事成原是大福，倘或不成，追悔何及。汝前劝我西入关中，今日事等燃眉，不如依汝前言，就此西奔罢！”遂潜召段夫人，与兄子楷，舅兰建等，一同奔秦，只继妃可足浑氏，即长安君。听她居邺，不与偕行。到了河阳，为津吏所阻，垂拔刀杀毙津吏，挈众渡河，奔入关中。

秦王苻坚，方思图燕，只惮慕容垂。蓦有关吏入报，垂弃燕来奔，不禁大喜，急率吏郊迎。握手与语道：“天生俊杰，必相与共处，共成大功。今卿果前来依我，我当与卿共定天下，告成岱宗，然后还卿本邦，世封幽州，卿去国仍不失为孝，归我亦不失为忠，岂非一举两善么？”垂拜谢道：“远方羁臣，得蒙收录，已为万幸，怎能有他望呢！”坚又接见慕容令慕容楷等，都称为后起英雄，延入都城，优礼相待。关中士民，素慕垂名，交相倾慕，独王猛入谏道：“慕容垂父子，譬如龙虎，若借彼风云，必不可制，不如早除为是！”坚愕然道：“我方欲收揽英雄，肃清四海，奈何反杀降臣？况我已推诚相与，视同心腹，匹夫尚不食言，难道万乘主反好欺人么？”坚不肯杀垂，原是驾驭群雄之道，不得以后来叛去遽咎当时。坚遂令垂为冠军将军，封宾都侯。垂兄子楷，为积弩将军，赏赐巨万，待遇甚隆。

是时，秦与燕方敦和好，使节往来。燕散骑常侍郝晷，及给事黄门郎梁琛，相继赴秦。晷与王猛有旧，彼此叙谈，免不得将燕廷情事，约略告知。独琛自尊国体，不肯轻泄一语。琛从兄弈，仕秦为尚书郎，秦特使他为招待员，延琛往寓私舍。无非欲探刺隐情。琛说道："从前诸葛瑾为吴聘蜀，与诸葛亮本为兄弟，亮惟公朝相见，退不私面，我与兄迹等古人，应该效法前贤，怎敢擅留兄室呢？"弈乃如言返报，秦主坚又命弈过问燕事。琛答道："今秦燕分据东西，兄弟并蒙荣宠，食禄忠君，各尽本职。琛欲言东国美政，恐非西国所乐闻，此外又非使臣所得妄言，兄来问我做甚！"好一个使臣。弈又复报闻。王猛劝坚留琛，坚留琛月余，至慕容垂入秦，乃遣琛归燕。

琛兼程回国，一入邺城，便往见太傅慕容评，坐定即说道："秦人日阅军旅，聚粮陕东，无非意图东略，必不能与我久和，今吴王又去归秦，多一虎伥，太傅宜赶早筹备，勿堕敌谋！"评沉着脸道："秦岂肯信我叛臣，自败和好么？"呆话。琛答道："今二国分据中原，常思吞并，近来桓温入寇，彼发兵来援，并非真心爱我，实借援我为名，探我虚实，我若有衅，彼岂遽忘本志么？"评问秦王为何如人？琛说是英明善断。评又问王猛如何？琛说是名不虚传，评始终不信，冷笑作罢。琛再入告燕主暐，暐亦不以为然，琛复退告皇甫真，真疏请拨兵防边，毋恃和议。暐乃召评入商，评嚣然道："秦国小力弱，当恃我为援，苻坚名为贤主，亦未必肯纳叛臣，我何必无故自扰，反启寇心！"暐随口称善。

已而秦遣黄门郎石越报聘，评反盛设供张，夸示富丽。尚书郎高泰，及太傅参军刘靖，相偕语评说："秦使言动目肆，居心可知，公宜示以兵威，或可折服彼意，今反示以奢侈，恐益使轻视了！"评仍然不从，泰遂谢病归家。尚书左丞申绍，见燕政日紊，内由可足浑太后专政，外有太傅评等擅权，贪冒无厌，引用非才，不由的忧愤交并，因上书言事，极陈时弊。大略说是：

> 臣闻汉宣有言："与朕共治天下者，其惟良二千石乎！"是以特重此选，必揽英才。今之守宰，率非其人，或武臣出自行伍，或贵戚生长绮绔，既不闻选举之方，复不得黜陟之法，贪惰者无刑戮之惧，清修者无旌赏之劝，百姓困敝，侵昧无已，兵士逋逃，寇盗充斥，纲颓纪紊，莫相纠摄。且吏多政烦，由来常患，今之现户，不过汉之一大郡，而备置百官，加之新立军号，虚假名位，公私驱扰，人不聊生，是非并官省职，何由饬政安民？彼秦吴二虏，僭据一方，尚能任道捐情，肃谐伪郡，况大燕累圣重光，君临四海，而可政治失修，取陵奸寇哉！邻之有善，众之所望，我之不修，众之愿也。秦吴狡猾，地居形胜，非惟守境而已，乃有吞噬之心。中州丰实，户兼二寇，弓马之劲，秦吴莫及，比者赴敌后机，兵不速济何也？皆由赋法靡恒，役之非道，郡县守宰，每于差调之际，无不舍置殷强，首先贫弱，行留俱窘，资赡无所，人怀嗟怨，遂致奔亡，进阙供国之饶，退离蚕桑之要。兵岂在多，贵于用命，宜严制军务，精择守宰，复习兵教战，使偏伍有常，从戎之外，足营私业。父兄有陟

岵之观，子弟怀孔迩之顾，虽赴水火，何所不从？夫节俭省费，先王格言，去华敦实，哲后恒宪，故周公戒成王，以丰财为本，汉文以皂帏变俗，孝景官人，弗过千余，魏武宠赐，不盈十万，薄葬不坟，俭以率下，所以割肌肤之惠，全百姓之力也。今后宫之女，四千有余，僮仆厮役，过兼十倍，一日之费，价盈万金，绮縠罗绔，岁增常额，戎器弗营，奢玩是务，帑藏空虚，军士无赖，宰相王侯，迭尚侈丽，风靡之化，积习成俗，卧薪之谕，未足甚焉。宜罢浮华非要之役，峻定婚姻丧葬之条，禁绝奢靡浮烦之事，出倾宫之女，均农商之额，公卿以下，以四海为家，赏必当功，罚必当罪，如此则纲纪肃举，公私两遂。温猛之首，可悬之白旗，秦吴二主，可礼之归命，岂特保境安民而已哉！陛下若不远追汉宗弋绨之风，近崇先帝补衣之美，臣恐颓风弊俗，亦且改变靡途，中兴之歌，无以轸诸弦咏矣！更有请者，索虏什翼犍，疲病昏悖，虽乏贡御，无能为患，而劳兵远戍，有损无益，不若移置并豫，控制两河，重晋阳之戍，增南藩之兵，严战守之备，衔千金之饵，蓄力待时，庶乎一举而灭二寇，如其虔刘送死，俟入境而断之，可使匹马不返，非惟绝二国之窥窬，抑亦戡乱殄寇之要图也。惟陛下览焉！

这篇书牍，正是救燕的良策，偏燕主暐，毫不加省，反令他出守常山。且秦使来索前约，请割虎牢西境，见六十回。燕太傅评反语秦使道："行人失辞，救患分灾，系邻国常理，奈何来索重赂呢？"看官试想！这秦王坚早思西略，只恨无隙可乘，一时不便兴兵，此次燕人负约，正是师出有名，怎肯坐失机会！当下用王猛为辅国将军，使率建威将军梁成，洛州刺史邓羌，率领步兵三万，直压洛阳。洛阳守将乃是燕洛州刺史武威王慕容筑。见前回。他闻秦兵入境，当然集众守城，只苦部兵寥寥，挡不住西来雄师，因急遣使至邺，速请援兵。

时值燕主暐建熙十年冬季，燕廷方准备过年，竟把洛阳事搁起。越年元旦，且援例庆贺，喜气盈廷，那知洛阳已是万急，警报日至，才遣乐安王臧，出兵援洛。是年燕亡，故特提叙燕历，以醒眉目。慕容筑苦守孤城，待援不至，已是焦急异常，适有敌书从城外射入，由军吏拾起呈览，因即展阅，内云：

我国家已塞成皋之险，杜盟津之路，大驾虎旅百万，自轵关取邺都。金墉穷戍，外无救援，城下之师，将军所监，岂三千敝卒所能支乎？语云：识时务者为俊杰。吴王已导于前，将军何不随踵其后，否则孤城一破，玉石俱焚，愿将军图之。

筑阅书后，自思吴王垂尚且降秦，燕必危亡，不如依了敌书，出降秦军，随即复书请降。王猛陈兵城下，待筑开城，筑率众出迎，由猛欢颜接见，麾兵入城，抚众安民，不劳而定。当命偏将杨猛，往探路踪，以便进取。杨猛行至石门，适值燕乐安王臧，引兵前来，急切无从趋避，手下又不过数百骑，如何抵敌？当被燕军困住，活擒了去。臧遂筑新乐，进屯荥阳，王猛得知消息，便遣梁成邓羌，统众往击，大破臧军，俘斩万余人。臧退保石门，梁邓二将，乘胜进逼，相持经旬。因得王猛军书，召他还洛，于是徐徐引退，羌在前，成在后。那乐安王臧，不知好歹，还道秦兵引退，乐得追赶。先锋杨璩，又是个冒失鬼，策马轻进，刚值梁成返军待着，兜头拦住，两下交战，才经数合，被成舒开猿臂，将杨璩一把抓来，掷诸地上，眼见由秦兵绑去。成复驱兵转杀，斩首至三千余级，吓得慕容臧伏鞍急逃，奔回石门，成始收兵还洛。王猛一一记功，留邓羌居守金墉，自与梁成等退入关中。

先是王猛出发时，引慕容令为参军，使作向导，且至慕容垂处叙别。垂设宴饯行，猛且饮且语道："今当远别，君将何物赠我，使我睹物怀人？"垂莫名其妙，便解佩刀相赠。猛宴毕即行，慕容令当然随去。及抵洛阳，猛却召入帐下走卒，叫作金熙，密赠金帛，叫他诈充垂使，即将垂所赠佩刀，使他赍去给令，且嘱使传语，伪为垂词道："我父子奔入关中，无非为逃死起见。今王猛嫉人如仇，谗毁交至，秦王虽阳示厚善，隐情究不可知，若我父子仍不免一死，何如归死首邱。近闻东朝已渐悔悟，主后相尤，我所以决计东归，已经就道，汝迹速行为要！汝若不信，可视佩刀。"令未识猛计，且前时赠刀一事，亦未得闻，总道是来使可信，况金熙曾在垂处，充过役使，佩刀又非赝鼎，尚有何疑？当下遣还金熙，悄悄的奔出军营，往投乐安王臧，猛即表令叛状，垂闻报即走。到了蓝田，被追骑赶着，不得已再回关中。秦王坚召垂入见，垂惶恐谢罪。坚怛然道："卿家国失和，委身投朕，贤郎心不忘本，仍然返国，倒也不足深咎，不过燕已将亡，非贤郎所能使存，徒入虎口，有损无益。朕非暴主，也知父子兄弟，罪不相及，卿何必畏罪骇走呢？"垂拜谢而出。小子有诗讥王猛道：

楚材晋用亦何妨，但免忮求罔不臧。
尽说英雄王景略，如何作幻惯诪张！

慕容垂幸得免罪，慕容令能否脱祸，容至下回表明。

微子奔周而商亡，由余奔秦而戎灭，伍胥奔吴而楚覆。自来豪杰出亡，甘为敌用，必致祖国沦胥，如慕容垂之奔秦，亦犹是也。燕之存亡，关系于垂之去留，垂去而燕尚能久存乎？本回特别叙明，志燕之所由亡也。况如梁琛皇甫真申绍等之进谏，而无一见用，内有妒后，外有贪相，虽欲不亡，不可得已。王猛以燕之背约，统兵入洛，理直气壮，无虑不胜，但必以慕容垂父子，未可轻信，即劝秦王坚杀之，劝之不听，又设种种诈谋以陷害之，是何褊窄若此！厥后垂兴坚败，乃坚骄盈之咎耳，岂不杀垂之咎哉！

第六十二回

略燕地连摧敌将　拔邺城追掳孱王

却说慕容令奔至石门，见了乐安王臧。臧恐他来做奸细，面上佯表欢迎，心中很怀疑窦，当下报知燕廷，表明己意。燕主暐立即复谕，饬将慕容令谪徙沙城。沙城在龙城东北六百里，令被他徙往该处，正是满目荒凉，不堪郁闷，自思终不免祸，不如冒险图功，于是联络沙城戍卒，谋袭龙城，偏有人告知龙城守将，预先防备，往攻不克，恼丧而返。戍卒恐为令所累，竟将令刺死，函首送燕。东西跋涉，空落得身首分离，父子长别，这也是命数使然，可悲可叹呢。实是王猛害他。

且说晋桓温自枋头败还，尚拟再举，闻得秦人取洛，正好乘隙图燕，乃亟发徐兖州民，增筑广陵城，自率麾下兵士，由姑孰移镇广陵。当时征役繁重，疫疠又兴，十死四五，民不堪命。秘书监孙盛，是一个文章妙手，与散骑常侍干宝齐名，干宝尝作《搜神记》二十卷，刘惔号为鬼董狐，嗣复著《晋纪》二十卷，自宣帝起，宣帝即司马懿。至愍帝止，词旨婉直，世称良史。从孙盛带叙干宝，不没文名。盛亦继作《魏晋春秋》直书时事，如桓温败绩枋头，他却据实记载，毫不讳言。温得见盛文，怒不可遏，便召盛子潜与语道："枋头虽然失利，何至如尊君所言，若此史得传，君家门户，亦休想保全呢！"说至此，张目如铃，奋须似戟，吓得孙潜魂不附体，慌忙下拜，情愿还家告父，即为修改。温乃将潜叱退。潜知盛家法素严，到老更辣，此时为身家计，不得不回家禀白，备述情形。盛愤愤道："桓元子丧师辱国，还想我替他掩饰么？我若下一曲笔，算甚么史家书法！"潜跪请道："现在桓氏权盛，朝廷尚且怕他，还请我父三思！"盛益怒道："我不怕死！"潜再叩头泣请，就是一门家口，无论长幼，统环跪盛前，固请删改，保全家门。盛奋袖入室，仍然不许，且另钞别本，寄往北方。潜急得没法，只好瞒过乃父，私下修改，持示桓温，伪称是乃父手笔。温见原文已改去大半，并为极力回护，方才转怒为喜，令潜持还，一面部署兵马，先讨袁真。

真据住寿春，受燕封为扬州刺史，逾年病毙。陈郡太守朱辅，与真友善，也随真降燕，因立真子瑾为建武将军，领豫州刺史，保住寿春，遣子乾之及司马彝亮，赴邺请命。燕授瑾为扬州刺史，辅为荆州刺史，且遣兵助瑾，进至武邱。晋将竺瑶，已奉桓温军令，往击袁瑾，正值燕兵到来，便移军与战，得破燕兵。南顿太守桓石虔，为温从子，又由温遣攻寿春，突入南城。温连得捷报，亲率二万人继进，至寿春城下，筑起长围，内遏敌冲，外截援道。燕复遣左卫将军孟高，引兵救瑾，途中接得邺中急诏，乃是秦兵大举，攻克壶关，促高返御秦寇。高只好匆匆还军，不暇顾及寿春了。接入秦燕交兵，时序不紊。

先是王猛旋师，正因粮道不继，所以急归，秦王坚进猛为司徒，录尚书事，封平阳郡侯。猛固辞不许，乃整兵储粟，再拟伐燕。筹备至半年有余，俱已安排妥当，乃由坚下令，仍使猛为统帅，督同镇南将军杨安等十将，步骑六万人，禡纛出关。坚亲送猛至灞上，执卮与语道："今委卿经略关东，当先破壶关，继平上党，长驱取邺，如迅雷不及掩耳，方可成功。我当亲率万众，继卿星发，舟车粮运，水陆并进，卿尽管前行，可勿劳后顾呢。"说着，便将酒卮给猛，使猛取饮。猛拜受饮毕，慨然答说道："臣得仗威灵，奉成算，往平残胡，如风扫叶，不烦銮舆亲犯尘雾，但愿预敕有司，处置俘虏便了！"踌躇满志。坚闻言大悦，再赐猛尚方宝剑，准令便宜行事。猛拜领而去，坚当然还都。

猛麾军直逼壶关，遣杨安等往攻晋阳。燕主暐闻秦兵入境，亟令太傅慕容评，调集中外兵马三十万，出拒秦军。会邺中屡有妖异，暐颇以为忧，乃召散骑侍郎李凤，黄门侍郎梁琛，中书侍郎乐嵩入见，问及军事道："秦兵多少如何？今我军大出，王猛能与我战否？"好似呓语。李凤答道："秦国小兵弱，怎能敌我王师？王景略乃是常才，又非我太傅敌手，何劳忧虑！"简直是梦话了。琛与嵩却接入道："将在谋不在勇，兵贵精不贵多。秦兵远来为寇，怎肯不战？我当用谋求胜，奈何反望他不战呢！"暐初闻凤言，颇有喜色，及听得二人言论，又变作怒容。正愤闷间，外面已传入警报，乃是壶关失守，上党太守，南安王越，被敌擒去，郡县相继降秦，急得暐面目又改，变做了一片土色；但使李凤出外催评，速即进兵。凤受命趋出，琛与嵩亦相继告退。

慕容评领兵出发，行至潞川，探得秦兵甚锐，不敢前进，便在潞川逗留。朝命虽然敦促，他总是顾命要紧，仍然不动。那王猛已攻入壶关，留屯骑校尉苟苌守着，自引兵往助杨安。安攻晋阳，连日未下。及猛至城下，见城池高深，不易力取，乃使虎牙将军张蚝，督领壮士数百人，夜凿地道。至地道已成，即由蚝与壮士，从地道偷入城中。燕兵但防秦军登城，不料蚝等从地下突出，大呼斩关，招纳秦军。燕并州刺史东海王庄，为晋阳守将，蓦闻急警，忙率兵拦阻。秦军如潮涌入，就使庄三头六臂，也是不及抵挡。当下拍马返奔，被张蚝持矛追及，刺落马下，捆绑了去。余众多降，晋阳遂破。两个燕室懿亲做了俘囚先导。猛又使将军毛当戍晋阳，自引大军趋入潞川，与评对垒。

评素贪鄙，在潞川逗留多日，私据鄣固山泉，令军人入绢一匹，方得给水二石。军人无可如何，只得向他购水，纳入钱帛，高等邱陵。这叫做死要铜钱。至闻猛悬军深入，仍然闭住营门，不准将士出战，但言当持重制敌，毋得妄动。猛侦知情形，不禁冷笑道："慕容评真是奴才，虽有众百万，也不足惧，何况止二三十万呢！我此行定能灭燕了。"遂召游击将军郭庆入帐，使率骑兵五千，夜袭燕兵辎重，不得有误。庆领命而去，当夜出发，从间道绕出燕营后面。正值三更时候，遥望燕辎重营，扎住山上，一些儿没有影响，料知辎重兵都已睡着，便令部众各燃火炬，跃马登山，呼噪直上。燕兵守住辎重，不过数千，仓猝惊醒，睡眼蒙眬，向下一望，差不多有几万火炬，大家惊惶得很，还是趁先逃走，较为见机，一动百动，纷纷乱窜，霎时间逃得精光。郭庆驰至辎重旁，已无一人，便集五千火炬，焚毁辎重。火盛风炽，山高焰飞，连邺城里面，都得了见，邺中大震。黄门侍郎封孚，私问司徒长史申胤道："此城可得保存否？"胤答道："此城必亡，我辈亦必为秦虏；但目前福德在燕，秦虽得志，不出一纪，燕可重兴了。"燕主暐遣侍中兰伊，驰赴潞川，传敕责评道："王系高祖嗣子，当以社稷宗庙为忧，奈何不抚战士，反榷卖泉水，自谋货殖呢？试想国家府库，朕与王应同享受，何虑贫穷？若寇得直进，家国破亡，王持钱帛，存置何处？皮且不存，毛将怎附？可急将钱帛散给三军，振作士气，得能平寇凯旋，立功报国，朕与王才得安荣了！"

评接到此敕，惊惧交并，没奈何致书秦营，向猛请战。猛批回战期。届期这一日，猛陈师渭源，向众宣誓道："王景略受国厚恩，任兼内外，今与诸君深入战地，应该竭力致死，有进无退，誓报国家，待功成归国，受爵君廷，称觞亲室，岂不是一大喜事么？"大众齐声应命，于是破釜弃粮，大呼竞进。猛在后督军，望见燕兵大至，趋集如蚁，也恐众寡不敌，私自踌躇。旁顾邓羌在侧，乃手抚羌背道："今日大敌当前，非将军不能破灭，成败利钝，在此一举，愿将军努力！"羌应声道："若能给我司隶一职，公可无忧！"羌亦太贪富贵。猛答道："这非我所能及，将军如得立功，我当表请为安定太守，万户侯。"羌默然不答，反向后退去。猛不禁着急，驰呼羌还，准如所请。羌即与张蚝徐成等，跨马运矛，突入燕阵。秦军一齐随上，横厉无前。燕兵虽数倍秦军，可奈人无斗志，各思趋避，你推我诿，任凭秦军，出入自由。战至日中，燕兵大溃，秦军乐得追杀，俘斩至五万余人，逃去约十余万，乞降又六七万，评单骑走还邺城。

猛长驱围邺，一面遣使告捷。秦王坚返报道："将军役不逾时，便即大捷，直抵寇都，功无与比。朕当亲率六军星夜前来，将军可休养将士，静待朕至。"猛乃屯兵城下，严申军律，法简政宽，远近帖然。燕民各安生业，喜相告语道："不图今日复见太原王。"猛闻知舆论，不禁叹息道："慕容玄恭，确是奇士，可称为古时遗爱了！"遂特具太牢，亲往祭墓。看官听着！这慕容玄恭，就是太原王恪的表字。

过了七日，秦王坚已自率精锐十万，到了安阳。猛潜往谒坚，坚戏语道："昔周亚夫不迎汉文帝，今将军独临敌弃兵，究是何意？"猛答道："亚夫不纳汉文，太觉好名，臣尝未敢赞同；且臣奉陛下威灵，东讨残虏，釜底游魂，立可荡平，何劳陛下远临？”坚又道：“朕留太子监国，李威为辅，内顾无忧，所以率甲远来，看卿灭贼。”猛太息道：“监国冲幼，未能守国，倘有不测，追悔何及！陛下独不记臣灞上语么？”坚但说无妨，俟平邺后，即当西归，猛乃辞别回营，督兵急攻。

先是燕宜都王桓，率众万余，屯居沙亭，为评后援。及闻评败，移驻内黄。坚使邓羌攻信都，信都与内黄相近，桓闻风惶惧，奔往龙城，邺中益震。燕散骑常侍余蔚等，率同扶余高句丽及上党质子五百余人，夜开邺城北门，纳入秦军。

燕主暐与太傅评，乐安王臧，定襄王渊，左卫将军孟高，殿中将军艾朗等，溃围北去。秦王坚得入邺城，即使游击将军郭庆，麾骑追暐。暐出邺城时，卫士尚有千余骑，既而沿途四散，惟十余人随暐北行，道旁又是荆棘，群盗又四起如毛。孟高扶侍燕主，护持二王，非常劳瘁，且所在遇盗，转斗而前。好儿日行至福禄，依冢暂憩，不意有剧盗数十人，张弓挟矢，吆喝前来。高即持刀与战，杀伤数盗。及刀折力穷，自知不免，乃直前抱住一贼，同仆地上，凄声大呼道：“男儿今日死了！”言未已，身上已中数箭，呕血而亡。艾朗见高独战，也上前奋斗，与高俱死。暐乘马中箭，乃下鞍步行，踉跄急走。偏有大队人马，从后追到。回头一望，并非暴客，乃是秦将郭庆部下的先驱，叫作巨武。既至暐前，便指挥兵士，上前缚暐。暐叱道：“汝是何人，敢缚天子？”还要自称天子，总算大胆。武厉声答道：“我奉诏缚贼，何物小丑，尚敢自称天子呢！”暐无法撑拒，只好束手受擒，被武牵回邺中。独慕容评北奔龙城，外此数人，统作俘虏，一并解入邺中。秦王坚见暐后，问他何故不降？暐答道：“狐死尚正首邱，但欲归死先人墓侧呢。”坚也觉动怜，敕令还宫，使率文武出降。总计前燕自慕容廆据大棘城，至俊僭号，传暐亡国，共八十五年。前燕了。

坚又使郭庆进攻龙城，慕容评东奔高句丽，慕容桓也逃往辽东。辽东太守韩稠，已通款降秦，闭城拒桓。桓攻城不下，复因郭庆追至，弃众潜奔。庆遣部将朱嶷追捕，嶷率轻骑急驰，行至数十里，便得见桓，击杀了事。慕容评被高句丽人拘住，械送邺中，秦王坚也加赦宥。封降王暐为新兴侯，命评为给事中，所有燕宫子女玉帛，俱分赐将士，且下诏大赦道：

> 朕以寡薄，猥承休命，不能怀远以德，柔服四维，至使戎车屡驾，有害斯民，虽百姓之过，然亦朕之罪也。其大赦五下，与之更始，特此诏闻！

先是燕黄门侍郎梁琛使秦，曾用侍辇苟纯为副，一切应对事宜，琛未尝与纯商议，纯因此挟嫌。及与琛返邺，当即进谗道：“琛在长安，与王猛很是亲善，莫非有异谋不成！”暐尚未深信，琛屡言坚猛多才，不可不防，果然不到期年，秦即攻燕。燕兵屡败，暐乃疑琛知秦谋，收琛系狱。琛若与秦通谋，岂肯劝暐豫防？暐如此不明，怎得不亡？至是，秦王坚将琛释出，授中书著作郎。又闻孟高艾朗，随主殉难，称为忠臣，俱命厚加殓葬，且引高朗子入见，拜为郎中。于是，授王猛为关东六州都督，领冀州牧，进爵清河郡侯，镇守邺中。守令有阙，得便宜补授。封杨安为博平侯，邓羌为真定侯，郭庆为襄城侯。此外与战将士，封赏有差。州县守令，悉仍旧贯，惟进燕常山太守申绍为散骑侍郎，使与散骑侍郎韦儒，并为绣衣使者，循行关东州郡，观省风俗，劝课农桑，赈恤穷困，收葬死亡，旌扬节行，改革敝政。关东大悦，就是六夷渠帅，无不望风输诚。

秦王坚乃启驾西还，所有慕容暐以下，如后妃王公百官，暨鲜卑四万余户，一古脑儿徙入长安。复拜暐为尚书，皇甫真为奉车都尉，李洪为驸马都尉，李邽为尚书，封衡为尚书郎，慕容德为张掖太守，平睿为宣威将军，悉罗腾为三署郎。凡故燕稍有才望的官僚，各得署秩。独慕容垂见燕故僚，常有愠色。前郎中令高弼，私语垂道："大王具命世才，遭无妄运，流寓外邦，备极困苦。今虽国家倾覆，怎知不剥极再复，更得龙兴？他日重造江山，舍大王尚有何人？愚谓宜恢弘度量，延纳旧臣，为山九仞，始自一篑，若徒记前嫌，反失众望，窃谓大王不取哩！"却是良谋。垂欣然受教，从此待遇旧僚，仍归和好，惟不肯放过慕容评。独入白秦王道："臣叔父评，为亡燕首恶，不宜再污圣朝，愿陛下声罪加诛，以谢燕人。"坚不愿戮评，惟出为范阳太守。余如故燕诸王亦徙补边郡。燕故太史黄泓叹道："燕必中兴，将来定属吴王，可惜我年已老，恐不及见呢！"还有汲郡人赵秋，亦私语亲友道："天道在燕，偏为秦灭，不出十五年，秦必复为燕有了。

是时，晋桓温已攻破寿春，擒住袁瑾朱辅，送往建康。秦将王鉴张蚝，曾由秦王坚差遣，带领步骑二万人，往援寿春，为温击败，引兵退归。袁瑾朱辅到建康后，当然处斩，无庸细叙。惟秦王坚因南援无功，改图西略，特命博平侯杨安等，带领步骑七万人，往伐仇池。仇池自杨初嗣位后，尝遣使至建康，向晋称藩。晋命初为雍州刺史，封仇池公。初为族弟宋奴所杀。初子国，又杀宋奴。国从父俊，复杀国，俊传子世，世传子纂。世臣事秦晋，纂独与秦绝好，所以秦兴兵往讨。众至鹫峡，纂集众得五万人，出拒秦军。晋扬州刺史杨亮，也遣督护郭宝卜靖，领千余骑助纂，与秦军交战峡中。秦军久经百战，个个是骁悍绝伦，仇池兵怎能与敌？一经交手，勇怯悬殊，只落得步步倒退。秦军直前乱斫，杀死仇池兵一二万人，连郭宝等亦俱战殁。纂拚命遁还。武都太守杨统，系纂叔父，素与纂相仇杀，至此遂举城降秦。秦军进攻仇池，纂保守不住，没奈何面缚出降。当由杨安送纂入关，秦王坚接得捷报，即加安都督南秦州诸军事，留镇仇池，使杨统为南秦州刺史。小子有诗叹道：

外侮都缘内乱兴，仇池虽小亦堪惩。
从知骨肉相争日，瓦解无非兆土崩。

仇池被灭，梁州孤危，晋廷也无暇西顾，那大司马扬州牧桓温，平空起浪，闯出一场绝大的事情。看官欲问为何事，请即续阅下回。

燕有致亡之事四：忌慕容垂而逼之出奔，一也；任慕容评而令其专国，二也；轻许秦地，旋即背约，三也；不听谏臣，自弛边防，四也。王猛一入，三十万大众，不堪一战。潞川败绩，邺城遽陷，燕主暐仓皇北遁，终为所擒，其不致遽死也，尚为幸事！秦王坚灭燕以后，观其所为，几若汤武之流亚，诚使持盈保泰，始终不渝，则混一天下不难矣，燕亦何能再复乎？惜乎其有初而鲜终也！

第六十三回

海西公遭诬被废 昆仑婢产子承基

却说桓温得专晋政，威权无比。他本来是目无君相，窥觎非分，尝卧对亲僚道："为尔寂寂，恐将为文景所笑！"文景指司马师兄弟。嗣又推枕起座道："不能流芳百世，亦当遗臭万年！"为此一念，贻误不少。又尝经过王敦墓，慨望太息道："可人！可人！"先是有人以王敦相比，温甚不平，至此反慨慕王敦，意图叛逆。会有远方女尼，前来见温，温见她道骨珊珊，料非常人，乃留居别室。尼在室中洗澡，温从门隙窥视，见尼裸身入水，先自用刀破腹，继断两足，温大加惊异。既而尼开门出来，完好如常，且已知温偷视己浴，竟问温道："公可窥见否？"温料不可讳，便问主何吉凶？尼答云："公若作天子，亦将如是！"温不禁色变，尼即别去。术士杜灵，能知人贵贱；温令言自己禄秩，灵微笑道："明公勋格宇宙，位极人臣。"温默然不答。若非此二人相诫，温已早为桓玄了。

他本欲立功河朔，收集时望，然后还受九锡。自枋头败归，声名一挫，及既克寿春，因语参军郗超道："此次战胜，能雪前耻否？"超答言尚未。既而超就温宿，夜半语温道："明公当天下重任，年垂六十，尚未建立大功，如何镇惬民望！"温乃向超求计，超说道："明公不为伊霍盛举，恐终不能宣威四海，压服兆民。"温皱眉道："此事将从何说起？"超附耳道："这般这般，便不患无词了。"此贼可恶。温点首称善，方才安寝。越日，便造出一种谣言，流播民间，但说帝奕素有痿疾，不能御女，嬖人朱灵宝等，参侍内寝，二美人田氏孟氏，私生三男，将建立太子，潜移皇基云云。看官试想！这种暧昧的情词，从何证实？明明是无过可指，就把那床笫虚谈，架诬帝奕，这真所谓欲加之罪，何患无词呢。

温既将此语传出，遂自广陵诣建康，奏白太后褚氏，请将帝奕废去，改立丞相会稽王昱，并将废立命令，拟就草稿，一并呈入。适褚太后在佛屋烧香，由内侍入启云："外有急奏。"太后出至门前，已有人持入奏章，捧呈太后。太后倚户展阅，看了数行，便怅然道："我原疑有此事。"疑奕耶？疑温耶？说着，又另阅令草，才经一半，即索笔写入道："未亡人不幸罹此百忧，感念存殁，心焉如割。"写毕，便交与内侍，饬令送还。废立何事，乃草草批答，褚太后亦未免冒失。温在外面待着，但恐太后不允，颇有忧容。及内侍颁还令草，无甚驳议，始改忧为喜。越日，温至朝堂，召集百官，取示令草，决议废立。百官都震栗失色，莫敢抗议；只是两晋相传，并没有废立故事，此次忽倡此议，欲要援证典章，苦无成制，百官都面面相觑，无从悬定。就是温亦仓皇失措，不知所为。仓猝废立，典礼都未筹备，乃百官莫敢抗议，晋廷可谓无人。独尚书仆射王彪之，毅然语温道："公阿衡皇家，当参酌古今，何不追法先代？"温喜语道："王仆射确是多能，就烦裁定便了。"彪之即命取汉《霍光传》援古定制，须臾即成，乃朝服立阶，神采自若。逢迎权恶，装出甚么仪态。然后将太后命令，宣示朝堂道：

> 王室艰难，穆哀短祚，国嗣不育，储宫靡立。琅琊王奕，亲则母弟，故以入纂大位。不图德之不建，乃至于斯！昏浊溃乱，动违礼度。有此三孽，莫知谁子。人伦道丧，丑声遐布。既不可以奉守社稷，敬承宗庙，且昏孽并大，便欲建树储藩，诬罔祖宗，倾移皇基，是而可忍，孰不可怀！今废奕为东海王，以王还第，供卫之仪，皆如汉朝昌邑故事。指昌邑王贺。但未亡人不幸罹此百忧，感念存殁，心焉如割。社稷大计，义不获已。丞相录尚书事会稽王昱，体自中宗，明德劭令，英秀玄虚，神契事外，以具瞻允塞，故阿衡三世，道化宣流，人望攸归，为日已久，宜从天人之心，以统皇极。饬有司明依旧典，以时施行。此令。

总计帝奕在位六年，无甚失德，不过奕虽在位，好似傀儡一般，内有会稽王昱，外有大司马温，把持国政。他尝自虑失位，召术士扈谦筮易，卦象既成，谦据实答道："晋室方如磐石，陛下未免出宫。"至是竟如谦言。温使散骑侍郎刘享，收帝玺绶，逼奕出宫。时值仲秋，天气尚暖，奕但着白帢单衣，步下西堂，乘犊车出神兽门，群臣相率拜辞，莫不欷歔。有何益处？侍御史殿中监，领兵百人，送奕至东海第中。一面具备法驾，由温率同百官，至会稽邸第，迎会稽王昱入殿。昱戴平巾帻，单衣东向，拜受玺绶，呜咽流涕。何必做作？当即入宫改着帝服，升殿受朝，即改太和六年为咸安元年，史家称他为简文帝。温出次中堂，分兵屯卫，有诏因温有足疾，特命乘舆入朝。温欲陈述废立本意，及引见时，但见简文帝泣下数行，倒也无词可说，只好默然告退。

太宰武陵王晞，与简文帝系出同胞。简文即位，顾念本支，当然优礼相待。惟晞素好武事，又与殷浩子涓，常相往来。浩殁时，温遣人赍书往吊，涓并不答谢，为温所恨，因并及晞。新蔡王晃，系从前新蔡王腾后裔，亦与温有隙。还有广州刺史庾蕴，太宰长史庾倩，散骑常侍庾柔，皆为前车骑将军庾冰子，就是废帝奕皇后庾氏的弟兄。庾后既连带被废，降为东海王妃，温恐庾家族大宠多，阴图报复，于是想出一法，先扳倒武陵王晞，诬他父子为恶，曾与袁真同谋叛逆，因即免官归藩。简文帝不得不从，出晞就第，罢晞子综璲等官。温又迫令新蔡王晃，诬罪自首，连及武陵王晞父子，并殷涓庾倩庾柔等，一同谋逆，且将太宰掾曹秀，舍人刘强，凭空加入，一古脑儿收付廷尉。御史中丞谯王恬，即谯王承孙。阴承温旨，请依律诛武陵王晞。简文帝复诏道："悲惋惶怛，非所忍闻，应更详议。"温复自上一表，固请诛晞，语近要挟，简文帝手书给温，内有晋祚未移，愿公奉行前诏；若大运已去，请避贤路云云。温览到此诏，也不觉汗流色变，始奏废晞及三子家属，皆徙新安郡，免新蔡王晃为庶人，徙锢荥阳。殷涓庾倩庾柔曹秀刘强，一律族诛。简文帝不便再驳，勉依温议，可怜殷庾两大族，冤冤枉枉死了若干人。炎炎者灭，隆隆者绝。庾蕴在广州任内，闻难自尽，蕴长兄前北中郎将庾希，季弟会稽王参军庾邈，及希子攸之，并逃往海陵陂泽中。独东阳太守庾友，也是蕴兄，因子妇为温从女，特邀赦免。温自是气焰益盛，擅杀东海王奕三子，及田氏孟氏二美人。旋复奏称东海废黜，不可再临黎元，应依昌邑故事，筑第吴都。简文帝商诸褚太后，请太后下令，谓不忍废为庶人，可妥议徙封。温复奏可封海西县侯，有诏徙封奕为海西县公。废后庾氏，积忧病殁，尚追贬为海西公夫人。会吴兴太守谢安，入为侍中，遥见温面，便即下拜。温惊呼道："安石谢安表字见前。何故如此？"安答道："君且拜前，臣难道敢揖后吗？"温明知安有意嘲讽，但素重安名，不便发作，且默记前时女尼微言，也有戒心，因即上书鸣谦，求归姑孰。诏进温为丞相，令居京师辅政。温仍然固辞，乃许他还镇。

秦王坚闻温废立，顾语群臣道："温前败灞上，后败枋头，不知思愆自贬，遍谢百姓，反且废君逞恶，六十老人，作此举动，怎能为四海所容？古谚有云'怒其室，作色于父'便是桓温的注脚呢。"

温虽然还镇，揽权如故。且留郗超为中书侍郎，名为入值宫廷，实是隐探朝事。简文帝格外拱默，尚恐温再有异图，会荧惑星逆行入太微，简文帝越觉惊惶，原来帝奕被废以前，荧惑尝守太微端门，仅逾一月，即有废立大事。此番又经星文告变，哪得不危悚异常。当下召语郗超道："命数修短，也不遑计，但观察天文，得勿复有前日事么？"超答道："大司马温，方思内固社稷，外恢经略，非常事只可一为，何至再作？臣愿百口相保，幸陛下勿忧！"简文帝道："但得如此，尚有何言！”超即告退。侍中谢安，尝与左卫将军王坦之，诣超白事，超门多车马，络绎不休，待至日旰，尚未得间。坦之欲去，安密语道：“君独不能为身家性命，忍耐须臾么？”坦之乃忍气待着，直至薄暮，才得与超清谈，语毕乃别。超父愔卸职家居，偶有不适，由超请假归省，简文帝与语道：“致意尊翁，家国事乃竟如此，自愧不德，负疚良深，非一二语所能尽意。”说至此，因咏昔人诗云：“志士痛朝危，忠臣哀主辱。”二语本庾阐诗。咏罢泣下，超无言可对，拜别而去。

好容易过了残年，复遣王坦之征温入辅，温复固辞，惟与坦之言及，请将海西公外徙。坦之返报，乃徙海西公至吴县西柴里。敕吴国内史刁彝，就近防卫，并遣御史顾允，监督起居，免有他变。蓦闻庾希庾邈，联结故青州刺史武子沈遵，聚众海滨，掠得鱼船，夤夜突入京口城。晋陵太守卞耽，猝不及防，逾城奔曲阿，于是建康震惊，内外戒严。嗣又得庾希等檄文，托称受海西公密旨，起诛首恶桓温，累得京畿一带，讹言蜂起，益相惊扰。平北参军刘奭，高平太守郗逸之，游军督护郭龙等，引兵往击，就是卞耽，亦调发县兵，并讨庾希等人。希众统是乌合，一战即败，闭城自守，再由桓温遣到东海太守周少孙，也有锐骑数千，合力攻城，攀堞杀入。庾希兄弟子侄，以及沈遵等人，没处逃奔，遂致陆续被擒，送到建康市中，伏诛了案。一番乱事，数日即平，晋廷诸臣，入朝庆贺，又像是化日光天。冷隽语。

哪知吉凶并至，悲喜相寻，简文帝忽然得病，医治罔效，差不多将要归天。当时皇后太子，俱尚未立，说将起来，又须溯述源流，表明颠末。简文帝为元帝少子，生母郑氏，受封建平国夫人，咸和元年病殁。简文帝受封主爵，追号郑氏为会稽太妃，嗣位后时日尚浅，故未及追尊。惟简文帝先娶王氏，生子道生为世子，后来母子并失帝意，俱被幽废，王氏忧郁成疾，亦即去世，此外妾媵颇多，生有三男，又皆夭逝。未几道生又亡，简文帝年垂四十，迭丧诸子，未免悲悼，况膝下竟致无男，诸姬偏皆绝孕，不由的寸心焦灼，百感彷徨。会闻术士扈谦，善能卜易，因召令入筮。谦筮毕作答道：“后房中已有一女，当生二贵男，长男尤贵，当兴晋室。”简文帝乃转忧为喜，但麒麟佳种，究未识属诸谁人，适徐贵人生下一女，眉目韶秀，酷肖生母。徐氏本以秀慧见幸，既得破胎，总望她接连有娠，得产麟儿。谁料一索再索，音响寂然。简文帝却年齿日增，望子愈切，不得已访求相士，得一叔服后人，叔服系周时内史，具相人术。令他入视诸姬，能否生男？偏他接连摇首，无一许可。乃再将婢媵等一齐出示，仍未称善。最后看到一个织婢，身长色黑，仿佛似乡僻女子一般，不禁惊诧道：“这才算是贵相，必生贵男。”别具只眼。宫人听了，都葫芦大笑道：“昆仑婢要发迹了！日前的好梦，才得实验了！”简文帝叱道：“何故罗唣？”大众始不敢再言，嗣经简文帝问明底细，始知此婢姓李，名叫陵容，家世寒微，入充织坊女工。旁人因她形体壮硕，替她取一绰号，叫做昆仑婢。她尝梦见两龙枕膝，日月入怀，便欣然称为吉兆，屡与同侪说及。同侪相率揶揄，不是说她要做皇后，就是说她要做皇娘。偏偏弄假成真，变虚为实，简文帝竟令她侍寝，一度春风，遽结珠胎，十月分娩，居然一雄。临盆以前，李氏复梦一神人，送给一儿，且嘱咐道："此儿畀汝，可取名昌明。"李氏向神接受，忽觉一阵腹痛，遂致惊醒，当下起床坐蓐，立即产出一儿，呱呱坠地。时值黎明，李氏记受神嘱，使侍媪转启简文帝，呼婴儿为昌明。简文帝闻报，谓既得诸神授，当然不宜更换，惟以昌明为字，即将昌明二字的寓意，取名为曜，后来简文帝猛记前事，曾见一谶文云："晋祚尽昌明！"不觉流涕道："天数天数，只好听天由命罢！"看到后文，又觉似是而非。既而李氏又生一男一女，男名道子，后得封王专政，女长成后，至昌明嗣位，封为鄱阳长公主，这且再表。

且说简文帝寝疾经旬，渐至弥留，乃立皇子昌明为太子，并封道子为琅琊王，领会稽内史，使奉帝母郑太妃祀，又召大司马温入辅，一日一夜，连发四诏，未见温至。此番架子却摆错了！乃命草遗诏，使大司马温依周公居摄故事，且谓少子可辅最佳，如不可辅，卿可自取。这草诏颁将出去，被王坦之接着。坦之已迁官侍中，看了草诏，便即趋入，直抵简文帝榻前，把草诏撕作数片。简文帝瞧着，已知坦之用意，便顾语道："天下系傥来物，卿有何嫌！"坦之道："天下乃宣帝元帝的天下，陛下怎得私相授受呢！"帝乃使坦之改诏道："家国事一禀大司马，如诸葛武侯王丞相指王导。故事。"坦之改就，乃持诏而出。是夕，简文帝崩，年五十有三，在位实不满一年。只因过一元旦，两个半年，算做两年。

群臣会集朝堂，未敢立嗣，互相私议，或谓须归大司马处分。尚书仆射王彪之正色道："天子崩，太子代立，这乃古今通例，大司马何致异言？若先面咨，恐反为所责了。"朝议乃定，遂奉太子昌明嗣即帝位，颁诏大赦，是为孝武帝，帝年尚只十龄，褚太后以冲人践阼，并居谅暗，不如使温依周公居摄故事，令照前议施行。王彪之又进言道："这乃异常大事，大司马必当固让，恐转使万机倍滞，稽废山陵，臣等未敢奉令，谨即封还！"于是议遂不行。桓温颇望简文临终，召己禅位，否则或使居摄，不意遗诏颁到，大失所望，乃贻弟冲书道："遗诏但使我依武侯王公故事呢。"一语已写尽怨望。

是年十月，彭城妖人卢悚，自称大道祭酒，煽惑愚民八百余家，因遣徒许龙如吴，驰入海西公门，诈传太后密诏，奉迎兴复。海西公奕，几为所惑，幸保母在旁谏阻，始却龙请。龙愤然道："大事垂成，奈何听信儿女子言！"奕答道："我得罪居此，幸蒙宽宥，怎敢妄动？且太后有诏，应使官属来迎，汝系何人，乃敢妄来传旨呢？"一经说明，其假立见，然非保母提醒，几去送死。龙尚不肯行，当由奕叱令左右，上前缚龙，尤始仓皇遁去。

是时，宫廷方料理丧葬，奉安简文皇帝于高平陵，庙号太宗。葬事才毕，忽有乱徒，突入云龙门，诈称海西公还都，直达殿廷，略取武库甲仗，卫士骇愕，不知所为，亏得游击将军毛安之，闻变入云龙门，引着部曲，奋击乱党。又有左卫将军殷康，中领军桓秘，从止车门驰入，也有部众数百人，与安之并力夹击，乱党不过三四百名，哪里敌得过猛将三员，虎旅千余，顿时死的死，逃的逃，那头目也情急欲遁，被毛安之截住厮杀，不到十合，已将他打倒地上，用绳捆住。讯明姓名，便是妖贼卢悚，当即按律拟罪，伏法市曹。海西公曾拒绝乱徒，得免连坐，但经此一吓，越觉小心，索性杜聪塞明，无思无虑，有时借酒消遣，有时对色陶情，时人怜他无辜遭废，为作哀歌。奕却屏去一切，得过且过，直至太元十一年冬，安然病逝，享年四十有五。小子有诗叹道：

废主由来少善终，居吴幸免海西公。
天心似为冤诬惜，不使孱王剑血红！

越年，改元宁康。大司马温，竟自姑孰入朝，都中复大起讹言，恼惧的了不得。究竟有无祸事，俟至下回说明。

桓温败绩枋头，仅得寿春之捷，何足盖愆，乃反欲仿行伊霍，入朝废主，真咄咄怪事！从前如操懿辈，皆当功名震主之时，内遭主忌，因敢有此废立之举，不意世变愈奇，人心益险，竟有如晋之桓温者也。况帝奕在位五年，未闻失德，乃诬以暧昧，迫使出宫，温不足责，郗超之罪，可胜数乎？会稽王昱，不思讨贼，居然受迎称帝，徒作涕泣之容，反长凶残之焰，朝危主辱，嗟何及乎？昆仑女入御以后，虽得生二男，然昌明道子，后来皆不获善终，且致斫丧晋祚。有子无子，同归于尽，徒庆宜男，亦何益哉？

第六十四回

谒崇陵桓温见鬼　重正朔王猛留言

却说孝武帝宁康元年，国乱粗定，大司马桓温，竟从姑孰入朝。朝臣重望，要算谢安王坦之，安已迁任吏部尚书，坦之仍任侍中。都下人士，相率猜疑，群谓温无故入朝，不是来废幼主，就是来诛王谢。谢安却不以为忧，独坦之未免焦灼，偏宫廷又发出诏命，竟使安与坦之，赴新亭迎温，坦之接诏，惊得面色如土，安仍谈笑自若。且语僚属道："晋祚存亡，在此一行。"安而行之，可谓名不虚传。当下启行出都，径往新亭，百官相随甚众。及与温遇，温大陈兵卫，延见朝士，凡位望稍崇的官员，但恐得罪，都向温遥拜，战栗失容，坦之更捏着一把冷汗，趋诣温前，几似魂灵出窍，连手版都致倒持。人生总有一死，何必这般股栗？惟谢安从容步入，一些儿不拘形迹。温见他态度异人，自然加敬，便即起身延坐，两下坐定。安眼光如炬，已有所见，乃即语温道："安闻诸侯有道，守在四邻，明公亦何须壁后置人？"温笑答道："恐有猝变，不得不然。"说着，即顾令左右，撤去后帐，帐后本列甲士，亦一齐麾退。安与温笑语移时，方才请温动身，同入建康。坦之呆若木鸡，一语不发，只背上的冷汗，已经湿透里衣，幸温无一语相责，始得将魂魄收回，偕行还都。他平时本与安齐名，经此一举，优劣乃分。

温入朝谒见孝武帝，讯及卢悚犯阙事，由尚书陆始，检察不严，以致贼入禁门，乃将陆始收付廷尉，按律治罪；此外没甚举动，朝臣才得少安。温寓居建康数日，安与坦之，屡往议事。忽觉凉风入室，吹开后帐，内有一榻，榻上卧着一人，安略略瞧着，便识是中书侍郎郗超，当即微笑道："郗生可谓入幕宾了。"超本受温密嘱，留卧帐后，窃听客谈，既被安瞧破机关，不得已起身出帐，与安相见，安谑而不虐，转使温超两人，愧赧交并。及安等去后，温心下亦很觉忌安，但因安素孚物望，一时未便下手，只好暂从容忍，观衅后动。于是拟谒高平陵，诘旦登车，左右见他凭轼起敬，统暗暗称奇。途次复顾语道："先帝究属有灵，汝等可得见否？"左右听着，亦不知他说何鬼话。到了陵前，温下车叩拜，且拜且语道："臣不敢！臣不敢！"及拜毕后，还说臣不敢三字，左右俱莫名其妙。温仍驾车还寓，复问左右道："殷涓如何形状？"左右答称涓身肥矮，温不觉失色道："不错不错，他亦曾在先帝左侧呢。"疑心生暗鬼。是夕，即寒热交作，谵语不休，经医诊治，好几日才得少瘥，乃辞行还镇。

既抵姑孰，病又转剧，他还想荣膺九锡，特遣人入都请求。谢安、王坦之未敢峻拒，不过逐日延挨，至温使再三催促，乃令吏部郎袁宏具草。宏有文才，援笔即就，偏谢安吹毛索瘢，屡嘱修改，遂至匝月未成。宏密问仆射王彪之，究应如何著笔，彪之道："如卿大才，何烦修饰，这是谢尚书故意如此，彼知桓公病势日增，料必不久，所以借此迁延呢。"宏始释然。

温未得如愿，当然恚恨。适温弟江州刺史冲，过问温疾，见温病垂危，便问及王谢二人，温喟然道："渠等非汝所能处分，我死后熙等庸弱，所有部曲，归汝统率便了。"冲应命而出。看官听说，温有六子，长名熙，次名济，又次为韵祎伟玄。熙闻冲面受温命，将统遗众，心中很是不服。遂与弟济谋诸叔秘，意欲杀冲。冲诇悉阴谋，不敢复入，嗣由熙等报温死耗，召冲临丧，冲即遣力士直入丧次，拘住熙济，且逐秘出外，然后举哀。已而奏徙熙济至长沙，罢黜秘官，且称温遗命，以少子玄为嗣。晋廷追赠丞相，赐赙衮冕，予谥宣武，此外丧葬礼仪，一依汉大将军霍光及晋太宰安平献王孚故事，即命玄袭封南郡公。玄年才五岁，冲总道他幼弱易制，可无后忧，哪知他长成后，比乃父还要凶险呢？暗伏下文。相传玄为温庶子，生母马氏，夜坐月下，见流星坠盆水中，用瓢掬吞，因得有娠。及生玄时，有光照室，家人诧为神奇，乃取一小名，叫作灵宝。乳媪每抱玄省温，经过重门，必易人乃至，说是沉重异常，故温甚加宠爱。冲立玄为嗣，或果承温遗命，亦未可知，这且待后慢表。

且说桓温既死，有诏进冲为中军将军，都督扬雍江三州军事，兼扬豫二州刺史，使镇姑孰。加右将军荆州刺史桓豁，为征西将军，都督荆扬广三州军事。豁子竟陵太守石秀，为宁远将军，兼江州刺史，使镇寻阳。或劝冲入诛王谢，专执朝权，冲将他叱退。冲力反温政，一切生杀予夺，皆先时奏闻，然后施行，晋廷上下，始得解忧。

谢安尚恐桓冲干政，拟请褚太后临朝。褚太后为康帝后，康帝系元帝孙，与孝武帝本为叔嫂，从前简文入嗣，比褚太后辈分较长，但因她既为太后，不得以家人礼相待，故仍称为太后，且因她居住崇德宫，特尊为崇德太后。至是由谢安倡议，再请训政，群僚皆无异词，独尚书仆射王彪之抗议道："前代人主，幼在襁褓，母子一体，故可请太后临朝，但太后亦未能专断，仍须顾问大臣。今主上年逾十岁，将及冠婚，反令从嫂临朝，表示人君幼弱，这难道好光扬圣德么？"议固甚是。安不肯从，竟率百官奏白太后，大略说是：

> 王室多故，祸难仍臻，国忧始周，复丧元辅，天下惘然，若无攸济，主上虽圣明天亶，而春秋尚富，兼在谅暗，蒸蒸之思，未遑庶事。伏维太后陛下，德应坤厚，宣慈圣善，遭家多艰，临朝亲览，光大之美，化洽在昔，讴歌流咏，播益无外，虽有莘熙殷，任姒隆周，未足以喻。是以五谋克从，人鬼同心，仰望来苏，悬心日月。夫随时之义，《周易》所尚，宁固社稷，大人之任，伏愿陛下，抚综万几，厘和政道，以慰祖宗，以安兆庶，不胜喁喁待命之至！

褚太后俯从众议，便即复诏道：

> 王室不幸，仍有艰屯，览省启事，感增悲叹，内外诸君，并以主上春秋冲富，加以蒸蒸之慕，未能亲览，号令宜有所由。苟可安社稷，利天下，亦未便有所固执。当敬从所启，但暗昧之阙，自知难免，望尽弼谐之道，献可替否，则国家有攸赖焉。

这诏既下，次日便即临朝。进王坦之为尚书令，谢安为仆射，两人同心辅政，终安晋室。越年令坦之出督徐兖等州军事，但命谢安总掌中书。安好声律，虽遇期功丧服，不废丝竹，士大夫相率仿效，浸成风俗。坦之尝贻书苦谏，安不能用。这是谢安短处。安又尝与王羲之登冶城，慨然遐想，有出世志，羲之独规诫道："夏禹勤王，手足胼胝，文王旰食，日不暇给。今四郊多垒，宜思自效，若虚谈废务，浮文妨要，恐非当世所宜为呢。”安笑答道：“秦用商鞅，二世即亡，岂必是清谈贻祸么?”未几，坦之病殁，留有遗书，分贻谢安桓冲，语不及私，但以国家为忧。晋廷追赠安北将军，赐谥曰献。坦之为故尚书令王述子，父子俱有重名，殁后不衰。只倒持手版一事，未免贻笑大方。

中军将军桓冲，因谢安素洽时望，愿将扬州刺史兼职，转让与安，自求外出。桓氏族党，莫不苦谏，冲竟出奏。有诏调冲为徐州刺史，令安领扬州刺史。宁康三年，孝武帝年已十三，册立前司徒长史王濛孙女为皇后，后即哀帝后侄女，以贵戚入选中宫，又越年正月朔日，帝行冠礼。褚太后归政，仍居崇德宫，下诏改元，号为太元元年。进谢安为中书监，录尚书事，征郗愔为镇军大将军，加桓豁为征西大将军，迁桓冲为车骑将军，兼尚书仆射。此外，文武百官，各进位一等，毋庸絮述。

惟苻秦雄踞北方，尝出兵寇晋，连陷梁益二州。梓潼太守周虓，固守涪城，遣兵送母妻东下，拟由汉水趋江陵，使她避难，偏途中为秦将朱肜所获，牵至城下，迫令招虓，虓不得已出降。秦王坚素闻虓名，欲拜为尚书令，虓愀然道：“虓蒙晋室厚恩，理宜效死，只因老母见获，没奈何屈节偷生，今得母子两全，已出望外，怎敢再邀富贵呢?”遂辞不受官，坚更加器重，时常引见。虓有时箕踞坐着，谩骂不逊，甚至呼坚为氐贼，既已降敌，何必再作此态。秦人无不动怒，坚独不以为意，反加优待，这也是大度包荒，非人所及。一面召冀州牧王猛入关，使为丞相，另调阳平公苻融为冀州牧。猛至长安，复加都督中外诸军事。猛辞章屡上，终不见许，乃受命就职。嗣是放黜贪庸，擢拔幽滞，督课农桑，练习军旅，官必当才，刑必当罪，国家大治，驯致富强。

会有彗星出尾箕间，长十余丈，经太微，历夏秋冬三季，光尚未灭，秦太史令张亚上言道：“尾箕二星，当燕分野，东井乃秦分野，今彗起尾箕，直扫东井，明是燕兴秦亡的预兆。十年后燕当灭秦，二十年后，代当灭燕。臣想慕容暐父子兄弟，是我仇敌，今乃布列朝廷，贵盛无比，将来必为秦患。天变已著，不可不防。”果有天道，亦非人力所能挽回。坚不肯听。嗣又接到阳平公融谏书，略称燕据六州，南面称帝，经陛下劳师累年，然后得灭，彼本非慕义前来，不过穷蹙乃降。陛下格外亲信，令他父子兄弟，森然满朝，狼虎心肠，终未可养，况天象已经告变，务须留意为是。坚仍然未信，且报书道：“朕方混六合为一家，视夷狄如赤子，不劳汝等多忧，且修德方可禳灾，岂多杀反能免祸？诚使内求诸己，无亏德行，还怕甚么外患呢!”果如汝言，自可不亡，可惜心口未符。已而，又有人入明光殿，厉声呼道：“甲申乙酉，鱼羊食人，悲哉无复遗!”坚听到此语，叱左右立即搜捕，人忽不见，于是秘书监朱肜，秘书侍郎赵整，同请诛诸鲜卑，以为“鱼羊”二字，便是鲜字左右两旁，坚又复不睬。

慕容垂寓居关中，常恐遭祸，特遣夫人段氏，屡入秦宫，侦探举动。段氏小字元妃，幼即敏慧，具有志操，尝语妹季妃道："我终不作凡人妻。"季妃亦答道："妹亦不作庸夫妇。"元妃姊曾嫁慕容垂，遭谗致死。见前文。元妃得为垂继室。季妃亦适慕容德，果然得配英雄。及元妃随垂入秦，为夫所遣，常入谒坚，凭着那玉貌冰肌，锦心绣口，惹得秦王坚目迷耳软，惟言是从。一日，坚竟引元妃同辇，游玩后庭。这岂是道德行为？赵整随辇同行，信口作歌道："不见雀来入燕室，但见浮云蔽白日。"坚听得歌声，回首返顾，见是赵整，也不觉内省怀惭，乃命元妃下辇，且改容谢整。整本来是个宦官，博闻强记，善属文，好讽谏，颇得坚宠，故语多见从。

至秦王坚建元十一年，就是晋孝武帝宁康三年，秦丞相王猛有疾，秦王坚亲祈宗庙社稷，又分遣近臣，遍祷河岳，冀疗猛病，果得少痊，当复为猛赦死录囚，猛乃上疏称谢，且进规道：

臣累蒙宠遇，得总百揆，报称无方，忽罹重疾。不图陛下以臣之命，而亏天地之德，开辟以来，未之有也。臣闻报德莫如尽言，谨以垂没之命，窃献遗款。伏惟陛下威烈振乎八荒，声教光乎六合，九州百郡，十居其七，平燕定蜀，有如拾芥。夫善作者，不必善成，善始者，不必善终，是以古先哲王，知功业之不易，战战兢兢，如临深谷，伏惟陛下追踪前圣，天下幸甚！

坚览到此疏，不禁泪下。过了旬余，猛病复转剧，势且垂危。坚亲往省视，问及后事，猛喘着道："晋虽僻处江南，究竟正朔相承，上下安和，臣闻亲仁善邻，足为国宝，臣死后，愿陛下勿再图晋，惟鲜卑西羌，是我仇敌，终为大患，宜逐渐剪除，免误社稷！"说到稷字，语不成声，两目一翻，呜呼毕命，年五十有一。

坚大哭一场，因即还宫，拨给帛三千匹，谷万石，使充丧费，又遣谒者仆射，监护丧事，追赠侍中尚书，余官如故。安排就绪，复诣猛第哭灵，且挈太子宏同往。至棺殓时，往返已历三次，且语太子宏道："天不欲使我平六合么？奈何夺我景略，有这般迅速呢？"随命葬礼如汉霍光故事，谥为武侯。朝野巷哭三日，方才罢休。猛之死，关系前秦存亡，故叙笔从详。先是王猛在日，因凉州牧张天锡，遣使诣秦，骤告绝交，猛奉坚命，特作书贻天锡道：

昔贵先公称藩刘石者，惟审于强弱也。今论凉土之力，则损于往时，语大秦之德，则非二赵之匹，而将军幡然自绝，无乃非宗庙之福也欤？以秦之威，旁振无外，可以回弱水使东流，返江河使西注。关东既平，将移兵河右，恐非六郡士民，所能抗也。刘表谓汉南可保，将军谓西河可全，吉凶在身，元龟不远，宜深算妙虑，自求多福，毋使六世之业，一旦而坠地也！

天锡得书，却也知惧，因复通使修好，谢罪称藩。秦王坚不复苛求，待遇如初，惟天锡沉湎酒色，不恤国事，敦煌处士郭瑀，虽屡经天锡征聘，终因他不足有为，屏居绝迹。凉使孟公明，拘瑀门人，强胁瑀至，瑀叹道："我乃逃禄，并非逃罪，如何害及门人！"乃出诣姑臧。适值天锡母刘氏病殁，瑀即括发入吊，三踊遂出，仍返南山隐居去了。天锡也不再强留，由他自去。将军刘肃染景，曾助天锡诛死张邕，因功得宠，赐姓张氏，并使预政。又使肃景诸子，入侍左右，作为义儿，肃景得横行无忌，弄法舞文。

天锡长子大怀，已立为世子，偏天锡得了一个焦氏女，宠冠后庭。生子大豫，尚在襁褓，焦氏因宠生骄，屡在天锡面前，求立己子为世子。天锡为色所迷，竟遣大怀为征西将军，封高昌郡公，改立大豫为世子，号焦氏为左夫人。另有美人阎薛二姬，也为天锡所宠。天锡尝患重疾，顾语二姬道："汝二人将如何报我？我若不测，难道汝等愿为他人妻么？"二姬齐声道："尊驾倘若不讳，妾当死随地下，供给洒扫，决不敢再生异心！"既而天锡疾笃，二姬果皆自杀。二女入《烈女传》故并表明。哪知二姬死后，天锡反得渐瘳，因特加悲悼，丧葬用夫人礼。只天锡怙过不悛，荒耽如故，二姬亡后，仍然别选丽姝，入充下陈。

忽闻秦遣河州刺史李辩，据守枹罕，储粟募兵。枹罕系凉州要塞，为秦所踞，整顿戎务，当然不怀好意。那天锡也未免寒心，因就姑臧立坛，宰杀三牲，率领官属，遥与晋三公为盟，即遣从事中郎韩博，赍送盟文，直达江南，约为声援。偏偏弄巧成拙，得罪秦廷。至晋太元元年仲夏，秦王坚拟并吞凉州，下令国中道：

> 张天锡虽称藩受任，然臣道未纯，可遣使持节武卫将军苟苌，左将军毛盛，中书令梁熙，步兵校尉姚苌等，将兵临西河。尚书郎阎负梁殊，奉诏征天锡入朝，若有违王命，即进师扑讨，毋得稽延！

这令下后，就调集步骑十三万，归各将分领。再命秦州刺史苟池，河州刺史李辩，凉州刺史王统，率三州部众，作为继应，阎负梁殊，先期出发，直赴姑臧。小子有诗叹道：

十三万众下西凉，九世华宗一旦亡。
莫怨苻秦专黩武，败家覆国是淫荒。

究竟张天锡如何对付，且看下回再详。

桓温入朝，都下恟惧，而一无拳无勇之谢安，犹能以谈笑折强臣之焰，此由温犹知好名，阴自戒惧，故未敢倒行逆施，非真为安所屈也。且当其谒陵时，满口谵言，虽天夺其魄，与鬼为邻，而未始不由疚心所致。及还镇以后，复求九锡，理欲交战于胸中，不死不止，幸有弟如冲，能修温阙，桓氏宗族，不致遽覆，揆厥由来，犹食桓彝忠贞之报，至桓玄而祖泽乃斩矣。彼王猛之不愿随温，未尝无识，迨为苻秦将相，立功致治，而临殁遗言，唯以图晋为戒，后人谓其不忘祖国，相率称之。然何如终隐华山，不受虏职之为愈也。秦王坚以诸葛孔明比猛，坚固不得为刘先主，猛其亦自愧孔明乎！

第六十五回

失姑臧凉主作降虏　守襄阳朱母筑斜城

却说秦使阎负梁殊，行至姑臧，赍传秦命，征天锡入朝。天锡召集官属，与商行止道："今若朝秦，恐必不返；如或不从，秦兵必至，如何是好？"禁中录事席仂道："先公原有故事，遣质爱子，赂遗重宝，今且照旧施行，缓兵退敌，徐作计较，这也是孙仲谋即吴孙权。屈伸的良法呢！"语才说毕，即由群僚指驳道："我世事晋朝，忠节著闻海内，今一旦委身贼廷，辱及祖宗，岂不可耻？且河西天险，百年无虞，若悉众出拒，右招西域，北引匈奴，与秦一战，难道定不能胜敌么？"天锡听了，即攘袂大言道："我计决了，言降即斩！"乃引负殊入语道："汝两人欲生还呢？还是死返呢？"负殊仍不少屈，朗声辩论。天锡大怒，叱左右拿下负殊，牵缚军门，即命军吏射死二人，且出令道："射若不中，是不肯与我同心，就当坐罪。"军吏齐声得令，弯弓竞射。忽有天锡母严氏出来，且泣且语道："秦王起自关中，横制天下，东平鲜卑，南取巴蜀，兵不留行，汝若出降，尚可苟延性命。今欲将蕞尔一隅，抗衡大国，又命射死秦使，激怒敌人，国必亡了！家必灭了！"莫谓妇人无识。天锡不听，仍促军吏急射，两人是血肉身子，怎能禁得起许多箭镞，当然为国捐躯。

那张天锡即使龙骧将军马建，率兵二万，出拒秦兵。秦将梁彪姚苌王统李辩等，已至清石津，攻凉河会城。凉守将骁烈将军梁济，举城降秦。秦苟池又自石城津济师，与梁熙等会攻缠缩城，又得陷入。凉将马建，途次闻两城失守，不禁惊惶，反令前队变作后队，退屯清塞，且飞报姑臧，再请添兵。天锡复遣征东将军常据，率众三万，戍洪池，自领余众五万，驻金昌。安西将军宋皓，入白天锡道："臣昼察人事，夜观天文，秦兵不可轻敌，不如请降。"天锡怒道："汝欲令我为囚奴么？"遂将皓叱出，贬为宣威护军。广武太守辛章，保城固守，与晋兴相彭知正、西平相赵疑商议道："马建出自行阵，必不肯为国家效死，若秦兵深入，彼若不走，定即迎降，我等须自为定计，且合三郡精卒，断他粮道，与争死命，方可保全陇西。"彭赵二人，恰也赞成，惟欲先通报常据，约为声援，当下由辛章遣报常据，据请诸天锡，天锡搁置不理，于是一条好计，徒付空谈！

秦兵却连日进行，姚苌为先驱，苟苌等陆续继进。行近清塞，马建只好出兵迎战，一边是奋勇直前，有进无退；一边是未战先怯，有退无进，彼此成了一个反比例，自然秦胜凉败。马建见不可敌，便即弃甲下马，匍匐乞降，余众多半逃散。苟苌既收纳马建，复移兵攻洪池。常据率兵奋斗，与马建却不相同，无如凉兵都不耐战，一经交锋，统是彷徨却顾，不敢直前。秦兵着着进逼，东斫西劈煞是厉害，单靠常据一腔忠忱，究竟不能支住，终落得旗靡辙乱，一败涂地。据马被秦兵刺死，偏将董儒另授他马，劝据奔避，据慨然道："我三督诸军，再秉节钺，八统禁旅，十总外兵，受国宠荣，无人可比，今在此受困，应该致死，还要走到何处呢？"说着，步行回营，免胄西向，稽首再拜，自刎而死。军司席仂，见据已死节，也慷慨赴敌，格杀秦兵多名，伤重身亡。张轨四世忠贞，总算得此两人。

秦兵遂入清塞，天锡闻耗，亟遣司兵赵充哲，中卫将军史荣等，领兵五万，往拒苟苌。不意赤岸一战，全军覆没。秦兵长驱至金昌城，天锡不得已，出城自战。兵刃初交，狂风大起，天昏地黑，白日无光，凉兵本无斗志，经此一变，立即骇散。天锡也欲回城，偏是城门紧闭，不纳天锡，眼见得城中已叛，只好带着骑兵数千，奔还姑臧。金昌城内的守吏，即开城迎纳，秦军苟苌等，休息一宵，便向姑臧进发。

先是张骏为凉州刺史时，已有童谣行："刘新妇簸米，石新妇炊羖羝，荡涤簸张儿，张儿食之口正披。"这种不伦不类的歌谣，大众视为胡诌，不值研索。谁知一传十，十传百，百传千万，到了秦兵攻凉的时候，姑臧城内的童儿，无一不歌此曲。后来有人解释，谓刘曜石虎，先后伐凉，均不得克，及秦兵一至，方才迎降。解释亦不甚确当。

还有天锡所居西昌门，及平章殿，无故自崩。天锡又尝梦见一绿色狗，形甚长大，从城东南跃入，欲噬天锡，天锡避匿床上，狗尚未舍，惊极乃寤。自知此梦不祥，阴有戒心。及败回姑臧，婴城固守，才阅数日，秦兵已到城下。天锡登城巡阅，俯见敌军统帅，身著绿地锦袍，手执令旗，跨马指挥，督兵攻城，当下顾问军士，秦帅姓甚名谁？军士有几个认识苟苌，便即报告。天锡猛悟道："绿色狗，绿袍苟，梦兆果不虚了！"遂下城太息，闷坐厅中。

接连警报数至，或说东门紧急，或说南门孤危，累得天锡心似辘轳，惊惶不定。可巧左长史马芮驰入，喘声说道："东南门要被攻陷了！"天锡顿足道："奈何！奈何！"马芮道："现在已无他法，只有屈节出降，保全一城生灵。"天锡道："能保我一门生全否？"芮答道："待芮出投降书，凭着三寸不烂舌，为王请命。"天锡允诺，遂令芮草就降表，遣他出去。未几即得芮返报，许令不死，且保富贵。天锡大喜，因即素车白马，舆榇出城，走降秦营。秦帅苟苌，释缚焚榇，送天锡诣长安，于是凉州郡县，相继降秦。

秦王坚命梁熙为凉州刺史，留镇姑臧。天水太守史稷，前曾暴殁，五旬复苏，谓见凉州谦光殿中，尽生白瓜，至此梁熙镇凉，小名正是白瓜二字，岂非奇验。熙奉秦王坚命，徙凉州豪右千余户入关，余皆安堵如故。天锡入秦，亦得受封为归义侯，任比部尚书，迁右仆射。凉自张轨牧守凉州，至天锡降秦，共历九主，计七十六年。天锡后事，下文慢表。

且说秦既灭凉，复拟攻代。凑巧匈奴部酋刘卫辰，为代所逼，向秦乞援。秦正好借此兴兵，即令幽州刺史行唐公洛，会同镇军将军邓羌、尚书赵迁、李柔、前将军朱肜、前禁将军张蚝、右禁将军郭禁等，共出步骑三十万，东向击代。代王什翼犍，本来是有些能力，尝与燕彼此和亲，燕为秦灭，又向秦入贡，不相侵犯。就是刘卫辰亦曾娶什翼犍女为妻，有翁婿谊，惟刘卫辰系刘虎孙，绰有祖风，素好反复，俄而附代，俄而叛代。什翼犍恨他无礼，发兵往讨，卫辰西走降秦。秦王坚送还朔方，遣兵助守。什翼犍拟部署兵马，再击卫辰，适部将长孙斤密图内乱，引兵入帐，将弑什翼犍，亏得什翼犍子实，侍直帐中，奋身格斗，得将长孙斤截住。斤持槊刺入实胁，实尚忍痛与战，帐外卫士，也来助实，遂把斤擒住，乱刀砍死。实受伤已重，越月竟殁，实尝娶东部大人贺野干女，生一遗腹子，取名涉圭，后改名珪。即拓跋珪，为后魏之祖。什翼犍喜得生孙，令赦境内死罪。一面因兵马整齐，复讨卫辰，卫辰南走，仍然向秦乞救。秦遂大发兵众，令卫辰为向导，侵入代境。叙事简净，且得回应前文。

代王什翼犍，忙使白部独孤部南御秦兵。两部出战数次，统遭败衄，乃改遣南部大人刘库仁抵敌秦军。库仁与卫辰同族，不过库仁为什翼犍甥，所以特遣，婿不可恃，甥可恃耶？且调发十万骑兵，归库仁统带。库仁行至石子岭，正与秦军相值，战了一场，又复败绩，四面逃散。什翼犍又适患病，不能出拒，只得北奔阴山。已而秦兵渐退，乃还次云中。犍弟孤，尝分据部落，比犍先殁。孤子斤，失职怨望，时思构乱。犍子实，本居嫡长，由犍立为世子。实死后，尚未立嗣。犍继妃慕容氏，生有数子，俱尚稚弱，独有贱妾子寔君，年龄最长，秉性悍戾。斤正好乘间煽祸，密语寔君道：“王将立慕容妃子，恐汝不服，先拟杀汝，汝肯束手就毙么？”寔君听了，无名火高起三丈，便浼斤为助，私集兵甲，突攻犍帐，杀死诸弟。犍闻寔君为乱，正思出帐弹压，偏乱众已经杀入，不管尊卑上下，竟持刀乱劈，把犍杀死。慕容妃已早亡故，尚有实妻贺氏，挈子珪走依贺讷。讷就是野干嗣子，与珪有甥舅谊，当然容纳。此外如后庭男妇，都仓皇奔散，有几个反往投秦军，向敌乞援。秦兵虽然渐退，尚在君子津驻扎，既闻代乱，乐得乘机急进，直趋云中，家必自毁，然后人毁之，国必自伐，然后人伐之。寔君方拟据位，猝遇秦兵到来，如何抵敌？况部众俱已倒戈，益觉无力支撑，只好迎降秦军。

秦将露布告捷。秦王坚召代长史燕凤，问明情状，也勃然怒道：“天下有这等乱贼么？身为臣子，敢弑君父，我当代为问罪，诛除大逆。”你自己思想果能无愧么？当下飞敕尚书李柔等，拘送寔君及斤，到了长安，用五马分尸法，车裂以徇。又引问燕凤，谓什翼犍有无遗嗣，凤以珪对，坚欲遣使征珪母子，凤申请道：“代王新亡，群下叛散，遗孙幼弱，不能统摄，别部刘库仁，骁勇有智，刘卫辰狡猾善变，各难独任，今宜将代众分属两部，就令他两人分辖。两人素有深仇，莫敢先发，俟珪年已长，方为册立。陛下果俯纳臣言，兴灭继绝，再存代祀，人非木石，能不感恩？他时子子孙孙，不侵不叛，永作秦藩，岂不是安边长策么?”坚喜从凤言，乃分代众为二部，河东属库仁，河西属卫辰，划境分管。

库仁迎珪母子，居养帐中，恩礼备至，未尝以废兴易意，且语诸子道：“此儿志趣不凡，将来必能恢隆祖业，汝等须善加待遇，慎勿忘怀!”为拓跋珪兴魏张本。随即招抚离散，厚意怀柔，凡代郡流亡人民，多半趋附，恩信聿著。秦王坚加库仁为广武将军，赏给幢麾鼓盖，隐示劝功的意思。卫辰无从得赏，向隅抱怨，攻杀秦五原守吏。秦令库仁往讨，库仁遂率众往击卫辰。卫辰屡战屡败，北奔阴山，经库仁追逐至千余里外，虏得卫辰妻子，方才还兵。卫辰自知穷蹙，不得已向秦谢罪，秦乃命卫辰为西单于，督辖河西杂胡，屯代来城。但从此僻处偏隅，无复从前威焰了。

秦王坚荡平西北，威声大振，凡东夷西羌诸国，联翩入贡，外使盈廷。坚大喜过望，免不得骄侈起来。是前秦兴亡之枢纽。故赵将作功曹熊邈，屡次白坚，谓石氏宫室器玩，多用金银，非常华丽。坚乃命邈为将作长史，领尚方丞，大修舟舰兵器，就将石氏金银移用，作为饰品，备极精巧。慕容垂从子绍，为秦阳平国常侍，私与兄楷相语道：“秦王自恃强大，转战不休，北戍云中，南守蜀汉，转运万里，民不堪命，今复筑舟铸兵，穷极奢侈，眼见是盛极必衰了！冠军叔父，智识英伟，必能恢复燕祚，我等但当爱身待时，不患无成。”还有垂子慕容农，亦密语垂道：“自从王猛死后，秦法日颓，今乃加以汰侈，祸必不远，父王宜结纳豪杰，仰承天意，兴复燕宗，机不可失了!”垂笑道：“天下事非尔等所及知，我自有区处呢!”意在言中。

会秦王坚欲图统一，经略江南，当有细作报知建康。晋廷诏敕内外诸臣，整顿防务。荆州刺史桓豁，表请调兖州刺史朱序，为梁州刺史，驻守襄阳，孝武帝自然依议。已而桓豁病殁，有诏令桓冲代任，都督江荆梁益宁交广七州军事。冲以秦人强盛，欲移扼江南，乃奏自江陵徙镇上明，使冠军将军刘波，守江陵，谘议参军杨亮守江夏。孝武帝除准奏外，复诏求文武良将，捍御北方。尚书仆射谢安，即以兄子玄应诏。孝武帝加安侍中，令都督扬豫徐兖青五州军事，即授玄领兖州刺史，监辖江北。又授五兵尚书王蕴，都督江南诸军事，领徐州刺史，蕴上表固辞，安劝阻道：“卿为后父，与国家同休戚，不应妄自菲薄，致失上意。”蕴乃受命。

中书郎郗超，尝以父愔资望，出谢安右，偏安握重权，愔居散地，未免心下不平，屡生讥议。及闻安举兄子玄，却很是赞成，谓安能违众举亲，不失为明，如玄材具，将来必不负所举。或疑超如何变议，超答道："我尝与玄共在桓公府，早知玄有使才，足任方面，若无端加毁，岂非太诬蔑时贤么？"果然玄出镇广陵，练兵募材，连日不懈。得彭城人刘牢之，使为参军。牢之智勇兼全，常领精锐为前锋，所向披靡，时人号为北府兵。自有北府兵成立，方得与强秦抗衡，保全江左。暗伏下文。郗超且惭且愤，先父病殁，超本擅时誉，交游皆一时俊秀，惟党同桓温，遂为遗玷，父愔虽无甚功业，但心却忠晋，与子异趋。超平生与桓温计议，多不使愔知，临殁时，自出一箧，付与门生道："我死以后，倘我父为我悲悼，致损眠食，汝等可将此箧呈父，否则焚毁为要。"后来愔果悲超，寝食俱废，门生依超遗言，呈入一箧，经愔启阅，统与温往返密计，不禁大怒道："小子死已迟了！"遂不复记忆，病亦渐瘥。及太元九年乃殁，追谥文穆。叙此以别郗超父子之忠奸。这且无庸絮叙。

且说太元三年二月，秦王坚大举侵晋，遣征南大将军长乐公丕，都督征讨诸军事，率同武卫将军苟苌，尚书慕容暐，共步骑七万人，南寇襄阳。又命秦荆州刺史杨安，率樊邓二州兵马为先锋，与征虏将军石越，步骑万人，出鲁阳关，冠军将军京兆尹慕容垂，扬武将军姚苌，率众五万，出南乡。领军将军苟池，右将军毛当，强弩将军王显，率众四万，出武当，统在襄阳城下会齐，限期攻克。襄阳守将朱序，闻秦兵大至，不以为虞。看官道是何因？他恃汉水为阻，且探得秦兵，不具舟楫，总道他无术飞渡，可以放心；不料秦将石越，竟驱骑兵五千，浮渡汉水，直逼襄阳。序仓皇得报，才不觉脚忙手乱，立即调兵守城，中城已布置妥当，外城尚不及严防，竟被石越攻入，且夺去战船百艘，往渡余军。秦长乐公苻丕等，次第得渡，同来攻城，城中大震。

序有老母韩氏，颇通兵略，自挈婢仆等登城，亲行察视。至西北隅，便蹙眉道："此处很不坚固，怎能保守得住呢？"说着，即督同婢仆，在城内增筑斜城，婢仆不足，另募城中妇女为助，即将库中布帛，及室内饰玩，作为犒赏，一日一夜，即将斜城筑就。工役方竣，那西北隅果被攻陷，坍坏数丈，秦兵一齐拥进，亏得城内尚有一道斜城，兀然竖着，仍将秦兵阻住，秦兵但得了一埭濠沟，仍无用处，襄阳人至此，始知序母确有识见，齐呼新城为夫人城。小子有诗咏道：

寇兵十万下襄阳，守备孤单未易防。
幸有夫人城不坏，彤编留得姓名香。

究竟襄阳城能否固守，且至下回续叙。

降敌，非良策也。承先人数世之遗业，不能自振，乃伈伈伣伣，屈膝虏廷，宁不可耻？但如张天锡之沉湎酒色，毫无备御，乃欲以一战屈人，谈何容易，况以十三万之秦军，猝然压境，就使凉兵素号精练，亦未必果能却敌，盖强弱之势，固不相同，客主之形，又甚悬绝故也。席仂一谏而不听，严母再诫而又不从，卒致忠臣毕命，陇右为墟，与其舆榇出降，亦何若先机谢罪之为愈乎？秦王坚乘天锡之愚而灭凉，复因寔君之乱而灭代，狃胜而骄，遽忘王景略遗言，下令侵晋，劳师近二十万，不能遽破襄阳；徒顿兵于夫人城下。城传而夫人益传，巾帼中有英雄，固宜特别阐扬也。

第六十六回

救孤城谢玄却秦军　违众议苻坚窥晋室

却说襄阳被围，西北隅坍陷数丈，幸有朱母预筑斜城，才得敛众拒守。但秦兵未肯退去，单靠这埭夫人城，仍是孤危得很。晋江荆都督桓冲，屯兵上明，有众七万，也怕秦兵强盛，未敢径进。秦长乐公苻丕，欲急攻襄阳，武卫将军苟苌道：“我军十倍敌人，糗粮山积，但稍得汉沔人民，移往许洛，塞彼运道，断彼兵援，彼似网中鱼，笼中鸟，无虑不获，何必多杀将士，急求成功呢？”丕乃依议，暂从缓攻，惟饬兵围着，杜绝内外。

既而秦冠军将军慕容垂，攻克南阳，执住太守郑裔，亦至襄阳会师，秦复遣兖州刺史彭超，都督东讨诸军事，使与后将军俱难，右禁将军毛盛，洛州刺史邵保，统领步骑七万，寇晋淮阳盱眙，进攻彭城。晋命右将军毛虎生，率众五万，出镇姑孰。彼此相持多日，已阅暮冬。秦御史中丞李柔，劾奏长乐公丕，师老无功，请收下廷尉治罪。秦王坚因使黄门侍郎韦华，持节责丕，且赐丕剑道：“来春不捷，汝可自裁，不必再来见我了！”丕接到此谕，当然惶急，时已残腊，在城下过了新年，乃誓众急攻。朱序督兵固守，有时见秦兵少懈，出奇猛击，杀伤秦兵多人，丕引退数里。序见秦兵退去，防守少疏，且因士卒多苦，略命休息。不料过了数日，秦兵又蜂拥攻城。序仓皇抵御，正在危急的时候，忽然北门洞开，纳入秦军，事出意外，令人不测，序只好拚命搏战。可巧督护李伯护前来，由序呼同效死，伯护佯为应诺，及趋近序旁，竟拔剑击伤序马，马负痛倒地，序亦坠下。伯护即麾动左右，缚序送秦军。看官不必细问，便可知这李伯护卖主求荣，私通外国了。罪不容于死。序母韩氏，却挈着健婢，及兵役数百人，从西门出走，绕道东归，幸得脱祸。智妇总不至枉死。

序被执送长安，秦王坚闻序能守节，拜为度支尚书，独责李伯护不忠，将他斩首。令中垒将军梁成，为荆州刺史，配兵一万，使镇襄阳。秦将军慕容越，复将顺阳夺去，擒送太守丁穆，坚欲授穆官爵，穆固辞不受，还有晋魏兴太守吉挹，也为秦将韦钟所攻，粮尽被陷，挹拔刀在手，意欲自刎，偏左右夺去挹刀，挹求死不得，为秦所执，挹自草遗疏，密授参军史颖，令他逃归建康，自在秦营数日，绝不一言，并不一食，竟尔饿死。秦王坚叹为忠臣。晋得史颖归报，亦追赠挹为益州刺史，不没忠忱。

惟彭城被围已久，由晋兖州刺史谢玄，率众万余，往救彭城。行次泗口，拟遣使往报彭城太守戴逯，大众都互相推诿，不敢轻往。唯部将田泓，慨然愿行，玄当然遣去。是时彭城外面，统是秦营扎住，端的是水泄不通，无路可入。泓泅水潜行，到了城下，探头出望，正与秦巡兵打个照面。巡兵大声呼捉，泓知不可逃，索性登岸，趋入秦营，秦将彭超，啗以重利，使他传语城中，只言南军已败，泓佯为允许。及趋至城下，却扬言道："戴太守以下诸将士听着！我是兖州部将田泓，单行来报，南军将至，望诸军努力待援，我不幸为贼所得，已不望生还了！"说至此，被秦将喝令斩首，刀光起处，碧血千秋。好与吉挹并传不朽。

秦兵急攻彭城，旦夕将陷，亏得晋后军将军何谦，奉谢玄命，来劫秦兵辎重。秦将彭超，方引兵还御，彭城太守戴逯，遂乘隙出奔，兵民始不致全没，但何谦一退，彭城便被秦兵占去。超留治中徐褒守城，自督兵南攻盱眙，掳去高密内史毛璪之，得将盱眙陷入。秦将俱难，亦攻克淮阴。再加秦将毛当王显，又从襄阳出发，来会彭超，俱难两路人马，进攻三阿。三阿距广陵百里，晋廷大震，临江列戍，一面遣征虏将军谢石，谢安弟。率舟师出屯涂中，右卫将军毛安之，率步兵出屯堂邑。秦将毛当毛盛，夜袭毛安之军，安之惊溃，一毛不及二毛。独谢玄自广陵往救三阿，至白马塘，击斩秦将都颜，直至三阿城下，彭超俱难，并马来战，被谢玄麾军杀去，纵横驰骤，锐不可当。超与难虽经百战，未曾见过这般锐卒，顿时惊退，部兵折伤甚多，余兵随着两将，走保盱眙。谢玄入三阿城，与刺史田洛，招集邻境士卒，得五万人，进攻盱眙。难超出战，又复败绩，奔往淮阴。玄复遣后军将军何谦，带领舟师，乘潮直上，黄夜纵火，焚毁淮桥。秦淮阴留守邵保，出兵拦截，怎禁得火焰直冲，敌势又猛，徒落得焦头烂额，一命呜呼！难超欲上前救应，只见淮桥左右，笼着一片火光，不由的逡巡畏缩，再奔淮北。玄与何谦戴逯田洛等，并力追击，又大破难超等军。难超仓皇北遁，仅以身免。秦王坚闻报大怒，征超下狱，超惧罪自杀，难削爵为民。用毛当为徐州刺史，使镇彭城，毛盛为兖州刺史，使屯湖陆，王显为扬州刺史，使戍下邳。

晋谢玄凯旋广陵，详报捷状。孝武帝进玄为冠军将军，加领徐州刺史。并进谢安为司徒，领卫将军，开府仪同三司。桓冲亦并授开府，如谢安例。他将亦赏功有差。

越年为孝武帝太元五年，即秦王坚建元十六年，坚徙行唐公苻洛为散骑常侍，都督宁益西南夷诸军事，兼征南大将军，领益州牧，使镇成都。洛雄武有力，为坚所忌，故但使外任，不令预政。此次在幽州奉命，又要他由东至西，心甚不平，乃商诸将佐，意欲谋变。幽州治中平规，促令起事，洛遂自称大都督秦王，用平规为谋主，就在幽州发难，集众七万，西指长安，关中震动，盗贼四起。坚遣使责洛道："天下尚未统一，全仗兄弟戮力同心，廓清区宇，奈何无故谋反？请即还和龙，当仍以幽州为世封。"洛不受命，且语来使道："汝可还白东海王，幽州偏僻，不足容万乘，须还王咸阳，上承高祖遗业；若能在潼关迎驾，当位为上公，爵归本国。"这数语由使人返报，坚当然大愤，立遣左将军窦冲，及步兵校尉吕光，统率步骑兵四万，东出拒洛。又命右将军都贵，驰传诣邺，发冀州兵三万为前锋，授阳平公融为征讨大都督，率兵援应；再使屯骑校尉石越，率骑一万，从东莱出石迳，浮海四百余里，往袭和龙。

洛领众至中山，适北海公重，亦率众来会，共计得十万人。未几，由窦冲等驰至，与洛交战数次，洛皆失利。校尉吕光，素有勇略，料知洛将奔回，急从间道驰出洛后，截洛归路，果然洛引众退走，被光截住厮杀，洛将兰殊，拍马与战，才及数合，只听得踢蹋一声，殊已坠地，即为光手下捉去。洛众大溃，洛夺路欲逃，马蹄忽蹶，也致掀倒，为光所擒，独重没命乱跑，行至幽州附近，被光追及，一刀断命。和龙尚未接败报，但由平规居守，未曾加防，突来了一支秦军，掩入城门，劈死平规，及叛党百余人，这支人马，便是石越的骑兵，一鼓驰入，立下幽州，吕光械洛入关，并将兰殊随解。秦王坚特加赦宥，仍署兰殊为将军，惟流洛至凉州西海郡，屏诸远方，终身示罚。洛虽立平，然已是衰乱之兆。

当下征阳平公融为中书监，都督诸军，录尚书事。长乐公丕，为冀州牧。平原公晖，为豫州牧，且因诸氐族类繁滋，不便聚处，特将三原九嵕武都汧雍氐十五万户，使诸宗亲分道率领，散居方镇，如古诸侯世封成制。长乐公丕分得氐众三千户，辞阙启行。坚亲送至灞上，一瞩属别，父子俱有戚容，就是三千户子弟，拜别父兄，亦皆恸哭失声，哀感行路。秘书侍郎赵整，援琴作歌道："阿得脂，阿得脂，伯劳舅父是仇绥，尾长翼短不能飞，远徙种人留鲜卑，一旦缓急当语谁？"坚知他有意嘲讽，但微笑不答。他为了苻洛一乱，格外加防，所以分遣氐众，免得他变生肘腋，哪知同族不可恃，他族更不可恃，坚徒防同族，不防他族，这真是顾及眉睫，不防肩臂呢！为慕容氏叛秦张本。已而坚调左将军都贵为荆州刺史，屯驻彭城，特置东豫州，令毛当为刺史，屯守许昌，都贵遣司马阎振，及中兵参军吴仲，领兵二万，入寇竟陵。晋江荆都督桓冲，飞饬从子南平太守石虔，与虔弟参军石民，出兵截击，大破秦军。振与仲退保管城，石虔乘胜攻入，擒住振仲，斩首七千级，俘虏万人，飞章告捷。有诏授石虔为河东太守，特封桓冲子谦为宜阳侯，仍令江淮戒严，防备秦寇。

秦王坚好大喜功，日思统一，尝就渭城作教武堂，命旁通兵法的太学生，教授将士，秘书监朱肜谏阻道："陛下南征北讨，已得海内十分之八，此时宜偃武修文，与民休息，乃反立学教战，徒乱人意，何足致治！况将士多经过战阵，莫不知兵，今更使受教书生，亦不足激厉志气，与实无益，与名有损，不如不设为是。"坚乃罢议。

太常韦逞，素受母训，劬学成名，坚平时尝留心儒术，故命逞典礼，一日由坚亲临太学，问及博士经典，博士卢壶答道："废学已久，书传零落，近年多方搜辑，粗集正经。惟《周官》礼注，尚乏师资，窃见太常韦逞母宋氏，世学《周官》，夙承父业，今年垂八十，耳目犹聪，非此母不能讲解《周官》音义，传授后生。"坚不待说毕，便欣然道："既有韦母，何妨令诸生就学哩。"随即召逞与议，使他禀白老母，即就逞家设立讲堂，特遣生员百二十人，偕往受业。宋氏当然依命，隔幔授经，连日不辍。坚复赐给侍婢十人，号宋氏为宣文君，自是《周官》学复得发明，时称为韦氏宋母，传名后世。不没贤母。还有才女苏蕙，表字若兰，系陈留令苏道贤第三女，幼通文史，雅善诗歌，智识精明，仪容妙丽，年十六为窦滔妇，滔很是敬爱。嗣滔为秦州刺史，复纳一妾，叫做赵阳台，妖冶善媚，未免夺宠。苏蕙虽号多才，究不脱儿女性质，由妒生恨，渐与窦滔反目，滔因此疏蕙。旋滔坐罪被谴，徙往流沙，但挈阳台西去，留蕙家居。蕙独处岑寂，不免思夫，乃为回文诗数首，织诸锦上，宛转循环，寓意悱恻，共得八百四十字，寄与窦滔，滔接阅回文旋锦图，反复吟哦，也为泣下。可惜回文诗未曾录入。可巧秦王坚亦赦令回家，马上启行，东归探妇，伉俪重逢，和好如初。这也是一段情天佳话，后人播为美谈，看官幸勿笑我夹杂哩。不没才妇。

且说秦王坚阳若好文，阴仍尚武，始终不忘南略。勉强捱延了两年，正拟大举南侵，偏东海公苻阳，及侍郎王皮，尚书郎周虓，通同谋叛，定期举事。阳系法子，皮系猛子，虓系晋故益州刺史周抚孙，降秦受官，三人纠众作乱，倒也是一场大难。偏偏逆谋预泄，被坚饬人收捕，面加讯鞫。阳抗声道："臣父哀公。苻法死谥哀公，事见前文。死不当罪，臣欲为父复仇呢！"坚不禁流涕道："哀公致死，事不在朕，如何错怪？"虽由苟太后主张，坚亦不能尽诿。说至此，复问皮何故谋逆？皮答道："臣父丞相猛，有佐命大功，臣乃不免贫贱，为富贵计，不得不然。"遁辞。坚叱道："丞相临终，只贻汝十具牛，嘱汝治田，未尝为汝求官，朕念汝先父有功，擢汝为侍郎，汝反忘恩肆逆，这真叫做知子莫若父哩！"说着，又顾虓问状。虓答道："世受晋恩，生为晋臣，死为晋鬼，何劳再问？"虓果忠晋，不宜受秦官爵，既受秦封，如何谋叛？坚喝令系狱，叹息入宫。旋即颁发命令，曲贷三人死罪，惟徙阳至高昌，皮貁至朔方塞外，算作了案。未免失刑。

会西域车师鄯善二国，遣使入朝，愿为向导，引秦兵经略西域，秦王坚即遣将军吕光为都督，统兵十万，往定西域。阳平公融入谏道："西域荒远，得民未必可使，得地未必可食，从前汉武西征，得不偿失，臣愿陛下毋循覆辙呢！"坚不肯从，竟令吕光西行。光出陇西，越流沙，收服焉耆诸国，惟龟兹王白纯一作帛纯。拒命，为光所逐，光遂居龟兹，威爱兼施，远近悦服，秦威大震。

适前高密内史毛璪之等，由秦逃亡，仍归晋室。璪之被获，事见上文。秦王坚乃亲御太极殿，大会群臣，当面宣谕道："今四方略定，只有东南一隅，未沾王化，现计我国兵士，可得九十余万，朕欲大举亲征，卿等以为可否？"尚书左仆射权翼道："昔商纣不道，三仁在朝，武王犹且旋师。今晋虽微弱，未有大恶；谢安桓冲，并皆江表伟人，君臣辑睦，内外同心，依臣愚见，晋却未可速图呢。"坚沉吟半晌，又左右旁顾道："诸卿可各言所见。"太子左卫率石越应声道："今岁镇二星，适守南斗，福德在吴，未可轻讨。且彼有长江天险，民尚乐用，臣以为不宜加兵。"权翼是畏晋人和，石越并说及天时地利。坚说道："从前武王伐纣，逆岁违卜，天道幽远，未易可知。夫差孙皓，皆保据江湖，终归覆灭。今凭我百万兵马，投鞭江中，已足断流，怕甚么天险呢？"越又答道："三国君主，统淫虐无道，所以敌国往取，易如拾芥。今晋虽寡德，究无大愆，愿陛下且按兵积谷，坐待敌衅，果使有隙可乘，发兵未迟。"此外群臣各言利害，纷纭莫决。坚懊怅道："这便是筑室道旁，无时可成，看来惟我独断罢！"群臣见坚有愠色，自然不敢再言，相率退出。独阳平公融尚在座侧，坚顾语道："人主欲定大事，不过一二臣可以与谋，今众议纷纭，徒乱人意，我当与卿专决此事。"融答道："今欲伐晋，却有三难，天道不顺，就是一难；晋国无衅，就是二难；我国屡经征讨，兵力已疲，势转怯斗，就是三难。群臣谓不宜伐晋，确是忠谋，愿陛下依从众议！"坚忿然道："汝也来作此说么？我尚何望？试想我有强兵百万，资械如山，我虽未为令主，究非暗劣，乘我累胜，击彼垂危，何患不克？怎可复留此残寇，长为国忧呢？"融泣语道："晋未可灭，昭然易知，今欲劳师大举，实非万全计策。且如臣所忧，更不止此，陛下宠养鲜卑，羌羯布满畿甸，这统是萧墙大患，如陛下督师南征，太子独与弱卒留守京师，一旦变生肘腋，悔何可追？臣本顽愚，言不足采。王景略乃一时俊杰，陛下尝比为诸葛武侯，他临殁时，曾有遗诫，难道陛下忘记么？"比权石二人还要说得明白，这真是苦口忠言。坚愈加不乐，退入内庭，融当然趋出。

适太子宏入内问安，坚与语道："我欲伐晋，以强临弱，可保必胜，朝臣皆言未可，我实不解！"宏婉答道："今岁在吴分，晋君又无大过，若南征不捷，外损国威，内殚民力，所伤实多，无怪群下疑沮呢。"坚摇首道："前我出兵灭燕，亦犯岁星，天道原不可尽凭。况古时秦灭六国，六国君主，岂必皆暴虐么?”说罢，便顾令左右，宣召冠军将军慕容垂入议，垂应召即至，坚问及伐晋事宜，垂抵掌道：“弱肉强食，乃是古今通例。如陛下神武应运，威加海内，虎旅百万，韩信白起满朝，乃蕞尔江南，独违王命，不伐何为？古诗有云：‘谋夫孔多，是用不集。’愿陛下断自圣衷，不必多虑！陛下可记得晋武平吴，只有张杜二三臣，与他同意，若必从众议，如何能统一中原呢?”美疢不如恶石。坚不禁起舞道：“与朕共定天下，独卿一人。余子碌碌，何足与谋!”遂命赐帛五百匹，垂拜谢而出。

坚即命阳平公融为司徒，领征南大将军，并调谏议大夫裴元略为巴西梓潼二郡太守，嘱令速具舟师，指日南下。阳平公融，辞不受职，且再入谏道：“知足不辱，知止不殆，自来穷兵黩武，鲜有不亡，况国家本系戎狄，正朔未归，江东虽然微弱，尚存中华正统，天意亦必不遽绝哩?”坚作色道：“帝王历数，有何定例？刘禅非汉室苗裔么？何故为魏所灭，汝所以不能及我，就在此拘执的弊病呢!”融无言而退。坚仍授融为征南大将军，不过取消司徒职衔。融无奈受命。

坚素信沙门道安，群臣托他乘机进谏，道安允诺。一日得与坚同辇，出游东苑，坚笑语道：“朕将与公南游吴越，泛长江，临沧海，公以为可乐否?”安接口道：“陛下应天御宇，居中宅外，自足比隆尧舜，何必栉风沐雨，亲往遐方哩？况东南卑湿，容易染疫，舜禹俱巡游不返，陛下幸勿亲行!”坚驳说道：“天下必统属一尊，方可太平，朕经略四海，已得八九，难道使东南一隅，独不被泽么？必如公言，是古时圣帝明王，何为不惮劳苦，巡狩四方呢?”道安见不可谏，乃更易一说道：“陛下如必欲南征，也只可驻跸洛阳，但遣一使贻书江南，怵以兵威，彼亦必稽首称臣，无烦圣驾跋涉了。”坚终不从，小子有诗叹道：

帝典王谟戒面从，刍经群议已知凶。
如何骄主矜张甚，但务穷兵未敛锋。

既而后宫又有一人，上书谏坚，请勿伐晋！究竟书中如何措词，待至下回再表。

秦兵横行江淮，连破名城，迭擒晋将，至三阿一役，彭超俱难，屡战屡败，仅以身免，此可见师劳力疲，不堪久用。秦之转盛为衰，已见一斑，非谢玄之果能无敌也。况苻洛发难，内讧已起，而鲜卑羯羌，杂伏关中，尤为苻秦之隐患，此时唯急谋镇定，与民休息，尚足制治保邦，奈何好大喜功，尚思大举侵晋耶？权翼一谏而不从，石越再谏而又不从，至苻融详陈利害，尚不见听，利令智昏，不败何待？彼慕容垂之赞成坚议，固将觇坚之胜负，以定从违耳。坚但知面从为忠，适中垂计，天下事失之毫厘，谬以千里，坚其殆犹是乎!

第六十七回

山墅赌弈寇来不惊　淝水交锋兵多易败

却说秦王坚有一宠妾张氏，明敏有识，素得坚宠，号为张夫人。她闻坚欲侵晋，亦以为兵凶战危，不宜常动，乃上书规谏道：

妾闻天下之生万物，圣王之驭天下，皆因其自然而顺之，故功无不成。是以黄帝服牛乘马，因其性也；禹浚九川，障九泽，因其势也；后稷播殖百谷，因其时也；汤武率天下而攻桀纣，因其心也。自来有因则成，无因则败，今朝野之人，皆言晋不可伐，陛下独决意行之，妾不知陛下何所因也？《书》曰："天聪明，自我民聪明。"天犹因民，而况人主乎？妾又闻王者出师，必上观乾象，下采众祥，天道崇远，非妾所知，以人事言之，未见其可。谚云：鸡夜鸣者，不利行军，犬群嗥者，宫室将空，兵动马惊，军败不归。自秋冬以来，众鸡夜鸣，群犬哀嗥，厩马多惊，武库兵器，自动有声。此皆非出师之祥也，愿陛下详而思之！

坚得书览毕，搁过一边，且自语道："妇人有何见识，来管什么军旅大事？"正懊恨间，幼子中山公诜，亦驰入面谏道："臣闻国家兴亡，系诸贤才，用贤必兴，不用贤即亡。今阳平公为一国谋主，陛下奈何不用？晋有谢安桓冲，皆号贤才，陛下乃欲往伐，臣不胜滋疑，故敢直陈无隐！"坚又叱道："天下大事，孺子何知，也敢来饶舌吗？"儿女犹知危殆，坚奈何不知？说得诜满怀惭愤，低头退出。

好容易又阅一年，晋桓冲率众十万，攻秦襄阳，使前将军刘波等，攻淝北诸城，辅国将军杨亮，攻蜀涪城，鹰扬将军郭铨，攻武当。冲攻襄阳未下，分兵拔筑阳，当有警报飞达长安，秦王坚亟遣征南将军钜鹿公睿，冠军将军慕容垂等，率步骑五万救襄阳，兖州刺史张崇救武当，后将军张蚝，步兵校尉姚苌救涪城。桓冲闻秦兵大至，退屯淝南，惟郭铨击败张崇，掠得二千户东还。慕容垂为秦军前驱，进临淝水，与桓冲夹岸对垒。他却想出一法，夜命军士，各持十炬，燃系树枝，光彻数十里。冲果被吓退，自淝南还保上明。张蚝出斜谷，杨亮亦引兵东归，桓冲表荐从子石民为襄阳太守，使戍夏口，自求领江州刺史，有诏依议，乃各莅镇辖守。

秦王坚以晋敢先发，倍加震怒，遂下令全国，集众侵晋。约计民间十丁，抽一为兵，良家子年在二十以下，如有材勇，皆入选为羽林郎，共得三万余骑。拜秦州主簿赵盛之为少年都统，且预先下令道："平晋以后，可令司马昌明为尚书左仆射，谢安为吏部尚书，桓冲为侍中。"朝臣闻令，俱嗤为太早。我亦要笑。独慕容垂姚苌，及良家子等，怂恿苻坚，即速发兵。阳平公融又进谏道："鲜卑羌虏，实我仇雠，所陈计划，无非利我疲敝，彼得乘间逞志，如何可从？良家少年，类皆富饶子弟，不娴军旅，但知逢迎上意，希宠求荣，陛下误信彼言，轻举大事！臣恐功既不成，且有后患，后悔将无及了。"坚始终不听，反饬融督同张蚝慕容垂等，率步骑二十五万为前锋，自率大军为后应，又命兖州刺史姚苌，为龙骧将军，监督益梁二州军事，并面语苌道："朕尝为龙骧将军，得建王业，今特将此职授卿，愿卿勉力！"左将军窦冲，在旁进言道："王者无戏言，这乃是不祥征验呢！"坚默然不答。亦自知失言么？苌即辞去。

慕容楷慕容绍私语慕容垂道："主上骄矜日甚，亡象已见，叔父此行，正好规复旧业哩。"垂点首道："这须由汝等合力，方可成功；今且勿言，俟南下观衅便了。"乃随坚出发长安，戎卒共六十余万，骑士约二十七万，旗鼓相望，前后千里。是时为晋孝武帝太元八年仲秋，凉风拂地，玉露横天。正好行军。秦王坚左杖黄钺，右秉白旄，安坐云母辇，徐徐启行，留太子宏居守。宠妃张夫人自请从征，当由坚敕备副车，令她随着，端的是须眉巾帼，八面威风。力为后文反照。

到了九月初旬，行抵项城，凉州兵始达咸阳，蜀汉兵方顺流东下，幽冀兵已到彭城，东西万里，水陆并进。苻融等前驱兵二十五万，先至颍口。江淮各戍，飞报建康，孝武帝急命尚书仆射谢石，为征虏将军，兼征讨大都督，并授徐兖二州刺史，谢玄为前锋都督，与辅国将军谢琰，谢安子。西中郎将桓尹等，督众八万，出御秦军。又使龙骧将军胡彬，带领水军五千，往援寿阳。谢玄既奉朝命，也恐众寡不敌，未免加忧，因向谢安问计，安夷然答道："已别有旨。"玄待了多时，并不闻有什么计议，自己不便渎陈，因令僚属张玄重请。安从容道："且俟明日再谈。"到了翌晨，玄再往请教，安却召集亲朋，同游山墅，命玄亦相偕出游。玄只好随去，及抵山墅中，安绝口不谈军务，反令玄对坐弈棋。玄棋本胜安一筹，此时怀着鬼胎，无心下子，所以应接多疏，反致见输。约下数局，少胜多负，玄殊不耐烦。偏安强令续弈，直至傍晚，方才撤枰。安又与亲朋登山览水，入夜乃还，终不道及军情。矫情镇物。越日得桓冲来书，拟遣精锐三千人，入援京师，安对来使道："朝廷处分已定，兵甲无阙，不劳桓公遣兵；且西藩关系重大，幸勿疏防！"来使受命返报，桓冲顾语僚佐道："谢安石有庙堂雅量，可惜不谙军略。今大敌将至，尚务游谈，但遣诸不经事的少年，督师拒敌，兵又单弱，天下事已可知了，恐我辈不免左衽呢！"谁知后来偏出所料。

又越一月，秦苻融攻克寿阳，擒去守将徐元喜。晋龙骧将军胡彬，闻寿阳被陷，退保硖石，融复引兵进攻。秦卫将军梁成等，又率众五万，进屯洛涧，沿淮列栅，阻遏东兵。谢石谢玄等，至洛涧南岸，距梁成军二十五里，惮不敢进。胡彬因粮食将尽，潜遣人告石等道："今贼势甚盛，硖石乏粮，倘或不测，恐不能再见大军。"这使人行至中途，为秦逻骑所获，送入融营。融讯悉情形，便驰使白秦王坚道："贼少易擒，但恐逃去，宜急击勿失！"坚乃留大军在项城，自引轻骑八千名，倍道就融，且遣朱序至谢石营，劝令速降。序本晋臣，志在保晋，因私语谢石谢玄道："秦兵不下百万，若同时并至，诚不可敌，今乘诸军未集，宜速与战，若得败秦前锋，余众夺气，将不战自溃了！"亏有此人。石尚踌躇未决，玄赞成序议，并嘱序俟机归晋，序唯唯而去。玄既送序出营，便促石进兵。石仍有难色，谓秦王坚已到寿阳，未可轻敌，不如固垒勿动，待彼师老，然后进兵。辅国将军谢琰道："机不可失，敌不可纵，朱序此来，正天授我机宜，奈何勿从！"石乃依议，遂与玄商定进行。

玄遣广陵相刘牢之，率精骑五千，直趋洛涧。秦将梁成，阻涧列阵，静待厮杀。牢之麾兵渡水，奋击成军，成开阵与战，不防牢之持槊突入，左挑右拨，杀退秦兵，竟至成前，成措手不及，被牢之一槊刺来，正中腰胁，痛极坠马，死于非命。秦弋阳太守王咏，忙来救成，两下交手，才及数合，由牢之用槊格住咏刀，右手拔出宝剑，用力砍去，把咏劈作两段。秦兵既失梁成，又丧王咏，吓得心胆俱裂，各自逃生。再加谢玄谢琰，又来接应，大杀一阵，俘斩数千。牢之更往截秦兵归津，秦兵尽弃甲抛戈，越淮奔窜，有数千人不善泅水，并皆溺死。秦扬州刺史王显等，一并受擒，共计秦兵死伤万五千人，所有器械军资，都被晋军载归。于是晋军水陆继进，连谢石亦放大了胆，策马前行。

秦苻融得洛涧败报，趋回寿阳，与秦王坚登城遥望，见晋军踊跃到来，步伐井井，很是严整，已不禁暗暗生惊。再向东北隅的八公山，眺将过去，差不多有千军万马，布满山上。坚愕然语融道："这也好算得劲敌哩！怎得说他弱国？"融也觉寒心，乃下城部署，更谋一战。看官听说！八公山上并无兵马，不过草木蕃衍，经冬未衰，苻坚由惊生疑，还道是草木皆兵呢。有幸心者，易生惧心。坚既疑惧交并，累得寝食不安，但骑虎难下，只好督同苻融等人，再与晋军一决雌雄。当下驱动各军，出寿阳城，径至淝水沿岸列阵。谢玄见对岸尽是秦军，苦不得渡，乃遣使语苻融道："君悬军深入，志在求战，乃逼水为阵，使我军不得急渡，究竟是欲速战呢，还欲久持呢？若移阵稍退，使我军得济，与决胜负，也省得彼此久劳了。"融即转白苻坚，坚欲依晋议，诸将皆谏阻道："我众彼寡，不如遏住岸上，使不得渡，才保万全。"坚驳说道："我军远来，利在速战，若夹岸相持，何时可决？今但麾兵小却，乘他半渡，我即用铁骑围蹙，可使他片甲不回，岂不是良策么？"计非不是，乃天人不肯相从奈何？融也以为然，遂麾兵使退。

秦军正如墙列着，一闻退军的命令，便即掉头驰去，不可复止。那晋军已控骑飞渡，齐集岸上，一面用着强弓硬箭，争向秦兵射来。秦兵越觉着忙，竞思奔避，忽又有一人大呼道："秦兵败了。"于是秦兵益骇，顿时大溃。苻融拍马略阵，还想禁遏部军，偏部众不肯回头，晋军却已杀到，急得融无法可施，拟加鞭西奔，哪知马足才展，忽然倒地，自己不知不觉，随马坠下。说时迟，那时快，晋军并力杀上，刀枪并举，乱斫乱戳，将融葅成肉泥。苻坚见融落马，惊惶的了不得，便即返奔，连云母辇都弃去。晋军乘胜追击，直达青冈，秦兵大败，自相践踏，死亡不可胜计。或侥幸逃脱性命，听得道旁风声鹤唳，都疑是晋军将至，昼夜不敢息足，草行露宿，冻饿交并，可怜百万大兵，十死七八，仿佛是曹操赤壁，王寻昆阳。

当时秦兵仓皇四散，究不知由何人呼败，惊动全军，后来朱序与徐元喜乘势奔晋，始由序自述前因，佯呼兵败，吓退秦兵。照此看来，朱序实是破秦的第一功臣。还有前凉主张天锡，也随序归晋。谢石谢玄等，统表欢迎。复引兵夺还寿阳，拘住秦淮南太守郭褒。唯苻坚宠妃张夫人，得由亲兵保护，从寿阳城出走，奔依苻坚。坚身上亦中流矢，单骑狂奔。到了淮北，闻后面已无声响，料知距敌已远，方敢下马少憩，可奈饥肠乱鸣，辘轳不息，一时无食可觅，只得彷徨四顾，做了一个墦间乞食的齐人。百姓前来问讯，方识是秦王坚。乃进壶飧，奉豚髀，坚方得一饱。正虑无物可酬，凑巧张夫人驰至，带有绵帛等物，坚且悲且喜，即命取下绵帛若干，分赏百姓。百姓辞谢道："陛下厌苦安乐，自取危困，臣民为陛下子，陛下为臣民父，怎有子奉父食，乃思求报么？"遂不顾而去。坚深为叹息，旁顾张夫人，见她花容憔悴，云鬓蓬松，不由的怜悯起来。转念自己狼狈至此，灭尽前日威风，便且泣且语道："我今还有何面目再治天下？"何不当时依张妃言？张夫人不便答坚，也惟有相对下泪。未几，有散骑陆续趋集，报称冠军将军慕容垂，独得全师，部众三万人，不折一名。坚乃率骑往依，垂迎坚入营，谨执臣礼。

垂子宝密白垂道："祖国倾覆，天命人心，皆归至尊，不过因时运未至，晦迹埋名。今秦王兵败，委身属我，是天意亡秦，使我兴燕，此时不图，尚待何时？幸勿徒顾微恩，自忘社稷！"垂徐徐道："汝言也自有理，但彼既诚心投我，如何加害？天若弃秦，何患不亡？不如暂为保护，聊报旧德！待至有衅可乘，然后举事，方不致有负宿心，且可仗义执言，取服天下。"宝乃无言。奋威将军慕容德入白道："秦强时并吞我燕，今秦已弱，正可报仇雪耻，并非有负宿心，兄奈何得而不取，坐失机会呢？"垂说道："我前为太傅所不容，置身无地，乃逃死关中，秦王以国士待我，恩礼备至，嗣复为王猛所卖，不能自明，赖秦王明我心迹，毫不加谴，此恩此德，何可遽忘？若氐运必穷，我当怀集关东，规复旧业，关西却非我所愿有了。"冠军行参军赵秋道："明公当绍复燕祚，图谶甚明，今天时已至，尚复何待？若杀秦王，据邺都，鼓行西进，三秦可唾手而定，何必迟疑？"垂终不从，因举兵授坚。坚收集离散，偕垂同归。行至洛阳，溃兵次第趋还，尚不下十余万。百官仪物，才得少备。垂子农复启垂道：“尊不迫人于险，义声足感动天地，但尝闻秘记云：燕若复兴，当在河阳，譬如取果，或在未熟，或待自落，先后相去，原不过旬日间，但难易美恶，未免悬殊，还请尊见裁择！”垂点首道：“我自有区处。”心已动了。

嗣又自洛阳抵渑池，将入潼关，垂向坚面请道：“北鄙人民，闻王师不利，互相煽动，臣愿得一诏书，驰往抚慰，且乘便过谒陵庙，请陛下准议！”想出法子来了。坚即许诺，垂欣然告退。

左仆射权翼亟进谏道：“国家新败，四方皆有贰心，应即召集名将，置诸京师，自固根本。垂勇略过人，世长东夏，前次西来，不过为避祸起见，岂得一冠军职衔，便已足望？陛下独不见养鹰么？饥乃附人，一遇风起，便思凌霄，只可谨备绦笼，系住不放，若一经宽纵，任彼所欲，难道还重来不成？”坚爽然道：“卿言亦是，但朕已许他前去，匹夫尚不食言，况为万乘主呢？天命果有废兴，亦非智力所能挽回，只好听诸天命罢了！”语近迂腐。翼又说道：“陛下重小信，轻社稷，终嫌失算，臣料垂一去不返，关东祸乱，从此开始了！”坚不肯听，即遣将军李蛮闵亮尹固等，率众三千送垂，又令骁骑将军石越，率精卒三千戍邺，骠骑将军张蚝，率羽林五千戍并州，镇军将军毛当，率部曲四千戍洛阳，俟各军分头出发，乃西入关中。

权翼密遣壮士百人，潜伏河桥，谋刺慕容垂。垂预防不测，使典军程同，扮作自己模样，衣冠马匹，悉数给同，自己却微服轻装，从凉马台编结草筏，悄悄渡河。那程同却挈着童仆，夜逾河桥，黄昏遇伏，同急驰获免。权翼闻垂得脱去，自恨计策不成，垂头丧气，随坚入关。坚抵长安，在郊外辟坛祭融，大哭一场，追谥曰哀。方才入城，下令大赦，抚恤阵亡家属，这且不必细表。

且说谢石谢玄，既得破秦，便驰书告捷，司徒谢安，方对客围棋，接到捷书，草草一阅，便搁置案上，弈棋如故。客问为何事？安徐答道：“小儿辈已经破贼了！”客起身道贺，安仍无喜色，邀客终局。及弈毕，客去，返入内室，急跨门限，屐齿为折。看官阅此，应知谢安是未尝忘情，不过对客时，故示镇定，好似忧怒不形，具有绝大度量。至客已辞去，遂不觉趾高气扬，流露喜色了！小子有诗咏道：

一生忧乐本常情，露布传来喜气生。
怪底当年谢太傅，欺人只是一棋枰。

既而谢石班师，奏凯还朝，晋廷当有一番封赏，且至下回说明。

秦苻坚大举伐晋，而谢安围棋别墅，一若行所无事，誉安者称其镇定，毁安者讥其轻弛，此皆属一偏之见，未足垂为定评。典午东迁，积弱已久，欲以八万士卒，敌秦兵百万之众，虽有孙吴，亦难为谋，安非全无心肝，宁不知军情重大，成败难料。不过因万全无策，只可委心气运，与其张皇自扰，益乱人意，不若勉示镇静，稍定众心，此乃为安之苦衷，不足与外人道也。幸而，朱序通谋，苻融失利，谢石谢玄等得一战而胜，奏功淝水，天不亡晋，幸有此捷，何怪安之喜出望外，屐齿为折乎？故誉安者非，毁安者更非。诸葛空城，得退司马，乃其生平之第一幸事，安亦犹是耳。彼慕容垂之不忍杀坚，犹有知己之感，余尝以此多之。盖垂固不欲灭秦，第欲复燕，设秦王坚不遇姚苌，则燕秦并存可也，欲复燕为承祖计，不灭秦为报德计，垂其尚知有义乎？

第六十八回

结丁零再兴燕祚　索邺城申表秦庭

却说谢石班师，还至建康，孝武帝按功加赏，进谢石为尚书令，谢玄为前将军，谢安为太保，他将亦各从优叙。惟玄固辞不受，有诏嘉奖，赐钱百万，彩锦千段。并封张天锡为散骑常侍，兼西平公，朱序为琅琊内史，行赦境内，中外解严。嗣由谢安上疏，请乘苻坚丧败，经略淮北，乃复命前锋都督谢玄，率同冠军将军桓石虔，再趋涡颍，往定兖青冀各州。这三州俱为秦有，守吏当然报达长安，无如天下事，不堪一败。为了淝水战事，秦兵大挫，遂致土崩瓦解，乱端四起，累得秦王坚不遑抚近，哪里还能顾及远方！小子且先将苻秦乱事，依次叙来。

陇西有乞伏氏，系出鲜卑，从前有一部酋纥干，雄悍过人，得统附近部落，号乞伏可汗，传至祐邻，部众浸盛，据住高平川。祐邻四传至司繁，复迁居度坚山，为秦将王统所破，因向秦请降。秦王坚赐号南单于，征居长安，寻遣令西讨叛胡，留镇勇士川，甚有威惠。司繁死后，子国仁嗣，坚征为前将军，使从大军侵晋，但留国仁叔父步颓居勇士川。及淝水败还，步颓首先叛秦，坚使国仁往抚。步颓迎国仁入寨，愿推国仁为主，背秦独立，国仁乃置酒高会，攘袂大言道："苻氏因石赵乱衅，妄窃名号，穷兵黩武，跨僭八州，疆宇既宁，应该修德行仁，与民休息，彼乃广骛虚威，专谋远略，骚动苍生，疲敝中国，天怒人怨，致有此败，自来物穷必亏，祸盈必覆，天道如此，苻氏怎能违天？看来是终要覆亡了。我当与诸君据守一方，勉成霸业哩。"大众齐声应命，乃召集诸部，自张一帜，遇有未肯归附的胡人，即用兵力胁服，有众十余万。为西秦立国基础。

秦王坚正拟加讨，哪知铜山西崩，洛钟东应，丁零翟斌又起兵为乱，谋攻洛阳。丁零系西番种落，世居康居，辗转徙入河洛，服属苻秦；秦命翟斌为卫军从事中郎，至是因秦败挫，遂有贰心。再加燕族慕容凤，燕臣王腾，辽西段延等，各率部曲依斌，斌乐得拥众自主，兴兵图洛。

豫州牧平原公苻晖，飞书报坚，坚亟遣使至邺，嘱使冀州牧长乐公丕，传谕慕容垂，令率部兵讨斌。垂自离长安后，行至安阳，即遣参军田山，奉笺启丕，作问候状。丕也恐垂有异图，密谋袭击，侍郎姜壤进谏道："垂未露反形，明公擅加诛杀，似未合臣子大义，不如以礼接待，严加管束，密表情状，待敕后行。"丕乃依议，乃出郊迎垂，馆诸邺西。可巧长安使至，令转饬垂讨丁零，丕乃召垂与语道："翟斌兄弟，因王师小失，便敢肆逆。今得长安来敕，欲烦冠军一行。冠军英略盖世，定能灭贼。"垂答道："下官乃大秦鹰犬，敢不唯命是听！"垂亦自比为鹰，将乘此扬去了。丕乃厚给金帛，垂皆不受，惟请赐还旧田园，丕当然应允。独拨给羸兵二千，归垂统领，又遣部将苻飞龙，率领氐骑千人，作为垂副。临行时密嘱飞龙道："卿系王室肺腑，官秩虽卑，义同统帅，此去用兵制胜，防微杜贰，一委诸卿，愿卿毋忽！"飞龙受命，遂偕垂同行。镇将石越，驰入白丕道："王师新败，人心未定，丁零一倡，旬日间即得众数千，公奈何复遣垂出发，垂系故燕宿将，常思规复，今复畀彼兵甲，这真似为虎添翼了。"丕说道："垂在邺中，好似伏虎寝蛟，常恐为患，今遣令外出，可纾内忧。且翟斌凶悖，必不肯为垂下，使他两虎相斗，我得乘彼敝，用兵制伏，这就是卞庄子的遗策哩。"偏偏不从汝料奈何？

正议论间，有一外吏入禀道："慕容垂私谒燕庙，擅戕亭吏，且将亭毁去了。"丕尚未答言，石越在旁问吏道："垂已去否？"外吏道："已出城了。"越复顾丕道："垂敢轻侮方镇，杀吏烧亭，反形已露，望殿下速除此人！"丕说道："垂曾向我前面请，欲入城拜谒故庙，我尚未许，今敢烧亭杀吏，咎固难辞，但淮南一役，王师败衄，垂独侍卫乘舆，此功亦不可遽忘呢。"越应声道："垂为燕臣，事燕尚且不忠，怎肯尽忠事我？失今不取，必为后患！"丕终不信。越出告僚佐道："长乐公父子，好为小仁，不顾大计，终当为人所擒呢！"

垂挈家属出行，只留慕容农慕容楷慕容绍在邺，使丕勿疑。及达汤池，适有私党从邺来报，述及丕与飞龙密语，垂不禁怒起，便宣告部属道："我事苻氏，不为不忠，彼乃专图我父子，我岂可束手就毙吗？"乃托言兵寡，暂停河内募兵，约阅旬日，得众八千。秦豫州牧苻晖，促使进兵，垂语飞龙道："今距寇不远，当昼止夜行，出彼不意，方可制胜。"飞龙亦以为然，谁知中了垂的诡计。垂少子麟，前曾告讦乃父，为垂所嫉。见六十一回。燕为秦灭，麟与母仍然归垂。垂杀死麟母，尚不忍杀麟，惟尝置外舍，罕得侍见。此次往来河洛，麟得随从军中，为垂画策，谋杀飞龙。飞龙不能调破，还道昼止夜行，却是好计。时当岁暮，寒夜无光，垂遣世子宝率兵居前，季子隆勒兵居后，令飞龙约束氐骑，五人为伍，居中急走，行至夜半，一声鼓号，宝与隆前后合兵，围杀飞龙。飞龙寡不敌众，又因昏夜，不辨南北，徒落得一刀两段，连氐兵都杀得精光，不留一人。未免残忍。垂自是以麟为能，宠爱如初。一面使田山赴邺，潜告慕容农等，令起兵相应。慕容绍因先出蒲池，盗丕骏马数百匹，守候农楷。到了除夕，农楷微服出邺，与绍相会，同奔往列人去了。翌晨为晋太元九年元旦，秦长乐公丕，大宴宾客，使人往邀慕容农，不见下落。才知农等已经遁去。再令左右四出侦察，遍求至三日有余，方闻他已往列人，追悔无及，徒唤奈何！

那秦苻晖待垂不至，只好另檄他将毛当，往剿翟斌。斌与慕容凤等商议对敌方法，凤奋然道："凤今将为先王雪耻，愿代将军斩此氐奴！"说毕，即披甲上马，当先出寨。丁零部众，随凤驰出，劲气直达，所向无前，秦兵相率披靡。凤闯入秦阵，突至毛当面前，手起刀落，竟将毛当砍倒，再加一刀，结果性命。当仓猝被杀，连魂灵儿都莫名其妙，只模模糊糊的走诣枉死城。

秦兵大溃，凤乘胜攻入凌云台戍，获得甲仗马匹，不计其数。会闻慕容垂济河焚桥，有众三万，将抵洛阳，凤乃劝翟斌迎垂，推为盟主。斌从凤议，遣使白垂，垂尚虑有诈，乃拒绝斌使道："我来救豫州，不来赴君，君既欲建大事，成败祸福，由君自择，我不愿与闻！"斌使乃去，及垂抵洛阳，苻晖闭门不纳，且责他擅杀飞龙。垂正在彷徨，适翟斌又遣长史郭通，来申前议。垂尚有疑色，通进言道："将军屡拒和议，莫非因翟斌兄弟，山野异类，无甚远略，所以不愿与谋，独不思将军今日，与斌合兵，可济大业，否则将军进为秦阻，退为斌扼，恐反致进退两难了！"垂乃允议，遣通返报翟斌。斌率众来与垂会，因劝垂即称尊号，垂谦言道："新兴侯指慕容暐，见前。乃是我主，当迎归反正，我怎好背主自尊呢！"恐非由衷之言。遂向众宣谋道："洛阳四面受敌，北阻大河，若欲控驭燕赵，实非易事，计不如北取邺都，较得形便。"众齐声称善，垂因复东还。故扶余王余蔚，正为荥阳太守，邀同昌黎鲜卑卫驹等，迎垂入荥阳，垂又得万余人。群下再请上尊号，垂乃依晋中宗故事，称大将军大都督燕王，承制行事，号为统府，群下称臣，文表奏报，封拜官爵，皆如王制。命弟德为车骑大将军，封范阳王，兄子楷为征西大将军，封太原王，翟斌为建义大将军，封河南王，余蔚为征东将军，封扶余王，卫驹为鹰扬将军，慕容凤为建策将军。部署已定，即从石门筑起浮桥，渡河向邺。

慕容农奔列人时，借宿乌桓人鲁利家，利置馔饷农，农但笑不食。利入内语妻道："慕容郎乃是贵人，今到我家，自恨贫微，不能备具盛馔，为之奈何？"妻答道："郎有雄才大志，今无故到此，岂徒为饮食起见？妾料他必有隐图，君宜亟出与议，不必多疑。"此妇颇有特识。利因复出见，农语利道："我欲在此募兵，锐图兴复，卿可从我否？"利便答应道："死生唯命！"谨遵阃教！农大喜进食，醉饱尽欢。嗣又往约乌桓部豪张骧。骧亦愿为效死，于是农驱居民为士卒，斩木为兵，裂裳为旗，并使赵秋说下屠各东夷乌桓等众，约同举事。远近趋集，众至数万。农号令整肃，随才署职，上下帖然，兵民共悦。

长乐公丕，使部将石越，率着步骑万人，往击农军。农众请治列人城以便战守，农笑道："今纠众起义，惟敌是求，若得战胜，当以山河为城池，区区列人，何足整治呢！"旋闻越军将至，便命赵秋及参军綦毋滕击越前锋，斩俘数百人，得胜回营。参军赵谦白农道："越甲仗虽精，人心危骇，容易破灭，请急击勿延！"农答道："彼甲在外，我甲在心，若与彼昼战，我军见他外貌，未免怯惧，不如待暮出击，可保必胜！"遂令军士严装待命，毋得妄动。会见越立栅自固，复笑语诸将道："越兵精士众，不知乘锐来攻，反立栅为防，我知他无能为呢！"应为所笑。待至日暮，乃鸣锣动众，出阵城西，牙将刘木，请先攻越栅，农即使为先锋，令率壮士数百，前往拔栅，自率大众继进。刘木奋勇直前，毁栅直入，秦兵抵挡不住，向后退却。石越素号骁勇，不肯遽退，便持枪跃马，来与刘木决斗。月光隐约，火具模糊，彼此一来一往，战了数十回合，不分胜负。偏慕容农麾众入栅，喊声震地，刀光闪处，血肉横飞，秦兵多半骇散，越亦无心恋战，虚晃一枪，回马便走。木眼明手快，就从越背后直刺一刀，越不及顾避，大叫一声，撞落马下，木即下马割了越首，复上马追杀秦兵，血流数里，方才收军回城。越与毛当，皆秦骁将，秦王坚特使帮助二子，镇守冀豫，及相继败亡，秦人夺气。叙毛石二人战殁，笔法不同。

慕容农即使刘木，函送越首，驰报垂军，自引兵随后赴邺。垂至邺下，先接刘木捷报，继与农等相会。农本由大众推戴，权称骠骑大将军，都督河北诸军事。垂即令实授官阶，立世子宝为太子，改秦建元二十年为燕元年，史家称为后燕。亦十六国中之一。服色朝仪，概如旧章，大封宗室功臣，计王公侯伯子男百余人。

秦长乐公丕，使属吏姜让至垂营，责他负德。垂答道："孤受秦王厚恩，未尝背负，故欲保全长乐公，使他率众往赴长安，然后修我旧业，与秦永为邻好，若长乐公执迷不悟，未肯举邺城归还，孤只可悉众与争，一经决裂，恐长乐公匹马求生，也不可得了。"让厉声道："将军不容本国，奔命我朝，岂尚得有故燕尺土么？主上与将军风殊类别，一见倾心，亲如宗族，宠逾勋旧，从来君臣际遇，有如此隆厚么？今因王师小败，遂有异图，长乐公乃主上元子，受命镇邺，岂肯低首下心，便将全邺相让，将军欲裂冠毁冕，自可穷极兵势，何劳多言！不过将军年垂七十，叛道致败，悬首白旗，高世忠臣，反为逆鬼，实未免令人可惜哩！"垂听了让言，倒也无言可驳。惟左右都恨让不逊，俱请杀让，垂摇首道："彼此各为其主，让有何罪？"仍依礼遣归。因即麾众攻邺，且遣使上表长安，愿送丕入关，乞还邺城。表文有云：

臣才非古人，致祸起萧墙，身婴时难，归命圣朝。陛下恩深周汉，猥叨微顾之遇，位为列将，爵忝通侯，誓在戮力输诚，尝惧不及。去夏桓冲送死，一出云消，回讨郧城，俘馘万计，斯诚陛下神算之奇，抑亦愚臣忘死之效，方将饮马桂州，悬旗闽会，不图天助乱德，大驾班师，陛下单马奔臣，臣奉卫匪贰，岂惟陛下圣明，鉴臣丹心，皇天后土，实亦知之。臣奉诏北巡，受制长乐，丕外失众心，内多猜忌，令臣野次外庭，不听谒庙。丁零逆竖，寇逼豫州，丕迫臣单赴，限以师程，惟给敝卒二千，尽无兵仗，复令飞龙潜为刺客。及至洛阳，平原公晖，复不信纳。臣窃维进无淮阴功高之虑，退无李广失利之愆，但惧青蝇，交乱黑白，颠倒是非。丁零夷夏，以臣忠而见疑，乃推臣为盟主，臣受托善始，不遂令终，泣望西京，挥涕即迈。军次石门，所在云赴，虽周武之会于孟津，汉祖之集于垓下，不期之众，实有甚焉。语太自豪。臣欲令长乐公尽众西还，以礼发遣，而丕固守匹夫之志，不达变通之理。臣息农，收集故营，以备不虞，而石越倾邺城之众，轻相掩袭，兵阵未交，越已陨首。臣既单车悬轸，归者如云，斯实天符，非臣之力。且邺系臣国旧都，应即惠及，然后西向受命，永守东藩，上成陛下遇臣之意，下全愚臣感报之诚。今进兵至邺，并喻丕以天时人事，而丕不察机运，杜门自守，时出挑战。兵刃相交，恒恐兵矢误中，以伤陛下天性之念。臣之此诚，未简天听，辄遏兵止锐，不敢穷攻。夫运有推移，来去常事，惟陛下鉴之！

秦王坚得表，当然愤恨，也有一书报垂道：

朕以不德，忝承灵命，君临万邦，二十余年矣。遐方幽裔，莫不来庭，惟东南一隅，敢违王命。朕爰奋六师，恭行天罚，而玄机不吊，王师败绩，赖卿忠诚之至，辅翼朕躬，社稷之不陨，卿之力也。中心藏之，何日忘之！方拟任卿以元相，爵卿以郡侯，庶弘济艰难，敬酬勋烈，何意伯夷忽毁冰操，柳惠倏为淫夫，览表惋然，有惭朝士。卿既不容于本国，匹马而投命，朕则宠卿以将位，礼卿以上宾，任同旧臣，爵齐勋辅，歃血断金，披心相付，谓卿食椹怀音，保之偕老，岂意畜水覆舟，养兽反害，悔之噬脐，将何所及！诞言骇众，夸拟非常，周武之事，岂卿庸人所可并论哉！失笼之鸟，非罗所羁；脱网之鲸，岂罟所制，翘陆任怀，何烦闻也。念卿垂老，老而为贼，生为叛臣，死为逆鬼，侏张幽显，布毒存亡，中原士女，何痛如之！朕之历运兴丧，岂复由卿，但长乐平原，以未立之年，遇卿于两都，虑其经略，未称朕心，所恨者此焉而已，余复何言！

垂览书不顾，但督兵围住邺城，攻入外郛。秦苻丕退守中城，与垂相持，经旬未下。垂遣老弱至魏郡肥乡，筑造新兴城，置守辎重，复令弟范阳王德，及从子太原王楷等，攻据枋头馆陶，置戍而还。自是关东六州郡县，依次降燕。

秦北地长史慕容泓，系前燕主慕容暐弟，闻垂已起兵恢复，遂亡奔关东，收集鲜卑遗众，得数千人，还屯华阴，自称都督陕西诸军事，大将军，雍州牧，济北王。秦王坚急命钜鹿公睿为大将军，都督中外诸军事，并授左将军窦冲为长史，龙骧将军姚苌为司马，拨兵五万，使往讨泓。兵队方发，忽报平阳太守慕容冲，亦起兵河东，攻秦蒲坂，冲系泓弟，从前秦灭燕时，冲年尚只十有二岁，与乃姊清河公主同为秦俘，充入掖廷。清河公主，年方二七，具有绝色，正是芬含豆蔻，艳若芙蕖，坚怎肯放过，逼令侍寝。亡国女儿，不能自主，只好由他摆布，充做玩物。冲亦面若冠玉，与乃姊不相上下，坚又视若娈童，晨夕与共，扑朔雌雄，迷离莫辨。当时长安有歌谣云："一雌复一雄，双飞入紫宫。"王猛在日，极言切谏，坚不得已遣冲出宫。俟冲稍长，便令为平阳太守，哪知他得了尺符，也乘势发难，竟与兄起兵响应，小子有诗咏道：

到底男戎胜女戎，龙阳崛起亦称雄。
可知伊训由来旧，误毗顽童长乱风。

冲复叛秦，秦王坚不得不防，又只好调兵往御。欲知何人为将，且待下回再表。

秦王坚父子之纵垂，同一失策。垂可取坚而不取，至赴邺以后，杀吏烧亭，始露异谋。嗣且借征讨之名，袭杀苻飞龙，联合翟斌，公然叛秦，自号燕王。何其舍易而就难，先顺而后逆也，推垂之意，以为英雄举事，不迫人险，纵坚所以报私恩，联斌所以复旧业，晋文公退避三舍，卒败楚于城濮，后世不讥其负德，垂亦犹是耳。且观其上表秦庭，犹以臣道自处，虽仿之周武汉高，不无过夸，然其不欲以叛人自处，已在言表。坚之报书责垂，有悔恨语。不知坚之致亡，咎由自取，违众寇晋，一败涂地，即无慕容氏之发难，而姚苌等伺隙而动，宁不足以乱秦！秦固无久安之理也，于慕容垂乎何尤？

第六十九回

据渭北后秦独立　入阿房西燕称尊

却说慕容冲起兵平阳，进攻蒲坂，秦王坚欲调兵抵御，一时苦无统将，只好将钜鹿长史窦冲，拨使讨冲。钜鹿公苻睿，少了一个帮手，未免势孤，但睿是少年使气，粗猛任性，不管甚么利害，即倍道往攻华阴。慕容泓接得探报，说他来势凶猛，却也寒心，当下引众东走，将奔关东。睿便欲率兵邀击，司马姚苌进谏道："鲜卑各众，并皆思归，所以群起为乱，今彼既东行，正好驱令出关，由彼自去，不宜阻遏。试想鼷鼠甚微，被人执尾，尚能反噬；况乱党甚多，凶猛可知，倘或进退无路，必将向我致死，我一失利，悔将何及！故不若鸣鼓相随，但教张皇声势，彼已是奔避不遑了。"睿悍然道："今日驱出关外，他日待我旋师，彼又入关，终为后患，俗语有云：斩草除根，能乘此斩尽根株，岂不较善！况我兵比寇倍蓰，怕他甚么？"匹夫之勇，徒自取死。遂不从苌议，自为前驱，往截慕容泓。泓正防秦军掩击，却故意逗留华泽，分兵四伏，专待苻睿到来。睿未曾探明路径，但知向前乱闯，纵辔急进，行至华泽附近，见有一簇人马，停驻泽旁，便麾兵杀去。泓略略接战，当即退走，睿不肯舍泓，从后追赶。到了泽畔，正值春草繁茂，一碧连天，看不出甚么高低，辨不出甚么燥湿，睿尚自恃兵众，不以为意。猛听得胡哨声起，草泽里面，钻出许多伏兵，各执长槊，前来厮杀，睿忙督众抵敌，不防一面伏发，四面俱起，一齐围裹拢来，累得睿前后左右，统是敌兵。睿自知不佳，只好退兵，为了一退，顿致行伍错乱，没路乱窜。华泽中多是泥淖，一不经心，立即滑倒，断送性命，睿亦急不暇择，误蹈淖中，马足越陷越深，一时无从自拔，那敌兵即乘势攒集，你一槊，我一槊，戳得苻睿身上有几十百个窟窿，就使铜头铁脚，也是活不成了。余众亦大半陷没，只剩得残卒数千，还亏姚苌驰来援应，方得救回。

苌返至华阴，检查兵士，十失七八，几难成军。乃遣龙骧长史赵都，速诣长安，报明败状，一面谢罪，一面请示。哪知赵都去后，杳无复音，派人探听，才知都被杀，且有敕命来拿姚苌。苌当然惶急，潜奔渭北，转至马牧。西州豪族尹详赵曜王钦狄广等，共挈五万余家，愿推苌为盟主，苌未肯照允。天水人尹纬进言道："百六数周，秦亡已兆，如将军威灵命世，必能匡济时艰，所以豪杰驱驰，共乐推戴，将军宜降心从议，曲慰众望，不可坐观沉溺，同就沦胥。"苌踌躇半晌，自思秦已与绝，无路可归，不如就此独立，较为得计。全是苻坚激成。遂依了纬议，据万年为根本地，自称大将军大单于秦王，大赦境内，改元白雀。即用尹详庞演为左右长史，姚晃尹纬为左右司马，狄伯支焦虔等为从事中郎，王钦赵曜狄广等为将帅。历史上称苻氏为前秦，姚氏为后秦。为十六国中三秦之一。

时慕容冲为秦将窦冲所破，奔依兄泓。泓仍屯华阴，集众至十余万，因贻书秦王坚道："吴王指慕容垂。已定关东，可速资备大驾，奉送家兄皇帝，指慕容暐。泓当率关中燕人，翼卫皇帝还主邺都，与秦以武牢为界，分王天下，永为邻好。钜鹿公轻戆锐进，为乱兵所害，非泓本意，还幸俯原！"若讥若讽，比唾骂还要利害。坚得书大怒，即召慕容暐入责道："卿兄弟干纪僭乱，乖逆人神，朕应天行罚，拘卿入关，卿未必改迷归善，乃朕不忍多诛，宥卿兄弟，各赐爵秩，虽云破灭，不异保全，奈何因王师小败，便猖獗至此？垂叛关东，泓冲复称兵内侮，岂不可恨！今泓书如此，付卿自阅，卿如欲去，朕当相资助，如卿宗族，可谓人面兽心，不能以国士相待呢。”说着，将来书掷示慕容暐，暐连忙叩头，流血泣谢。坚怒意少解，乃徐徐说道：“古人云父子兄弟，罪不相及，今三竖构兵，咎不在卿，朕非不晓，许卿无罪，仍守原官。但卿宜分书招谕，令三叛速即罢兵，各还长安，须知朕不为已甚，所有前愆，概从恩宥便了。”全是呆气。暐唯唯而出，名为奉命致书，暗中却遣密使嘱泓道：“秦数已终，燕可重兴，惟我似笼中禽鸟，断无还理，且我不能保守宗庙，自知罪大，不足复顾。汝可勉建大业，用吴王为相国，中山王暐曾封冲为中山王。为太宰，领大司马，汝可为大将军，领司徒，承制封拜，听我死耗，汝便即尊位，休得自误！”亡国主自知死罪，死期亦不远了。泓得暐使传言，乃进向长安，改元燕兴，且致书与垂，互结声援。

垂围攻邺城，日久未下，因向右司马封卫问计，卫请决漳水灌城。垂依议施行，水入城中，固守如故。垂未免焦烦，特自往游猎，聊作消遣，顺便过饮华林园，不意为内城所闻，出兵掩袭，将园围住，飞矢如注，垂几不得脱，幸冠军将军慕容隆，麾骑往援，冲破秦兵，才得翼垂出围。

垂既得回营，太子宝入白道：“翟斌恃功骄恣，潜有贰心，不可不除！”垂说道：“河南盟约，不应遽负，况罪状未露，便欲下手，人必谓我嫉功负义。我方欲收揽豪杰，恢弘大业，奈何示人褊狭，自失人望呢！果使彼有异谋，我当预先防备，彼亦无能为了。”宝趋退后，范阳王德，陈留王绍，骠骑大将军农，俱进见道：“翟斌兄弟，贪骄无厌，必为国患。”垂又驳道：“贪必亡，骄必败，怎能为患？彼有大功，当听他自毙罢。”既而斌嘱使党羽，代请为尚书令，垂复语道：“翟王功高，应居上辅；但现在台尚未建，此官不便遽设，且俟邺城平定，自当相授。”斌以所求不遂，竟致怀怒，潜与城中勾通，使人泄去漳水。当有人向垂报闻，垂不动声色，佯召斌等议事，斌与弟檀敏入帐，由垂叱令左右，将他弟兄拿下，面数斌罪，按律斩首。檀敏亦被杀，余皆不问。

斌从子真，却夜率部众，北走邯郸。嗣又还向邺下，欲与苻丕，内外相应。垂太子宝，与冠军大将军隆，凑巧碰着，迎头痛击，得将真众击退，向垂报功。垂又遣农楷二人，带着骑兵数千，北往追真。驰至下邑，见真众驻扎前面，多是老弱残兵。楷即欲进战，农谏阻道：“我兵远来，已经饥疲，且贼营内外，未见丁壮，定有诈谋，不如安营自固，免堕彼计！”楷不听农言，径击真营，真弃营佯退，诱楷往追。楷恃勇追去，果为伏兵所围，冲突不出，势将覆没。还是农急往相救，杀开血路，方将楷拔出围中，狼狈驰还，兵士已伤毙不少了。垂见楷等败归，乃宣告大众道：“苻丕穷寇，必且死守，丁零叛扰，乃我心腹大患，我且迁往新城，纵丕西还，既可谢秦王宿惠，复可防翟真来侵，这也未始非目前至计呢。”众无一异议，垂遂引兵去邺，北屯新城，再遣慕容农往攻翟真。真转趋中山，据住承营，复遣从兄辽，往扼鲁口，作为犄角。农乃先攻翟辽，辽屡战屡败，仍奔依翟真去了。垂借翟起兵，旋为翟累，他人之不可恃也如此。

后秦王姚苌，进屯北地，秦王坚调集步骑二万人，亲出讨苌。行次赵氏坞，使护军杨璧，带领游骑三千，堵苌去路。又令右军徐成，左军窦冲，镇军毛盛等，三面攻苌，连破苌兵，并将苌营水道，扼住上源，不使通入。时当盛夏，苌军无从得水，当然患渴。苌令弟尹买出营，领着劲卒二万，往击上流守堰的秦兵，期通水道。不防秦将窦冲，埋伏鹳雀渠，待至尹买到来，一鼓齐出，竟将尹买击死，斩首至一万三千级，只余数千人逃回。苌众大惧，向地掘坎，不得涓流，去路又被塞断，好似竹管煨鳅，危险万状。约莫过了三五日，苌营内渴死多人，急得苌仰天长叹，焦灼异常。忽然间，黑云四布，雷电交乘，大雨倾盆而下，滂沛周流，苌众得饮甘霖，不由的欢跃逾恒，精神陡振。更可怪的是苌营里面，水深至三尺许，距营百步外，水仅寸余。秦王坚方在营用膳，得着雨信，甚至投箸起座，出指空中道："老天，老天！难道汝亦佑贼么？"汝何尝非贼？秦军见天意归苌，并皆气馁，苌军转衰为盛，又通使慕容泓，约为奥援。

会燕谋臣高盖等，因泓持法严峻，德望不及乃弟冲，竟引众杀泓，推立冲为皇太弟，承制行事，署置百官，即用高盖为尚书令。杀兄者反举为首辅，可见冲实与谋。姚苌闻冲得众心，特致书相贺，且遣子崇往质冲营，令冲速赴长安，牵制苻坚。一面集众七万，径攻秦军。秦将杨璧，挡住去路，被苌冲杀过去，立即荡破，且将杨璧擒住。再分头掩击徐成毛盛各营，无不摧陷。连徐毛二将，一并擒来，只窦冲得脱。苌却厚待杨璧徐成毛盛三人，与他宴饮，好言抚慰，以礼遣归。乐得客气。

秦王坚很是懊丧，又接长安警报，慕容冲兵马日逼，不得已舍了姚苌，奔回长安。适平原公苻晖，率领洛阳陕城兵众七万人，还援根本，坚遂命晖都督中外诸军事，配兵五万，出拒慕容冲。行至郑西，与冲接战，秦兵已成弩末，所向皆靡，晖只得退走。坚又遣前将军姜宇，与少子河间公琳，率众三万，御冲坝上，又复败绩。琳与宇相继战死，冲遂入据阿房城。冲小字凤皇，当时长安有歌谣道："凤凰凤凰止阿房。"秦王坚还道阿房城内，将有真凤凰到来，意谓凤凰非梧桐不栖，非竹实不食，特植桐竹数十万株，专待凤凰。哪知来的是人中凤凰，不是鸟中凤凰，反使秦王坚一番奢望，变作深愁。这岂非变生不测么？

俗语说得好，喜无双至，祸不单行。秦既为慕容氏姚氏所困，已闹得一塌糊涂，偏江左的桓谢各军也乘势进略淮北，连下各城。荆江都督桓冲，已自愧前时失言，悔不该轻视谢氏，遂至恚愤成疾，病殁任所。回应六十七回中桓冲语，且因冲尚为贤臣，故随笔叙及冲之病殁。晋廷追赠冲为太尉，予谥宣穆。只从子桓石虔，方随谢玄逾淮北行，拔鲁阳，下彭城，逐去秦徐州刺史赵迁，玄表石虔为河东太守，使守鲁阳。自为彭城镇帅，使内史刘牢之，攻秦兖州，击走秦守吏张崇。崇奔依燕王慕容垂，牢之得进据鄄城，晋军大振。河南城堡，陆续归晋，晋授太保谢安为大都督，统辖扬江荆司豫徐兖青冀幽并梁益雍凉十五州军事，并加黄钺，余官如故。安表辞太保职衔，情愿统兵北征，恢复中原全境，有诏不许。适谢玄进图青州，特遣淮阳太守高素，率兵三千，往攻广固。秦青州刺史苻朗，系秦王坚从子，放达有余，韬略不足，急得手足无措，只好奉书乞降。玄当即收纳，送朗入都，再分檄各将，北攻冀州，刘牢之进据碻磝，济阳太守郭满，又进据滑台，将军颜肱刘袭等，复进逼黎阳。秦冀州牧苻丕，闻报大惊，急遣将军桑据，至黎阳抵御晋军。不料黎阳又被陷没，更闻燕军复来围邺，正是愁不胜愁，拒不胜拒，没奈何遣参军焦逵，向晋乞和，宁让邺城与晋，但请假途求粮，西赴国难。

逵奉命后，密语司马杨膺道："今丧败至此，长安阻绝，存亡且不可知，就使屈节竭诚，径乞粮援，尚恐不得见许，乃长乐公豪气未除，语设两端，事必无成，奈何奈何?"杨膺道："这也何难，但教改书为表，自称降晋，许以王师一至，便当致身南归，我想晋军方锐图冀州，定必前来援邺了。"焦逵犹有难色，膺附耳与语道："君虑彼未肯相从吗?如果晋军到来，我等可逼令出降，否则生缚与晋，看他何法拒我?"好一个参谋。说罢，便将丕书私下改窜，令逵赍送晋军。

晋将接着，送逵往见谢玄，玄欲征丕子入质，然后出援。逵固陈丕无他志，且将杨膺所嘱，亦约略表露，玄始有允意，遣使转白谢安。安正与琅琊王道子有隙，乐得借此为名，出外督军，遂许玄收邺，自请往镇广陵，经略中原。孝武帝当即批准，亲饯西池，由安献觞赋诗，从容尽欢，然后别主出都，尽室偕行，径赴广陵去了。

且说慕容垂屯兵新城，遣子麟攻入常山，收降秦将苻定苻绍苻亮苻评，进拔中山，执住守将苻鉴，遂得入中山城。慕容农引兵会麟，与麟共攻翟真，驰至承营，两人并辔先驱，观察形势，随从只数千骑兵，真却驱众齐出，竟来角斗。燕兵俱逡巡欲退，慕容农语麟道："丁零非不勇悍，翟真却是懦弱，我若简率精锐，专攻翟真，真必却走，众亦自散，可蹙使尽歼了。"说着，便回头返顾，见骁骑将军慕容国，方在背后，就使他率领锐骑百余，径冲翟真，真果返奔，众亦驰还。农与麟从后追逐，迫压营门，真众争门奔入，自相践踏，死伤甚众。燕军得夹杂进门，遂拔承营外郛。真慌忙逃入内城，闭门守住，有一半未及奔入，统弃械降燕。慕容农收了降众，再攻内城。相持多日，真粮将尽，潜开门遁往行唐，真司马鲜于乞叛真，将真刺死，自称赵王。真众不服，又共杀乞，拟推立翟辽为主。偏辽已奔往黎阳，只有从弟翟成，尚在军中，大众就奉为主帅，据住行唐，苟延残喘罢了。

慕容垂拟北都中山，将自新城启行，闻苻丕在邺，引晋援师，不由的怒气上冲，便语范阳王德道："苻丕可去不去，与我争邺，且向晋乞援助守，情实可恨，我且去赶走了他，再作计较。”德也即赞成，因复引兵围邺，但留出西门一路，纵丕出奔。丕仍不肯去，居守如初。

垂在城下数日，接得慕容冲来书，乃是故主慕容暐被杀，在秦诸宗族，一律就歼，只垂幼子柔，与垂孙盛，脱奔冲营，幸得无恙，请垂放心。且说自己承暐遗命，已在阿房城称尊即位，勉承燕祚，云云。垂不禁悲叹，将佐统向垂劝进，垂谓冲已称号关中，不应遽自加号，且从缓议为是，垂非不愿称尊，实恐柔盛为冲所害，故置诸缓图。将佐方才无言。究竟慕容暐如何被杀，应该约略叙明。

暐在长安，尚有宗族千余人，他本思奔往关东，苦无间隙。慕容绍兄肃，与暐密谋，将乘暐子婚期，请坚入室，为刺坚计，坚全未得知。既而婚期已届，暐入见坚，稽首称谢道：“臣弟冲不识义方，辜负国恩，臣罪该万死，蒙陛下恩同天地，许臣更生，臣次子适当结婚，愚意欲暂屈銮驾，幸臣私第，臣得奉觞上寿，不胜万幸！”坚当即许诺，会遇大雨，坚果不出，暐计遂败。乃决意出奔，密令部酋悉罗腾屈突铁侯等，潜告鲜卑遗众，诈言自己将受命出镇，旧部俱可随去，应预先会集，在城外伺候。部众信以为真，内有一人名叫突贤，往与妹别，妹为秦将窦冲妾，不忍乃兄远离，请诸窦冲，乞留突贤。冲即入白秦王，秦王坚惊诧道：“朕并未有遣暐情事，为何设此谎言？”冲答道：“陛下既未有此意，定是慕容暐有异谋了。请速传召悉罗腾，讯明虚实。”坚即召腾入讯，备悉暐谋，因复传召暐肃。肃语暐道：“无故猝召，事必泄了，入即俱死，不如杀死来使，斩关出奔，或可得一生路。”暐尚谓秦王未必知谋，当有别事相商，遂与肃并入见坚。坚果盛气相向，叱暐负恩谋叛。暐尚思抵赖，肃直答道：“家国事重，顾不得小恩小惠，我等不幸事泄，外面二王即至，秦祚总不久了。”坚竟大怒，喝斩暐肃。并令卫兵搜捕鲜卑各众，无论男女老幼，尽加诛戮。惟慕容柔寄养阉人宋牙家，幸得免死，且与慕容盛乘隙逃出，奔依慕容冲。

冲为暐发丧，托称受遗即位，称帝阿房，改元更始，因即贻书与垂，如上所述。史称慕容冲为西燕，但因他历年短促，不列入十六国中。特别提醒。小子有诗叹道：

桐竹纷披引凤凰，矫雏一举入阿房。
当年僭国俱垂史，独略西燕为速亡。

冲既称帝，复西逼长安。欲知秦王坚如何拒冲，请看官续阅下回。

本回事实，最为拉杂，总之为苻秦衰亡之兆。慕容垂慕容泓慕容冲，皆燕臣而降入于秦者也。姚苌为姚弋仲第二十四子，亦因兄襄之败没，率诸弟而降入于秦者也。垂之叛，秦纵之；苌之叛，秦实激之，纵之已为失策，激之尤属非计，故秦王坚之败亡，皆其自取耳。慕容泓慕容冲，因垂之发难而并起，紫宫之谶，凤凰之谣，何莫非坚之自召，乐极悲生，理有固然，无足怪者。晋与秦本为仇敌，其乘秦乱而出兵，尤势所必至者也。翟斌辈特其导线耳。故本回虽头绪纷繁，而实可一言以蔽曰：苻秦之乱亡。

第七十回

堕虏谋晋将逾绝涧　应童谣秦主缢新城

却说慕容冲进逼长安，众至数万。秦王坚登城俯视，见冲在马上耀武扬威，不禁失声道："此虏从何处出来，乃敢猖獗至此！"当还问自己。说着，复大声呼冲道："奴辈止可牧牛羊，何苦自来送死！"前时何亦引入紫宫？冲答道："正因不愿为奴，所以欲取尔位！"坚令将士登陴守御，自下城踌躇多时，乃遣使赍取锦袍一袭，出城送入冲营，且令传谕道："古人交兵，不绝使人，朕想卿远来草创，岂不惮劳，特命使臣赐汝一袍，聊明本怀，朕与卿何等恩情，卿为甚么变志？"冲亦遣詹事复答，自称皇太弟，谓现今心在天下，岂顾一袍小惠，如果知命，便可君臣束手，早送出皇帝梓宫，孤当宽贷苻氏，借报前惠，省得汝口口声声，自矜旧谊。龙阳之宠，原不足道。这一席话，气得苻坚两目圆睁，且怒且悔道："我不用王景略阳平公言，使白虏胆敢至此，岂不可叹！"秦人向呼鲜卑为白虏。遂调兵出战，互有杀伤。两下里相持兼旬，已战过了好几次，未决胜负。秦王坚不觉愤发，亲督将士，与冲交战仇班渠，得破冲军，进至雀桑再战又捷，复进至白渠，陷入伏中，为冲所围。又是骄兵之过。殿中上将军邓迈，左中郎将邓绥，尚书郎邓琼，自相告语道："我家世受秦恩，怎可不死君难！"当下各执长矛，拚死突围，三将在前，诸军随后，一齐奋勇，立将冲兵冲散。坚得着走路，始克驰归。

冲收兵不进，到了夜间，却遣尚书令高盖，引众疾走，潜袭长安。城中未曾戒备，晨启南门，突被冲军掩入，门不及闭，幸左将军窦冲，前禁将军李辩等，从内城杀出，猛厉无前，得把高盖杀退，斩首八百，脔尸分食。盖败退后，复移兵往攻渭北诸垒，与秦太子宏相值，战复失利，奔回冲营。秦王坚又自出击冲，大获胜仗，逐冲至阿房城，城尚未阖。秦将请乘胜杀入，偏坚惩着前败，只恐城内有伏，不敢径进，竟鸣金收军，退回长安。前次轻进，此次轻退，总之气数将尽，无一合宜。

后秦王苌，闻冲入关，与僚佐共议进止，齐声道："大王宜亟西行，得能先取长安，方可立定根本，再图四方。”苌笑说道：“诸君所论，皆非明见。今日燕人起兵，意在规复故土，就使得志，也必不愿久留关中，我当移屯岭北，广收资实，坐待秦亡，俟燕人既去，然后引众入关，长安可唾手而取了。”是即鹬蚌相争，渔翁得利之策。僚佐方才拜服，苌乃留长子兴居守北地，自率部众趋新平。从前石虎季年，清河人崔悦为新平相，被郡人杀死，悦子液奔入长安，至苻坚僭位，得官尚书郎，自表父仇不共戴天，欲与新平人拚命，坚代为调停，削去新平城角，作为纪念。新平土豪，引为己耻，常思自立忠义，得补前恨。及苌至新平，太守苟辅，因兵单难守，即欲降苌，郡人冯杰等入谏道：“天下丧乱，忠臣乃见，昔田单仅守一城，尚得存齐，今秦犹连城数百，难道便灭亡不成？况既为臣子，服事君父，要当尽心竭力，除死方休，奈何甘作叛臣，遗臭万年呢？”辅乃誓众固守，多方抵御。苌筑土山，辅亦筑土山，苌凿地道，辅亦凿地道，内外相制，屡挫苌众。辅又为诈降计，诱苌入城，伏兵邀击，几得擒苌。苌幸得逃脱，部众丧亡万余人。嗣是苌不与辅战，但在城外，筑起长围，堵截粮汲，辅坚守数月，粮尽矢竭，连水道尚且不通，眼见是无力再支。苌探得消息，即遣使语辅道：“我方以义取天下，岂忍仇害忠臣？君可率众男女还长安，请勿他虑，我但求此城设镇罢了。”辅信为真言，遂率男女万五千口，开城西走，哪知苌已预设陷坑，坑旁置伏，一俟辅众出来，即发伏四蹙，迫使入阱，可怜万五千口兵民，都堕落陷坑中，尽被坑死，无一孑遗。如此暴虐，哪得久长？苌得入据新平，专探听长安消息，再议进行。

那邺城为燕王垂所困，再遣使至晋促援。晋前锋都督谢玄，乃遣刘牢之率兵二万，北援邺城，并馈秦兵粮米二万斛，燕王垂督众逆战，挡不住牢之锐气，纷纷溃退，垂不得已撤围北走。牢之不愿入城，便即长驱追击。秦长乐公丕，正出城迎接牢之，偏牢之已经过去，乃亦督兵继进。牢之恃勇轻追，昼夜疾驰二百里，至董唐渊，将及垂兵。垂语将佐道：“秦晋瓦合，各自争强，胜不相让，败不相救，实非同心。今两军相继追来，势尚未合，我宜用计，先破晋军，晋军败去，苻丕亦何能为呢？”遂在五桥泽旁，散置辎重，作为晋饵，使慕容德慕容隆两将，分兵伏住五丈桥，静候晋军。牢之引众越五桥泽，见沿路尽是辎重，不禁欣羡起来，晋军又个个好利，统望前争取，遂致不顾行列，哪知慕容德慕容隆两军，左右杀出，急切里如何抵挡？再加慕容垂统着大众，又复杀回，三面受敌，料难招架，不得不拍马返奔，回至桥畔，禁不住叫一声苦，原来桥板已被燕兵拆去，只有涧水潺潺，络绎不绝。牢之逃命要紧，索性退后数步，将马缰一提，幸亏是匹骏马，腾空跃起，得将五丈涧跳过。也是牢之命尚未绝。部众无此马匹，相率投入涧中，好许多卷入漩涡，随水漂没，惟素能泅水的，还得幸逃性命。偏燕兵尚不肯舍，架起桥板，仍逾桥追来。牢之倍觉着急，适值苻丕踵至，才得保救牢之，击退燕兵。牢之随丕回邺，邺中大饥，前时由晋给与二万斛，经旬散尽。丕不得已引众至枋头，就食晋谷，令刘牢之入守邺城。谢玄以牢之兵败，征还原镇。丕亦仍然回邺，察知杨膺前谋，将他诛戮，自是仍不服晋。

慕容垂亦无从觅粮，趋回中山，沿途但取桑椹代食，饥疲异常。关东前时，曾有谣言道："幽出𫚭，生当灭；若不灭，百姓绝。"𫚭系慕容垂原名。曾见前文。垂与丕相持经年，害得百姓不安耕稼，遂致野无青草，人自相食，应了前日谣言；这也未始非劫运侵寻，所以有此兵争呢。实是争城者之罪。

且说慕容冲败回阿房，收集败军，再加整缮，复四出寇掠。秦平原公苻晖，屡次为冲所败，秦王坚使人责晖道："汝为我子，拥众数万，不能制一白虏小儿，还想活着做甚？"晖闻言恚慨，竟至自杀。前禁将军李辩，都水使者彭和正，恐长安不守，召集西州人，出屯韭园，坚征召不至。高阳公苻方，与尚书韦钟父子，驻守骊山。方与冲战殁，钟父子并皆擒住。冲命钟子谦为冯翊太守，使招降三辅士民。冯翊垒主邵安民等，责谦道："君系雍州望族，今乃从贼自失忠义，有何面目对人！乃尚敢来饶舌吗？"谦羞惭满面，返白父钟，钟不胜悔叹，仰药以殉，谦南下奔晋。秦左将军苟池，右将军俱石子，率骑五千，与冲争麦，冲族人征西将军慕容永，击杀苟池，石子奔邺。秦复遣骁将杨定，引兵击冲。定系故仇池公杨纂族人，仇池陷没，降入苻秦，秦灭仇池，见六十二回。坚爱定骁勇，招为女婿，拜领军将军，至是率左右精骑二千五百人，前击冲军，十荡九决，无人敢当，冲众大败，被定掳得万余人，还城报功。坚命将俘虏一并坑毙，再令定出徇坝上，又破慕容永，永退语慕容冲，谓定难力敌，宜用智取。冲乃设堑自固，俟养足锐气，再行进攻。嗣闻长安城上有群鸟数万翔鸣，俱作悲声，关中术士，多言长安将破，冲乃悉众攻长安，秦王坚亲出督战，飞矢集身，流血满体，不得已走还城中。

冲纵兵暴掠，民皆流散，道路断绝，千里无人烟。惟冯翊堡壁三十余所，推平远将军赵敖为统主，共结盟誓，辄遣人负粮助坚，途中多为燕兵所杀，不过二三人得入长安。坚使人传语道："闻来使多不得达，忠义可嘉，死亡可悯。当今寇氛日恶，非数人可能拒灭，但望明灵照护，祸绝灾退，方有转机，卿等当善保诚顺，为国自爱，裹粮坐甲，静听师期，不可徒劳役夫，轻糜虎口。为此谕令周知"等语。既而三辅豪民，又遣人告坚，请拨兵攻冲，愿放火为内应。坚又与语道："诸卿忠诚，可敬可哀，但时运剥丧，恐无益国家，空使诸卿夷灭，益足伤心！试想我猛士如虎，利刃若霜，乃反为小丑所困，岂非天意，愿卿等善思为是！"天道恶盈，坚其果知此义否？偏豪民又复固请，情愿效死，坚乃遣骑士八百，往劫冲营。三辅人却也纵火，无奈风势不顺，焰反倒冲，竟致自焚，十有九死。

坚闻报益哀，就在长安设祭招魂，且亲制诔文道："有忠有灵，来就此庭，归汝先父，勿为妖形。"一面遣护军仇腾为冯翊太守，往抚郡县，大众都感激涕零，誓无贰志。无如人心尚固，天意难回，长安城中，但闻有人夜呼道："杨定健儿应属我，宫殿台观应坐我，父子同出不共汝。”到了诘旦，遍索此人，查无踪迹。长安又有遗书，叫做《古苻传贾录》，内有帝出五将久长得一语。又秦人亦有谣传云，坚入五将久长得。坚知长安东北有五将山，还道是往至五将，便可久长得国。乃嘱太子宏留守长安，且与语道：“谶文谣言，统谓我宜出五将。大约天意欲导我出外，集兵剿寇。今留汝兼总兵政，善守城池，不必与贼争利，我当出陇收兵，输粮给汝便了。”计议已定，先使将军杨定，出西门击冲，截住冲军，自与宠妃张夫人，及幼子中山公诜，幼女宝锦，率骑数百，东出五将。正要启行，即有败卒入报道：“杨将军为贼所算，追贼不慎，堕入陷坑，竟被贼捉去了！”杨定被擒，事从虚写。坚不禁大骇，匆匆嘱别，出城自去。

长安城中的战将，首推杨定，定既被擒，阖城惊惧。燕兵又猛攻不息，秦太子宏，料不能守，奉母挈妻及宗室男女等，西奔下辨。百僚逃散，司隶校尉权翼等数百人，奔投后秦。慕容冲入据长安，纵兵大掠，死亡不可胜计。那秦王坚出长安城，行过韭园，麾骑袭击，前禁将军李辩奔燕，都水使者彭和正走死，坚乃径往五将山。

后秦主姚苌，探得苻坚出奔，正拟往袭，适值权翼奔来，益知苻氏虚实，遂遣骁骑将军吴忠，带领骑兵，往围五将山。忠星夜前进，行抵五将，一声鼓噪，把山围住。秦兵当即骇走，只侍御十余人，随着苻坚。坚神色自若，尚召宰人进膳，从容下箸。俄而后秦兵至，把坚拘往新平。所有坚妾张夫人以下，一并被掳，幽禁新平佛寺中。姚苌不见苻坚，但使人向坚求玺道：“苌次应历数，可将传国玺见惠。”坚瞋目怒叱道：“小羌敢干逼天子，太无天理，图纬符命，有何依据？五胡次序，无汝羌名，玺已送晋，岂授汝小羌么？”苌尚不肯已，再遣右司马尹纬，迫坚禅位。坚见纬状貌魁梧，志气英挺，身长八尺，腰带十围，不由的惊问道：“卿在朕朝，曾否得官？”纬答道：“曾做过几年吏部令史。”坚叹息道：“卿仪容不亚王景略，也是一宰相才，朕无耳目，独不知卿，怪不得今朝败亡哩？”纬乃援尧舜禅让故事，从容讽坚。坚变色道：“禅让故事，惟圣贤可为，姚苌叛贼，怎得上拟古人！”汝也不配为圣贤。说着，复大骂姚苌背恩负义，唠叨不休。纬知不可说，返报姚苌，苌竟遣使逼坚自尽。坚临死时，顾语张夫人道：“不可使羌奴辱我女儿。”遂拔出佩剑，先杀宝锦，然后投缳毕命，计年四十八岁。张夫人向尸再拜，大哭一场，就把坚佩剑拾起，向颈一横，碧血飞溅，红颜委逝。中山公诜，也取剑自刎，随那父母灵魂，同往鬼门关去了。难得有此烈妇孝子！

后秦将士，得知此变，也为哀恸。姚苌至此，亦不欲自播恶名，只言坚父子自尽，许为殓葬，追谥坚为壮烈天王。先是关中，尝有童谣云：“河水清复清，苻坚死新城。”坚闻谣知戒，每出征伐，遇有地方名新，便即避去，但到头终缢死新平。又有童谣云：“阿坚连牵三十年，后若欲败时，当在江淮间。”又云：“鱼羊田升当灭秦。”前谣是应在淝水一役，后谣是应在鲜卑亡秦；鱼羊便是鲜字，田升乃是卑字，总计坚在位二十七年，为晋所败，后二年，燕入长安，走死五将，俱如谣言，这且不必细表。

且说秦太子宏，奔至下辩，为南秦州刺史杨璧所拒。璧妻本是坚女，叫作顺阳公主，为太子宏女兄，他却欲自保身家，不认郎舅，竟致拒绝。世态炎凉，可见一斑！宏乃转奔武都，顺阳公主也恨夫薄情，弃璧投宏。尚恐璧发兵来追，索性南下归晋。晋廷令处江州，寻给辅国将军职衔。惟秦长乐公苻丕，趋还邺城，尚有部众三万人，会王猛子幽州刺史王永，与平州刺史苻冲，屯兵壶关，遣使迎丕。丕恐燕军复来攻邺，不如先机出走，乃率男女六万余口，西往潞州。秦骠骑将军张蚝，并州刺史王腾，趋候途中，迓不入晋阳。王永闻信，留苻冲守壶关，自率万骑见丕，述及长安失守，及故主凶终等情。乃就晋阳举哀，三军缟素，追谥坚为宣昭皇帝。

丕即日嗣位，为坚立庙，号称世祖，改建元二十一年为太安元年。命张蚝为侍中司空，王永为侍中，都督中外诸军事，兼车骑大将军尚书令，王腾为中军大将军，司隶校尉，苻冲为尚书左仆射，封西平王，余官亦进职有差。立妃杨氏为皇后，子宁为皇太子，颁告远近，大赦境内。适前尚书令魏昌公苻纂，自长安奔晋阳，丕拜纂太尉，封东海王。就是苻定苻绍苻谟苻亮等，亦皆闻风反正，自河北遣使谢罪。四苻降燕见前回。还有中山太守王兖，固守博陵，为秦拒燕，上表沥陈。丕授兖为平州刺史，兼平东将军，且拜苻定为冀州牧，苻绍为冀州都督，苻谟为幽州牧，苻亮为幽平二州都督，并进爵郡公。秦左将军窦冲，秦州刺史王统，河州刺史毛衅，益州刺史王广，俱奔集陇右，合图规复。领军将军杨定，亦从燕营脱走，趋至陇上，即如南秦州刺史杨璧，也居然为秦效节，一古脑儿奉表晋阳，请讨姚苌。杨璧拒宏奉丕，可谓狡变。丕大喜过望，封杨定等俱为州牧，即令王永传檄州郡，声讨慕容氏及姚苌。小子有诗叹道：

存亡继绝亦当然，一脉留贻得再延。
可惜苻丕非令主，晋阳兴替仅逾年。

欲知檄文中如何命词，请看下回便知。

苻氏衰微，兵端四起，正予东晋以规复之机会。谢安请命北征，正其时也。顾苻丕请援，即授意谢玄，遣将援邺。苻坚寇晋，仅越年余，淝水之战，侥幸一捷，此仇此恨，何可遽忘？声其罪而讨之，谁曰不宜？乃贪一邺城，反为寇援，已足见讥于外族。且刘牢之有勇鲜谋，冒险轻进，卒为慕容垂所算，弃师遁还。河洛以北，仍为左衽，是何莫非谢氏之失策耶？彼秦苻坚因骄致败，困守长安；假使招集三辅，背城借一，犹可图存，乃徒示口惠，复惑谶书，猝奔五将，受虏姚氏新平之幽，靳玺不予，亦何益哉？惟如张夫人之殉节，中山公诜之殉孝，虽曰戎狄，犹秉纲常，坚死有知，其尚足自豪乎？

第七十一回

用僧言吕光还兵　依逆谋段随弑主

却说苻丕嗣位以后，令侍中王永，都督诸军，拟讨慕容氏及姚苌，因先传檄州郡，号召吏民，檄文有云：

大行皇帝弃背万国，四海无主。征东大将军长乐公，先帝元子，圣武自天，受命荆南，威振衡海，分陕东都，道被夷夏，仁泽光于宇宙，德声侔于下武。永与司空蚝等，谨顺天人之望，以季秋吉辰，奉公绍承大统，衔哀即事，牺谷总戎，枕戈待旦，志雪大耻。慕容垂为封豕于关东，泓冲继凶于京邑，致乘舆播越，宗社沦倾。羌贼姚苌，我之牧士，乘衅滔天，亲行大逆，有生之巨贼也。永累叶受恩，世荷将相，不与骊山之戎，荥泽之狄，共戴皇天，同履厚土。诸牧伯公侯，或宛沛宗臣，或四七勋旧，岂忍舍破国之丑竖，纵杀君之逆贼乎？主上飞龙九五，实协天心，灵祥休瑞，史不辍书，投戈效义之士，三十余万，少康光武之功，可旬朔而成。今以卫将军俱石子为前军师，司空张蚝为中军都督，武将猛士，风烈雷震，志殄元凶，义无他顾。永谨奉乘舆，恭行天罚，君臣始终之义在三，忘躯之诚，戮力同之，以建晋郑之美，因申羿寡之诛，宁非善乎？特具檄以闻。

这篇檄文，传递出去，却亦说得有条有理。无如苻氏已衰，不能复振，徒凭那纸上空谈，唤不起什么义举！还有秦将吕光，自略定西域后，得受封西安将军西域校尉，光定西域，见六十六回中。他闻关中大乱，拟留居龟兹，不愿东归。惟当时有西僧鸠摩罗什，为光所得，颇加信用，独劝光亟还陇右。光乃用橐驼二万余头，载运外国珍宝，及奇技异戏，殊禽怪兽千百余品，并骏马万余匹，启程而还。

小子叙到此处，记得那鸠摩罗什的履历，也与后赵时的佛图澄，同一怪异，说将起来，又有一番特别源流。鸠摩罗什世居天竺，祖宗尝为国相，父鸠摩罗炎，秉性聪懿，将嗣相位，独辞避出家，东度葱岭，行至龟兹，龟兹王闻他重名，出郊迎入，尊为国师。王有妹年已二十，才慧过人，邻国交来乞婚，俱不见许，惟见了鸠摩罗炎，却是芳心相契，愿订丝萝。才女亦喜配和尚么？炎不甚乐从，偏国王硬为要求，只好勉从王命，谐成一番欢喜缘。未几炎妻有孕，慧解逾恒，十月满足，产生罗什。过了七年，见罗什已有知识，乃挈与出家，命罗什从师受经。罗什过目成诵，日读千偈，无不记忆，且尽通晓。既而鸠摩罗炎，不知所适，罗什母也挈子远游，行至沙勒，颇得国王优待，乃暂寓沙勒国中。罗什更博览五明密论，及阴阳星算，莫不阐幽尽妙，所以吉凶休咎，都能豫知。年至二十，声名大噪，国人多奉以为师。龟兹国王，遣使迎归，罗什广说诸经，四远学徒，无人能及。罗什母亦悟彻禅机，欲往天竺求佛，但留罗什传教东土，孑身西去，后来得成正觉，进登第三果，坐化了事。惟罗什留居龟兹，专以大乘教课徒，远近景仰。秦王苻坚，亦有所闻，拟密迎罗什至国。可巧太史奏称西域分野，出现明星，当有大智入辅中国，坚憬然道："莫非就是鸠摩罗什么？"及将军吕光，受命西征，坚特与语道："若得罗什，即当驰驿送来，休得迟慢！"光唯唯而去。罗什闻光军将至，便语龟兹王白纯道："国运已衰，将有勍敌从中国来，宜尽礼迎纳，勿抗敌锋。"白纯不从，果被光陷入国都，将纯逐走，掳住纯家属多人。一面搜访罗什，竟得相见。光因罗什年齿尚少，未有妻室，当将龟兹王女，强使为妻。罗什坚辞不受，光笑道："道士贞操，岂过乃父，何必固辞？"罗什尚不肯依，光乃佯言罢议，但使罗什酣饮醇醪，待他沉醉，扶卧密室，又迫龟兹王女与他同寝。至罗什酒醒，始知中计，不得不将错便错，同效于飞。可谓作述重光。会光引军出巡，使罗什从行，道经山麓，下令安营，将士已皆休息，罗什白光道："将军在此，必致狼狈，宜徙军陇上。"光以为妄言，笑而不纳。到了夜半，天果大雨，洪潦暴起，水深数丈，溺死至数千人，光始服罗什先见。及光欲久居龟兹，罗什又进谏道："此处乃凶亡故土，不宜淹留，关陇自有福地可居，请即东还！"光因前次不从罗什，致遭水患，此番怎好再违忠告，自蹈凶机？乃决计引归。

行至玉门，为凉州梁熙所拒，责光擅命还师，特遣子胤与部将姚皓，别驾卫翰，引众五万，出击光军。一战即败，再战又败，胤率轻骑数百人东奔，被光将杜进追着，活擒而去。于是武威太守彭济，诱执梁熙，向光乞降。光杀熙父子，遂入姑臧，自领凉州刺史，护羌校尉，表杜进为抚国将军武威太守，封武始侯，自余封拜各有差。陇西郡县，陆续归附，惟酒泉太守宋皓，南郡太守索泮，不服光命。光发兵往攻，依次陷入，执住宋皓索泮，责他违令不臣，泮朗声道："将军受诏平西域，未闻受诏略凉州，梁公何罪，乃为将军所杀，泮不能为国报仇，深加惭恨，主灭臣死，何必多言！"却是个硬头子。光竟令斩泮，并及宋皓。

先是张天锡南奔，见六十七回。世子大豫，不及随从，走依长水校尉王穆家，穆与大豫同走河西。魏安人焦松齐肃张济等，纠众数千，迎大豫为主帅，占据一方。光入凉州，令部将杜进招讨，大豫麾众杀退杜进，追逼姑臧。王穆谏阻道："吕光粮多城固，甲兵精锐，未可轻攻，不如席卷岭西，厉兵秣粟，然后东向与争，不出期年，便可得志了。”大豫不从，遣穆至岭西乞师。建康太守李隰，祁连都尉严纯阎袭等，统起兵相应。又有鲜卑旧部秃发思复鞬，即晋初叛酋树机能侄曾孙，避居河西，渐复旧业，树机能事见前文。此时也愿助大豫，遣子奚于等至姑臧。大豫屯兵城西，王穆与奚于屯兵城南，光猝发兵出南门，袭击奚于兵营，奚于不及防御，骤为所乘，竟至败殁。王穆亦被牵动，全军俱溃，就是大豫所率的兵士，也闻风骇退。于是大豫奔广武，王穆奔酒泉。广武人执住大豫，送至姑臧，被斩市曹。

会光得接长安音信，才知秦王坚为姚苌所害，乃令部曲丧服举哀，设祭城南，谥坚为文昭皇帝，大临三日。乃大赦境内，建元太安，自称中外大都督大将军，领护匈奴中郎将凉州牧酒泉公。

看官欲知吕光的身世，原来就是秦太尉吕婆楼的长儿，源出氐族，素居略阳。婆楼为秦王坚佐命功臣，故得享尊荣，垂及子嗣。相传光生时曾有光绕室，因名为光。年十岁，与村童嬉戏，喜为战阵，自作统领，部署精详，侪类莫不悦服。惟不乐读书，专好驰马，及成年后，身长八尺四寸，目有重瞳，左肘有肉印，沈毅凝重。王猛尝目为异人，白诸苻坚，举为美阳令，颇有政声。嗣迁鹰扬将军，调任步兵校尉，累著战绩。及往略西域，左臂肉印中现出赤文，有巨霸二字，夜间安营，尝有黑物护住营外，头角崭然，目光如电，诘旦即云雾四周，不得复见。光疑为黑龙，杜进谓即龙飞九五的预兆，光以此自喜，遂有大志。返据凉州，乘机自立，这便是后凉建国的权舆。亦列入十六国中，故特从详叙。

同时乞伏国仁，亦在勇士川筑城为都，国仁见六十八回。自称大都督大将军大单于，领秦河二州牧，改元建义。何义之有？设置将相，分属境为十二郡，是为西秦。彼分此裂，不相统属，可见得苻秦一败，逐鹿已多，单靠着晋阳苻丕，孤危一线，欲系千钧，谈何容易！惟故尚书令魏昌公苻纂，为丕宗亲，自关中奔至晋阳，与丕相见，丕拜纂为太尉，进封东海王，遇事必咨，共图恢复。兵尚未发，那邺城已早被燕将慕容和据去。且博陵守将王兖，本是苻氏第一忠臣，偏被那燕王垂子慕容麟，引兵围住，害得粮尽援穷。功曹张猗，逾城出降，并为慕容麟招募丁壮，编成队伍，号为义兵。引至城下，呼兖答话，劝令降燕，兖登城叱责道：“卿为秦人，我为卿主，卿乃纠众应贼，反称义旅，何名实不符，竟至如此？古人有言，求忠臣于孝子之门，卿有老母在城，甘心弃去，还说出什么忠义！我不料中州文物，偏出一卿，不孝不忠，试问卿有何面目长居人世呢？”说着，弯弓欲射。猗急忙驰退，才免箭伤。阅数日，城被陷没，兖被擒不屈，便即遇害。还有秦固安侯苻鉴，也为麟所杀。能为宗邦殉节，不论夷夏，俱属忠臣。

麟向慕容垂报功，垂已至中山，见城郭缮固，宫室构新，所有府库仓廪，统皆充溢，便顾语诸将道：“这是乐浪王的大功，就使汉代萧何，想亦不过如是了。”看官，你道乐浪王为谁？乃是前燕主慕容俊第四子温。垂起兵攻邺时，温亦引众往会，由垂命为征东将军，封乐浪王，使与慕容农等同定中山，即留温居守。温劝课农桑，怀远招携，外拒丁零，内抚郡县，吏民争馈粮糈，遂得富足，缮城筑室，措置裕如。垂既得此安乐乡，当然不愿他去，将佐复联笺劝进，乃以中山为国都，就南郊燔柴祭天，自称燕帝，改元建兴。署置公卿百官，缮修宗庙社稷，立世子宝为太子，余子农为辽西王，麟为赵王，隆为高阳王，范阳王德为尚书令，太原王楷为左仆射，乐浪王温为司隶校尉，领冀州刺史。追尊生母兰氏为文昭皇后，徙跦后段氏神主至别室，改奉兰氏配飨。博士刘详董谧，谓尧母位列第三，并未尝因尧为天子，上陵姜源，王道贵示大公，不宜自存私见。垂不肯依议，又废跦后可足浑氏，说她倾覆社稷，不足祔庙。实是报复前怨，事见六十一回。尊俊昭仪为景德皇后，配飨龙陵。龙陵为慕容俊墓。追谥先妃段氏为成昭皇后，册立继室段氏为皇后。可记秦王见幸时否？太子宝为先段后所出，后来宝多失德，后段后劝垂易储，议不果行，反惹出许多祸乱，事见下文。

且说西燕主慕容冲，逐去秦王坚父子，遂入据长安，怡然自得，渐即淫荒，赏罚不均，号令不明。慕容柔与慕容盛，尚在冲麾下。柔与盛奔依慕容冲，见六十九回。盛年方十三，密语叔父柔道："从来为十人长，亦须才过九人，然后得安，今中山王指冲，见前文。智未迈众，才不逮人，功尚未成，先自骄侈。据盛看来，恐必不能持久哩！"这也所谓小时了了，大未必佳。冲遣尚书令高盖，率众五万，往伐后秦。行至新平南境，与姚苌兵马相遇，两下交战，盖兵大败，十亡七八，盖恐还军得罪，索性与残众数千人，降附姚苌，苌令为散骑常侍。这音耗传到长安，冲好似失一左臂，乃惟与左仆射慕容恒，右仆射慕容永，协图政事，但也不甚信用，遂致群怨交集，众叛亲离。将军韩延等，因众心未悦，即与前将军段随商议道："今主上骄侈日甚，臣民不安，如何而可？我与将军百战疆场，才得关中，怎堪令庸主败坏呢！"段随道："据君意见，应该如何处置？"韩延附耳说了两语，随只是摇头。延变色道："将军如不见信，恐难免灭族了！"随不觉失惊，延说道："韩信彭越，功高天下，尚且被诛，试问将军能如韩彭么？"随听此一语，也觉动心，因即依延计，乘夜行事。

到了黄昏，便密召兵士，攻入宫中。冲尚在酣饮，猛见乱兵入室，始起坐惊问，一语未完，刀锋及项，立即颈血模糊，倒毙地上，左右皆已骇散。延即率兵登殿，召集文武，高声宣令道："慕容冲饮酒淫荒，不堪为主，我等已为众除暴，另议立君，今段将军威德日闻，可为燕主，愿诸公同心辅戴，不得有违！"文武百官，皆错愕失容，不知所对。延竟顾视左右，令拥段随御座，且厉声道："如不服新主，便当处斩！"大众闻一"斩"字，一时不敢违慢，只好勉强谒贺，再作后图。段随居然受谒，改元昌平。草草毕礼，才命殓葬慕容冲。

当时冲将王嘉，曾劝冲东还邺城。冲见长安宫阙崇宏，后庭充牣，便乐得久居，无志东归。嘉作歌讽冲道："凤凰凤凰，何不高飞还故乡？何故在此取灭亡?"冲亦知"凤皇"二字，是自己的小字，六十八回中亦曾叙过。只因志在苟安，始终不从，遂遭此祸。

慕容永与慕容恒，与冲同族，怎肯坐观成败，竟令外人霸据成业，安然称王？当下两人密谋，号召旧部，袭杀段随，并诛韩延等人，推立宜都王慕容恒子觊为主。恒系慕容俊弟，尝留镇辽东，燕亡时为秦将朱嶷所杀。长子便是慕容凤，曾劝丁零翟斌迎慕容垂，遂归垂麾下。见六十八回。垂为燕王，令凤承袭父爵。凤弟即慕容觊，随冲入关，永与恒乃奉为燕王，改元建明。且率鲜卑男女四十万，出关东行。才至临晋，不意恒弟慕容韬，阴怀异志，竟将觊刺死。永与武卫将军刁云攻韬，韬战败遁去。恒再立冲子瑶为主，改元建平，谥冲为威皇帝。大众不服恒所为，情愿依永，当即奉永攻恒，恒亦败走，瑶不及脱身，竟死乱军中，于是众情一致，戴永为主。永系慕容廆从孙，祖名运。自言序不当立，决计让去，另立慕容泓子忠。忠既嗣立，改元建武，即授永为丞相，封河东公。再东行至闻喜，始知慕容垂已称尊号，惮不敢进，即在闻喜县中筑造燕熙城，为自固计。偏刁云等又复杀忠，定要推永为主，永乃自称大将军大单于，领雍秦梁凉四州牧，录尚书事，兼河东王。置君如弈棋。总之晦气几个鲜卑小鬼。一面遣使至中山，向慕容垂处称藩，一面遣使至晋阳，向秦主苻丕处假道。看官试想！这秦主不与慕容永，具有不共戴天的大仇，难道就肯假道么？小子有诗叹道：

大仇未复慢投戈，假道何堪谬许和。
可惜苻秦王气尽，遗灰总莫障颓波！

欲知苻丕当日情形，容至下回续叙。

佛图澄与鸠摩罗什，先后相继，留传史乘，此皆由世道衰微，圣王不作，乱臣贼子盈天下，故羽客缁流，得挟异技以干宠耳。佛图澄之于石勒，鸠摩罗什之于吕光，当其佐命之初，几若一指南之圭臬，然卒之徒炫小智，无关大体，此其所以忽兴忽衰，难与言治也。慕容冲以龙阳之姿，一跃而称燕帝，自宋朝弥子瑕以来，从未闻有此奇遇者，彼狡童者，何能为国？观其僭号以后，仅逾年而即死人手，不亦宜乎？惟段随既为冲臣，甘从韩延之逆谋，躬与篡弑，罪不容诛，虽延为主动，随为被动，然据位称尊，随实尸之。晋赵穿之弑灵公，春秋犹书赵盾，况段随乎？故本回以段随为首恶，遵《春秋》之大义也。

第七十二回

谋刺未成秦后死节　失营被获毛氏捐躯

却说秦自博陵失守，燕兵四至，冀州牧苻定，镇东将军苻绍，幽州牧苻谟，镇北将军苻亮，自知不能御燕，复向燕请降，受封列侯，就是王统王广毛兴等，亦互相攻夺。广败奔秦州，为鲜卑人匹兰所执，解送后秦，兴亦为枹罕诸氐刺死，改推卫平为河州刺史。平年已老，不能驭众。坚有族孙苻登，素有勇略，得受封为南安王，拜殿中将军，迁长安令，寻坐事黜为狄道长。关中陷没，登走依毛兴，充河州长史，兴颇重登才，妻以爱女，擢为司马。至兴被戕时，登孤掌难鸣，只好含忍过去。后来枹罕诸氐，悔立卫平，再议废置，连日未决。会七夕大宴，氐将啖青，拔剑大言道："今天下大乱，豺狼塞路，我等义同休戚，不堪再事庸帅，前狄道长苻登，虽系王室疏属，志略却很是英强，今愿与诸君废昏立明，共图大事；如有不从，便申异议，休得一误再误呢！"说至此，仗剑离座，怒目四视，咄咄逼人。大众莫敢仰视，俱俯首应诺；乃拥登为抚军大将军，都督陇右诸军事，领雍河二州牧，称略阳公。与众东行，攻拔南安，因遣使至晋阳请命。登为九年秦主，故不得不详所由来。秦主丕不能不从，准如所请，且授登为征西大将军，仍封南安王，命他同讨姚苌。

是时，王永进为左丞相，已二次传檄，预戒师期。丕乃留将军王腾守晋阳，右仆射杨辅戍壶关，自率众四万进屯平阳。适值慕容永驰使假道，自愿东归，丕当然不许，且下令云：

> 鲜卑慕容永，乃我之骑将，首乱京师，祸倾社稷，豖凶继逆，方请逃归，是而可忍，孰不可忍？其遣左丞相王永，及东海王纂，率禁卫虎旅，夹而攻之，即以卫大将军俱石子为前锋都督，誓歼乱贼，以复国仇，其各努力毋违！

令甲既申，诸军并出，总道是旗开得胜，马到成功，哪知天下不如意事，十常八九。丕在平阳静待数日，起初尚接得平安军报，只说是军至襄陵，与贼相遇，未决胜负，后来即得败报，前锋都督俱石子战死了，最后复得绝大凶信，乃是左丞相王永，亦至阵亡，全军俱败溃了。虚写战事，又另是一种笔墨。丕不禁大惊，忙问东海王纂下落，侦吏报称纂亦败走，惟兵士死伤，尚属不多。这语说出，急得丕失声大呼，连说不佳。看官道是何因？原来纂从长安奔晋阳，麾下壮士，本有三千余人，丕恐纂为乱，胁令解散，此次又惧纂报复，所以越觉惊惶。匆匆不及细想，便率骑士数千，狼狈南奔，径赴东垣。探得洛阳兵备空虚，意欲率众掩袭。洛阳时已归晋，当由晋西中郎将桓石民，探知消息，即遣扬威将军冯该，自陕城邀击苻丕。丕不意中道遇敌，仓猝接仗，部骑惊溃，丕跃马返奔，马蹶坠地，可巧冯该追至，顺手一槊，了结性命。不度德，不量力，怎能不死？总计丕僭称帝号，不过二年。尚有秦太子宁，长乐王寿，及左仆射王孚，吏部尚书苟操等，俱被晋军擒住，连丕首共送建康。还算蒙晋廷厚恩，命将丕首埋葬，所有太子宁以下，一体赦免，饬往江州，归苻坚子宏管束。宏降晋见七十回。

东海王纂，与弟尚书永平侯师奴，招集余众数万，奔据杏城。此外后妃公卿，多被慕容永军掳去。永遂入长子，由将佐劝称帝号，便即被服衮冕，居然御殿受朝，改元中兴。他见丕后杨氏，华色未衰，即召入后庭，迫令侍寝。杨氏貌若芙蕖，心同松柏，怎肯失节事仇，含羞受辱？当下拒绝不从。永复与语道："汝若从我，当令汝为上夫人；否则徒死无益！"杨氏听了"徒死无益"四字，不由的被他提醒，便佯为进言道："妾曾为秦后，不宜复事大王，但既蒙大王见怜，妾亦何惜一身，上报恩遇！但必须受了册封，方得入侍巾栉，免致他人轻视呢。"永闻言狞笑道："这亦不妨依卿，俟明日授册，与卿欢叙便了。"说罢，即使杨氏出宿别宫。翌日，下令册封杨氏为上夫人，令内官赍册入奉，杨氏接得册宝，勉为装束，专待夜间下手。夜餐已过，永即至杨氏寝室，来与调情。杨氏起身相迎，假意拜谢，永见杨氏浓妆如画，秀色可餐，比昨日更鲜艳三分，禁不住欲火上炎，便欲与她共上阳台，同谐好梦。偏杨氏从容进言道："今夕得侍奉大王，须待妾敬奉三觞，聊表敬意。"永不忍推辞，乃令侍女取出酒肴，自己坐在上面，由杨氏侧坐相陪。杨氏先斟奉一觞，永一吸而尽，第二觞亦照样的喝干了。到了第三觞上奉，杨氏左手执觞，递至永口，右手却从怀中拔出短刀，向永猛刺。也是永命不该绝，先已瞧着，急将身子一闪，避过刀锋。杨氏扑了一个空，又因用力过猛，将刀戳入座椅，一时反不能拔出，更被永左手一挥，把杨氏推开数步，跌倒尘埃。杨氏自知无成，才竖起黛眉，振起娇喉，向永诟詈道："汝系我国逆贼，夺我都，逐我主，反思凌辱我身，我岂受汝凌辱么？我死罢了！恨不能揕汝逆贼！"说着，已被永抽刀一掷，正中杨氏柔颈，血花飞溅，玉碎香消。完名全节，一死千秋！永怒尚未息，喝令左右入室，拖出尸身，自向别室寻乐去了。

慕容盛叔侄，随永至长子，见永所为不合，恐自己不免遭殃，因密白叔父柔道："闻我祖父已中兴幽冀，东西未壹，我等寄身此地，自居嫌疑地位，好似燕在幕上，非常危险，何不乘此机会，便即高飞，一举万里，免得坐待罗网哩！"柔也以为然，遂与盛等悄悄出奔，从间道趋往中山。途次遇着群盗，拦住去路，盛慨然与语道："我是六尺男儿，入水不溺，在火不焦，还问汝敢当我锋否？汝若不信，试离我百步，高举汝手中箭镞，我若射中，汝可小心仔细，防着丧命，倘射不能中，便当束手待毙，由汝处置罢！”盗见他年少语夸，必有奇技，乃退至百步以外，举箭待着。脚才立定，已听得飕的一声，有箭射到，不偏不倚，插入箭镞。盗不禁咋舌，掷箭拱手道，“郎君乃贵人子，具有家传绝技，我等但欲相试，岂敢相侵！”说罢，反从囊中取出白镪，作为赆仪，让路送行。盛也不多辞，受赠作别，径往中山去了。

永闻盛等私奔中山，勃然大愤，竟收捕慕容俊子孙，无论男女少长，骈戮无遗。如此淫虐，能活几时？这且待后再表。

且说后秦主姚苌，探得慕容永等出关，料知长安空虚，遂自新平西进，驰入长安，御殿称帝，改元建初，国号大秦，改名长安为常安。立妻蛇氏为皇后，子兴为太子，分置百官，服色尚赤。追谥父弋仲为景元皇帝，兄襄为魏武王。命弟绪为征虏将军，领司隶校尉，留守长安，自率众往安定，击破平凉胡金熙，及鲜卑支酋没柔干，乘势转趋秦州。秦州刺史王统尚为苻氏旧将，出兵相拒，连战失利，不得已举城降苌。苌授弟硕德为征西将军秦州刺史，都督陇右诸军事，领护东羌校尉，镇守上邽。适秦南安王苻登，招集夷夏三万余户，兵马浸盛，进攻秦州。姚苌正自上邽启行，欲还长安，途中闻秦州被攻，亟引兵返援，与硕德同出胡奴阪，截击苻登。不料苻登部下，勇健善斗，个个是冲锋上选，苌众无一敢当，竟被他蹂躏一场，伤亡至二万余人。苌连忙返奔，背上已着了一箭，为登将啖青所射，深入骨髓，犹幸未中要害，还得忍痛逃归。硕德亦走还上邽，婴城拒守。

时岁旱众饥，饿殍载道，登每战杀敌，即取尸肉蒸啖，号为熟食，且语军士道：“汝等旦日出战，暮即得饱食人肉，还愁甚么饥馁呢？”以人食人，真是禽兽世界。军士闻令，争取死人为粮，每食必饱，故壮健如飞。姚苌察悉情形，急召硕德同归，并传语道：“汝若不来，恐麾下兵士，定将苻登食尽了！”硕德遂弃去秦州，亦东奔长安。

登既得胜仗，再图进取，适值丕尚书寇遗，奉丕子渤海王懿，济北王昶，自杏城奔至登军，述及丕败死等情，于是登为丕发丧，三军缟素。拟即立懿为嗣主，部众都趋进道：“渤海王虽先帝嗣子，但年尚幼冲，未堪继立。国家多难，须立长君，这是《春秋》遗义。今三虏跨僭，寇贼盛强，豺狼枭獍，举目皆是，大王挺剑一起，便败姚苌，可谓威振华夷，光极天地，宜即正大位，龙骧武奋，光复旧京，再安社稷宗庙，怎可徒顾曹臧吴札小节，自失中兴盛业呢！”这一席话，恐是由苻登嘱使出来。曹臧吴札并见《春秋》。登乃命在陇东设坛，嗣为秦帝，改太安二年为太初元年，仿置文武官属。且就军中设立苻坚神主，仍依苻丕旧谥，称坚为世祖宣昭皇帝，见七十回。载以辎軿，卫以龙贲，凡所欲为，必启主后行。当下集众五万，将讨后秦，便在坚神主前，拜祷读祝道：

维曾孙皇帝臣登，以太皇帝之灵，恭践宝位。昔五将之难，贼羌肆害于圣躬，实登之罪也。今收合义旅，众逾五万，精甲劲兵，足以立功，年谷富穰，足以资赡。即日星驰电迈，直造贼庭，奋不顾命，陨越为期，庶上报皇帝酷怨，下雪人民大耻。维帝之灵，降监厥诚！

读祝既毕，唏嘘泣下。将士莫不悲恸，志在必死，各刻鍪铠中，为死休字样，每战辄用长槊钩刃，列为方圆大阵，遇有厚薄，从中分配，所以人自为战，所向无前。前中垒将军徐嵩，屯骑校尉胡空，各聚众五千，结垒自固。既而受姚苌官爵，借避兵锋。及苻坚遇害，嵩等请领坚尸，以王礼营葬。苻登称帝，嵩与空复率众请降。登拜嵩为镇军将军，领雍州刺史，空为辅国将军，兼京兆尹，改葬坚柩，用天子礼。

越年正月，登立妃毛氏为后，渤海王懿为皇太弟，遣使拜东海王纂为太师，领大司马，都督中外诸军事，进封鲁王，纂弟师奴为抚军大将军，领并州牧，封朔方公。纂不欲受命，怒叱来使道："渤海王系世祖孙，为先帝遗体，南安王何不拥立，乃妄自称尊呢?"来使以国难未平，须立长君为词，纂意终未释。独长史王旅进谏道："南安已立，理难中改，今国虏未平，不宜先仇宗室，自相鱼肉，容俟二虏平定，再作后图。"说得有理。纂乃对使受职，遣令归报。登复调梁州牧窦冲为南秦州牧，雍州牧杨定为益州牧，南秦州刺史杨璧为梁州牧，并授乞伏国仁为大将军大单于，封苑川王。

杨定与东海王纂，会攻后秦，进至泾阳，正值姚硕德奉行兄令，率众来战。被定纂两路夹攻，顿致大败。姚苌自督兵往救，纂乃退守敷陆，檄令他镇济师。窦冲进拔后秦汧雍二城，苌移兵击冲，冲战败退还。秦冯翊太守兰犊，引众二万，自频阳入和宁，贻书苻纂，共图长安。纂正喜得一帮手，偏乃弟师奴，谓不如背了苻登，自进尊号，纂不肯从，竟为师奴所杀。师奴遂自称秦公，欲袭长安，途次遇着苌军，逆战大败，奔亡鲜卑。杀兄贼怎能济事！兰犊闻报，亦即退去，苌更遣将军梁方成引兵攻秦雍州刺史徐嵩军垒，嵩兵单力弱，不能支持，竟被陷入，且为所擒。方成责嵩反复不忠，徒自取死。嵩怒骂道："汝姚苌已坐死罪，乃蒙先帝恩赦，授任内外，备极荣宠，今乃负恩忘义，身为大逆，连犬马尚且不如。汝附逆为虐，不知责己，反来责我，我不幸被执，情愿速死，早见先帝，收汝逆苌生魂，治罪地下。"说至此，怒眦尽裂，噀血横喷，惹得方成大愤，拔剑杀嵩，连斫三剑，嵩始陨命，遗众数千，俱被方成坑死。嵩虽曾降苌，仍为苻秦殉节，不失为忠。姚苌亦引兵来会，发掘秦王坚墓，劈棺鞭尸，剥去殓服，裹以荆棘，埋入坎中。伍胥鞭尸，且贻讥后世，何况姚苌！

苻登闻姚苌猖獗，出屯胡空堡，招集戎夏兵民十余万众，循陇西下，径入朝那。苻懿得病而死，予谥献哀。登乃立子崇为太子，弁为南安王，尚为北海王。姚苌亦移据武都，与登相持，大小经数十战，苌多败少胜，退营安定。登粮亦垂尽，令大军就食胡空堡，自率精骑万余，进围苌营。四面大哭，哀声动人，苌亦命三军皆哭，与外相应，登乃引还。苌见登军中，载着苻坚神主，遂疑是坚有神验，故登战辄胜。当下想入非非，亦在军中立坚神主，作文致祝。文词似涉诙谐，颇堪一噱，由小子录述如下：

往年新平之祸，非苌之罪。臣兄襄从陕北渡，假路求西，狐死首邱，欲暂见乡里，陛下与苻眉要路距击，不遂而殁。襄敕臣行杀，非臣之罪。苻登陛下末族，尚欲复仇，臣为兄报耻，于情理何负？昔陛下假臣龙骧之号，尝谓臣曰："朕以龙骧建业，卿其勉之！"明诏昭然，言犹在耳，陛下虽没世为神，岂假手于苻登而图臣，竟忘前征时言耶？今为陛下立神像，可归休于此，勿记臣过，鉴臣至诚，永言保之！杀其身，鞭其尸，还欲向之求庇，苌之愚暴，一何可笑。

既而苻登复进兵攻苌，望见苌军亦立坚神主，便登车楼语苌道："从古到今，难道有身为弑逆，反立神像求福，还想得益么？"苌闻言不答，登又大呼道："弑君贼姚苌出来，我与汝决一死战，看汝果能胜我否？"苌仍然不应。登乃下楼，督军攻苌。苌遣将出战，败回营中，再战又败，军中每夕数惊。苌乃伐鼓斩像，将像首掷入登营，自引兵退入安定城内，潜遣中军将军姚崇，袭大界营。大界营是苻登安顿辎重的地方，所有登后毛氏，及登子弁尚等，俱在营中居住，留作后应。崇从间道绕至大界，偏为登所闻知，还军邀击，大破崇军，俘斩至二万五千人，崇狼狈遁还。

登因此次得胜，总道苌不敢再来掩袭，便进拔平凉，留尚书苻愿居守，再进拔苟头原，逼攻安定。哪知姚苌复自率铁骑三万，夜袭大界营，营中不及预防，竟被攻入。登后毛氏，颀皙多力，且善骑射，仓猝上马，带领壮士力战，左手张弓，右手发箭，弦声所至，无不倒地，苌众被射死七百余人。待至箭已放尽，寇仍未退，反一重一重的围裹拢来，毛氏弃弓用刀，尚拚死格斗，终因寡不敌众，马蹶被擒。就是登子弁尚，亦俱被拘去。

苌军将毛氏推至苌前，苌见她皎皎芳容，亭亭玉立，刚健婀娜，宜武宜文，另有一番态度。不觉惹动情魔，便令军士替她释缚，且涎脸与语道："卿能依我，仍不失为国母。"毛氏当面唾骂道："呸！我为天子后，怎肯为贼羌所辱！"苌老羞成怒道："汝不怕死么？"毛氏又道："羌奴！羌贼！可速杀我。"苌尚未忍加刑，毛氏仰天大哭道："姚苌！汝既弑天子，又欲辱皇后，皇天后土，岂肯容汝长活么？"苌听她越说越凶，遂命左右推出斩首，一道贞魂，上升天国去了。与杨氏并传不朽。登子弁尚，亦相继受戮。小子有诗赞毛氏道：

贞心亮节凛冰霜，一死留为青史光。
写到苻秦三烈妇，笔头也觉绕余香。

苌既杀毛氏母子，诸将请往击登军。究竟苌是否允议，且看下回便知。

本回叙述二苻兴亡，实为杨毛二后作传。苻丕嗣坚称帝，不二年而即亡，其材之庸劣可知。苻登虽稍胜苻丕，然徒知黩武，害及妻孥，是亦未足与语中兴耳。惟坚之时有张夫人，后又有杨氏毛氏二后，义不受辱，并皆殉节。苻氏之家法不足传，独此三妇得并传不朽，名播千秋，是亦苻氏之光也。《晋书·列女传》但载坚妾张氏，登妻毛氏，而于丕妻杨氏独略之，殊为不解。《十六国春秋》中，虽经备述，但徒厕入秦后妃中，亦未足表扬贞节。得此书以阐发之，而幽光乃毕显云。

第七十三回

拓跋珪创兴后魏　慕容垂讨灭丁零

却说姚苌既破大界营，诸将欲乘胜击登，苌摇首道："登众尚盛，未可轻视，不如回军为是。"乃驱掠男女五万余口，仍归安定。登闻大界营失陷，妻子覆没，悲悔的了不得，经将佐从旁劝慰，乃退回胡空堡，收合余众，暂图休养，两秦始罢战半年。是时，中华大陆除江东司马氏外，列国分峙，大小不一。秦分为三：若秦，若后秦，若西秦。燕别为二：若燕，若西燕。尚有凉州的吕光，史称后凉，共计六国。此外又有一国突起，乃是死灰复燃，勃然兴隆，渐渐的扫清河朔，雄长北方，传世凡九历年至百有五十，好算是当时最盛的强胡。这人为谁？就是前文六十五回中所叙的拓跋珪。特笔。

珪为代王什翼犍孙，与母贺氏同依刘库仁，库仁待遇甚优，母子乃得安居。已而，库仁为燕将慕舆文等所杀，库仁弟头眷代统部众。头眷破贺藻，败柔然，兵势颇盛，偏库仁子显，刺杀头眷，自立为主，并欲杀拓跋珪。显弟亢埿妻，为珪姑母，得知显意，走告珪母贺氏。又有显谋主梁六眷，系代王什翼犍甥，亦使人告珪。珪年已十有六，生得聪颖过人，亟与母贺氏商定秘谋，安排出走。贺氏夜备筵宴，召显入饮，装出一番殷勤状态，再三劝酒，显不好推辞，又因贺氏虽然半老，丰韵犹存，免不得目眩神迷，尽情一喝，接连饮了数巨觥，醉得朦胧欲睡，方才归寝。珪已与旧臣长孙犍元他等，轻骑遁去。到了翌晨，贺氏又潜至厩中，鞭挞群马，马当然长嘶，显从睡梦中惊醒，急至厩中探视，但见贺氏作搜寻状，当下问为何因？贺氏竟向显大哭道："我子适在此处，今忽不见，莫非被汝等杀死么？"显忙答道："哪有此事！"贺氏佯不肯信，仍然号啕不休。显极力劝慰，但言珪必不远出，定可放心，贺氏方返入后帐。显也不加疑，总道珪未识己谋，不致他去，所以劝出贺氏，仍未尝遣人追寻。

珪已奔入贺兰部，依舅贺讷，诉明详情，讷惊喜道："贤甥智识不凡，必能再兴家国，他日光复故物，毋忘老臣！"珪答道："果如舅言，定不相忘！"已而贺氏从弟贺悦，为刘显部下外朝大人，亦率部亡去，潜往事珪。显待珪不归，正在怀疑，及闻贺悦复遁，料知阴谋已泄，由贺氏居中设法，纵使他去，遂持刀往杀贺氏，贺氏走匿神车中，接连三日，幸得亢埿夫妇，向显力请，始得幸免。嗣南部大人长孙嵩，亦率所部七百余家，叛显归珪。显追嵩不及，怅怅而还。哪知中部大人庾和辰，乘显他去，竟入迎贺氏，投奔贺兰部。及显回帐，贺氏早已远扬，气得显须眉直竖，徒呼恨恨罢了。

珪居贺兰部数月，远近趋附，深得众心，偏为贺讷弟染干所忌，使党人侯引七，觑隙刺珪。代人尉古真，又向珪告知染干诡谋，珪严加防备。侯引七无隙可乘，只好复报染干。染干疑古真泄计，将他执讯，用两车轴夹古真头，伤及一目，古真始终不认，才命释去。惟引众围住珪帐，珪母贺氏出语道："染干！汝为我弟，我与汝何仇？乃欲杀死我子呢？"染干亦惭不能答，麾众引退。又阅数旬，珪从曾祖纥罗兄弟，及诸部大人，共请诸贺讷，愿推珪为主，贺讷自然赞成，遂于次年正月，奉珪至牛川，大会诸部，即代王位，纪元登国。即晋孝武帝太元十一年。使长孙嵩为南部大人，叔孙普洛为北部大人，分统部众。命张兖为左长史，许谦为右司马，王建和跋叔孙建庾岳等为外朝大人，奚牧为治民长，皆掌宿卫。嵩弟长孙道生等，侍从左右，出纳教命，于是十余年灭亡的故代，又得重兴。珪嫌牛川地僻，不足有为，因徙居盛乐，作为都城，务农息民，众情大悦。北人谓土为拓，后为跋，因以拓跋为姓，且改代为魏，自称魏王。

先是前秦灭代，徙代王什翼犍少子窟咄至长安，从慕容永东徙，永令窟咄为新兴太守。刘显为逼珪计，特使弟亢埿引兵数千，往迎窟咄，使压魏境，并代为传告诸部，说是窟咄当为代王，诸部因此骚动。魏王珪左右于桓等，与部人同谋执珪。往应窟咄，幢将代人莫题等，亦潜与窟咄勾通。幸桓舅穆崇，与珪莫逆，预向珪处报明。崇亦知大义灭亲耶？珪捕诛于桓等五人，莫题等赦免不问。为了这番乱衅，珪不免日夕戒严，尚恐内难未绝，暗算难防，不得已再逾阴山，往依贺兰部。更遣外朝大人安同，向燕求救。燕主慕容垂，因遣赵王麟援珪。麟尚未至魏，窟咄又与贺染干联结，侵魏北部。北部大人叔孙普洛，未战先遁，亡奔刘卫辰，魏都大震。麟在途中闻报，急遣安同归报魏人。魏人知援军将至，众心少安。窟咄进屯高柳，珪与燕军同攻窟咄，杀得窟咄大败亏输，奔投刘卫辰。卫辰把他杀死，余众四散，由珪招令投诚，不问前罪，散卒当然归魏。乃改令代人库狄干为北部大人，犒赏燕军，送令归国。燕主垂封珪为西单于，兼上谷王，珪不愿受封，但托言年少材庸，不堪为王，即将燕诏却还。已见大志。

刘卫辰久居河西，招军买马，日见强盛。后秦主姚苌，封卫辰为河西王，领幽州牧，西燕主慕容永，亦令卫辰为朔州牧。卫辰因遣使诣燕，贡献名马，行至中途，被刘显部兵夺去，使人逃往燕都，只剩了一双空手，不得不向燕泣诉。燕主垂勃然大愤，便拟兴兵讨显。可巧魏主珪虑显进逼，再遣安同至燕乞师，燕主垂一举两得，立遣赵王麟与太原王楷，率兵击显。显地广兵强，浸成骄很，士众无论亲疏，均有贰心，至是倾寨出拒，略略交锋，便即溃散。显知不可敌，奔往马邑西山。魏王珪复引兵会同燕军，再往击显，大破显众。显走入西燕，所有辎重牛马，都为燕魏两军所得。彼此分肥，欢然别归。

自是魏势日盛，连破库莫奚高车叱突邻诸部落，雄长朔方，甚且密谋图燕，特遣太原公仪，以聘问为名，至燕都窥探虚实。夷狄无信，即此可见。燕主垂诘问道："魏王何不自来？"仪答道："先王与燕尝并事晋室，约为兄弟，臣今奉使来聘，未为失礼。"垂作色道："朕今威加四海，怎得比拟前日！"仪从容道："燕若不修德礼，但知夸耀兵威，这乃将帅所司，非使臣所得与闻呢。"语有锋芒，但如垂所言，亦有令人可讥处。垂见他语言顶撞，虽然怒气填胸，却也无词可驳。留仪数日，遣令北还。仪返魏告珪道："燕主衰老，太子暗弱。范阳自负材气，非少主臣，若燕主一殁，内难必作，乃可抵隙蹈瑕，掩他不备，今尚未可速图呢！"珪点首称善，因与燕仍然往来，不伤和气。

彼此敷衍了一两年，珪复与慕容麟会集意辛山，同攻贺兰附近纥突邻纥奚诸部，所过披靡，相率请降。会刘卫辰收合余烬，又来出头，令子直力鞮攻贺兰部，贺讷忙向魏乞援。魏王珪引兵援讷，直力鞮望风退走。珪乃徙讷部众，居魏东境。既而讷弟染干，与讷相攻，构兵不已。珪欲并吞贺兰部，想出一条借刀杀人的计策，使吏告燕，请讨贺讷兄弟，情愿自为向导。报舅之道，如是如是！燕主垂即遣麟督兵，出击贺讷，讷本没有甚么能力，更兼兄弟阋墙，闹得一塌糊涂，怎能再敌燕军？至燕军已经逼寨，向魏请救，杳无复音，没奈何硬着头皮，自出抵敌，打了一仗，兵败力竭，被麟军擒了过去。贺染干不敢进战，便诣燕营乞降。麟驰书告捷，燕主垂还算有恩，命麟归讷部落，但徙染干入燕都，且召麟班师。麟还都告垂道："臣看拓跋珪举动，必为我患，不如征令来朝，使该弟监国，较可无虞。"垂未以为然，经麟一再请求，方遣使至魏，征使朝贡。珪令弟觚，至燕修好，慕容麟等劝垂留觚，更求良马。珪不肯照给，使张衮至西燕求和，燕遂不肯释觚。觚伺隙潜逃，又被燕太子宝追还，燕与魏就从此失好了。为燕魏交战张本。

且说西燕主慕容永，称帝逾年，屡出兵侵晋河南，旋复率众寇晋洛阳。时晋太保谢安，曾在广陵遇疾，卸职还都，竟至病逝。晋廷赠官太傅，追谥文靖。不略谢安之殁，意在重才。另命琅琊王道子领扬州刺史，录尚书事，都督中外诸军，加前锋都督谢玄，统辖徐兖青司冀幽并七州军事，寻又录淝水战功，赠谢安为庐陵公，封谢石为南康公，谢玄为康乐公，安子琰为望蔡公。会泰山太守张愿叛晋，北方不靖，谢玄上疏请罪，自乞罢职。孝武帝不从所请，只令玄还镇淮阴，调豫州刺史朱序代镇彭城。玄又称病谢职，有诏令为会稽内史。未几，玄殁，年止四十六，比乃叔谢安寿数，短少二十年。特叙此笔，补出谢安年纪。晋廷追赠车骑将军，予谥献武。乃命朱序都督司雍诸州军事，移戍洛阳，谯王恬无忌子。都督兖冀诸州军事，就镇淮阴。会值慕容永侵洛，序即带领兵马，从河阴渡河，击走永军。永走还上党，序追至白水，尚未收军。忽由洛阳守吏，递到急报，乃是丁零翟辽，谋袭洛阳，序始引军亟归。中道与翟辽相遇，一阵猛击，辽众俱仓皇遁去。

看官阅过前文，应知辽奔就黎阳，丁零遗众，奉翟成为主帅，驻守行唐；见六十九回。后来成为燕灭。惟辽尚存，晋黎阳太守滕恬之，为辽所欺，非常爱信，辽竟起歹心，乘恬之出外时，闭城峻拒，恬之无路可归，东奔鄄城，又被辽引众追及，擒还恬之，据住黎阳。朱序曾遣将军秦膺等讨辽，辽且先发制人，遣子钊南寇陈颍，正与秦膺等相值，被膺击退。嗣高平人翟畅，执住太守徐含远，举郡降辽。高平已为燕属，燕主垂怎肯干休，即亲自出讨，命太原王楷为前锋都督，杀往黎阳。辽众皆燕赵遗旅，俱云太原王子，犹我父母，不可不降，遂相率投诚。辽闻风惊惧，亦输款燕营，垂乃授辽为徐州牧，封河南公，受降而还。不到数月，辽又叛燕，出掠燕境，寻又遣司马眭琼，诣燕谢罪。燕主垂恨他反复，斩琼绝辽。辽竟自称魏天王，也居然建设百僚，改元建光，引众徙屯滑台，南图晋，北窥燕，阴使人赴冀州，诈降燕刺史乐浪王慕容温。见七十一回。温留置帐下，竟被刺死。燕辽西王慕容农，往捕刺客，得诛数人。辽自幸得计，又欲袭晋洛阳，幸为朱序击败，方才退还。序留将军朱党守石门，自引兵还镇。辽却雄心未死，又命子钊寇晋鄄城。晋将刘牢之领兵邀击，钊始败去。前泰山太守张愿叛晋，为燕所破，复投翟辽，辽令愿来敌牢之。愿知辽不可恃，致书牢之，自陈悔过，牢之乃许愿归降，并进逼滑台，再破辽众。辽入城固守，牢之猛攻不下，自恐饷运难继，才撤兵退回。

已而辽竟病死，由钊继立，改元定鼎。复欲承父遗志，攻燕邺城，失利而还。再遣部将翟都，侵燕馆陶，屯苏康垒。好兵不戢，必致自焚。于是燕主垂不能再忍，下令亲征，自率步骑十万，径压苏康垒前。翟都弃垒夜走，奔还滑台。翟钊闻燕兵大至，也不禁惶急起来，连忙缮就哀书，借兵西燕。西燕主慕容永，召集群臣商议行止，尚书郎鲍遵道：“两寇相争，势必俱敝，我随后出兵，乘敝制寇，便是卞庄刺虎的遗策了。”中书侍郎张腾道：“强弱异势，何至遽敝，不如率兵往救，使成鼎足，方可牵制强燕，一面分兵直趋中山。昼设疑兵，夜设火炬，使彼自相疑惧，引兵自退，然后我冲彼前，钊蹑彼后，必可蹙燕，这乃天授机会，万不可失呢！”永不肯依腾，却回翟使，使人返报翟钊。钊只好调集部众，出拒黎阳。

燕主垂至黎阳北岸，临河欲济，钊列兵河南堵截。燕军见钊众气盛，颇有惧色，俱劝垂留兵缓渡。垂掀髯笑道："竖子有何能为？卿等可随朕杀贼哩！"诸将始不敢多言，但静待军令，严装候着。到了次日，垂忽下令拔营，迁往西津，去黎阳西四十里，具备牛皮船百余艘，载着兵仗，将溯流东上，进逼黎阳。钊见垂引兵西向，不得不随向西趋，防垂渡河。哪知垂是诱他过去，到了夜半，却暗遣中垒将军桂阳王镇，率骁骑将军国等，仍到黎阳津偷渡。平风息浪，竟达河南，当即乘夜筑栅，及旦告成。钊得知燕军东渡，急忙麾众赶回，来夺燕寨。偏燕军依栅自固，坚壁勿动，钊一再挑战，统被燕军射退。待至午后，钊士卒往来饥渴，只好引还，不意燕营内一声鼓角，驱兵杀出，竟来追钊。钊亟回军抵敌，两下里正在酣战，突有一彪人马到来，为首大将，乃是燕辽西王慕容农。他因钊众东回，得从西津渡河，前来助镇，左右夹攻钊众。钊如何抵挡得住，慌忙引众返走，已被燕军杀得七零八落，只带得残骑数百，奔归滑台。燕军陷入黎阳，再乘胜进逼，钊力不能支，没奈何挈着妻子，率数百骑北走，渡河登白鹿山，凭险自守。

燕军追至山下，望见山路险仄，林箐朦胧，急切不敢进去，便在山下安营。一住数日，并无一人出山，慕容农语将士道："钊仓猝入山，粮必不多，断不能久居山中，惟我军常围山下，彼且惮死不出，不如佯为退兵，诱他下山，方可一鼓歼灭了。"父子兵略，俱属可观。将士当然赞成，便即引退，钊果下山西走，行未数里，燕军已两面突至，掩杀钊众。亏得钊乘着骏马，飞奔而去，所有妻子部曲，悉数被擒。钊所统七郡将吏，均向燕请降。垂从子章武王宙为兖豫二州刺史，居守滑台，徙徐州七千余户至黎阳，亦留从子彭城王脱居守，领徐州刺史，自引军还中山，命辽西王农都督兖豫荆徐雍五州军事，屯兵鄄城。独翟钊单骑奔入西燕，西燕主慕容永好意延纳，授钊车骑大将军，领兖州牧，封东郡王，偏钊住了年余，又生异志，复思叛永。永察出阴谋，方将钊杀死了事，翟氏乃绝。小子有诗叹道：

居心反复太无诚，不信如何得幸生！
试看丁零衰且尽，益知作伪总难成。

欲知后事如何，且看下回分解。

拓跋珪母子，屡濒死地，而卒得不死，是得毋天将兴魏，王者不死耶！然观诸珪之心术，实无足取，彼赖舅贺讷而得存，乃未几而导燕灭贺矣；彼恃慕容氏之援而得兴，乃未几而遣仪窥燕矣，无信无义，何以立国？顾竟得雄长朔方，历祚至百五十年，天道茫茫，殊不可问！岂其时方丁闰运，固凭力不凭理欤？丁零翟氏，燕之所借以规复者也，翟斌忽迎垂，忽又欲叛垂，事泄被诛，咎由自取。然翟真翟成翟辽翟钊等，辗转构难，虽相继败死，卒归于尽，而慕容氏之兵力，盖亦已半敝矣。夷狄无亲，难与共事，慕容垂固尝负秦，亦曷怪翟氏之反复哉？

第七十四回

智姚苌旋师惊噩梦　勇翟瑥斩将扫孱宗

却说秦主苻登，自退屯胡空堡后，按兵不出。接应前回。后秦主姚苌，使弟硕德镇守安定，分置秦州守宰，派从弟常戍陇城，邢奴戍冀城，姚详戍略阳。秦益州牧杨定，出攻陇冀，阵斩姚常，并擒邢奴。姚详大惧，即将略阳城弃去，奔往阴密。定遂自称秦州牧，晋爵陇西王。秦主登方借定拒苌，不便斥责，只好许称王号，且加定为左丞相上大将军，都督中外诸军事，领秦梁二州牧。一面进窦冲为大司马，兼骠骑大将军，都督陇东诸军事，领雍州牧，杨璧为大将军，领南秦益二州牧，约与共攻后秦。三人才略心术，俱难重任，登所用非人，宜其致败。又敕并州刺史杨政，冀州刺史杨楷，各率部曲相会，再图大举。

姚苌遣将军王破虏，略地秦州，为杨定所破，狼狈奔还。秦主登出攻鸯泉堡，由姚苌亲自驰救，登亦引退。苌嘱使东门将军任瓮等，致书与登，诈为内应，登得书后，即欲轻骑践约。征东将军雷恶地，在外将兵，得知此事，即驰入白登道："姚苌多诈，怎可轻信？请三思后行！"登乃中止。嗣探得任瓮诈降，悬门以待，乃惊语左右道："雷征东料敌如神，若非彼言，我几为竖子所欺了。"恶地因谏苌有功，亦未免语带矜夸，偏登又阴怀猜忌，只恐他另生恶念，逐渐见疏。莫非因他以恶为名故致生忌，但好猜如此，何由御人？恶地果然疑惧，竟往降后秦，姚苌命恶地为镇军将军。

既而秦镇东将军魏褐飞，自称冲天王，号召氐胡部落，围攻杏城。杏城为后秦安北将军姚当成所守，便驰使报告姚苌，请速济师。苌自引精兵千六百人，往援杏城，哪知降将恶地，又与褐飞相应，反攻李润。镇名在冯翊西。两人会合拢来，众至数万，氐胡又相继奔赴，络绎不绝。苌固垒不战，佯示怯弱，褐飞见苌兵弱少，意存轻藐，毫不加防，不意后面有苌兵掩入，立致惊溃。苌既分兵绕击褐飞，自己在营中眺着，望见褐飞后营，尘头扰乱，料知褐飞中计，便即驱兵杀出，直击褐飞前营。褐飞前后受敌，吓得手足无措，只好没路的乱撞。偏偏冤家路狭，正与姚苌相值，再欲回头返奔，已是不及，那好头颅即被人取去了。褐飞有众三万人，死了一万，降了一万，逃去一万，霎时间成为平地。杏城守将姚当成，出迎姚苌，苌命就营址间，每一栅孔，改植一树，作为战胜纪念。当成嫌营地太小，苌笑道："我自结发以来，与人交战，从没有这般奇捷。试想我军不过千余，能骤破三万贼众，可见营地以小为奇，如贼大营，有什么用处哩！"说着，复命移兵往击恶地。兵方启行，恶地已前来谢罪，俯伏投诚。苌传命宥免，令他随归长安，待遇如初。恶地首鼠两端，实可杀却。

过了一年，冯翊人郭质，忽起兵应秦，移檄三辅，数苌过恶。三辅多贻书归附，独郑县人苟曜不从，聚众数千，与质为敌。秦授质为冯翊太守，后秦授曜为豫州刺史。曜与质互相战争，质屡次失利，败奔洛阳，后来苟曜为秦所诱，密约秦主登出兵，愿为内应。胡人真多反复。登督兵赴约，竟至马头原，姚苌引众逆战，为登所败，右将军吴忠阵亡。姚硕德等拚命拦截，才得勉强收军，不致大挫。苌令军士饱食干粮，再行进战，硕德旁问道："陛下每战不胜，即有奇谋，今战既失利，又欲进攻，果有何策？"苌答道："登用兵迟缓，不识虚实，今轻兵直进，竟据我东首，这定是苟曜竖子，与他通谋，所以冒险前来；若再不与战，日久势增，祸更难测，故不如更与交锋，使苟曜未得连合，登尚疑信参半，当可转败为胜，解散贼谋哩。"说毕，上马督兵，进攻登营。登不防姚苌再至，仓皇接仗，士无斗志，纷纷溃退，苌驱众追杀一阵，斩获无算，直至登奔往郿城，始命凯旋。诸将益佩服苌谋。

嗣闻登复移攻安定，苌命太子兴居守长安，自往拒登。临行时嘱兴道："苟曜好为奸变，他闻我北行，必来见汝，汝宜将他捕戮，免贻后患。"兴唯唯受教。果然苌就道后，曜即入关见兴，当被兴喝令拿下，推出枭首，然后报达姚苌。苌闻苟曜已死，安心前行。至安定城东，见登引众来前，立即麾众与斗，把登击退。苌入城犒军，宴集将佐，诸将进言道："今日魏武王尚存，苌谥兄襄为魏武王见七十二回。必不令此贼久盛，陛下但务拒守，不愿进击，所以养寇到今，尚未荡平呢。"苌微哂道："我原是不及亡兄，约算起来，共有四种。我兄身长八尺五寸，臂垂过膝，人一望见，便觉生畏，这是我第一种不及处；我兄与天下争衡，虽遇十万雄师，毫不畏缩，当先直进，横厉无前，这是我第二种不及处；我兄谈古知今，讲论道艺，善遇英雄，广罗俊异，这是我第三种不及处；我兄董率大众，履险如夷，上下咸服，人人愿尽死力，这是我第四种不及处。我事事不及亡兄，尚得建立功业，策任群贤，无非靠了一些智略，稍得过人一筹。苻登穷寇，将来总要覆亡，何必急速求功，反致败事哩！"于是群下咸称万岁。越日苌复下书，令诸镇各置学官，不得偶废，考试优劣，量才擢叙。会秦骠骑将军没奕于，率户六千，来降姚苌，苌授没奕于为车骑将军，封高平公。

既而苌遇重疾，因遣弟硕德镇李润，仆射尹纬守长安，亟召太子兴驰诣行营。

那秦主苻登，方立昭仪李氏为继后，连日庆宴，闻得姚苌有病，不禁大喜，便欲乘机往攻，厉兵秣马，特向苻坚神主前祷告道：

曾孙登自受任执戈，几将一纪，未尝不上天锡佑，皇鉴垂矜，所在必克，贼旅冰摧。今由太皇帝之灵，降灾疢于逆羌，以形类推之，丑虏必将不振。登当因其陨毙，顺行天诛，拯复梓宫，谢罪清庙。神祖有灵，实式凭之！

祷毕，复大赦境内，加百僚位秩各二等，遂督兵出行，进逼安定。去城只九十余里，忽由侦骑入报道："姚苌已引兵出城，想是前来迎战了。"登惊诧道："敢是苌已病愈了么？"随即带领轻骑，自往觇苌。行至中途，又有探马来报道："姚苌已遣将姚熙隆，从间道绕出，攻我大营去了。"登又恐大营有失，勒马回营，望见距营数里，果有敌军扎住，因天色已晚，不欲往攻，但命部众戒严，枕戈夜宿，好容易过了一宵，差幸夜间无事，黎明即起，正在营中早餐，忽有逻骑入告道："贼营都空空洞洞，不知所向了！"登大惊道："这是何人？去令我不知，来令我不觉，人人说他将死，他偏又来出现，我与此羌同时，真是不幸极了！"遂引兵徐退，途次亦严勒部伍，井井不紊，才得安然还雍。究竟姚苌用何计策，得退登军。原来登出兵时，苌病小愈，他不欲与登剧战，所以想出了一条疑兵计，诡去诡来，使登无从测摸。等到登退兵还雍，他本已绕出登前，伏兵待着。及见登行列整齐，料不可犯，也乐得让他过去，自还安定罢了。确是狡猾。

秦雍州牧窦冲，已进任右丞相，冲徙屯华阴，被晋河南太守杨佺期击走，他尚矜才使气，上书登前，自请加封天水王。是由杨定为王引使出来。登偏不许，冲竟僭称秦王，改年元光。登闻报大怒，即引兵攻冲。厚杨定而薄窦冲，登实不公。冲情急生变，遂向后秦乞降，请发援师。姚苌欲力疾赴救，尹纬进言道："太子纯厚有声，惟将略未曾著闻，可遣令代征，使示威武，也是固本的要着哩。"苌乃召兴入嘱道："闻冲兵现屯野人堡，汝若趋救，必有一场恶战，胜负未可逆料，不若径攻胡空堡，使苻登撤围还援，那时冲围自解，汝亦可全军引还了。"兴受计而去，行抵胡空堡，登果还救，兴遵着父命，不与交战，便即退归。

苌因久病未痊，命兴先还长安，自引从臣继发。到了新支堡，夜宿驿中，朦胧中见一金甲皇帝，领着数多将士毁门进来，仔细一瞧，那皇帝不是别人，正是秦王苻坚。当下骇惧欲奔，回头急望，恍惚见有宫门开着，便踉跄跑入。可巧有宫人出来，便向他们呼救，宫人手中，各有长矛持着，应声拒敌，争把手中矛掷去，不意敌兵未曾击倒，自己的肾囊上，反被掷中一矛，顿致痛彻肺腑。更可恨的是敌兵哗笑，拍掌欢语道："正中死处，正中死处！"那时又痛又愤，咬着牙根，将矛拔去。矛才拔出，血即狂流，越觉痛不可耐，一声号呼，竟致惊悟，才知是一魇梦。心虚易致鬼揶揄。挑灯审视，既没有甚么皇帝，又没有甚么将士，不过肾囊上却是有些暴痛，卸裳俯视，略略红肿，也不知是何病症。挨至天明，肿势又添了一半，便召医官入视，医官就病论病，无非说是疝气等类，外敷内治，全不见效，只觉得囊胀难忍，令医用针刺治。医官不得已如言施针，竟致血出不止，仿佛似梦，苌痛极致晕，不省人事。好容易灌救得活，仍是神志不清，狂言谵语，或云臣苌该死；或云杀死陛下，实为兄襄，并非臣罪，幸勿枉臣！半真半假，死且欺人。从官见苌病亟，不便逗留，只得将苌舁置车中，使他卧着，匆匆还入长安。苌偶觉清醒，便召太尉姚旻，尚书左仆射尹纬，右仆射姚晃，尚书狄伯支等，受遗辅政，且嘱太子兴道："受遗诸公，统是我患难至交，如有人无端诬毁，慎勿轻信！汝能抚骨肉以仁，接大臣以礼，待物以信，字民以恩，四德具备，自可永年，我虽死无忧！"言毕即逝，时年六十有四，在位八年。

兴恐内外有变，秘不发丧，急调叔父绪镇安定，硕德镇阴密，召弟崇还镇长安。硕德部下诸将佐，各进白硕德道："公威名素振，部曲最强，今闻故主已终，新君甫继，恐不免与公相猜，公不若径赴秦州，观望时势，自作良图，免贻后戚。"硕德怫然道："太子志度宽明，必无疑阻。今苻登未灭，即自寻干戈，是蹈三国时二袁覆辙，袁谭袁尚。徒取灭亡，我宁死不愿出此呢！"随即启行至长安，与兴相见，兴优待如常，遣令赴镇。一面自称大将军，授尹纬为长史，狄伯支为司马，部署将士，严备苻登。

登屡使侦骑觇视，探得姚苌死耗，当即还报，登欣然道："姚兴小儿，怎能敌我，但折杖以笞，便足使他屈服了。"夜郎自大。遂驱众尽出，但留弟安成王广守南安，太子崇守胡空堡，自督兵径向关中。复遣使拜金城王乞伏乾归为河南王，领秦梁益凉沙五州牧，并加九锡。这乞伏乾归，就是乞伏国仁弟。国仁尝受苻登封爵，称苑川王，见七十二回。逾年即殁，子公府尚在幼年，部众谓宜立长君，因推乾归为大将军大单于，改元太初，徙居金城。且向秦报闻，秦遣使册封乾归为金城王。乾归雄武英杰，不亚乃兄，征服附近部落，威振边陲。立妻边氏为王后，用出连乞都为丞相，悌眷为御史大夫，也是一个小朝廷制度。苻登欲规取长安，所以加封乾归，联为声援，自引兵急进，从六陌趋废桥。后秦始平太守姚详，据住马嵬堡，堵截登军。姚兴恐详不能御，特遣长史尹纬，率兵助详。纬径至废桥拒登，登争水不得，兵多渴死，遂麾众攻纬。纬正欲与战，忽见狄伯支驰至，传达兴命，教他持重，不可轻战。纬勃然道："先帝升遐，人情震惧，今不思奋力歼寇，乃使逆竖压境，日久变生，大事去了！纬情愿死争，不敢闻命！"说罢，便麾众出战，一当十，十当百，竟将登众杀败，追奔数里，斩馘甚多。

是夜，登竟溃归，纬乃旋师奏功。兴始为父发丧，举哀成服，命在槐里筑坛，嗣即帝位，大赦境内，改元皇初。寻由长安至安定，调集人马，再击苻登。登败回南安，不料弟广与子崇，都因闻败心惊，弃戍远窜，转令登穷无所归，没奈何奔至平凉，收集溃卒，走入马毛山。蓦闻姚兴又率众来攻，自思众心携散，不能再战，乃亟遣子崇驰诣金城，向乞伏乾归处求援，并进封乾归为梁王，愿将妹东平长公主嫁与乾归。乾归乃遣前将军乞伏益州，冠军翟瑥，分领骑兵二万，往救苻登。登闻援兵将至，出山探望，遥见山南有大兵驰到，正道是援兵前来，便即踊跃欢迎。待至两下遇着，才觉叫苦不迭，原来不是援兵，乃是姚兴进袭的潜师。那时退避不遑，只好与他交战，不到半时，部众一半伤毙，一半逃去，单剩登一人一马，返身乱跑，被兴兵快马追及，你矛我槊，戳死马下。总计登在位九年，大限五十二岁。

登子崇奔至湟中，得悉乃父死耗，还想据位称尊，草草登极，改元延初，再遣人至乾归处乞师。时乞伏益州等不及援登，中道折回，报明苻登战死情状，乾归即变易初心，逐回崇使。崇孤立无助，自知艰危，乃走依陇西王杨定。定闻乾归不肯发兵，投袂而起，召集步骑二万人，与崇共攻乾归。乾归得报，顾语诸将道："杨定勇虐聚众，穷兵逞欲，我看他此次前来，乃是恶贯已盈，徒自取死。天方授我，此机正不可错过呢!"乃遣凉州牧乞伏轲殚、秦州牧乞伏益州、立义将军诘归等，出拒杨定。

益州为乾归弟，素称骁勇，先驱急进，驰至平川，正值杨定麾兵进来。益州兵少，杨定兵多，毕竟双拳不敌四手，被定杀败，夺路奔回。轲殚诘归，亦引众退还，独冠军翟瑥，趋入轲殚营中，仗剑进言道："我王具神武英姿，开基陇右，东征西讨，无不席卷，所以威振秦梁，声光巴汉，将军身膺重寄，位重维城，理应宣力致命，保安家国，秦州虽败，二军犹全，奈何不思赴救，便即返奔，将军自思，尚有甚么面目，敢见我王呢？瑥虽不才，愿为国效死!"可谓壮士。轲殚听了，不禁怀惭，便向瑥谢过道："我所以未赴秦州，正恐众心摇动，未肯向前，今如将军所言，已知众愤，且败不相救，当坐军罚，我难道敢自偷生，徒取罪戾么!"说着，即命瑥为先锋，自率骑兵继进；且遣人分报益州诘归。益州诘归，也勒众再进，夹攻杨定。定恃胜无备，陡遇三路杀来，竟至无法抵挡。主将慌忙，众愈骇散，那翟瑥舞着大刀，左斩右劈，如入无人之境。定尚思拦阻，不防瑥已至马前，砉的一声，头竟落地。就是秦嗣主崇，亦不及奔逃，致为敌军所杀。秦自苻健僭号，传至苻崇，合计六主，共四十四年而亡。小子有诗叹道：

善败不亡善战亡，苻秦一代费评章。
寿春六陌重寻辙，祸始佳兵终不祥。

苻氏已亡，乾归并有陇西巴蜀诸地，遂增置官属，张示声威，欲知他一切详情，待至下回再叙。

五胡十六国中，苻秦最盛，而衰败亦最速。苻坚以淝水之败，便至不振，卒死姚秦之手。苻登以废桥之败，即无所归，仍为姚氏所杀，而苻崇更不足道焉。即是以观，可见姚苌之梦见苻坚，并非坚之真能为祟，不过苌私心负疚，恐遭冥谴，迨至病危神散，乃有此梦魂之可怖耳。不然，坚能祸苌，宁独不能自保子孙耶？惟坚之得国，由于篡弑，故其后卒不得令终；苌虽叛坚，而为兄复仇，犹有可说，其得保首领以殁，盖于侥幸之中，有理数存焉。谁谓乱世之必无天理哉！

第七十五回

失都城西燕被灭　压山寨北魏争雄

却说乞伏乾归，增置官属，令长子炽磐领尚书令左长史，边芮为尚书左仆射右长史，秘宜为右仆射，翟瑥为吏部尚书，翟勍为主客尚书，杜宜为兵部尚书，王松寿为民部尚书，樊谦为三公尚书，方弘、麹景为侍中。此外拜授，一如魏武晋文故事，犹自称大将军大单于。惟杨定死后，天水人姜乳，袭据上邽，因遣乞伏益州往讨。边芮王松寿入谏乾归道："益州贵为介弟，屡立战功，因胜致骄，常有德色，古人谓骄兵必败，若令他专阃，恐非所宜。"乾归道："益州骁勇，非诸将所能及，我但恐他刚愎自用，或致偾事，今当另简重佐，便可无忧！"说着，遂派韦乾为行军长史，务和为司马，令与益州偕行。至大寒岭，益州果不加部勒，反纵军士解甲游畋，日夕酣饮；且下令道："敢言军事者斩！"韦乾看不过去，只好邀同务和，违令进谏道："将军为王室懿亲，受命专征，期殄凶丑，今贼已逼近，奈何解甲自宽，宴安鸩毒，古有明戒，望将军三思！"益州大言道："乳众乌合，闻我到来，理应远窜，若欲与我决战，便是自来送死，我自有擒贼方法，卿等勿忧！"全是骄态，惟不杀韦乾，还算气宽。韦乾等只好退出，自加戒备。果然姜乳引众劫营，益州未曾预防，竟被陷入，仓皇惊溃。还亏韦乾等救护益州，且战且行，才得逃脱性命。乾归闻益州败还，也仿秦穆公悔过语云："孤违蹇叔，致有此败，将士何罪，罪实在孤呢！"乃概令复职，悉置勿问。并令兵士休养，暂息干戈。

杨定无子，从弟盛先守仇池，特为定发丧，追谥武王，自称秦州刺史仇池公。仇池前为秦灭，曾由杨安镇守，见六十二回。后来杨安他徙，辗转为杨定所据，定死盛继，仍算未绝，并遣使称藩东晋，晋廷但务羁縻，封盛为仇池公。盛与定原属氐族，因分氐羌为二十部护车，各自镇戍，不设郡县。乞伏乾归也不愿过问，仇池始得少安。

事且慢表，且说燕主慕容垂，扫灭丁零，还至中山，闻翟钊奔入西燕，乃议兴兵西略，往攻慕容永。诸将俱说道：“永未有大衅，不宜轻伐，且近来连岁战争，士卒久劳，居民亦不暇耕织，疮痍满目，哭泣盈途，宜乘此安抚兵民，待时而动，区区长子，无庸深忧呢！”独司徒范阳王德驳议道：“昔三祖积德，遗训在耳，所以陛下龙兴，人皆思燕，不谋而合。永与陛下系出同宗，乃独僭称尊号，煽动华夷，惑民视听，致令群竖纵横，逐鹿不息，今若不先加除灭，恐民心不壹，后患方长，怎得谓不足深忧！就使士卒疲劳，此举亦不能再缓了！”垂掀须语诸将道：“司徒所议，与我同意，古称：‘二人同心，其利断金。’我计决了！且我年虽老，扣囊底智，尚足歼除此贼，不宜再留遗患，累我子孙呢！”除去慕容永，亦未必子孙久长。乃发步骑七万人，遣镇西将军丹阳王瓒，及龙骧将军张崇，往攻晋阳，征东将军平视，往攻沙亭，自率大军赴邺。晋阳守将，为西燕主永弟武乡公友，沙亭守将，为西燕镇东将军段平。西燕主永，尚恐两处有失，因再遣尚书令刁云，与车骑将军慕容钟，率众五万，出屯潞川，使为援应。垂复使太原王楷出滏口，辽西王农出壶关，自出沙亭击永。

永急令从子征东将军小逸豆归，镇东将军王次多，右将军勒马驹等，率兵万余，往戍台壁。又派遣诸将，分道拒守。偏燕军沿途逗留，月余不进。永莫名其妙，但恐垂声东击西，佯从邺城进兵，暗中却分兵潜入太行，山名。绕击背后，所以预防一着，特调诸军还扼太行，严守轵关；惟留台壁军不遣。垂正要他调开各军，好使部众前进，既闻慕容永中计，立即趋就慕容楷，同进滏口，入天水关，直抵台壁。小逸豆归飞报慕容永，永遣太尉大逸豆归，至台壁助战，适垂将平视引兵驰至，垂即使与大逸豆归交锋，一阵痛击，大逸豆归败去。小逸豆归不得已与王次多勒马驹等，开壁出战。平视再与奋斗，正杀得难解难分的时候，忽由慕容楷慕容农杀到，两支统是生力军，纵横驰骤，锐不可当。小逸豆归自知不敌，急忙收兵入壁，偏敌军两面围裹，一时不能杀出，等到死命冲突，才得一条血路，奔入垒中。部兵万余名，伤亡了六七千。就是王次多勒马驹，也相继战死，连骸骨都无从夺回。更可怕的是台壁外面，统是敌军，围得铁桶相似，除非插翅腾空，不敢出去。小逸豆归坐守孤城，只眼巴巴的向西望着，专待援军到来。

时大逸豆归已奔还报永，永乃自率精兵五万，驰救台壁，屯兵河曲，贻垂战书。垂批回战期，列阵台壁南面，分农楷二军为左右翼，又使慕容国率兵千人，伏深涧下。越日交兵，由垂亲往挑战，两下里不及答话，便将对将，兵对兵，角斗起来。才及片时，垂竟拍马返奔，将士亦佯作败状，曳械遁走。永不管好歹，挥兵急追，人驰马骤，争向深涧中跃过，似乎有灭此朝食的气象。不料驰至半途，那慕容楷慕容农两军，出来截住，夹攻永军，垂又翻身转来，迎头痛击，永三面受敌，如何支持？只得回马奔还。追兵变做逃兵，逃兵反变做追兵，胜负变幻，真不可测。

永驰还涧旁，不防慕容国又复杀出，截住去路。垂与农楷等在后紧追，累得永进退两难，顿致全军大乱，或被杀，或被溺，死了无数士卒。永还须迟死数月，所以幸得逃脱，奔还长子。永已用兵数年，连诱敌计都未预防，实是个没用家伙。

晋阳沙亭潞川各守将，统闻风逃散，慕容钟且奔降垂营。永闻钟叛去，竟将钟妻子拘住，悉数骈戮。死在目前，还要如此暴虐。又恐长子受围，拟留太子亮居守，自奔后秦。侍中兰英道："昔石虎攻我龙城，我太祖坚守不去，终得创业垂基，造成大燕。今垂七十老翁，厌苦兵革，难道能连年不返，长此围攻么？为今日计，但当缮修守备，坚壁勿战，待他师老粮尽，自然退去了。"永乃依议，婴城拒守。那燕兵即陆续趋至，环集城下，四面筑栅，把一座长子城，团团围住。一攻一守，约莫有四五十日，城中虽未被陷，却已孤危得很。乃遣子常山公泓，赍取玉玺一方，缒城夜出，向晋雍州刺史郗恢处求救，恢即请命晋廷。晋虽有诏许援，但征发需时，一时如何应急？永恐晋兵不至，又遣太子亮诣魏乞师。亮出城时，被燕将平视探知，引兵追及，把亮擒回。只有随骑逃脱，得至盛乐，见魏王拓跋珪，涕泣求援。珪本与西燕通好，见七十三回。乃命陈留公虔，将军庾岳，率骑五万，出屯秀谷，相机进行。怎奈长子城日危一日，晋魏兵又皆未至，急得守城将士，朝不保暮。大逸豆归与部将窦韬等，起了歹心，竟潜通外兵，开城延敌。慕容永惊悉内变，忙挈着眷属，奔往北门。冤冤相凑，兜头碰着燕军前队，一声呐喊，把永围住。永无从逃脱，只好束手受擒，所领家属，无一幸免，统被缚至慕容垂前。垂责他僭据位号，滥杀宗族，罪无可恕，叱出斩首，妻子等当亦受戮。慕容俊子孙前时被永所杀，至此始得瞑目。又执住刁云等四十余人，一体加诛。大逸豆归昂首进谒，还道是开城有功，得邀重赏，偏被垂叱他不忠，赏他一刀两段。该死！总计西燕自慕容泓改元，至永亡国，已易六主，合计只十有一年。

垂既灭西燕，得永所统八郡七万余户。令宜都王慕容凤为雍州刺史，镇守长子，丹阳王慕容缵为平州刺史，镇守晋阳，自率军驰还邺城，复东巡阳平平原，因闻晋有救永意，特使慕容农渡河，与镇南将军尹国，攻晋廪邱阳城，先后陷入，晋平东太守韦简，引兵截击，败死平陆。晋高平太守徐含远，遣使至刘牢之处乞援，牢之不能赴援，遂致高平泰山琅琊诸郡，陆续奔溃。慕容农进兵临海，分置守宰，方才引还。垂北往龙城，告捷太庙。

会接得北方军报，谓魏王珪已出师秀谷，侵逼附塞诸郡。垂本拟亲出伐魏，因年已衰迈，疲病难行，乃遣太子宝为统帅，使与辽西王农赵王麟等，率步骑八万人，自五原伐魏。是时慕容柔慕容楷诸人，相继病殁，惟慕容德慕容绍掌兵如故。垂令绍统步骑一万八千，为宝后应，散骑常侍高湖，上书谏垂道："魏与燕世为姻婚，结好已久，今因求马不得，拘留彼弟，彼直我曲，不宜用兵。且拓跋珪沈鸷善谋，幼历艰难，饱尝世故，兵精士盛，更难轻敌。太子年少气壮，必且藐视珪众，诸多玩忽，万一挫失，大损国威，愿陛下慎重将事”云云。语皆合理。垂非但不从，反褫湖官爵，竟令宝等北进。老昏颠倒。

魏王拓跋珪，方讨平刘卫辰，斩获卫辰父子，并诛他宗党五千余人。只卫辰少子勃勃，逃往薛干部，不及追获。当下掠得战马三十余万匹，牛羊四百余万头，载归盛乐，充做国用。嗣又向薛干部索交勃勃，薛干部酋太悉伏，拒绝魏使，竟将勃勃一人，送往后秦高平公没奕于。魏王珪又恨他抗命，袭破薛干部帐，逐去太悉伏，入帐屠掠，尽把财物取归，因此国帑充足，士饱马腾。补叙数行文字，上结刘卫辰，下引赫连勃勃。此次燕军入境，长史张衮语珪道：“燕灭丁零，杀慕容永，一入滑台，再陷长子，今复倾众前来，总道我亦无能为，一战可取，我不如暂避凶锋，佯示羸弱，使他骄怠无备，然后发兵邀击，定可得胜！这就是兵志所谓‘居如处女，出如狡兔’呢。”珪喜从衮议，遂徙部落畜产，西行渡河，直至千余里外，方才休息。

燕军进至五原，收降魏别部三万余家，割取穄田百余万斛，穄读祭，形似麦而性不粘，为朔方特产。移置黑城。复进军临河，采木造船，作为济具，约历旬余，才得制成千余艘。魏王珪闻燕兵将济，始发兵出拒，并遣右司马许谦，至后秦借兵，遥乞声援。燕太子宝，正备齐船只，督兵下船，忽河中刮起一阵狂风，吹动船只，有数十艘牵勒不住，竟顺风漂往对岸。适魏兵前队，濒河游弋，即将燕舟缆住，搜获甲士三百余人，魏王珪与语道：“燕主已死，燕太子何不早归，反要渡河前来呢？”说毕，即令一一释缚，纵使归营。燕兵得命，即将珪言还报，太子宝不免惊疑。原来宝引兵至五原，与中山使命往来，屡不见答，还道垂果有不测情事。其实中山非无复使，统被魏暗地遣兵，绕出燕营后面，把他截住，牵缚了去，所以出兵多日，不得闻垂起居。魏王珪既将燕兵纵归，使他传言，复令所执燕使人，隔河传语燕营，伪证燕主死状，益令宝等惊惶，士卒骇动，因此不敢径渡。珪遂使陈留公虔率五万骑屯河东，东平公仪，率十万骑屯河北，略阳公遵，率七万骑绕出河南，堵截燕军归路。再加后秦亦遣将杨佛嵩，引兵救魏，魏势益盛。

先是燕太子宝，行至幽州，所乘车轴，无故自断，术士勒安极言不祥，劝宝还军，宝不肯从。至是安复白宝道：“天时不利，咎征已集，急速还军，尚可幸免!”宝仍然不听。安退出告人道：“我辈并将委尸草野，不得生还了!”赵王麟部将慕舆嵩，疑垂真死。密谋作乱，将就军中奉麟为主，事泄被诛。宝因此忌麟，自思顿兵非计，遂焚船夜遁。时值初冬，天不甚寒，河冰未结，宝料魏兵必不能渡，未设斥堠。偏偏隔了一宵，河上朔风暴吼，天气骤冷，河冰四合。魏王珪竟引兵渡河，挑选锐骑二万余名，亟追燕军。

燕军还屯参合陂，突有大风裹着黑气，状若堤防，或高或下，从后过来，覆压军上。沙门支昙猛，知为凶象，急向宝进言道：“风气暴迅，魏兵将至，请遣兵抵御为要!”宝以为去敌已远，尽可无虑，但从鼻中嗤了一声，余不复言。昙猛固请不已，慕容麟在旁发怒道："如殿下神武过人，拥兵甚众，自足威行沙漠，索虏怎敢远来？今昙猛无端絮聒，摇惑众心，按律当斩！"昙猛泣语道："秦王苻坚驱动百万雄师，南下侵晋，一败涂地，正由恃众轻敌，不信天道所致。今天象已经告警，还斥昙猛多言，昙猛死亦何恨，只可惜许多将士哩！"宝虽不欲杀昙猛，但总未肯尽信。还是范阳王德谓："宁可预防，毋贻后悔。"宝乃遣麟率众三万，作为殿军，借防不测。既从德言，何不即使德断后，乃仍委麟充任，总之，麟宝各有忮心。麟之誉宝实欲败宝，宝之遣麟即欲害麟，营私如此，怎得不败！麟虽依令断后，总道魏兵不至来追，但纵骑游猎，不肯设备。

俄而黄雾四塞，日月无光，宝遣侦骑还诇魏兵，侦骑只行了十余里，即解鞍卧着，魏兵昼夜兼行，到了参合陂西偏，燕军尚未察觉。靳安又白宝道："今日西北风甚劲，定是追兵将至的应兆，宜饬兵士倍道速归；否则定难免祸了！"宝尚以诘旦为期，是夜还安宿营中。至次日天明，晨曦已上，方拟饬军启行，哪知山上已鼓角乱鸣，震动天地。开营仰望，见魏兵正从山腰下来，好似泰山压卵一般。这一惊非同小可，吓得燕军个个股栗，各思逃生。再加宝平日在营，不善拊循，毫无纪律，仓猝遇敌，哪个肯为宝效死，一声哗噪，都弃营飞奔。魏兵从上临下，正如风扫残叶，所过皆靡。燕军急不择路，统向涧中乱走。涧中虽有坚冰，到了人马腾踔的时候，或被滑倒，或致踏碎，不是压死，就是溺死，迟一步的，即被魏兵杀死。及逾涧后，死伤已达万人；再经魏拓跋遵率兵冲出，截住去路，燕军四五万人，都恨宝不用良言，致陷绝地，索性投戈抛甲，敛手就擒。只有数千将佐，保住太子宝等，杀开一条血路，踉跄走脱。陈留王慕容绍被杀，鲁阳王倭奴，桂阴王道成，济阴公尹国等，及文武将吏数百人被擒，还有太子宝宠妻，及东宫侍女，出兵打仗，何必挈此妻小？宝之淫昏，可见一斑！以及兵甲辎重，军粮资财，一古脑儿被魏掠去。

魏王珪但欲拣留数人，余皆赦还。偏有一人出阻道："不可，不可！"珪看将过去，乃是中部大人王建。便问他有何评议，建抵掌高谈，强说出一番大道理来，遂令被擒的燕军，都做了异域的鬼奴。小子有诗叹道：

> 大德由来是好生，如何入帐敢相争？
> 片言断送多人命，惨比长平赵卒坑。

欲知王建如何说法，待至下回声明。

本回叙后燕战事，一胜一负，恍若有特别之报应，寓乎其间。慕容垂之顿兵不进，拓跋珪之避敌远徙也。慕容垂之分道攻永，拓跋珪之分军蹙宝也。慕容垂善于诱敌，而拓跋珪适似之。垂能灭人国，覆人师，方自诩为囊底智术，运用无穷，而不意其子之不能肖父，竟为拓跋珪所赚，参合之败，全军覆没，父若虎而子若豚犬，何相反之若是其甚也！意者由父不修德，但务骋智，天道恶盈，乃有此极端之报复欤？靳安支昙猛辈，虽极口苦谏，宁能挽天道于无形哉？

第七十六回

子逼母燕太后自尽　弟陵兄晋道子专权

却说王建入帐，请魏王珪尽杀燕军，略谓燕恃强盛，来侵我国，今幸得大捷，俘获甚众，理应悉数诛戮，免留后患，奈何反纵使还国，仍增寇焰云云。珪尚以为疑，顾语诸将道："我若果从建言，恐南人从此仇视，不愿向化，我方欲吊民伐罪，怎可行得？"吊民伐罪一语，不免过夸，但珪之本心，却还可取。偏诸将赞同建议，共请行诛。建又向珪固争，珪乃命将数万俘虏，尽数坑死，才引还盛乐去了。燕太子宝，弃师遁还，不满人口，宝亦自觉怀惭，请再调兵击魏。范阳王德，亦向垂进言道："参合一败，有损国威，索虏凶狡，免不得轻视太子，宜及陛下圣略，亲往征讨，摧彼锐气，方可免虑，否则后患恐不浅了！"即能摧魏，亦未必果无后患！垂乃命清河公会领幽州刺史，代高阳王隆镇守龙城，又使阳城王兰汗为北中郎将，代长乐公盛镇守蓟郡。会为太子宝第二儿，与盛为异母兄弟，盛妻兰氏，即兰汗女，且与垂生母兰太后，系出同宗，所以亦得封王。垂使两人代镇，是要调还隆盛部曲，同攻北魏，定期来春大举。太史令入谏道："太白星夕没西方，数日后复见东方，不利主帅，且此举乃是躁兵。躁兵必败！"垂以为天道幽远，不宜过信，仍然部署兵马，准备出师。惟自参合陂败后，精锐多半伤亡，急切招募，未尽合用。尚幸高阳王隆，带得龙城部曲，驰入中山，军容很是精整，士气方为一振。垂复遣征东将军平视，发兵冀州，不料平视居然叛垂。视弟海阳令平翰，又起兵应视，镇东将军余嵩，奉令击视，反至败死。垂不得已亲出讨逆，视始怯遁。翰自辽西取龙城，亦由清河公会，遣将击走，奔往山南。于是垂留范阳王德守中山，自率大众密发，逾青岭，登天门，凿山开道，出指云中。魏陈留公拓跋虔，正率部落三万余家，居守平城。垂至猎岭，用辽西王农，高阳王隆，为前锋驱兵袭虔。虔自恃初胜，未曾设防，待至农隆两军掩至城下，方才知悉。他尚轻视燕军，即冒冒失失的率兵出战。龙城兵甚是勇锐，呐一声喊，争向虔军队内杀入。虔拦阻不住，方识燕军厉害，急欲收兵回城，那慕容隆已抄出背后，堵住门口。待虔跃马奔回，当头一槊，正中虔胸，倒毙马下。内外魏兵，见虔被杀，统吓得目瞪口呆，无路奔逃，只好弃械乞降。隆等引众入城，收降魏兵三万余人，当即向垂报捷。垂进至参合陂，见去年太子宝战处，积尸如山，不禁悲叹，因命设席祭奠。军士感念存亡，统皆哀号，声震山谷。垂由悲生惭，由惭生愤，霎时间胸前暴痛，竟致呕血数升，几乎晕倒。左右忙将垂舁登马车，拟即退还，垂尚不许，仍命驱军前行，进屯平城西北三十里。太子宝等本已赴云中，接得垂呕血消息，便即引归。魏王珪闻燕军深入，却也惊心，意欲北走诸部，嗣又有人传报，讹言垂已病死阵中，复放大了胆，率众南追。途次得平城败耗，更退屯阴山。垂驻营中十日，病且益剧，乃逾山结营，筑燕昌城，为防魏计，既而还至上谷，竟至殁世。遗命谓祸难方启，丧礼务从简易，朝终与殡，三日释服，惟强寇在迩，应加戒备，途中须秘不发丧，待至中山，方可举哀治葬等语。太子宝一律遵行，密载垂尸，亟还中山，然后发丧。垂在位十三年，殁年已七十有一。由太子宝嗣即帝位，谥垂为神武皇帝，庙号世祖。尊母段氏为太后，改建兴十一年为永康元年。垂称王二年，虽易秦为燕，未定年号，至称帝以后，方改年建兴。事见前文。命范阳王德，都督冀兖青徐荆豫六州军事，领冀州牧，镇守邺城，辽西王农，都督并雍益梁秦凉六州军事，领并州牧，镇守晋阳，赵王麟为尚书左仆射，高阳王隆为右仆射，长乐公盛为司隶校尉，宜都王凤为冀州刺史。余如异姓官吏，亦晋秩有差。宝为慕容垂第四子，少时轻狡，也无志操，弱冠后冀为太子，乃砥砺自修，崇尚儒学，工谈论，善属文，曲事乃父左右，购得美名。垂因立为储贰，格外宠爱。其实宝是假名窃位，既得逞志，复露故态，中外因此失望。垂继后段氏，尝乘间语垂道："太子姿质雍容，轻柔寡断，若遇承平时候，尚足为守成令主；今国步艰难，恐非济世英雄，陛下乃托以大业，妾实未敢赞成！辽西高阳二王，本为陛下贤子，何不择一为嗣，使保国祚！赵王麟奸诈强愎，他日必为国患，这乃陛下家事，还乞陛下图谋，毋贻后悔！"垂不禁瞋目道："尔欲使我为晋献公么？"段氏见话不投机，只好暗暗下泪，默然退出。原来宝为先段后所出。麟农隆柔熙，出自诸姬，均与继后段氏，不属毛里。段氏生子朗鉴，俱尚幼弱，所以垂疑段后怀妒，从中进谗，不得不将她叱退。段氏既怏怏退出，适胞妹季妃入见，季妃为慕容德妻，见六十四回。因即流涕与语道："太子不才，内外共知，惟主上尚为所蒙，我为社稷至计，密白主上，主上乃比我为骊姬，真是冤苦！我料主上百年以后，太子必丧社稷！赵王又必生乱，宗室中多半庸碌，惟范阳王器度非常，天若存燕，舍王无第二人呢！"段元妃未尝无识，惟为此杀身亦是失计。季妃亦不便多言，但唯唯受教罢了。古人说得好，属垣防有耳，窗外岂无人？段后告垂及妹，虽亦秘密相商，但已被人窃听，传出外面，为太子宝及赵王麟所闻。两人当然怀恨，徐图报复。到了宝已嗣位，故旧大臣，总援着旧例，尊皇后为皇太后，宝说不出从前嫌隙，只好暂时依议。过了半月，即使麟入胁段太后道："太后前日，尝谓嗣主不能继承大业，今果能否？请亟自裁，还可保全段宗！"段太后听了，且怒且泣道："汝兄弟不思尽孝，胆敢逼杀母后，如此悖逆，还想保守先业么？我岂怕死，但恐国家将亡，先祖先宗，无从血食呢！”说毕，便饮鸩自杀。虽不做凡人妻，但结果亦属欠佳。麟出宫语宝，宝与麟又复倡议，谓段氏曾谋嫡储，未合母道，不宜成丧。群臣也不敢进谏。惟中书令眭邃抗议道：“子无废母的道理，汉时阎后亲废顺帝，尚得配享太庙，况先后语出传闻，虚实且未可知，怎得不认为母？今宜依阎后故事，遵礼发丧。”宝乃为太后成服祔葬，追谥为成哀皇后。这且慢表。

且说晋孝武帝亲政以后，权由己出，颇知尽心国事，委任贤臣。淝水一战，击退强秦，收复青兖河南诸郡，晋威少振。事俱散见前文。太元九年，崇德太后褚氏崩，朝议以帝与太后，系是从嫂，服制上不易规定。褚氏为康帝后，康帝为元帝孙，而孝武为元帝少子，简文帝三男，故对于褚后实为从嫂。独太学博士徐藻，援《礼经》夫属父道、妻皆母道的成训，推衍出来，说是夫属君道，妻即后道，主上曾事康帝为君，应事褚后为后，服后应用齐衰，不得减轻云云。孝武帝遂服齐衰期年，中外称为公允。惟孝武后王氏，嗜酒骄妒，有失阃仪，孝武帝特召后父王蕴，入见东堂，具说后过，令加训导。蕴免冠称谢，入宫白后，后稍知改过，不逾大节。过了五年，未产一男，竟至病逝。褚太后与王皇后，并见六十四回中。当时后宫有一陈氏女，本出教坊，独长色艺，能歌能弹，应选入宫。孝武帝方值华年，哪有不好色的道理，花朝拥，月夜偎，尝尽温柔滋味，竟得产下二男，长名德宗，次名德文。本拟立为继后，因她出身微贱，未便册为正宫，不得已封为淑媛，但将中宫虚位，隐然以皇后相待。偏偏红颜不寿，翠袖生寒，到了太元十五年，又致一病告终。孝武帝悲悼异常。幸复得一张氏娇娃，聪明伶俐，不亚陈淑媛，面庞儿闭月羞花，更与陈淑媛不相上下，桃僵李代，一枯一荣，孝武帝册为贵人，得续欢情，才把陈淑媛的形影，渐渐忘怀，又复易悲为喜了。为下文被弑伏线。

惟自张贵人得宠，日伴天颜，竟把孝武帝迷住深宫，连日不亲政务。所有军国大事，尽委琅琊王道子办理。道子系孝武帝同母弟，俱为李昆仑所生。见六十三回。孝武即位，曾尊李氏为淑妃，嗣又进为皇太妃，仪服得与太后相同。道子既受封琅琊王，进位骠骑将军，权势日隆，太保谢安在位时，已因道子恃宠弄权，与他不和。见六十九回。安婿王国宝，系故左卫将军王坦之子，素性奸谀，为安所嫉，不肯荐引。国宝阴怀怨望，会国宝从妹，入选为道子妃，遂与道子相昵，常毁妇翁，道子亦入宫行谗。孝武帝素来重安，安又避居外镇，故幸得考终。但自安殁后，道子即首握大权，录尚书事，都督中外诸军，领扬州刺史。道子嗜酒渔色，日夕酣歌，有时入宫侍宴，亦与孝武为长夜饮，纵乐寻欢。又崇尚浮屠，僧尼日集门庭，一班贪官污吏，往往托僧尼为先容，无求不应。也是结欢喜缘。甚至年轻乳母，貌俊家童，俱得道子宠幸，表里为奸。道子又擢王国宝为侍中，事辄与商，国宝亦得肆行无忌，妄作威福，政刑浊乱，贿赂公行。

尚书令陆讷，望宫阙叹道："这座好家居，难道被纤儿撞坏不成？"会稽处士戴逵，志操高洁，屡征不起。郡县逼迫不已，他见朝政日非，越加谢绝，逃往吴郡。吴国内史王珣，在武邱山筑有别馆，逵潜踪往就，与珣游处兼旬，托珣向朝廷善辞，免得再召。珣与他设法成全，逵乃复返入会稽，隐居剡溪。不略逸士。会稽人许荣，适任右卫领营将军，上疏指陈时弊，略云：

今台府局吏，直卫武官，及仆隶婢儿，取母之姓者，本臧获之徒，无乡邑品第，皆得命议，用为郡守县守，并带职在内，委事于小吏手中。僧尼乳母，竞进亲党，又受货赂，辄临官领众，无卫霍之才，而妄比古人，为患一也。佛者清虚之神，以五诫为教，绝酒不淫，而今之奉者，秽慢阿尼，酒色是耽，其违二矣。夫致人于死，未必手刃害之，若政教不均，暴滥无罪，必夭天命，其违三矣。盗者未必躬窃人财，讥察不严，罪由牧守，今禁令不明，劫盗公行，其违四矣。在上化下，必信为本，昔年下书，敕使尽规，而众议毕集，无所采用，其违五矣。僧尼成群，依傍法服，五诫粗法，尚不能遵，况精妙乎？而流惑之徒，竞加敬事，又侵逼百姓，取财为害，亦未合布施之道也。

疏入不报。会孝武帝册立储贰，命子德宗为皇太子。德宗愚蠢异常，口吃不能言语，甚至寒暑饥饱，均不能辨，饮食卧起，随在需人，所以名为储嗣，未尝出临东宫。似此蠢儿，怎堪立为储君！许荣又疏言太子既立，应就东宫毓德，不宜留养后宫，孝武帝亦置诸不理。

惟道子势倾内外，门庭如市，远近奔集，孝武帝颇有所闻，不免怀疑。王国宝谄事道子，隐讽百官。奏推道子为丞相，领扬州牧，假黄钺，加殊礼。护军将军车胤道："这是成王尊崇周公的礼仪，今主上当阳，非成王比，相王在位，难道可上拟周公么？"乃托词有疾，不肯署疏，及奏牍上陈，果触主怒，竟把原奏批驳下来，且因奏疏中无车胤名，嘉他有守。

中书侍郎范宁徐邈，守正不阿，指斥奸党，不稍宽假。范宁尤抗直敢言，无论亲贵，遇有坏法乱纪，必抨击无遗。尝谓王弼何晏二人，浮词惑众，罪过桀纣，所以待遇同僚，必以礼法相绳。王国宝为宁外甥，宁恨他卑鄙，屡戒不悛，乃表请黜逐国宝。国宝仗道子为护符，反构隙谮宁。不顾妇翁，宁顾母舅！宁且恨且惧，遂乞请外调，愿为豫章太守。豫章一缺，向称不利，他人就任，辄不永年，朝臣视为畏途。孝武帝览表亦惊疑道："豫章太守不可为，宁奈何以身试死哩！"宁一再固请，方邀允准。宁临行时尚申陈一疏，大略说是：

臣闻道尚虚简，政贵平静，坦公亮于幽显，流子爱于百姓，子读若慈，见《礼记》。然后可以轻夷险而不忧，乘休否而常夷，否上声，读如痞。先王所以致太平，如此而已。今四境晏如，烽燧不举，而仓庾虚耗，帑藏空匮。古者使民，岁不过三日，今之劳扰，殆无三日休息，至有残形剪发，要求复除，生儿不复举养，鳏寡不敢妻娶，岂不怨结人鬼，感伤和气！臣恐社稷之忧，积薪不足以为喻。臣久欲粗启所怀，日延一日，今当永离左右，不欲令心有余恨，请出臣启事，付外详择，不胜幸甚！

孝武帝得了宁疏，却也颁诏中外，令公卿牧守，各陈时政得失。无如道子国宝，蟠踞宫廷，虽有良言，统被他两人抹煞，不得施行。就是范宁赴任后，也有一篇兴利除害的表章，大要在省刑减徭，戒奢惩佚数事，结果是石沉海底，毫无音响。惟王国宝前被纠弹，尝使陈郡人袁悦之，因尼妙音，致书后宫，具言国宝忠谨，宜见亲信。这书为孝武帝所见，怒不可遏，即饬有司加罪悦之，处以斩罪。国宝越加惶惧，仍托道子入白李太妃，代为调停，方得无恙。

道子贪恣日甚，卖官鬻爵，无所不为。嬖人赵牙出自倡家，贡金献妓，得官魏郡太守。钱塘捕贼小吏茹千秋，纳贿巨万，亦得任为谘议参军。牙且为道子监筑东第，迭山穿沼，植树栽花，工费以亿万计。道子且就河沼旁开设酒肆，使宫人居肆沽酒。自与亲昵乘船往饮，谑浪笑敖，备极丑态。孝武帝闻他筑宅，特亲往游览，道子不敢拒驾，只好导帝入游。帝眺览一周，使语道子道："府内有山，足供游眺，未始不佳；但修饰太过，恐伤俭德，不足以示天下！"道子无词可答，只好随口应命。及帝既还宫，道子召语赵牙道："皇上若知山由版筑，汝必坐罪致死了！"赵牙笑道："王在，牙何敢死！"倡家子也读过《鲁论》么？道子也一笑相答。牙退后并不少戒，营造益奢。茹千秋倚势敛财，骤致巨富，子寿龄得为乐安令，赃私狼藉，得罪不诛，安然回家。博平令闻人奭据实弹劾，孝武帝虽怀怒意，终因道子袒护，不复查究。道子又为李太妃所爱，出入宫禁，如家人礼，或且使酒谩骂，全无礼仪。

孝武帝愈觉不平，意欲选用名流，任为藩镇，使得潜制道子。当时中书令王恭，黄门郎殷仲堪，世代簪缨，颇负时望，孝武帝因召入太子左卫率王雅，屏人密问道："我欲外用王恭殷仲堪，卿意以为何如？"雅答道："恭风神简贵，志气方严，仲堪谨修细行，博学能文，但皆器量褊窄，无干济才。若委以方面，天下无事，尚足称职，一或变起，必为乱阶。愿陛下另简贤良，勿轻用此二人！"雅颇知人。孝武帝不以为然，竟命恭为平北将军，都督青兖幽并冀五州军事，领青兖二州刺史，出镇京口，仲堪为振威将军，都督荆益宁三州军事，领荆州刺史，出镇江陵。又进尚书右仆射王珣为左仆射，王雅为太子少傅，内外分置心膂，无非欲监制道子。哪知内患未去，反惹出一场外患来了。小子因有诗叹道：

恶习都由骄纵成，家无贤弟咎由兄。
尊亲尚且难施法，假手群臣乱益生！

欲知晋廷致乱情形，且至下回再表。

家无贤子弟，家必败，国无贤子弟，国必亡。慕容垂才略过人，卒能恢复燕祚，不可谓非一世雄，其独择子不明，失之于太子宝，反以段后所言为营私。垂死而段后遇弑，子敢弑母，尚有人道乎？即无北魏之侵扰，其必至亡国，可无疑也。所惜者，段元妃自诩智妇，乃竟不免于祸耳。彼晋孝武帝之纵容道子，弊亦相同。道子固同母弟也，然爱弟则可，纵弟则不可。道子不法，皆孝武帝酿成之，委以大权，与之酣饮，迨至道子贪婪骄恣，宠昵群小，乃始欲分置大臣以监制之，何其谬耶！而王国宝辈更不值评论也。

第七十七回

殷仲堪倒柄授桓玄　张贵人逞凶弑孝武

却说孝武帝防备道子，特分任王恭殷仲堪王珣王雅等，使居内外要津，分道子权。道子也窥透孝武帝心思，用王国宝为心腹，并引国宝从弟琅琊内史王绪，作为爪牙，彼此各分党派，视同仇雠。就是孝武帝待遇道子，也与从前大不相同，还亏李太妃居间和解，才算神离貌合，勉强维持。道子又想推尊母妃，阴竖内援，便据母以子贵的古例，启闻孝武帝，请尊李太妃为太后。孝武帝不好驳议，因准如所请，即改太妃名号，尊为太后，奉居崇训宫。道子虽为琅琊王，曾领会稽封国，为会稽太妃继嗣。会稽太妃，就是简文帝生母郑氏，见六十三回。郑氏为元帝妾媵，未列为后。故归道子承祀，至是亦追尊为简文太后，上谥曰宣。群臣希承意旨，谓宣太后应配飨元帝，独徐邈谓太后生前，未曾伉俪先帝，子孙怎得为祖考立配？惟尊崇尽礼，乃臣子所可为，所建陵庙，宜从别设。有诏依议，乃在太庙西偏，另立宣太后庙，特称宣太后墓为嘉平陵。

又徙封道子为会稽王，循名责实，改立皇子德文为琅琊王。德文比太子聪慧，孝武帝常使陪侍太子，凡太子言动，悉由德文主持，因此青宫里面，尚没有甚么笑话，传播人间。何不直截了当立德文为储嗣！惟道子内恃太后，外恃近臣，骄纵贪婪，终不少改。

太子洗马南郡公桓玄，就是前大司马桓温少子，见六十四回。五龄袭爵，及长颇通文艺，意气自豪，朝廷因父疑子，不给官阶，到了二十三岁，始得充太子洗马。玄以为材大官小，很是怏怏，乃往谒道子，为夤缘计。凑巧道子置酒高会，盛宴宾朋，玄得投刺入见，称名下拜。道子已饮得酣醉，任他拜伏，并不使起，且张目四顾道："桓温晚年，想做反贼，尔等曾闻知否？"玄听到此言，不觉汗流浃背，匍伏地上，未敢起来。还是长史谢重，在旁起答道："故宣武公温谥宣武，亦见六十四回中。黜昏登圣，功超伊霍，外间浮议纷纭，未免混淆黑白，还乞钧裁！"道子方点首作吴语道："侬知！侬知！"因令玄起身，使他下座列饮。玄拜谢而起，饮了一杯，便即辞出。自是仇恨道子，日夕不安。未几得出补义兴太守，仍郁郁不得志，尝登高望震泽湖，即鄱阳湖。欷歔太息道："父做九州伯，儿做五湖长，岂不可耻！"因即弃官归国，上书自讼道：

臣闻周公大圣而四国流言，乐毅王佐而被谤骑劫，巷伯有豺虎之慨，苏公兴飘风之刺，恶直丑正，何代无之！先臣蒙国殊遇，姻娅皇极，常欲以身报德，投袂乘机，西平巴蜀，北清伊洛，使窃号之寇，系颈北阙，园陵修复，大耻载雪，饮马灞浐，悬旌赵魏，勤王之师，功非一捷。太和之末，太和系帝奕年号，见前文。皇基有潜移之惧，遂乃奉顺天人，翼登圣朝，明离既朗，四凶兼澄，向使此功不建，此事不成，宗庙之事，岂堪设想！昔太甲虽迷，商祚无忧，昌邑虽昏，弊无三孽。因兹而言，晋室之机，危于殷汉，先臣之功，高于伊霍矣。而负重既往，蒙谤清时，圣帝明王黜陟之道，不闻废忽显明之功，探射冥冥之心，启嫌谤之途，开邪枉之路者也。先臣勤王艰难之劳，匡平克复之勋，朝廷若其遣之，臣亦不复计也。至于先帝龙飞九五，陛下之所以继明南面，请问谈者，谁之由耶？谁之德耶？岂惟晋室永安，祖宗血食，于陛下一门，实奇功也。自顷权门日盛，丑政实繁，咸称述时旨，互相煽附，以臣之兄弟，皆晋之罪人，臣等复何理可以苟存身世，何颜可以尸飨封禄？若陛下忘先臣大造之功，信贝锦萋菲之说，臣等自当奉还三封，受戮市朝，然后下从先臣，归先帝于玄宫耳。若陛下述遵先旨，追录旧勋，窃望少垂恺悌覆盖之恩，臣虽不肖，亦知图报。犬马微诚，伏维亮鉴！

看官阅读此疏，应知玄满怀郁勃，已露言中，后来潜谋不轨，逞势行凶，便可概见。那孝武帝怎能预料，惟将来疏置诸不理，便算是包荒大度。就是道子瞧着，也因玄无权无势，不值一顾，但视为少年妄言罢了。及殷仲堪出镇江陵，玄在南郡，与江陵相近，免不得随时往来。桓氏世临荆州，为士民所畏服，仲堪欲牢笼物望，不能不与玄联结，并因玄风神秀朗，词辩雄豪，便推为后起隽杰，格外优待，渐渐的大权旁落，反为玄所把持。孝武方倚为屏藩，乃不能制一桓玄，无能可知。玄尝在仲堪厅前，戏马舞槊，仲堪从旁站立，玄竟举槊向仲堪，作欲刺状。中兵参军刘迈，在仲堪侧，忍不住说出二语，谓玄马槊有余，精理不足。玄听到迈言，并不知过，反怒目视迈，仲堪也不禁失容。及玄既趋出，仲堪语迈道："卿系狂人，乃出狂言，试想桓玄久居南郡，手下岂无党羽？若潜遣刺客，乘夜杀卿，我岂尚能相救么？况见他悻悻出去，必思报复，卿不如赶紧出避，尚可自全。”倘玄欲刺汝，汝将奈何？迈乃微服出奔，果然玄使人追赶，幸迈早走一时，不为所及，才得幸免。征虏参军胡藩，行过江陵，进谒仲堪，乘便进言道：“桓玄志趣不常，每怀怨望，节下崇待太过，恐非久计。”仲堪默不一言，藩乃辞出。时藩内弟罗企生，为仲堪功曹，藩即与语道：“殷侯倒戈授人，必难免祸，君不早去，恐将累及，后悔不可追了！”企生亦似信非信，不欲遽辞，藩嗟叹而去。良言不听，宜乎扼腕。

看官听说，殷仲堪不能驾驭桓玄，哪里能监制道子？道子权威如故，孝武帝越不自安。中书侍郎徐邈，从容入讽道：“昔汉文明主，尚悔淮南，指厉王长事，见《汉史》。世祖聪达，负悔齐王，见前文。兄弟至亲，相处宜慎，会稽王虽稍有失德，总宜曲加宽贷，借释群疑，外顾大局，内慰太后，庶不致有他变呢！”孝武帝经此一言，气乃少平，委任道子，仍然如初。爱弟之道，岂必定要委任！

惟王国宝有兄弟数人，皆登显籍。长兄恺尝袭父爵，入官侍中，领右卫将军，多所献替，颇能尽职，次兄愉为骠骑司马，进辅国将军，名逊乃兄，弟忱少即著名，历官内外，文酒风流，睥睨一切。王恭王珣，才望且出忱下。恭出镇江陵以前，荆州刺史一职，系忱所为，别人总道他少不更事，不能胜任，谁知他一经莅镇，风裁肃然，就是待遇桓玄，亦尝谈笑自如，令玄屈服。只是素性嗜酒，一醉至数日不醒，因此酿成酒膈，因病去官，未几即殁。国宝欲奔丧回里，表请解职，有诏止给假期。偏国宝又生悔意，徘徊不行，事为中丞褚粲所劾。国宝惧罪，只得再求道子挽回，都下不敢露迹，竟扮作女装，坐入舆中伪称为王家女婢，混入道子第中，跪请缓颊。道子且笑且怜，即替他设法进言，终得免议。权相有灵，国宝当自恨不作女身为他作妾。

已而假满复官，更加骄蹇，不遵法度，后房妓妾，不下百数，天下珍玩，充满室中。孝武帝闻他僭侈，召入加责，经国宝泣陈数语，转使孝武帝一腔怒气，自然消融。他素来是个逢迎妙手，探得孝武帝隐憎道子，遂竭力迎合，隐有闲言，并厚赂后宫张贵人，代为吹嘘，竟至相府爪牙，一跃为皇宫心腹。媚骨却是有用！道子察出情形，很觉不平，尝在内省遇见国宝，斥他背恩负义，拔剑相加，吓得国宝魂胆飞扬，连忙奔避。道子举剑掷击，又复不中，被他逃脱。嗣经僚吏百方解说，才将道子劝回。孝武帝得悉争端，益信国宝不附道子，视作忠臣，常令国宝侍宴。酒酣兴至，与国宝谈及儿女事情，国宝自陈有女秀慧。孝武帝愿与结婚，许纳国宝女为琅琊王妃，国宝喜出望外，叩头拜谢。至宴毕出宫后，待了旬余，未见有旨，转浼张贵人代请，才得复音，乃是“缓日结婚”四字，国宝只好静心候着，少安毋躁罢了。恐阎王要来催你性命奈何？当时有人戏作《云中诗》，讥讽时事云：

相王沉醉，轻出教命，捕贼千秋，干预朝政。王恺守常，国宝驰竞，荆州大度，散诞难名。盛德之流，法护王宁，仲堪仙民，特有言咏。东山安道，执操高抗，何不征之，以为朝臣？

诗中所云千秋、王恺、国宝，实叙本名，想看官阅过上文，当然了解。荆州系指王忱，不指殷仲堪，法护系王珣小字，宁即王恭，仙民即徐邈字，安道即戴逵字。这诗句传入都中，王珣欲孚民望，表请征戴逵为国子祭酒，加散骑常侍，逵仍不至。太元二十年，皇太子德宗，始出东宫。会稽王道子兼任太子太傅，王珣兼任太子詹事，与太子少傅王雅，又上疏道：

> 会稽处士戴逵，执操贞厉，含味独游，年在耆老，清风弥劭。东宫虚德，式延正士，宜加旌命，以参僚侍。逵既重幽居之操，必以难进为美，宜下诏所在有司，备礼发遣，进弼元良，毋任翘企！

孝武帝依议，复下诏征逵，逵仍称疾不起，已而果殁。那孝武帝溺情酒色，日益荒耽，镇日里留恋宫中，徒为了一句戏言，酿出内弑的骇闻，竟令春秋鼎盛的江东天子，忽尔丧躯，岂不是可悲可愤么！当孝武帝在位时，太白星昼现，连年不已，中外几视为常事，没甚惊异。太元二十年七月，有长星出现南方，自须女星至哭星，光芒数丈。孝武帝夜宴华林园，望见长星光焰，不免惊惶，因取手中酒卮，向空祝语道："长星劝汝一杯酒，从古以来，没有万年天子，何劳汝长星出现呢？"真是酒后呓语。既而水旱相继，更兼地震，孝武帝仍不知警，依然酒色昏迷。仆射王珣，系故相王导孙，虽然风流典雅，为帝所昵，但不过是个旅进旅退的人员，从未闻抗颜谏诤，敢言人所未言。颇有祖风。太子少傅王雅，门第非不清贵。祖隆父景，也尝通籍，究竟不及王珣位望。珣且未敢抗辩，雅更乐得圆融，所以识见颇高，语言从慎。时人见他态度模棱，或且目为佞臣，雅为保全身家起见，只好随俗浮沉，不暇顾及讥议了。孝武帝恃二王为耳目，二王都做了好好先生，还有何人振聋发聩？再经张贵人终日旁侍，蛊惑主聪，酒不醉人人自醉，色不迷人人自迷，越害得这位孝武帝，俾昼作夜，颠倒糊涂。

太元二十一年秋月，新凉初至，余暑未消，孝武帝尚在清暑殿中，与张贵人饮酒作乐，彻夜流连，不但外人罕得进见，就是六宫嫔御，也好似咫尺天涯，无从望幸。不过请安故例，总须照行，有时孝武帝醉卧不起，连日在床，后宫妾媵，不免生疑，还道孝武帝有什么疾病，格外要去问省，献示殷勤。张贵人恃宠生骄，因骄成妒，看那同列娇娃，简直是眼中钉一般，恨不得一一驱逐，单剩自己一人，陪着君王，终身享福。描摹得透。有几个伶牙俐齿的妃嫔，窥透醋意，免不得冷嘲热讽，语语可憎。张贵人愤无可泄，已是满怀不平。

时光易过，转瞬秋残，清暑殿内，銮驾尚留，一夕与张贵人共饮，张贵人心中不快，勉强伺候，虚与绸缪。孝武帝饮了数大觥，睁着一双醉眼，注视花容，似觉与前少异，默忖多时，猜不出她何故惹恼，问及安否，她又说是无恙。孝武帝所爱惟酒，以为酒入欢肠，百感俱消，因此顾令侍女，使与张贵人接连斟酒，劝她多饮数杯。张贵人酒量平常，更因怀恨在心，越不愿饮，第一二杯还是耐着性子，勉强告干，到了第三四杯，实是饮不下了。孝武帝还要苦劝。张贵人只说从缓。孝武帝恐她不饮，先自狂喝，接连数大觥下咽，又使斟了一大觥，举酒示张贵人道："卿应陪我一杯！"说着，又是一口吸尽。死在眼前，乐得痛快。张贵人拗他不过，只得饮了少许。孝武帝不禁生忿，迫令尽饮，再嘱侍女与她斟满，说她故意违命，须罚饮三杯。本想替她解愁，谁知适令增恨！张贵人到此，竟忍耐不住，先将侍女出气，责她斟得太满，继且顾语孝武帝道："陛下亦应节饮，若常醉不醒，又要令妾加罪了！"孝武帝听了加罪二字，误会微意，便瞋目道："朕不罪卿，谁敢罪卿，惟卿今日违令不饮，朕却要将卿议罪！"张贵人蓦然起座道："妾偏不饮，看陛下如何罪妾？"孝武帝亦起身冷笑道："汝不必多嘴，计汝年已将三十，亦当废黜了！朕目中尽多佳丽，比汝年轻貌美，难道定靠汝一人么？"说到末句，那头目忽然眩晕，喉间容不住酒肴，竟对张贵人喷将过去，把张贵人玉貌云裳，吐得满身肮脏。侍女等看不过去，急走至御前，将孝武帝扶入御榻，服侍睡下。孝武帝头一倚枕，便昏昏的睡着了。

惟张贵人得宠以来，从没有经过这般责罚，此次忽遭斥辱，哪里禁受得起，凤目中坠了无数泪珠儿。转念一想，柳眉双竖，索性将泪珠收起，杀心动了。使侍女撤去残肴，自己洗过了脸，换过了衣，收拾得干干净净。又踌躇了半晌，竟打定主意，召入心腹侍婢，附耳密嘱数语。侍婢却有难色，张贵人大怒道："汝若不肯依我，便叫你一刀两段！"侍婢无奈，只好依着闺令，趋就御榻，用被蒙住孝武帝面目，更将重物移压孝武帝身上，使他不得动弹。可怜孝武帝无从吐气，活活闷死！过了一时，揭被启视，已是目瞪舌伸，毫无气息了。看官记着！这孝武帝笑责张贵人，明明是酒后一句戏言，张贵人伴驾有年，难道不知孝武帝心性？不过因华色将衰，正虑被人夺宠，听了孝武帝戏语，不由的触动心骨，竟与孝武帝势不两立，遂恶狠狠的下了毒手，结果了孝武帝的性命。总计孝武帝在位二十四年，改元两次，享年只三十有五。小子有诗叹道：

恩深忽尔变仇深，放胆行凶不自禁。
莫怪古今留俚语，世间最毒妇人心！

张贵人弑了孝武帝，更想出一法，瞒骗别人。究竟如何用谋，待看下回分晓。

桓玄一粗鄙小人耳，智识远不逮莽懿，即乃父桓温，犹未克肖，微才如王忱，且能以谈笑折服之，固不待谢安石也。殷仲堪懦弱无能，纵之出柙，至玄执槊相向，益复畏之如虎，莫展一筹。孝武帝欲借之以制道子，庸讵知其更纵一患耶？王雅谓其必为乱阶，何见之明而词之悚也。但孝武不能测一张贵人，安能知一殷仲堪，床闼之间，危机伏焉，环珮之侧，死象寓焉。经作者演写出来，尤觉得酒食之祸，甚于戈矛。褒妲之亡殷周，犹为间接，而张贵人竟直接弑君，甚矣！女色之不可近也！

第七十八回

迫诛奸称戈犯北阙　僭称尊遣将伐西秦

却说张贵人弑主以后，自知身犯大罪，不能不设法弥缝，遂取出金帛，重赂左右，且令出报宫廷，只说孝武帝因魇暴崩。太子德宗，比西晋的惠帝衷，还要暗弱，怎能摘伏发奸？会稽王道子，向与孝武帝有嫌，巴不得他早日归天，接了凶讣，暗暗喜欢，怎肯再来推究？外如太后李氏，以及琅琊王德文，总道张贵人不敢弑主，也便模糊过去。王珣王雅等，统是仗马寒蝉，来管什么隐情，遂致一种弥天大案，千古沉冤。后来《晋书》中未曾提及张贵人，不知她如何结局，应待详考。

王国宝得知讣音，上马急驰，乘夜往叩禁门，欲入殿代草遗诏，好令自己辅政。偏侍中王爽，当门立着，厉声呵叱道："大行皇帝晏驾，太子未至，无论何人，不得擅入，违禁立斩！"国宝不得进去，只好怅然回来。越日，太子德宗即位，循例大赦，是谓安帝。有司奏请会稽王道子，谊兼勋戚，应进位太傅，邻扬州牧，假黄钺，备殊礼，无非讨好道子。有诏依议，道子但受太傅职衔，余皆表辞。诏又褒美让德，仍令他在朝摄政，无论大小政事，一律咨询，方得施行。道子权位益尊，声威益盛，所有内外官僚，大半趋炎附热，奔走权门。最可怪的是王国宝，本已与道子失欢，不知他用何手段，又得接交道子，仍使道子不念前嫌，复照前例优待，引为心腹，且擢任领军将军。无非喜谀。从弟王绪，随兄进退，不消多说。阿兄既转风使舵，阿弟自然随风敲锣。

平北将军王恭，入都临丧，顺便送葬。见了道子辄正色直言，道子当然加忌。惟甫经摄政，也想辑和内外，所以耐心忍气，勉与周旋。偏恭不肯通融，语及时政，几若无一惬意，尽情批驳，声色俱厉。退朝时且语人道："榱栋虽新，恐不久便慨黍离了！"过刚必折。道子知恭意难回，更加衔恨。王绪谄附道子，因与兄国宝密商，谓不如乘恭入朝，劝相王伏兵杀恭。国宝以恭系时望，未便下手，所以不从绪言。恭亦深恨国宝。有人为恭画策，请召入外兵，除去国宝，恭因冀州刺史庾楷，与国宝同党，士马强盛，颇以为忧，乃与王珣密谈，商决可否。珣答说道："国宝虽终为祸乱，但目前逆迹未彰，猝然加讨，必启群疑。况公拥兵入京，迹同专擅，先应坐罪，彼得借口，公受恶名，岂非失算？不如宽假时日，待国宝恶贯满盈，然后为众除逆，名正言顺，何患不成！"恭点首称善。已而复与珣相见，握手与语道："君近来颇似胡广。"汉人以拘谨闻！珣应声道："王陵廷争，陈平慎默，但看结果如何，不得徒论目前呢。"两人一笑而散。

过了一月，奉葬先帝于隆平陵，尊谥为孝武皇帝。返祔以后，恭乃辞行还镇，与道子等告别。即面语道子道："主上方在谅暗，冢宰重任，伊周犹且难为，愿相王亲万机，纳直言，远郑声，放佞人，保邦致治，才不愧为良相呢！"说着，睁眼注视道子。旁顾国宝在侧，更生愠色，把眼珠楞了数楞。国宝不禁俯首，道子亦愤愤不平，但不好骤然发作，只得敷衍数语，送恭出朝罢了。

到了次年元旦，安帝加元服，改元隆安。太傅会稽王道子稽首归政，特进左仆射王珣为尚书令，领军将军王国宝为左仆射，兼后将军丹阳尹。尊太后李氏为太皇太后，立妃王氏为皇后。后系故右军将军王羲之女孙，父名献之，亦以书法著名，累官至中书令，曾尚简文帝女新安公主，有女无子。及女得立后，献之已殁，至是始追赠光禄大夫，与乃父羲之殁时，赠官相同。史称羲之有七子，惟徽之献之，以旷达称，两人亦最和睦。献之病逝，徽之奔丧不哭，但直上灵床，取献之琴，抚弹许久，终不成调，乃悲叹道："呜呼子敬，人琴俱亡！"说毕，竟致晕倒，经家人舁至床上，良久方苏。他平时素有背疾，坐此溃裂，才阅月余，也即去世。叙此以见兄弟之友爱。徽之字子猷，献之字子敬，还有徽之兄凝之，亦工草隶，性情迂僻，尝为才妇谢道韫所嫌。事见后文。

且说王国宝进官仆射，得握政权。会稽王道子，复使东宫兵甲，归他统领，气焰益盛。从弟绪亦得为建威将军，与国宝朋比为奸，朝野侧目。国宝所忌，第一个就是王恭，次为殷仲堪，尝向道子密请，黜夺二人兵权。道子虽未照行，谣传已遍布内外，恭镇戍京口，距都甚近，都中情事，当然早闻，因即致书仲堪，谋讨国宝。仲堪在镇，尝与桓玄谈论国事，玄正思利用仲堪，摇动朝廷，便乘隙进言道："国宝专权怙势，唯虑君等控驭上流，与他反抗，若一旦传诏出来，征君入朝，试问君将如何对付哩？"仲堪皱眉道："我亦常防此着，敢问何计可以免忧？"玄答道："王孝伯即王恭表字。嫉恶如仇，正好与他密约，兴晋阳甲，入清君侧，援引《春秋》晋赵鞅故事。东西并举，事无不成！玄虽不肖，愿率荆楚豪杰，荷戈先驱，这也是桓文义举呢。"仲堪听着，投袂而起，深服玄言。遂外招雍州刺史郗恢，内与从兄南蛮校尉殷颉，南郡相江绩，商议起兵。颉不肯从，当面拒绝道："人臣当各守职分，朝廷是非，与藩臣无涉，我不敢与闻！"绩亦与颉同意，极言不可，惹得仲堪动怒，勃然作色。颉恐绩及祸，从旁和解。绩抗声道："大丈夫各行己志，何至以死相迫呢？况江仲元绩自称表字。年垂六十，但恨未得死所，死亦何妨！”说着，竟大踏步趋出。仲堪怒尚未平，将绩免职，令司马杨佺期代任，觊亦托疾辞职。仲堪亲往探视，见觊卧着，似甚困顿。乃顾问道：“兄病至此，实属可忧。”觊张目道：“我病不过身死，汝病恐将灭门。宜求自爱，勿劳念我！”仲堪怀闷而出。嗣得郗恢复书，亦不见允，因复踌躇起来。适值王恭书至，乃想出一条圆滑的法儿，令恭即日先驱，自为后应。恭得了复书，喜如所愿，便即遣使抗表道：

> 后将军国宝，得以姻戚频登显列，道子妃为国宝妹，故称姻戚，事见七十六回。不能感恩效力，以报时施，而专宠肆威，以危社稷。先帝登遐，夜乃犯阙叩扉，欲矫遗诏，赖皇太后明聪，相王神武，故逆谋不果。又夺东宫现兵，以为己用，谗嫉二昆，甚于仇敌。与其从弟绪同党凶狡，共相煽连，此不忠不义之明证也。以臣忠诚，必亡身殉国，是以谮臣非一，赖先帝明鉴，浸润不行。昔赵鞅兴甲，诛君侧之恶，臣虽驽劣，敢忘斯义！已与荆州督臣殷仲堪，约同大举，不辞专擅，入除逆党，然后释甲归罪，谨受铁钺之诛，死且不朽！先此表闻。

为了王恭这篇表文，遂令晋廷大臣，个个心惊。当下传宣诏命，内外戒严，道子日夕不安，即召王珣入商大计。珣本为孝武帝所信任，孝武暴崩，珣不得预受顾命，名虽加秩，实是失权。及应召进见，道子便问道：“二藩作逆，卿可知否？”珣随口答辩道：“朝政得失，珣勿敢预；王殷发难，何从得知？”道子无词可驳，只好转语王国宝，且有怨言。国宝实是无能，急得不知所措。此时用不着媚骨了。没奈何派遣数百人，往戍竹里，夜遇风雨，竟致散归。国宝越加惶惧，王绪进语国宝道：“王珣阴通二藩，首当除灭，车胤现为吏部尚书，实与珣同党。为今日计，急矫托相王命，诱诛二人，拔去内患，然后挟持君相，出讨二藩，人心一致，怕甚么逆焰呢？”计颇凶狡。国宝迟疑不答，被绪厉声催逼，方遣人召入珣胤。至珣胤到来，国宝又不敢加害，反向珣商量方法。珣说道：“王殷与君，本没有甚么深怨，不过为权利起见，因生异图。”国宝不待说毕，便愕然道：“莫非视我作曹爽不成！”曹爽事见《三国志》。珣微哂道：“这也说得过甚，君无爽罪，王孝伯亦怎得比宣帝呢？”宣帝即司马懿。国宝又转顾车胤道：“车公以为何如？”胤答道：“昔桓公围攻寿春，日久方克。即桓温攻袁真事，见六十二回。今朝廷发兵讨恭，恭必婴城固守，若京口未拔，荆州军又复到来，君将如何对待呢？”国宝闻言失声道：“奈何奈何？看来只好辞职罢！”珣与胤窃笑而去。胤字武子，系南平人，少时好学，家贫不常得油，夏月取萤贮囊，代火照书，囊萤照读故事，便是车胤古典。一长可录，总不轻略。成人后得膺仕籍，累迁至护军将军。前时王国宝讽示百官，拟推道子为丞相，胤不肯署名，独与国宝反对，所以绪将他牵入，欲加毒手。至计不得遂，因长叹道：“今日死了！”

国宝置诸不睬，即上疏解职，诣阙待罪。嗣闻朝廷不加慰谕，又起悔心，乃矫诏自复本官。不料道子与他翻脸，竟因他诈传诏命，立遣谯王尚之，收捕国宝及绪，付诸廷尉，越宿赐国宝死，命牵绪至市曹枭首。一面贻书王恭，自陈过失，且言国宝兄弟，已经伏诛，请即罢兵。恭乃引兵还屯京口。殷仲堪闻国宝已死，才遣杨佺期出屯巴陵，接应王恭。旋亦接到道子来书，并知恭已退归，因亦召还佺期，一番风潮，总算暂平。

国宝兄侍中王恺，骠骑司马王愉，与国宝本是异母，又素来不相和协，故得免坐，悉置不问。惟会稽世子元显，年方十六，才敏过人，居然得官侍中，他却禀白乃父，谓王殷二人，终必为患，不可不防。道子乃即奏拜元显为征虏将军，所有卫府及徐州文武，悉归部下，使防王殷。于是除了两个佞臣，又出一个宠子来了。道子门下，无非厉阶。这且待后再表。

且说凉州牧吕光，背秦独立，据有河西。回应七十一回。武威太守杜进，是吕光麾下第一个功臣，权重一时，出入羽仪，与光相亚。适光甥石聪自关中来，光问聪道："中州人曾闻我政化否？"聪答道："止知杜进，不知有舅。"光不禁愕然，遂将杜进诱入，把他杀死。好良心。既而光宴会群僚，谈及政事，参军段业进言道："明公乘势崛起，大有可为，但刑法过峻，尚属非宜。"光笑道："商鞅立法至峻，终强秦室，吴起用术无亲，反霸荆蛮，这是何故？卿可道来。"业答道："公受天眷命，方当君临四海，效法尧舜，奈何欲将商鞅吴起的敝法，压制神州？难道本州士女，归附明公，反自来求死么？"光乃改容谢过，下令自责，改革烦苛，力崇宽简。会酒泉被王穆袭入，也自称大将军凉州牧，见七十一回。诱结吕光部将徐炅，及张掖太守彭晃。光遣兵讨炅，炅奔往张掖，光亟自引步骑三万，倍道兼行，直抵张掖城下。晃不意光军骤至，仓猝守城，并向王穆处乞援。穆军尚未赴急，城中已经内溃，晃将寇颢，开城纳光。晃不及脱身，被光众擒斩。光复移兵掩入酒泉，王穆正出援张掖，途中闻酒泉失守，慌忙驰还，偏部将相率骇散，单剩穆一人一骑，窜至骍马。骍马令郭文，顺手杀穆，函首献光。光乃从酒泉还军，适金泽县令报称麒麟出现，百兽相随，恐未必是真麒麟。光目为符瑞，遂自称三河王，改年麟嘉。立妻石氏为王妃，子绍为世子，追尊三代为王，设置官属。中书侍郎杨颖上书，请依三代故事，追尊吕望为始祖，立庙飨祀，世世不迁。吕望并非氐族，如何自认为祖？光欣如所请，因自命为吕望后人。

会张掖督邮傅曜，考核属县，为邱池令尹兴所杀，投尸入井，急图灭迹。偏是冤魂未泯，竟向吕光托梦，自陈履历，且言尹兴赃私狼藉，惧为所发，是以将臣杀害，弃尸南亭枯井中，臣衣服形状，请即视明，乞为伸冤云云。光闻言惊寤，揭帐启视，灯光下犹有鬼形，良久乃灭。次日即遣使案视，果得尸首，因即诛兴抵罪。时段业已任著作郎，犹谓光平日用人，未能扬清激浊，以致贤奸混淆，乃托词疗疾，径至天梯山中，拨冗著作，得表志诗九首，叹七条，讽十六篇，携归呈光。光却也褒美，但究竟未能听从，不过空言嘉许罢了。业在此时也想做个直臣，奈何始终不符？

南羌部酋彭奚念，入攻白土。守将孙峙，退保兴城，一面飞使报光。光遣武贲中郎将庶长子纂，与强弩将军窦苟，带领步骑五千，往讨奚念，大败而还。奚念进据枹罕，光乃大发诸军，亲自往击。奚念才觉惊慌，命在白土津旁，迭石为堤，环水自固，并遣精兵万名，守住河津。光遣将军王宝，潜趋河水上游，绕越石堤，夜压奚念营垒，光从石堤直进，隔岸夹攻，守兵俱溃，遂并力攻奚念营，奚念亦遁。光驱众急追，乘势突入枹罕，逼得奚念无巢可归，没奈何逃往甘松，光留将士戍枹罕城，振旅班师。

先是光徙西海郡民，散居诸郡。侨民系念土著，不乐迁居，乃编成歌谣道："朔马心何悲，念旧中心劳；燕雀何徘徊，意欲还故巢！"光恐他互相煽乱，因复徙还。并因西海外接胡虏，不可不防，乃复使子复为镇西将军，都督玉门以西诸军事，兼西域大都护，镇守高昌。

光又自号天王，称大凉国，改年龙飞。立世子绍为太子，诸子弟多封公侯。进中书令王详为尚书左仆射，著作郎段业等五人为尚书，此外各官，不胜殚述。时为晋孝武帝太元二十一年。史家称他为后凉。西秦王乞伏乾归，见七十四回。尝向吕光称藩，未几即与光绝好。光曾遣弟吕宝等，出攻乾归，交战失利，宝竟败死。光屡思报怨，只因彭奚念入扰，不暇顾及乾归，坐此迁延。奚念本依附乾归，曾受封为北河州刺史。至奚念败窜后，光还称尊号，更欲仗着天王威势，凌压西秦。可巧乾归从弟乞伏轲殚，与乞伏益州有隙，奔投吕光，光不禁大悦，即日下令道：

> 乞伏乾归，狼子野心，前后反复，朕方东清秦赵，勒铭会稽，岂令竖子鸱峙洮南，且其兄弟内相离间，可乘之机，勿过今也。其敕中外戒严，朕当亲征！

这令下后，即引兵出次长最，使扬威将军杨轨，强弩将军窦苟，偕子纂同攻金城，作为中路。又遣部将梁恭金石生等，出阳武下峡，会同秦州刺史没奕于，从东路进兵。再命天水公吕延，征发枹罕守卒，出攻临洮武始河关，向西杀入。延为光弟，最号骁悍，接了光命，首先发兵，奋勇前驱，所向无敌。

当有警报传达乾归，乾归已徙都西城，便召集将佐，商议拒敌。众谓光军大至，不易抵敌，且东往成纪，权避寇锋。乾归怫然道："昔曹孟德击败袁本初，陆伯言摧毁刘玄德，皆三国时事。统是谋定后战，以少胜多。今光兵虽众，俱无远略，光弟延有勇无谋，何足深虑！我能用谋制延，延一败走，各路皆退，乘胜追奔，当可尽歼了！"颇有小智。

正议论间，帐外驰入金城来使，报称万急。乾归只好亟援金城，自率部兵二万，行至中途，又接着急报。乃是金城陷没，太守卫鞬被擒。接连复得数处警耗，临洮失守了，武始失守了，河关又失守了，乾归至此，也不觉大惊。小子有诗咏道：

扰扰群雄战未休，雄师三路发凉州。
须知兵众仍难恃，用力何如用智谋！

欲知乾归如何拒敌，待至下回表明。

会稽王道子，贪利嗜酒，实是一个糊涂虫。假使朝右有人，自足制驭道子，遑论王国宝。乃王珣王雅辈，徒事模棱，毫无建白，而又奉一寒暑不辨之司马德宗，以为之主，安得不乱！王恭之兴师京口，以讨王国宝兄弟为名，旧史已称之曰反。吾谓此时之王恭，志在诛佞，犹可说也。不然，国宝兄弟，窃位擅权，靡所纪极，将待何时伏诛耶！后凉主吕光，无甚才略，不过乘乱窃地，独据一方，观其所为，俱不足取。至倾师而出，往攻西秦，竭三路之兵力，不足以制乾归，毋怪为乾归所评笑也。

第七十九回

吕氏肆虐凉土分崩　燕祚浸衰魏兵深入

却说乞伏乾归连接警耗，不禁惶急起来。沉思多时，乃泣语将士道："今事势穷蹙，无从逃命，死中求生，正在今日。凉军虽四面到来，究竟相去尚远，不能立集，我果能败他一军，不怕凉军不退。"将士听了，统踊跃应声道："如大王命，愿效死力！"乾归道："我意总在杀退吕延。延甚骁勇，不可力敌，我当用计取他便了。"遂分派将士，散伏要隘，人卷甲，马衔枚，静候不动。一面令敢死士数人，佯探延兵，故意被擒，伪说本军退走。果然延拘讯死士，信为真言，即释令不诛，使为前导。此引彼随，直入陷阱，那死士不知去向。但听得数声胡哨，伏兵四面杀出，把延兵冲成数段。延情急失措，正要寻路返奔，又被万弩竞射，就使力大无穷，也禁不住许多硬箭，眼见是一命呜呼了。无谋者终不可行军。延有司马耿稚，本戒延轻进，延不用忠言，因致败死。稚尚在后队，急与将军姜显，结阵自固，收集逃卒，徐徐引退，才得还屯枹罕。光闻延败殁，神色沮丧，遂命各军退回，自己匆匆返入姑臧。乾归复进据枹罕，使定州刺史翟瑥居守，召入彭奚念为镇卫将军，命镇西将军屋弘破光为河州牧，因即还师。

惟吕光遭此一挫，声威顿减，遂令部将离心，又生出南北二凉来了。南凉为秃发乌孤所建，乌孤就是思复鞬次子。思复鞬尝使长子奚于，助张大豫拒光，为光所杀，事见前文。见七十一回。未几，思复鞬亦死，乌孤嗣立，欲报兄仇，因与大将纷陁，谋取凉州。纷陁道：“凉州方盛，未可急取，请先务农讲武，招俊杰，修政刑，巩固根本，然后观衅而动，可报前仇。”乌孤依议施行，才越数年，已易旧观，振作一新。吕光欲羁縻乌孤，特遣使封乌孤为冠军大将军，领河西鲜卑大都统。乌孤问诸将道：“吕氏远来授官，可接受否?”诸将多应语道：“吕氏与我有仇，怎可与和？况近来士强兵盛，难道还受人制么?”乌孤道：“我意亦是如此。”独有一人抗声道：“欲拒吕光，今尚未可。”乌孤瞧着，乃是卫弁石真若留。便诘问道：“卿怕吕光么?”石真若留道：“今根本未固，邻近未服，还宜随时遵养，未可轻动。况吕光势尚未衰，地大兵众，若向我致死，恐不可敌，不如暂时受屈，使他不防，彼骄我奋，一举成功了。”胡人亦多智士。乌孤道：“卿言亦是，我且依卿。”乃对使受封。及凉使去后，乌孤即整顿兵马，出破乙弗折掘二部落，又遣将石亦干筑廉川堡，作为都城。乌孤遂徙居廉川。

已而登廉川大山，但泣不言。石亦干在旁进言道：“臣闻主忧臣辱，主辱臣死，大王今日不乐，想是为了吕光一人。光年已老，师徒屡败。今我得保据大川，养足锐气，将来一可当百，岂尚怕吕光不成!”乌孤道：“吕光衰老，我非不知，但我祖宗德威及远，异俗倾心。今我承祖业，未能制服诸部，近且未怀，怎思及远！悲从中来，不能不泣呢。”旁又闪出大将苻浑道：“大王何不振旅誓众，讨服邻近部落?”乌孤道：“卿等肯同心协力，我便当出师。”苻浑等齐声应命。可见乌孤一泣，实是一激将法。随即出兵四略，迭破诸部。吕光闻乌孤日盛，进封乌孤为广武郡公。广武人赵振，少好奇略，弃家依乌孤。乌孤素慕振才，立即引见，与言国政，无不称意。遂大喜道：“我得赵生，大事成了!”适凉州又有使人到来，进乌孤征南大将军益州牧左贤王，并给鼓吹羽仪等物。乌孤语来使道：“吕王擅命专征，得有此州，今不能怀柔远人，惠安黎庶，诸子贪淫，群甥肆暴，郡县土崩，远近愁怨，我岂尚可违反人心，助桀为虐么？帝王崛起，本无常种，有德即兴，无道即亡，我将应天顺人，为天下主，不愿再事吕王了!”遂将鼓吹羽仪，一并留住，但拒绝封册，仍交原使赍回。于是自称大都督大将军大单于西平王，纪元太初，是年为晋安帝隆安元年。治兵广武，攻凉金城。凉王吕光，遣将军窦苟往援，到了街亭，被乌孤率兵邀击，苟兵大败，狼狈奔还。金城遂被乌孤夺去。复取凉乐都湟河浇河三郡，收纳岭南羌胡数万家，就是凉将杨轨王乞基，亦率户数千降乌孤。乌孤复改称武威王。史家因他占据各地，在凉州南面，所以号为南凉，免与前后凉相混，这也是史笔的界划呢。

南凉既兴，北凉又起，首先发难的，叫作沮渠蒙逊。蒙逊系张掖郡卢水胡人，先世尝为匈奴左沮渠王，因以沮渠为氏。蒙逊有伯父二人，一名罗仇，一名麹粥，均在吕光麾下，从光往伐西秦。吕延败死，光众退还，麹粥语兄罗仇道："主上荒耄，骄纵诸子，朋党相倾，谗人侧目。今兵败将亡，必多猜忌，我兄弟素为所惮，必不见容，倘或徒死无名，何若勒兵径向西平，道出苕藋，奋臂一呼，凉州可立下了。"罗仇道："汝言亦自有理，但我家世代忠良，为西土所归仰，宁人负我，我却不忍负人哩。"既而光果听信谗言，竟将败军的罪名，诿诸罗仇麹粥身上，将他骈戮。死若有知，麹粥亦不免与兄相阋了。蒙逊素有谋略，博涉经史，并晓天文，突遭此变，当然悲愤交并，不得已殓葬两尸。诸部多为沮渠氏姻戚，多来送葬，数达万人，蒙逊向众哭语道："吕王昏耄，滥杀无辜，我先世尝统辖河西，保安诸部，今乃受人戮辱，岂不可耻！我欲与诸公并力，为我二伯父复仇雪恨，不使他埋怨泉下，未知诸公肯助我否？"大众听了，都齐称万岁。当下结盟起兵，攻凉临松郡，阵斩凉护军马邃。临松令井祥，屯据金山。凉主吕光，遣子纂率兵往攻，蒙逊抵敌不住，逃入山中。

适蒙逊从兄男成，由晋昌纠众数千，起应蒙逊。酒泉太守垒澄，引兵出击，临阵败死，男成遂进攻建康。此与东晋之都城异地同名。建康太守段业，正为仆射王详所排，出就外任，男成遣人说业道："吕氏政衰，权臣擅命，刑杀无常，人皆生贰，百姓嗷然，无所依附，近已瓦解，将必土崩，府君奈何以盖世英才，效忠危地！男成等今倡大义，欲屈府君抚临鄜州，造福百姓，尽使来苏，岂不甚善！"业不肯从，登陴拒守，且向姑臧乞师，相持至二旬余，援兵不至，郡人高逵史惠等，劝业不如俯从男成，业恐王详等居中反对，阻住援军，乃决与男成联络，开城纳入。男成即推业为大都督龙骧大将军，领凉州牧，号建康公，改吕氏龙飞二年为神玺元年。男成派人往召蒙逊，蒙逊遂出山投业。业授男成为辅国将军，委任国事，蒙逊为镇西将军，兼张掖太守。

蒙逊请速攻西郡，将佐互有异言。蒙逊道："西郡为岭南要隘，不可不取。"业乃令蒙逊为将，引兵往攻。蒙逊到了城下，相视地势，见城西有河相通，遂佯为攻扑，暗堵河流。西郡太守吕纯，为吕光从子，专在城上守着，不防河水灌入城中，汹涌澎湃，势如奔潮，兵民相率惊徙，不暇拒战。蒙逊得乘际杀入，城即被陷，吕纯无从奔避，被蒙逊督众擒归。于是晋昌太守王德，敦煌太守孟敏，俱举郡降业。业封蒙逊为临池侯，命德为酒泉太守，敏为沙州刺史，再使男成及王德，进攻张掖。张掖为光次子常山公弘所守，未战即溃，弃城东走。男成等得入城中，向业告捷。业即驰至张掖，誓众追弘。蒙逊谏阻道："归师勿遏，穷寇勿追，这乃兵法要言，不可不戒。"业不以为然，竟率众往追。适值纂奉了父命，领兵迎弘，望见业众追来，便分部兵为二队，使弘率右翼，自率左翼，夹道以待。至业已驱至，一声号令，两队夹击，杀得业左支右绌，慌忙返奔。吕纂等哪里肯舍，当然追赶。业落荒急走，手下不过百余人，幸得蒙逊前来救应，方得保业退还。吕纂见有援兵，也收兵自去。段业叹道："孤不能用子房言，致有此败！"以张子房视蒙逊，可惜汝不似沛公！懊怅了好几日，又命兵役往筑西安城，用部将臧莫孩为太守，蒙逊又谏道："莫孩有勇无谋，知进忘退，今乃令彼往守，是无异与彼筑坟，怎得称为筑城呢？"业复不从。奈何又不信子房。俄而吕纂兵至，莫孩战死，西安城果然失守，枉费了许多财力，蒙逊自此轻业。为后文弑业伏笔。业尚侈然自大，自号凉王，又复改元天玺，进蒙逊为尚书左丞，梁中庸为右丞，即以张掖为国都。张掖在凉州北面，所以史家号为北凉，南北相对，都从后凉分出，后凉吕氏，就此浸衰了。十六国中有五凉，上文叙过共计四凉。

话分两头。且说后燕主慕容宝，嗣位以后，即弑太后段氏，已失众心。回应七十六回。嗣又违背父命，溺爱少子，立储非人，益致内乱。宝有数子，最长为长乐公盛，次为清河公会，又次为濮阳公策，皆非嫡出。惟策母本出将门，最得宝宠；盛母较贱，会母尤贱。盛与会颇有智略，会更为祖垂所爱，每遣宝北伐，必令会代摄东宫诸事，已寓微意。嗣又以龙城旧都，宗庙所在，特使会往镇幽州，委以东北重任，国官府佐，俱采选一时名俊，使崇威望。及垂临死嘱宝，须立会为宝嗣，宝虽承遗嘱，心下却爱怜少子，未肯立会。会生年本与盛同，不过因月日较先，号为长男。盛因自己不得立储，也不愿会得嗣立，索性让与季弟，因向宝陈词，请立弟策。宝正合意旨，尚恐族议未同，特与赵王麟等商及，麟极口赞成。乃即立策为太子，并立策母段氏为皇后。策年才十二，外若秀美，内实蠢愚。盛为排会起见，劝宝立策。麟更怀着私意，利立愚稚，将来容易捽去，好行僭逆。宝怎知两人隐衷，无非是溺爱不明，背父遗言，暂图快意。还有会怏怏失望，很觉不平。暗中伏着如许祸祟，试想这后燕还能平静么？语足儆世。宝虽进封盛会为王，终难释怨。再加那北方新盛的后魏，常来惊扰，因此内乱外患，相继迭乘。

魏王拓跋珪，养兵蓄马，日见盛强。群臣劝称尊号，珪始建天子旌旗，出警入跸，改登国十一年为皇始元年。魏王珪纪元登国，见七十三回。魏人所惮，惟一慕容垂，垂既去世，拓跋珪以下，无不心喜。参军张恂，遂劝珪进取中原，珪乃大举攻燕，率步骑四十余万，南出马邑，逾句注山，旌旗达二千余里，鼓行前进，直逼晋阳，又分兵东袭幽州，燕并州牧慕容农，与骠骑将军李晨，督兵出战，挡不住魏兵锐气，并因寡不敌众，竟至大败，奔还晋阳。不料司马慕舆嵩在城居守，忽起歹心，竟将慕容农妻子，驱出城外，把城门紧紧关住。不杀慕容农妻子，还算好人。

农跑至城下，遇着妻孥诉苦，气得不可名状，但退无所归，进不能战，只好挈了妻子，向东急走。偏部众统皆惊骇，沿途四散，单剩数十骑随农。到了潞川，后面尘头大起，乃是魏将长孙肥，引兵追来。农逃命要紧，连妻子都不及顾了，挥鞭疾驰。距敌少远，背上尚着了一箭，忍痛逃脱，还至中山，随从只有三骑，那爱妻娇儿，久不见归，想总被魏兵拘去，悲亦无益，只好入见燕主。燕主宝不好斥责，略略慰谕数语，令他归第休息。越日，即得警报，晋阳降魏，并州陷没了。

又过了两三天，复有急报传到，乃是魏将奚牧，攻入汾州，擒去丹阳王买德，及离石护军高秀和。燕主宝也觉着忙，亟召群臣会集东堂，咨问拒敌方法。中山尹苻谟道："今魏兵强盛，转战千里，乘胜前来，勇气百倍，若纵入平原，更不可敌，亟宜遣兵扼险，遏住寇锋，方可无虑。"中书令眭邃道："据臣意见，不如令郡县人民，聚众为堡，坚壁清野，但守勿战。彼寇骑往来剽锐，马上赍粮，不过旬日可以支持；若进无所掠，粮何从出，数日食尽，自然退去了。"尚书封懿道："眭中书所言，亦属未善；今魏兵数十万，蜂拥前来，百姓虽欲营聚，势难自固，且屯粮积食，转为寇资，计不如阻关拒战，还不失为上策哩。"宝听了众议，无从解决。胸无主宰，总难济事。因旁顾及赵王麟，麟答道："魏兵大至，锐不可当，宜完守设备，与他相持。待他粮尽力敝，然后出击，当无虑不胜了。"主意与封懿略同。于是修城积粟，为持久计，且命辽西王农，出屯安喜，作为外援。所有军事调度，悉归赵王麟主持。

魏主拓跋珪，已使部将于栗磾公孙兰等，带领步骑二万，从晋阳出井陉路，拔木通道，俾便往来，复自率大军驰出井陉，进拔常山，擒住太守苟延。常山以东诸守宰，统皆惶惧，或望风输款，或弃城逃生。只有邺与信都二城，尚固守不下。魏主珪即命征东大将军东平公拓跋仪，率五万骑攻邺，冠军将军王建，左将军李栗等攻信都，自进兵直攻中山，掩至城下。城中已有预备，当然不致陷入。珪督兵围攻数日，毫不见效，乃顾语诸将道："我料宝不能出战，定当凭城固守，急攻必伤我士卒，缓攻又费我粮糈，不如先平邺与信都，然后还取中山，我众彼寡，自然易克了。"诸将齐声称善。珪尚为示威计，再麾众猛扑一场，南城墙不甚固，几为魏兵所毁。燕高阳王慕容隆，镇守南郭，一面派兵修缮，一面率锐力战。自旦至暮，杀伤至数千人，魏兵乃退，乘夜南行。

先是燕章武王慕容宙，奉垂及段后灵车，往葬龙城，并由燕主宝命，叫他毕葬回来，顺便将前镇军慕容隆家属部曲，带还中山。清河王会，方代镇龙城，见七十六回。阴蓄异志，把他部曲，多半截留，不肯遽遣。宙拗他不过，只得挈隆家眷，及隆参佐等，趋还中山。途次闻有魏寇，驰入蓟州，与镇北将军慕容兰登城守御。兰系慕容垂从弟。魏将石河头，往攻不克，退屯渔阳。应上文东袭幽州句。魏主珪南抵鲁口，博陵太守申永，弃城奔河南，又有高阳太守崔宏，也出奔海渚。珪素闻宏名，遣骑追及，把宏擒归。急命释缚，用为黄门侍郎，使与给事黄门侍郎张衮，并掌机要，创立礼制。博陵令屈遵降魏，也即命为中书令，出纳号令，兼总文诰。后来拓跋氏各种制度，及所有谕旨，多出二人手裁。小子有诗咏道：

楚材入晋再弹冠，用夏变夷易旧观。

只是华人甘事虏，史家终作贰臣看！

欲知魏兵南下情形，且至下回再表。

秃发乌孤之背吕光，乘光之衰也，沮渠蒙逊之叛吕光，因光之暴也。乌孤与光，本有杀兄之宿嫌，不得已敛尾戢翼，受光之封。至毛羽已丰，不飞何待？蒙逊本为光臣，与光无怨，待诸父罗仇麴粥无辜被杀，挟愤而起。一则蓄之于平素，一则迫之于崇朝，要之皆有词可援，非无因而至也。然使吕光能修明政刑无怠厥治，则乌孤不能崛兴，蒙逊何至猝变？分崩之祸，不戢自消，乃知瓦解土崩之患，莫非自召耳。后燕主慕容宝，背父弑母，舍长立幼，揆诸天理，必亡无疑，魏之大举深入，尚不足以亡燕，故当时之主战主守，不足深评，必至内乱纷起，然后外侮一乘，而国即亡矣。要之立国之道，惟仁与义，夷狄举仁义而尽废之，其速亡也宜哉！

第八十回

拓跋珪转败为胜　慕容宝因怯出奔

却说邺中镇守的燕将，乃是范阳王慕容德。见七十六回。他闻魏将拓跋虔来攻，便使安南王慕容青，系慕容皝曾孙。率领将士，夤夜出城，袭击魏营。拓跋虔未及防备，竟被捣破，伤了许多兵马，踉跄返奔，退入新城，青回城报功。到了次日，还要引兵追击，别驾韩谆劝阻道："古人先谋后战，昨夜掩他无备，才得胜仗，今不可轻击魏军，共有四端；悬军远客，利在野战，一不可击；深入近畿，向我致死，二不可击；前锋既败，后阵必固，三不可击；彼众我寡，四不可击。并且官军不宜轻动，亦有三要，本地争战，胜且扰民，一不宜动；倘或不胜，众心难固，二不宜动；城隍未修，敌来无备，三不宜动。为今日计，不如深沟高垒，持重勿战，彼师远来，无粮可因，难道能久留不去么？"慕容德依了谆言，止青勿出。

魏辽西公贺赖卢为魏主珪母舅，奉了珪命，来会拓跋仪攻邺。适魏别部大人没根，为珪所忌，投奔中山，燕主宝命为镇东大将军，封雁门公。没根素有胆勇，请还袭魏营，宝尚未深信，只给百余骑随去。行近魏主珪大营，适当日暮，没根走入僻处，令群骑吃了干粮，悄悄伏着，待到夜半，方趋至魏营门外，仿着魏兵口号，叩营径入。魏兵还道他是巡卒，并未拦阻，至没根直入中帐，始被珪卫兵截住，两下里动起手来，喊声震动。魏主珪才从帐中惊醒，跣足趋入后帐，急命将士拒战。没根等东斫西劈，已得了首级百余，及见魏兵陆续趋集，方大喝一声，夺路走脱。魏兵因月黑天昏，不敢追赶，一听没根驰回。这次魏营被劫，虽然不致大损，但魏主珪常有戒心，倒也有三分胆怯了。无人不怕死。只拓跋虔围邺逾年，终未退去。燕范阳王德，也守得力倦神疲，不得已遣使入关，至后秦姚兴处乞救。后秦太后蛇氏，正患寝疾，兴颇有孝思，日夕侍奉，不愿出兵。兴尊母蛇氏为太后，见七十四回。邺使只好返报，守兵闻秦援不至，颇加恟惧。忽城外有书射入，经守兵拾呈慕容德，德展览后，颇有喜色。原来魏辽西公贺赖卢，自恃国戚，不愿受拓跋仪节制，互相猜疑。仪司马丁建阴与德通，因射书入城，报明魏营情形，令德放怀。德知魏军必有变动，当然易忧为喜。又越数日，大风暴起，白日如昏，赖卢营中爇炬代光，丁建伪报拓跋仪道："贺营已纵火烧营了，必乱无疑。"仪不禁着忙，急引兵趋退。贺赖卢莫名其妙，但见仪众退去，也只好撤还。丁建竟入邺降德，且言仪师老可击，德乃遣慕容青等带着精骑七千，追击魏兵；果然大得胜仗，夺了许多军械，搬回邺城。燕主宝得邺城捷报，也使左卫将军慕舆腾，收复博陵高阳，杀魏所置守令诸官，堵塞魏军粮道。

魏主珪因邺城难下，信都又复未克，乃亲督军赴信都，往助冠军将军王建。建攻信都与仪攻邺，俱见前回。燕冀州刺史宜都王慕容凤，已守了七十余日，粮食将尽，又闻魏主珪亲来围攻，自知不支，竟逾城夜走，奔归中山。信都失了主帅，所有将军张骧徐超等，不能再拒，便即开城出降。

燕失去信都，却得拔杨城，杀毙守兵三百余人。慕容宝拟大举击魏，尽取出府库金帛，购募壮士，不论良莠，悉数录用，甚至金帛不足，把宫中闲散侍女，也作为赏赐。还是活口赏人，可省口粮，似为得计，一笑。于是盗贼无赖，统皆应募，数日间得数万人。乌合之徒，宁足成事！会没根兄子丑提，为并州监军，闻叔降燕，恐连坐被诛，因即还国作乱。魏主珪防国都有失，意欲北归，乃遣国相涉延，诣燕求和。燕主宝不肯照允，使冗从仆射兰真，责珪负恩，悉发部众出拒，统计步卒十二万，骑兵三万六千，行至钜鹿郡内的柏肆坞，临滹沱河沿岸为营。可休勿休，岂靠着一班无赖，便足徼功么？魏主珪不得所请，当然怒起，叱还燕仆射兰真，即引兵至滹沱河南，与燕军夹岸列寨。

燕主宝见魏兵势盛，又有惧容，还是高阳王隆，想出一计，自请潜师夜渡，往劫魏营。宝依了隆计，自在营中戒严，作为后援。隆从募兵中挑出勇士万人，各执火具，待到夜静更深，悄然渡河。一经登岸，便乘风纵火，且烧且进，突向魏营杀人。魏营中虽有夜巡，未及入报，魏兵从睡梦中惊醒，顿致大乱，自相践踏。魏主珪仓猝起视，见外面尽是火光，也不由惊心动魄，连衣冠都不及穿戴，匆匆逃脱。

燕将乞特真，搗入魏主寝帐，那魏主已经走远，只剩得衣靴等件，劫取而回。魏主珪前曾被劫，至此又复弃营，也算善循覆辙。此外粮械，由燕兵悉数搬运，你抢我夺，竟至互相争论，私斗起来。可见兵宜训练，临时召募之徒，虽胜亦不中用。魏主珪惊走数里，觉后面并无追兵，乃敢少息。溃兵亦次第趋集，仍然择地安营。复登高遥望，见燕军抢夺各物，自相斫射，不禁欣喜道："今夜尚可转败为胜哩！"随即回营伐鼓，号召散卒，在营外遍布火炬，然后纵骑冲击燕兵。

燕兵方才罢斗，由慕容隆弹压平静，捆载各物，正要渡河还营，不防魏兵来打还复阵，好似怒虎咆哮，逢人便噬。燕军已无行列，又无斗志，逃的逃，死的死。将军高长，略略对敌，便被魏兵攒绕拢来，把他打翻，捆绑了去。慕容隆到此，也只好自管性命，奔回宝营。宝忙出兵援应，才得救回一二千人，此外不是被杀，就是被擒。越宿，魏兵又整队临河，对营相持，军容很是严肃，燕人大惧，上下夺气。慕容麟与慕容农，劝宝还师，宝乃拔营急归。魏兵越河追蹑，屡败燕军，并因春寒未解，风雪交乘，士多冻死，枕藉道旁。宝驱马急驰，不遑顾及全军，只带旧兵二万骑，匆匆北走，尚恐被魏兵追及，令士卒抛仗弃甲，赶紧行路，所有兵器数十万，一齐丧失，寸刃无遗。

燕尚书闵亮，秘书监崔逞，太常孙沂，殿中侍御史孟辅等，不及奔还，但为魏兵所虏，悉数降魏。崔逞素有才名，魏张衮常为称扬，至是魏主珪得逞甚喜，即授官尚书，使录三十六曹，委以政事。一面麾众再进，竟抵中山城外，屯芳林园。

燕主宝奔入中山，喘息未休，尚书郎慕舆皓，竟阴谋杀宝，推立赵王麟。幸有人预先讦发，宝即派兵严查，皓自知谋泄，斩关奔魏。宝本欲罪麟，又闻魏兵进逼，不敢遽发，只好飞使往达龙城，召清河王会入援。会犹怀私怨，未肯遽赴。事见前回。但使征南将军库傉官伟，建威将军余崇，率兵五千，先驱进行。伟等到了卢龙，静待后应，约莫至三阅月，未见会至，所带粮饷，早已食尽，甚至宰牛杀马，烹食充饥，亦且无余。时中山已被困多日，燕主宝累诏催会，会尚托词练兵，迁延不发，目无君父。伟在卢龙，也觉焦急，意欲使轻骑先进，侦敌强弱，且为中山遥接声援，诸将皆互相推诿，不敢奉令，独余崇奋然道："今巨寇滔天，都城危迫，匹夫尚思致命，往救君父，诸君受国重任，乃如此贪生怕死么？若社稷倾覆，臣节不立，死有余辜。诸君尽管居此，崇愿自往一行，虽死无恨！"可惜会不闻此言！伟极口褒许，便选给精骑数百人，随崇出发。行至渔阳，遇魏游骑千余人，众皆彷徨，且前且却，崇又励众道："彼众我寡，不战必死，与战或尚可求生。"遂当先进击，众亦随上，格杀数十人，活捉十余人，魏骑骇退，崇亦引还。当下讯明俘虏，得知魏主亦有归志，乃驰使报会，会方引兵就道，沿途还是逗留，好几日才至蓟城。

燕都被围日久，将士统欲出战，高阳王隆，向宝献议道："魏主虽得小利，但顿兵经年，锐气已挫，士马亦大半死伤，人心思归，诸部离散，正是可击的机会，且城中将士，已尽思奋，彼衰我盛，战无不克，若持重不决，将士气丧，日益困逼，事久变生，恐无能为力了。”宝颇以为然，令隆整兵出战，偏赵王麟多方阻挠，竟致隆孤掌难鸣，欲出又止。

宝急得没法，因使人至魏营请和，愿送还魏主弟觚，并割让常山西境，即以常山为燕魏分界。魏主珪因母后贺氏，念觚致疾，竟至谢世，未免怀着余哀。回应前文，并了结贺氏。此次由燕许归觚，并得常山西境，乐得乘机罢兵，便不复多求，愿如所约。燕使请即撤围，然后照约履行，珪亦许诺，遣还燕使，自引兵退屯卢奴。谁知宝又复翻悔，不肯照行和约，自食前言。好似儿戏。魏主珪待了数日，杳无音信，复督诸将进攻中山，燕将士数千人，俱入殿自请道：“今坐守孤城，终致困敝，臣等早愿出战，陛下一再禁止，难道待死不成？且受围多日，无他奇策，徒欲延时积日，待寇自退。臣等见内外形势，强弱悬殊，彼必不肯无故舍去，请从众决战，背城借一，彼见我尚能奋力，自然知难即退了！”宝当面允许，又命隆率众出击。隆被甲上马，勒兵诣门，将要出城，偏慕容麟驰马急至，不准开门。隆亦未便与争，涕泣还第，大众从此灰心，各悻悻散去。

到了夜间，麟竟带领部众，迫左卫将军慕容精，入宫弑宝，精抗议不从，惹动麟怒，拔刀杀精，自率妻子出城，奔往西山，于是人情骇震。

燕主宝闻报大惊，只恐麟出夺会军，拟遣将迎会追麟，可巧麟麾下属吏段平子，背麟奔还，报称麟赴西山，招集丁零余众，谋袭会军，东据龙城。宝顿足道：“果不出我所料，奈何？奈何？”说着，即召农隆二王入议，欲弃去中山，走保龙城。呆极。隆应声道：“先帝栉风沐雨，成此基业，今崩未逾年，大局遽坏，岂非孤负先帝，但外寇方盛，内乱又起，骨肉乖离，百姓疑惧，原是不足拒敌，北迁旧都，未始非权宜计策。但龙城地狭民贫，若移众至彼，要想足食足兵，断非旦夕可成。陛下诚能节用爱民，务农训士，待至公私充实，可守可战，将来赵魏遗民，厌苦寇暴，追怀燕德，当不难返旆南来，克复故业。否则不如凭险自固，静镇不动，或尚足优游养锐哩。”语意亦太模棱。宝答道：“卿言确有至理，朕当一从卿意，今日是不能不迁了。”隆默然退出，农亦随退。辽东人高抚，素善卜筮，为隆所信。隆返第后，抚即入见，附耳与语道：“殿下北行，恐难及远，太妃亦未必相见，若使主上独往，殿下留守都城，不但无祸，并得大功。”隆家属留居蓟城，事见前回，故云太妃未必相见。隆摇首道：“国有大难，主上蒙尘，老母又在北方，我若得归死首邱，亦无所恨，怎得另生异志呢？”乃遍召僚佐，预嘱行期。僚佐多不愿从行，惟司马鲁恭，参军成岌，尚无异言。隆喟然道：“愿从者听，不愿从者亦听！”僚佐闻言，便各散归，隆遂部署行装，准备出走。慕容农与隆同意，亦即日整装，部将谷会归进谏道：“城中兵士，俱因参合一战，家属多亡，恨不得与敌拼命，只因赵王禁遏，不能伸志。今闻主上北徙，大众互相私议，俱谓得慕容氏一人，奉为主帅，与魏力战，虽死无怨。大王尽可留此，俯从众望，击退魏军，抚宁畿甸，奉迎大驾，重整河山，岂不是忠勇兼全么？”比高抚言更为豪爽。农怫然不悦，意欲拔刀杀归。转思归有才勇，不忍下手，但作色与语道：“必如汝言，才可望生，我终不愿，宁可就死！”农从垂起兵时，颇有才识，此时何亦无生气耶？归只得告退。是夜燕主宝开城北走，除农隆二人随行外，尚有太子策，长乐王盛等，带着万骑，衔枚急奔。河间王熙，渤海王朗，博陵王鉴，皆垂子，见七十六回。年尚幼弱，不能出城，隆复入城迎接，护令同行，方得走脱。燕将王沈等降魏，乐浪王惠，中书侍郎韩范，员外郎段宏，太史令刘起等，挈工役三百余人，奔往邺城。

燕都无主，百姓惊惶，东门连夜不闭。事为魏主珪所闻，即欲引兵入城，偏冠军将军王建，志在掳掠，偏至魏主面前，谓夜间昏黑，恐士卒入盗库物，无从彻查，不如待至天明，魏主乃止。及晨鸡报晓，旭日已升，魏主始引兵至东门，哪知门已紧闭，城上守兵俱列，反比前日整齐，不由的惊诧起来。遂饬众并力猛攻，偏是矢礮下，无隙可乘，自朝至暮，一些儿没有见功，反伤害了数百人。次日，又复攻扑，仍然无效，乃使人上登巢车，招谕守兵道：“慕容宝出城奔走，已弃汝等北去，汝等百姓，复替何人把守？难道汝等俱不识天命，徒自取死么？”守兵齐声答道：“从前参合一役，降且不免，今日守亦死，降亦死，所以不愿出降，情愿死守！况城中并非无主，去一君，立一君，难道汝魏人能杀尽我么？”魏主珪听了，顾视王建，直唾建面。当下遣中领将军长孙肥，左将军李栗，率三千骑追慕容宝。行至范阳，尚不见有宝踪迹，但新城戍兵，约有千人，索性攻将进去，俘得数百名，还报大营。魏主珪懊悔无及，尚拟攻克中山，未肯撤围。究竟中山由何人主持？原来是燕开封公慕容详。详系慕容青弟。详未曾出城，即由守兵奉为主帅，闭城拒守，因此宝虽北去，城尚保存。小子有诗叹道：

国都未破主先逃，遗族留屯差自豪。
假使岩垣长不坏，维城宗子也名高。

欲知慕容宝在途情状，待至下回再详。

慕容宝一鄙夫耳，喜怒靡常，进退无主，观其所为，即安内尚且不足，遑问拒外！魏人一至，可和不和，可战不战，可守不守，虽欲不败，乌得而不败？虽欲不亡，乌得而不亡？不然，魏主拓跋珪，智术亦疏，没根二击而惊走，慕容隆再击而猝奔，当两军对垒之时，无备若此。向令宝父尚存，珪亦安能逞志乎？慕容农与慕容隆，名为燕室忠臣，乃父中兴，两人亦尝佐命，乃小胜即喜，小败即怯，既不能监制慕容麟，又不能匡正慕容宝，都城可弃，何一不可弃耶？观此回可知后燕败亡之由来云。

第八十一回

攻旧都逆子忘天理　陷中山娇女作人奴

却说慕容宝弃都出走，行至阱城，适与赵王麟相遇。麟不意宝至，还道他亲自出讨，顿致惊溃，奔往蒲阴。宝不遑追击，但驱众北趋，到了蓟城。随从卫士，散亡略尽。惟慕容隆部下四百骑，留卫行幄。慕容会率骑兵二万人，方至蓟南，闻宝已入蓟，乃进城相见。父子叙谈，会语多讽刺，面上亦很觉不平。宝俟会退出，即召农隆二人，入语会不平情形。二人均说道："会尚年少，专任方面，习成骄盈，所以有此情状。臣等执礼相绳，料彼也不致生异了。"除非立会为太子，或可释嫌。宝虽然许可，心中总未免疑会，遂欲夺会兵权，归隆统辖。隆恐会有变，当面固辞。宝犹分拨会众，给与农隆。又遣西河公库傉官骥，率兵三千，助守中山，一面尽徙蓟中库藏，北趋龙城。

魏将石河头引兵追宝，驰至夏谦泽，得及宝军。宝不欲与战，会抗声道："臣抚练士卒，正为今日，今大驾蒙尘，人思效命，乃狡虏敢来送死，太违情理。兵法有言：'归师勿遏。'又云：'置之死地而后生。'彼犯二忌，我得二利，若再不战，益启寇心，龙城亦岂可长保么？"宝乃从会言，列阵拒敌。会出当敌冲，使农隆二军，分攻魏兵左右，三路夹击，大败魏兵，追奔百余里，斩首数千级。隆尚未肯罢休，再追至数十里外，夺得许多甲仗，方才回军，归途语故吏阳璆道："中山城积兵数万，不得伸展我意，今日虽得一胜，尚令我遗恨无穷。"说着，慷慨太息，泪下数行。独会经此一捷，骄夸愈甚，隆不得不从旁训勉。会非但不听，反加忿恨，又因农隆俱常镇龙城，名望素出己右，恐宝至龙城后，大权必在农隆掌握，自己越致失势，乃潜谋作乱。幽平二州士卒，统已受会牢笼，不愿归二王节制，遂向宝陈请道："清河王勇略过人，臣等愿与同生死，今请陛下与太子诸王，留住蓟宫，臣等从清河王南征，解京师围，还迎大驾便了。"宝似信非信，默然不答。大众退后，宝左右进言道："清河王不得为太子，神色已很是不平，且材武过人，善收人心，陛下若从众请，臣恐解围以后，必有卫辄故事，不可不防。"卫辄拒父事，见《东周列国》。宝点首示意。侍御史仇尼归，系会私党，探悉宝情，便私下告会道："大王所恃惟父，父已异图，所仗在兵，兵已去手，试问将如何自全呢？不如诛二王，废太子，由大王自处东宫，兼任将相，匡复社稷，方为上策。"双方谗间，怎得不乱？会尚犹豫未决。

宝语农隆道："我看会已有反志，今若不除，难免大祸。"农隆齐声道："今寇敌内侮，中土纷纭，社稷危如累卵，会镇抚旧都，来赴国难，威名远震。逆迹未彰，若一旦加诛，不但父子伤恩，人心亦必将不服呢。"宝慨然道："逆子已不顾君亲，卿等兹恕，尚不忍诛，一旦变起，必先害诸父，然后及我，后悔恐无及了。"农隆为妇人之仁，不知弭乱，宝既知子恶，仍不加防，是亦妇人之见而已。话虽如此，但也不肯急切下手，仍向龙城进行。

到了广都黄榆谷，时已天晚，因即驻宿。农与隆二人为卫，卧至夜半，忽有一片哗噪声，从外而入。隆急忙起视，见有十数人持刀进来，料知有变，便欲返身入报，不防背上已中了一刀，痛彻心窝，立致晕倒，接连又被一刀剁下，自然断命。时农已拔甲出来，跨马欲遁，偏被那强人阻住，用刀乱斫，农急忙闪避，左臂已着了刀伤，忍痛走脱。背后却有数健卒相随，代抱不平，俱奋力留拒强人，格翻几个，赶去几个，独擒得一个头目，仔细辨认，正是侍御史仇尼归。当下将他捆住，牵送慕容农。农已窜入山谷，健卒亦跟了进去，待至追及，由农讯问仇尼归，供称为会所遣。农乃裹创待晓，然后出山，返报慕容宝。

宝夜间闻变，正在惊惶，突见会踉跄趋入道："农隆谋逆，臣已将他二人除去了。"宝知会有诈，一时不便叱责，乃佯为慰谕道："我素疑二王，果然谋变，今得除去，甚好！甚好！"此时倒还有急智。会喜跃而出。翌晨，由会排齐兵仗，严防他变，始拥宝就道。建威将军余崇，请收殓隆尸，载往龙城，会尚未许，经崇涕泣固请，方得邀允。即由崇殓隆入棺，用车载行。适慕容农自来谒宝，并押献仇尼归。宝不令农诉明情迹，但伪叱道："汝何故负我？"遂令左右将农拿下。仇尼归乐得狡赖，只说农等为逆，拒战被擒，宝即令释缚，仍复原官。约行十余里，正要午餐，宝召群臣同食，且议加农罪。会方就坐，宝目顾卫军将军慕舆腾，暗嘱杀会。腾拔剑出鞘，向会行刺。会把头一低，冠被劈去，略受微伤，身子向外一掠，竟得逃走。腾不及追杀，慌忙奉宝急奔，飞驰二百余里，得抵龙城。时已夕阳下山了；会号召徒党，追宝至石城，终不得及，乃使仇尼归为前驱，径攻龙城。宝令壮士夤夜出击，得破仇尼归。会且上书要求，请诛左右佞臣，并求立为太子。宝当然不许，惟乘舆器物及后宫妾御，不及随宝进城，尽被会掠去，分赏将吏，擅置官属，自称皇太子，录尚书事，引众再攻龙城，以讨慕舆腾为名。宝登城责会，会跨马扬鞭，意气自如，且令军士鼓噪扬威。城中将士，见会如此无礼，统皆愤怒，开城迎战。天下事全仗理直，理直自然气壮，一鼓作气，锐不可当，便将会众杀退。毕竟人心未死。会走还营中，到了夜半，侍御史高云，又从城中潜出，带着敢死士百余人，袭击会营。会众大乱，相率逃散。会不能成军，只带十余骑奔往中山。开封公慕容详，怎能容会，立将会拘住斩首，并派人传报龙城。宝乃颁令大赦，凡从前与会同谋，悉置不问，使复旧职。免罪尚可说得，复官未免太宽。又论功行赏，封侯拜将，共数百人。命慕容农为左仆射，兼职司空，领尚书令，进高云为建威将军，封夕阳公，养为义儿，追赠高阳王隆为司徒，予谥曰康。龙城一隅，暂得少安。

惟邺城尚被围住，积久未退，慕容详尚有能耐，坚持到底。魏主珪因军食不继，命东平公仪撤去邺围，徙屯钜鹿，筹运粟米。慕容详又暗遣步卒，出袭魏营，虽然魏主有备，杀败守兵，但终因粮道未通，解围自去，就食河间。详还道是威足却魏，竟僭称皇帝，改元建始，用新平公可足浑谭为车骑大将军，领尚书令。此外设官分职，居然备置百官。且闻慕容麟出屯望都，即遣兵掩击，逐麟入山，擒麟妻子还都。燕西河公库傉官骥，本奉燕主宝命，助守中山，见上文。及详既僭位，便思逐骥。骥与他反抗，遂致互阋，结果是众寡不敌，为详所杀。详尽灭库傉官氏，又杀中山尹苻谟，诛及家族。惟谟有二女娀娥训英，娇小玲珑，幸得走脱，后文自有表见。天生尤物，不肯令其遽死。详既得逞志，便即淫荒，嗜酒无度，横加杀戮。所授尚书令可足浑谭直言进谏，适值详酒醉糊涂，竟不分皂白，喝令左右，把谭推出斩首。官吏等当然不服，均有异言，详更使人监谤，遇有私议政事的人员，不论贵贱，一体处斩。自详僭号以后，但阅一月，所诛王公以下，已五百余人，内外屏息，莫敢发言。

城中又复饥迫，百姓欲出外觅粮，偏详下令严禁，不准出入，因此人多饿死，举城皆恨详无道，欲就近往迎赵王麟。麟与详相去几何？百姓亦但管目前，未遑顾后。详尚未察悉，但因城中乏食，遣辅国将军张骧，率五千余人赴常山，督办粮糈。慕容麟伺隙复出，招集丁零余众，潜袭骧军。骧正在灵寿县，严加督责，戕害吏民，众心浮动，一闻麟至，都去欢迎，连骧部下各兵士，亦弃骧就麟。骧仓皇窜去，麟即引众掩至中山，城门不闭，得一拥直入，城中兵民，见麟到来，无不喜慰，从前被杀诸大臣家属，乐得乘机报怨，各引麟趋入伪宫，往捉慕容详。详醉后酣寝，未及逃避，即被大众七手八脚，把他捆住，牵出见麟。详尚睡眼模糊，不知为何人所执，但听得一片杀声，才开眼一睁，那刀光已到颈上，未及开言，头颅已落。得做醉鬼，详亦甘心。又搜杀详亲党三百余人。麟复僭称尊号，听民四出觅食，大众才得一饱。

魏主珪闻中山变乱，即遣中领军将军长孙肥，带领轻骑七千人，潜袭中山，得入外郛。麟忙集众出拒，肥始退去。麟复率步骑四千，追至派水，由肥麾众返击，彼此各有杀伤。麟丧失铠骑二百，肥亦身中流矢，两造统收军引还。魏主珪移驻常山九门，军中大疫，人马多死，将士多半思归。珪觇知众意，便语众将道："前闻丑提作乱，本即北返，嗣因燕主悔约，丑提乱亦得平。从珪口中了过丑提。我意决拔中山，再作归计，今全军遇疫，岂天意不欲我取中山么？但四海以内，人民众多，无处不可立国，诚使我抚驭有方，谁不悦服？目前病死多人，也不足顾恤呢。"语不足法。诸将始不敢再言。珪即令抚军大将军略阳公拓跋遵，引兵再袭中山，割取禾稻，捆载而还。中山失禾，饥荒益甚。慕容麟不能安居，因率众三万余人，出据新市。

魏主珪已进兵攻麟，太史令晁崇进谏道："今日进军，恐防不吉。"珪问为何因？崇答道："纣以甲子亡，故后世称甲子日为疾日，今日适当甲子，不宜出兵。"珪笑道："纣以甲子亡，周武不以甲子兴么？"崇无言可对。珪即启行至新市，与麟对垒。麟不免心怯，退屯派水，依渐洳泽立营，意图自固。彼此相持数日，魏兵进压麟营，麟不得已开营出战，一场交手，哪里敌得过魏兵？二万人死了九千余，逃去一万余，单剩得数十骑，随麟奔还。麟妻子前为详所拘，未曾处死，见上文。麟入中山，当然放出，此次复挈了妻子，遁入西山，从间道赴邺。魏主珪驰入中山，凡麟所署公卿将吏，及守城士卒，统皆迎降，共约二万余人。又得燕所传皇帝玺绶，并图书府库珍宝，以巨万计，还有后宫妇女，数亦盈千。并得慕容详遗女一人，年青貌美，秀色可餐，珪即纳为妾媵，晚令侍宿。详女亦只好随缘作合，供他淫污。越日，又发慕容详冢，锉尸焚骨，并查得拓跋觚死时，由燕人高霸程同下手，便将两人磔死，并夷五族。霸固为详所使，本不应置重辟，况又夷及五族，珪之淫虐如此，无怪其不得令终。于是颁赏将士，多寡有差。

慕容麟奔至邺城，与范阳王慕容德相见，便向德献议道："魏兵既克中山，必来攻邺，邺中虽有蓄积，但城大难固，且人心恇惧，恐难坚守，不如南赴滑台，较为万全。"德闻言心动，遂拟南迁。时滑台守将，为燕鲁阳王慕容和，亦遣人迎德，德因决计徙屯。好容易又是残冬，越年为燕主宝永康三年，即晋安帝隆安二年。正月上旬，德率户四万，南徙滑台，将吏当然随行。无故弃邺，也是失策。魏东平公拓跋仪，已进封卫王，引众入邺，追德至河，不及乃还。慕容麟等向德劝进，德依兄慕容垂故事，自称燕王元年，摄行帝制，备设官属，用慕容麟为司空，领尚书令，慕容法为中军将军，慕舆拔为尚书左仆射，丁通为右仆射，这便是南燕的始基。是为四燕之殿。看官听说！慕容麟劝德南徙，仍然为自己起见，他因河间常有麟现，自谓与己名相应，必得君临燕土。中山僭号，不满三月，匆匆奔邺，欲用德为傀儡，迁往河南，仍好废德自立。哪知天不助逆，竟至谋泄，被德赐死，狡猾半生，终归不得善终。可作晨钟之警。

那慕容宝尚未知滑台情形，还遣鸿胪卿鲁邃，册拜慕容德为丞相，领冀州牧，封南夏公，一面大阅兵马，仍欲规复中原。会魏主北归，慕容德亦命侍郎李延，向宝报闻，谓"魏军已返，中原空虚，正好及时收复"等语。宝心下大喜，即拟南行。辽西王农，长乐王盛进谏道："今方北迁，兵疲力弱，魏新得志，未可与争，不如养兵观隙，更俟他年。"宝颇欲依议，偏抚军将军慕舆腾抗言道："寇虏已返，我师大集，正宜乘机进取，百姓可与乐成，难与图始，惟当独决圣虑，不应广采异同，阻挠大计。"宝闻言奋袂道："我计决了，敢谏者斩！"遂留慕容盛居守龙城，命慕舆腾为前军大司马，慕容农为中军，自为后军，统率步骑三万，自龙城依次出发，南屯乙连。

燕制称卫兵为长上，素随乘舆出入，不令迁调，此次宝统众南行，当然随着，但众情俱不愿征役，各有怨言。卫弁段速骨宋赤眉等，本为高阳王隆旧部，入充宿卫，此次因众心蠢动，遂纠众作乱，逼立隆子崇为主帅，立即发难，杀毙司空乐浪王慕容宙，中牟公段谊诸人。惟河间王熙，素与崇善，崇代为庇护，始得免难。燕主宝突然遇变，急率十余骑奔往农营。农急忙出迎，左右抱住农腰，谓营卒亦恐应乱，不宜轻出。农抽刀吓退左右，才得出营见宝，接入营中。一面遣人追还前军慕舆腾，一面拔营回讨段速骨等。谁知军心都变，俱弃仗散走，就是慕舆腾部下，亦皆溃散。宝与农只好奔还龙城，乱兵尚在后追赶，亏得龙城留守长乐王盛，引兵出接，才得迎入宝与农。小子有诗叹道：

不从众议妄行师，祸起军中悔已迟。
纵使一时能幸脱，窜身便是杀身时。

宝与农既入龙城，乱兵亦进逼城下，欲知乱事如何结果，容待下回表明。

君君臣臣，父父子子，此为修齐治平之要素，先圣固尝言之矣。慕容宝之不君不父，乌足为国？观其立太子时，已启内乱之渐，以立长言，则宜立长乐公盛，以受遗言，则宜立清河王会，策为少子，又非嫡嗣，徒以溺爱之故，越次册立，无惑乎会之谋乱也。会固不子，宝实不父，而又当断不断，徒受其乱，亲为父子，反成仇敌，家且不齐，国尚能治乎？幸而会乱已平，正宜与民更始，休养生息，徐图规复，乃不察民生之困苦，不问将士之罢劳，冒昧径行，侈言南讨，是君不君也。君不君，臣即不臣，段速骨等之作乱，亦意中事，无见怪也。彼慕容农与慕容隆，心固无他，才实不足。慕容麟好行不义，终至自毙，燕事如此，即无拓跋氏之外侮，亦终必亡而已矣。

第八十二回

通叛党兰汗弑君　诛贼臣燕宗复国

却说段速骨等引着乱兵，进逼龙城。城中守兵甚少，由慕容盛募民为役，始得万人，登陴奋力拒守。速骨等人数虽多，但同谋不过百人，余皆胁从为乱，并无斗志。惟尚书顿邱王兰汗，本为慕容垂季舅，又是慕容盛妇翁，他偏起了歹心，与速骨等通谋，所以速骨等有恃无恐，日夕鼓噪，威吓城中；且诱慕容农出城招抚，愿与讲和。农恐城不能守，潜自夜出，往抚乱兵。乱兵未曾被衄，怎肯投诚？农潜往招抚，不啻送死。速骨怎肯依农，反把农拘住不放。翌晨，复引众攻城，城上守兵，拒战甚力，伤毙乱卒百余人。守兵正在得势，忽见速骨牵出慕容农，指示城上，呶呶乱语。农亦有口，奈何畏死不言？守兵本恃农为重，忽见农在城下，也不暇问明情由，骤然夺气，一哄而散。速骨等得缘梯登城，纵兵杀掠，死亡相枕。燕主宝与慕舆腾余崇张真李旱等，轻骑南奔。

速骨尚不敢杀农，但将他幽住殿内。另有同党阿交罗，为速骨谋主，意欲废崇立农，偏被崇左右闻知，就中有鬷让出力鞬两人，为崇效力，骤入杀农，并及阿交罗。农故吏左卫将军宇文拔，亡奔辽西，速骨恐人心忆农，必且生变，因归罪鬷让出力鞬，把他诛死。哪知与他反对的，不是别人，就是前时通谋的兰汗。汗阳与勾通，暗中仍然嫉忌，速骨未曾防着，突被汗纠众袭击，见一个，杀一个，才阅半日，已将速骨等亲党百余人，一古脑儿送他归阴。当下废去慕容崇，奉太子策监国，承制大赦，且遣使迎宝北归。

时长乐王盛等，已逾城从宝，同至蓟城，接见兰汗来使，宝即欲北还。盛等俱进谏道："兰汗忠诈，尚未可知，今若单骑往赴，倘汗有异志，悔不可追，不如南就范阳王，合众取冀州，就使不捷，亦可收集南方余众，徐归龙城，这却是万全计策呢。"宝乃依议，从间道趋邺。邺人颇愿留宝，宝独不许。南至黎阳，暂驻河西，命中黄门令赵思，召北地王慕容钟，使他迎驾。钟为慕容德从弟，曾劝德称尊，至是执思下狱，并即报德。德召僚属与语道："卿等为社稷大计，劝我摄政，我亦因嗣主播越，民神乏主，暂从群议，聊系众心。今天方悔祸，嗣主南来，我将具驾奉迎，谢罪行辕，然后角巾还第，不问国事，卿等以为何如？"全是假话。黄门侍郎张华应声道："陛下所言，未免失计，试想天下大乱，断非庸材所能济事，嗣主暗弱，不足绍承先绪，陛下若蹈匹夫小节，舍天授大业，恐威权一去，身首不保，社稷宗庙，岂尚得血食么？"将军慕容护亦接入道："嗣主不达时宜，委弃国都，自取败亡，尚何足恤？从前蒯聩出奔，卫辄不纳，《春秋》尚不以为非，孔圣亦未尝赞成。彼为子拒父，尚属可行，况陛下为嗣主叔父，难道不可拒犹子吗？"正要你二人说出此话。德半晌才道："古人逆取顺守，终欠合理，所以我中道徘徊，怅然未决呢。"护又道："赵思南来，虚实未明，臣愿为陛下驰往诇察，再作计较。"德乃遣护前往，佯为流涕。多此做作。护率壮士数百人，偕思北往。适宝得樵夫言，谓德已僭号，料知不为所容，仍转身北去，护追宝不及，复执思南还。

德闻思练习掌故，召他入见，欲为己用。思慨然道："犬马尚知恋主，思虽刑臣，颇识大义，乞加惠赐归。"德作色道："汝在此受职，与在彼何异？"思亦发怒道："周室东迁，晋郑是依，陛下亲为叔父，位居上公，不能倡率群臣，匡扶帝室，乃反幸灾乐祸，欲效晋赵王伦故事，思虽不能效申包胥，乞援存楚，尚想如王莽时的龚胜，不屑偷生，归既不得，死亦何妨！”阉人中有此义士，恰也难得。德被他揶揄，容忍不住，便命将思推出斩首，真情毕露。嗣是遂与宝绝。

宝遣盛与慕舆腾，收兵冀州，盛因腾请兵启衅，激成祸乱，且素来暴横不法，为民所怨，因即将他杀死。总嫌专擅。行至钜鹿，遍谕豪杰，俱欲起兵奉宝，约期会集。偏宝闻兰汗祀燕宗庙，举动近理，便欲北还龙城，不肯再留冀州，于是召盛速还，即日启行。到了建安，留宿土豪张曹家。曹素武健，自请纠众效劳，盛又劝宝缓归，俟确觇兰汗情状，再定行止。宝乃遣冗从仆射李旱，往见兰汗，自在石城候信。

会兰汗遣左将军苏超，至石城迎宝，极陈兰汗忠诚。宝信为真言，不待李旱返报，遂自石城出发。盛涕泣固谏，宝仍不从，但留盛在后徐行。盛与将军张真等下道避匿，不肯遽赴。盛为宝子，知父有难，不肯随往，亦太忍心。宝匆匆急返，抵索莫汗陉，去龙城只四十里，城中皆喜。兰汗惶惧，欲自出谢罪，兄弟同声谏阻。汗因遣弟加难率五百骑出迎，又令兄提闭门止仗，禁人出入。城中皆知汗有变志，但亦无法挽回。加难驰至陉北，与宝相见，拜谒甚恭。宝即令他护驾，昂然进行。颍阴公余崇，密白宝道：“加难形色不定，必有异谋，陛下宜留待三思，奈何径往？”宝尚说无妨。又行了十余里，加难忽喝令骑士向前执崇，崇徒手格斗，毕竟寡不敌众，终为所缚。崇大骂道：“汝家幸为国戚，迭沐宠荣，今乃敢为篡逆，天地岂肯容汝？不过稍迟旦暮，便当屠灭，但恨我不得手脍汝曹呢！”加难听了，竟拔刀杀崇。宝至此悔已无及，只好随了加难，同入龙城。加难不令入殿，但使寓居外邸，用兵监守。到了夜间，便遣壮士潜入邸中，将宝拉死。莫非自取。兰汗闻报，命为棺殓，追谥曰灵。又杀太子策及王公卿士以下百余人。汗自称大都督大单于大将军，昌黎王，改元青龙，令兄提为太尉，弟加难为车骑将军，封河间王熙为辽东公。使如周时杞宋故例，备位屏藩。居然想作周天子了。

慕容盛在外闻变，即拟奔丧入城，将军张真，极力劝阻。盛说道：“我今拼死往告，自述哀穷，汗性愚浅，必顾念婚姻，不忍害我。约过旬月，我得安排妥当，便足伸志，这也是枉尺直寻的办法呢。”遂不从真言，径入城赴丧，先使妻兰氏进求汗妻，为盛乞免。汗妻乙氏，究是女流，见女涕泣哀请，自然代为缓颊。汗本意颇欲害盛，但见了一妻一女，宛转哀鸣，免不得心肠软活，化刚为柔。惟兄提及弟加难，谓斩草留根，终足滋患，不如一并杀盛。盛妻又向伯叔叩头，哀吁不已，提与加难尚有难色，汗独恻然道：“我就赦汝夫婿，但汝当为我传言，须怀我德，毋记我嫌。”盛妻当然应命。汗即遣子迎盛，引入宫中。盛见汗匍伏，且泣且谢。亏他忍耐。汗还道他是诚心归附，一再劝慰，且伪言宝实自尽，并非加害，当即为宝治丧，令盛及宗族亲党，一律送葬，复授盛为侍中，兼左光禄大夫。还有太原王奇，系前冀州牧慕容楷子，为汗外孙，汗亦将奇宥免，命为征南将军。奇既得受职，遂与盛同列，两人俱怀报复，且系从曾祖兄弟，当然患难相亲，于是盛得了一个帮手，尝与密谋。

兰提等随时防着，屡次劝汗杀盛，汗终不从，兄弟间遂有违言。提又骄狠荒淫，动逾礼法，就是与汗相见，亦往往恶语相侵。汗情不能忍，益生嫌隙。盛得乘间媒孽，如火添薪，又潜使奇出外招兵，为恢复计。奇密往建安，募集丁壮，得数千人，使据城自固。提闻变报汗，汗即遣提往讨，偏盛入白汗道："善驹即奇表字。小儿，怎敢起事？莫非有假托彼名，谋为内应不成？"汗瞿然道："这是由太尉入报，当不相欺。"盛屏人语汗道："太尉骄诈，不宜轻信，若使发兵出讨，一或为变，祸不胜言了。"汗闻盛言，即饬罢提兵，汗实愚夫，若使有一隙之明，定必不信。另遣抚军将军仇尼慕，率众讨奇。时龙城数月不雨，自夏及秋，异常亢旱。汗疑得罪燕祖，致遭此谴，乃每日至燕太庙中，顿首拜祷，又向故主宝神主前，叩陈前过，实由兄弟二人起意，应当坐罪云云。提与加难，得悉汗言，统怒不可遏，竟擅领部曲将士，出袭仇尼慕军，杀毙无算。

仇尼慕幸得不死，奔回告汗。汗不禁惊骇，立遣长子穆出讨。穆临行时，密语汗道："慕容盛与我为仇，今奇起兵，盛必与闻，这是心腹大患，急宜除去，再平内乱未迟。"汗半疑半信，欲召盛入见，觇察情实，然后加诛。盛妻兰氏，稍有所闻，忙即告盛。盛伪称有疾，杜门不出。汗亦搁着不提。燕臣李旱卫双刘忠张豪张真等，本与盛有旧交，因见兰穆势盛，虚与周旋，穆遂引为腹心，使旱等往来盛室，为监察计。哪知旱等反向盛输情，为盛谋主，伺隙起事。会穆击破兰提等军，回城献捷，汗遂大飨将士，欢宴终日，父子统饮得酩酊大醉，分归就寝。当有人诣盛通报，盛夜起如厕，逾墙趋出，直往东宫。李旱等已先待着，即拥盛斩关，入室寻穆。穆高卧未醒，被旱等手起刀落，立即毙命。盛得穆首级，携带出门，徇示大众。众未解严，尚扎住东宫外面，一闻盛起兵杀穆，大都踊跃赞成，便听盛指挥，往攻兰汗。汗醉寝宫中，至大众突入，才得惊醒，起视门外，遥见一片火光，滚滚前来，火光中露出许多白刃，料知不是好事，亟呼卫卒保护，偏卫卒已逃散，不知去向，任他喊破喉咙，并无一人答应。他想返身避匿，奈两脚如痿躄一般，急切不能逃走。那外兵已趋近身边，不由分说，便即劈头一刀，但觉脑袋上非常痛苦，站立不住，就致晕倒，一道灵魂，与长子穆先后归阴，同登森罗殿上，同燕主宝对簿去了。恐怕是同去喝黄汤哩！

汗尚有子和与扬，分戍令支白狼，盛连夜使李旱张真，驰往诱袭，相继诛死。兰提加难，也由盛遣将掩捕，同时受戮。人民大悦，内外帖然，盛因妻为汗女，当坐死罪，因拟遣她出宫，迫令自尽，盛之复兴，半由妻兰氏营救之功，奈何遽欲杀妻，男儿薄幸，可为一叹！亏得献庄太子妃丁氏，从旁力争，始得免死。看官道献庄太子为谁？

就是慕容垂长子令。令前时走死，事见上文。在六十三回。垂称帝时，曾追谥令为献庄太子，令妻丁氏，尚得生存，宝尝迎养宫中，以礼相待。盛妻兰氏，奉侍维谨，所以丁氏壹力保护，极言兰氏相夫有功，如何用怨报德？说得盛无词可驳，不得不曲予通融。但后来盛称尊号，仍不立兰氏为后，终未免心存芥蒂，这且无庸絮言。

且说慕容盛得复父仇，便告成太庙，大赦境内，一时不称尊号，暂以长乐王摄行统制，降诸王爵为公，文武各复旧官，并召太原公奇还都。奇听信谗言，竟抗不受命，勒兵叛盛，回屯横沟，去龙城只十里。盛亲督将士，出城击奇，奇手下虽有三万余人，究竟是临时召募，没有纪律，乘兴便至，见敌即逃。奇不能禁遏，如何拒盛？盛驱兵追杀，又令军士接连射箭，射倒奇马，奇坠地受擒，牵入龙城，立即处死。奇党严生王龙等，一并捕诛。遂命河间公熙为侍中，都督中外诸军事，改谥先主宝为惠闵皇帝，庙号烈宗。宝尚有庶子元，受封阳城公，兼卫将军，东阳公根，为尚书令，张通为左仆射，卫伦为右仆射，李旱为辅国将军，卫双为前将军，张真为右将军，皆封郡公。又进刘忠为左将军，张豪为后将军，并赐姓慕容氏。既而步兵校尉马勒等谋反，事泄伏诛，案连高阳公崇，即段速骨等所立之慕容崇。因即将崇赐死。这是盛有心杀崇。

是夕，大风暴起，拔去阙前七大树，宫廷震悚。可见天道有知，隐隐为崇鸣冤。偏群臣一味迎合，还要向盛劝进。盛初尚不许，嗣复屡接奏牍，请上尊号，盛乃即燕帝位，改元建平，追尊伯考献庄太子为皇帝，宝后段氏为皇太后，献庄太子妃丁氏为献庄皇后，谥太子策为献庄太子。后来张豪张真张通及尚书段成，昌黎尹留忠等，相继谋叛，依次发觉，一并伏诛。就是东阳公慕容根，亦株连被戮。即用阳城公元为尚书令，改封平原公。才阅一年，复改元长乐。每有罪犯，盛必自矜明察，亲加鞫讯；且因宝宽弛失国，务从严刻，无论宗族勋旧，稍有过失，便置重刑。辽西太守李朗，在郡十年，威行境内，盛屡征不至，且阴召魏兵，阳吓燕廷。盛察知有诈，便将他留居龙城的家属，尽加屠戮，并遣辅国将军李旱，率骑讨朗。旱奉命出次建安，忽又接到朝使，召他还都。旱只得驰还。及抵阙下，谒盛问故。盛但云："恐卿过劳，所以召归休息。"旱乃退出。越宿，又遣旱从速出兵，群臣都莫名其妙，就是旱亦无从索解，只好依令奉行。

朗初闻旱兵出击，当然防守，及旱中途却还，总道是龙城有变，不复设备，留子养守住令支，即辽西治所。自往北平迎候魏兵。旱兼程前进，掩入令支，擒斩李养，复遣广威将军孟广平，引骑追朗。朗尚未抵北平，已被孟广平追及，纵骑奋击，攻他无备。朗慌忙抵敌，与广平战了数合，因见从骑溃散，未免胆怯，手下一松，即由广平觑隙猛刺，中朗左胁，坠落马下。广平再加一槊，断送朗命，当下枭了首级，取回报旱。旱即传首龙城，盛得捷报，方明谕群臣道："朗甫谋叛，必忌官威，或纠合同类，与我力敌，或亡窜山泽，据险自固，一时如何荡平？我所以前召旱还，使他无备，再令旱出，猝加掩击，这是避实击虚的妙计。今果一鼓平逆，得歼渠魁，总算是计不虚行了。”徒矜小智，无当大体。群臣自然贡谀，群称神圣。盛即将朗首悬示三日，一面召旱班师。旱应召西归，途次得卫双被诛消息，不禁惶骇，弃军潜奔，走匿板陉。盛知旱无他意，不过畏罪逃亡，乃遣使往谕，说是：“卫双有罪，不得不诛，与旱无涉，可即日还朝。”旱乃入都谢罪，盛仍令复职，惟讨平辽西的功劳，已付诸汪洋大海，搁起不提了。小子有诗咏道：

用宽用猛贵相兼，但尚刑威总太严；
罚不当辜功不赏，君臣怎得免猜嫌！

盛虽得平辽西，魏兵却已出境，欲知燕魏交战情形，且至下回详叙。

观本回兰汗之弑慕容宝，与慕容盛之杀兰汗，芒刃起于萧墙，亲戚成为仇敌，皆权利思想之为害也。兰汗身为国舅，其女又为长乐妃，亲上加亲，应同休戚，乃潜通外叛，诱杀国君，宝不负汗，汗实负宝，盖比莽操之恶，为尤过矣。盛阳归兰汗，阴纵反间，冒险忍辱，卒举汗父子兄弟而尽戮之，甚且欲连坐贤妇，忘德报怨，阴鸷若此，可惊可畏，论者不以为暴，无非因盛之手刃父仇，大义灭亲故耳。然卒之好猜嗜杀，安忍无亲，宗戚勋旧，多罹刑网，诩诩然自矜明察，而以为杜渐防微，人莫予毒，庸讵知治国之道，固在仁不在暴耳，而盛之遇祸亦不远矣。

第八十三回

再发难王恭受戮　好惑人孙泰伏诛

却说魏主拓跋珪，自中山还军以后，复徙都平城。营宫室，建宗庙，立社稷，正封畿，制郊甸，遣使循行郡国，考核守宰，明正黜陟。又命尚书吏部郎刘渊，立官制，协音律，仪曹郎董谧制礼仪，三公郎王德定律令，太史令晁崇考天象。进黄门侍郎崔宏为吏部尚书，总司典要，纂定各制，垂为永式。就于魏皇始三年十二月，即晋安帝隆安二年。即皇帝位，改元天兴，命朝野皆束发加帽，追崇远祖毛以下二十七人，皆称皇帝。尊六世祖力微为神元皇帝，庙号始祖，祖什翼犍为昭成皇帝，庙号高祖，父寔为献明皇帝，仿行古制，定郊庙朝飨礼乐。又用崔宏条议，自谓黄帝后裔，以土德王，徙六州二十二郡守宰，及土豪二千家至代郡。凡自代郡以西，善无以东，阴馆以北，参合以南，俱为畿内。此外四方四维，分置八部帅监守，居然有体国经野的遗规。魏自拓跋珪称帝，为北方强国，故叙述从详。平城附近有秀容川，旧有酋长尔朱羽健服属魏主，且随攻晋阳中山，立有战功。魏主珪特别加赏，即就秀容川四围三百里，给为封土，于是尔朱氏亦蕃盛起来。独志祸本事，见《南北史演义》。

会因燕李朗遣使借兵，乃命材官将军和拔，入袭幽州。幽州刺史卢溥，旧为魏民，戕吏据州，叛魏降燕，至是被和拔突入，擒溥及子涣，押送平城，车裂以徇。燕主盛闻幽州被兵，亟遣广威将军孟广平往救，已是不及，但斩魏戍吏数人，引师退还。盛复去皇帝号，贬称庶人天王，封弟渊为章武公，虔为博陵公，子定为辽西公。适太后段氏病殁，谥为惠德皇后。襄平令段登，与段太后同宗，忽然谋变，由盛遣将捕诛。前将军段玑，系段太后兄子，迹涉嫌疑，恐致连坐，即逃往辽西，嗣复还都归罪，得邀赦免，赐号思悔侯，使尚公主，入直殿庭。养虎贻患。一面尊献庄皇后丁氏为皇太后，立子辽西公定为皇太子，颁制大赦，命百僚会集东堂，亲考器艺，超拔十有二人。并在新昌殿遍宴群臣，令各言志趣。七兵尚书丁信，年方十五，因为丁太后兄子，擢居显要，他独起座面陈道："在上不骄，居高不危，这是小臣的志愿呢。"这数语是因盛好杀，暗加讽谏，盛亦知他言中寓意，便微笑相答道："丁尚书年少，怎得此老成论调呢？"话虽如此，但盛终不肯反省，仍然苛刻寡恩，免不得激成众怒，终罹大祸。事且慢表。

且说晋青兖刺史王恭，及荆州刺史殷仲堪，分镇长江，势倾朝右。会稽王道子，惧他侵逼，既令世子元显为征虏将军，配给重兵，使为内备，事见七十八回。复因谯王尚之，及尚之弟休之，素有才略，引为谋士。尚之休之系谯王承子，无忌孙。尚之向道子进议道："今方镇强盛，宰相权轻，大王何不外树腹心，自增藩位？"道子听着，即令司马王愉为江州刺史，都督江州及豫州四郡军事。偏豫州刺史庾楷，不愿分权，抗疏辩驳，略言："江州系是内地，与豫州四郡，素不相连，不应使王愉分督。"疏入不报。楷因遣子鸿往说王恭道："尚之兄弟，为会稽羽翼，权过国宝，欲借朝威，削弱方镇，王愉又是国宝兄弟，前来督豫，公等若不早图，恐必来报复前嫌，祸且不测了。"王国宝事，亦见七十八回。王恭本虑道子报怨，一闻此言，当然着急，忙遣人报告殷仲堪。仲堪即与桓玄商议，玄本是个闯祸的头目，哪有不劝令为乱，况当时又有一种刺激，更增玄忿，尤觉得跃跃欲动，乘隙寻仇。原来玄在荆州，料为道子所忌，特故意上书，求为广州刺史，果得朝廷允准，且敕令兼督交广二州。当下佯为受命，暗中实无意启行。凑巧遇着王恭来使，阴约仲堪，此时不怂恿起事，更待何时？乃与仲堪拟就复书，愿推恭为盟主，约期同趋建康。恭得书后，便欲发兵，司马刘牢之进谏道："将军为国家元舅，义同休戚，恭为孝武后王氏之兄。会稽王乃天子叔父，又当国秉政，前因将军责备，诛及王国宝王绪，自割所爱，为将军谢过，将军亦已可谓得志了。现在王愉出镇江州，虽未惬人意，亦不为大失，就是豫州四郡，割配王愉，与将军何损？晋阳兵甲，可一不可再呢。"牢之谏恭之言，不为不忠，可惜后来变卦。恭不肯从，即上表请讨王愉，及尚之兄弟。

道子闻庾楷从恭，即使人说楷道："孤前与卿恩如骨肉，帐中共饮，结带与言，也好算是亲密了。卿今弃旧交，结新援，难道竟忘王恭前日的欺侮么？若欲委身事恭，使恭得志，恭也必疑卿反复小人，怎肯诚心亲信？身首且不可保，还望甚么富贵呢！"楷本为王国宝私党，事见前文，故道子又有此言。楷闻言大怒，即令使人还报道："王恭前赴山陵，相王忧惧无计，我知事急，发兵入卫，恭乃不敢猝发。去年恭勒众内向，我亦橐鞬待命，我事相王，未尝有负，相王不能拒恭，反杀国宝兄弟，国宝且死，何人再为相王尽力？庾楷身家百口，怎能再不见几，自取屠灭呢？相王今且责己，毋徒责人。"这一篇话报知道子，道子素来胆小，急得不知所为。独世子元显奋然道："前不讨恭，致有今日，今若再姑息，难道还有朝廷么？我虽年少，愿出当逆贼。"道子听了，稍稍放怀，乃将兵马大权，悉付元显，自在府第中日饮醇酒，作为排遣罢了。

殷仲堪闻恭已举兵，也即勒兵出发，但平时素无将略，所有军事，尽委南郡相杨佺期兄弟，使佺期率舟师五千，充作前锋。桓玄继进，自督兵二万为后应。佺期到了湓口，王愉尚全然无备，惶遽奔临川。桓玄遣偏将追愉，愉不及逃避，竟被擒去。建康闻报，很是震动，内外戒严，当即加会稽王道子黄钺，命元显为征讨都督，遣卫将军王珣，右将军谢琰，率兵讨王恭。谯王尚之率兵讨庾楷。楷方出兵至牛渚，突遇尚之统众杀来，一时惊惶失措，立致溃散，楷单骑奔投桓玄。会稽王道子，遂授尚之为豫州刺史。尚之有弟三人，除上文所叙的休之外，尚有恢之允之，此时均授要职。休之为襄城太守，恢之为骠骑司马丹阳尹，允之为吴国内史，各拥兵马，为道子声援。不意桓玄乘锐杀入，所向无前，连破江东各戍，由白石直进横江。尚之驱军与战，竟为所败，仓皇遁走。恢之所领各舟军，又被玄捣破，悉数覆没，于是都城大震。道子自屯中堂，令王珣守北郊，谢琰屯宣阳门，严兵守备。元显独出守石头城，英气直达，毫不畏缩。当时会稽府中，多半谀媚元显，说他聪明英毅，有明帝风。他亦自命不凡，居然以安危为己任，因见敌势甚锐，遂多方探刺敌情，果被察出破绽，想就一条反间计来。

自王恭不用刘牢之言，贸然出兵，牢之虽尚随着，却不愿为恭效死。恭又淡漠相待，越使牢之灰心。正在懊怅的时候，忽有庐江太守高素，借入报军机为名，得与牢之密语，啗以厚利，大略劝牢之背恭，事成后即将恭位转授。牢之自然心动，踌躇不答。素见牢之情状，乐得和盘托出，便从怀中取出一书，交与牢之，作为凭信。牢之启视，乃是会稽王道子署名，书中所说，也与素言相符，这封书是元显手笔，托名乃父，牢之未尝不知，但已闻元显握有全权，足为道子代表，便深信不疑，因即遣素返报，愿如所约。一面语子敬宣道："王恭曾受先帝大恩，今为帝舅，不能翼戴王室，反屡发兵寇逼京师，我想恭蓄志不轨，事果得捷，尚肯为天子相王所制么？我今欲奉国威灵，助顺讨逆，汝以为可行否？”敬宣答道：“朝廷近政，虽不能媲美成康，究竟没有幽厉的残暴，恭乃自恃兵威，陵蔑王室，大人与恭，亲非骨肉，义非君臣，不过共事有年，略联情好，但彼既营私负国，大人原不宜党逆叛君，今欲助顺讨逆，理应如此，何必多疑。”敬宣此言，原是正论。牢之乃与敬宣密谋，将乘间图恭。

恭参军何澹之，素与牢之不协，至是侦知机密，急入白恭。恭尚疑澹之挟嫌进谗，不肯遽信，且特置盛宴，邀请牢之，就在席间拜他为兄，所有精兵坚甲，悉归牢之统领，使率帐下督颜延为先锋，进攻建康。一误再误，且送死一个颜延。牢之谢过了宴，立即登程。行至竹里，即将颜延一刀两段，送首入石头城。并遣子敬宣，及女婿东莞太守高雅之，还军袭恭。恭方出城阅兵，拟为牢之后继，不防敬宣麾骑突至，纵横驰骤，乱杀乱剁，霎时间将恭兵驱散。恭匹马回城，城门已闭，城上立着一员大将，便是东莞太守高雅之。他已混入城中，据城拒恭。恭知不可入，忙纵马奔往曲阿。他平时本不善骑，急跑了数十里，髀肉溃裂，流血涔涔，不得已下马觅舟。适有曲阿人殷确，为恭故吏，乃用舟载恭，送往桓玄军营；行至长塘湖，偏被逻吏截住，将恭擒送建康。恭至此还有甚么希望，眼见是引首就刑。惟临死时，尚自理发鬓，颜色自若，顾语刑吏道：“我误信匪人，致遭此祸，但原我本心，岂真不忠？使百世以下，知有王恭，我死已值得了。”以此为忠，何人不忠？恭既受诛，所有子弟党羽，当然骈戮无遗。晋廷遂命刘牢之为辅国将军，都督兖青冀幽并徐扬各州军事，代恭镇守京口。

俄而杨佺期桓玄至石头，殷仲堪至芜湖，俱上表为恭伸冤，请诛刘牢之。元显见他势盛，却也生畏，遂悄悄的驰还京师，令丹阳尹王恺等发京邑士民数万人，共往石头。佺期与玄，方在石头城下，耀武扬威，猖獗得很。忽见建康兵士，如蜂拥，如蚁攒，漫山遍野，踊跃前来。两人不禁失色，当即麾军倒退，回屯蔡州。惟仲堪尚在芜湖，拥众数万，气焰未消。晋廷不知虚实，尚以为忧。左卫将军桓修，入白道子道：“西军情实，修已了如指掌了，彼纠众为逆，殷桓以下，单靠王恭，恭既破灭，西军气沮，今若以重利啗玄，并及佺期，二人必然心喜，桓玄已足制仲堪，再加一佺期，便可使倒戈取仲堪了。”道子乃令玄为江州刺史，召还雍州刺史郗恢，使为中书，即命佺期代刺雍州，并都督梁雍秦三州军事。任修为荆州刺史，权领左卫文武，即日赴镇。遣刘牢之带领千人，护修前行。黜仲堪为广州刺史，使仲堪叔父太常殷茂，赍诏敕仲堪回军。

仲堪接诏，愤怒的了不得，便一再遣使，催促桓玄佺期进军。玄等得着朝命，颇为所动，犹豫未决。仲堪防他生贰，急从芜湖南归，又着人传谕蔡州军士道：“汝辈若不早散归，我至江陵，当尽诛汝等家属了。”蔡州军士，听到此言，当然恟惧。佺期部将刘系，潜率二千人先归，一军已去，余众皆动。玄与佺期，不能禁遏，也只好随众西还。众惧家属被诛，倍道还趋，行至寻阳，得与仲堪相值。仲堪已经失职，不能不倚玄等为援，玄等见仲堪众盛，一时也不便相离，虽是两下猜嫌，表面上只好联络，所以彼此叙面，各无异言，且比前日较为亲昵，你指天，我誓日，俨然有沥肝披胆的情形，甚至各出子弟，互相抵质，就在寻阳筑台，歃血为盟，仍皆不受朝命，并连名上疏，提出三大条件：一是请申理王恭；二是求诛刘牢之，及谯王尚之；三是诉仲堪无罪，不应独被降黜。明明兴兵犯阙，如何说得无罪？不过玄与佺期同罪异罚，仲堪应也呼冤。这篇奏牍呈将进去，又令道子以下，无法抗辩，莫展一筹，统是酒囊饭袋。结果是召还桓修，仍将荆州给与仲堪，还要优诏慰谕，明示和解。成何体统！御史中丞江绩，且劾桓修专为身计，贻误朝廷，于是修被褫官爵，放归田里。冤哉枉也！

仲堪等得了诏谕，虽尚未尽如愿，但名位各得保全，已足令人意快，不如得休便休，受了诏命。偏佺期又来作怪，密语仲堪，谓："将来玄必为患，索性乘早袭击，杀死了他，方免后忧。"仲堪非不忌玄，但寻阳联盟，还是仗玄声望，得吓朝廷；且佺期素有勇略，兄广及弟思平，又皆粗悍强暴，不易驾驭，若杀玄以后，必更嚣张，势益难制，所以不从佺期，且加禁止。佺期孤掌难鸣，只得罢手，辞别赴镇。仲堪亦与玄相别，各就镇所去了。

三镇暂息战云，东南忽生妖雾，遂致建康都内，又复恐慌，正是祸端日出，防不胜防，这也是典午将亡，所以有此剧变呢。先是钱塘人杜子恭，挟有秘术，为众所推，尝就人借一瓜刀，数日不还。刀主向他索取，子恭道："当即相还，但不必由我亲交呢。"刀主似信非信，不过因刀为微物，未便强索，乃辞即去。会刀主有事赴吴，舟行至嘉兴，忽有大鱼一条，跃入舟中，当下将鱼获住，剖腹待烹，腹中有刀一柄，仔细审视，就是前日借与子恭的瓜刀。刀主很是惊异，免不得传示他人，一传十，十传百，顿时哄动远近，大都称子恭为神，多往就学，负笈盈门。国家将亡，必有妖孽。当时有琅琊人孙泰，系是西晋时孙秀的后裔，世奉五斗米道，汉张陵有异术，往学者必先奉五斗米，故称五斗米道。闻子恭有异术，特南访子恭，愿为弟子。子恭即收泰为徒，便将生平秘技，一一传授。已而，子恭病死，泰为子恭高弟，就将那师家秘传，试演一二，便得愚民信仰，奉若神明。泰性狡猾，青出于蓝，往往借端敛钱，自供挥霍，甚且为人禳灾祈福，见有年轻女子，便乘机引诱，据为婢妾。愚民有何知识，但教有福可求，有灾可避，就使倾资竭产，也是甘心。至若女生外向，本要嫁给人家，何妨进奉仙师，可徼全家福利。于是泰既得财帛，又得子女，食必粱肉，衣必文绣，最快乐的是左拥娇娃，右抱丽姝，日夜演那彭祖采战的秘戏，生下六个红孩儿。左仆射王珣，闻他妖言惑众，即请诸会稽王道子，把泰流戍广州。偏广州刺史王怀之，为泰所惑，竟使为郁林太守。他复借术欺人，名驰南越。太子少傅王雅，本与泰交游，竟向孝武帝前推荐，说他养性有方，因复召还都城，使为徐州主簿，寻迁辅国将军，兼新安太守。王恭发难，泰私集徒众，得数千人，号为义兵，为国讨恭。黄门郎孔道，鄱阳太守桓放之，骠骑谘议周勰等，都替泰揶扬，声誉日盛。就是会稽世子元显，也时常诣泰，求习秘术。泰见天下起兵，以为晋祚将终，乃聚资巨亿，号召三吴子弟，意图作乱。朝士多知泰异谋，只因元显与泰相契，惮不敢发。独会稽内史谢辖，密白道子，揭发泰隐。道子乃使元显诱泰入都，泰昂然进见，不防道子厅前，伏着甲士，见泰进来，一齐突出，立将泰拿下，推出斩首，并发兵捕泰六子，尽加诛戮。只泰兄子孙恩，逃奔入海，愚民尚说泰蝉蜕成仙，纠资送往海岛中，接济孙恩。恩得聚合亡命百余人，潜谋复仇。小子有诗叹道：

人道反常妖自兴，瓜刀幻术有何凭？
渠魁虽戮余支在，东海鲸波又沸腾。

究竟孙恩能否起事，待至下回再表。

王恭初次发难，以讨王国宝兄弟为名。国宝兄弟，骄纵不法，讨之尚属有名，至罪人已诛，收军还镇，已可谓遂志矣！谚有之："得意不宜再往。"况庾楷本国宝余党，王愉之兼镇豫州，所损惟楷，于恭无与，恭奈何偏信楷言，竟为楷所利用乎？引兵犯顺，一再不已，其卒至身首异处者，非不幸也，宜也。殷仲堪、桓玄、杨佺期，约恭进击，罪与恭同，幸得无恙。晋固威柄下移，而仲堪等蔑视朝廷，自相猜忌，有不至杀身不止者。无操懿之功，而思为操懿之行，未有不身诛族灭者也。孙泰妖言惑众，妄思借讨恭之名，号召徒党，乘机作乱，不旋踵而父子骈戮，同归于尽。《书》曰："惠迪吉，从逆凶。"亶其然乎？

第八十四回

戕内史独全谢妇　杀太守复陷会稽

却说孙恩逃往海岛，还想纠众作乱，只因亡命诸徒，陆续趋附，尚不过百余人，所以未敢猝发。适会稽王道子有疾，不能视事。世子元显，竟暗讽朝廷，解去道子扬州刺史兼职，授予元显，朝廷竟允所请。及道子疾得少痊，始知此事，未免懊恼，但事成既往，无可奈何，徒落得一番空恨罢了。谁教你溺爱不明。元显既得领扬州，引庐江太守张法顺为谋主，招集亲朋，生杀任意，并发东土诸郡，凡免奴为客诸人民，尽令移置京师，充作兵士。免奴为客，是得免奴籍，侨居东土诸客户，故有是称。东土嚣然苦役，各有怨言。孙恩因民心骚动，遂得乘势号召，集众至千余人，从海岛中出发，登岸入上虞境，戕官据城，沿途劫掠，复引众进攻会稽。

会稽内史谢輶，已经去职，换了一个王凝之。凝之就是前右军羲之的次子，由江州刺史调任，素性迂僻，工书以外，没甚才能，但奉五斗米道，讲习符箓祈祷诸事。他妻便是谢道韫，乃安西将军谢奕女，素有才名，略见前文。少时已善属诗文，叔父安尝问道韫，谓《毛诗》中何句最佳？道韫答云："全诗三百篇，莫若《大雅·嵩高篇》云，吉甫作颂，穆如清风。仲山甫永怀，以慰其心。"安一再点首，谓道韫有雅人深致。又尝当冬日家宴，天适下雪，安问雪何所似？兄子谢明道："撒盐空中差可拟。"道韫微哂道："未若柳絮因风起。"安不禁大悦，极称道韫敏慧。已而适王凝之，归宁时谒见伯叔，很是怏怏。安问道："王郎乃逸少子，羲之字逸少见前。并不恶劣，汝有何事未快呢？"道韫怅然道："一门叔父，有阿大中郎。群从兄弟，有封胡羯末，不意天壤中乃有王郎。"以凤随鸦，无怪不乐。安也为叹息不置。阿大疑即指安，中郎系指谢万。万曾为西中郎将。万长子韶，小字为封，曾任车骑司马。胡系朗小字，父据早卒，朗官至东阳太守，乃终。羯即玄小字，乃是道韫胞兄，位望最隆，详见上文。还有谢川小字，就叫作末，也是道韫从兄，青年早逝。这四人俱有才名，为谢氏一门彦秀，所以道韫提及，作为凝之的反比例。看官阅此，便可知凝之的本来面目了。

凝之弟献之，雅擅风流，为谢安所器重，辟为长史。他本来善谈玄理，有时与辩客叙议，或至词屈，道韫在内室闻知，即遣婢白献之道："欲为小郎解围。"宾客闻言，一座皆惊。少顷用青绫步障，施设屏前，即由道韫出坐帷内，再申献之前议，与客辩难，客亦词穷而去。才女遗闻，应该补叙。及凝之赴任会稽，挈家同行，才越半年，即由孙恩乱起，将逼会稽城下。凝之并不调兵，亦不设备，厅室中向设天师神位，每日焚香讽经，至是闻寇氛日逼，但在天师座下，日夕稽颡，且叩且诵，几把那道教中无上宝咒，全体念遍，又复起立东向，仗剑焚符，好像疯子一般，令人可笑。张天师以捉妖著名，恩虽为妖人余裔，奈部众统是强盗，并非妖怪，天师其如恩何？官吏入见凝之，请速发兵讨贼。凝之大言道："我已请诸道祖，借得神兵数千，分守要隘，就使有十万贼众，也无能为了。"哪知凝之虽这般痴想，神兵终未见借到，反致贼势日逼日近，距城不过数里。属吏连番告急，凝之方许出兵，兵未调集，贼已麕至，城中人民，夺门避难，凝之尚在道室叩祷，忽有隶役入报道："贼已入城了。"凝之方才惊起，急挈诸子出走，连妻谢道韫都不暇带去。才行至十里左右，已被贼众追及，仆从骇散，天尊无灵，只剩下父子数人，无从逃避，徒落强人手中，牵缚至孙恩面前，由恩责讯数语，但说他殃民误国，叱令枭首。凝之尚念念有词，不知诵什么避刀咒，无奈咒语仍然没效，但听得几声刀响，那父子数人的头颅，统已砍去了。好去见天师了。

谢道韫尚在内室，举动自如，及得凝之父子凶闻，始失声恸哭，下了数行痛泪。百忙中还有主宰，命婢仆等舁入小舆，自己挈着外孙刘涛，乘舆出走，弃去细软物件，但使各携刀械，防卫身体。甫出署门，即有数贼拦住，道韫使婢仆与斗，杀贼二人，余贼返奔，复去纠贼百余，前来抢掳。道韫见不可敌，索性下舆持刃，凭着那生平气力，也与贼奋斗起来。贼猝不及防，竟被砍倒数人，后来一拥齐上，才为所执。外孙刘涛，尚止数龄，自然一并掳去。道韫毫无惧色，但请往见孙恩。既至恩前，从容与语，说得有条有理，反令恩暗暗称奇，不敢加害；惟见了幼儿刘涛，却欲把他杀毙，道韫又抗声道："这是刘氏后人，今日事在王门，何关他族？必欲杀儿，宁先杀我！"恩也为动容，乃不杀涛，各令释缚，使她自去。

道韫自是嫠居会稽，矢志守节，律身有法。后来孙恩被逐，会稽粗安，太守刘柳闻道韫名，特往求见。道韫素知柳才，亦坦然出来，素髻素褥，自坐帷中，与柳问答。柳整冠束带，侧坐与谈。道韫风韵高迈，叙谈清雅，先述家事，慷慨流涟，徐酬问意，词理圆到。柳谈了片时，乃告退自叹道："巾帼中罕见此人，但瞻察言气，已令人心形俱服了。"强盗且不敢加害，何况刘柳？道韫亦云："亲从阔亡，始遇此士，听他问语，亦足开人心胸。"这也是惺惺惜惺惺的意思。先是同郡张玄，亦有慧妹，为顾家妇。玄每向众自夸，足敌道韫。有济尼往游二家，或问及谢张两女优劣，济尼道："王夫人神情散朗，自有林下风，顾家妇清心玉映，也不愧为闺房翘秀哩。"道韫所著诗赋诔颂，辑成卷帙，至寿终后，遗集流传，脍炙人口。但古来才女，总不免有些命薄，曹大家读若姑，见《汉书》。中年丧夫，谢道韫自伤不偶，且致守孀，难道天意忌才，果不使有美满姻缘么？感慨中寓郑重之意。话休叙烦。

且说孙恩既陷入会稽，遂高张巨帜，号召远近。吴国内史桓谦，临海太守王崇，义兴太守魏隐，皆弃郡窜去。凡会稽吴郡吴兴义兴临海永嘉东阳新安八郡，土豪蜂起，戕吏附贼。吴兴太守谢邈，永嘉太守司马逸，嘉兴公顾胤，南康公谢明慧，黄门侍郎谢冲张琨，中书郎孔道等，相继被杀。冲邈皆谢安从子，明慧又是冲子，过继南康公谢石，故得袭封。邈兄弟且至灭门，罹祸尤惨。邈先纳妾郗氏，颇加宠爱，嗣娶继室郗氏，貌美心妒，为邈所惮。妾郗氏竟致见疏，阴怀忿怼，遂作书与邈，凄词决绝。邈知文非妾出，疑为门下士仇玄达所作，因黜玄达。玄达竟投依孙恩，引贼执邈，逼令北面下跪。邈厉声道："我未尝得罪天子，何用北面？"此时颇有丈夫气，奈何前惮一妇。说毕被害。玄达复搜邈家族，屠戮无遗。

时三吴承平日久，兵不习战，但知望风奔溃，或且降附孙恩。恩住会稽旬余，得众至数十万，遂自称征东将军，胁士人为官属，号为长生党。士民或不肯相从，立屠家属，戮及婴孩。每拘邑令，辄醢为肉酱，令他妻子取食，一不从令，即支解徇众。所过诸境，掠财物，毁庐舍，焚仓廪，无论男女，悉驱往会稽充役。妇人顾恋婴儿，未肯即行，便把她母子尽投水中，且笑祝道："贺汝先登仙堂，我当随后就汝。"想是恩自知结果，故有此谶语。百姓横遭酷虐，不可胜数。恩恐师出无名，未足动众，乃上表罪会稽王父子，请即加诛。晋廷当然不许，遂内外戒严，复加会稽王道子黄钺，进元显为领军将军，命徐州刺史谢琰，兼督吴兴义兴诸军事，征兵讨恩。青兖七州都督刘牢之，自请击贼，拜表即行。谢琰为谢安次子，颇负重望，既奉诏督军，即调集兵士，长驱直进。行至义兴，与贼党许允之，一场大战，便将允之首级取来，义兴城唾手夺还。召回前太守魏隐，仍令照前办事。再移兵进攻吴兴，又破贼邱尫，可巧刘牢之亦麾军到来，遂与他分头征剿，转斗而前，所向皆克。琰留屯乌程，遣司马高素助牢之，南临浙江。有诏命牢之都督吴郡诸军事，牢之引彭城人刘裕为参军。看官听说，这刘裕系乱世枭雄，就是将来的宋武帝。此时正当发轫，自然英武特出，比众不同。相传裕为汉楚王交二十一世孙，交尝受封彭城，后裔就在彭城居住。嗣随司马氏东迁，方移居丹徒县京口里。裕字德舆，小名寄奴，幼时贫贱，粗识文字，好骑射，善樗蒱，无计谋生，没奈何织屦为业。尝至荻州伐荻作薪，忽遇着大蛇一条，长约数丈，他急拔箭射去，适中蛇两目间，蛇负痛自去。次日复往，见有群儿捣药，便问作何用？一儿答道："我王为刘寄奴所伤，故遣我等采药，捣敷伤痕。"裕又问："汝王为谁？"儿答为山神。裕惊诧道："山神岂不能杀一寄奴？"儿又谓："寄奴王者不死。"裕听了儿言，胆气益壮，便叱退群儿，把臼中药取归，每遇伤痕，一敷即愈。自此襟期远大，有出仕意，遂往投冠军将军孙无终麾下，充入行伍，未几，即擢为司马。裕为一朝主子，故叙明履历。

牢之尝闻裕智勇过人，因即引参军事，与商计议，多出意表。牢之使裕率数十人，往探贼势。裕毅然径行，途次遇贼数千名，即挺身与斗，从人多死，裕亦逼坠岸下。贼欲下岸刺裕，裕手中执着长刀，仰斫数人，复一跃登岸，大呼杀贼，贼竟骇走。适牢之子敬宣，见裕久出不归，恐他遇险，因引兵往寻，及见裕孑身驱贼，不禁惊叹，遂助裕进击，斩获贼党千余人，然后回营。

孙恩前据会稽，闻八郡响应，喜出望外，便笑语党羽道："取天下如反掌了，我当与诸君朝服至建康。"嗣因贼党屡败，又闻牢之兵已临江，复对众叹息道："我割浙江以东，尚不失为越勾践哩。"至牢之引兵渡江，防贼相继溃归，恩扼腕道："孤不羞走，将来再出未迟。"遂驱男女二十余万口，向东急奔，沿途抛散宝物子女，赚弄官军。果然官军从后追蹑，见了珍奇的宝物，髫秀的子女，无不争取，遂至趱路迟滞，不得及恩，恩复逃入海岛中去了。高素亦连破贼党，斩恩所署吴郡太守陆瑰，吴兴太守邱尫，余姚令孙穆夫。东土人民，稍稍还复旧居。惟官军亦不免纵掠，以暴易暴，殊失民望。

朝廷虑恩复至，用谢琰为会稽太守，都督五郡军事，率领徐州文武，镇守海浦。琰以资望守越，时论总道他驾驭有方，可无后患，哪知他莅任以后，荒废职务，既不抚民，又不训兵，镇日里闲居厅舍，饮酒自遣。将佐多入请道："强贼在海，伺人形便，宜广扬仁风，宽以济猛，俾彼自新。"琰傲然道："苻坚拥兵百万，尚自送死淮南，况孙恩败奔海岛，怎能复出？如或出来，乃是天歼贼党，令他速死了。"遂不从所请。

既而孙恩果复寇浃口，入余姚，破上虞，进逼邢浦，距山阴北只三十五里。琰乃遣参军刘宣之引兵往击，得破贼众，恩又退还海中。宣之还军报琰，琰益以为贼不足虑，高枕无忧。偏孙恩探得官军已返，复领众登岸，再攻上虞。太守张虔硕驱兵出战，为恩所破，败走邢浦。恩乘胜进击，戍兵多望风骇退，于是贼势复张，人情大骇。警报纷至琰所，琰尚不以为意，将吏又请诸琰前，谓："宜严加防堵，挫遏贼锋。"琰还摇首道："彼来送死，待我一出，便可立歼了。"谈何容易。或谓："贼颇猖獗，未可轻视，最好是预遣水军，埋伏南湖，俟他到来，发伏邀击，不患不胜。"此计最妙。琰付诸一笑，总道是贼党乌合，容易破灭，不必多设机谋。

迁延了一两日，贼已大至，琰尚未朝食，闻报即出，招集将士，便命击贼。帐下督张猛，请食毕后行。琰瞋目道："么麽小丑，一鼓可平，我当先灭此寇，再来会食未迟。"猛又道："众皆枵腹，如何从戎？"琰不待说毕，便厉声喝道："汝敢违我军令么？左右快与我拿下，斩讫报来！"他将见琰动怒，乃环跪帐前，为猛乞免。琰尚执着"死罪可免，活罪难饶"二语，令把猛笞杖数十，然后发放。一面出厅上马，命广武将军桓宝为先锋，匆匆出战。行至江塘，与贼相遇，宝颇有胆力，前驱陷阵，杀贼甚多。琰见先锋得胜，麾兵急进，怎奈塘路迫狭，不能四面直上，只好鱼贯而前。琰尚恨迟慢，从后催趱，不防江外有贼舰驱至，舰中贼弯弓迭射，竟向官军射来。官军无法避免，多被射倒，贼复从舰中登岸，上塘冲击，把官军截做两段，官军前后不能相顾，前面的贼党，顿时起劲，围住桓宝。宝虽称骁悍，究竟不能久持，手下所领的兵士，又是饥敝得很，无力再战，宝自知必死，索性下马格斗，杀贼数十人，刀缺力竭，自刎而亡。余众尽做了刀下鬼兵。

那谢琰领着后队，不得前进，自然倒退，到了千秋亭，贼众不肯相舍，还是恶狠狠的赶来。琰正在着忙，忽背后有一骑驰至，用刀斫琰马尾，马负痛倒地，琰亦坠下，顶上又着了一刀，便即归阴。究竟是为何人所杀？原来就是帐下督张猛。猛既杀琰泄恨，逼官军降贼，官军或逃或降，贼得与猛同入会稽。一不做，二不休，可恨逆猛忍心，还要屠琰家眷。琰有二子肇峻，俱为所害，只有少子混曾尚晋陵公主，孝武帝女。就职都中，幸得免难。后来刘裕破贼左里，活擒张猛，押送与混。混刳出猛肝，生食泄忿。有诏谓："琰父子陨于君亲，忠孝萃于一门，应并加旌典。"乃追赠琰为侍中司空，予谥忠肃。琰子肇得赠散骑常侍，峻得赠散骑侍郎。小子有诗叹道：

谢家琪草本多栽，况复东山受训来。
谁料骄兵遭败劫，捐躯徒使后人哀。

孙恩再入会稽，转寇临海，晋廷当然遣将抵御，欲知后事，请看官续阅下回。

孙恩能杀王凝之，而不能杀谢道韫，非有幸有不幸也。凝之迷信道教，不知战守，其死也固宜；道韫以一妇人，能从容抗贼，不为所屈，恩虽剧盗，亦诧为未有，纵之使去。林下高风，令人倾倒，是固《列女传》中独占一席者也。造物忌才而故阨之，又若怜才而特佑之，道韫有知，其亦可无遗恨欤？谢琰为安次子，资望并崇，当其奉诏讨贼，累战皆克，亦非真庸劣无能者比。厥后镇守会稽，乃不听将佐之谋，仓猝战败，致为忿将所戕，斯皆由骄之一字误之耳。曹操苻坚，拥兵百万，犹以骄盈复众，况谢琰乎！

第八十五回

失荆州参军殉主　弃苑川乾归逃生

却说晋廷闻谢琰战殁，亟遣将军孙无终、桓不才、高雅之等，分讨孙恩。恩转寇临海，为雅之所击，退走余姚。雅之进兵再战，竟至败绩，退保山阴，部众十死七八，诏令刘牢之都督会稽五郡，率众击恩。恩颇惮牢之兵威，复走入海。牢之乃东屯上虞，使刘裕戍勾章，吴国内史袁崧，筑垒沪渎，作为后备，才得少安。惟荆州刺史殷仲堪，前次虽不听佺期，未袭桓玄，但心中也恐玄跋扈，足为己患，所以与佺期仍相联络，互结姻缘。玄也颇闻佺期密谋，先事预防，督兵屯戍夏口，用始安太守卞范之为长史，充作谋主；且引庾楷为武昌太守。楷尝挟嫌寻衅，见嫉朝廷，故仲堪等免罪，楷独不得遇赦。玄引罪人为心腹，已隐与朝廷反抗，偏又上告执政，谓："殷杨必再滋事，请先给特权，以便控制"云云。会稽王道子等，亦欲三人自相构隙，使他乖离，乃加玄都督荆州四郡军事。又以玄兄桓伟，代佺期兄广为南蛮校尉，佺期原是不平，广更忿恨的了不得，定要兴兵拒伟。惟佺期尚未敢遽发，禁广暴动，且出广为宜都建平二郡太守。会后秦主姚兴，寇晋洛阳，擒去河南太守辛恭靖，河洛一带，相继陷没。佺期想出一条声西击东的计策，部署兵马，阳言援洛，暗中实欲袭玄；自思兵力未足，仍遣使商诸仲堪。何苦寻衅？仲堪又恐佺期得势，也非己利，因复书苦劝，并遣从弟遹屯北境，防遏佺期。佺期不能独举，且未测仲堪命意，因此敛兵不动。仲堪多疑少决，谘议参军罗企生，密语弟遵生道："殷公优柔寡断，终必及祸，我既蒙知遇，义不可去，将来必与彼同死了。"遵生也为太息。但见兄已决死，不好劝他引退，只好听天由命罢了。前时胡藩曾劝罗早去，罗终未决，虽士为知己者死，但仲堪非忠义臣，何必与同死生！是时，荆州水溢，洪流遍地，仲堪偏发仓廪，赈济饥民。桓玄欲乘他空虚，先攻仲堪，继及佺期，表面上也以救洛为名，筹备军事，先遣人致书仲堪道：

> 佺期受国恩而弃山陵，宜共罪之。今当入沔，讨除佺期，已屯兵江口，若公与同心，可速收杨广杀之。如其不尔，便当率兵入江，公其毋悔！

仲堪得书，不答一词。玄遂遣兵袭入巴陵，夺取积谷，作为军粮。适梁州刺史郭铨，奉命赴官，道经夏口，玄把铨留住，诈称朝廷遣铨助己，使为前锋，拨给江夏部曲，督同诸军并进，且密报兄伟，使为内应。伟毫不预备，急切不知所为。仲堪亦稍有所闻，便迫伟入见，诘问桓玄消息。伟恐为所杀，只好和盘说出，谓与自己无干。仲堪将伟拘住，使与玄书，说得情词迫切，吁乞退军。玄览书微笑道："仲堪为人，素少决断，必不敢加害我兄，我可无忧，尽管准备进兵便了。"遂使部将郭铨苻宏，掩至江口，与殷遹军相值。遹仓猝接战，败还江陵。仲堪再遣杨广，及从子道护等往拒，又为玄军所败，江陵震骇；且因城中乏食，用胡麻代粮，权时充饥，偏桓玄乘胜进逼，前锋距江陵城，仅二十里，仲堪大惧，急召杨佺期过援。佺期道："江陵无粮，如何待敌？可请来相就，共守襄阳。"仲堪得报，不欲弃州他往，乃复遣人给佺期道："现已收储粮米，不虞无食了。"此事岂可骗得？佺期信以为真，即率步骑八千，直趋江陵，仲堪无粮可给，但使人挑出数担胡麻饭，饷佺期军。莫非使他尽去登仙？佺期始知被绐，勃然大怒道："这遭又败没了！"遂不暇入见仲堪，忙与兄广一同击玄。玄闻佺期挟锐前来，暂避凶锋，退屯马头，但令郭铨留戍江口。佺期杀将过去，铨兵少势孤，怎能抵敌？险些儿被他擒住，幸亏逃走得快，才保性命。佺期等既得胜仗，休息一宵，锐气已减，谁知桓玄领着大兵，突然杀到，闯入佺期营内。佺期兵立时哗散，单剩佺期兄弟二人，如何退敌？没奈何拚命逃生，奔往襄阳。途次被玄将冯该，引兵追到，佺期及广，无处可奔，束手受死。冯该怎肯容情，便将他兄弟缚去献玄。玄立命枭斩，传首建康。佺期弟思平，与从弟尚保孜敬，逃入蛮中。

仲堪闻佺期败走，即出奔酂城，旋接佺期死耗，又率数百人西奔。将赴长安，行至冠军城，为玄军追及，数百人逃避一空，只有从子道护随着，四顾无路，两叔侄被捉去一双，还至柞城，逼令仲堪自杀。道护抚尸恸哭，也为所害。仲堪尝信奉释道，不吝财贿，惟专务小惠，未识大体；及桓玄来攻，尚求仙祷佛，毫无战守方略，终致败死。后由仲堪子简之，觅得遗骸，移葬丹徒，庐居墓侧，有复仇志，事且慢表。

先是仲堪出走时，文武官属，无一人送行，独罗企生随与同往。路经家门，适弟遵生待着，便语企生道："今日作这般分离，何可不握手言别？"企生乃停辔授手，遵生素有膂力，竟将企生牵腕下马，且与语道："家有老母，去将何往？"企生挥泪道："我决与殷公同死，不宜失信，但教汝等奉养老母，不失子道，便是罗氏一门忠孝两全，我死亦无遗恨了。"遵生仍然牵住，不令脱身。仲堪回头遥望，见企生被弟掖住，料无脱理，因即策马自去，故企生尚得不死。及桓玄已杀仲堪，唾手得了荆州，自然急诣江陵。江陵人士，统去迎谒，惟企生不往，专为仲堪办理家事。有友人驰语企生道："君为何不识时务？恐大祸就在目前了。"企生道："殷公以国士待我，我何忍相负？前为我弟所制，不得随行，共除丑逆，今有何面目去见桓玄，屈志求生呢？"这数语为玄所闻，当然忿恨，但颇怜惜企生材具，乃使人传语道："企生若肯来谢我，必不加罪。"企生慨然道："我为殷荆州属吏，殷荆州已死，我还去谢何人？"玄因企生不屈，遂将他收系狱中，复遣人问企生，尚有何言？企生道："前文帝尝杀嵇康，康子绍仍为晋忠臣，今我不求生，只乞活一弟，终养老母。"玄乃引企生至前，自与语道："我待汝素厚，何故见负？难道真不怕死么？"企生道："使君兴音阳甲，出次寻阳，与殷荆州并奉王命，各还本镇，当时升坛盟誓，言犹在耳。今口血未干，乃遽生奸计，食言害友。企生自恨庸劣，不能翦灭凶逆，死已嫌迟，还怕甚么！"玄被他诘责，益觉恼羞成怒，因令左右将企生斩讫，总算释免遵生，不使连坐。企生母胡氏，尝由玄赠一羔裘，及企生遇害，胡母即日焚裘。玄虽然闻知，也置诸不理，企生尝列《晋书·忠义传》中，非不足以风世，但企生出处，亦欠斟酌。惟上表归罪殷杨，自求兼领荆州。晋廷但务羁縻，并不责玄专杀，只调玄都督荆司雍秦梁益宁七州军事，领荆州刺史，另起前将军桓修为江州刺史。玄得了荆州，失去江州，心仍不甘，再上疏固求江州。于是加督八州，兼领江荆二州刺史。玄兄伟未曾被害，由玄擅授为雍州刺史，且令从子振为淮南太守。朝廷不敢违忤，遂致玄肆无忌惮，越要恃势横行了。为下文谋逆伏案。

是时，河北诸国，后秦最强。秦主姚兴，礼耆硕，登贤俊，讲求农政，整饬军容，尝遣弟姚崇寇晋洛阳。晋河南太守辛恭靖，固守百余日，援绝粮尽，城乃被陷。恭靖被执至长安，得见姚兴。兴与语道："卿若肯降我，我将委卿以东南重任，可好么？"恭靖厉色道："我宁为国家鬼，不愿为羌贼臣。"再叙辛恭靖事，无非称美忠臣。兴虽不免动怒，将他幽锢别室，但也未尝加刑。后来恭靖逾垣逃归，兴也不欲追赶，由他自返江东。惟自洛阳陷没，淮汉以北诸城，多半降秦，姚兴并不矜夸；且因日月薄蚀，灾眚屡见，自削帝号，降称秦王。凡群公卿士，将帅牧守，俱令降级一等，存问孤寡，简省法令，清察狱讼，严定赏罚，远近肃然，推为美政。

西秦主乞伏乾归，自杀退凉主吕光后，与南凉主秃发乌孤和亲，互结声援；又讨服吐谷浑，攻克支阳鹯武允吾三城，威焰日盛。接应七十九回。只因所居西城南景门，无故忽崩，虑及不祥，乃复自西城迁都苑川。后秦主姚兴，恐乾归逼处西陲，势大难制，乃拟先发制人，特遣征西大将军陇西公姚硕德，统兵五万攻西秦，趋南安峡。乾归出次陇西，督率将士，抵御硕德。俄闻兴潜军将至，因召语诸将道："我自建国以来，屡摧劲敌，乘机拓土，算无遗策，今姚兴倾众前来，兵势甚盛，山川阻狭，未便纵骑与敌，计惟诱入平川，待他懈怠，然后纵击，国家存亡，在此一举，愿卿等努力杀贼，毋少退缩。若能枭灭姚兴，关中地便为我有了。"于是遣卫军慕容允，率中军二万屯柏阳。镇军将军罗敦，率外军四万屯侯辰谷。乾归自引轻骑数千，前候秦军。

会大风骤起，阴雾四霾，军士无故自骇，东奔西散，致与中军相失。姚兴却驱军追未，乾归忙驰入外军。诘旦，天雾少晴，开营出战，敌不过秦军锐气，前队多半伤亡，后队便即奔溃。乾归见势不佳，弃军急走，逃归苑川，余众三万六千，尽降姚兴。兴遂进军枹罕，乾归不能再战，复自苑川奔金城，泣语诸豪帅道："我本庸才，谬膺诸军推戴，叨窃名号，已逾一纪。今败溃至此，不能拒寇，只好西趋允吾，暂避寇焰，但欲举众前往，势难速行，倘被寇众追及，必致俱亡。卿等且留居此城，万一不能保全，尽可降秦，免屠家族，此后可不必念我了。"何前倨而后恭？诸豪帅齐答道："从前古公杖策，豳人归怀，玄德南奔，荆楚襁负，临歧泣别，古人所悲，况臣等义深父子，怎忍相离？情愿随着陛下，誓同生死！"乾归道："从古无不亡的国家，如果天未亡我，再得兴复，卿等复可来归，何必今朝俱死呢？况我将向人寄食，亦不便携带多人。"诸豪帅见乾归志决，乃送别乾归，恸哭而返。乾归遂率着家属，数百骑西走允吾，一面遣人至南凉，奉书乞降。

南凉主秃发乌孤，因酒醉坠马，伤胁亡身，僭位仅及三年。遗命宜立长君，乃立弟凉州牧利鹿孤为嗣主，改元建和，追谥乌孤为武王。才阅半年，即得乾归降书，乃令弟广武公傉檀，往迎乾归，使居晋兴，待若上宾。镇北将军秃发俱延，入白利鹿孤道："乾归本我属国，妄自尊大，今势穷来归，实非本心，他若东奔姚氏，必且引兵西侵，为我国患，故不如徙置西陲，使他不得东往，才可无忧。"利鹿孤道："我方以信义待人，奈何疑及降王，徙置穷边？卿且勿言！"俱延乃退，已而乾归得南羌梁弋等书，谓："秦兵已撤回长安，请乾归还收故土。"乾归即欲东行，偏为晋兴太守阴畅所闻，驰白利鹿孤。利鹿孤遣弟吐雷，率骑三千，屯扪天岭，监察乾归。乾归恐为利鹿孤所杀，因嘱子炽磐道："我因利鹿孤谊兼姻好，情急相投，今乃忘义背亲，谋我父子，我若再留，必为所害。今姚兴方盛，我将往附，若尽室俱行，必被追获，现惟有送汝兄弟为质，使彼不疑，我得至长安，料彼也不敢害汝呢。"炽磐当然从命。乾归即送炽磐兄弟至西平，作为质信。果然利鹿孤不复加防，乾归得潜身东去。去了二日，利鹿孤始得闻知，急遣俱延往追，已是不及。

那乾归径诣长安，往降姚兴。兴喜得乾归，即命他都督河南军事，领河州刺史，封归义侯。寻复迁还苑川，使收原有部众，仍然留镇。乞伏炽磐质押西平，常思乘间窃逃，奔依乃父。一日已得脱行，偏被利鹿孤探知，遣骑追还。利鹿孤欲杀炽磐，还是广武公傉檀，替他解免，说是："为子从父，乃是常情，不足深责，宜加恩宽宥，表示大度。"利鹿孤乃赦免炽磐，不复加诛。炽磐心终未死，过了年余，竟得逃还苑川。乾归大喜，使他入朝姚兴。兴命为振忠将军，领兴晋太守。炽磐父子，总算共事姚氏，暂作秦臣。虎兕终难免出柙。

惟南凉秃发氏，与后凉吕氏，常有战争，小子宜就此补叙，表明后凉衰乱情形。吕光晚年，政刑无度，土宇分崩，除北凉段业，另行建国，已见前文外，见七十九回。尚有散骑常侍太史令郭麐读若贲。连结西平司马杨统，叛光为乱，借兵南凉，于是两凉构兵，差不多有一年余。麐颇识天文，素善占候，为凉人所信重。会荧惑星守东井，麐语仆射王详道："凉地将有大兵，主上老病，太子暗弱，太原公指吕光庶长子纂。又甚凶悍，我等为彼所忌，倘或乱起，必为所诛。现田胡王乞基两部最强，东西二苑卫兵，素服二人，我欲与公共举大事，推乞基为主帅，俟得据都城，再作计较。"详颇以为然，与麐约期起事。不料事尚未发，谋已先泄，王详在内，首被捕诛。麐即据东苑，集众作乱。凉主吕光，急召太原公纂讨麐，纂司马杨统，为麐所诱，密告从兄桓道："郭麐举事，必不虚发，我欲杀纂应麐，推兄为主，西袭吕弘，据住张掖，号令诸郡，这却是千载一时的机会哩。"桓勃然道："臣子事君，有死无贰，怎得称兵从乱？吕氏若亡，我为弘演，尚是甘心哩。"弘演系春秋时卫人，见《列国志》。统见兄不从，恐为所讦，遂潜身奔麐。太原公纂，初击麐众，为麐所破。嗣由西安太守石元良来援，方得杀败麐兵。麐先入东苑，拘住光孙八人，及兵败生愤，把光孙一并杀死，肢分节解，饮血盟众。众皆掩目，惨不忍睹。识天文者果如是耶？

适凉人张捷宋生等，纠众三千，起据休屠城，与麐勾通，共推凉后军杨轨为盟主。轨遂自称大将军凉州牧西平公，令司马郭伟为西平相，率步骑二万人，往助郭麐。麐已打了好几个败仗，遣人至南凉乞援。南凉利鹿孤傉檀，先后发兵赴救，两路兵共逼姑臧，凉州大震，亏得吕纂已驱麐出城，严兵把守。麐兵十死五六，余众因麐性残忍，尽已离心。麐不禁气夺。至杨轨进营城北，欲与纂决一雌雄，反被麐从旁阻住，屡引天道星象，作为证据，只说是不宜急动，急动必败。此时想又换过一天，故前后言行不符。看官试想！行兵全仗一股锐气，若久顿城下，不战自疲；还有南凉兵远道前来，携粮不多，利在速战，但因杨轨等未尝动手，也只好作壁上观，不但兵粮日少一日，军心也日懈一日，相持至数阅月，已有归志。会凉常山公吕弘，为北凉沮渠男成所攻，拟自张掖还趋姑臧。凉主吕光，令吕纂发兵往迎，杨轨闻报，语将士道，"吕弘有精兵万人，若得入姑臧，势且益强，凉州万不可取了。"乃与南凉兵邀击纂军。纂正防此着，驱军大杀一阵，南凉兵先退，轨亦败退，于是纷纷溃散。郭黁先东奔魏安，轨与王乞基等南走廉川。南凉兵当然归国，姑臧解严，纂与弘安然入都。惟吕光受了一番虚惊，老病益甚，要从此归天了。小子有诗叹道：

重瞳肉印并奇闻，谁料耄昏治日棼。
十载光阴徒一瞥，五胡毕竟少贤君。

欲知吕光临死情形，且至下回说明。

殷仲堪与杨佺期，皆非桓玄敌手，仲堪之失在畏玄，佺期之失在忌玄。畏玄者终为所制，忌玄者不能制玄，终必失败，其结果同归一死而已。罗企生不从胡藩之言，甘心殉主，徒死无益，殊不足取。惟当世道陵夷之日，犹得一视死如归之烈士，不可谓非名教中人，《晋书》之列入《忠义传》，良有以也。乞伏乾归，承兄遗业，斩杨定，杀吕延，拓地西陲，几若一鲜卑霸王，然姚兴兵至，一败即奔，又何其怯也？姚兴能屈服乾归，而吕光反为所屈，此后凉之所以一蹶不振也夫。

第八十六回

受逆报吕纂被戕　据偏隅李暠独立

却说后凉主吕光，老病已剧，自知不起，乃立太子绍为天王，自称太上皇，命庶长子纂为太尉，纂弟弘为司徒，且力疾嘱绍道：“我之病势日增，恐将不济，三寇窥窬，指南凉北凉西秦。迭伺我隙，我死以后，汝宜使纂统六军，掌朝政。委重二兄，尚可保国，倘自相猜贰，起衅萧墙，恐国祚从此殄灭了。”说毕，又召纂弘入嘱道：“永业绍字永业。非拨乱才，但因正嫡有常，使为元首，今外有强寇，人心未宁，汝兄弟能互相辑睦，自可久安，否则内自相图，祸不旋踵，我死亦难瞑目呢。”乘乱窃国，怎得久存？纂与弘受命而退。未几光死，享年六十三，在位十年。已算久长。绍恐有内变，秘不发丧。已忘父训。纂已闻知，排闼入哭，尽哀乃出。绍所忌惟纂，恐为所害，乃呼纂与语道：“兄功高年长，宜承大统，我愿举国让兄。”纂答道：“臣虽年长，但陛下系国家冢嫡，不能专顾私爱，致乱大伦。”绍尚欲让纂，纂终不从，绍乃嗣位，为父发丧，追谥光为懿武皇帝，庙号太祖。

光有从子二人，长名隆，次名超，皆为军将。此次送葬已毕，超即乘间白绍道："纂连年统兵，威震内外，临丧不哀，步高视远，看他举止，必成大变，宜设法早除，方安社稷。"绍摇首道："先帝顾命，音犹在耳，况我年尚少，骤当大任，方赖二兄安定家国，怎得相图？就使彼若图我，我亦视死如归，终不忍自戕骨肉，愿卿勿言！"超又道："纂威名素盛，安忍无亲，今不早图，后必噬脐。"劝人杀兄，难道非安忍无亲么？绍半晌答道："我每念袁尚兄弟，未尝不痛心忘食，宁可待死，不愿相戕。"恐非由衷之言。超叹息道："圣人尝言，知几其神，陛下临几不断，臣恐大事去了。"既而绍在湛露堂，适纂进来白事。超持刀侍侧，屡次顾绍，用目示意，欲绍下令收纂。绍终不为动，纂得从容退去。

弘前得光宠，望为世子，及绍得嗣立，弘常怀不平，至是遣尚书姜纪，私下语纂道："先帝登遐，主上暗弱，兄尝总摄内外，威震远迩，弟欲追踪霍子孟，即汉霍光。废暗立明，即推兄为中宗，兄以为如何？"又是一个乱首。纂尚觉踌躇，再经姜纪怂恿数语，动以利害，不由纂不从弘议，遂夜率壮士数百人，潜逾北城，攻广夏门。弘亦率东苑卫士，斫洪范门，与纂相应。左卫将军齐从，方守融明观，闻禁门外有哗噪声，即孑身出视，问为何人？纂手下兵士齐声道："太原公有事入宫。"从抗声道："国有大故，主上新立，太原公行不由道，夜入禁门，莫非谋乱不成？"说着，即抽剑直前，向纂剁去。纂连忙闪过，额已被伤，左右争来救纂，与从对敌。从双手不敌四拳，终为所擒。纂称为义士，宥从勿杀。绍在宫中闻变，乃遣武贲中郎将吕开，率禁兵出战端门。吕超亦引众助战，偏兵士都惮纂声威，相率溃散。纂得入青光门，升谦光殿，绍知不可为，趋登紫阁，自刎而亡，超独出奔广武去了。

弘入殿见纂，纂见弘部众强盛，也不得不佯为推让，劝弘即位。弘微笑道："绍为季弟，入嗣大统，所以人心未顺，因有此变。我违先帝遗训，愧负黄泉，若复越兄僭号，有何面目偷息人间？大兄年长才高，威名远振，宜速就大位，安定人心。"纂遂僭称天王，改元咸宁，谥绍为隐王，命弘为侍中大都督大司马车骑大将军，录尚书事，封番禾郡公。此外封拜百官，不胜具述。惟前左卫将军齐从，仍令复职。纂引从入见，且与语道："卿前次砍我，未免太甚。"从泣答道："隐王为先帝所立，臣当时惟知有隐王，尚恐陛下不死，怎得说是太甚呢？"纂仍嘉从忠，优礼相待，且遣人慰谕吕超，说他迹不足取，心实可原。超乃上疏陈谢，得复原官。

惟弘因功名太盛，恐不为纂所容，时有戒心，纂亦不免加忌。两下里猜嫌已久，弘竟从东苑起兵，围攻禁门。纂遣部将焦辨，率众出击，弘战败出奔，逃往广武。纂纵兵大掠，所有东苑将士的妇女，悉充军赏。弘妻女不及出走，也被纂兵掠去，任意淫污。纂自鸣得意，笑语群臣道："今日战事，卿等以为何如？"侍中房晷应声道："天祸凉室，衅起萧墙，先帝甫崩，隐王幽逼，山陵甫讫，大司马惊疑肆逆，京邑交兵，骨肉相戕，虽由弘自取夷灭，究竟陛下亦未善调和。今宜省己责躬，慨谢百姓，乃反纵兵大掠，污辱士女，衅止一弘，百姓何罪？况弘妻为陛下弟妇，弘女为陛下侄女，奈何使无赖小人，横加凌侮？天地鬼神，岂忍见此？”说直可风。说罢，欷歔泣下。纂亦不禁改容，乃禁止骚扰，召还弘妻及男女至东宫，妥为抚养。已被人污辱得够了。寻由征东将军吕方，执弘系狱，飞使告纂。纂使力士康龙，驰往杀弘。康龙将弘拉死，还归复命。身为戎首，宜其先亡。纂妻杨氏，为弘农人杨桓女，美艳绝伦，纂即立为皇后，授后父桓为散骑常侍，尚书左仆射，封金城侯。且因内乱已平，侈图远略，遂拟兴兵往攻南凉。中书令杨颖进谏道：“秃发利鹿孤，上下用命，国未有衅，不宜遽伐。今且缮备兵马，劝课农桑，待至有机可乘，然后往伐，乃可一举荡平。今日国家多事，公私两困，若非先固根本，内患恐将复起，愿陛下计出万全，毋轻用兵。”纂不肯从，竟引兵渡浩亹河，侵入南凉境内，果为利鹿孤弟傉檀所败。纂尚未肯罢休，复移兵西袭张掖。尚书姜纪又谏道：“今当盛夏，农事方殷，若废农用兵，利少害多，且逾岭攻虏，虏亦必乘虚来袭都下，不可不防，还请回军为是。”纂尚不以为然，侈然说道：“利鹿孤有甚么大志，若闻朕军大至，自守尚且不暇，还敢来攻我都么？”已经一败，还要自夸。遂进围张掖。偏傉檀不即赴援，竟引兵入逼姑臧，当由姑臧守将，飞报纂军。纂慌忙驰还，傉檀乃收兵退去。

先是纂弑绍据国，姑臧城内，有母猪生一小猪，一身三头；又有黑龙出东箱井中，蟠卧殿前，良久方去。纂目为祥瑞，改殿名为龙翔殿。俄而黑龙又升悬九宫门，纂复改名九宫门为龙兴门。大约是条黑蛇，纂强名为黑龙。时西僧鸠摩罗什，尚在姑臧，因吕光父子，不甚听从，所以闲居寺中，无所表白，至是闻纂用兵不已，才入殿告纂道：“前时潜龙屡出，豕且为妖，恐有下人谋上的隐祸，宜亟增修德政，上挽天心。”纂虽当面应诺，下令罢兵；但性好游畋，又耽酒色，越是酣醉，越是喜游。杨颖一再谏阻，终不少改；再经殿中侍御史王回，中书侍郎王儒，叩马极谏，仍然不从。好容易过了一年，吕超调任番禾太守，擅发兵击鲜卑思盘。思盘遣弟乞珍，至姑臧诉纂谓超无故加兵。纂乃征超与思盘，一同入朝。超至姑臧，当然惧罪，先密结殿中监杜尚，求为内援，然后进见。纂怒目视超道：“汝仗着兄弟威势，敢来欺我，我必须诛汝，然后天下可定。”超叩首求免，纂乃将超叱退。欲斩即斩，何必虚张声势，况超固有可诛之罪耶！

超趋出殿门，心下尚跳个不住，乃急往兄第。兄隆为北部护军，此时正返姑臧，便与超密商多时，决定异谋，伺机待发。也是纂命已该绝，不能久待，越日即引入思盘，与群臣会宴内殿，又召隆超两人，一同预席，意欲为超与思盘，双方和解。当下和颜与语，谈饮甚欢。超佯向思盘谢过，思盘亦不敢多求，宴至日旰，大家都已尽兴，谢宴辞出，思盘亦随着退去。惟隆超两人，怀着异图，尚留住劝酒，纂是个酒中饿鬼，越醉越是贪饮，到了神志昏迷，才乘车入内。隆与超托词保护，跟入内庭，车至琨华堂东阁，不得前进。纂亲将窦川骆腾，置剑倚壁，帮同推车，方得过阁。超顺便取剑，上前击纂，因为车轼所隔，急切不得刺着。偏纂恃着勇力，一跃下车，徒手与搏，怎奈醉后晕眩，一阵眼花，被超刺入胸间，鲜血直喷，急返身奔入宣德堂。川腾与超格斗，超持剑乱斫，劈死二人。纂后杨氏，闻变趋出，忙命禁兵讨超，哪知殿中监杜尚，不奉后命，反引兵助超，导入宣德堂，把纂杀死，且枭首徇众道："纂背先帝遗命，杀害太子，荒耽酒猎，昵近小人，轻害忠良。番禾太守超，属在懿亲，不敢坐视，所以入除僭逆，上安宗庙，下为太子复仇。凡我臣庶，同兹休庆。"这令一下，众皆默然，不敢反抗。

惟巴西公吕他，陇西公吕纬，居守北城，拟约同讨贼。他妻梁氏，阻他不赴，纬又为超所诱，佯与结盟，伪言将奉纬为主。纬欣然入城，立被拿下，结果性命。超径入宫中，搜取珍宝。纂后杨氏，厉声责超道："尔兄弟不能和睦，乃致手刃相屠，我系旦夕死人，尚要金宝何用？现皆留储库中，一无所取，但不知尔兄弟能久享否？"倒是个巾帼须眉。超不禁怀惭；又见她华色未衰，起了歹心，因暂退出。少顷，又着人索交玉玺。杨氏谓已毁去，不肯交付，自与侍婢十余人，收殓纂尸，移殡城西。超召后父杨桓入语道："后若自杀，祸及卿宗。"桓唯唯而退，出语杨后。杨氏知超不怀好意，便毅然语桓道："大人本卖女与氐，冀图富贵，一次已甚，岂可至再么？"遂向殡宫前大哭一场，扼吭自尽。烈妇可敬。

还有吕绍妻张氏，前因绍被弑，出宫为尼，姿色与杨氏相伯仲，并且年才二八，正是娇艳及时，前为吕隆所见，久已垂涎，此次已经得志，即自造寺中，逼她为妾。张氏登楼与语道："我已受佛戒，誓不受辱。"隆怎肯罢手，竟上楼胁迫，强欲行淫。张氏即从窗外跳出，跌得头青额肿，手足俱断，尚宛转诵了几声佛号，瞑然而逝。足与杨氏并传不朽。

隆扫兴乃返，超遂请隆嗣位。隆有难色，超忙说道："今譬如乘龙上天，怎好中途坠下呢？"隆遂僭即天王位，拟改年号。超在番禾时，曾得小鼎一枚，遂以为神瑞，劝隆改元神鼎。隆当然依议，追尊父宝吕光之弟。为皇帝，母卫氏为皇太后，妻杨氏为皇后，命弟超为辅国大将军，都督中外诸军事，封安定公。一面为纂发丧，追谥为灵皇帝，与杨后合墓同葬，总计纂在位不过年余，惟自晋安帝隆安三年冬季僭号，至五年仲春被弑，先后总算三年。纂平时与鸠摩罗什弈棋，得杀罗什棋子，辄戏言斫胡奴头。罗什从容答道："不斫胡奴头，胡奴斫人头。"纂听了不以为意，谁料吕超小字胡奴，竟将纂斫死，后人才知罗什所言，寓着暗谜。真是玄语精深，未易推测呢。

话分两头。且说北凉主段业，虽得乘时建国，却是庸弱无才，威不及远，当时出了一个敦煌太守李暠，起初是臣事北凉，后来也居然自主，另建年号，变成一个独立国，史家叫做西凉。不过他本是汉族华裔，与五胡种类不同。十六国中有三汉族，前凉居首，西凉次之，其三为北燕见下文。相传暠为汉李广十六世孙，系陇西成纪人。高祖雍，曾祖柔，皆仕晋为郡守。祖弇仕前凉为武卫将军，受封安世亭侯。父旭少有令名，早年逝世，遗腹主暠。暠字玄盛，幼年好学，长习武略，尝与后凉太史令郭麐，及同母弟宋繇同宿。想是母已改嫁宋氏。麐起谓繇道："君当位极人臣，李君且将得国，有騧马生白额驹，便是时运到来了。"麐明于料人，暗于料己。已而段业自称凉州牧，调敦煌太守孟敏为沙州刺史。敏署暠为效谷令，宋繇独入任中散常侍。及孟敏病殁，敦煌护军郭谦，沙州治中索仙等，因暠温惠服人，推为敦煌太守。暠尚不肯受，适宋繇自张掖告归，即语暠道："段王本无远略，终必无成，兄尚记郭麐遗言么？白额驹今已生了。"暠乃依议，遣使向业请命。业竟授暠为敦煌太守，兼右卫将军。至业僭称凉王，右卫将军索嗣，向业谮暠道："李暠难恃，不可使居敦煌。"业乃遣嗣为敦煌太守，令骑兵五百人从行。将到敦煌，移文至暠，使他出迎。暠颇欲迎嗣，宋繇及效谷令张邈，同声劝阻道："段王暗弱，正是豪杰有为的机会，将军已据有成业，奈何拱手让人？"暠问道："若不迎嗣，当用何策？"宋繇遂与暠密谈数语，暠点首许可，乃即遣繇往见索嗣。繇与嗣晤谈，满口献谀，说得嗣手舞足蹈，得意扬扬。繇辞归语暠道："嗣志骄兵弱，容易成擒，请即发兵击嗣便了。"暠遂使二子歆让，及宋繇张邈等引兵出击，出嗣不意，杀将过去。嗣不知所措，急忙拍马返奔，逃回张掖，五百人死了一大半，歆让等得胜回军。暠与嗣本来友善，此次反被谗间，当然痛恨，遂上书段业，请即诛嗣。业迟疑未决，适辅国将军沮渠男成，亦与嗣有嫌，从旁下石借端复仇，于是业竟杀嗣；且遣使谢暠，进暠都督凉兴巴西诸军事，领镇西将军。即此可知业之庸弱。

时有赤气绕暠后园，龙迹出现小城，众以为瑞应在暠，交相传闻。疑是暠捏造出来。晋昌太守唐瑶，首先佐命，移檄六郡，推暠为大都督大将军凉公，领秦凉二州牧。暠既得推戴，便颁令大赦。是年，岁次庚子，系晋安帝隆安四年。即以庚子纪元。追尊祖弇为凉景公，父旭为凉简公，命唐瑶为征东将军，郭谦为军谘祭酒，索仙为左长史，张邈为右长史，尹建兴为左司马，张体顺为右司马，宋繇为从事中郎，兼折冲将军。即遣繇东略凉兴，并拔玉门以西诸城，屯田积谷，保境图强，是为西凉。北凉主段业，闻暠独立，也欲发兵出讨，无如庸柔不振，力未从心，再加沮渠蒙逊等从中作梗，连自己位且不保，怎能顾及敦煌，所以李暠背业自主，安稳连年。那段业非但不能往讨，甚至大好头颅，也被人取去。看官欲问业为何人所杀？便是那尚书左丞沮渠蒙逊。小子有诗叹道：

文弱终非命世才，因人成事反招灾。
须知祸福无常理，大祸都从幸福来。

究竟蒙逊如何弑业，非一二语所能详尽，欲知底细，请至下回看明。

观本回后凉之乱，全由兄弟互阋而成，实则自吕光启之。光既知永业之非才，则舍嫡立长，未始非权宜之举；况纂有却敌之功，岂肯受制乃弟乎？光以为临危留嘱，可无后患，讵知口血未干，内衅即起，绍忌纂，纂亦忌绍，又有超与弘之隐相构煽，虽欲不乱，乌得而不乱？然纂之弑绍，弘实首谋，首祸者必先罹祸，故弘即被诛；纂不能逃弑主之罪，卒授手于超以杀之。胡奴斫头，何莫非因果之报应耶？惟绍妻张氏，纂妻杨氏，宁死不辱，并足千秋，吕宗之差强人意者，只此巾帼二人，余皆不足道也。西凉李暠，乘势自主，犹之吕光段业诸人。吕光氐也，段业籍隶京兆，虽非胡裔，而不得令终。暠为汉族，能崛起于河朔腥膻之日，亦未始非志在有为，庸中佼佼之称，暠其犹足当此也夫。

第八十七回

扫残孽南燕定都　立奸叔东宫失位

却说北凉主段业，用沮渠蒙逊为尚书左丞，貌似信用，暗实猜嫌，蒙逊窥业意，深自晦匿。业授门下侍郎马权为张掖太守，甚见亲重。权自恃豪略，蔑视蒙逊，蒙逊遂伺隙谮权，业信以为真，将权杀死。蒙逊既除去一患，还想设法除业，因复语从兄男成道：“段业愚暗，非济乱才，信谗爱佞，鉴断不明，前有索嗣马权，为业心腹，未可急图，今已皆诛死，我正可下手，除业奉兄，兄以为何如？”男成道：“业本孤客，为我家所拥立，彼得我兄弟，情同鱼水，人既亲我，我不应背人，背人不祥。”蒙逊即默然趋出。越宿，即向业而陈，愿出为西安太守。业正虑蒙逊内逼，巴不得他离开眼前，既得此请，当即乐从。蒙逊佯赴外任，致书男成，约与同祭兰门山，暗中却先使司马许成，入告段业道：“男成将乞假为乱，若求祭兰门山，便见臣言不虚了。”业疑信参半，到了次日，果由男成请假，谓须出祭兰门山。业遂信许成言，把他拿下，勒令自杀。耳软若此，不死何为？男成道：“蒙逊先与臣谋反，臣因兄弟至亲，但加斥责，不忍遽发。今与臣共约祭山，反诬臣为逆，臣若朝死，彼必夕发，为大王计，不若诈言臣死，暴臣罪恶，待蒙逊倡乱，然后出臣往讨，名正言顺，无忧不克了。”业竟不肯听，迫使速死。愚愦之至。

蒙逊闻男成死状，便泣告部众道：“我兄男成，忠事段王，反被枉杀，岂不可恨？况我等拥段为主，本欲安土息民，今段王如此无道，戮害忠良，试想我等还能安枕么？诸君如肯为我兄复仇，请速从我来。”杀兄求逞，心术之险，自古罕闻。部众未悉阴谋，并怀男成旧恩，便即泣涕应命，踊跃从行，霎时间已得万人。便由蒙逊引逼氐池，镇军臧莫孩，率众请降，羌胡亦多响应。蒙逊又进屯侯坞，业至此悔杀男成，亟授梁中庸为武卫将军，饬使专征。右将军田昂，得罪被囚，业复将他释放，令与中庸共讨蒙逊。别将王丰孙入谏道："昂貌恭心险，不宜重用。且羁囚有日，定必怀仇，奈何反使他讨逆呢？"业蹙然道："我亦未尝无疑，但事至今日，非昂不能讨蒙逊，卿且勿言！"疑人勿用，业乃反是，真是该死！昂奉命出发，一至侯坞，即率骑五百，归降蒙逊。中庸麾下各将士，不战先溃，害得中庸无法可施，也只好向蒙逊请降。

蒙逊毫不费力，长驱直进，竟到张掖。昂兄子承爱，愿为内应，就斩关纳蒙逊军。业惶急万状，号召左右，已皆奔散，顿时抖做一团，没法摆布。俄而蒙逊率兵进来，业越加惊慌，不得已流涕语蒙逊道："孤孑然一身，为君家所推，勉居此位，今愿推位让国，但乞全我一命，使得东还，与妻子相见，便是再造宏恩了。"还想求生，徒形其丑。蒙逊回顾部众道："彼杀人时，并未加怜，今死在目前，倒想人怜惜，汝等以为可恕么？"部众听了，都说是可杀可杀，杀声一起，便由蒙逊顺手一挥，众刃齐进，就使段业铜头铁额，到此也裂成数段了。蒙逊既得斩业，便召集梁中庸等，拟立嗣主。全是诈伪。中庸等当然推立蒙逊，蒙逊尚谦让三分，但自称大都督大将军凉州牧张掖公，改元永安，署从兄伏奴为镇军领张掖太守，封和平侯，弟挐为建忠将军，封都谷侯，田昂为镇南将军，领西郡太守，臧莫孩为辅国将军，梁中庸房晷为左右长史，张隲、谢正礼为左右司马，布赦安民，臣庶大悦。看官！你道蒙逊窃位的方法，善不善呢？刁不刁呢？

小子一支秃笔，演述这边，又不得不演述那边。当时南燕王慕容德，已自滑台徙都广固，竟由王称帝了，回应八十二回。说来又有一段表白，请看官浏览下去。五胡十六国时，实是头绪纷繁，不能不特笔表明。先是秦主苻登，为姚兴所灭，事见前文。登弟广收拾残众，奔依南燕。慕容德令为冠军将军，使居乞活堡，会荧惑守东井，有人谓秦当复兴，广遂自称秦王，击败南燕北地王慕容钟。德乃留鲁王慕容和守滑台，自率精骑讨广，竟得荡平，斩广了事。不意滑台留守慕容和，竟为长史李辩所杀，举城降魏。德闻报大怒，即欲引兵还攻。前邺令韩范谏阻道："前时魏为客，我为主，今日我为客，魏为主，客主情形，大不相同，人心危惧，不可再战。今宜先据一方，自立根本，然后养足兵力，取还滑台，方为上计。"正议论间，帐外报称右卫将军慕容云到来。此慕容云与高云不同。德即传入。云献上李辩首级，并言已救出将士家属二万余口，一并带来。德军正系念家眷，得了此信，统去分别认领，聚首言欢。

德又集将佐商议道："苻广虽平，滑台复失，进有强敌，退无所依，将用何策？"给事中书令张华进言道："彭城为楚旧都，依山带川，地广民饶，可取作基本，急往勿延。”德不甚赞成，犹豫未答。慕容钟慕舆护封逞韩谇等，谓不如仍攻滑台。独尚书潘聪献议道：“滑台四通八达，不易安居，且北通大魏，西接强秦，两国环伺，防不胜防。彭城土广人稀，坦平无险，又距晋甚近，晋必与我相争，我长陆战，彼长水战，就使我幸得彭城，到了秋夏霖潦的时候，江淮水涨，千里为湖，晋人鼓棹前来，如何抵御？故欲取彭城，亦非久计。惟青齐沃壤，向号东秦，地方二千里，户口十余万，右控山河，左负大海，可谓用武胜地；况广固为曹嶷所营，曹嶷事见前。山形险峻，足为皇都，今被辟闾浑据住，浑本燕臣，辜负国恩，今宜遣辩士先往招谕，再用大兵在后继进，彼若不从，一战可下。既得广固，然后闭关养锐，伺衅乃动，这也好似西汉的关中，东汉的河内呢。”德尚以为疑，特遣牙门苏抚，往询齐州沙门僧朗。朗素善占候，与抚相见，抚即自陈来意，并述群臣各议。朗答道：“三策中莫如潘议。按诸天道，亦无不合。今岁彗星起自奎娄，遂扫虚危，奎娄二星，当鲁分野，虚危二星，当齐分野，彗星适现，正是除旧布新的天象。今请先定兖州，巡抚琅琊，待至秋风戒令，乃可北转临齐，应天顺人，正在此举。”抚又密问道：“将来历年几何？”朗微笑不言。抚再三固问，朗乃布蓍占易，详审卦兆，才密告道：“燕衰庚戌，年适一纪，传世及子。”为后文南燕败亡张本。抚惊起道：“有这般短促么？”朗说道：“卦兆如是，无关人事，但留证后来便了。”人果不能胜天吗？抚当即告别，还报慕容德，但说当进取广固，所有年数长短，不敢遽述。

德遂决意东行，引兵入薛城。兖州北鄙诸郡县，望风迎降。德另置守宰，禁兵侵掠，百姓安堵，统赍牛酒犒军。德又遣谕齐郡太守辟闾浑，辟闾浑抗命不从，乃命慕容钟率步骑二万，即日进攻，自率兵进据琅琊。徐兖人民，陆续归附，数达十余万户。兖州守将任安，弃城遁去。渤海太守封孚，就是后燕的吏部尚书，前次兰汗作乱，孚南奔辟闾浑，浑令他署守渤海。兰汗乱事，见八十二回。及德至莒城，孚乃出降。德大喜道：“我得平青州，尚不足喜，所喜者在得卿呢。”遂委任机密，事辄与商。再拟进军广固，为钟后援。辟闾浑闻德将至，徙八千余家守广固，遣司马崔诞守薄荀，平原太守张豁守柳泉，诞豁俱遣子奉书，向德投诚。浑孤立无助，当然惊骇，急挈妻子奔魏。行至莒城，被德将刘刚追及，擒住斩首。浑有少子道秀，自诣德营，愿与父俱死。德叹息道：“父虽不忠，子独能孝，我何忍加诛呢？”遂赦免道秀，只杀浑参军张瑛，随即入据广固，作为都城，并为僧朗建神通寺，酬绢百匹。越年，德自称皇帝，即位南郊，改元建平。因人民不易避讳，特在德字上加一备字，叫做备德，即援二名不偏讳故例，诏示境内。名果能副实么？复在宫南建筑祖庙，遣使致祭，奉策告成，追谥前燕主慕容暐为幽皇帝，用慕容钟为司徒，慕舆拔为司空，封孚为左仆射，慕舆护为右仆射，立妻段氏为皇后。后即段仪次女季妃，自誓不作庸夫妇，见六十回回。至此果得为南燕后，也可谓如愿以偿了。

惟备德为前燕主慕容皝少子，母公孙氏尝梦日入脐，因致怀孕。生备德时，尚昼寝未醒，及侍女惊呼，方醒寤起床。骁谓此儿寤生，颇似郑庄公，将来必有大德，乃以德为名。郑庄亦未见有德。及为范阳王，由后秦太史令高鲁，遗赠玉玺一纽，上有篆文镌着，系“天命燕”三字。又图谶秘文，载有四语云：“有德者昌，无德者亡，德受天命，柔而复刚。”此外尚有童谣云：“大风蓬勃扬尘埃，八井三刀卒起来。四海鼎沸中山颓，唯有德人据三台。”为了种种征验，所以备德入广固，终称尊号。独母公孙氏及兄慕容纳，陷落长安。备德前时别母，曾留金刀与诀，及从慕容垂起兵背秦，秦苻昌收捕备德家属，杀纳及备德诸子，公孙氏因老免死。纳妻段氏方娠，下狱待刑，狱掾呼延平，为备德故吏，私释二人，同奔羌中。纳妻段氏，生下一男，就是慕容超。超年十岁，祖母公孙氏方殁，临危时取出金刀，付超垂嘱道：“这是汝叔留下的纪念。若天下太平，汝可东往寻叔，赍刀送还便了。”超自然受教。呼延平代为理丧，复恐秦人掩捕，转挈超母子往投后凉。备德屡遣使入关，访问母兄，杳无下落，后由故吏赵融从长安东来，具述前情，才知母兄凶闻，备德连番恸哭，甚至呕血，寝疾数日，经良医调治，始得渐愈。但兄纳妻子，逃入后凉，不但备德无从探悉，就是赵融亦未尝闻知。后来超得东归，容至下文表明，叙入此段，为立超嗣位伏案。小子却要叙入后燕了。

后燕主慕容盛，苛刻少恩，前文中已经叙过，见八十三回。勉强过了二年，宗族亲旧，多半携贰。盛尚不知恩抚，单靠着暗地钩考的思想，寻隙索瘢，不遗余力，独有一种暧昧的事情，发自太后宫中，盛虽自矜明察，反被她始终瞒着，毫无所闻。丁太后为盛伯母，看官应早阅悉，见八十二回。她本是个燕中的尤物。到了中年，还是丰容盛鬋，雪貌花肤，就中有个河间公慕容熙，索性渔色，又仗着皇叔懿亲，骠骑重任，时常出入宫廷，谒问太后。丁氏见他年甫逾冠，绰有丰仪，好一个翩翩公子，免不得另眼相看。熙就此勾引，朝挑暮拨，惹动丁氏情肠，你有情，我有意，彼此不顾嫂叔名义，竟凑成一番露水缘。宫中大小妇寺，就使得知，总教利诱势驱，自然不敢多口，只碍着主子慕容盛，不好明目张胆，夜夜交欢。盛又尝调熙远征，东伐高句骊，北讨奚契丹，情郎行役，闺妇怀愁，个中况味，唯有两人亲尝，不能与外人诉说，所以两人视盛，已似眼中钉一般，恨不得置盛死地，好让他日夜欢娱。谋夫杀子，多由纵奸所致。可巧燕主盛长乐三年，盛往伐库莫奚，大获而还，饮至行赏，宫廷交庆。左将军慕容国，与秦舆段赞等，谋率禁兵袭盛，熙与丁氏，稍有所闻，但望他一举成功，偏偏机事未密，被盛察觉，竟将慕容国等先行拿斩，连坐至五百余人，惟舆子兴赞子泰等，幸得逃脱。

过了数日，兴与泰串同思悔侯段玑，见八十三回。夜入禁中，鼓噪大呼，响震屋瓦。盛闻变起床，亟率左右出战，击退乱党，玑亦被创，走匿厢屋间。忽有一贼潜蹑盛后，用刀斫盛。盛闻声跃起，身虽闪免，足已受伤，回顾那贼，却一闪儿不见了。此贼恐系丁氏所遣。盛忍不住痛苦，忙乘辇出升前殿，申约禁卫，宣召叔父河间公熙，拟嘱后事。熙尚未至，盛已晕倒座上，经左右舁入内廷，便即断气。中垒将军慕容拔，冗从仆射郭仲，急入白太后丁氏。丁氏装出一副泪容，颦眉与语道：“嗣主不测，为贼所伤，现惟有亟立新君，捕诛贼党，方足安慰先灵。”慕容拔道：“太子在外，请即迎立。”丁氏道：“国家多难，宜立长君，太子年幼，恐不堪承祚呢。”郭仲从旁插入道：“太子即不可立，不如迎立平原公。”丁氏又复摇首。再由慕容拔等请示，丁氏乃推出那心上人儿，说他名望素隆，足靖国难。又温言笼络拔等，即令他乘夜往迎，休得漏泄。拔等奉命而出，适值慕容熙进来，遂导令入宫，准备即位。又好与丁氏续欢了。

转眼间，便是天明，群臣联翩入朝，才知盛已暴殁。内廷有择立长君的消息，当时平原公慕容元，系盛季弟，曾任司徒尚书令，群望相属，总道是不立太子，必立太弟，就是郭仲所说，也属此人。偏待了半晌，由内侍传出太后手诏，乃是继立河间公熙，竟使叔承侄统，大众未免惊愕。但因熙职掌兵权，不好反抗，只得联名上书，向熙劝进。熙尚谓元宜嗣位，故意推让。元当然固辞，熙遂僭即尊位，捕诛叛臣段玑，及秦兴段赞等人，并夷三族。且将平原公元，亦牵入案内，只说是与玑同谋，迫令自尽。真是辣手。乃下令大赦，为盛营葬。盛在位三年，殁时只二十九岁，追谥昭武皇帝，庙号中宗，出葬兴平陵。丁氏亦出都送葬，尚未还宫，中领军慕容提，及步军校尉张佛等，谋立故太子定，乘间发难。偏有人报知慕容熙，熙忙发兵捕获慕容提张佛，立即斩首，并将定一并赐死。又下了一次毒手。及丁氏回来，宫廷已安静如常了。熙再颁赦令，改元光始，把北燕台改称大单于台，置在右辅，位次尚书，每日除视朝外，惟与太后丁氏调情取乐，俨然与伉俪相似。丁氏亦华装盛饰，日夜陪着，还道天长地久，生死不离，哪知男子心肠，本多薄幸；再加丁氏华年，要比熙加长十余龄，熙未免嫌她年老，暗嘱左右幸臣，采选美人儿入宫。凑巧有一对姊妹花，流寓龙城，得被选入。经熙仔细端详，端的是面似桃花，眉似柳叶，目如点漆，发如堆云，齿若瓠犀，领若蝤蛴，再加一副轻盈体态，画笔难描，真令熙喜极欲狂，真把魂灵儿交付两美，惹得颠倒迷离，慢慢地按定了神，讯明姓氏，方知是前中山尹苻谟女儿，长名娀娥，次名训英。见八十一回。熙也不暇再问来历，便命左右摆起盛宴，令两美左右侍饮。红灯绿酒，翠鬓朱颜，真个是春色撩人，无情不醉。况熙系登徒子一流人物，怎得不馋涎欲滴？才饮数觥，已按不住欲火，便搂住两美，同入欢帏，去做那阳台梦了。小子有诗叹道：

冶容本是诲淫媒，况复娇雏并翼来。
一箭双雕原快事，谁知极乐即生哀。

熙既得了大小苻女，左拥右抱，欢爱的了不得，当然将丁氏冷淡下去。欲知后事，且看下回便知。

典午之季，五胡云扰，无礼无义，其淆乱也甚矣！沮渠蒙逊欲废主而窃国，虽卖兄亦所不恤，兄可卖，主亦何不可弑乎？慕容德之下青齐，入广固，定都称帝，似夺之于乱臣之手，于后燕绝不相关，然德既为后燕臣，后燕未亡，德乌能称帝？是德固无君也。若慕容熙更不足责矣。太后可烝，太子可杀，淫凶暴戾，凌侮孤寡，此而畀之以国，天道果真无知乎？但稔恶必亡，近报在身，远报在儿孙，觉于慕容熙之结果，不及慕容德，又不及沮渠蒙逊，乃知恶愈甚者亡愈速，天道固非尽无凭也。

第八十八回

吕隆累败降秦室　刘裕屡胜走孙恩

却说大小苻女，并邀宠幸，与慕容熙欢爱数宵，大苻女娀娥，受封贵人，小苻女训英，受封贵嫔，两姊妹轮流伴寝，说不尽的凤倒鸾颠。但小苻女年既娇小，态愈鲜妍，更足令人生爱，所以得熙专宠，比阿姊还突过一筹。看官试想，两苻女貌本相同，只为了年龄上长幼，略有区别，便觉大不如小，何况这太后丁氏，已过中年，任她如何美艳，究竟残花败叶，不及嫩柳娇枝，自从两苻女入宫，熙遂与丁氏断绝关系，好几月不去续欢。丁氏忍耐不住，尝遣侍女请熙，熙哪里肯往，有时还要谩骂侍女，侵及丁氏。痴心女子负心汉，教丁氏如何不恼？如何不怨？七兵尚书丁信，为丁氏兄子，当由丁氏召他入议，密谋废熙。天道祸淫，不使丁氏再得快意，竟至密谋发泄，信被执下狱，所有丁氏定策功劳，一笔钩消，反说她是谋逆首犯，活活的胁使自尽，还算保全太后脸面。丁氏至此，悔也无及，只有一死罢了。是淫妇结局，后之妇女其鉴诸。熙命用后礼殓葬，谥曰献幽皇后，想还念旧日恩情。惟将丁信处斩了事。高而不危之言，奈何忘却？越年，进大苻女为昭仪，嗣复立小苻女为皇后，阿妹竟高出阿姊么？大苻女好微行游宴，熙为凿曲光海，清凉池，盛暑兴工，役夫多半渴死。小苻女好骑马游畋，熙尝与她并辇出猎，北登白鹿山，东过青岭，南临沧海，沿途征索供亿，不堪骚扰。士卒多为豺狼所害，并因路上遇寒，冻死至五千余人。熙全不顾恤，但教得两美人的欢心，还管甚么兵民，眼见是要好色亡国了。好色未必亡国，好色不爱兵民，国必亡。

且说后凉主吕隆，僭称天王，壹意逞威，收捕内外叛党，不遗余力。杨轨王乞基等，早自廉川奔降南凉，郭麘亦自魏安奔依西秦。应八十五回。南凉主利鹿孤，本收纳杨轨等人，既而杨轨阴有异谋，为利鹿孤所杀。了却杨轨。西秦主乞伏乾归，服属后秦，势力方衰，郭麐虽然投奔，不过苟延残喘，未能唆使乾归，进图后凉。吕隆本可少安，偏他尚疑忌群臣，只恐为吕纂复仇，稍涉嫌疑，即加诛戮，因此内外骚然，各有戒心。魏安人焦朗，遣人至后秦，怂恿陇西公姚硕德道："吕氏自武皇弃世，后凉谥吕光为懿武皇帝，见前文。诸子相攻，政治不修，但务威虐，百姓饥馑，死亡过半。明公位尊分陕，威振遐方，何不弃吕氏衰残，吊民伐罪，救此一方涂炭呢？"也是一个虎伥。硕德遂转告秦主姚兴，兴令率步骑六万人，进攻后凉。乞伏乾归亦领七千骑从军。硕德自金城渡河，直逼姑臧，部将姚国方献策道："今悬军深入，后无援应，乃是危道，宜乘我锐气，与他速战，他总道我远来疲乏，可以力拒，我若得将他杀败，他自然生畏，无虑不克了。"硕德遂严申军律，准备厮杀。吕隆遣弟吕超，及龙骧将军品邈等，出城迎战。兵刃甫交，秦军如潮涌进，十荡十决，杀毙凉兵无数，超慌忙遁回，邈迟走一步，已被秦军打倒马下，活捉去了。姑臧大震，巴西公吕他，率东苑兵二万五千，出降秦营。隆惊惶得很，急忙收集离散，婴城拒守。西凉主李暠，北凉主沮渠蒙逊，南凉主秃发利鹿孤，俱遣使贡秦，且贺秦胜凉。

凉尚书姜纪，前因隆超僭夺，惧奔南凉。南凉广武公傉檀，与谈兵略，甚相契合，坐必同席，出必同车。利鹿孤常语傉檀道："姜纪原有美才，但我看他目动言肆，必不肯在此久留。倘若入秦，必为我患，不如趁早除去。"傉檀闻言大惊，忙接口道："臣以布衣交待纪，料纪必不负我，请勿他疑。"未免过信。利鹿孤乃止。不意秦凉战起，纪竟潜奔秦军，往说硕德道："吕隆孤城乏援，明公率大军围攻，城中危急，势必乞降，但乞降乃是虚文，非真心服，公若班师，彼又抗命，现请给纪步骑三千，与焦朗等互为犄角，箝制吕隆，隆必无能为了。否则秃发在南，兵强国富，若乘公退兵，入据姑臧，威势益振，李暠沮渠蒙逊等，必且折入秃发，岂非公将来大患么？"硕德大喜，遂表为武威太守，给兵三千，使屯晏然，再督兵进攻姑臧。城中多谋外叛，将军魏益多，且煽惑兵士，谋杀隆超，事泄被诛，连坐至三百余家。于是群臣多向隆上书，请与秦军通和。隆尚不许，再经超一再进劝，略说"强寇外逼，兵粮内竭，上下嗷嗷，势难自固，不如遣使乞和，卑辞退敌。敌果退去，完境息民，若卜世未终，自可复旧，万一天命已去，亦得保全宗族"等语。隆乃依议，派使出城，乞降秦营，愿遣子弟为质。硕德不欲苛求，允如所约，一面转报长安。秦主兴即使鸿胪卿桓敦，册拜隆为镇西大将军，都督河西军事，领凉州刺史，封建康公。隆对使受命，乃遣母弟爱子，及文武旧臣慕容筑杨颖等五十余家，入质长安。硕德振旅而还，往返皆严肃部伍，秋毫无犯，西土皆称为义师。

过了两日，吕超又引兵攻姜纪，因纪严守不下，转攻焦朗。朗向南凉求救，南凉广武公傉檀，率兵赴援，到了魏安，见城下并无一人，只城门还是紧闭，一些儿没有影响。傉檀大是惊疑，即在城下大呼，促朗出迎，但听城上有人应声道："寇已退走，无劳援军费心，也请退还，恕不送迎。"好似一种调侃语。傉檀勃然怒起，便欲麾兵攻城，部将俱延谏阻道："朗但靠孤城，总难久持，今岁不降，明年自服，何必多劳士卒，同他拚命？且为丛驱雀，转非良策，不如退兵数里，发使晓谕，令他自知无礼，定然出来谢罪了。"傉檀依议而行，果由朗复使谢过，乃仍与朗连合，顺道进军姑臧，就胡坑立营。夜间防凉兵掩袭，蓄火戒严，兵不解甲。到了夜半，营外突然火起，凉将王集，果来劫垒，傉檀徐起，纵兵出击，内外火炬齐明，光同白昼。集部下不过千人，敌不住傉檀大营，便欲返奔。偏傉檀驱兵杀上，集措手不及，竟被砍死。败兵逃回姑臧，吕隆惊骇，与超密谋，想出一条诈计，致书傉檀，伪与修好，且请傉檀入盟。傉檀也恐有诈，因使将军俱延往代。俱延入城，由超引至东苑，发伏出攻。俱延不及上马，徒步急奔，还亏城闉两旁，有南凉将军郭祖，引兵待着，让过俱延，截住超兵，且战且走，才得退归营中。傉檀大愤，遂攻显美城。昌松太守孟祎，固守待援，吕隆遣将荀安国石可等，领兵往救，中道却还。孟祎守了数旬，援军不至，竟被傉檀陷入，祎巷战被擒。傉檀问他何不早降？祎抗声道："祎受吕氏厚恩，分符守土，若明公大军甫至，便即归附，如何对得住吕氏？想明公亦必斥为不忠呢。"傉檀改容礼祎，命即释缚，面授为左司马。祎固辞道："吕氏将亡，圣朝必取河右，可无疑义。但祎为人守，城不能全，若再忝居显任，益增愧赧。果使明公加惠，令祎就戮姑臧，祎死且知感了。"词婉意诚，不失为忠。傉檀称为义士，纵使归去。且恐师劳粮绝，收兵自归。

会姑臧大饥，斗米值钱五千，人自相食，饿殍盈途。吕隆恐有变祸，饬闭城门，日夜不开，樵采路绝。百姓乞出城觅食，愿为胡虏奴婢，日有数百。隆恨他煽动众心，索性把他拘住，尽行坑死，尸积如山。北凉主沮渠蒙逊，乘隙攻姑臧，隆不得已卑辞厚币，向南凉乞援。南凉再使傉檀赴急，蒙逊闻傉檀将至，勒兵挑战，为隆所败，乃与隆讲和结好，留谷万余斛，赈济凉民，然后退还。傉檀到了昌松，得知蒙逊回兵消息，因亦引军折回，途次接到利鹿孤命令，嘱他移讨魏安，乃改辙北行，再攻魏安守将焦朗。朗无力守城，不得已面缚出降。傉檀送朗赴西平，徙魏安人民至乐都。嗣是复屡寇姑臧，再加沮渠蒙逊，与吕隆背了前盟，也去侵扰。傉檀在南，蒙逊在北，恰好似喝着同心酒，共图后凉，累得隆南防北守，奔走不遑。偏后秦又来作祟，遣使征吕超入侍，隆急得没法，只好令超赍着珍宝，奉献秦廷，情愿将姑臧归秦，请兵相迎。秦主兴遂遣左仆射齐难等，率步骑四万人迎隆。军至姑臧，隆素车白马，出候道旁。难令司马王尚署凉州刺史，给兵三千，权守姑臧，分置守宰，镇守仓松番禾二城。隆使吕胤告辞光庙道："陛下前抒远略，开建西夏，德被苍生，威震遐裔，后嗣不肖，迭相篡弑，二虏交迫，将归东京，谨与陛下诀别，从此长离。"早知今日，何必当初？胤告毕复命，隆即率宗族僚属，及民万户至长安。秦主兴授隆为散骑常侍，超为安定太守，其余文武三十余人，量才录用，不使向隅。但后凉自吕光开基，至隆亡国，共历四主，合十九年。

先是太史令郭麐，占得术数，谓代吕者王，故叛凉起兵，先推王详，后推王乞基。及吕隆东迁，代以王尚，恰如麐言，可惜麐徒算得一半，知姓不知名，所以终归失败。且奔投西秦后，从乞伏乾归降秦，又暗中推算，以为灭秦者晋！却是算着，但不能自算存亡，终归差了半着。乃复潜身东奔，偏被秦人追获，割去头颅，这叫做人有千算，天教一算，算到尽头，徒落得身首两分，追悔无及了。了过郭麐。那吕隆仕秦数年，亦连坐乱党，终至伏诛，待后再表。此处却要补述晋事了。

自孙恩被逐入海后，余灰复燃，又纠众进寇勾章，转攻海盐。接应八十五回。勾章守将刘裕，随地抵御，且就海盐添筑城堡。恩屡来攻城，由裕麾兵出击，得破孙恩，阵斩恩党姚盛，然后收兵还城。惟恩虽败挫，余焰未衰，城中兵少势孤，恐难久持；裕乃想出一法，待至夜半，把城上旗帜，一齐拔去，密遣精兵伏住城闉。到了天明，竟把城门大开，只遣几个老弱残兵，嘱咐数语，登城立着。恩探得城内空虚，驱兵复进，将到城下，遥见城门开着，便厉声喝问道："刘裕何在?"城上羸卒答应道："昨夜已引兵出走了。"贼众信为真言，拥众入城，陡听得一声鼓响，城门左右，突出两路伏兵，大刀阔斧，向贼乱斫。贼挤住城闉，进退无路，除被裕军杀死外，多半由自相蹴踏，倒毙无数。恩尚在城外，掉头急奔，幸逃性命，余众死了一半，一半随恩北走，径趋沪渎。

裕复弃城追击，海盐令鲍陋，遣子嗣之率吴军一千，从裕讨贼。嗣之年少，自恃骁勇，请为前驱。裕与语道："贼众善战，非吴军所能与敌，卿为前驱，倘或失利，必至牵动我军，不如随着我后，可作声援。"嗣之勃然道："将军亦未免小觑后生了。嗣之决意前行，效力杀贼，虽死无怨。"确是前去送死。说着，引兵即去。裕明知不佳，没奈何从后继进，但使两旁多伏旗鼓，作为疑兵，等到前驱遇贼，两下交锋，裕令伏兵扬旗呐喊，擂鼓助威，贼果疑他四面有军，仓皇引退。偏嗣之不肯少停，策马急追，竟致裕军落后，无人相助，冒冒失失的闯将进去，被贼众翻身杀转，围住嗣之。嗣之独力难支，竟至战殁。贼众既得胜仗，便乘势来击裕军。裕见来势凶猛，也只得且战且走，走了数里，贼尚未肯舍去，麾下兵却死伤多人。裕索性下马，令左右脱去死人衣，故示闲暇。贼众见了，倒不禁生疑，勒马停住。裕反上马大呼，麾兵杀贼，贼始骇退，裕得从容引归。刘裕用兵仿佛曹阿瞒。孙恩知裕不易敌，竟北赴沪渎，攻入守将袁山松营垒，将山松杀死，山松部下伤毙四千人。恩劫掠三吴丁壮，胁使为贼，遂航海直往丹徒。党羽十余万，楼船千余艘，烽火夜逼建康，都城大骇，内外戒严。

百官入命省内，使冠军将军高素等守石头，辅国将军刘袭堵淮口，丹阳尹司马恢之戍南岸，冠军将军桓谦等备白石，左卫将军王嘏等屯中堂，征豫州刺史谯王尚之人卫京师。会稽都督刘牢之，自山阴发兵邀击孙恩，已是不及，乃使刘裕从海盐入援。裕闻命即行，部兵不满千人，偏兼程前进。恩甫至丹徒，裕亦踵至，丹徒守军，本无斗志，百姓多荷担欲逃。恩率众登岸，鼓噪登蒜山，声震江流，兵民益骇。独裕晓谕兵民，叫他勿惧，自率步兵上山奋击，一当十，十当百，竟把恩众击退，复乘胜杀下，大破恩众。恩狼狈遁回船中，贼党投崖溺水，不下万人。惟恩尚有余众八九万，势还猖獗，他想丹徒有刘裕守住，未可轻进，不如直趋建康，遂驶舰西上，步步进逼。会稽世子后将军元显，发兵拒战，并皆失利。会稽王道子，无他谋略，但向蒋侯庙中焚香祷禳，日日不休。蒋侯名叫子文，系东汉时广陵人，嗜酒好色，尝自谓骨具青色，死当为神。及汉末为秣陵尉，逐贼至钟山下，受创而死。吴据江东，有故吏见子文出现，乘白马，执白扇，遮道与语道："我当为此间土神。"言讫不见。后来土地祠中，果常见灵异，吴主乃封为都中侯，加印绶，立庙堂，改钟山为蒋山，表示神灵。说明蒋侯来历，亦不可少。道子很是敬信，所以镇日祈祷，只望他暗中显灵，驱除贼寇，哪知寇氛甚恶，日逼日紧，宫廷内外，恟惧的了不得。幸亏谯王尚之，率锐驰至，入屯积弩堂。恩楼船高大，又遇逆风，不得疾行，莫非就是蒋侯显灵了。好几日才到白石，探得尚之已至建康，都城有备，倒也不敢径进。又恐刘牢之截住后路，或至腹背受敌，因浮海北走郁洲，另遣党羽攻陷广陵，杀毙守兵三千人。朝旨调刘裕为下邳太守，集兵讨恩。裕仗着谋力，与恩大小数十战，无一不胜。恩逃至沪渎，再走海盐，俱由裕督兵尾追，好似飚迅电扫一般，杀得恩抱头狂奔，仍然窜入海中。到了安帝六年，改年元兴，恩还想出来骚扰，入寇临海，被太守辛景一场痛击，几乎杀尽贼党，恩投海自溺，方才毕命。亲党及妻妾等，从死百人，残众还称他为水仙。小子有诗叹道：

黄巾左道尽虚诬，篝火狐鸣吓腐愚。
若果水仙通妙术，海滨何事伏兵诛。

恩既溺死，尚有残众数千，未曾解散，又由众推出一个头目来了。欲知头目为谁，容至下回报明。

吕隆吕超，篡逆得国，兄为君，弟为相，踌躇满志，谓可安享天年，孰知焦朗姜纪，为秦作伥，竟导姚硕德之进攻乎？超战败请降，秦军即返，威虽尽杀，国尚幸存，孰知北有沮渠，南有秃发，相逼而来，竟欲分割后凉而后快乎？隆超两人，无术保全，不得已弃国降秦，此非邻国之不肯容隆，实天意之不肯恕隆也。孙恩以海岛余孽，招集亡命，骚扰东南，得良将以扑灭之，原非难事，乃一误于王凝之，再误于谢琰，遂致匪党日盛。当时尚疑其妖术胜人，未可力敌，然观于刘寄奴之累战累胜，乃知恩固无术，徒为胁从之计而已。寄奴非能破法者，胡为足使水仙之返劫乎？

第八十九回

覆全军元显受诛　夺大位桓玄行逆

却说孙恩溺死，尚有妹夫卢循，未曾从死，为众所推，奉为头目。循系晋从事中郎卢谌从孙，双眸炯彻，眉宇清扬，少时工草隶书，并善弈棋。沙门惠远，有相人术，尝语循道："君可谓风雅士，可惜志存不轨，终乏善果，奈何奈何！"卢循听了此言，倒也不以为意。及长，娶孙恩妹为妻。恩纠众作乱，与循通谋。循常劝恩抚绥士卒，故人乐为循用。恩死后即奉循为主，仍然蟠踞海岛，不服晋命。晋廷还想命刘牢之等，出兵剿循，偏长江上游，突起了一场大乱，几乎把东晋江山，席卷了去，于是不暇顾循，但期扫清长江乱事，好几年才得就绪。

看官欲问乱首为谁？就是都督八州，兼领荆江二州刺史的桓玄。应八十五回。玄先令兄伟为雍州刺史，晋廷不敢驳议，他遂得步进步，表移伟为江州刺史，镇守夏口。司马刁畅为辅国将军，监督八郡军事，镇守襄阳。且遣部将桓振皇甫敷冯该等，并戍湓口。移沮漳蛮二千户至江南，为立武宁郡，更招集流民万人，为立绥安郡。两郡俱增设郡丞。晋廷征广州刺史刁逵，及豫章太守郭昶之入都，俱被玄留住不遣。玄自谓地广兵强，势压朝廷，遂欲篡夺晋祚，屡上书报告祯祥，隐讽执政。更向会稽王道子上笺，再为王恭讼冤。会稽王父子，见了玄笺，当然惶惧。庐江太守张法顺，进白元显道："玄始得荆州，人心未附，若使刘牢之为先锋，再用大军继进，取玄不难了。"激成乱衅，斯为厉阶。元显本倚法顺为谋主，听了此言，自然心动。适武昌太守庾楷，密使人自结元显，请为内应，反复小人，最为可恶。元显大喜，即遣法顺至京口，转告牢之，牢之颇有难色。法顺还报元显道："牢之无意效命，看他词色，将来必且叛我，不如召他入京，先斩此人，否则反多一敌，难免误事。"元显听了，不以为然，竟不从法顺所请。此议偏独不从，也是该死。一面大治水军，准备讨玄。

元兴元年元旦，竟由晋廷颁诏，数玄罪状。即授元显为骠骑大将军，征讨大都督，加黄钺，节制十八郡军马。小船怎可重载。使刘牢之为前锋，谯王尚之为后应，克日出发，前往讨玄。加会稽王道子为太傅，居中秉政。元显欲尽诛诸桓，骠骑长史王诞，为中护军桓修舅，力向元显解免，谓修等与玄，志趣不同，元显乃止。法顺又入请道："桓谦兄弟，谦即修兄。每为上流耳目，应速即加诛，借杜奸谋，况兵事成败，系诸前军，牢之居前，一或有变，祸败立至，最好令刘牢之杀谦兄弟，示无贰心，彼若不肯受命，隐情已露，我也好预先防备了。”元显怫然道：“今非牢之不能敌玄，且三军甫出，先诛大将，人情亦必不安，这事怎可行得?”法顺再三固请，元显只是不从，且因谦父桓冲，遗惠及荆，特授谦荆州刺史，都督荆益宁凉四州军事，冀抚荆人。不杀反赏，真是颠倒。

桓玄坐踞江陵，自思东土未靖，朝廷不暇西顾，可以蓄力观衅。及闻元显已统军出讨，也不禁意外惊心，因欲完城聚甲，为自固计。长史卞范之道：“明公声威，传闻远近，元显口尚乳臭，刘牢之大失物情，若进逼近畿，示以祸福，势必瓦解。明公自可得志，怎可延敌入境，自取穷蹙呢?”玄依范之言，遂抗表传檄，罪责元显。留兄伟守江陵，自举大兵东下。途次尚未免却顾，及行过寻阳，并不见有官军，才放大了胆，驱军急进，部众亦勇气加倍。又探悉庾楷诡谋，分兵诱袭，把他拘住，于是江东大震。元显甫出都门，接得桓玄来檄，已经心慌，再得庾楷被囚消息，免不得惊上加惊，勉强下船，终不敢发。晋廷上下，也不免着忙，特遣齐王柔之，原故南顿王宗之子，过继齐王冏，承祀袭封。执着驺虞幡，出告荆江二州，谕令罢兵。途中遇着桓玄前锋，不服朝命，竟将柔之杀死。玄顺流直至姑孰，使部将冯该等，往攻历阳。襄城太守司马休之，即谯王尚之弟。婴城固守，玄军堵截洞浦，纵火焚豫州军舰。豫州刺史谯王尚之，率步卒九千，列阵浦上，又遣武都太守杨秋，屯兵横江。秋竟降玄军，反引玄军攻尚之，尚之众溃，自奔涂中，避匿数日，终被玄军擒去。休之出战败绩，弃城遁走。

刘牢之本来观望，不附元显，他想利用桓玄，除去元显父子，再伺玄隙，把玄翦除，然后好职掌大权，唯所欲为，算盘太精明了。所以牢之虽为前驱，始终未肯效力。下邳太守刘裕，此时也奉调从军，为牢之参谋，请牢之亟往击玄。牢之摇首不答。可巧牢之的族舅何穆，阴受玄嘱，进说牢之道：“从古以来，功高必危，试看越文种，秦白起，汉韩信，俱身事明主，尽忠戮力，功成以后，且不免诛夷，何况为暗主所任使呢?君如今日战胜，亦必倾宗，战败当然夷族。胜败俱不能自全，何若幡然改图，尚得长保富贵。古人射钩斩袪，还不害为辅佐，今君与桓玄，素元嫌隙，难道不好相亲么?”牢之正有此意，便令何穆报玄，阴与相通。刘裕再谏不从，牢之甥何无忌，为东海中尉，也极谏牢之，终不见听。裕又使牢之子敬宣入谏，以汉董卓比玄，请牢之急击勿失。牢之反怒叱道：“我也知桓玄易取，但平玄以后，试问骠骑能容我否?”敬宣不好违父，只得唯唯听受。牢之遂遣敬宣潜诣玄营，奉上降书。玄佯为优待，授任谘议参军，乘势进迫建康。

元显将要出发，忽有急报传到，谓玄已至新亭，吓得魂不附体，弃船返奔，退屯国子学。越日，出阵宣阳门外，军中自相惊扰，俄而玄军前队，鼓噪前来，大呼放仗。元显拍马急奔，还入东府，元显讨王恭时，曾以果锐见称，此时竟如此颓靡，到已死得半截了。将佐统皆逃散，惟张法顺一骑随归。元显前曾录尚书事，与乃父东西对居，道子所居称东录，元显所居称西录，西府车骑辐辏，东府门可张罗，后来星孛天津，元显解职，仍加尚书令。吏部尚书车胤，密白道子，请抑元显。元显闻悉，谓胤离间父子，意欲害胤，胤竟惶急自杀。自是公卿以下，无一敢与元显抗礼。至元显败还，大都袖手旁观，无人顾恤，只有道子是情关骨肉，狼狈相依，虽平时亦隐恨元显，到此丢去前嫌，想替儿子设法。怎奈想了多时，不得一筹，惟有相对泣下。俄而从事中郎毛泰，导引玄军，闯将进来，七手八脚，把元显抓了出去，送往新亭，缚诸舫前，由玄历数元显罪恶。元显也不多言，但自称为王诞张法顺所误，懊悔不休。玄复命将王诞张法顺拿住，与元显同付廷尉，置诸狱中，一面整仗入京，矫诏解严，自为丞相，总掌百揆，都督中外诸军，录尚书事，领扬州牧。令桓伟为荆州刺史，桓谦为尚书左仆射，桓修为徐兖二州刺史，桓石生为江州刺史，卞范之为丹阳尹，王谧为中书令。新安太守殷仲文，系玄姊夫，弃郡投玄，星夜入都，玄即授为谘议参军。晋安帝本同木偶，未晓国事，内政一切，统由琅琊王德文代理，德文又无兵无权，如何能制服桓玄？玄得独断独行，不过借着天子的名目，号令四方，当下将元显等牵出狱外，先将元显开了头刀，次及谯王尚之，又次及庾楷张法顺。惟王诞本应同斩，桓修为舅乞怜，才得免死，流戍岭南。再收捕元显家属，得元显子六人，一并处死。只因道子为安帝叔父，不得不欺人耳目，先行奏闻，然后处置。奏中有“道子酣纵不孝，罪应弃市”等语。复诏援议亲故例，贷道子死，徙居安成郡，使御史杜竹林，偕往管束。竹林密承玄旨，鸩死道子，父子代握政权，威吓已极，至此相继遇害，这叫做自作孽，不可活呢。法语之言。

刘牢之留次溧州，静待好音，好几日才见朝命，但授为会稽内史。牢之惊叹道：“今日便夺我兵权，祸在目前了。”已而敬宣自建康驰至，乃是讨差出来，佯称替玄慰谕，暗中却为父设谋，进袭桓玄。牢之迟疑未决，私召刘裕入商道：“我悔不用卿言，致为桓玄所卖。今欲北趋广陵，联结高雅之等，起兵讨逆，卿可从我去否？”裕答道：“将军率劲卒数万，望风降玄，今玄已得志，威震天下，朝野人士，已失望将军，将军岂尚能再振么？裕只有弃官归里，不敢再从将军。”言毕即退，出外遇着何无忌。无忌密问道：“汝将何往？”裕与语道：“我观刘公必不能免，卿不若随我至京口。桓玄若守臣节，我与卿不妨事玄，否则与卿图玄便了。”无忌依议，也不向牢之告辞，竟偕裕同往京口去了。牢之大集僚佐，拟据住江北，纠众讨玄。参军刘袭进言道：“天下惟一反字，最悖情理，将军前反王兖州，指王恭。近日反司马郎君，指元显。今又欲反桓玄，一人三反，如何自立？”这数句话说得牢之瞠目结舌，无言可答。袭亦退出，飘然自去。佐史亦多半散走。牢之惊惧，使敬宣至京口迎家眷。敬宣愆期不还，牢之还道是机谋已泄，为玄所杀，乃率部曲北走。到了新洲，部众散尽，牢之悔恨已极，且恐玄军追来，竟解带悬林，自缢而死。真是死得不值。尚有左右数人，代为棺殓，草草了事。及敬宣奔至，惊悉牢之早死，无暇举哀，匆匆渡江，逃往广陵。桓玄闻报，命将牢之斫棺枭首，曝尸市中。牢之骁勇过人，当时推为健将，惟故太傅谢安在日，尝说牢之器小，不可独任，独任必败，至是果如安言。

桓玄又伪示谦恭，让去丞相，改官太尉，兼领豫州刺史，余官如故。国家大事，俱就咨询，小事乃决诸尚书令桓谦，及丹阳尹卞范之。自从安帝嗣位以来，会稽父子，秉权乱政，闹得一蹋糊涂。玄初入建康，黜奸佞，揽贤豪，都下人民，欣然望治。过了月余，玄即奢侈无度，政令失常，朋党互起，凌侮朝廷，甚至宫中供奉，亦隐加克扣。安帝以下，不免饥寒；再加三吴大饥，民多饿死。临海永嘉，又遭孙恩卢循等侵掠，十室九空，百姓流离死亡，苦不胜言。桓玄出屯姑孰意欲抚安东土，乃遣人招致卢循，使为永嘉太守。循虽然受命，仍是暗中劫夺，骚扰不休。玄却自诩有功，隐讽朝廷，录取前后勋绩，加封豫章桂阳诸郡公。又复表辞不受，暗嘱有司为子侄请封。晋廷怎敢不依，因封玄子昇为豫章公，玄兄子濬为桂阳公。乐得炫赫。一面钩求异党，再杀吴兴太守高素，将军竺谦之刘袭等人。数子皆牢之旧将，故一并遇害。袭兄冀州刺史刘轨，邀同司马休之刘敬宣高雅之等，共据山阳，欲起兵攻玄，被玄先期察觉，发兵控御。轨等自知无成，走投南燕去了。

越年二月，玄上表申请，愿率诸军讨平关洛，有诏授玄为大将军。玄命整缮舟师，先制轻舸数艘，装载服玩书画。有人问为何因？玄答道："兵凶战危，倘有意外，当使轻便易运，免为敌人所掠呢。"这语一传，大众始知他饰辞北伐，其实为求封大将军起见。果然不到数日，朝旨复下，饬玄缓进。玄借朝命宣示将士，不复出兵。一味诈伪。已而荆州刺史桓伟病死，玄令桓修继任。从事中郎曹靖之说玄道："谦修兄弟，专据内外，权势太重，不可不防。"玄乃令南郡相桓石康为荆州刺史，石康为玄从弟，仍系桓氏亲属，曹靖之徒费唇舌，反多为桓氏增一羽翼罢了。侍中殷仲文，散骑常侍卞范之，为玄心腹，密劝玄早日受禅，且由仲文起草，代撰九锡文及册命，玄当然心喜。朝右大臣，统是玄党，便即迫安帝下诏，册命玄为相国，总百揆，晋封楚王，领南郡南平宜都天门零陵营阳桂阳衡阳义平十郡，加九锡典礼，得置丞相以下官属。桓谦进任卫将军，录尚书事。王谧为中书监，领司徒，桓胤为中书令，桓修为抚军大将军。

时刘裕为彭城内史，修因召裕密问道："楚王勋德崇隆，中外属望，闻朝廷将俯顺人情，仿行揖让故事，卿意以为何如？"裕应声道："楚王为宣武令嗣，温谥宣武，见前文。勋德盖世，宜膺大宝。况晋室衰弱，民望久移，乘运禅代，有何不可？"看到后文，实是请君入瓮。修欣然道："卿以为可，还有何人敢云不可呢？"裕暗笑而退。

新野人庾仄，为殷仲堪旧党，闻玄谋篡逆，即纠众袭击襄阳，逐走刺史冯该。当下辟地为坛，祭晋七庙祖灵，祃师誓众，传檄讨玄，也是汉翟义流亚，故特叙入。江陵震动。适值桓石康莅镇，引兵攻襄阳，仄出战败绩，奔投后秦。玄伪欲避嫌，自请归藩。桓修等入白安帝，请帝手诏慰留，安帝不得不从。玄又诈言钱塘临平湖忽开，江州有甘露下降，使百僚集贺庙堂，矫诏谓："相国至德，感格神祇，所以有此嘉瑞"云云。玄复自思前代受命，多得隐士，乃特征前朝高隐皇甫谧六世孙希之，为著作郎，又使希之固辞不就，然后下诏旌礼，号为高士，时人讥为充隐。都人士有法书好画，及佳园美宅，必为玄所垂涎，尝诱令赌博，使作孤注，得胜便取为己有。生平尤爱珠玉，玩不释手，至逆谋已成，遂假传内旨，加玄冕十有二旒，建天子旌旗，出警入跸，车驾六马，乐舞八佾，妃得称王后，世子得称太子。卞范之便代草禅诏，迫令临川王司马宝，持入宫中，胁安帝照文誊录，盖用御印，当即发出。越宿，逼帝临轩，交出玺绶，遣令司徒王谧赍给楚王，复徙帝出居永安宫。又越宿，迁太庙神主至琅琊庙，逼何皇后系穆帝后，尝居永安宫。及琅琊王德文，出居司徒府。何皇后行过太庙，停舆恸哭，哀感路人；后来为玄所闻，勃然怒道："天下禅代，不自我始，与何氏妇女何涉，乃无端妄哭呢？"你既要笑，何后怎得不哭？

王谧既将玺绶献玄，百官又统至姑孰，联名劝进。玄命在九井山北，筑起受禅台来，便于元兴二年十二月朔旦，僭即帝位，改国号楚，纪元永始，废安帝为平固王，王皇后为平固王妃，降何后为零陵县君。琅琊王德文为石阳公，武陵王遵为彭泽县侯，追尊父温为宣武皇帝，母南康公主为宣皇后，封子昇为豫章王。余如桓氏子弟族党，一律封赏，大为王，次为公，又次为侯。过了数日，玄乘法驾，设卤簿，驰入建康宫。途中适遇逆风，旌旗皆偃，及登殿升座，猛听得豁喇一声，御座陷落，好似有人在后推玄，险些儿跌将下来。小子走笔至此，因随书一诗道：

唐虞禅位传文德，汉魏开基本武功。
功德两亏谋盗国，任他狡猾总成空。

究竟玄曾否跌下，待至下回续表。

会稽父子，相继为恶，实为东晋厉阶。桓玄之起兵作乱，祸实启于元显一人，而道子之不能制子，亦宁得谓其无咎？故元显之枭首，与道子之鸩死，理有应得，无足怪也。惟刘牢之欲收鹬蚌之利，卒死于桓玄之手，党恶亡身，欲巧反拙，天下之专图利己者，其亦可自返乎？桓玄才智，不及乃父，徒乘晋室之衰，遍树族党，窃人家国，彼方以为人可欺，天亦可欺，篡逆诈夺，任所欲为，庸讵知冥漠之中，固自有主宰在耶？盖观于逆风之阻，御座之倾，而已知天意之诛玄矣。

第九十回

贤孟妇助夫举义　勇刘军败贼入都

却说桓玄上登御座，忽致陷落，几乎跌下。左右慌忙扶住，才得站住。群下统皆失色，独殷仲文向前道："这是圣德深厚，地不能载，所以致此。"亏他善谀。玄乃易惊为喜，出殿还宫，徙安帝出居寻阳，纳桓温神主于太庙中，立妻刘氏为皇后。散骑常侍徐广，请依据晋典，建立七庙。玄自以为祖彝以上，名位未显，不欲追尊，但诡词辩驳道："礼云三昭三穆，与太祖为七，是太祖应为庙主，昭穆皆在太祖以下。近如晋室太庙，宣帝反列在昭穆中，次序错乱，怎得奉为定法呢？"广乃默然退出，适遇秘书监卞承之，述及前言。承之喟然道："宗庙祭祀，上不及祖，眼见是楚德不长了。"桓彝忠晋，桓玄篡晋，祖孙志趣不同，无怪玄之不愿追尊。承之谓楚德不长，岂尊祖便能长久么？

玄性苛细，好自矜伐，朝令暮更，群下无所适从，遂致奏案停积，纪纲不治；惟素好游畋，日必数出。兄伟葬日，旦哭晚游。且出入未尝预告，一经命驾，传呼严促，侍从奔走不暇，稍或迟慢，即遭斥责，所以众情咸贰，怨气盈廷。玄心中也不自安，时常戒备。一夕，有涛水涌至石头城下，奔腾澎湃，突如其来，岸上人不及奔避，多被狂涛卷去，顿时天昏地暗，鬼哭神号。玄在建康宫中，也有声浪传到，矍然惊起道："敢是奴辈发作么，如何是好？"说着，即命左右出外探听。及接得还报，方知巨涛为祟，才得放心。

寻遣使至益州，加封刺史毛璩为散骑常侍，兼左将军。璩不肯服玄，竟将来使拘住，扯碎玄书。因授桓希为梁州刺史，令他分派诸将，调戍三巴，严防毛璩。璩索性传檄远近，列玄罪状，慷慨誓师，克日东讨。仿佛似雷声一震。当下遣巴东太守柳约之，建平太守罗述，征虏司马甄季之，会攻桓希，大得胜仗，遂引兵进屯白帝城。玄又命桓弘为青州刺史，镇守广陵，刁逵为豫州刺史，镇守历阳。弘令青州主簿孟昶，入都报政，玄见他词态雍容，很加器重，便语侍臣刘迈道："素士中得一尚书郎，与卿同一州里，卿可相识否？"迈与昶皆下邳人，素不相悦，至是即应声道："臣在京口，不闻昶有异能，但闻他父子纷纷，互相赠诗哩。"玄付诸一笑，乃遣昶仍返青州。昶行至京口，正与刘裕相遇，彼此叙谈，颇觉投机。裕笑语道："草泽间当有英雄崛起，卿可闻知否？"昶接口道："今日英雄为谁，想便应属卿了。”看官听说，昶因刘迈从中媒孽，隐怀愤恨，所以见了刘裕，乐得乘间挑衅，要他去做个冲锋，推倒桓玄。

裕乃与昶共议匡复方法，当时有好几处机会，可以联络，一是弘农太守王元德，与弟仲德皆有大志，不服桓玄，此时卸职入都，正好使他内应。还有前河内太守辛扈兴，振威将军童厚之，亦寓居建康，与裕素有往来，亦可密令起应元德，做个帮手；二是裕弟道规，方为青州中兵参军，正好使他暗袭桓弘，当令孟昶还白道规，佐以沛人刘毅合同举事；三是豫州参军诸葛长民，也是裕一个密友，正好使他同时举发，袭取豫州刺史刁逵，据住历阳。安排已定，便分头通知。

孟昶立即辞行，返至青州，即向妻周氏说道：“刘迈在都中毁我，使我一生沦落，我决当发难，与卿离绝，倘然得遇富贵，迎汝未迟。”周氏接口道：“君有父母在堂，理应奉养，今君欲建立奇功，亦非妇人所能谏阻，万一不成，当由妾谨事舅姑，死生与共，义无归志，请君不必多心。”好妇人。昶沈吟多时，欲言不言，因抽身起座，意欲外出。周氏已瞧破情形，抱儿呼昶，复令返座道：“看君举措，并非欲谋及妇人，不过欲得我财物呢。”说着，又指怀中儿示昶道：“此儿如可质钱，亦所不惜。”昶乃起谢。原来周氏多财，积蓄颇饶，至此遂倾资给昶，昶得与刘道规等联同一气，相机下手，一面预报刘裕。裕与何无忌同居京口，无忌尝思为舅复仇，当然与裕同志，事必预谋。裕既决计起兵，令无忌夜草檄文，无忌母为刘牢之姊，从旁瞧着，不禁流涕道：“我不及东海吕母，王莽时人，见《汉书》。汝能行此，还有何恨？”随即问同谋为谁？无忌答称刘裕。母大喜道：“得裕为主，桓玄必灭了。”孟昶有妻，何无忌有母，却是无独有偶。

过了两日，无忌偕裕出行，托词游猎，号召义徒，共得百余名，就中选得志士二十人，使充前队，自己冒作敕使，一骑当先，扬鞭入丹徒城。徐兖二州刺史桓修，闻有敕使到来，便出署相迎。兜头遇着无忌，正要启问，偏被无忌顺手一刀，头随刀落，当下大呼讨逆，众皆骇散。刘裕得无忌捷报，即驰入府舍，揭榜安民，片时已定。当将桓修棺殓，埋葬城外。召东莞人刘穆之为府主簿，穆之直任不辞。徐州司马刁弘，得知丹徒有变，方率文武佐吏，来探虚实。裕登城与语道：“郭江州指前刺史郭昶之。已奉乘舆，反正寻阳，我等并奉密诏，诛除逆党，今日贼玄首级，已当枭示大众，诸君皆大晋臣子，来此何干？”弘等闻言，信以为真，当即退去。适值孟昶刘毅刘道规，诱杀桓弘，收众渡江，来会刘裕。裕令刘毅追袭刁弘，杀死了事。

青徐兖三州已经略定，只有建康及豫州二路，尚未发作。裕令毅作书报告乃兄，乃兄就是刘迈，得了毅书，踌躇未决。致书人周安穆，见迈怀疑，恐谋泄罹祸，匆匆告归。迈正受玄命为竟陵太守，意欲夤夜出行，冀得避难，忽由桓玄与书，谓：“北府人情云何？卿近见刘裕，彼作何词？”迈阅书后，还道玄已察裕谋，竟默然待旦，自行出首。玄顿觉大惊，面封迈为重安侯，立饬卫兵出宫，收捕王元德辛扈兴童厚之等，骈戮市曹。已而有人向玄谮迈，谓迈纵归周安穆，不免同谋。玄遂收迈下狱，亦处死刑。迈亦该死。

那刘裕已为众所推，作为盟主，总督徐州军事，用孟昶为长史，檀凭之为司马，当下号召徐兖二州众士，得一千七百人，出次竹里，传檄远近，声讨桓玄。玄因命扬州刺史桓谦为征讨都督，并令侍中殷仲文，代桓修为徐兖二州刺史，会同拒裕。谦请发兵急击，玄皱眉道："彼众甚锐，向我致死，我若一挫，大事去了，不若屯兵覆舟山下，以逸待劳，彼空行至二百里，无从一战，锐气必挫。忽见我大军屯守，势必却顾，我再按兵坚垒，勿与交锋，使彼求战不得，自然散去，这乃是今日的上计哩。"谦尚执定前议，仍然固请。玄乃请顿邱太守吴甫之，右卫将军皇甫敷，北击裕军。各军陆续出发，玄心下还带着惊慌，绕行宫中，徬徨不定。左右从旁劝慰道："裕等不过乌合，势必无成，至尊何必多虑？"玄摇言道："裕乃当世英雄，刘毅家无担石，樗蒱且一掷百万，何无忌酷似彼舅，共举大事，何谓无成？"说至此，又忆从前不听妻言，懊怅不置。原来裕为彭城内史，曾在桓修麾下，兼充中书参军。修尝入都谒玄，裕亦从行。玄见裕风骨不凡，称为奇杰，待遇甚优，每值宴会，必召裕入座。玄妻刘氏，从屏后窥见裕貌，谓裕龙行虎步，瞻顾非凡，将来必不可制，因劝玄趁早除裕。玄欲倚裕为助，故终不见从，谁知裕还京口，果然纠众发难，做了桓玄的对头，玄怎得不悔？怎得不恨？但已是无及了。刘寄奴王者不死，蛇神且无如之何，玄夫妇怎能死裕。

刘裕率军径进，攻克京口，用朱龄石为建武参军。龄石父绰，曾为桓冲属吏，至是龄石虽受裕命，自言受桓氏厚恩，不欲推刃。裕叹为义士，但令随着后队，不使前驱。行至江乘，正值玄将吴甫之，引兵杀来。甫之向称骁勇，全不把刘裕放在眼中，拍马直前，挺槊急进。裕军前队，却被拨落数人，正在杀得兴起，蓦有一将驰至，厉声大呼道："吴甫之敢来送死吗？"甫之未曾细瞧，已被来将大刀一劈，剁落马下。看官道是何人？原来就是刘裕。裕乘甫之不备，把他劈死，便即杀散余众，进军罗落桥。对面有敌阵列着，乃是玄将皇甫敷。裕又欲亲出接战，独司马檀凭之，纵马先出，与敷交锋，战了数十回合，凭之力怯，一个失手，为敷刺死。裕不禁大怒，自出接仗，敷素闻裕名，不敢轻与交手，惟麾众围裕，绕裕数重。裕毫不畏缩，倚着大树，与敷力战。敷呼裕道："汝欲作何死？"说着，即拔戟刺裕。裕大喝一声，吓得敷倒退数步，不敢近前。可巧裕党共来救应，击破敷众，敷解围欲走，裕令军士一齐放箭，射中敷额，敷遇创仆地，裕持刀直前，将要杀敷，但听敷凄声语道："君得天命，敷应受死，惟愿以子孙为托。"裕一面允诺，一面下手斩敷，随令军吏厚恤敷家，安抚孤寡，示不食言。且因檀凭之战死军中，特令他从子檀祗，代领遗众，仍然进薄建康。

桓玄闻二将战死，越觉惊心，忙召诸术士推算吉凶，并为厌胜诅咒诸术，并问及群臣道："朕难道就此败亡么？"群臣皆不敢发言。独吏部郎曹靖之抗声道："民怨神怒，臣实寒心。"玄瞿然道："民或生怨，神有何怒？"靖之道："晋氏宗庙，飘泊江滨，大楚祭不及祖，怎得不怒？"玄又道："卿何不先谏？"靖之道："辇下君子，统说是时逢尧舜，臣何敢多言。"玄无词可答，只长叹了好几声。威风扫尽。寻使桓谦出屯东陵，卞范之出屯覆舟山西，共合二万人。裕至覆舟山东，使军士饱餐，弃去余粮，期在必死，先令老弱残兵，登高张旗，作为疑兵，然后与刘毅等分作数队，突进谦阵。毅与裕俱身先士卒，拚死直前，将士亦踊跃随上，喊声动地。适有大风从东北吹来，裕军正在上风，便放起一把火来，火随风势，风助火威，烧得桓谦部下，都变了焦头烂额的活鬼，哪里还敢恋战，纷纷大溃。谦与范之，也一溜烟似的跑去，苟延生命。

玄因两军交战，时遣侦骑探报，侦骑见了疑兵，即返报裕军四塞，不知多少。玄亟遣武卫将军庾赜之，带领精兵，往援谦军，暗中却使领军将军殷仲文，至石头城预备船只，以便逃走。忽有探马踉跄入报，说是桓谦卞范之两军，俱已败溃。玄忙集亲信数千人，仓皇出奔，口中还声言赴战，挈同子昇及兄子濬，出南掖门。适遇前相国参军胡藩，叩马谏阻道："今羽林射手，尚有八百，非亲即故，彼受陛下累世厚恩，应肯效力，乃不驱令一战，偏舍此他去，究竟何处可以安身？"玄不暇对答，但用鞭向天一指，便即策马西走。驰至石头，见仲文已备齐船只，即下船驶行。船中未曾备粮，经日不食。及驶至百里外，方从岸上觅得粗粝，刈苇为炊，大众才得一饱。玄勉强取食，咽不能下，由子昇代为抚胸，惹得玄涕泣俱下，复恐追兵到来，径往寻阳去了。

惟建康城内，已无主子，司徒王谧等，当然背玄，迎裕入都。王仲德抱元德子方回，出城候裕。裕接见后，便将方回抱入怀中，与仲德对哭一场，面授仲德为中兵参军，追赠元德为给事中，然后将方回缴还仲德，引兵驰入都中。越日，移屯石头城，设立留台，令百官照常办事，取出桓温神主，至宣阳门外毁去，另造晋室新主，奉入太庙。又派刘毅等追玄，所有桓氏族党，留居建康，尽行捕诛。再使部将臧熹入宫检收图书器物，封闭府库，熹一一敛贮，毫无所私。裕乃倡言迎驾，使尚书王嘏，率百官往寻阳，迎还安帝。嘏与百官奉令去讫，惟王谧居守留台，推裕领扬州军事。裕一再固辞，让谧为扬州刺史，仍领司徒，兼官侍中，录尚书事。谧复推裕都督扬徐兖豫青冀幽并八州，领徐州刺史，裕即受任不辞。辞扬州而不辞八州，其意可知。当下令毅为青州刺史，何无忌为琅琊内史，孟昶为丹阳尹，刘道规为义昌太守。凡军国处置，俱委任刘穆之，仓猝办定，无不就绪，朝野翕然。只诸葛长民前与裕约，谋据历阳，事尚未发，为刺史刁逵所闻，将他拘住，槛送建康。行至当利，闻得桓玄出走，建康已属刘裕，解差乐得用情，破槛放出长民，还趋历阳。历阳兵民，乘机反正，逐去刺史刁逵，逵弃城出走，正与长民相值，再经城中兵士追来，无从逃避，只好下马受缚，由他解送石头，一刀处死。子侄等亦皆骈戮，惟季弟给事中刁骋，幸得赦免。裕令魏咏之为豫州刺史，镇守历阳，诸葛长民为宣城内史。先是裕少年微贱，轻狡无行，名流多不与往来，惟王谧素来重裕，尝语裕道："卿当为一代英雄。"裕亦因此自负。会与刁逵赌博，输资不偿，逵缚诸树上，责令还值，嗣由谧代为偿还，方得释裕。裕感谧愈深，恨逵亦愈甚，至是酬恩报怨，才得伸志。惟桓玄篡位时，谧实助玄为虐，手解安帝玺绶，献与桓玄。见前回。时论皆不直王谧，谓宜声罪伏诛，独裕力为保全，谧才得无恙。因私废公，终属非是。

桓玄奔至寻阳，将要息肩，闻得刘毅等又复追来，他急胁迫安帝兄弟，及何王二后，乘舟西行。安帝被徙寻阳，事见上文。留龙骧将军何澹之，与前将军郭铨，刺史郭昶之等，堵住湓口。刘毅等不能前进，尚书王嘏等，无从迎驾，只好还报刘裕。裕乃托称受帝密诏，迎武陵王司马遵为大将军，暂居东宫，承制行事。遵父名晞，就是元帝第四子，受封武陵，由遵袭爵，留官建康，任中领军。桓玄篡位，降遵为彭泽侯，勒令就镇。遵甫出石头，裕军已至，乃退还就第，此时总摄百揆，称制大赦，惟桓玄一族，不在赦例。可巧刘敬宣司马休之，自南燕奔归，遂令休之领荆州刺史，监督荆益梁宁秦雍六州军事，敬宣为晋陵太守。他两人奔往南燕时，曾与刘轨高雅之同行，见前回。后欲密图南燕王慕容备德，事泄南奔，轨与雅之被南燕兵追斩，独休之敬宣得脱，还为晋臣。休之奉命赴镇，但此时的荆州，尚为桓石康所据，怎肯让与休之，再加桓玄自寻阳奔赴，当然迎纳桓玄，与晋反抗。玄仍称楚帝，即以江陵为楚都，眼见得桓玄虽败，还有一片尾声。小子有诗咏道：

石头城内庆安全，半壁江山得少延。
只有荆襄还未靖，尚劳兵甲扫残烟。

欲知江陵如何攻克，待至下回再表。

刘裕起兵讨玄，主谋者实为孟昶，昶之怂恿刘裕，为私怨而发，非真知有公义也。观其对妻之言，全为刘迈一人，而周氏独能倾囊相助。且谓义无归志，彼知从夫之义，宁不能知报国之忠，其所由慨然给资者，正欲昶之乘间除逆耳。周氏诚贤矣哉！本回特举以标目。所以扬巾帼，愧须眉也。何无忌母，为弟复仇，犹其次焉者耳。刘裕一举，桓氏瓦解，师直为壮，曲为老，复得裕以统率之，何患不成？玄之惧裕，譬诸贼胆心虚，不寒自栗耳。然裕诛刁逵而不诛王谧，裕已第知有私，不知有晋矣，宁待篡位而始见裕之心哉？

第九十一回

蒙江洲冯迁诛逆首　陷成都谯纵害疆臣

却说桓玄退居江陵，仍称楚帝，署置百官，用卞范之为尚书仆射，倚作心腹，自恐奔败以后，威令不行，乃更加严刑罚，好杀示威。殷仲文劝玄从宽，玄发怒道："今因诸将失律，天文不利，故还都旧楚。今群小纷纷，妄兴异议，方当严刑惩治，奈何反说从宽呢？"仲文不便再劝，只好退出。玄兄子歆，贿结氐帅杨秋，进寇历阳，为魏咏之诸葛长民刘敬宣等击败，追至练固，将秋杀毙。玄再使武卫将军庾雅祖，江夏太守桓道恭，率数千人助何澹之，共守湓口。见前回。晋将何无忌、刘道规，引兵至桑落洲，与澹之等乘舟交战。澹之平时的坐船，羽仪旗帜，很是辉煌，无忌语众将道："澹之必不居此，无非虚张声势，摇惑我军，我当先夺此船。"众将道："澹之既不在此船，就使夺得，也属无益。"无忌道："彼众我寡，胜负难料，澹之既不居此船，战士必弱，我用劲兵往攻，定可夺取，夺取以后，彼衰我盛，乘势迫击，破贼无疑了。"以实攻虚，也是一策。道规也以为然，遂遣精兵往攻。船中果无健将，立被晋兵夺来。无忌即令军士传呼道："我军已擒得何澹之了。"是谓以虚欺实。澹之军中，闻声大惊，自相哗扰。就是晋军也道是已得澹之，勇气百倍，当由无忌道规，麾军进攻澹之等。澹之各军，已经气夺，怎禁得晋军猛扑，奋勇杀来，顿时逃的逃，死的死，澹之等一齐遁去。无忌道规，得驶入湓口，进屯寻阳，取得晋宗庙主祐，奉还京师。

桓玄接得澹之等败报，复大集荆州士卒，得众二万人，楼船数百艘，再挟安帝东下，亲来督战。使散骑常侍徐放先行，入说刘裕等道："若能旋军散甲，当共同更始，各授爵位，令不失职。"裕等当然不从，更拨青州刺史刘毅，及下邳太守孟怀玉，会师寻阳，与何无忌刘道规两军，西出拒玄。两军相遇峥嵘洲，毅军尚不满万人，见玄军军容甚盛，各有惧色，意欲退还寻阳。独刘道规挺身道："行军全在气势，不在多寡，今欲畏怯不进，必为所乘，就使得返寻阳，亦岂遂能固守？玄虽外示声威，内实恇怯，并且前次已经奔败，众无固志，临机决胜，在此一举，怕他什么！"说着，即麾众前进，毅等乃鼓棹随行。两下方才交锋，忽江面刮起一阵大风，吹向玄舟，道规大喜，即令军士纵火，顺风烧贼。毅等亦助薪扬威，烟焰迷蒙，统望玄舟扑去。玄众本无斗志，再加大火冲来，船多被焚，哪里还敢对敌，当下散舟大溃。玄坐舫边备有小舸，慌忙挟帝换船，飞桨西走。时何王二后，亦被玄胁令从军，避火乱奔，行至巴陵，殷仲文收集散卒，背叛桓玄，奉二后奔往夏口，旋即东入建康。惟桓玄挟住安帝，再返江陵，玄将冯该，请再整兵拒战，无如人情离沮，号令不行。玄不得已乘夜出走，欲奔汉中，往依梁州刺史桓希。甫至城闉，忽暗中有数人闪出，持刀斫玄。玄手下尚有心腹百余人，慌忙代玄格住，玄才得免伤。彼此互相刺击，天又昏黑，不能细辨，但乱杀了一回，徒落得肝脑涂地，尸首塞途。玄单骑逃出，幸得下船，待了片刻，唯卞范之踉跄奔来，尚有嬖人丁仙期万盖等，也随后趋至，偕玄西行。好算是桓玄患难朋友。安帝才免挟去，由荆州别驾王康产，奉帝入南郡府舍。南郡太守王腾之，率领文武，为帝侍卫。琅琊正德文，始终随着安帝，不离左右。安帝至此，才觉惊魂粗定，稍安寝食了。慢着。

益州刺史毛璩，前曾移檄讨玄，因为桓希所阻，未曾东下。事见前回。有侄修之，为汉中屯骑校尉，与璩交通，他闻玄战败西奔，正好设法除奸，便亲诣玄舟，诈言蜀地无恙，不妨前往。玄已如漏网鱼，脱笼鸟，但教有路可奔，无不愿行，再加子侄辈陆续奔集，船中也有数十人，乐得一同西往，权寻一个安身窠。日暮途穷，还想择地安身么？适宁州刺史毛璠，在任病殁，璠系璩弟，由璩遣从孙毛祐之，及参军费恬，督护冯迁等，护丧归江陵，道出枚回洲，正与桓玄遇着。两边俱系舟行，祐之眼快，看见玄坐在舟中，便遥问道："逆贼何往？"一声喝着，舟中竞起，统弯弓放箭，射向玄舟。玄惊慌得很，嬖人丁仙期万盖，挺身蔽玄，俱被射死。益州督护冯迁，索性督同壮士，跃过玄舟，持刀径入。玄战声道："汝，汝何人？敢杀天子？"迁应声道："我来杀天子的贼臣。"道声未绝，刀光一闪，已将玄首劈下。玄子昇忙来救护，已是不及，反被冯迁等打倒，捆绑起来。毛祐之费恬等，一齐到玄舟中，劈死桓石康桓濬，惟卞范之凫水逃去。毛修之持了玄首，毛祐之锁住桓昇，同赴江陵，即遣人迎入安帝，暂借江陵为行宫，下诏大赦。惟桓氏不赦，命将桓昇牵出市曹，一刀斩讫。进毛修之为骁骑将军，余亦封赏有差，一面传送玄首，悬示大桁。

刘毅等闻乘舆反正，总道江陵已平，不必速进，且连日为逆风所阻，未便行舟，所以沿途逗留。哪知死灰复燃，余孽再炽。玄从子桓振，自华容浦纠众出来，掩袭江陵城。桓谦本避匿沮中，也聚党应振，众又逾千。江陵空虚，只有王康产王腾之守着，蓦被桓振等陷入，慌忙抵敌，已是不及，两人相继战死。桓振跃马操戈，直入行宫，向安帝追索桓昇，张目奋须道："臣门户何负国家，乃屠灭至此？"安帝面如土色，连一句话都说不出来。还是琅琊王德文，从旁代答道："这岂我兄弟本意么！"语亦可怜。振尚不肯敛手，奋戈指帝。可巧桓谦驰入，斥振无礼，苦加禁阻。振乃敛容下马，再拜而出。越宿为玄发丧，伪谥武悼皇帝。又过一宵，桓谦等率领群臣，奉还玺绶，且上言道："主上法尧禅舜，德媲唐虞，今楚祚不终，民心仍还向晋室，谨将玺绶奉缴，借副众望。”琅琊王德文，接了玺绶，交与安帝，又不得不婉言羁縻，令他退候诏旨，谦等奉命退出。未几，即有诏命颁发，授德文为徐州刺史，桓振为荆州刺史，都督八郡军事，桓谦复为侍中卫将军，加江豫二州刺史。于是桓氏又得专政，侍御左右，皆振爪牙。振少时无赖，为玄所嫉，至是振叹息道：“我叔父不早用我，遂致败亡；若使叔父尚在，我为前锋，天下已早定了。今局居此地，果将何归？看来是不能久持呢。”颇有自知之明。谦劝振引兵东下，自守江陵。振方纵情酒色，肆行杀戮，欲安享几日的威福，怎肯再行赴敌？谦只得招募徒众，出堵马头，使桓蔚往戍龙泉。

刘毅何无忌刘道规等，接得江陵警耗，方鼓行西进，击破桓谦，又分兵再破桓蔚，兵势大振。无忌欲乘胜直趋江陵，道规谏阻道：“兵法屈伸有时，不可轻进。诸桓世居西楚，群小皆为竭力，振又勇冠三军，难与交锋，今且息兵养锐，佯为示弱，待他骄怠，不患不胜。”无忌不从，引军直进。桓振果倾众出战。冯该卞范之等，又先后趋集，与无忌交战灵溪。无忌抵挡不住，前队多死，没奈何退保寻阳，与刘毅等上笺请罪。刘裕仍命毅节度诸军，惟夺去青州刺史官职。毅整署兵甲，修缮船械，再图西进。刘敬宣豫储粮食，拨给各军，所以无忌等虽然败退，不致大挫。休养数日，复从寻阳出发，前往复口。桓振遣冯该守东岸，孟山图据鲁山城，桓仙客守偃月垒。共计万人，水陆互援。刘毅攻孟山图，道规攻偃月垒，无忌遏住中流，抵御冯该，自辰至午，晋军大胜，擒住山图仙客，独冯该走往石城。毅等进拔巴陵，军令严整，不准侵掠，百姓安堵如常。

刘裕复命毅为兖州刺史，规复江陵。时益州刺史毛璩，从白帝城引兵出发，袭破汉中，得诛桓希。桓氏势力日蹙，惟荆襄尚为所据。桓振令桓蔚驻守襄阳，勉强过了残年。一交正月，南阳太守鲁宗之，起兵讨逆，掩入襄阳城。桓蔚走还江陵，刘毅并集各军，再攻马头。桓振挟安帝出屯江津，遣使求割江荆二州，然后送还天子。刘毅不许。振正欲拒战，不防鲁宗之杀入柞溪，击破振将桓楷，进驻纪南。振不得不还防宗之，留桓谦冯该卞范之守住江陵，监视安帝兄弟。谦令冯该堵截豫章口，为刘毅等所击败，再奔石城。毅等直至江陵城下，纵火焚门，谦等弃城西遁。惟卞范之迟走一步，被晋军拦住，拿下处斩。随即扑灭余火，麾军入城。卞范之到此才死，总算桓氏的异姓忠臣。桓振到了纪南，杀退鲁宗之军，返救江陵，途中望见火起，料知城已被陷，部众溃散，振无路可归，逃往涢川。安帝再得正位，改元义熙，复下赦诏，惟桓氏仍不得赦。前丰城公桓冲，有功王室，特赦免冲孙胤一人，徙居新安。进刘毅为冠军将军，所有行宫政令，悉归毅主持。授鲁宗之为雍州刺史，毛璩为征西将军，都督益梁秦凉宁五州军事。璩弟瑾为梁秦二州刺史，瑗为宁州刺史，遣建威将军刘怀肃，追剿桓氏余党，阵斩冯该。桓谦桓蔚桓楷何澹之等，都西奔后秦。

会建康留台，备齐法驾，来迎安帝。何无忌奉帝东还，留刘毅刘道规居守夏口，江陵归荆州刺史司马休之入守，不意桓振再收遗众，又从涢川进袭江陵。司马休之未曾豫备，仓皇出敌，吃了一个败仗，奔往襄阳。振再入江陵，自称荆州刺史。建威将军刘怀肃，急引军救江陵城，刘毅又遣广武将军唐兴为助，夹攻桓振。振出战沙桥，还靠着一把大刀，盘旋飞舞，乱劈晋军。怀肃素知桓振厉害，早备着强弓硬箭，与他对敌，兵刃初交，便令军士弯弓迭射，箭如骤雨一般。振众死了一半，逃去一半，那时振亦没法支持，拍马欲逃，偏偏马已中箭，掀倒地上，振亦坠马。怀肃急抢前一步，手起刀落，把振剁作两段。桓氏后起悍将，至此才尽。江陵城当然夺还。

惟益州刺史征西将军毛璩，得了江陵再陷消息，集众三万，东出讨振。使弟瑗出外水，参军谯纵出涪江，偏蜀人不乐远征，多有怨言，纵将侯晖，与巴西人阳昧联谋，逼纵为主。纵不敢承受，自投水中，又为晖等捞起，再三固请，胁纵登车，往攻秦梁二州刺史毛瑾。瑾在涪城，闻变调兵，一时无从召集，即被侯晖等陷入，把瑾杀死，遂推纵为梁秦二州刺史。毛璩行至略城，才知纵等为乱，慌忙赶还成都。亟使参军王琼，率三千人讨纵，又令弟瑗领兵四千，作为后应。琼至广汉，适值侯晖引众拦阻，当由琼麾兵杀去，击毙晖众数十名，晖即引退。琼乘胜急追，瑗亦从后趋进，驰至绵竹，不意谯纵弟明子，奉了兄命，暗设两重伏兵，悄悄待着。琼陷入第一重伏中，尚然未觉，及深入第二重，前后胡哨大作，伏兵齐起，把琼困在垓心，琼拚命冲突，竟不得出。至毛瑗兵到，杀开血路，救琼出围，琼众已十死八九，就是毛瑗麾下，也战死了一半。瑗与琼奔还成都，侯晖谯明子等追至成都城下，日夕攻扑。益州营户李腾，潜开城门，引入外寇，毛璩及瑗，不及逃避，均为所戕。侯晖谯明子，遂据住成都，迎纵为主。纵令从弟洪为益州刺史，明子为征东将军，领巴州刺史，使率部众五千，出屯白帝城，于是全蜀大乱，汉中空虚。氐帅仇池公杨盛，得遣兄子杨抚，乘虚袭据汉中，余地多归入谯氏。晋廷方搜捕桓氏余孽，不遑西顾，谯纵得安然为成都王，霸占一隅了。谯纵据蜀，不在十六国之列。且说晋安帝东还建康，留台诸官，诣阙待罪，有诏令一律复职，命琅琊王德文为大司马，武陵王遵为太保，刘裕为侍中，兼车骑将军，都督中外诸军事，领青徐二州刺史。刘毅为左将军，何无忌为右将军，分督扬州豫州诸军事。刘道规为辅国将军，督淮北诸军事。魏咏之为征虏将军，兼吴国内史。余官亦进职有差。惟刘裕固让不受，安帝还道他未足偿愿，优诏慰勉，再加裕录尚书事。裕又表辞，且恳请归藩。安帝复遣百僚敦劝，并亲幸裕第，面加劝谕，裕仍不受命，始终请调任外镇。居心可知。乃改授裕都督荆司梁益宁秦雍凉诸州军事，并前时扬徐等八州，合成十六州都督，驻守京口，裕始拜命而去。已将东晋江山，一大半归诸掌握了。

先是，刘毅尝为刘敬宣宁朔参军，时人或称毅为雄杰，独敬宣说他“内宽外忌，夸己轻人，将来得志，必致陵上取祸”云云。毅得闻此言，衔恨甚深。及敬宣因功加赏，擢任江州刺史，毅使人白裕道：“敬宣未预义谋，授为郡守，已属过优，今超任至江州刺史，岂不令人骇愕么?”是即夸己轻人之一斑。裕却未依毅议。敬宣已稍有所闻，自请解职，乃召还为宣城内史。毅复与何无忌等，分讨桓氏余党，所有桓亮桓玄等遗孽，一概荡平。荆湘江豫四州，从此肃清。有诏命毅都督淮南五郡，无忌都督江东五郡，晋室粗安。惟永安何皇后自巴陵还都后，年已六十有六，累经跋涉，饱受虚惊，便即一病去世，追谥为章皇后。了结何后，笔不渗漏。当时，宫廷虽经丧乱，但大憝已除，人心自然思治，共望升平。惟有一个彭泽令陶潜，系是故大司马陶侃曾孙，表字元亮，一字渊明，独因郡中遣到督邮，县吏谓应束带出迎。潜慨然太息，谓不能为五斗米折腰，遂于义熙二年，解印去县，归隐栗里，自作《归去来辞》表明高志。后来诗酒自娱，屡征不起；到了刘宋开国，还去征召，仍然不就，竟得寿终，这也是危邦不居，无道则隐的意思。不没高士。小子有诗赞道：

摆脱尘缨且挂冠，何如归隐尚堪安。
北窗醉卧东皋啸，能效陶公始达观。

陶潜归隐，寓有深衷，实在是江左乱端，未曾平定，试看下回卢循等事，便可分晓。

桓玄无赫赫之功，足以名世，但乘会稽父子之乱政，闯入建康，窃取大位，其为舆情之不服也可知。刘裕刘毅何无忌等，奋臂一呼，玄即败溃，始则犹挟安帝为奇货，及一失所挟，即被诛于枚回洲。计其僭位之期，不过半年，其亡也忽，谁曰不宜？论者谓玄挟主而不敢弑主，至桓振再起，欲弑主矣，而卒为桓谦所阻，是桓氏犹有敬主之心，虽曰为逆，尚可少原。不知彼欲借主以逃死，并非活主以鸣恭，假使玄得在位一二年，安帝宁尚得再生乎？惟毛璩首先倡义，不愧为忠，至闻桓振复陷江陵，又率众东下，报主之心，可谓挚矣。乃其后卒为叛徒所戕，祸及灭门，忠而构难，是亦当与刘越石同一叹惜也。然观于谯纵之速亡，璩亦可无遗恨也乎？

第九十二回

贪女色吞针欺僧侣　戕妇翁拥众号天主

却说卢循侵掠海滨，连年未已，虽前应桓玄招抚，受职永嘉太守，仍然未肯敛锋。见八十九回。当时为刘裕堵击，一再败循，循弃去永嘉，浮海南走。及裕起义讨玄，循复转寇南海，攻陷番禺，执住广州刺史吴隐之，自称平南将军，摄广州事，使姊夫徐道复往袭始兴，掩入城中，把始兴相阮腆之拘住，于是，循据广州，道复据始兴。及安帝反正，得平逆党，循亦未免畏忌，乃使人入贡晋廷，窥探虚实。晋廷方欲休兵息民，无暇南讨，因令循为广州刺史，道复为始兴相。实属不当。循复贻刘裕益智粽，裕报以续命汤。前琅琊内史王诞，时在广州，为循所迫，令为平南长史。诞因说循道："诞未习戎旅，留此无用，不若遣诞北上。诞与刘镇军素来友善，前去必蒙委任，倘与将军交际，定当从中相助，仰答厚恩。"循颇以为然，正要使诞启行，忽接刘裕来书，令循释还吴隐之。循尚不肯从，诞复语循道："将军今留吴公，实非良策。孙伯符即孙策。岂不欲留华子鱼？即华歆。但一境不容二主，所以纵还，将军独未闻此义么？"好口才。循乃释出隐之，使与诞同还建康。裕因隐之既归，得休便休，奈何忘却阮腆之。且暂时羁縻卢徐，容后再图。小子亦暂搁循事，到后再表。

且说后秦主姚兴，自收纳吕隆后，应八十八回。闻西僧鸠摩罗什，道行甚高，也即遣人迎入，尊为国师，鸠摩罗什散见前文。令居西明阁及逍遥园，翻译佛经。罗什博通经典，所有西域梵音，无不熟诵，及见关中通行诸佛书，多半错谬，乃召集沙门僧睿僧肇等八百余人，传授奥旨，笔述经纶三百余卷。沙门慧睿，才识高明，尝随罗什传写，罗什每与慧睿详论西方辞体，商榷异同，且云："天竺国俗，甚重文制，大约以宫商声韵，可入管弦，最为美善，所以臣民觐见国王，必有赞德经中偈颂等，语皆叶调，无不谐音。惟因中土流传，多非大乘教旨。"因特撰实相论二卷，呈诸姚兴。兴奉若神明，亲率朝臣及沙门千余人，肃容静听。罗什登座谈经，从容演讲。一日讲了多时，忽下座白兴道："有二小儿登我肩上，致生欲障，不得不求御妇人。"兴欣然道："大师聪明超悟，海内无双，若一旦入定，怎可使法种无嗣呢？"因即罢讲还宫，拨遣宫女一人，使伴罗什住宿。罗什一与交媾，果生二子，嗣是不住僧房，别立廨舍。兴敬礼不衰，优加供给，更拨女使十名，为充服役。罗什得了众女，索性肉身说法，与结大欢喜缘。高僧亦如是耶。僧徒等从旁艳羡，免不得互相效尤，作狭邪游。罗什乃持出一钵，召语僧徒道："汝等能将钵内贮物，取食净尽，方可蓄养妻妾，否则不得效我。"僧徒听了，都向钵中瞧着，不禁咋舌。原来钵中并非他物，乃是七大八小的绣花针，当下无人敢食，面面相觑。罗什却举匕箝针，一一进食，好似食韭一般，到口便软，自然熔化。恐怕是遮眼术。僧徒等不禁叹服，方才敛迹，相戒淫游。佛子佛孙，想已有许多传出了。后来，罗什居秦九年，年已七十有四，自觉不适，因口出三番神咒，令外国弟子传诵，意图自救。偏是大命该绝，诵祷无灵，到了病危时候，与众僧诀别，但言"传译诸经，俱系真旨，当使焚身以后，舌不燋烂"云云。西俗向用火葬，故罗什留有此语。罗什既死，姚兴令在逍遥园中，依西域法，用火焚尸，薪灭形碎，唯舌尚存。僧肇为作诔文，说得罗什非常神悟，共计有数千言。小子不忍割爱，特节录诔词如下：

先觉登遐，灵风缅邈，通仙潜凝，应真冲漠。从从九流，是非竞作，悠悠盲子，神根沈溺。时无指南，谁识冥度？大人远觉，幽怀独悟。冲恬静默，抱此玄素，应期乘运，翔翼天路。既曰应运，宜当时望，受生乘利，形标奇相。襁褓俊远，髫龀逸量，思不再经，悟不待匠。投足八道，游神三向，玄根挺秀，宏音远唱。又以抗节，忽弃荣俗，从容道门，尊尚素朴。有典斯寻，有妙斯录，弦无自替，宗无拟族。霜结如冰，神安如岳，外迹弥高，内朗弥足。恢恢高韵，可模可因，愔愔冲怀，惟妙惟真。静以通玄，动以应人，言为世宝，默为时珍。华风既立，二教亦宾，谁谓道消？玄化玄新。自公之觉，道无不弘，灵风遐扇，逸响高腾。廓兹大力，燃斯慧镫，道音始唱，俗网以崩。痴根弥拔，上善弥增，人之寓俗，其徒无方。统斯群有，纽兹颓纲，顺以四恩，降以慧霜。如彼维摩，迹参城坊，形虽圆应，神冲帝乡。来教虽妙，何足以臧？伟哉大人，振隆圆德。标此名相，显彼冲默，通以众妙，约以玄则。方隆般若，以应天北，如何运遭，幽里冥克。天路谁通？三途谁塞？呜呼哀哉！至人无为，而无不为，拥网遐笼，长途远羁。纯恩下钓，客旅上擒，恂恂善诱，肃肃风驰。道能易俗，化能移时，奈何昊天，摧此灵规？至真既往，一道莫施，天人哀泣，悲恸灵祇。呜呼哀哉！公之云亡，时维百六，道匠韬斤，梵轮摧轴。朝阳颓景，琼岳颠覆，宇宙昼昏，时丧道目。哀哀苍生，谁抚谁育？普天悲感，我增摧衄。呜呼哀哉！昔吾一时，曾游仁川，遵其余波，纂承虚玄。用之无穷，钻之弥坚，跃日绝尘，思加数年。微情未叙，已随化迁，如何赎兮？贸之以千。时无可待，命无可延，惟身惟人，靡凭靡缘，驰怀罔极，情悲昊天。呜呼哀哉！

自从鸠摩罗什讲经以后，尚有道恒道标道融昙无成等，具为罗什高徒广传佛法。西僧佛陀耶舍，弗若多罗，及觉贤法明，亦开关入秦，与罗什辩疑析难，多所发明。秦人沿为风气，佞佛嗱经，十居八九。姚兴迷信释氏，煦煦为仁。关中臣民，颇免刑虐。但小信未孚，大体已失，姚氏国运，已启衰机。佛教是一种哲学，究非治平之道。晋十六州都督刘裕，因桓氏余孽，奔入关中，恐他引秦入寇，特遣参军衡凯之，诣秦通好。秦亦遣吉默报聘，由是使节往来，东西不绝。裕复求南乡诸郡，兴慨然许诺。廷臣多半谏阻，兴遍谕道："天下善恶，彼此从同。刘裕拔萃起微，匡辅晋室，乃能讨平逆党，修明政治，这正是当世英雄，我何惜数郡土地，不成彼美呢？"这也是信佛所致。遂将南乡顺阳新野舞阴等十二郡，割与东晋。惟仇池公杨盛，附魏抗秦，兴乃遣陇西公姚硕德，及冠军将军徐洛生等，往伐仇池，连得胜仗。盛穷蹙乞降，遣子难当及僚佐等数十人，入质长安。兴因署盛为征南大将军益州牧，都督益宁二州军事，召硕德等还师。硕德为姚氏勋戚，独具忠忱，兴亦特别待遇，每见硕德，必具家人礼，语必称字，车马服御，赏给甚丰。至此硕德凯旋，顺道入觐，兴盛筵相待，欢宴数日。待硕德辞行返镇，兴亲送至雍，然后与别，这也是兴优礼勋戚的好处。一节之长，不忍略过。

是时，南凉王秃发利鹿孤，已早去世，由弟广武公傉檀嗣立，傉檀少时机警，颇有才略，乃父思复鞬，尝语诸子道："傉檀器识，非汝等所及。"因此乌孤传位利鹿孤，利鹿孤传位傉檀，兄终弟及，有吴子诸樊兄弟遗意。谁知傉檀竟至亡国，可见小时了了，大未必佳。傉檀既嗣兄位，自号凉王，迁居乐都，改元弘昌。他见姚秦势盛，不能不与为联络，因此上表秦廷，报称嗣立。秦主兴遣使册拜傉檀为车骑将军，封广武公。已而，傉檀欲得姑臧，特向秦格外输诚，自去年号，罢尚书丞郎官，乃遣参军关尚诣秦入贡。秦主兴与语道："车骑投诚献款，为国屏藩，今闻他擅兴兵众，自造大城，究属何意?"尚答道："王公设险守国，系是古来成制，预备不虞，试想车骑僻处遐藩，密迩勍寇，南方逆羌未宾，西方蒙逊跋扈，一或有失，不但危及车骑，并且有害大秦，陛下奈何反启猜嫌呢?"兴闻言始笑道："卿言甚是，朕不免错怪了。"尚归报傉檀，傉檀乘机用兵，使弟文支出破南羌，向秦告捷，并求凉州。姚兴不许，但加傉檀散骑常侍，增邑二千户。傉檀再发兵攻北凉，沮渠蒙逊登陴固守，傉檀芟割禾苗，掠得牲畜数千头，引兵退还。于是再遣使至秦，献马三千匹，羊二万口，复乞给凉州城。秦王兴以傉檀为忠，始命都督河右诸军事，进车骑大将军，领凉州刺史，镇守姑臧。召凉州留守王尚还长安。王尚守姑臧，见八十八回。

凉州人申屠英等，遣主簿胡威赴长安，请留王尚仍守凉州，兴不肯从，威流涕白兴道："臣州奉戴王化，迄今五年，仰恃陛下威德，良牧仁政，士民戮力固守，才得保全，陛下何故贱人贵畜，以臣等易马羊呢?若军国须马，但烦尚书一符，令臣州三千余户，各输一马，朝下夕办，并非难事。昔汉武倾天下财力，开拓河西，截断匈奴右臂，今陛下无故弃五郡士民，俾资暴虏，窃恐虏情狡诈，不但虐我百姓，且劳圣朝旰食呢。"说得有理。兴始有悔意，使人止住王尚，并谕令傉檀缓进，哪知傉檀已率众三万，倍道行至五涧，逼尚出城。尚不得已让去姑臧，自还长安，傉檀遂入姑臧城，就宣德堂宴集群僚，酒至半酣，仰视建筑，很觉崇闳，便感叹道："古人谓作者不居，居者不作，今果然了。"凉州故吏孟祎进言道："从前张文王指前凉张骏，张祚尝尊骏为文王。筑造城苑，缮治宫庙，无非欲传诸子孙，永垂久远，乃秦兵渡河，全州瓦解；梁熙据有此州，拥兵十万，丧师酒泉，亡身彭济，吕氏掩人，势可排山，称王西夏，再传以后，率土崩离，衔璧秦雍。事并见前。昔人有言，富贵无常，忽乱易人，此堂建设，已将百年，共历十有二主，大约信顺乃可久安，仁义才能永固，愿大王慎图远久，无间始终。"傉檀改容称谢，推为谠言。先令弟文支镇守姑臧，自还乐都，旋即迁居姑臧城，车服礼仪，统如王制，不过向秦称藩罢了。

先是魏主拓跋珪称帝，暂不立后，前文八十三回，叙述魏事未及立后，至此补足数语。珪本来好色，所得妃妾，不下十百，大都恃娇倚宠，想做一个正宫娘娘，无如旧不敌新，后来居上，那慕容宝的季女，被虏入魏，竟因年轻貌美，得宠专房。见八十一回。魏俗欲立皇后，必先范铜为像，像成乃得册立。慕容氏铸像适成，遂得立为魏后。约莫过了三五年，珪又想另选娇娃，特遣北部大人贺狄干，向秦求婚。秦王兴闻魏已立后，当然不从，且将贺狄干拘留，不令归魏。珪闻报大怒，便亲自督兵，出攻秦属没奕于诸部。当时，北狄有柔然国，为东胡苗裔，姓郁久闾氏，始祖名木骨闾，本为代王猗卢骑卒，遁匿广漠。子车鹿会勇武过人，始纠众立国，号为柔然。后裔社仑，正与拓跋珪同时，连结后秦，屡侵魏境，至是复援秦拒魏，为珪所破，远徙漠北，夺高车为根据地，自号豆代可汗，不劳琐叙。惟秦主兴也遣弟姚平，率兵攻魏平阳，陷入乾壁。珪移众击平，将平围住。平向兴乞援，兴自统兵往救，被珪邀击蒙坑，杀退兴军。姚平乃不得出围，粮竭矢尽，投水殉难。余将狄伯支等，尽被擒去。兴力不能救，举军恸哭，因遣使向魏请和。珪尚不许，且进攻蒲坂。守将姚绪，用了坚壁清野的计策，固垒扼守，珪无从抄掠，方才引还。嗣因柔然复盛，又为魏患，魏乃与秦通好，放还秦俘。秦亦遣归贺狄干，释怨罢兵，谁知反恼了一个降臣，恨秦通魏，居然叛秦自立，独霸一方。看官道是何人？原来是刘卫辰子勃勃。

卫辰为魏所灭，勃勃辗转入秦，奔依秦高平公没奕于。事见前文。没奕于妻以爱女，使谒姚兴。兴见他身高八尺，腰带十围，仪容伟岸，应对详明，禁不住暗暗称奇，便面授骁骑将军兼奉车都尉，所有军国大议，常使参谋。兴弟邕入谏道："勃勃天性不仁，未可轻近，愿陛下留意。"兴怫然道："勃勃有济世才，我方欲与平天下，何为见疏？"这叫做养虎自卫。寻命勃勃为安远将军，封阳川侯，使助没奕于镇高平。且令朔方杂夷，及卫辰遗众三万人，拨归勃勃节制，使他伺魏间隙，报复宿仇。姚邕复与兴固争，力言不可。兴又道："卿如何知他性气？"邕答道："勃勃奉上慢，御众残，贪暴无亲，轻为去就，如欲过宠，必为边害。"兴乃罢议。未几，复拜勃勃为安北将军，封五原公，配以三交五部鲜卑，及杂虏三万余落，使镇朔方。勃勃既得专方面，号令一隅，免不得暗蓄雄心，跃跃思逞。会闻秦魏通和，遂与秦有嫌，起了叛意。适值柔然部酋社仑，遣使贡秦，有马八千匹，路过大城，竟被勃勃截住，夺为已有。又复召集部众三万余人，伪猎高平川，诱令没奕于出会。没奕于以女夫入境，定无歹心，便即坦然相迎。不料勃勃生成戾性，不顾妇翁，竟暗嘱部众，刺死没奕于，并有高平部曲，众至数万。晋安帝义熙二年，便僭称天王大单于，建元龙升，署置百官，自谓系出匈奴，乃夏后氏苗裔，因以夏为国号。也列入十六国中。命长兄右地代为丞相，封代公，次兄力俟提为大将军，封魏公，弟阿利罗引为征南将军，兼司隶校尉。异姓依次授任，尊卑有差。当下出击鲜卑薛干等三部，收降万余人，复进攻三城以北诸戍垒。

三城为秦要塞，由秦将杨丕姚石生等守着，既闻勃勃来攻，当然督兵堵击。偏勃勃兵锋甚锐，势不可当，杨姚二将，连战失利，相继败亡。勃勃尚随地侵掠，不肯少休。部将请定都高平，自固根本，勃勃道："我新创大业，士众未多，姚兴亦一时英雄，诸将用命，未可骤图，我若专恃一城，彼必并力攻我，亡可立待，不如东西飚突，攻他无备，彼顾后必失前，顾前必失后，劳碌奔波，不战亦敝，我得游食自如，不出十年，岭北河东，可尽为我有。待兴既死，然后进攻长安，兴子泓庸弱小儿，怎能敌我？我自有擒他的计策。古时轩辕氏亦迁居无常，至二十多年，始定国都，何必以我为怪呢？"确是狡谋。部将相率拜服。勃勃遂攻秦岭北诸城，忽来忽去，害得诸城门终日关闭，白昼不开。种种警报，传入长安，秦主兴方自叹道："我不用黄儿言，致生此患，今已无及了。"小子有诗咏道：

狼性难驯本易知，献箴况复有黄儿。
如何不纳忠良语，坐昧先几后悔迟。

欲知黄儿为谁，且看下回便知。

观鸠摩罗什之所为，实是一种邪木，不足厕入高僧之列，否则六根已净，何致再生欲障，纳女生男。食针之举，特借此以欺人耳。吾尝谓佛图澄之入后赵，无救石氏之亡，鸠摩罗什之入后秦，反致姚氏之敝，释氏子之无益人国，已可概见。而鸠摩罗什之道行，且出佛图澄下，修己未能，遑问济人乎？姚兴自佞佛后，割南乡十二州以畀晋，弃凉州五郡以给南凉，皆误会佛氏舍身救人之义。而轻撤国防，至命赫连勃勃之镇朔方，尤为大误。勃勃胡种，与秦异族，狼子野心，岂宜重任？就使秦不和魏，亦必有反噬之忧，及僭号叛秦，侵轶岭北，而姚兴始有不用良言之悔，晚矣。

第九十三回

葬爱妻遇变丧身　立犹子临终传位

却说后秦主姚兴，连接岭北警报，始悔从前不听黄儿，黄儿就是姚邕小字，但此时已经无及，只好严饬边城防备。勃勃已杀死妇翁没奕于，不欲立妻为后，乃更遣使至南凉，向秃发傉檀乞婚。傉檀不许，勃勃遂率骑兵二万，进攻南凉。傉檀方与沮渠蒙逊互起战争，少胜多败，又遇勃勃来攻，慌忙移军阳武，与他对敌。勃勃气势方盛，所向无前，南凉兵已经战乏，怎能招架得住？一场角逐，傉檀大败，将佐死了十余人，兵士伤毙万余，自与散骑逃入南山，才得幸免。勃勃裒尸成丘，号为髑髅台；又大掠人民牲畜，满载而归。

时西秦主乞伏乾归，自苑川入朝后秦。姚兴闻他兵势寖强，恐将来不易制服，因留乾归为主客尚书，惟令他长子炽磐，署西夷校尉，监抚部众。傉檀阴欲背秦，曾遣使邀同炽磐，共图姚氏。炽磐杀死来使，传首长安。兴得炽磐报闻，方知傉檀已有贰心，非但不肯往援，且欲声罪致讨。傉檀大惧，急还姑臧，并将三百里内民居，悉数徙入，国中骇怨。屠各部内的成七儿，劫众谋叛，幸亏殿中都尉张猛，设法解散，骑将白路等追斩七儿，才得无事。寻又由军谘祭酒梁裒，辅国司马边宪等，潜图不轨，事泄被诛，这是南凉气运未终，所以还有此侥幸呢。暂作一结。

小子因后燕构乱，正在此时，不得不插叙慕容熙事，成一片段文章。回应八十八回。慕容熙纳二苻女，姊为昭仪，妹为皇后，宠爱的了不得。大兴土木，筑造宫室，最大的叫做龙腾苑，广袤十余里，役徒二万人，苑内架迭景云山，台广五百步，峰高十七丈；又建逍遥宫甘露殿，连房数百，观阁相交。熙与苻氏两姊妹，朝游暮乐，快活异常，两女所言，无不依从，甚至刑赏大政，亦尝关白帷房，使她裁断，所以两女权力，几出熙上。会熙游城南，暂憩大柳树下，忽听树中有声发出，好似有人呼道："大王且止！大王且止！"熙甚觉骇异，即命卫士用斧伐树。树方劈开，忽有一大蛇蜿蜒出来，长约丈余，闪闪有光，当由卫士各用长槊，竞相攒刺，好多时才得刺死。维虺维蛇，女子之祥。大苻女正随熙同行，见了这般大蛇，也觉惊心，迨还宫后，遂至精神恍惚，体态慵松，过了数日，便一病不起，奄卧床中。龙城人王荣，自言能疗昭仪疾病，愿为诊治。熙忙使入视，开方进药，连服了两三剂，竟把这如花似玉的苻昭仪，医得两眼翻白，一命呜呼。好一个医生。熙不胜悲愤，命将王荣拿下，责他妄言诞语，反使宠妾速亡，当下推出公车门，处以磔刑，支解四体，焚骨扬灰。庸医杀人，未尝无过，但何至犯此大罪？一面用后礼殓葬，追谥为愍皇后。熙经此悼亡，连日不欢，亏得宫中还有个小苻女，本来是宠过乃姊，以小加大，此次从旁解劝，格外绸缪，方把那慕容熙的悲伤，渐渐的淡了下去。娥眉善妒，不问姊妹。熙固悼亡，安知小苻女不暗地生欢？

光始四年冬季，光始系慕容熙年号，见前。东方的高句骊国，人寇燕郡，杀掠百余人。越年孟春，熙督兵东征，令苻后从行。到了辽东，攻高句骊城，仰用冲车，俯凿地道，高下并进，守兵不遑抵御，几被陷入。熙遍号令军中道："待铲平寇城，朕当与后乘辇共入，休得着忙！"将士等得了此令，只好缓进，城内得严加堵塞，反致难下。会春寒加剧，雨雪霏霏，兵士多致冻僵，熙与苻后披裘围炉，尚觉不温，只好引兵退还。辽西太守邵颜，供应不周，遂至黜责，并欲将颜处死。颜亡命为盗，侵掠人民。熙遣中常侍郭仲往讨，用了无数的兵力，才得斩颜。转瞬间又是暮冬，苻后欲北往围猎，熙不得不依。出猎已毕，苻后尚不肯还宫，劝熙北袭契丹，熙乃在塞外过年。元旦已过，即与苻后进趋陉北，探得契丹兵戍，很是严密，料难进取，因拟收兵南归。偏苻后不欲空行，定欲出些风头，得着战胜的荣誉，方肯回南，熙不忍违抗后旨，又未敢轻迫契丹，只好想出别法，改向东行，再袭高句骊。途中不便载重，索性将辎重弃去，但率轻骑东趋。军行三千余里，士马俱疲，又适遇着大雪，冻死累累，勉强行至木底城，攻打了一二旬，全然无效，夕阳公慕容云，身中流矢，因伤辞归，士卒亦无斗志，苻后兴亦垂尽，乃一并引还。妇人之误国也如此。

慕容宝子博陵公虔，上党公昭，皆为熙所忌，诬他谋反，相继赐死。又为苻后砌承华殿，高出承光殿一倍，负土培基，土与谷几至同价。宿卫典军杜静，载棺诣阙，上书极谏。熙怒令斩首，弃尸野中。苻后尝在季夏时，思食冻鱼脍，至仲冬时，思食生地黄。熙令有司采办，有司无从觅取，竟责他不奉诏命，辄置死刑。到了光始七年的元旦，复改元建始，大赦境内。太史丞梁延年，梦见月光散采，化为五白龙，就在梦寐中占验吉凶，谓："月为臣象，龙为君象，将来臣化为君的预兆。"说着，竟被鸡声唤醒，想了片刻，觉得梦象不虚，乃起语家人道："国运恐要垂尽了。"

已而由春历夏，苻后忽然遘疾，急得慕容熙眠食不安，遍求内外名医，多方疗治。偏偏昙花易散，好梦难圆，芣苢无灵，芙蕖竟萎。熙悲号擗踊，如丧考妣，且在尸旁陪着，终日不离，自朝至暮，抚尸大哭道："体已冷了，难道果就此绝命么?"道言未绝，竟至晕倒地上。好一个义夫。左右慌忙救护，过了多时，才得苏醒，不如就此死去，省得后来饮刀。还是哭泣不休，嘱令缓殓。时当孟夏，天气温和，尸身不致骤坏，停搁两日，左右屡请殓尸，方才允准。大殓已毕，盖棺移殿。熙不许移棺，还望她起死回生，再命左右启棺审视。说也奇怪，那尸体原是未朽，并且面色如生，仍然杏脸桃腮，红白相衬。熙亲为摩抚，看一回，哭一回，嗣复想入非非，俯下了首，与死后接一个吻。两口相交，禁不住欲火上炎，竟遣开左右，扒入棺内，俯压尸身，把她卸去下衣，演出一番独角戏。闻所未闻。好一歇才平欲火，仍复出棺，见尸身忽然变色，蓬蓬勃勃的臭气，熏将出来。熙方始避开，召入侍从，把棺盖下，自己斩衰食粥，就宫内设立灵位，令百僚依次哭灵；且暗令有司监视，凡哭后有泪，方为忠孝，若无泪即当加罪。于是群臣震惧，莫不含辛取泪，免受罪名。前高阳王慕容隆妻张氏，本为熙嫂，素美姿容，兼有巧思，熙将令为苻氏殉葬，特吹毛索瘢，把她襚靴拆毁，见有敝毡，即诬她厌胜，勒令自尽。三女叩头求免，熙终不许。可怜这位张夔妇，平白地丧了性命。毕竟美人薄命。熙又传出命令，凡公卿以下，及兵民各户，统须前往营墓。墓制非常弘敞，周轮数里，内备藻绘，下及三泉，所费金银，不可胜计。熙语监吏道："汝等须妥为办理，朕将随后入此陵了。"右仆射韦璆等，并恐殉葬，沐浴待死，还算命未该绝，不见令下。至墓已营就，号为徽平陵。启殡时全体送葬，惟留慕容云居守。熙披发跣足，步随柩后。丧车高大，不能出城，因即拆毁北门，才得舁出。长老私相叹息道："慕容氏自毁国门，怎得久享呢?"

既至南苑，忽由中黄门赵洛生，踉跄奔至，报称祸事。看官道是何因?原来中卫将军冯跋，左卫将军张兴，曾坐事出奔，至是得混入城中，与跋从兄万泥等二十二人，密结盟约，即推慕容云为主，发尚方徒五千余人，分屯四门。跋兄子乳陈等鼓噪入宫，禁卫皆散，遂由跋等闭门拒熙。熙得赵洛生警报，却投袂奋起道："鼠子有何能为?待朕还剿，便可荡平。"说着，即收发贯甲，驰还赴难。夜至龙城，门已紧闭，命卫士攻扑多时，无从得胜，乃退入龙腾苑中。越日，由尚方兵褚头，逾城从熙，自称营兵将至，愿来助顺。熙未曾听明，便即趋出。前勇复怯，不死已馁。左右不及随行，待了半日，未见熙还，方向各处找寻，并无下落，只有衣冠留在沟旁。中领军慕容拔，语中常侍郭仲道："大事垂捷，主上却无故出走，令人可怪，但城内已经悬望，不应久延，我当先往城中，留卿待着，卿如寻得主上，便应速来。若主上一时未归，我亦好安抚兵民，再出迎驾，也不为迟哩。"郭仲允诺。拔即率壮士二十余人，趋登北城。城中将士，还道是熙已前来，俱投械请降，已而熙久不至，拔无后继，众心疑惧，复下城赴苑，遂皆溃散，拔竟为城中人所杀。

慕容云既据龙城，令冯跋等搜捕慕容熙。熙自龙腾苑出走，错疑城中兵来攻，避匿沟下，累得拖泥带水，狼狈不堪。良久不见变动，方从沟中潜出，脱去衣冠，辗转逃入林中，为人所执，送至云处。云亲数熙罪，把他处斩，好与大小苻女，再去交欢，也不枉一死了。并杀熙诸子，同殡城北。总计熙在位七年，还只二十三岁，当时先有童谣云："一束藁，两头燃，秃头小儿来灭燕。"燕人初不解所谓，及熙死云手，才应谣言，藁字上有草，下有木，两头燃着，乃是草木俱尽，成一高字。云本姓高，系高句骊支庶，从前慕容皝破高句骊，被徙青山，遂世为燕臣。云父名拔，小字秃头，拔有三子，云列第三，所以称为秃头小儿，起初入事慕容宝，拜为侍御郎，旋因袭败慕容会军，宝乃养为义儿，封夕阳公。见八十一回。冯跋向与交好，所以推他为主，篡了燕祚，当下僭称天王，复姓高氏，大赦境内，改元正始，国仍号燕。命冯跋为侍中，都督中外诸军事，领征北大将军，开府仪同三司，录尚书事，封武兴公。冯万泥为尚书令，冯乳陈为中军将军，冯素弗为昌黎尹，兼抚军大将军，张兴为辅国大将军。此外，封伯子男及乡亭侯，共五十余人。所有慕容熙故臣，仍令复官。谥熙为昭文皇帝，与苻后同葬徽平陵。自慕容垂僭号称帝，至熙共历四世，凡二十四年。高云为慕容宝养子，或仍附入后燕谱录，其实是已经易姓，不能再沿旧称了。《通鉴》列高云于北燕，不为无见，惟《晋书》及《十六国春秋》，仍附云于后燕之末。

是时，南燕主慕容备德，据住广固，势尚未衰，蹉跎过了五年，已是六十九岁，苦无后嗣，探闻兄子超流寓长安，乃遣使购求。超母子尝随呼延平奔入后凉，前文中已曾叙过，见八十七回。后因凉主吕隆，失国降秦，呼延平又挈超母子徙入长安。未几平殁，超号恸经旬，母段氏语超道："我母子死中逃生，全亏呼延氏保护，若受恩不报，必受天殃。平今虽死，我欲为汝纳呼延女，聊报前恩，汝以为何如?"超当然从命，遂娶平女为妻。平女嫁超，想有两三年称后的福气。惟因诸父在东，恐为秦人所捕，乃佯狂乞食，敝服游市中，秦人都目为贱丐。独东平公姚绍，看破隐情，即入白姚兴道："慕容超姿干魁伟，必非真狂，愿微加爵禄，略示羁縻。"兴便召超入见，详加研诘。超故为谬语，答非所问，兴顾语绍道："谚云'妍皮裹痴骨'，今始知是妄语哩。"乃叱超令退，不复加意。超得自由往来，无拘无束，途中遇着一个相士，叫做宗正谦，看超面目，便与语道："汝当大贵，奈何混居市中?"超不禁着忙，亟引正谦入僻静处，详告履历，嘱使讳言。正谦系济阴人，即替超设法，使人密报南燕。备德才有所闻，因遣济阴人吴辩，往探虚实。辩至长安，先访宗正谦，当由正谦告超。超不敢转白母妻，竟与吴宗两人，变易姓名，潜行至梁父，投入镇南长史悦寿廨舍，方吐真名。寿报诸兖州刺史南海王法，法说道："昔汉有卜人，诈称卫太子，今怎知非此类呢?"遂不肯迎超。为下文伏案。悦寿即送超入广固，备德闻超到来，大喜过望，即遣三百骑往迎。超进谒备德，呈上金刀，具述祖母临终遗语。备德抚超大恸，泣下数行，当下封超为北海王，授官侍中，拜骠骑大将军，领司隶校尉。超仪表雄壮，颇肖备德，备德很加宠爱，意欲立超为嗣，乃为超筑第万春门内，规制崇闳，每日有暇，必亲自临幸，与超谈论国事。超曲意承欢，侍奉弥谨；又复开府置吏，屈己下人，内外誉望，翕然相从。

约莫过了一年，暮秋天凉，汝水忽竭，备德未免失惊，越两月，竟至寝疾。超请往祷汝水神，备德道："人主命数，本自天定，难道汝水神所能专主么?"遂不从所请。是夜，备德梦见父慕容䴢，临榻与语道："汝既无男，何不立超为太子?否则恶人将从此生心了。"这恐是因想成梦。备德欲问恶人何名，偏有人从旁唤醒，开目一瞧，乃是皇后段氏，不由的欷歔道："先帝有命，令我立储，看来是我将死了。"翌日，力疾起床，勉御东阳殿，引见群臣，议立超为太子。事尚未决，忽觉地面震动，坐立不安。百僚都窜越失位，备德也支持不住，乘辇还宫，延至夜分，病已大增，口不能言。段氏在旁大呼道："今召中书草诏，立超为嗣，可好么?"备德张目四顾，见超已侍侧，便即颔首。段后因宣入中书，草定遗诏，立超为皇太子，备德遂瞑目而逝。年正七十，在位六年。

诘朝由超登殿，嗣为南燕皇帝，循例大赦，改元太上。尊备德后段氏为太后，命北地王慕容钟都督中外诸军，录尚书事。南海王慕容法为征南大将军，都督徐兖扬南兖四州诸军事。桂阳王慕容镇为开府仪同三司，尚书令封孚为太尉，麴冲为司空，潘聪为左光禄大夫，段弘为右光禄大夫，封嵩为尚书左仆射。此外封拜各官，不必备述。追谥备德为献武皇帝，庙号世宗。惟奉灵出葬时，却先有十余柩，夜出西门，潜葬山谷，至正式告窆的东阳陵，实是一口空棺，谅想由备德生前的预嘱呢。小子有诗叹道：

奸诈几同曹阿瞒，不为疑冢即虚棺。
生前若肯留余地，朽骨何容虑未安！

欲知慕容超嗣位后事，且看下回再表。

苻秦之灭，慕容氏为之，慕容氏之灭，苻氏实为之，天道好还，因果不爽。且俱斫丧于妇人女子之手，何其事迹之相似也？慕容垂妻段氏，苻坚尝与之同辇出游，慕容冲姊弟专宠，长安有雌雄凤凰之谣，至慕容熙纳苻谟二女，宠爱绝伦，大苻早殁，熙杀王荣，小苻继逝，熙如丧考妣，衰服送葬，以嫂为殉，而叛徒即乘间发难。说者谓衅起冯跋，成于高云，于苻氏何与？不知兴土木，倾府库，惟妇言是用，皆亡国之媒介也。岂尽得归咎于冯高二子哉？若慕容备德之立慕容超，犹子比儿，不违古义。且超内能尽孝，外能下士，贤名夙表，誉重一时，此而不立，将立何人？况有慕容麟之感及梦象哉！然其后终不免亡国，此非德立超之过，乃德叛宝之过也。德不知有主，安能传及后嗣？十余柩之潜发，德亦自知负疚矣乎？

第九十四回

得使才接眷还都　失兵机纵敌入险

却说慕容超既得嗣位，引亲臣公孙五楼为武卫将军，领司隶校尉，内参政事。五楼欲离间宗亲，多方媒孽。超因出慕容钟为青州牧，段弘为徐州刺史。太尉封孚语超道：“臣闻亲不处外，羁不处内，钟系国家宗臣，社稷所赖，弘亦外戚懿望，百姓具瞻，正应参翼百揆，不宜远镇外方。今钟等出藩，五楼内辅，臣等实觉未安。”超终信五楼，不听孚言。钟与弘俱不能平，互相告语道：“黄犬皮恐终补狐裘呢。”嗣为五楼所闻，嫌隙益深。超因前时归国，为慕容法所不容，因亦怀恨在心。

备德殁时，法恐为超所忌，不入奔丧，至是超遣使责法。法遂与慕容钟段弘等，合谋图超。不意被超察悉，立召令入都，法与钟皆称疾不赴，超先搜查内党，捕得侍中慕容统，右卫将军慕容根，散骑常侍段封等，一体枭斩；复将仆射封嵩，轘裂以殉。然后遣慕容镇攻钟，慕容昱攻弘，慕容凝韩范攻法，封嵩弟融，出奔魏境，号召群盗，袭石塞城，击杀镇西大将军馀郁。青土震恐，人怀异议。慕容凝也有异心，谋杀韩范，袭击广固。范侦得凝谋，勒兵攻凝，凝出奔后秦。慕容法亦保守不住，弃城奔魏。钟在青州，亦被镇引兵攻入，钟自杀妻孥，凿隧逃出，也奔往后秦去了。枝叶已尽，根本何存？

超既平叛党，遂以为人莫敢侮，肆意畋游。仆射韩䛀切谏不从。百姓屡受征调，不堪供役，多有怨言。会超忆念母妻，特使御史中丞封恺，前往长安请求。秦主姚兴，本已将超母妻拘住，至此闻恺到来，乃召入与语道：“汝主欲乞还母妻，朕亦不便加阻，但从前苻氏败亡，太乐诸伎，悉数归燕；今燕当前来归藩，并将诸伎送还，否则或送吴口千人，方可得请呢。”恺如言还报，超使群臣详议。左仆射段晖，谓：“不宜顾全私亲，自降尊号。且太乐诸伎，为先代遗音，怎可畀秦？万不得已，不如掠吴口千人，付彼罢了。”是乃忍人之言。尚书张华，力驳晖议，说是：“侵掠吴边，必成邻怨，我往彼来，贻祸无穷。今陛下慈亲，在人掌握，怎可靳惜虚名，不顾孝养？今果降号修和，定能如愿，古人谓‘枉尺直寻’，便是此意。”超大喜道：“张尚书深得我心，我也不惜暂屈了。”遂遣中书令韩范，奉表入秦。

秦主兴取阅表文，见他称藩如仪，便欣然语范道：“封恺前来，致燕王书，曾与朕抗礼，今卿赍表来附，莫非为母受屈么？还是以小事大，已识《春秋》古义呢？”范从容答道：“昔周爵五等，公侯异品，小大礼节，缘是发生；今陛下命世龙兴，光宅西秦，我朝主上，上承祖烈，定鼎东齐，南面并帝；通聘结好，若来使矜诞，未识谦冲，几似吴晋争盟，滕薛竞长，恐伤大秦堂堂国威，并损皇燕巍巍美德，彼此俱失，义所未安。”兴不待说毕，便作色道：“若如卿言，是并非以小事大了。”范又道：“大小且不必论，今由寡君纯孝，来迎慈母，想陛下以孝治人，定必推恩锡类，沛然垂悯呢。”不亢不卑，是专对才。兴方转怒为喜道：“我久不见贾生，自谓过彼，今始知不及了。”乃厚礼相待，欢颜与叙道：“燕王在此，朕亦亲见；风表有余，可惜机辩不足。”范答道：“‘大辩若讷’，古有名言。若使锋芒太露，便不能继承先业了。”兴笑道：“使乎？使乎？朕今当为卿延誉了。”范复乘间聘词，说得兴非常惬意，面赐千金，许还超母妻。时慕容凝已早至长安，入白姚兴道：“燕王称藩，实非本心，若许还彼母，怎肯再来称臣呢？”兴意乃中变，又不好自食前言，但称天时尚热，当俟秋凉送还，因即遣范归燕，且使散骑常侍韦宗报聘。

超北面受秦诏敕，赠宗千金，再遣左仆射张华，给事中宗正元赴秦，送入乐伎一百二十人。兴喜如所望，延华入宴，酒酣乐作，雅韵铿锵。黄门侍郎尹雅语华道：“昔殷祚将亡，乐师归周；今皇秦道盛，燕乐来庭，废兴机关，就此可见了。”华不肯受嘲，忙即接口道：“从古帝王，为道不同，欲伸先屈，欲取姑与，今总章西入，必由余东归，由余戎人，入关事秦，见《列国演义》。祸福相倚，待看后来方晓哩。”兴听着华言，不禁勃然道：“古时齐楚竞辩，二国兴师，卿乃小国使臣，怎得抗衡朝士？”华乃逊辞道：“臣奉使西来，实愿交欢上国，上国不谅，辱及寡君社稷，臣何敢守默，不为仰酬？”也是一个辩才。兴始改容道：“不意燕人都是使才。”乃留华数日，许奉超母妻东还。宗正元先驰归报命，超乃亲率六宫，出迎母妻。彼此聚首，自有一种悲喜交并的情形，无庸细表。

越年，为太上四年，正月上旬，追尊父纳为穆皇帝，立母段氏为皇太后，妻呼延氏为皇后。超亲祀南郊，柴燎无烟。灵台令张光，私语僚友道：“今火盛烟灭，国将亡了。”及超将登坛，忽有一怪兽至圜丘旁，大如马，状类鼠，毛色俱赤，少顷即不知所在，但见暴风骤起，天地昼昏，行宫羽仪帷幔，统皆毁裂。超当然惶恐，密问太史令成公绥。绥答道：“陛下信用奸佞，诛戮贤良，赋税烦苛，徭役杂沓，所以有此变象哩。”超因还宫大赦，谴责公孙五楼等，疏远了好几日，旋复引用如前；再遇地震水溢诸变，毫不知儆，又荒耽了一年。

太上五年元旦，超御东阳殿朝会群臣，闻乐未备音，自悔前时送使入秦，乃拟南掠吴人，补充乐伎。领军将军韩谆进谏道：“先帝因旧京倾覆，戢翼三齐，遵时养晦，今陛下嗣守成规，正当闭关养锐，静伺贼隙，恢复先业，奈何反结怨南邻，自寻仇敌呢？”超怫然道：“我意已决。卿勿多言！”祸在此了。当下遣将军慕容兴宗斛谷提公孙归等，率骑兵寇晋宿豫，掳去阳平太守刘千载，济阴太守徐阮，及男女二千五百人，载归广固。超令乐官分教男女，充作乐伎。并论功行赏，特进公孙归为冠军将军，封常山公；归为公孙五楼兄，故赏赉独隆；五楼且加官侍中尚书令，兼左卫将军，专总朝政；就是他叔父公孙颓，也得授武卫将军，封兴乐公。桂阳王慕容镇入谏道：“臣闻悬赏待勋，非功不侯，今公孙归结祸构兵，残贼百姓，陛下乃封爵酬庸，岂非太过？从来忠言逆耳，非亲不发，臣虽庸朽，忝居国戚，用敢竭尽愚款，上渎片言。”超默然不答，面有怒容，镇只好趋退。群臣从旁瞧着，料知超喜佞恶直，遂相戒不敢多言。尚书都令史王俨，谄事五楼，连年迁官，超拜左丞，时人相传语云：“欲得侯，事五楼。”超又使公孙归等率骑五千，入寇南阳，执住太守赵光，俘掠男女千余人而还。

晋刘裕欲发兵进讨，先令并州刺史刘道怜，出屯华阴，一面部署兵马，请命乃行。时刘裕已晋封豫章郡公，刘毅何无忌，也分封南平安成二郡公。三公当道，裕权最盛。无忌素慕殷仲文才名，因仲文出任东阳太守，请他过谈。仲文自负才能，欲秉内政，偏被调出外任，悒悒不乐，因此误约不赴。无忌疑仲文薄己，遂向裕进谗道：“公欲北讨慕容超么？其实超不足忧，惟殷仲文桓胤，是心腹大病，不可不除。”裕也以为然。适部将骆球谋变，事泄被诛，裕遂谓仲文及胤，与球通谋，即将他二人捕戮，屠及全家。二人罪不至死，惟为桓氏余孽，死亦当然。

已而，司徒兼扬州刺史王谧病殁，资望应由裕继任。刘毅等不欲裕入辅政，拟令中领军谢混为扬州刺史。或恐裕有异言，谓不如令裕兼领扬州，以内事付孟昶。朝议纷纭莫决，乃遣尚书右丞皮沈，驰往询裕。大权已旁落了。沈先见裕记室刘穆之，具述朝议。穆之伪起如厕，潜入白裕道：“晋政多阙，天命已移，公勋高望重，岂可长作藩臣？况刘孟诸人，与公同起布衣，共立大义，得取富贵，不过因事有先后，权时推公，并非诚心敬服，素存主仆的名义。他日势均力敌，终相吞噬，不可不防。扬州根本所系，不可假人，前授王谧，事出权道；今若再授他人，恐公终为人制，一失权柄，无从再得，不如答言事关重大，未便悬论，今当入朝面议，共决可否。俟公到京，彼必不敢越公，更授他人了。”裕之篡晋，实由穆之一人导成。裕极口称善；见了皮沈，便依言照答，遣他复命。果然沈去数日，便有诏征裕为侍中，扬州刺史，录尚书事。裕当然受命，惟表解兖州军事，令诸葛长民镇守丹徒，刘道怜屯戍石头。

会闻谯纵据蜀，有窥伺下流消息，乃亟遣龙骧将军毛修之，会同益州刺史司马荣期，共讨谯纵。荣期先至白帝城，击败纵弟明子，再请修之为后应，自引兵进略巴州。不料参军杨承祖，忽然心变，刺死荣期，擅称巴州刺史，回拒修之。修之到了宕渠，接得警耗，退还白帝城，邀同汉嘉太守冯迁，即九十一回中之益州督护。同击承祖，幸得胜仗，把他枭首。再欲进讨谯纵，偏来了一个新益州刺史鲍陋，从旁阻挠，牵制修之。修之据实奏闻，刘裕乃表举刘敬宣为襄城太守，令率兵五千讨蜀，又命并州刺史刘道规，为征蜀都督，节制军事。谯纵闻晋师大至，忙遣使至后秦称臣，奉表乞师；且致书桓谦，招令共击刘裕。谦将来书呈入秦主，自请一行。秦主兴语谦道：“小水不容巨鱼，若纵有才力，自足办事，何必假卿为鳞翼？卿既欲往，宜自求多福，毋堕人谋。”谦志在报怨，竟拜辞而去。到了成都，与纵晤谈，起初却还似投契，后来谦虚怀引士，交接蜀人，反被纵起了疑心，竟把他锢置龙格，派人监守。谦流涕道：“姚主果有先见，求福反致得祸了。”已而谯纵出兵拒敌，与刘敬宣接战数次，均至失利，再遣人至秦求救。秦遣平西将军姚赏，梁州刺史王敏，率兵援纵。纵亦令将军谯道福，悉众出发，据险固守。敬宣转战入峡，直抵黄虎，去成都约五百里。前面山路崎岖，又为谯道福所阻，不能进军。相持至六十余日，军中食尽，且遭疫疠，伤毙过半，没奈何收兵退回。敬宣坐是落职，道规亦降号建威将军。裕因荐举失人，自请罢职，有诏降裕为中军将军，余官如故。

裕本欲自往讨蜀，因南燕为患太近，不得不后蜀先燕，于是抗表北伐，指日出师。朝臣多说是西南未平，不宜图北，独左仆射孟昶，车骑司马谢裕，参军臧熹，赞同裕议。安帝不能不从，便命裕整军启行。时为义熙五年五月，夏日正长，大江方涨，裕率舟师发建康，由淮入泗，直抵下邳，留住船舰辎重，麾兵登岸。步至琅玡，所过皆筑城置守。或谓裕不宜深入，裕笑道：“鲜卑贪婪，何知远计？诸君不必多虑，看我此行破虏呢。”乃督兵急进，连日不休。

南燕主超闻有晋师，方引群臣会议，侍中公孙五楼道：“晋兵轻锐，利在速战，不宜急与争锋。今宜据住大岘山，使不得入，旷日延时，挫他锐气，然后徐简精骑二千，循海南行，截彼粮道，别敕段晖发兖州兵士，沿山东下，腹背夹攻，这乃是今日的上计。若依险分戍，筹足军粮，芟刘禾苗，焚荡田野，使彼无从侵掠，彼求战不得，求食无着，不出旬月，自然坐困，这也不失为中策。二策不行，但纵敌入岘，出城逆战，便成为下策了。”莫谓五楼无才，超本深信五楼，何为此时不用？超作色道：“今岁星在齐，天道可知，不战自克。就是证诸人事，彼远来疲乏，必不能久，我据有五州，拥民万亿，铁骑成群，麦禾布野，奈何芟苗徙民，先自蹙弱哩？不若纵使入岘，奋骑逆击，以逸待劳，何忧不胜？”辅国将军贺赖卢道：“大岘为我国要塞，天限南北，万不可弃，一失此界，国且难保了。”超摇首不答。太尉桂林王慕容镇又谏道：“陛下既欲主战，何不出岘逆击？就使不胜，尚可退守，不宜纵敌入岘，自弃岩疆。”超终不从，拂袖竟入。镇出语韩谆道：“既不能逆战却敌，又不肯徙民清野，延敌入腹，坐待围攻，是变做刘璋第二了。刘璋即汉后主。今年国灭，我必致死，卿系中华人士，恐仍不免文身了。”谆无言自去，径往白超。超怒镇妄言，收镇下狱，乃集莒与梁父二处守兵，修城隍，简车徒，静待晋兵到来。

刘裕得安然过岘，指天大喜道：“兵已过险，因粮灭虏，就在此举了。”慕容超方命五楼为征虏将军，使与辅国将军贺赖卢，左将军段晖等，率步骑五万人，出屯临朐。自督步骑四万，作为后应。临朐南有巨蔑水，距城四十里，公孙五楼领兵往据，方达水滨，已由晋将孟龙符杀来，兵势甚锐，不容五楼不走。晋军有车四千辆，分作左右两翼，方轨徐进。将至临朐城下，与慕容超大兵相遇，杀了半日有余，不分胜负。刘裕用胡藩为参军，至是向裕献策，请出奇兵径袭临朐城。裕即遣藩及谘议将军檀韶，建威将军向弥，引兵绕出燕兵后面，直攻临朐，且大呼道：“我军从海道来此，不下十万人，汝等守城兵吏，能战即来，否则速降。”城内只有老弱残兵，为数甚少，惟城南有燕将段晖营，不及乞援，已被向弥擐甲登城，立即陷入。段晖闻变，料难攻复，只得遣人飞报慕容超。超闻报大惊，单骑奔还，投入段晖营中。南燕兵失了主子，统皆骇散，当被刘裕纵兵奋击，追到城下，乘胜踹入晖营。晖出营拦阻，一个失手，要害处中了一槊，倒毙马下。还有燕将十余人，相继战死。超策马急奔，不及乘辇，所有玉玺豹尾等件，一古脑儿抛去。晋军一面搬运器械，一面长驱追超。超逃入广固，仓皇无备，那晋军已随后拥入，竟将外城占据了去。小子有诗咏道：

设险方能制敌强，如何纵使入萧墙？
良谋不用嗟何及，坐致岩疆一旦亡。

欲知慕容超如何拒守，容至下回说明。

慕容超之迎还母妻，不可谓非孝义之一端。超母跋涉奔波，备尝艰苦，超既得承燕祀，宁有身为人主，乃忍其母之常居虎口乎？呼延女之为超妇，超母以报德为言，夫欲报之德，反使之流落长安，朝不保暮，义乎何在？所屈者小，所全者大，此正超之不昧天良也。惜乎！有使才而无将才，顾私德而忘公德，无端寇晋，启衅南邻，迨至晋军入境，又不听公孙五楼之上中二策，纵使入岘，自撤藩篱，愚昧如此，几何而不为刘璋乎？史称超身长八尺，腰带九围，雄伟如此，乃不能保一广固城，外观果曷恃哉！

第九十五回

覆孤城慕容超亡国　诛逆贼冯文起开基

却说晋军入广固外城，急得慕容超奔避不遑，慌忙闭内城门，集众固守。刘裕督兵围攻，四面筑栅，栅高三丈，穿堑三重，抚纳降附，采拔贤俊，华夷大悦。超闷坐围城，无计可施，乃遣尚书郎张纲，诣秦乞援，并赦桂林王慕容镇，令督中外诸军，兼录尚书事。当即召入与语，自悔前误，殷勤问计。迟了，迟了！镇慨答道："百姓怨望，系诸一人，今陛下亲董六师，战败奔还，群臣离心，士民短气，今欲乞秦援兵，闻秦人亦有外患，恐不暇分兵救人。惟我散卒还集，尚有数万，宜尽出金帛，充作犒赏，更决一战。若天意助我，定能破敌，万一不捷，死亦殉国，比诸闭门待尽，恰是好得多了。"语尚未毕，旁有司徒乐浪王慕容惠接口道："晋兵乘胜，气势百倍，今徒令羸兵与战，不败何待？秦虽与勃勃相持，未足为患，且与我分据中原，势如唇齿，怎得不前来相援？但不令大臣西向，恐彼未必遽出重兵，尚书令韩范，望重燕秦，宜遣令乞师为是！"超依了惠言，再令韩范前去。

是时，秦主兴因南凉生贰，秃发傉檀内外多难，意欲乘此进讨，收还姑臧。应九十三回。先使尚书郎韦宗往觇虚实，宗与傉檀相见，傉檀纵横辩论，洞悉古今。宗大为叹服，归报秦主兴道："凉州虽敝，傉檀权谲过人，未可骤图。"兴疑问道："刘勃勃兵皆乌合，尚能击破傉檀，况我军曾经百战，攻无不克，难道还不及勃勃么？”宗答道：“傉檀为勃勃所欺，敝在轻视勃勃，不先留意，今我用大军往讨，彼必戒惧求全，兵法有言：‘两军相见，哀者必胜。’臣所以为不宜轻攻哩。”兴不信宗言，竟令子广平公弼，及后军将军敛成，镇远将军乞伏乾归等，率领步骑三万，袭击傉檀。又使左仆射齐难，率领骑兵二万，往攻勃勃。吏部尚书尹昭入谏道：“傉檀自恃险远，故敢违慢，不若诏令沮渠蒙逊，及李皓往讨，使他自相残杀，互致困敝，不必烦我兵力哩。”是即下庄刺虎之计。兴仍然不从，惟使人致书傉檀，伪称：“我国发兵，实是往讨勃勃，请勿多虑！”兴自以为得计，谁知弄巧反拙。傉檀信为真言，遂不设备。谁知秦军已乘虚直进，攻克昌松，杀毙太守苏霸，直达姑臧城下。傉檀方知为秦所赚，急忙调兵登陴，日夕督守，伺敌少懈，密遣精骑夜出，劫破秦垒。秦统将姚弼退据西苑，暗使人嗾动城中，买嘱凉州人王钟宋钟王娥等，使为内应。偏被傉檀察悉，把他叛党坑死，再命各郡县散牛羊，作为敌饵。果然秦将敛成，纵兵抄掠，自紊军律。傉檀即遣将军俱延敬归等，开城纵击，大败秦兵，斩首七千余级。

姚弼收集败兵，固垒自守，且驰报长安，请速济师。秦主兴复遣常山公显，率骑二万，倍道赴援。显至姑臧，令射手孟钦等五人，至凉风门前挑战，不意城外已伏着凉将宋益，觑得孟钦走近，引兵突出。孟钦弦不及发，已被劈倒，余四人不值一扫，尽皆毙命。显始知傉檀有备，不易攻克，乃遣人与傉檀修好，委罪敛成，引众退归。还有齐难一军，驰入夏境，沿途四掠。勃勃却退兵河曲，佯示虚弱，乘难无备，潜师掩袭，俘斩至七千人。难慌忙退走，奔至木城，被勃勃引兵追到，四面兜围，把难擒去，余众皆为所虏，数共万三千人，于是岭北一带，俱降勃勃。勃勃遍置守宰，分疆拒秦，秦已将亡，故两路俱败。秦主兴未免懊悔，尚欲再讨勃勃，适值南燕求援，自觉不遑东顾，但权允发兵，令张纲先行返报。

纲经过泰山，为太守申宣所执，送入晋营。刘裕素闻纲有巧思，善制攻具，便引纲入见，亲为解缚，好言抚慰，使登楼车巡城，呼语守吏道：“刘勃勃大破秦军，秦主无暇来救，只好由汝等自寻生路罢。”守吏听了此言，无不失色。慕容超惶急异常，乃遣使至裕营请和，愿割大岘山南地归晋，世为藩臣。裕拒绝不许，未几来一秦使，传语刘裕道：“慕容氏与秦毗邻，素来和好，今晋军无端加攻，秦已遣铁骑十万，行次洛阳，若晋军不还，便当长驱直进了。”裕怒答道：“汝可归白姚兴，我平燕后，便当来取关洛，若姚兴自愿送死，尽管速来。”秦使自去。参军刘穆之入白道：“公奈何挑动敌怒？今广固未下，再来羌寇，敢问公将如何抵御？”裕笑道：“这是兵机，非卿所解。试想姚兴果肯救燕，方且潜师前来，何至先遣使命，令我预防，这明明是虚声吓人，不足为虑。”一口道破。穆之乃退。

秦主兴本遣卫将军姚强，带着步骑万人，偕燕使韩范至洛阳，令与洛城守将姚绍合兵，往救广固。嗣闻勃勃杀败秦军，窥伺关中，乃追还姚强，但用了一个虚张声势的计策，去吓刘裕。裕不为所动，秦谋自沮。只韩范快快自归，且悲且叹道："天意已要亡燕了。"燕臣张华封恺，出兵击裕，均被裕军擒住。封融张俊，相继乞降。俊语刘裕道："燕人所恃，惟一韩范，今范甫归，还道他能致秦师，若得范来降，燕城自下了。"裕乃表范为散骑常侍，致书招范。长水校尉王蒲，劝范奔秦，范慨然道："刘裕起自布衣，灭桓玄，复晋室，今兴师伐燕，所向崩溃，这乃天授，未必全由人力呢。燕若灭亡，秦亦难保，我不可再辱，不如降晋罢了。"遂潜投裕营。裕得范大喜，即使范至城下，招降守将，城中愈觉夺气。或劝燕主超诛范家族，超因范弟谆尽忠无贰，因赦范家。嗣见晋军建设飞楼，悬梯木，幔板屋，覆以牛皮，上御矢石，料知此种攻具，定是张纲所为，遂将纲母捕到，悬缚城上，支解以徇。死在目前，何必行此惨虐。

既而太白星入犯虚危，灵台令张光，谓天象亡燕，劝超降晋。超并不答言，便把佩剑拔出，剁落光首。好容易过了残腊，翌日为晋义熙六年元旦，超登天门，在城楼朝见群臣，杀马犒飨将士，并迁授文武百官。越宿，与宠姬魏夫人登城，见晋兵势甚强盛，不禁唏嘘泪下，与魏氏握手对泣。韩谆从旁进言道："陛下遭际厄运，正当努力自强，鼓励士气，奈何反与女子对泣呢?"超乃拭泪谢过。尚书令董锐又劝超出降，超复系锐下狱。贺赖卢公孙五楼暗凿地道，通兵出战。晋军不及防备，几被掩入，幸亏裕军律素严，前仆后继，仍把燕军杀退。城门久闭不开，居民无论男女，俱生了一种脚气病，不能行走，就是超亦染了此症，乘辇登城。尚书悦寿语超道："今天助寇为虐，战士凋敝，城孤援绝，天时人事，已可知了。从来历数既终，尧舜尚且避位，陛下亦应达权通变，庶得上存宗庙，下保人民。"超忧然道："兴废原有天命，我宁奋剑致死，不愿衔璧求生。"颇有血性，可惜不知守国。

刘裕见城中困乏，乃下令破城，悉众猛扑。或谓："今日往亡，不利行师。"裕掀须道："我往彼亡，有何不利?"遂亲自督攻，不克不止。悦寿在城上望着，料知不能支持，因开门迎纳晋军。超与左右数十骑，逾城出走，才行里许，即被晋军追到，捉得一个不留。当下押至裕前，由裕叱责数语，大略是说他抗命不降，殃及兵民。超神色自若，但将母托刘敬宣，余无一言。裕乃命将超置入槛车，解送建康。且因广固围久乃下，恨及燕人，意欲把男子一并坑死，妇女尽赏将士。韩范入谏道："晋室南迁，中原鼎沸，士民失主，不得不归附外族。既为君臣，自当替他尽力，其实统是衣冠旧族，先帝遗民，今王师吊民伐罪，若不问首从，一概加诛，窃恐西北人民，将从此绝望了。"裕虽改容称谢，尚斩燕王公以下三千人，没入家口万余，毁城平濠，变成白地，然后班师。慕容超解入晋都，枭首市曹，年才二十有六。总计超僭位六年，与慕容德合并计算，共得十有一年，南燕遂亡，慕容氏从此垂尽。慕容宝养子高云，已经篡位，仍复原姓。见九十三回。但使慕容归为辽东公，使主燕祀，是前燕后燕南燕三国，至此俱已沦亡。就是史家把高云僭位，列入后燕，也不过一年有余，便即告终。

云本由冯跋等推立，僭号天王，立妻李氏为后，子彭城王为太子，名目上算做一国主子，实际上统是冯跋专权。云亦恐跋等为变，心不自安，特养壮士为爪牙，令他宿卫。当时卫弁头目，一名离班，一名桃仁，日夕随侍，屡蒙厚赐，甚至高云的饮食起居，也慷慨推解，毫不少吝，居然有甘苦同尝的意思。哪知小人好利，贪婪无厌，任你高云如何宠遇，总有一二事未惬他意，遂致以怨报德，暗起杀心。迁延到一年有余，突然生变，班仁两人，怀剑直入，向内启事。高云毫无所觉，出临东堂。桃仁递上一纸，交云展阅。云接纸在手，不防离班抽剑斫来，吓得云不知所措，还算忙中有智，把几提起，挡住离班的剑锋，无如一剑未中，一剑又至，这剑乃是桃仁所刺，急切无从招架，竟被穿入腰胁，大叫一声，晕倒地下；再经离班一剑，当然结果性命。小人之难养也，如此。

冯跋在外闻报，忙升洪光门观变。帐下督张泰李桑语跋道：“二贼得志，将无所不为，愿为公力斩此贼。”跋点首应诺，泰与桑仗剑下城，招呼徒众，扑入东堂。途中遇着离班，大呼杀贼，班迫不及避，也恶狠狠的持剑来斗，桑接住厮杀，徒众齐上，并力击班。独泰恐桃仁遁走，亟向东堂驰入，冤冤相凑，正值桃仁出来，由泰劈头一剑，好头颅左右分离，立致倒毙。可巧桑已枭了班首，进来助泰，见泰诛死桃仁，自然大喜，当下迎跋入殿，推他为主。跋情愿让弟素弗，素弗道：“从古以来，父兄得了天下，方传子弟，未闻子弟可突过父兄。今鸿基未建，危甚赘疣，臣民俱属望大兄，何必再辞。”张泰李桑等，亦同声推戴。跋乃允议，遂在昌黎城即天王位，改元太平，国仍号燕，是为北燕。为十六国之殿军。

跋字文起，世为汉族，系长乐郡信都人。祖父和曾避晋乱，迁居上党，父安雄武有力，尝为西燕将军。西燕灭亡，跋复东徙和龙，住居长谷。屋上每有云气护住，状若楼阁，时人诧为奇观。及慕容宝即位，署跋为中卫将军。跋弟素弗，素性豪侠，不务正业，尝与从兄万泥，及诸少年同游水滨，见一金龙出溪水中，问诸万泥等人，皆云未见。素弗捞得金龙，取示大众，无不惊异。后来被慕容熙闻知，暗加疑忌。熙既篡立，欲诛冯跋兄弟，增设禁令。跋适犯禁，惧祸潜奔，与子弟同匿山泽，每夜独行，猛兽尝为避路。跋乃奋然起事，与兄弟潜入龙城，弑熙立云。补九十三回中所未详。云既被戕，跋得称尊，总算不忘旧谊，为云举哀发丧，依礼奉葬。云妻子亦已遇害，统皆代埋，设立云庙，置园邑二十家，四时致祭。追谥云为惠懿皇帝。一节可取。一面追尊祖考，称祖和为元皇帝，父安为宣皇帝，奉母张氏为太后，立妻孙氏为王后，子永为太子，弟范阳公素弗为车骑大将军，录尚书事。次弟汲郡公弘为侍中，兼尚书仆射。从兄广川公万泥，领幽平二州牧，从兄子乳陈为征西大将军，领并青二州牧。余如张兴冯护等，佐命功臣，亦皆封赏有差。

素弗当弱冠时，曾向尚书左丞韩业处求婚，业因素弗行谊不修，毅然谢绝。素弗再求尚书郎高邵女，邵亦弗许。至是得为宰辅，并不记嫌，待遇韩业等，反且加厚。又能拔寒畯，举贤能，谦恭俭约，以身率下，端的是休休有容，不愧相度，这也好算是难得呢。惟万泥乳陈，自命勋亲，欲为公辅，偏跋令居外镇，作为二藩。乳陈性尤粗悍，不顾利害，因密遣人告万泥道："乳陈有至谋，愿与叔父共议。"万泥遂往与定约，兴兵作乱。跋遣弟弘与将军张兴，率步骑二万人往讨，弘先传书招谕道："我等兄弟数人，遭际风云，鼓翼齐起。今主上得群下推戴，光践宝位，裂土分爵，与兄弟共同富贵，并享荣华，奈何无端起衅，目寻干戈呢？人非圣人，不能无过；过贵能改，方不终误。属在至亲，所以极诚相告，还望释嫌反正，同奖王室，勿再沉迷。"万泥得书，便欲罢兵谢罪，独乳陈按剑怒吼道："大丈夫死生有命，怎得中道生变，不战即降呢？"遂答书不逊，约同一战。张兴语弘道："贼与我约，明日争锋，恐今夜就来劫营，应命三军格外戒备，方保无虞。"弘乃密下军令，每人各携草十束，备着火种，分头埋伏，自与张兴出伏要路，静待乱兵到来。

黄昏已过，万籁无声，尚不闻有什么动静，到了夜半，果见尘头纷起，约莫有千余人，疾趋而来。弘不禁暗叹道："张将军确有先见，贼众前来送死了。"再阅半时，那乱兵已经过去，才发了一声胡哨，号召各处伏兵，霎时间火炬齐明，呼声四集，吓得乱兵东逃西窜，拚命乱跑。怎奈四面八方，统已有人拦着，不是被杀，就是被擒，扰乱了小半夜，千余人全体覆没，无一得还。弘等得胜回营，天色已大明了。乳陈得了败耗，方才惊惧，与万泥诣营乞降。只有这般胆量，何必前此发威！弘召他入营，诘责罪状，即命左右推出斩首。余众赦免，然后班师。跋进弘为骠骑大将军，改封中山公，且署素弗为大司马，改封辽西公。嗣是除苛政，惩贪赃，省徭赋，课农桑，燕人大悦，恰享了好几年的太平。同时，南凉的秃发傉檀复称凉王，改元嘉平。西秦的乞伏乾归，也逃归苑川，复称秦王，改元更始，这都因后秦浸衰，所以不甘受制，仍然独立。惟有那雄长朔方的拓跋珪，立国已二十四年，尚只三十九岁，被那逆子清河王绍，入宫弑死，这也是北魏史上的骇闻。小子有诗叹道：

父子相离已灭伦，况经手刃及君亲。
莫言胡俗无天性，祸报由来有夙因。

毕竟拓跋珪何故遇弑，且至下回再详。

慕容超之亡国，非刘裕得亡之，超实自亡之也。超之致亡，已见前评，及城不能保，尚未肯出降，自决一死，卒至为裕所虏，送斩建康，彼得毋援国君死社稷之义，诩诩然自谓正命耶。但王公以下，被杀之三千人，家口没入至万余，虽由裕之残虐不仁，亦何莫非由超之倔强不服，激成裕愤，区区一死，亦何足谢国人也。彼慕容云之愚昧，且出超下，其得立也出诸意外，其被戕也亦出乎意外。冯跋不必防而防之，离班桃仁，不宜亲而亲之，然欲不死得乎？跋之称尊，不得谓其非僭，然较诸沮渠蒙逊辈，相去远矣，况有冯素弗之良宰辅乎。

第九十六回

何无忌战死豫章口　刘寄奴固守石头城

却说拓跋珪素来好色，称帝时曾纳刘库仁从女，宠冠后宫，生子名嗣，后因慕容氏貌更鲜妍，特立为后，已见前文。见九十二回。珪母贺氏，已早殁世，追谥为献明太后。太后有一幼妹，入宫奔丧，生得一貌如花，纤浓合度，珪瞧入眼中，暗暗垂涎，便想同她狎昵，无如这位贺姨母，已经嫁人，不肯再与苟合，惹得珪心痒难熬，竟动了杀心，密嘱刺客，把贺姨夫杀毙。贺姨母做了寡妇，无从诉冤，只好草草发丧，丧葬已毕，即由宫中差来干役，逼令入宫。贺氏明知故犯，不能不随他同去，一经见珪，还有什么好事，眼见得衾裯别抱，露水同栖。冤家有孽，生下了一个婴儿，取名为绍，蜂目豺声，与乃母大不相同，想是贺姨夫转世。渐渐的长大起来，凶狠无赖，不服教训，珪尝把他两手反缚，倒悬井中，待他奄奄垂毙，然后释出。他经此苦厄，稍稍敛迹，但心中愈加含恨。珪哪里知晓，还道他惧罪知改，特拜为清河王。后来珪势益盛，纳妾愈多，一人怎能御众，免不得求服丹药，取补精神。哪知这药性统是燥烈，愈服愈燥，愈燥愈厉，遂至喜怒乖常，动辄杀人。长子嗣本受封齐王，至是立为太子，嗣母刘贵人，反被赐死。珪召嗣与语道："昔汉武将立太子，必先杀母，实预恐妇人与政，所以加防。今汝当继统，我不得不远法汉武了。"汉武杀钩弋夫人，宁足为训？况珪曾赖母得立，奈何不思？嗣闻言泣下，悲不自胜。珪反动怒，把他叱退。待嗣还居东宫，还闻他朝夕恸哭，又遣人召嗣入见。东宫侍臣，劝嗣不应遽入，因托疾不赴。卫王拓跋仪前镇中山，为珪所忌，召还闲居，阴有怨言。珪适有所闻，便说他蓄谋不轨，勒令自杀。贺夫人偶然忤珪，亦欲加刃，吓得贺氏奔避冷宫，立遣侍女报绍，令他入救。绍本怀宿愤，又听得生母将死，气得双目直竖，五内如焚，当下招致心腹，贿通宫女宦官，使为内应，趁着天昏夜静，逾垣入宫，宫中已有人前导，引至内寝，破户直入。珪才从梦中惊醒，揭帐启视，刀已飞入，不偏不倚，正中项下，颈血模糊，便即毕命。莫非孽报。

绍既弑父，便去觅母。贺氏见绍夜至，问明情状，却也一惊，忙去视珪，果被杀死，不由的泪下两行。曾忆念前夫么？绍却欲号召卫士，往攻东宫，意图自立。卫士多不愿助绍，相率观望。适东宫太子拓跋嗣，使人报告将军安同，促令诛逆。安同慷慨誓众，无不乐从，遂一拥入宫，搜捕逆绍。卫士争先应命，七手八脚，把绍抓出，送交安同。安同迎嗣登殿，声明绍罪，立命枭斩。绍母贺氏，一并坐罪赐死。死后却难见二夫。于是嗣即尊位，为珪发丧，追谥为宣武皇帝，庙号太祖。后来改谥道武，这且慢表。

且说晋刘裕既平南燕，还屯下邳，意欲经营司雍二州，忽由晋廷飞诏召裕，促令还援。看官道是何因？原来卢循陷长沙，徐道复陷南康庐陵豫章，顺流东下，居然想逼夺晋都了。先是卢徐二人，虽受晋官职，仍然阳奉阴违，伺机思逞。徐道复闻刘裕北伐，致书卢循，劝他入袭建康，循复称从缓。道复自往语循道：“我等长住岭外，岂真欲传及子孙？不过因刘裕多智，未易与敌，所以郁郁居此。今裕方顿兵北方，未有还期，我正好乘虚掩击，直入晋都，何无忌。刘毅。等皆不及裕，无能为力。若我得攻克建康，裕虽南还，也不足畏了。”却是个好机会。循尚狐疑未决。道复奋起道：“君若不肯同行，我当自往。始兴兵甲虽少，也可一举，难道不能直指寻阳么?”循见他词气甚厉，不得已屈志相从。道复即还至始兴，整顿舟舰。他本预蓄异谋，尝在南康山伐取材木，至始兴出售，鬻价甚贱，居民争往购取，不以为疑，其实是留贮甚多，至尽取做船材，旬日告成，遂与卢循北出长江，分陷石城，舣舟东指。

晋廷单靠刘裕，自然驰使飞召，裕即令南燕降臣韩范，都督八郡军事，封融为渤海太守，引兵南行。到了山阳，又接得豫章警报，江荆都督何无忌，为徐道复所败，竟至阵亡。无忌系江左名将，突然败死，令裕也惊心。究竟无忌如何致败？说将起来，也是冒险轻进，有勇寡谋，遂落得丧师失律，毕命战场。当无忌出师时，自寻阳驶舟西进，长史邓潜之进谏道：“国家安危，在此一举，卢徐二贼，兵舰甚盛，势居上流，不可轻敌，今宜暂决南塘，守城自固，料彼必不敢舍我东去，我得蓄力养锐，待他疲老，然后进击，这乃是万全计策呢。”无忌不从。参军殷阐复谏道：“循众皆三吴旧贼，百战余生，始兴贼亦骁捷善斗，统难轻视，将军宜留屯豫章，征兵属城，兵至合战，也不为迟。若徒率部众轻进，万一失利，悔将何及?”无忌是个急性鬼，仗着一时锐气，径至豫章西隅，徐道复已据住西岸小山，带了数百弓弩手，迭射晋军。晋军前队，多受箭伤，不敢急驶过去，惹得无忌性起，改乘小舰，向前直闯。偏偏西风暴起，将他小舰吹回东岸，余舰亦为浪所冲，东飘西荡。道复乘着风势，驶出大舰，来击无忌，无忌舟师已散，如何抵当，顿致尽溃。独无忌不肯倒退，厉声语左右道：“取我苏武节来。”左右取节呈上，无忌执节督战，风狂舟破，贼众四集，可怜无忌身受重伤，握节而死。虽曰忠臣，实是无益有害。

刘裕得知无忌死耗，恐京畿就此失守，便即卷甲急趋，与数十骑驰至淮上。可巧遇着朝廷来使，急忙问讯，朝使谓贼尚未至，专待公援，裕才放心前进，行至江滨，适值风急波腾，众不敢济。裕慨然道："天若佑晋，风将自息，否则总是一死，覆溺何害！"此时尚是一大忠臣。说着，便挺身下舟，众亦随下。说也奇怪，舟行风止，竟安安稳稳的驶至京口。百姓见裕到来，齐声相庆，倚若长城。越二日，裕即入都，因江州覆没，表送章绶，有诏不许。时青州刺史诸葛长民，兖州刺史刘藩，并州刺史刘道怜，各将兵入卫。藩系豫州刺史刘毅从弟，与裕相见，报称毅已起兵拒贼，有表入京。裕谓兵宜缓进，不可求速，遂展纸作书云：

吾往日习击妖贼，晓其变态，贼新获利，锋不可当。今方整修船械，限日毕工，当与老弟同举。平贼以后，上流事自当尽委，愿弟勿疑！

书毕加封，令藩赍书诣毅，并嘱他传语乃兄，切勿躁进。藩趋往姑孰，投书与毅，且述裕言。毅展阅未毕，便瞋目顾藩道："前日举义平逆，权时推裕，汝道我真不及他吗？"休说大话！说着，将书掷地，立集水师二万，出发姑孰。到了桑落州，正值卢循徐道复合兵前来，船头很是高锐，毅舰低脆，一与相触，便致碎损。客主情形，既不相符，毅众当然惊避。卢徐乘势冲突，连毅舟都被撞碎。毅慌忙弃舟登岸，徒步奔还，随行只有数百人，余众都被贼虏去。果能及刘裕否？卢循审讯俘虏，得知刘裕已还建康，颇有戒心，意欲退还寻阳，攻取江陵，据住江荆二州，对抗晋廷。独道复谓宜乘胜急进。彼此争论数日，毕竟道复气盛，循不得不从，便即连樯东下。

警报传达建康，裕因都城空虚，亟募民为兵，修治石头城。或谓宜分守津要，裕摇首道："贼众我寡，再若分散，一处失利，全局俱动，今不如聚众石头，随宜应赴，待至徒众四集，方可再图。"诸葛长民孟昶等，探得贼势猖獗，舳舻蔽江，有众十数万，都不禁魂驰魄散，想出了一条趋避的计策，欲奉乘舆过江，独裕不许。昶料事颇明，曾谓何无忌刘毅出师，必遭败衄，后皆果如昶言。此时因北师甫还，战士已经疲乏，亦恐裕不能抗循，所以主张北徙，朝议亦大半赞成。惟龙骧将军虞邱面折昶议，还有中兵参军王仲德，也不服昶论，独向裕进言道："明公具命世才，新建大功，威震六合，妖贼乘虚入寇，闻公凯旋，自当惊溃，若先自逃去，威名俱丧，何以图存？公若误从众议，仆不忍同尽，请从此辞。"裕大喜道："我意正与卿相同。南山可改，此志不移呢。"正问答间，见孟昶踉跄进来，又申前议。裕勃然道："今重镇外倾，强寇内逼，人情惶骇，莫有固志。若一旦迁动，必致瓦解，江北岂果可得至么？就使得至，也不能久延。今兵士虽少，尚足一战，我能胜贼，臣主同休，万一不胜，我当横尸庙门，以身殉国，难道好窜伏草间，偷生苟活么？我计已决，卿勿再言！"昶还要泣陈，自请先死。裕忿然道："汝且看我一战，再死未迟。"昶怏怏退出，归书遗表，略言"臣裕北讨，臣实赞同，今强贼乘虚进道，自愧失策，愿一死谢过”云云。表既封毕，便仰药而死。愚不可及。

俄闻卢循已至淮口，不得不内外戒严，琅琊王德文督守宫城，刘裕出屯石头，使谘议参军刘粹，辅着四龄少子义隆，往镇京口。余将亦由裕调度，各有职守。裕登城遥望，见居民多临水眺贼，不禁动疑，顾问参军张劭。劭答道：“今若节钺未临，百姓将奔散不暇，尚敢临水观望吗？照此看来，定是有恃无恐，所以得此安详。”裕又凝望片刻，召语将佐道：“贼若由新亭直进，锐不可当，只好暂时回避，徐决胜负。若回泊西岸，贼势必懈，便容易成擒了。”将佐等听了裕言，便专探贼舰消息。徐道复原欲进兵新亭，焚舟直上，偏卢循不肯冒险，逡巡未行，且语道复道：“我军未向建康，闻孟昶已惧祸自裁，看来晋都空虚，必且自乱，何必急求一战，多伤士卒呢？”道复终不得请，退自叹息道：“我必为卢公所误，事终无成。若使我独力驰驱，得为英雄，取天下如反手哩。”也是过夸，试看后来豫章之战。

既而刘裕登石头城，望见敌船，引向新亭，也觉失色。嗣看他退驻蔡洲，方有喜容。龙骧将军虞邱，请伐木为栅，保护石头淮口，又修治越城，增筑查浦药园廷尉宦寺所居之处。三垒，杜贼侵轶。裕皆依计施行，人心渐固。刘毅奔还建康，诣阙待罪。有诏降毅为后将军，裕却亲加慰勉，使知中外留守事宜。再派冠军将军刘敬宣屯北郊，辅国将军孟怀玉屯丹阳郡西，建武将军王仲德屯越城，广武将军刘默屯建阳门外。又令宁朔将军索邈，用突骑千匹，外蒙虎皮，分扎淮北。部署既定，壁垒皆新。卢循探悉情形，才悔因循误事，急遣战舰十余艘，进攻石头城的防栅。栅中守卒，并不出战，但用神臂弓竞射，一发数矢，无不摧陷，循只好退去。寻又伏兵南岸，伪使老弱东行，扬言将进攻白石。刘裕留参军沈林子徐赤特防备南岸，截堵查浦，嘱令坚守勿动，自与刘毅诸葛长民等，往戍白石，拒遏贼军。卢循闻裕北去，自喜得计，遂引众进毁查浦，直攻张侯桥。徐赤特即欲出击，林子道：“贼众声往白石，乃反来此挑战，情诈可知。我众寡不敌，不如据垒自固，静待大军。况刘公曾一再面嘱，怎好有违？”赤特不听，自引部曲出战，遇伏败走，遁往淮北。贼众趁势攻栅，喊杀连天，亏得林子据栅力御，又经别将刘钟朱龄石等，相率来援，方将贼众击退，循引锐卒趋往丹阳。

裕抵白石，未见贼至，料知贼有诈谋，急率诸军驰还石头，捕斩赤特，然后出阵南塘，令参军诸葛叔度，及朱龄石等渡淮追贼。贼众转掠各郡，郡守统坚壁待着，毫无所得。循乃语道复道：“我兵老了，不如退据寻阳，并力取荆州，徐图建康便了。”乃留徒党范崇民，率众五千，居守南陵，自向寻阳退去。晋廷进刘裕为太尉，领中书监，并加黄钺。裕表举王仲德为辅国将军，刘钟为广州太守，蒯恩为河间太守，令与谘议参军孟怀玉等，引兵追循，自还东府整治水军，增筑楼船；特遣建威将军孙处，振武将军沈田子，领兵三千，自海道径袭番禺，捣循巢穴。将佐谓海道迂远，不宜出发，裕微笑不答，但嘱孙处道：“大军至十二月间，必破妖贼，卿可先倾贼巢，截彼归路，不怕不为我所歼哩。”却是釜底抽薪的妙计。孙处等奉令自去。

那卢循退至寻阳，遣人从间道入蜀，联结谯纵，约他夹攻荆州。纵复称如约，并向后秦乞师。秦主姚兴，册封纵为大都督，相国蜀王，加九锡礼，得承制封拜，并使前将军苟林，率兵会纵。纵乃释出桓谦，令为荆州刺史，应九十四回。又使谯道福为梁州刺史，兴兵二万，与秦将苟林共寇荆州。荆州为贼寇所阻，与建康音问不通，刺史刘道规，曾遣司马王镇之，率同天门太守檀道济，广武将军刘彦之，入援建康。镇之行至寻阳，适值秦苟林抄出前面，击败镇之，镇之退走。卢循欢迎苟林，使为南蛮校尉，拨兵相助，会攻荆州。桓谦又沿途募兵，得众二万，进据枝江。苟林入屯江津，二寇交逼江陵，荆州大震，士民多思避去。刘道规会集将士，对众晓谕道：“诸君欲去，尽请自便。我东来文武，已足拒寇，可不烦此处士民了。”说着，令大开城门，彻夜不闭，任令自由出入，暗中却日夕增防，士民不禁惮服，反无一人出走。会雍州刺史鲁宗之，自襄阳率军与援，或谓宗之情不可测，道规独单骑迎入，推诚相待，引为腹心。虽是一番权术，却不愧为济变才。当下留宗之居守，自引各军士击桓谦，水陆齐进，直达枝江。天门太守檀道济，奋呼陷阵，大破谦众。谦单舸奔逃，被道规追击过去，一阵乱箭，把谦射死。再移军进攻苟林。

林闻谦败死，未战先逃，道规令参军刘遵，从后追赶，驰至巴陵，得将苟林击毙。道规回军江陵，检得士民通敌各书，一律焚去，不复追究，人情大安。鲁宗之当即辞去。忽闻徐道复率贼三万，奄至破冢，将抵江陵，城中又复惊哗，一时谣言蜂起，且云：“卢循已陷京邑，特使道复来镇荆州。”道规也觉怀疑，自思追召宗之，已是不及，眼前惟有镇定一法，募众守城。好在江陵士民，统感道规焚书德惠，不再生贰，誓同生死，因此秩序复定。可巧刘遵亦得胜回来，道规即使为游军，自督兵出豫章口，逆击道复。道复来势甚锐，突破道规前军，节节进逼。不防斜刺里来了战舰数艘，横冲而入，把道复兵舰截作两段，道复前后不能相顾，顿致慌乱。道规得乘隙奋击，俘斩无算。再经来舰中的大将，帮同拦截，杀得道复走投无路，拚死的杀出危路，走往湓口去了。小子有诗赞刘道规道：

江陵重地镇元戎，战守随宜终立功。
尽有良谋能破贼，强徒漫自诩英雄。

究竟何人来助道规，得此胜仗，待至下回报明。

叙何无忌刘毅之败衄，益以显刘裕之智能。无忌猛将也，而失之轻，刘毅亦悍将也，而失之愎，轻与愎皆非良将才，徐道复谓其无能为，诚哉其无能为也。然观于毅之苟免，犹不如无忌之舍生，虽曰徒死无益，究之一死足以谢国人，况观于后来之刘毅，死于刘裕之手，亦何若当时殉难，尚得流芳千古乎？刘裕临敌不挠，见机独断，诚不愧为一代枭雄，曹阿瞒后，固当推为巨擘，卢循徐道复诸贼，何足当之？宜其终归败灭也。刘道规为裕弟，智力不亚乃兄，刘氏有此二雄，其亦可谓世间之英乎？

第九十七回

窜南交卢循毙命　平西蜀谯纵伏辜

却说刘道规至豫章口，击破徐道复，全亏游军从旁冲入，始得奏功。游军统领，便是参军刘遵，当时道规将佐，统说是强寇在前，方虑兵少难敌，不宜另设游军。及刘遵夹攻道复，大获胜仗，才知道规胜算，非众所及，嗣是益加敬服，各无异言。刘裕闻江陵无恙，当然心喜，便拟亲出讨贼。刘毅却自请效劳，长史王诞密白刘裕道："毅既丧败，不宜再使立功。"裕乃留毅监管太尉留府，自率刘藩檀韶刘敬宣等，出发建康。王仲德刘钟各军，前奉裕令追贼，行至南陵，与贼党范崇民相持，至此闻裕军且至，遂猛攻崇民，崇民败走，由晋军夺还南陵。凑巧裕军到来，便合兵再进，到了雷池，好几日不见贼踪，乃进次大雷。越宿，见贼众大至，舳舻衔接，蔽江而下，几不知有多少贼船，裕不慌不忙，但令轻舸尽出，并力拒贼，又拨步骑往屯西岸，预备火具，嘱令贼至乃发，自在舟中亲提旛鼓，督众奋斗。右军参军庾乐生，逗留不进，立命斩首徇众。众情知畏，不敢落后，便各腾跃向前。裕又命前驱执着强弓硬箭，乘风射贼，风逐浪摇，把贼船逼往西岸。岸上晋军，正在待着，便将火具抛入贼船，船中不及扑救，多被延烧，烈焰齐红，满江俱赤，贼众纷纷骇乱，四散狂奔。卢循、徐道复，也是逃命要紧，走还寻阳。卢徐二贼，从此休了。

裕得此大捷，依次记功，复麾军进迫左里。左里已遍竖贼栅，无路可通，裕但摇动麾竿，督众猛扑，砉然一声，麾竿折断，幡沈水中，大众统皆失色。裕笑语道："往年起义讨逆，进军覆舟山，幡竿亦折，今又如此，定然破贼了。"覆舟山之战，系讨桓玄时事，见九十回。大众听了，气势益奋，当下破栅直进，俘斩万余。卢徐二贼，分途遁去。裕遣刘藩孟怀玉等，轻骑追剿，自率余军凯旋建康，时已为义熙六年冬季，转眼间便是义熙七年了。徐道复走还始兴，部下寥寥，只剩了一二千人，并且劳疲得很，不堪再用。偏晋将军孟怀玉，与刘藩分兵，独追道复，直抵始兴城下。道复硬着头皮，拚死守城。一边是累胜军威，精神愈振，一边是垂亡丑虏，喘息仅存，彼此相持数日，究竟贼势孤危，禁不住官军骁勇，一着失手，即被攻入。道复欲逃无路，被晋军团团围住，四面攒击，当然刺死。

独卢循收集散卒，尚有数千，垂头丧气，南归番禺。途次接得警报，乃是番禺城内，早被晋将孙处沈田子从海道掩入，占踞多日了。回应前回。原来卢循出扰长江，只留老弱残兵，与亲党数百人，居守番禺，孙处沈田子引兵奄至城下，天适大雾，迷蒙莫辨，当即乘雾登城，一齐趋入。守贼不知所为，或被杀，或乞降。孙处下令安民，但将卢循亲党，捕诛不赦外，余皆宥免，全城大定。又由沈田子等分徇岭表诸郡，亦皆收复。只卢循得此音耗，累得无家可归，不由的惊愤交并，慌忙集众南行。倍道到了番禺，誓众围攻，孙处独力拒守，约已二十余日，晋将刘藩，方驰入粤境，沈田子亦从岭表回军，与藩相遇，当下向藩进言道："番禺城虽险固，乃是贼众巢穴，今闻循集众围攻，恐有内变，且孙季高系处表字。兵力单弱，未能久持，若再使贼得据广州，凶势且复振了，不可不从速往援。"藩乃分兵与田子，令救番禺。田子兼程急进，到了番禺城下，便扑循营，喊杀声递入城中。孙处登城俯望，见沈田子与贼相搏，喜出望外，当即麾兵出城，与田子夹击卢循，斩馘至万余人。循狼狈南遁。处与田子合兵至苍梧郁林宁浦境内，三战皆捷。适处途中遇病，不能行军，田子亦未免势孤，稍稍迟缓，遂被卢循窜去，转入交州。

先是九真太守李逊作乱，为交州刺史杜瑗讨平，未几瑗殁，子慧度讣达晋廷，有诏令慧度袭职。慧度尚未接诏，那卢循已袭破合浦，径向交州捣入。慧度号召中州文武，同出拒循，交战石琦，得败循众。循党尚剩三千人，再加李逊余党李脱等，纠集蛮獠五千余人，与循会合，循又至龙编南津，窥伺交州。慧度将所有私财，悉数取出，犒赏将士。将士感激思奋，复随慧度攻循。循党从水中舟行，慧度所率，都是步兵，水陆不便交锋，经慧度想出一法，列兵两岸，用雉尾炬烧着，掷入循船。雉尾炬系束草一头，外用铁皮缚住，下尾散开，状如雉尾，所以叫做雉尾炬。循船多被燃着，俄而循坐船亦致延烧，连忙扑救，还不济事，余舰亦溃。循自知不免，先将妻子鸩死，后召妓妾遍问道："汝等肯从死否？"或云："雀鼠尚且贪生，不愿就死。"或云："官尚当死，妾等自无生理。"循将不愿从死的妓妾，一概杀毙，投尸水中，自己亦一跃入江，溺死了事。又多了一个水仙。慧度命军士捞起循尸，枭取首级，复击毙李脱父子，共得七首，函送建康。南方十多年海寇，至此始荡涤一空，不留遗种了。也是一番浩劫。晋廷赏功恤死，不在话下。

且说荆州刺史刘道规，莅镇数年，安民却寇，惠及全州，嗣因积劳成疾，上表求代。晋廷令刘毅代镇荆州，调道规为豫州刺史。道规转赴豫州，旋即病殁。荆人闻讣，无不含哀。独刘毅素性贪愎，自谓功与裕埒，偏致外调，尝郁郁不欢。裕素不学，毅却能文，因此朝右词臣，多喜附毅。仆射谢混，丹阳尹郗僧施，更与毅相投契。毅奉命西行，至京口辞墓。谢郗等俱往送行，裕亦赴会。将军胡藩密白裕道："公谓刘荆州终为公下么？"裕徐徐答道："卿意云何？"藩答道："战必胜，攻必取，毅亦知不如公。若涉猎传记，一谈一咏，毅却自诩雄豪。近见文臣学士，多半归毅，恐未必肯为公下，不如即就会所，除灭了他。"裕之擅杀，藩实开之。裕半晌方道："我与毅共同匡复，毅罪未著，不宜相图，且待将来再说。"杀机已动。随即欢然会毅，彼此作别。裕复表除刘藩为兖州刺史，出据广陵。毅因兄弟并据方镇，阴欲图裕，特密布私人，作为羽翼。乃调僧施为南蛮校尉，毛修之为南郡太守，裕皆如所请，准他调去。是亦一郑庄待弟之策。毅又常变置守宰，擅调豫江二州文武将吏，分充僚佐；嗣又请从弟兖州刺史刘藩为副。于是刘裕疑上加疑，不肯放松，表面上似从毅请，召藩入朝，将使他转赴江陵。藩不知是计，卸任入都，便被裕饬人拿下，并将仆射谢混，一并褫职，与藩同系狱中。越日，即传出诏旨，略言"刘藩兄弟与谢琨同谋不轨，当即赐死。毅为首逆，应速发兵声讨"云云。一面令前会稽内史司马休之为荆州刺史，随军同行。裕弟徐州刺史刘道怜为兖青二州刺史，留镇京口。使豫州刺史诸葛长民监管太尉府事，副以刘穆之。

裕亲督师出发建康，命参军王镇恶为振武将军，与龙骧将军蒯恩，率领百舰，充作前驱，并授密计。镇恶昼夜西往，至豫章口，去江陵城二十里，舍船步上，扬言刘兖州赴镇。荆州城内，尚未知刘藩死耗，还道传言是实，一些儿不加预防。至镇恶将到城下，毅始接得侦报，并非刘藩到来，实是镇恶进攻，当即传出急令，四闭城门，哪知门未及闭，镇恶已经驰入，驱散城中兵吏。毅只率左右百余人，奔突出城，夜投佛寺，寺僧不肯容留，急得刘毅势穷力蹙，没奈何投缳自尽。究竟逊裕一筹，致堕诡计。镇恶搜得毅尸，枭首报裕。裕喜已遂计，即西行至江陵，杀郗僧施，赦毛修之。宽租省调，节役缓刑，荆民大悦。裕留司马休之镇守江陵，自率将士东归。有诏加裕太傅，领扬州牧，裕表辞不受，惟奏征刘镇之为散骑常侍。镇之系刘毅从父，隐居京口，不求仕进，尝语毅及藩道："汝辈才器，或足匡时，但恐不能长久呢。我不就汝求财位，当不为汝受罪累，尚可保全刘氏一脉，免致灭门。"毅与藩哪里肯信，还疑乃叔为疯狂，有时过门候谒，仪从甚多，辄被镇之斥去。果然不到数年，毅藩遭祸，亲族多致连坐，惟镇之得脱身事外。裕且闻他高尚，召令出仕，镇之当然不赴，唯守志终身罢了。不没高士。

豫州刺史诸葛长民，本由裕留监太尉府事，闻得刘毅被诛，惹动兔死狐悲的观念，便私语亲属道："昔日醢彭越，今日杀韩信，祸将及我了。"长民弟黎民进言道："刘氏覆亡，便是诸葛氏的前鉴，何勿乘刘裕未还，先发制人？"长民怀疑未决，私问刘穆之道："人言太尉与我不平，究为何故？"穆之道："刘公溯流西征，以老母稚子委足下，若使与公有嫌，难道有这般放心么？愿公勿误信浮言！"穆之为刘裕心腹，长民尚且不知，奈何想图刘裕？长民意终未释。再贻冀州刺史刘敬宣书道："盘龙刘毅小字。专擅，自取夷灭，异端将尽，世路方夷，富贵事当与君共图，幸君勿辞!”敬宣知他言中寓意，便答书道：“下官常恐福过灾生，时思避盈居损，富贵事不敢妄图，谨此复命!”这书发出，复将长民原书，寄呈刘裕。裕掀髯自喜道：“阿寿原不负我呢。”阿寿就是敬宣小字。说毕，即悬拟入都期日，先遣人报达阙廷。

长民闻报，不敢动手，惟与公卿等届期出候，自朝至暮，并不见刘裕到来，只好偕返。次日，又出候裕，仍然不至，接连往返了三日，始终不闻足迹，免不得疑论纷纭。裕又作怪。谁知是夕黄昏，裕竟轻舟径进，潜入东府，大众都未知悉，只有刘穆之在东府中，得与裕密议多时。到了诘旦，裕升堂视事，始为长民所闻，慌忙趋府问候。裕下堂相迎，握手殷勤，引入内厅，屏人与语，非常款洽。长民很是惬意，不防座后突入两手，把他拉住，一声怪响，骨断血流，立时毙命，遂舆尸出付廷尉，并收捕长民弟黎民幼民，及从弟秀之。黎民素来骁勇，格斗而死；幼民秀之被杀。当时都下人传语道：“勿跋扈，付丁旿。”旿系裕麾下壮士，拉长民，毙黎民，统出旿手，这正好算得一个大功狗了。意在言中。

裕又命西阳太守朱龄石，进任益州刺史，使率宁朔将军臧熹，河间太守蒯恩，下邳太守刘钟等，率众二万，西往伐蜀。时人统疑龄石望轻，难当重任，独裕说他文武优长，破格擢用。臧熹系裕妻弟，位本出龄石上，此时独属归龄石节制，不得有违。临行时，先与龄石密商道：“往年刘敬宣进兵黄虎，无功而还，今不宜再循覆辙了。”遂与龄石附耳数语，并取出一锦函，交与龄石，外面写着六字云：“至白帝城乃开。”龄石受函徐行，在途约历数月，方至白帝城。军中统未知意向，互相推测，忽由龄石召集将士，取示锦函，对众展阅，内有裕亲笔一纸云：“众军悉从外水取成都，臧熹从中水取广汉，老弱乘高舰十余，从内水向黄虎，至要勿违。”大众看了密令，各无异言，便即倍道西进。前缓后急，统是刘裕所授。

蜀王谯纵，早已接得警报，总道晋军仍由内水进兵，所以倾众出守涪城，令谯道福为统帅，扼住内水。黄虎系是内水要口，此次但令老弱进行，明明是虚张声势，作为疑兵。外水一路，乃是主军，由龄石亲自统率，趋至平模，距成都只二百里。谯纵才得闻知，亟遣秦州刺史侯晖，尚书仆射谯诜，率众万余，出守平模夹岸，筑城固守。时方盛暑，赤日当空，龄石未敢轻进，因与刘钟商议道：“今贼众严兵守险，急切未易攻下，且天时炎热，未便劳军，我欲休兵养锐，伺隙再进，君意以为可否?”钟连答道：“不可不可。我军以内水为疑兵，故谯道福未敢轻去涪城，今大众从外水来此，侯晖等虽然拒守，未免惊心，彼阻兵固险，明明是不敢来争，我乘他惊疑未定，尽锐进攻，无患不克。既克平模，成都也易取了。若迟疑不定，彼将知我虚实，涪军亦必前来，并力拒我，我求战不得，军食无资，二万人且尽为彼虏了。”龄石矍然起座，便誓众进攻。能从良策，便是良将。

蜀军筑有南北二城，北城地险兵多，南城较为平坦，诸将欲先攻南城，龄石道："今但屠南城，未足制北，若得拔北城，南城不麾自散了。"当下督诸军猛攻北城，前仆后继，竟得陷入，斩了侯晖谯诜，再移兵攻南城。南城已无守将，兵皆骇遁，一任晋军据住。可巧臧熹亦从中水杀进，阵斩牛脾守将谯抚之，击走打鼻守将谯小狗，留兵据守广陵，自引轻兵来会龄石。两军直向成都，各屯戍望风奔溃，如入无人之境，成都大震。谯纵魂飞天外，慌忙挈了爱女，弃城出走，先至祖墓前告辞。女欲就此殉难，便流泪白纵道："走必不免，徒自取辱，不若死在此处，尚好依附先人。"纵不肯从，女竟咬着银牙，用头撞碣，砰的一声，脑浆迸裂，一道贞魂，去寻那谯氏先祖先宗了。烈女可敬！纵心虽痛女，但也未敢久留，即纵马往投涪城。途次正遇着道福，道福勃然怒道："我正因平模失守，引兵还援，奈何主子匹马逃来？大丈夫有如此基业，骤然弃去，还想何往？人生总有一死，难道怕到这般么？"说着，即拔剑投纵。纵连忙闪过，剑中马鞍，马尚能行，由纵挥鞭返奔，跑了数里，马竟停住，横卧地上。纵下马小憩，自思无路求生，不如一死了事，遂解带悬林，自缢而亡。不出乃女所料。巴西人王志，斩纵首级，赍送龄石。龄石已入成都。蜀尚书令马耽，封好府库，迎献图籍。当下搜诛谯氏亲属，余皆不问。谯道福尚拟再战，把家财尽犒兵士，且号令军中道："蜀地存亡，系诸我身，不在谯王。今我在，尚足一战，还望大家努力！"众虽应声称诺，待至金帛到手，都背了道福，私下逃去。都是好良心。剩得道福孤身远窜，为巴民杜瑾所执，解送晋营，结果是头颅一颗，枭示军门。总计谯氏僭称王号，共历九年而亡。小子有诗叹道：

九载称王一旦亡，覆巢碎卵亦堪伤。
撞碑宁死先人墓，免辱何如一女郎。

朱龄石既下成都，尚有一切善后事情，待至下回续叙。

卢循智过孙恩，徐道复智过卢循，要之皆不及一刘裕，裕固一世之雄也。道复死而循乌得生？穷窜交州，不过苟延一时之残喘而已。前则举何无忌刘毅之全军，而不能制，后则仅杜慧度之临时召合，即足以毙元恶，势有不同故耳。然刘毅不能敌卢循，乌能敌刘裕？种种诈谋，徒自取死。诸葛长民，犹之毅也。谯纵据蜀九年，负险自固，偏为朱龄石所掩入，而龄石之谋，又出自刘裕，智者能料人于千里之外，裕足以当矣。然江左诸臣，无一逮裕，司马氏岂尚有幸乎？魏崔浩论当世将相，尝目裕为司马氏之曹操，信然。

第九十八回

南凉王愎谏致亡　西秦后败谋殉难

却说朱龄石入成都后，上书告捷，晋廷叙功加赏，命龄石监督梁秦二州军事，赐爵丰城县侯。龄石恐降臣马耽，在蜀生事，特将他徙往越嶲。耽至徙所，私语亲属道："朱侯不送我入凉，无非欲杀我灭口，看来我必不免了。"乃盥洗而卧，引绳扼死，既而龄石使至，果来杀耽。见耽已死，即戮尸归报，龄石乃安。可见龄石不免营私。后来龄石遣使诣北凉，宣谕晋廷威德，北凉王沮渠蒙逊，却也有些畏惧，因上表晋廷。略云：

> 上天降祸，四海分崩，灵耀拥于南裔，苍生没于丑虏。陛下累圣重光，道迈周汉，纯风所被，八表宅心。臣虽被发旁徼，才非时俊，谬经河右遗黎，推为盟主，臣之先人，世荷恩宠，虽历夷险，执义不回，倾首朝阳，乃心王室。近由益州刺史朱龄石，遣使诣臣，始具朝廷休问。承车骑将军刘裕，秣马挥戈，以中原为事，可谓天赞大晋，笃生英辅。彼亦唯知一裕。臣闻少康之兴大夏，光武之复汉业，皆奋剑而起，众无一旅，犹能成配天之功，著《车攻》之咏。陛下据全楚之地，拥荆扬之锐，宁可垂拱晏然，弃二京以资戎虏乎？若六军北轸，克复有期，臣愿率河西诸戎，为晋右翼，效力前驱，櫜鞬待命！

看官听说！这时候的沮渠蒙逊已夺了南凉的姑臧城，从张掖徙都姑臧，自称河西王，改元玄始，差不多与吕光一律了。原来南北二凉，互相仇敌，争战不休。迭见前文。南凉王秃发傉檀，背秦僭位，称妻折掘氏为王后，子虎台为太子，也设置臣僚，封拜百官。应九十五回。且遣左将军枯木，与驸马都尉胡康等，往侵北凉，掠去临松人民千余家。北凉怎肯干休？由蒙逊亲率骑士，称戈报怨，突入南凉的显美境内，大掠而去。南凉太尉俱延，引兵追蹑，被蒙逊回军奋击，大败遁还。于是傉檀也征兵五万，往攻蒙逊。左仆射赵晁，及太史令景保谏阻道："近年天文错乱，风雨不时，陛下惟修德责躬，方可晋吉，不宜再动干戈。"傉檀勃然道："蒙逊不道，入我封畿，掠我边疆，残我禾稼，我若不再征，如何保国？今大军已集，卿等反出言沮众，究出何意？"谁叫你先去害人？景保道："陛下令臣主察天文，臣若见事不言，便负陛下。今天象显然动必失利。"傉檀道："我挟轻骑五万，亲征蒙逊，可战可守，有甚么不利呢？"景保还要强谏，惹得傉檀性起，锁保随军，且与语道："有功当斩汝徇众，无功当封汝百户侯。”当下亲自出马，引众直趋穷泉。

蒙逊当然出拒，两下相见，北凉兵非常厉害，杀得南凉人仰马翻，纷纷逃溃。傉檀亦单骑奔还，只有量保锁着，不能自由行走，致被北凉兵擒去，推至蒙逊面前。蒙逊面责道：“卿既识天文，为何违天犯顺，自取羁辱？”保答道：“臣非不谏，谏不肯从，亦属无益。”蒙逊道：“昔汉高祖免厄平城，赏及娄敬；袁绍败溃官渡，戮及田丰。卿谋同二子，可惜遇主不同，卿若有娄敬的功赏，我当放卿回去，但恐不免为田丰呢。”保又道：“寡君虽才非汉祖，却与袁本初不同，臣本不望封侯，亦不至虑祸呢。释还与否，悉听明断便了。”蒙逊乃放归景保。保还至姑臧，傉檀引谢道：“卿为孤蓍龟，孤不能从，咎实在孤，孤今当从卿了。”乃封保为安亭侯。已经迟了。

蒙逊进围姑臧，城内大骇，民多惊散。傉檀亦非常着急，只得遣使请和，遣子他及司隶校尉敬归，入质蒙逊。蒙逊乃引兵退去。归至胡坑，乘间逃还，他亦走了里许，仍被追兵拘住，将他械归。傉檀恐蒙逊复至，不敢安居，竟率亲党徙居乐都，但留大司农成公绪守姑臧。甫出城门，魏安人焦谌王侯等闭门作乱，收合三千余家，占据南城，推焦朗为大都督，自称凉州刺史，通款蒙逊。蒙逊复进兵姑臧，焦朗未悉谌谋，纠众守城，偏偏谌为内应，潜开城门，迎纳蒙逊。朗不及出奔，束手受擒。还算蒙逊大开恩典，把朗赦免，再移兵往取北城。成公绪早已遁去，姑臧城遂全属蒙逊了。傉檀轻弃姑臧，原是失策，但易得易失，亦理所固然。蒙逊令弟挐为秦州刺史，居守姑臧，自率兵进攻乐都。

傉檀迁居未久，闻得蒙逊兵至，慌忙勒兵登陴，日夕守御。蒙逊相持匝月，尚幸全城无恙，惟守卒已死了多人，总觉岌岌可危，不得已再与讲和。蒙逊索傉檀宠子为质，傉檀不肯遽许，旋经群臣固请，才令爱子安周出质，蒙逊乃去。过了数月，傉檀复欲往攻蒙逊，邯川护军孟恺进谏道：“蒙逊方并姑臧，凶势方盛，不宜速攻，且保守境土为是。”傉檀急欲复仇，不听恺言，忽惧忽忿，好似小儿模样。遂分兵五路，同时俱进。到了番禾苕藋等地方，掠得人民五千余户，乃议班师。部将屈右入白道：“陛下转战千里，已属过劳，今既得利，亟宜倍道还师，速度险阨。蒙逊素善用兵，士众习战，若轻军猝至，出我意外，强敌外逼，徙户内叛，岂不危甚？”道言方绝，卫将伊力延接口道：“彼步我骑，势不相及，若倍道急归，必致捐弃资财，示人以弱，这难道是良策么？”屈右出语诸弟道：“我言不用，岂非天命？恐我兄弟将不能生还了。”傉檀徐徐退还，途次忽遇风雨，阴雾四塞。那蒙逊兵果然大至，喊声四震，吓得南凉兵魂不附体，没路飞跑。傉檀亦即返奔，弃去辎重，狼狈走还。蒙逊追至乐都，四面围攻，傉檀又送出一个质子染干，方得令蒙逊回军。亏得多男。

是时，西秦王乞伏乾归，叛秦独立。见九十五回。乃号妻边氏为王后，子炽磐为太子，兼督中外诸军，录尚书事。屡寇秦境，陷入金城略阳南安陇西诸郡。秦主姚兴，不遑西讨，只好遣吏招抚，曲为周旋。乾归方欲图南凉，乃与秦修和，送还所掠守宰，答书谢罪。兴更册拜乾归为征西大将军，河州牧，大单于，河南王，都督陇西岭北匈奴杂胡诸军事。炽磐为镇西将军左贤王平昌公。乾归父子受了秦命，送遣炽磐及次子审虔，带领步骑万人，往攻南凉，击败南凉太子虎台，掠得牛马十余万匹而还。未几，复与秦背约，寇掠略阳南平，徙民数千户至谭郊，令子审虔率众二万，赴谭郊筑城，筑就后又复迁都，但命炽磐留镇苑川。

从子乞伏公府，系国仁子，年已长成，自恨前时不得嗣立，深怨乾归。公府事见前文。会乾归出畋五溪，有枭鸟飞集手上，忙即拂去，心中不能无嫌，惟未曾料及隐患。是夕，宿居猎苑，被公府招引徒党，突入寝处，刺死乾归。因恐炽磐往讨，走保大夏。炽磐闻变，立命弟智达木奕于等，引兵讨逆，留骁骑将军娄机镇苑川，自帅将佐至枹罕城。已而智达击败大夏，追公府至嵻崀山，把他擒住，并获公府四子，解至谭郊，车裂以徇。炽磐遂自称大将军河南王，改元永康，迎回乾归遗柩，安葬枹罕，追谥为武元王，号称高祖。署翟勍为相国，麴景为御史大夫，段晖为中尉；当即兴兵四出，攻讨吐谷浑诸胡，先后俘得男女二万八千人。越二年余，有五色云出现南山，炽磐目为符瑞，喜语群臣道："我今年应得大庆，王业告成了。"嗣是缮甲整兵，专待四方衅隙。适南凉王傉檀，西讨乙弗，炽磐拔剑奋起道："平定南凉，在此一行了。"当下征兵二万，克日起行。

那傉檀连年被兵，损失不赀，国威顿挫。唾契汗乙弗，向居吐谷浑西北，臣事南凉，至是亦叛。因此傉檀定议西征。邯川护军孟恺，又进谏道："连年饥馑，百姓未安，炽磐蒙逊，屡来侵扰，就使远征得克，后患必深，计不如与炽磐结盟，通籴济难，足食缮兵，相时乃动，方保万全。"傉檀不从，使太子虎台居守，预约一月必还，倍道西去，大破乙弗，掳得马牛羊四十余万头，饱载归来。哪知乐极悲生，福兮祸倚，中途遇着安西将军樊尼，报称："乐都失守，王后太子，俱已陷没了。"傉檀听到此耗，险些儿晕了过去，勉强按定了神，问明情形，才知为炽磐所掩袭。乐都城内的兵民，仓猝奔溃，虎台不及出奔，遂致被掳，妻妾等统是怯弱，当然不能脱身了。傉檀踌躇多时，复号众与语道："今乐都为炽磐所陷，男夫多死，妇女赏军，我等退无所归，只好再行西掠，尽取乙弗资财，还赎妻子罢。"说着，又麾众西进。偏将士俱思东归，多半逃还。傉檀遣镇北将军段苟往追，苟亦不返。俄而将佐皆散，惟安西将军樊尼，中军将军纥勃，后军将军洛肱，散骑常侍阴利鹿，尚是随着。傉檀泣叹道："蒙逊炽磐，从前俱向我称藩，今我若穷蹙往降，岂不可耻？但四海虽广，无可容身，与其聚而同死，不若分而或生。樊尼系我兄子，宗祧所寄，我众在北，尚不下二万户，可以往依。蒙逊方招怀远迩，不致寻仇，纥勃洛肱，俱可同去。我已老了，无地自容，宁与妻子同死罢。"言若甚悲，实由自取。

樊尼与纥勃洛肱，依言别去。傉檀掉头东行，随从只阴利鹿一人，因凄然顾语道：“我亲属皆散，卿何故独留？”利鹿道：“臣家有老母，非不思归，但忠孝不能两全，臣既不能为陛下保国，难道尚敢相离么？”傉檀感叹道：“知人原是不易，大臣亲戚，统弃我自去，惟有卿终始不渝，卿非负我，我实愧卿。”说毕，泪下如雨。利鹿亦泣慰数语，乃再相偕同行。

途次探得炽磐已归，留部将谦屯都督河右，镇守乐都，又任秃发赴单为西平太守，镇守西平，赴单系乌孤子，为傉檀侄。傉檀得此援系，当即往投。赴单已臣事西秦，自然报达炽磐。炽磐从前入质南凉，利鹿孤尝给宗女为妻，后来炽磐奔还，傉檀曾将炽磐女送归。及炽磐攻入乐都，掳得傉檀季女，见她艳丽动人，遂逼令侍寝。为此两道姻谊，所以遣使往迎傉檀，待若上宾，令为骠骑大将军，封左南公。就是虎台被他带归，亦优礼相待。傉檀乃遣阴利鹿归省，利鹿方去。

自从乐都失陷，南凉各城，尽归炽磐，惟浩亹守将尉贤政，固守不下。炽磐遣人招谕道：“乐都已溃，卿妻子都在我处，何不早降？”贤政答道：“主上存亡，尚未探悉，所以不敢归命。若顾恋妻子，便忘故主，试问大王亦何用此臣？”去使还报炽磐。炽磐再使虎台赍去手书，往招贤政。贤政见了虎台，便正色道：“汝为储副，不能尽节，弃父忘君，自堕基业，贤政义士，岂肯效汝么？”虎台怀惭而去。及傉檀受爵左南，才举城归附后秦。与阴利鹿志趣相同，犹为彼善于此。炽磐既并吞南凉，遂自称秦王，立傉檀女秃发氏为王后，前妻秃发氏为左夫人。重后轻前，亦属非是。旋恐傉檀尚存，终为后患，竟遣人赍了鸩毒，往毒傉檀。傉檀一饮而尽，俄而毒发，痛不可当，左右请亟服解药，傉檀瞋目道：“我病岂尚宜疗治么？”言讫即毙。年终五十一，在位十三年。南凉自秃发乌孤立国，兄弟相传，共历三主，凡十有九年而亡。

傉檀子保周破羌，利鹿孤孙副周，乌孤孙承钵，皆奔往北凉，转入北魏。魏并授公爵，且赐破羌姓名，叫作源贺，后来为北魏功臣。就是傉檀兄子樊尼，亦入魏授官，不遑细叙。惟虎台仍在西秦，北凉王沮渠蒙逊，遣人引诱虎台，许给番禾西安二郡，且愿借兵士，使报父仇。虎台恰也承认，阴与定约。偏被炽磐闻知，召入宫廷，不令外出，但表面上还不露声色，待遇如初。炽磐后秃发氏，与虎台为兄妹，起初是无法解脱，只好勉侍炽磐，佯作欢笑，及得立为后，历承恩宠，心中总不忘君父，自恨身为女流，无从报复。可巧乃兄召入，尝得相见，遂觑隙与语道：“秦与我有大仇，不过因婚媾相关，虚与应酬，试想先王死于非命，遗言不愿疗治，无非为保全子女起见，我与兄既为人子，怎可长事仇雠，不思报复呢？”虽含有烈性，究竟自己被污，也不免迟了一着。虎台点首退出，密与前时部将越质洛城等设谋，阴图炽磐。不料宫中却有一个奸细，本是秃发氏遗胄，偏他甘心事虏，反噬虎台兄妹，这叫丧尽天良，可叹可恨呢！

看官道是何人？便是炽磐左夫人秃发氏。她自傉檀女入宫得宠，已怀妒意，又平白地失去后位，反使后来居上，越觉愤愤不平，但面上却毫不流露，佯与王后相亲，很是投机。秃发后仍以姊妹相呼，误信她为同宗一派，当无异心，所以有时晤谈，免不得将报仇意计，漏说数语。她便假意赞成，盘问底细，得悉她兄妹隐情，竟去报知炽磐。炽磐不听犹可，听了密报，自然怒起，立把王后兄妹，及越质洛城等人，一并处死。自是左夫人秃发氏，得快私愤，复沐专宠了。惟炽磐元妃早殁，遗下数男，次子叫做慕末，由炽磐立为太子。慕末弟轲殊罗，亦为前妻所出，后来炽磐身死，慕末继立，秃发左夫人做了寡妇，不耐嫠居，竟与轲殊罗私通，谋杀慕末。慕末闻知，鞭责轲殊罗，赦他一死，独勒令秃发氏自尽，事在刘宋元嘉六年，乃是东晋后事。小子因她妒悍淫昏，终遭恶报，所以特别提出，留作榜样。奉劝后世妇女，切莫效此丑恶事呢。是有心人吐属。因随笔凑成一诗道：

一门姊妹不相侔，谗杀同宗甘事仇。
待到后来仍自尽，何如死义足千秋。

西秦方盛，后秦却已垂亡，欲知详情，试看下回分解。

秃发傉檀，北见侵于蒙逊，东受迫于炽磐，其危亡也必矣。然使听孟恺之言，和东拒北，尚不至于遽亡，乃人方眈伺，彼尚逞兵，乙弗不必讨而讨之，乐都不可忽而忽之，卒至众叛亲离，束手降虏，举先人之基业，让诸他人，寻且服鸩自毙，嗟何及哉！傉檀女为西秦后，冀复父仇，谋泄而死。一介妇人，独有亢宗之想，计虽不成，志足悲也。彼左夫人亦秃发氏女，何忘仇无耻若是？同一巾帼，判若径庭，然则秃发后其可不传乎？特笔以表明之，所以补《晋书》之阙云。

第九十九回

入荆州驱除异党　夺长安翦灭后秦

却说秦主姚兴嗣位后，曾立昭仪张氏为后，长子泓为太子，余子懿弼洸宣谌愔璞质逵裕国儿等，皆封公爵。弼受封广平公，素性阴狡，潜谋夺嫡，外面却装作孝谨，深得父宠，出为雍州刺史，权镇安定。降臣姜纪，曾叛凉归秦，依弼麾下，劝弼结兴左右，自求入朝。弼如言施行，果得兴诏，征为尚书侍中大将军，得参朝政。嗣是引纳朝士，勾结党羽，势倾东宫，为国人所侧目。左将军姚文宗，与东宫常相往来，很是亲昵。弼因之加忌，诬称文宗怨望，嘱使侍御史廉桃生为证人。兴不察虚实，竟将文宗赐死，群臣益复畏弼，不敢多言。溺爱不明，适足致乱。弼令私人尹冲为给事黄门郎，唐盛为治书侍御史，伺察机密，监制朝廷。右仆射梁喜，侍中任谦，京兆尹尹昭，不忍坐视，乘间白兴道："家庭父子，人所难言，但君臣恩义，与父子相同，臣等理不容默，故敢直陈。广平公弼势倾朝野，意在夺嫡，陛下反假他威权，任所欲为，时论皆言陛下有废立意，果有此事，臣等宁死不敢奉诏。"兴愕然道："哪有此事？"喜等复道："陛下既无此事，爱弼反致祸弼，应亟加裁制，方免他忧。"兴默然不答，喜等只好趋退。大司农窦温，司徒左长史王弼，为弼说情，劝兴改立弼为太子。兴虽然不允，亦未尝驳责，益令朝右生疑，但不过腹诽心议罢了。

未几，兴遇重疾，太子泓入侍，弼谋作乱，潜集党羽数千人，披甲为备，拟俟兴死后，杀泓自立。兴子裕侦悉弼谋，遣使四出，飞告诸兄。于是上庸公懿，治兵蒲坂，陈留公洸治兵洛阳，平原公谌治兵雍州，俱欲入赴长安，会师讨弼。尚幸兴病渐愈，弼谋不得遂。征虏将军刘羌，乘兴升殿，泣告前情。兴慨然道："朕过庭无训，使诸子不睦，负惭四海，今愿卿等各陈所见，俾安社稷。"京兆尹尹昭复请诛弼，右仆射梁喜，亦如昭议，惟兴始终不忍，但免弼尚书令，使以将军公就第。懿洸谌闻兴已瘳，各罢兵还镇。已而懿洸谌及长乐公宣，联翩入朝，使弟裕先入报兴，求陈时事。兴怫然道："汝等无非论弼得失，我已尽知，不烦进言了。"裕答道："弼果有过，陛下亦宜垂听，若懿等妄言，尽可加罪，奈何不令入见呢？"兴乃就谘议堂引见诸子。宣流涕极陈弼罪，兴徐嘱道："我自当处弼，何必汝等加忧？"宣始趋出。抚军东曹属姜虬疏请黜弼，兴将虬疏取示梁喜，喜复请早决，兴仍然不从，蹉跎过去，又越年余。

晋荆州刺史司马休之，据住江陵，雍州刺史鲁宗之，据住襄阳，与太尉刘裕相争，因驰书入关，乞发援兵。秦主兴遣将姚成王司马国璠等，率八千骑赴援，指日出发。究竟休之宗之，何故与裕失和？说来又是一番原因。休之出镇江陵，颇得民心，子文思过继谯王，留居建康，豪暴粗疏，为太尉裕所嫉视。有司希旨，阴伺文思过失，适文思捶杀小吏，正好据事纠弹。有诏诛文思党羽，本身贷死。裕将文思送给休之，令自训厉，意欲休之将子处死。休之但表废文思，并寄裕书，陈谢中寓讥讽意。裕因之不悦，特使江州刺史孟怀玉，兼督豫州六郡，监制休之。翌年，又收休之次子文质，从子文祖，并皆赐死，一面声讨休之，即加裕黄钺，领荆州刺史，起兵西行。裕令弟中军将军刘道怜监留府事，进刘穆之兼左仆射，佐助道怜，自己好放心前去。休之闻报，忙邀雍州刺史鲁宗之。及宗之子竟陵太守鲁轨，合拒裕军。裕使参军檀道济朱超石，率步骑出襄阳。江夏太守刘虔之，聚粮以待，偏被鲁轨暗袭虔之，把他击死。裕婿徐逵之，与别将蒯恩沈渊子等，出江夏口，又堕入鲁轨的埋伏计。逵之沈渊子阵亡，惟蒯恩得免。

裕连接败报，不由的怒气勃勃，麾军渡江，亲决胜负。休之也恐不能敌裕，因向后秦乞援。秦虽遣将为助，究因道途相隔，未能遽至。回应上文。休之子司马文思，与宗之子鲁轨，合兵四万，夹江扼守，列阵峭岸，高约数丈。裕舟近岸，将士见了峭壁，不敢上登。裕披甲出船，自欲跃上，诸将苦谏不从。主簿谢晦，把裕掖住，气得裕嫚目扬须，拔剑指晦道："我当斩汝！"晦答道："天下可无晦，不可无公。"有何用处？不过留他篡晋呢。将军胡藩，忙趋出裕前，用刀头挖穿岸上，可容足趾，便蹑迹登岸。将士亦陆续随上，向前力战。文思与轨，稍稍却退。转瞬间，裕亦上岸，麾军大进，顿将文思等击退，直指江陵。休之宗之，闻裕军锐甚，无心固守，亦弃城北遁。惟轨退保石城，裕令阆中侯赵伦之，参军沈林子攻轨，另遣武陵内史王镇恶，领着舟师，追蹑休之宗之。休之在途中收集败军，拟援石城，不意石城已被攻破。轨独狼狈奔来，乃相偕奔往襄阳。襄阳参军李应之，闭门不纳，休之等只好奔往后秦。行至南阳，正遇秦将姚成王等前来，彼此谈及，知荆雍已被裕军夺去，不如同入长安，再作后图，乃相引入关去了。

休之有亲属司马道赐，为青冀二州刺史刘敬宣参军，密拟起应休之，与裨将王猛子等合谋，竟将敬宣刺毙。敬宣府吏，当即召众戡乱，捕斩道赐猛子，青冀二州，仍然平定。裕饬诸军还营，奏凯入朝。廷旨加裕太傅扬州牧，剑履上殿，入朝不趋，赞拜不名。裕表辞太傅州牧，其余受命。是年，又命裕都督二十二州军事。越年，再任裕为中外大都督。裕闻后秦乱起，骨肉相残，已有亡征，乃说他援纳叛党，决计西讨；当下敕令戒严，准备启行。

自从秦主兴收纳休之，命为镇军将军，领扬州刺史，使他侵扰荆襄，且欲调兵接应。无如诸子相争，国内不安，天灾地变，复随时告警，忽而大旱，忽而水竭，忽而白虹贯日，忽而荧惑出东井，童谣讹言，哗传不息。兴亦未免怀忧，乃不遑出师。再越一年，已是秦主兴的末年了。正月元旦，兴御太极前殿，朝会群臣，礼毕退朝，群臣忽闻有哭泣声，仔细一查，乃是沙门贺僧。贺僧能言未来吉凶，为兴所敬礼，所以宴会时尝得列席。此次退朝哭泣，大众不免疑问，他且默然自去。尽在不言中。兴哪里知晓，北与拓跋魏和亲，特遣女西平公主，嫁与拓跋嗣为夫人，南使鲁宗之父子，寇晋襄阳。宗之道死，由鲁轨引兵独行，为晋雍州刺史赵伦之击退。兴自出华阴，调兵南下，不意旧疾复发，没奈何趋还长安。太子泓留守西宫意欲出迎，宫臣进谏道："主上有疾，奸臣在侧，殿下今出，进不得见主上，退且有不测奇祸，不如勿迎。"泓蹙然道："臣子闻君父疾笃，尚可不急往迎谒么？"宫臣答道："保身保国，方为大孝，怎可徒拘小节呢？"泓乃不敢出郊，但在黄龙门下，迎兴入宫。时黄门侍郎尹冲，果欲因泓出迎，刺泓立弼，偏偏计不得遂，只好罢议。

尚书姚沙弥，为冲画策，拟迎兴入弼第。冲因兴生死未卜，欲随兴入宫作乱，故不用沙弥言。兴既入宫，命太子泓录尚书事，且召入东平公姚绍，使与右卫将军胡翼度，典兵禁中，防制内外。且遣殿中上将军敛曼嵬，往收弼第中甲仗，纳诸武库。未几，兴疾益剧，有妹南安长公主，入内问疾，兴不能答，于是阁宫仓皇，群谓兴死在目前。兴少子耕儿，出告兄南阳公愔道："主上已崩，请速决计！"愔闻言即出，号召党羽尹冲、姚武伯等，率甲士攻端门。敛曼嵬勒兵拒战，胡翼度率禁兵闭守四门，愔等不得突入，索性在端门外面，放起火来，那时宫内臣妾，见外面火光烛天，当然骇噪。秦主兴耳目尚聪，力疾起问，才得乱报，便令侍臣扶掖出殿，传旨收弼，立即赐死。何若先事预防，或可免此惨剧。禁兵见兴出临，无不喜跃，争往击愔。愔败奔骊山。愔党建康公吕隆即后凉亡国主。奔雍，尹冲及弟泓奔晋，秦宫少定。兴已弥留，亟召姚绍姚瓒梁喜尹昭敛曼嵬等，并入内寝，受遗诏辅政，越日兴殂。泓秘不发丧，便遣将捕诛南阳公愔及吕隆等人，然后发丧。追谥兴为文桓皇帝，总计兴在位二十二年，寿终五十一岁。

泓乃嗣位，改元永和。北地太守毛雍，起兵叛泓，泓命东平公绍往讨，将雍擒斩。长乐公宣，未知雍败，遣将姚佛生等，入卫长安。佛生既行，宣参军韦宗好乱，劝宣乘势自立，宣竟为所误，也即发难。再由东平公绍移军往击，大破宣兵。宣诣绍归罪，为绍所杀。既而西秦王炽磐，仇池公杨盛，夏主勃勃，先后交侵，秦土日蹙。再经晋刘裕引着大军，得步进步，姚氏宗祚，从此要灭亡了。

刘裕既兴兵讨秦，加领征西将军，兼司豫二州刺史。世子义符为中军将军，留监府事。左仆射刘穆之，领监军中军二府军司，入居东府，总摄内外。司马徐羡之为副，左将军朱龄石守卫殿省，徐州刺史刘怀慎守卫京师。部署既定，然后西讨军出都，分作数路。龙骧将军王镇恶，冠军将军檀道济，自淮淝向许洛，新野太守朱超石，宁朔将军胡藩趋阳城，振武将军沈田子，建威将军傅弘之入武关，建武将军沈林子，彭城内史刘遵考，率水军出石门，自汴达河，又命冀州刺史王仲德为征虏将军，督领前锋，开钜野入河。刘穆之语镇恶道："刘公委卿伐秦，卿宜努力！"镇恶道："我若不克关中，誓不复渡江。"当下各路出发，陆续西进。裕亦徐出彭城，连接前军捷报。王镇恶收服漆邱，檀道济降项城，拔新蔡，下许昌，沈林子克仓垣，王仲德亦入滑台，好算是势如破竹，先声夺人了。

惟滑台系是魏地，守将尉建，骤见晋军到来，不明虚实，便即遁去。魏主拓跋嗣闻报，即遣部将叔孙建公孙表等，引兵渡河。途遇尉建返奔，就将他缚住，押往滑台城下，一刀斩首，投尸河中。随即问城上晋兵，责他何故入犯？仲德使司马竺和之答语道："刘太尉遣王征虏将军，自河入洛，清扫山陵，并未敢侵掠魏境，不过魏将弃城自去，王征虏暂借空城，休息兵士，缓日即当西去，便将原城奉还。"不假道而入城，究属牵强。叔孙建不便启衅，使人飞报魏主。魏主嗣又令建致书刘裕，裕婉词答复道："洛阳系我朝旧都，山陵具在，今为西羌所掠，几至陵寝成墟，且我朝叛犯，均由羌人收纳，使为我患，我朝因此西讨，假道贵国，想贵国好恶从同，定无违言。滑台一军，便当令彼西引，断不久留。”这一席话，答将过去，魏人倒也无词可驳，只好按兵待着，俟仲德他去，收复滑台。

那晋将檀道济，进拔秦阳荥阳二城，直抵成皋。秦征南将军姚洸，屯戍洛阳，急向关中乞援。秦主泓遣武卫将军姚益男，越骑校尉阎生，合兵万三千人，往救洛阳。又令并州牧姚懿，南屯陕津，作为声援。姚益男等尚未到洛，晋军已降服成皋，进攻柏谷。秦宁朔将军赵玄，劝洸据险固守，静待援师，怎知司马姚禹，已暗通晋军，但请洸发兵出战。洸即令赵玄，领兵千余，出堵柏谷坞，广武将军石无讳，出守巩城。玄临行时，泣语洸道："玄受三帝重恩，理当效死。但公误信奸人，必贻后悔。”说毕，即与司马骞鉴，驰往柏谷，正值晋军攻入，便与交锋。晋军越来越多，玄兵只有千余，又无后继，如何拦截得住？玄拚命冲入，身中十余创，力不能支，据地大呼。司马骞鉴，抱玄泣下。玄凄声道："我死此地，君宜速去。”鉴泣答道："将军不济，鉴将何往？”遂相偕战死。不愧为姚氏忠臣。无讳至石阙奔还，姚禹逾城降晋。晋军直逼洛阳，四面围攻。姚洸待援不至，只好出降。檀道济俘得秦兵四千余名，或劝他悉加诛戮，封作京观。道济道："伐罪吊民，正在今日，怎得多杀哩？”是极。因皆释缚遣归，入城安民，秦人大悦。

姚益男等闻洛阳失陷，不敢再进，折回关中。刘裕使冠军将军毛修之往镇洛阳，再饬道济等前进。适西秦王炽磐，遣使诣裕，愿击秦自效。裕即表封炽磐为平西将军河南公，自引水军发彭城，接应前军。秦主泓方惶急得很，不防并州牧姚懿，到了陕津，误听司马孙畅计议，意图篡立，反倒戈还攻长安。秦主急遣东平公姚绍等，引兵击懿。懿败被擒，孙畅伏诛。接连是征北将军齐公姚恢，复自称大都督，托言入清君侧，自北雍州还趋长安，再由姚绍移军攻恢，恢方败死。懿为泓弟，恢为泓叔，不思共救国危，反相继谋逆，真是姚氏气数。姚绍得进封鲁公，升官太宰，都督中外诸军事，率同武卫将军姚鸾等，拥兵五万，东援潼关。别遣副将姚驴守蒲坂。晋将王镇恶入渑池，进薄潼关，檀道济沈林子，自陕北渡河，进攻蒲坂。蒲坂城坚难下，林子谓不若会同镇恶，合攻潼关。道济依议，便与林子回军，共至潼关下寨。姚绍开关搦战，被道济等纵兵奋击，丧亡千人，不得已退保定城，据险固守，再令姚鸾出击晋军粮道，偏为晋将沈林子所料，夤夜袭鸾，把鸾击毙。绍又使东平公姚赞，截晋水军，亦被沈林子击败，奔回定城。

秦主泓连接败报，仓皇失措，只好向魏乞援。晋刘裕泝河西上，亦使人向魏借道。魏主拓跋嗣集众会议，多说秦魏方通婚媾，理应拒晋援秦。秦女西平公主为魏夫人事，见上文。独博士祭酒崔浩，谓："秦已垂亡，往救无益，不如假裕水道，听他西上，然后发兵堵塞东路。裕若胜秦，必感我惠，否则我亦有救秦的美名，这乃是一举两得的上计。”拓跋嗣不能无疑，再经宫内的拓跋夫人，劝嗣拒晋，嗣乃遣司徒长孙嵩等屯兵河北，遏住裕军。裕引军入河，魏兵随裕西行。裕遣亲兵队长丁旿，率勇士七百人，坚车百乘，登岸列阵。再命朱超石领着弓弩手二千，登车环射魏兵，且射且进。再用大锤短槊，左右猛击，连毙魏兵无数。魏兵大溃，魏将阿薄干阵亡，裕军遂安然向西去了。

魏主嗣始悔不听崔浩，再与浩商议军情，欲截裕军归路。浩答道：“裕能得秦，不能守秦，将来关中终为我有，何必目前劳兵？臣尝私论近世将相，王猛佐秦，乃是苻坚的管仲，慕容恪辅燕，乃是慕容暐的霍光，刘裕相晋，乃是司马德宗的曹操，彼欲立功震世，篡代晋室，岂肯长留关中么？”料事如神。嗣乃大喜，不再出兵。晋将王镇恶，久驻潼关，粮食将尽，意欲弃去辎重，还赴大军。沈林子拔剑击案道：“今许洛已定，关右将平，前锋为全军耳目，奈何自沮锐气，功败垂成呢？”镇恶乃自至弘农，晓谕百姓，劝送义租，百姓应命输粮，军食复振。林子复击破河北秦军，斩秦将姚洽姚墨蠡唐小方。姚绍愧愤成疾，呕血而亡。秦兵失了姚绍，越加惊心，无心战守。晋将沈田子傅弘之等，领着偏师千余骑，袭破武关，进屯青泥。秦主泓率众数万，前来抵御，弘之欲退，田子独慷慨誓众，鼓噪奋进。姚泓素未经大战，蓦见晋军各执短刀，冒死冲来，好似虎狼一般，不由的惊心动魄，急忙返奔，余众当然披靡，统皆溃散，所有乘舆麾盖，抛弃殆尽。沈林子恐田子有失，亟往驰救，见秦主已经败去，便相偕追入，再加刘裕到了潼关，令王镇恶自河入渭，亟捣长安。裕军继进，斩姚强，走姚难，直达渭桥。姚丕扼守渭桥，由镇恶舍舟登岸，身先士卒，大破丕军。姚泓引兵援丕，反被丕败卒还冲，自相践踏，不战即溃。泓匹马奔还，镇恶追入平朔门，长安已破，急得泓不知所为，挈妻子奔往石桥。姚赞还救姚泓，众皆散去，胡翼度走降晋军。泓无法可施，只得输款乞降。后秦自姚苌僭号，共历三世，凡三十二年而亡。小子有诗叹道：

霸踞关中卅二年，如何豆釜竟相煎！
内忧外侮侵寻日，莫怪姚宗不再延。

姚泓出降，独有一幼子涕泣谏阻，坠城殉国。欲知详情，下文还有一回，请看官仔细看明。

司马休之，晋宗室之强者也。刘裕既杀刘毅与诸葛长民，宁能再容休之？其所由使镇荆州者，亦一调虎离山之秘计耳。文思有罪，废之可也，乃必送交休之，令其处死，是明知休之之不忍杀子，可声罪以讨之。休之不能敌裕，卒致兵败西走，而鲁宗之父子，亦随与同行，裕之驱除异己，从此垂尽矣。后秦主姚兴父子，其恶皆不若姚苌，兴得幸免，泓竟速亡，祸实由苌贻之。内有诸子之相争，外有强邻之相逼，虽曰人事，亦由天道。如姚苌之狡鸷，犹得传祚三世，不可谓非幸事。姚泓以仁孝闻，卒致失国陨身，乃知凶人之必归无后也。

第一百回

招寇乱秦关再失　迫禅位晋祚永终

却说姚泓幼子佛念，年才十二，他料乃父出降，未足自全，因涕泣语泓道：“陛下今虽降晋，亦必不免，还不如自裁为是。”泓怃然不应。佛念竟自登宫墙，跃坠下地，脑破身亡。倒是一个国殇。泓率妻子及群臣诣镇恶营前乞降，镇恶命属吏收管，待刘裕入城处置，一面出示抚慰，严申军令，阖城粗安。既而闻裕到来，出迎灞上，裕面加慰劳道：“成我霸业，卿为首功。”镇恶再拜道：“威出明公，力出诸将，镇恶何功足录呢？”裕笑道：“卿亦欲学汉冯异么？”说着，即偕镇恶入城，收秦仪器法物，送往建康，外如金帛珍宝，分赏将士。秦平原公姚璞，及并州刺史尹昭，以蒲坂降。东平公姚瓒，亦率宗族百余人投降。裕尽令处斩，且解送姚泓入都，枭首市曹，年才三十。司马休之父子及鲁轨，已见机先遁，逃入北魏，裕无法追捕，只好罢休。

晋廷遣琅琊王德文，暨司空王恢之，并至洛阳，修谒五陵。裕欲表请迁洛，谘议将军王仲德，谓：“劳师日久，士卒思归，迁都事未可骤行。”裕乃罢议，惟暗嘱行营长史王弘，入朝讽请，加九锡礼。有诏进裕为相国，总掌百揆，封十郡为宋公，兼加九锡。裕反佯辞不受。请之而复辞之，全是狡诈。寻又封裕为王，裕仍表辞。时夏主勃勃雄踞朔方，就黑水南面筑一大城，作为夏都，自谓将统一天下，君临万邦，故名都城为统万城。又言祖宗误从母姓，实属不合，特改刘氏为赫连氏，取徽赫连天的意思。远族以铁伐为氏，谓刚锐如铁，并足伐人。无非杜撰。嗣是屡寇秦边，掠民突境。至闻刘裕伐秦，因笑语群臣道：“姚泓本非裕敌，且兄弟内叛，怎能拒人？眼见是要灭亡了。但裕不能久留，必将南归，但使子弟及诸将居守，我正好进取关中呢。”遂秣马厉兵，进据安定。秦岭北郡县镇戍，皆降勃勃。

裕得此消息，亦知勃勃必进图关中，乃遣使贻勃勃书，约为兄弟。勃勃使侍郎皇甫徽，预草答书，一诵即熟，乃对着裕使，口授舍人，令他书就，即交裕使赍归。裕问悉情形，并展读复书，不禁愧叹，自谓勿如，也被勃勃所绐么？因欲经略西北，为弭患计。偏由建康递到急报，乃是左仆射刘穆之，得病身亡。裕恃穆之为腹心，府事统归他主裁，忽然病死，顿令裕内顾怀忧，当即决意东归，留次子义真为安西将军，都督雍梁秦州军事，镇守关中。义真年仅十三，特使谘议将军王修为长史，王镇恶为司马，沈田子毛德祖傅弘之为参军从事，留辅义真，自率诸军启行。既知勃勃为患，乃使幼子守秦，裕亦有此失策，令人不解！三秦父老，各诣军门泣阻道：“残民不沾王化，已阅百年，今复得睹汉仪，人人相贺，长安十陵，是公祖墓，咸阳宫阙，是公旧宅，去此将何往呢？”裕祖乃汉高帝弟交，曾见前文，故秦民所言如此。裕只以受命朝廷，不得擅留为辞。且言：“有次子义真及诸文武共守此土，可保无虞。”吾谁欺？欺天乎？秦民只好退去。王镇恶恃功贪恣，盗取库财，不可胜记。又与沈田子等不和，田子屡次白裕，谓：“镇恶贪婪不法，且家住关中，不可保信。”裕终不问。至裕启程时，又与傅弘之同申前议。裕答道：“猛兽不如群狐，卿等十余人，难道怕一王镇恶么？”此语益错。语毕即行，自洛入河，开汴渠以归。

夏主勃勃，闻裕已东归，便召王买德问计，欲夺关中。买德道：“关中为形胜地。裕乃令幼子居守，匆匆东返，无非欲急去篡晋，不暇顾及中原，一语窥破。我若不再取关中，尚待何时？青泥上洛，是南北险要，可先遣游军截住，再发兵东塞潼关，断他水陆要道，然后传檄三辅，兼施威德，区区义真，如网罟中物，自然手到擒来了。”勃勃大喜，遂命子赫连璝率兵二万，南向长安。前将军赫连昌，往屯潼关，使买德为抚军长史，出据青泥，自率大军继进。璝至渭阳，秦民多降。关中守将沈田子傅弘之等，督兵出御，因闻夏兵势盛，不敢前进，但退守刘回堡，遣使还报刘义真。王镇恶语王修道：“刘公以十岁儿付我侪，理当竭力匡辅，今大敌当前，拥兵不进，试问虏何时得平？”说着，即遣还来使，自率部曲往援。田子得使人返报，益恨镇恶，随即造出一种讹言，谓：“镇恶将自王关中，送归义真，杀尽南人。”军士闻言，当然惊惶。及镇恶到来，由田子邀入傅弘之营，诈称有密计相商，请屏左右。镇恶贸然径入，突被田子宗党沈敬仁一刀刺死，复矫称：“刘太尉密令，谓镇恶系前秦王猛孙，反复难恃，所以加诛”云云。弘之本未与田子同谋，骤遭此变，急忙奔还长安，告知王修。修拥义真披甲登城，潜令军士埋伏城外，等到田子返报，即发伏拿下田子，责他擅杀大将，斩首徇众。当下命冠军将军毛修之，代为司马，与傅弘之同出拒战，连破夏兵，夏兵乃退。

王修遣人报知刘裕，裕表赠镇恶为左将军青州刺史，别遣彭城内史刘遵考为并州刺史，领河东太守，出镇蒲坂。征荆州刺史刘道怜为徐兖二州刺史，调徐州刺史刘义隆出镇荆州。义隆系裕第三子，年尚幼弱，辅以刘彦之张邵王昙首王华等人，四方重镇，统用刘氏子弟扼守，刘裕心术，不问可知了。已而相国宋公的荣封，及九锡殊礼，联翩下诏，裕居然受封。正要将篡立事下手进行，偏得关中警耗，乃是长安大乱，夏兵四逼，非但秦地难守，连爱子义真都命在须臾。裕不禁着忙，急遣辅国将军蒯恩率兵西往，召还义真，再派右司马朱龄石为雍州刺史，代镇关中。龄石临行，裕与语道：“卿到长安，速与义真轻装出关，待至关外，方可徐行，若关右必不可守，即与义真俱归便了。”既知爱子，何必令守关中？龄石领命而去。裕又遣龄石弟超石，宣慰河洛，随后继进，才稍稍放下忧心。

哪知关中变乱，统是义真一人酿成。所谓成事不足，败事有余。义真年少好狎，赏赐无节，王修每加裁抑，为众小所嫉视，遂日进谗言，诬修谋反。义真不明曲直，便使嬖人刘乞等，刺杀王修，于是人情疑骇，无复固志。义真悉召外兵入卫，闭门拒守，这消息传入夏境，赫连勃勃，即发兵南下，占据关中郡县，复自率亲军入踞咸阳，截断长安樵汲，长安大震。义真自然向裕乞援，到了蒯恩入关，促义真即日东归。偏义真左右，志在子女玉帛，一时未肯动身；及龄石踵至，再三敦促，义真乃出发长安。部下趁势大掠，满载妇女珍宝，方轨徐行，傅弘之蒯恩随着，一日只行十里。忽闻夏世子赫连璝，轻骑追来，弘之急白义真，劝他弃了辎重，赶紧出关。义真还不肯从。俄而夏兵大至，尘雾蔽天，弘之即令义真先行，自与蒯恩断后，且战且走。夏兵不肯舍去，尽管追蹑，累得傅蒯两人，力战了好几日，杀得人困马乏，才到青泥。不料夏长史王买德，引兵截住，傅弘之蒯恩，虽然死斗，究竟敌不住夏兵，结果是同被擒去。司马毛修之，也为买德所擒，单逃出一个义真。还是死的干净。义真见左右尽亡，避匿草中，幸遇中兵参军段宏，窃负而逃，又当夜色迷蒙，无人能辨，才得脱归。

夏主勃勃入攻长安，长安只有朱龄石居守，百姓不服龄石，把他撵逐。龄石焚去前朝宫殿，奔往潼关。弟超石奉令西行，亦入关探兄，兄弟方才相会，同入戍将王敬垒中。偏夏将赫连昌，引众来攻，先截水道，后扑戍垒，垒中兵渴不能战，竟被陷入。龄石使超石速去，超石泣道："人谁不死？宁忍今日别兄，自寻生路呢？"遂与敬等出斗，力竭负伤，统为所擒。勃勃遂入长安，据有关中。龄石兄弟，及王敬傅弘之等，并皆不屈，均遭杀害。勃勃且积人头为京观，号为髑髅台，然后命在灞上筑坛，自称皇帝，改元昌武。寻复还居统万城，留世子赫连璝为雍州牧，镇守关中，号为南台，这且搁下不提。

且说刘裕闻长安失守，未知义真存亡，顿时怒不可遏，即欲兴兵北伐。侍中谢晦等固谏，尚未肯从，嗣得段宏启闻，知已救出义真，乃不复发兵，但登城北望，慨然流涕罢了。是岁为晋义熙十四年，即安帝二十二年。西凉公李歆，遣使至建康，报称父丧，且告嗣位。歆父就是李暠，自与北凉脱离关系，据有秦凉二州郡县，初称凉公，嗣称秦凉二州牧。应八十六回。改年建初，由敦煌迁都酒泉，一再奉表建康，词极恭顺。就是境内自治，亦注重文教，志在息民。惟北凉主沮渠蒙逊，屡往侵扰。暠每出防堵，互有胜负。在位十九年，年已六十七岁，得疾而亡。临殁时，遗命长史宋繇道："我死后，我子与卿相同，望卿善为训导，勿负我心。"繇当然受命，嗣奉暠子歆为西凉公，领凉州牧，改元嘉兴，追谥暠为武昭王，尊暠继妻尹氏为太后。暠元配辛氏，贞顺有仪，中年去世，暠尝亲为作诔，并撰悼亡诗数十首。续配尹氏，本是扶风人马元正妻，元正早卒，尹乃改嫁，自恨再醮失节，三年不言，抚前妻子，恩过所生；及暠创业时，多所赞助，故当时有李尹王敦煌的谣传。尹氏排入《晋书·列女传》，故文不从略。歆既嗣位，进宋繇为武卫将军，录三府事。繇劝歆仍事晋室，尹太后语亦从同，所以歆遣使报晋。晋授歆为镇西大将军，封酒泉公。北凉王蒙逊，闻歆得邀封，也遣使向晋称藩。有诏授蒙逊为凉州刺史，惟此时颁发诏旨，已为琅琊王德文所出，那晋安帝已被刘裕弑死了。

裕年逾六十，急欲篡晋，自娱晚年，尝查阅谶文云："昌明后尚有二帝。"昌明即晋孝武帝表字，见前文。乃决拟弑主应谶，密嘱中书侍郎王韶之，贿通安帝左右，乘间弑帝。安帝原是傀儡，一切辅导，全仗弟琅琊王德文。德文自往洛阳谒陵后，便即还都，仍然日侍帝侧，不敢少离。韶之等无隙可乘，如何下手？会德文有疾，不得不回第调养。韶之趁势入宫，指挥内侍，竟用散衣作结，套住安帝颈中，生生勒毙。阅至此，令人发指。年止三十七岁，在位二十二年。韶之既已得手，便去报知刘裕，裕因托称安帝暴崩，且诈传遗诏，奉琅琊王德文嗣位，是为恭帝。越年正朔，改元元熙，立妃褚氏为皇后。后系义兴太守褚爽女，颇有贤名。可惜已成末代。恭帝因先兄未葬，一切典仪，概从节省。过了元宵，方将梓宫奉葬，追谥为安皇帝，一面加封百官，进刘裕为宋王。裕老实受封，移镇寿阳。嗣复讽令朝臣，再加殊礼，得用天子服驾，出警入跸，进母萧氏为王后，世子义符为太子。

好容易过了一年，裕在寿阳宴集群僚，伪言将奉还爵位，归老京师。僚属莫名其妙，只有一中书令傅亮，悉心揣摩，居然窥透裕意，到了席散出厅，复叩扉请见道："臣暂应还都。"裕掀髯一笑，并无他言。贼心相照。亮便即辞去，仰见天空中现出长星，光芒四射，不禁抚髀长叹道："我尝不信天文，今始知天道有凭了。"越宿，即驰赴都中。未几，即有诏命传出，征裕入辅。裕留四子义康镇寿阳，参军刘湛为辅，自率亲军匆匆启行。到了建康，傅亮已安排妥当，迫帝禅位，自具诏草，进呈恭帝，令他照稿誊录。恭帝顾语左右道："桓玄时晋已失国，亏得刘公恢复，又复重延，到今将二十年。今日禅位，也是甘心。"说着，即强作欢颜，操笔书就，付与傅亮；眼中想已包含无数泪珠。复取出玺绶，交给光禄大夫谢澹，尚书刘宣范，赍送宋王刘裕；自挈皇后褚氏等，凄然出宫去了。当时，司马氏中，稍有才望的人物，或逐或死，已经垂尽，只司马楚之有万余人，屯据长社，司马文荣引乞活千余人，屯据金墉城南，乞活见前。司马道恭自东垣率三千人，屯据城西，司马顺明集五千人屯陵云台，彼此统是晋室遗胄，志在规复，但没有一定统领，好似散沙一般，如何成事？结果是被各处戍将，驱逐出境，同奔北魏去了。强弩之末，势不能穿鲁缟。宋王刘裕得了禅诏，表面上还三揖三让，佯作谦恭，那一班攀鳞附翼的臣僚，连番劝进，遂在南郊筑坛，祭告天地，即皇帝位，国号宋，颁诏大赦，改晋元熙二年为宋永初元年。废晋恭帝为零陵王，晋后褚氏为零陵王妃，徙居故秣陵县城。使冠军将军刘遵考率兵管束，东晋遂亡。更可恨的是狠心辣手的刘裕，暗想废主尚存，终是祸根，不如一律铲除，好免后患。自晋元熙二年六月受禅，到九月中，竟用毒酒一罂，命鸩零陵王司马德文，起初是遣琅琊郎中令张伟往鸩，伟竟取来自饮，毒发即亡。尚是一个晋氏忠臣，故特表出。后竟令兵士逾垣，再鸩德文。德文不肯饮鸩，竟被兵士用被掩死。可怜德文在位才及年余，便遭惨毙，年终三十六岁。宋主裕佯为举哀，辍朝三日，追谥曰恭。总计东晋自元帝至恭帝，共十一主，得一百零四年，若与西晋并合计算，共十五主，得一百五十六年。

至若刘宋开国，一切事实，具详《南北史演义》中，此书名为《两晋演义》，便应就此收场。惟东晋亡时，西凉亦亡。西凉主李歆，好兴土木，又尚严刑，累得人民不安，变异迭出。歆尚不知儆，从事中郎张显，切谏不从。北凉主蒙逊，乘隙图歆，佯引兵攻西秦，暗中却屯川岩，专待歆军，果然歆为彼所诱，拟乘虚往袭北凉。武卫将军宋繇等，苦口谏阻，终不见听，再经尹太后危词劝戒，仍然不从；遂将步骑三万人东行。中途被蒙逊邀击，一败涂地。或劝歆还保酒泉，歆慨然道：“我违母训，自取败辱，不杀此胡，有何面目再见我母呢？”当下收拾残兵，再战再败，竟为所杀。蒙逊遂进据酒泉，灭掉西凉。西凉自李暠独立，一传而亡，凡二主，共二十二年。只西凉母后尹氏，见了蒙逊，蒙逊却好言劝慰，尹氏正色道：“李氏为胡所灭，尚复何言？”蒙逊默然，仍令退去。或语尹氏道：“母子命悬人手，奈何倨傲若此？”尹氏道：“兴灭死生，乃是定数，但我一妇人，不能死国，难道尚怕加斧钺，求为他人臣妾么？若果杀我，我愿毕了。”蒙逊闻言，反加敬礼，娶尹氏女为子妇。后来尹氏自往伊吾，与诸孙同居，竟得寿终。特叙西凉之亡，全为尹氏一人。惟北凉沮渠蒙逊，传子牧犍，为魏所灭，西秦乞伏炽磐，传子慕末，为夏所灭。夏历二传，赫连冒赫连定。北燕只一传，冯跋弟弘。先后入魏。就是仇池杨氏，亦被魏吞并，这都属刘宋时事，详载《南北史演义》，请看官另行取阅便了。交代清楚。不过五胡十六国的兴亡，却有略表数行，录述如下：

（一）汉刘渊。（前赵）刘曜。	匈奴汉历三主，分为二赵，前赵刘曜，为后赵所灭。
（二）北凉沮渠蒙逊。	同上凡二主，为北魏所灭。
（三）夏赫连勃勃。	同上凡三主，为北魏所灭。
（四）前燕慕容皝。	鲜卑凡三主，为前秦所灭。
（五）后燕慕容垂。	同上凡五主，为北燕所篡。
（六）南燕慕容德。	同上凡二主，为晋所灭。
（七）西秦乞伏国仁。	同上凡四主，为夏所灭。
（八）南凉秃发乌孤。	同上凡三主，为西秦所灭。
（九）后赵石勒。	羯凡七主，为冉闵所篡，闵复为前燕所灭。
（十）成（汉）李雄。	氐凡三主，雄弟寿，改国号汉，寿子势为晋所灭。
（十一）前秦苻洪。	同上凡七主，为后秦所灭。

（十二）后凉吕光。　　　　　　　同上凡四主，为后秦所灭。

（十三）后秦姚苌。　　　　　　　同上凡二主，为晋所灭。

（十四）前凉张重华。　　　　　　汉族凡五主，为前秦所灭。

（十五）西凉李暠。　　　　　　　同上凡二主，为北凉所灭。

（十六）北燕冯跋。　　　　　　　同上凡二主，为北魏所灭。

小子叙述既毕，尚有煞尾诗二首，作为本编的余声，看官毋遽掩卷，且再阅后面两行。诗云：

百年遗祚竟沦亡，大好江东让宋王。
我篡他人人篡我，祖宗作法子孙偿。
彝夏如何溃大防，五胡迭入竞猖狂。
可怜中土无宁宇，话到沧桑也黯伤。

刘裕既得关中，乃令次子义真居守，彼岂不知义真尚幼，无守土才，况王沈诸将，嫌隙已萌，即无赫连勃勃之窥伺，亦未必常能保全。其所由遽尔东归者，篡晋之心已急，利令智昏，不暇为关中妥计耳。至裕一归而秦地即乱，诸将多死，惟义真幸得脱归，失于彼必偿于此，而裕之篡晋益急矣。弑安帝复弑恭帝，何其残忍至此！意者其亦司马氏篡魏之果报欤？然司马昭弑高贵乡公，其子炎犹不杀陈留王，故尚能传祚至百余年；裕以一身弑两主，欲子孙之得长世，难矣！本回叙东晋之亡，简而不略，诛刘裕之心也。（详见《南北史演义》中）末段复将五胡十六国始末，作一总结，以便收束全书，阅者得此，则回忆前文，更自了然，而作者之苦心，益可见矣。